Cinéphile

French Language and Culture through Film

A linguistic approach to studying film for the 2nd-year language student

Cinéphile

French Language and Culture through Film

A linguistic approach to studying film for the 2nd-year language student

Kerri Conditto

Tufts University

Focus Publishing
R. Pullins Company
PO Box 369
Newburyport, MA 01950
www.pullins.com

Copyright 2007 Kerri Conditto
Cover design by Dean Wetherbee, Dean Wetherbee Design. www.deanwetherbee.com
Interior design by Linda Robertson and Dean Wetherbee

ISBN 978-1-58510-258-7
ISBN 10: 1-58510-258-X

10 9 8 7 6 5 4 3 2 1

0207TC

Printed in Canada

Table des matières

Préface

Cinéphile: French Language and Culture through Film is a 2nd-year college-level French textbook and workbook method which fully integrates the study of 2nd-year French language and culture with the study of French feature films. The textbook has nine chapters and each chapter presents a different film. The films vary in content and genre (animated film, dramatic comedy, farce, romantic comedy, thriller, drama, adventure, etc.) and feature well known French filmmakers and actors. The goal of the method is to use the presented vocabulary and grammar structures to study and discuss films and their cultural content and to build linguistic proficiency in a meaningful context.

Cinéphile offers a solid foundation in the four language skills (listening, speaking, reading and writing). The method is designed to provide vocabulary and grammar structures necessary for writing and discussing films and their cultural content. You will also apply your knowledge of vocabulary, grammar and culture to reading authentic texts. The selected films thus mirror the progressive nature of developing linguistic proficiency and become more sophisticated in language and cultural content as you work through the textbook.

The textbook provides straight-forward explanations and exercises and you are encouraged to use the vocabulary and grammar concepts that you have mastered in your discussions and compositions about the film. The result of this progressive building of skills is greater accuracy and fluency of French. Most importantly, you will find that your language skills and cultural knowledge have meaning in a real-life context, that you have greater retention of the structures you have studied and that you enjoy the language experience!

Chapter Structure

Part 1 - Pre-viewing
Cultural notes
Credits: Profile of the director
Film summary
Cast list: Profile of an actor in the film
Vocabulary specifically related to the film
Vocabulary exercises

Part 2 - Post-viewing
General comprehension exercises
Vocabulary exercises
Grammar points & exercises
Translation exercises
Photo
Open-ended exercises & activities
Communication

Part 3 - Reading - Culture - Research
Reading sample & exercises
Cultural notes & activities
Research topics
Documents (articles, short stories, etc.)

Remerciements

I would especially like to thank the following people for their invaluable contributions:

The team at Focus Publishing:
Ron Pullins
Kathleen Brophy
Linda Robertson
Cindy Zawalich
Véronique Hyde

The Department of Romance Languages and the Language Media Center at Tufts University
Emese Soos, Tufts University
Agnès Trichard-Arany, Tufts University
Anne-Christine Rice, Tufts University
Marie-Pierre Gillette, Tufts University

Marie-Christine Koop, University of North Texas
Michel Sirvent, University of North Texas

I would also like to thank my students at Tufts University for their help in clearly establishing what is most helpful to students acquiring a foreign language.

Most importantly, I would like to thank my family, my husband and Rufus for their constant love and support.

Cartes

La France

L'Europe

Termes grammaticaux

l'accord: le rapport entre les mots (un nom – un adjectif, un sujet – un verbe, etc.).

    Exemple: Les films sont superbes ! (Les s'accorde avec films, sont s'accorde avec les films et superbes s'accorde avec les films.) *The films are super* ! (Le verbe are s'accorde avec films.)

l'adjectif démonstratif: un déterminant qui qualifie le nom sur lequel on attire l'attention. Il s'accorde en genre et en nombre avec le nom qualifié.

    Exemple: Ce film est très intéressant. *This film is interesting.*

l'adjectif exclamatif: un adjectif qui qualifie un nom et qui sert à exprimer l'admiration, l'étonnement, l'indignation. Il s'accorde en genre et en nombre avec le nom qualifié.

    Exemple: Quel film intéressant ! *What an interesting film!*

l'adjectif qualificatif: un mot qui qualifie (décrit) un nom, un pronom, ou un autre adjectif. En général, il s'accorde en genre et en nombre avec le nom qualifié.

    Exemple: Le film n'est pas ennuyeux. *The film is not boring.*

l'adjectif interrogatif: un mot interrogatif qui indique que le nom qualifié est l'objet d'une question. Il s'accorde en genre et en nombre avec le nom qualifié.

    Exemple: Quel film préférez-vous ? *Which film do you prefer ?*

l'adjectif possessif: un déterminant qui indique une relation ou la possession. Il s'accorde en genre et en nombre avec le nom qualifié et en personne avec le possesseur.

    Exemple: Mon film préféré est *Les Triplettes de Belleville. My favorite film is* Les Triplettes de Belleville.

l'adverbe: un mot invariable qui qualifie un adjectif, un autre adverbe ou un verbe.

    Exemple: Les étudiants regardent toujours des films. *Students always watch films.*

l'antécédent: un mot qui est remplacé par un pronom relatif ou par un complément d'objet.

    Exemple: J'ai vu le film à la bibli – où est-ce que tu l'as vu ? (L'antécédent de l'(le) est le film.) *I saw the film at the library – where did you see it ?* (L'antécédent de it est le film.)

l'article: un déterminant qui introduit un nom (les articles définis, indéfinis et partitifs). Il s'accorde en genre et en nombre avec le nom introduit.

    Exemple: Le film parle d'une fille qui a des soucis. *The film is about a girl who has some worries.*

le conditionnel: un mode qui exprime une condition ou une hypothèse.

    Exemple: Si j'étais vous, j'irais au cinéma ce week-end. *If I were you, I would go to the movies this weekend.*

la conjonction: un mot invariable qui lie deux mots ou deux phrases.

    Exemple: J'irai au cinéma parce que je veux voir le film! *I will go to the movies because I want to see the film !*

le déterminant: un mot qui introduit un nom (un article, un nombre, un adjectif possessif, un adjectif démonstratif, un adjectif interrogatif, etc.). En général, il s'accorde en genre et en nombre avec le nom qualifié.

    Exemple: Le garçon aime ce film. *The boy likes this film.*

le genre: les noms français sont masculins ou féminins.

    Exemple: Le réalisateur parle avec une actrice. *The director is talking with an actress.*

l'indicatif: un mode qui exprime une action ou un état réel.

    Exemple: Je regarde un film. *I am watching a movie.*

invariable: un mot qui ne change pas.

    Exemple: Je regarde souvent des films français. (Souvent est un adverbe et les adverbes sont invariables.) *I often watch French films.*

le mode: la forme du verbe qui exprime la réalité, l'ordre, la condition ou la possibilité.

    Exemple: L'indicatif, l'impératif, le conditionnel et le subjonctif sont des modes de verbes. *The indicative, the imperative, the conditional and the subjunctive are moods of verbs.*

le nom: un mot qui représente les personnes, les animaux, les choses et les endroits. En général, il a un genre (masculin ou féminin) et un nombre (singulier ou pluriel).

    Exemple: Le garçon adore cet acteur ! *The boy loves this actor !*

le nombre: les noms français sont singuliers ou pluriels.

    Exemple: Le réalisateur et les acteurs s'entendent bien ! *The director and the actors get along well !*

l'objet: un mot qui reçoit l'action du verbe (directement ou indirectement).

    Exemple: Nous regardons le film avant la classe. *We are watching the movie before class.*

la préposition: un mot invariable qui montre le rapport entre deux mots.

    Exemple: Le DVD est sur la table. *The DVD is on the table.*

le pronom: un mot qui remplace un nom. En général, il s'accorde en genre, en nombre et en personne avec le nom remplacé.

    Exemple: Les garçons arrivent bientôt. --Ils arrivent bientôt ? *The boys are arriving soon. –They are arriving soon?*

le pronom complément d'objet direct: un pronom qui remplace l'objet direct d'un verbe. Il s'accorde en genre et en nombre avec le nom remplacé.

    Exemple: Tu regardes ce film ? --Oui, je le regarde. *You are watching this movie ? –Yes, I am watching it.*

le pronom complément d'objet indirect: un pronom qui remplace l'objet indirect d'un verbe. Il s'accorde en nombre avec le nom remplacé.

    Exemple: Tu parles au réalisateur ? –Oui, je lui parle. *You are talking to the director ? –Yes, I am talking to him.*

le pronom démonstratif: un pronom qui remplace le nom dont on parle et sur lequel on attire l'attention. Il s'accorde en genre et en nombre avec le nom remplacé.

    Exemple: J'aime ce livre sur le cinéma mais je prendrai celui-ci. *I like that book on cinema but I will take this one.*

le pronom interrogatif: un mot interrogatif qui remplace le mot dont on parle. Il s'accorde en genre et en nombre avec le nom remplacé.

    Exemple: Quel film voit-on ce soir ? Je ne sais pas. Lequel veux-tu voir ? *Which film are we seeing tonight ? I don't know. Which one do you want to see?*

le pronom possessif: un pronom qui remplace un nom et qui indique la possession. Il s'accorde en genre et en nombre avec le nom remplacé et en personne avec le possesseur.

    Exemple: Les filles ont leurs devoirs mais les garçons ont oublié les leurs. *The girls have their homework but the boys forgot theirs.*

chapitre 1

Les Triplettes de Belleville

Avant le visionnement

Notes culturelles

Le Parcours - Le 94e Tour du 7 au 29 juillet 2007.

Paris

Paris est la capitale de la France. Paris et ses banlieues comptent près de 10,5 millions d'habitants. La ville de Paris est composée de vingt arrondissements. Dans le film, Chomet propose un vingt et unième arrondissement où Champion habite avec sa grand-mère.

Marseille

Marseille est une grande ville du sud de la France dans la région Provence-Alpes-Côte d'Azur. Marseille compte 800.000 habitants. Premier port de France, la ville de Marseille est composée de seize arrondissements.

Belleville

Belleville est une grande ville fictive qui se trouve en Amérique. C'est un mélange de trois grandes villes : New York, Montréal et Québec.

Le Cyclisme

Le cyclisme (un sport à bicyclette) comprend plusieurs disciplines : le cyclisme sur route, le cyclisme sur piste, le cyclocross, le VTT (vélo tout terrain) et le cyclotourisme.

Le Tour de France

Créé en 1903 par Henri Desgrange, le Tour de France est une compétition cycliste qui consiste en une course à étapes et qui couvre plus de 3000 kilomètres. Il a lieu pendant trois semaines au mois de juillet. Le Tour de France est la course cycliste la plus connue et la plus populaire du monde.

Profil: Sylvain Chomet

Réalisateur
Né le 10 novembre 1963
à Maisons-Lafitte, France

Mini-biographie
1982	Bac d'Arts plastiques
1986	1re BD publiée, Le Secret de Libellules
1990	1er court métrage d'animation, Ça va, Ça va
1998	1er moyen métrage d'animation, La Vieille dame et les pigeons

Fiche technique

Réalisation :	Sylvain Chomet
Musique originale :	Benoît Charest
Année de production :	2002
Durée :	1 h 20
Genre :	Dessin animé
Date de sortie nationale :	11/06/2003

Filmographie
1998	La Vieille dame et les pigeons
2003	Les Triplettes de Belleville
2005	Barbacoa
2006	Paris, je t'aime

Synopsis

Paris dans les années 1940

Un garçon orphelin et mélancolique habite avec sa grand-mère. Il adore le vélo et passe ses journées à se préparer pour le Tour de France.

Marseille dans les années 1950

Le garçon participe au Tour de France. Il est kidnappé par la Mafia française pendant la course.

Belleville dans les années 1950

La grand-mère cherche son petit-fils. Elle rencontre les Triplettes de Belleville. Les quatre femmes cherchent le jeune homme. L'aventure commence… !

Note : «Les Triplettes de Belleville» est classé «PG-13» aux Etats-Unis.

Personnages

Personnages principaux

Les Triplettes de Belleville (Rose, Blanche, Violette)	le trio de chanteuses
Madame Souza	la grand-mère
Champion	le petit-fils
Bruno	le chien
Le chef mafieux	le patron mafieux
Les jumeaux mafieux	les kidnappeurs
Le mécanicien	le nain

Personnages secondaires

Jaques Anquetil	un coureur du Tour de France
Fred Astaire	un danseur américain
Joséphine Baker	une chanteuse américaine
Charlie Chaplin	un acteur américain
Glenn Gould	un pianiste canadien
Yvette Horner	une accordéoniste française
Django Reinhardt	un guitariste belge
Jacques Tati	un acteur/un réalisateur français
La foule française	des Marseillais
La foule américaine	des Bellevillois
Les coureurs du Tour de France	des cyclistes

Profil: Jacques Anquetil «Maître Jacques»

cycliste
Né le 8 janvier 1934 à Mont-Saint-Aignan, France
Mort le 18 novembre 1987

Mini-biographie

1950	1re licence amateur à A.C. Sotteville
1951	1re victoire à Rouen
1953-69	Cycliste professionnel (184 victoires)
1966	Publication de son autobiographie, En brûlant les étapes

Vocabulaire

Salutations

à bientôt	see you soon	Je vais bien/mal.	I am doing well/ poorly.
à demain	see you tomorrow	Comment vous appelez-vous?	What is your name ? *formal*
à tout à l'heure	see you later		
au revoir	good-bye	Comment t'appelles-tu?	What is your name? *informal*
bonjour	hello		
bonsoir	good evening	Je m'appelle…	My name is…
salut	hello/good-bye *informal*	Je te présente…	I present… *informal*
Ça va?	How are you? *informal*	Je vous présente…	I present… *formal*
Ça va.	I am fine.	Enchanté/e	Pleased to meet you.
Comment vas-tu ?	How are you? *informal*		

Gens et animaux

l'accordéoniste (m/f)	accordionist	le/la guitariste	guitarist
le/la chanteur/euse	singer	le/la jumeau/elle	twin
le chef mafieux	Mafia boss	les jumeaux mafieux (m)	Mafia twins
le chien	dog	le kidnappeur	kidnapper
le/la conducteur/trice	driver	la Mafia	Mafia
le/la coureur/euse	racer	le mécanicien	mechanic
le/la cycliste	cyclist	la petite-fille	granddaughter
le frère	brother	le petit-fils	grandson
la grand-mère	grandmother	le/la pianiste	pianist
le grand-père	grandfather	la soeur	sister
la grenouille	frog	la triplette	trio, triplet

Transports

le bateau	boat	le Tour de France	Tour of France (bicycle race)
le camion	truck		
la course	race	le train	train
l'étape (f)	stage	le tricycle	tricycle
le pédalo	paddle boat	le vélo	bicycle
le pneu	tire	la voiture	car

Endroits

l'appartement (m)	apartment	la maison	house, home
le cabaret	night-club	la montagne	mountain
la grande ville	big city	le théâtre	theater
le gratte-ciel	skyscraper	la Tour Eiffel	Eiffel Tower
la maison de jeu	gambling hall	la ville	city

Vêtements

un chapeau	hat	une jupe	skirt
une casquette	cap	des lunettes de soleil (f)	sunglasses
un costume	suit	un maillot	jersey
un gilet	vest, cardigan	un pull	sweater

Noms divers

un album	album	une coupure de presse	newspaper clipping
un anniversaire	birthday	un journal	newspaper
un aspirateur	vacuum cleaner	une photo	photograph
un cadeau	present	un réfrigérateur	refrigerator
une chanson	song	une télévision	television

Emotions

l'amour (m)	love	la fatigue	fatigue
le bonheur	happiness	l'inquiétude (f)	worry, concern
la colère	anger	la joie	joy
la confusion	confusion	la peur	fear
la douleur	pain	la tristesse	sadness

Couleurs

blanc/blanche	white	orange	orange
bleu/e	blue	rouge	red
brun/e / marron	brown	roux/rousse	red (hair)
gris/e	gray	vert/e	green
jaune	yellow	violet/violette	purple
noir/e	black		

Adjectifs

content/e	content, happy	musclé/e	muscular
fidèle	faithful	petit/e	short
foncé/e	dark (color)	réservé/e	reserved
grand/e	tall	rond/e	round
jeune	young	silencieux/euse	quiet
joli/e	pretty	solitaire	lonely
laid/e	ugly	sombre	somber, dark
mélancolique	melancoly	triste	sad
mince	thin	vieux/vieille	old

Verbes

aboyer	to bark	manger	to eat
aider	to help	monter	to climb, to go up
s'aimer	to like, to love each other	participer à	to participate in
chanter	to sing	regarder	to watch
chasser	to chase	rencontrer	to meet
chercher	to look for	ressembler à	to resemble, to look like
donner	to give	rêver	to dream
grimper	to climb	se préparer	to prepare oneself
jouer	to play	traverser	to cross
kidnapper	to kidnap	trouver	to find
libérer	to free	voyager	to travel

Exercices de vocabulaire

Pianiste Glenn Gould

A **Salutations.** Qu'est-ce vous dites aux gens suivants ? Utilisez *les salutations du vocabulaire du film.*

1. A votre grand-mère ?
2. A vos frères / vos sœurs ?
3. A votre conducteur d'autobus ?
4. A votre professeur ?
5. A votre chien / chat ?

B **Gens.** Complétez les phrases suivantes avec *les gens du vocabulaire du film.*

Familles
1. Un garçon peut avoir deux parents (un ___ et une ___) et deux grands-parents (un ___ et une ___).
2. Des grands-parents peuvent avoir des petits-enfants (un ___ et une ___).
3. Un frère peut avoir une ___ ou un autre ___.
4. Un jumeau peut avoir un frère___ ou une sœur ___.
5. Une triplette peut avoir deux ___ triplettes.

Professions
1. Un ___ ou une ___ participe aux courses.
2. Un ___ ou une ___ adore chanter !
3. Un ___ ou une ___ a beaucoup de guitares !
4. Un ___ ou une ___ a un ou même deux pianos.
5. Un ___ ou une ___ a aussi un ou deux accordéons.

Guitariste Django Reinhardt

C **Couleurs et émotions.** Quelle couleur va avec l'émotion ? Choisissez ou ajoutez *les couleurs du vocabulaire du film* qui correspondent aux émotions suivantes.

1. l'amour :	le rouge	le noir	le bleu	autre
2. le bonheur :	le bleu	l'orange	le jaune	autre
3. la colère :	le vert	le marron	le rose	autre
4. la douleur :	le blanc	le gris	le rouge	autre
5. la joie :	le violet	le noir	le jaune	autre
6. la tristesse :	le blanc	le bleu	le vert	autre

D **Adjectifs et gens.** Comment sont les gens suivants ? Choisissez ou ajoutez *les adjectifs du vocabulaire du film* qui décrivent les gens.

1. Un garçon :	content	vieux	mélancolique	autre
2. Une grand-mère :	jolie	mince	vieille	autre
3. Une chanteuse :	jeune	silencieuse	jolie	autre
4. Un mafieux :	petit	musclé	fidèle	autre
5. Un kidnappeur :	laid	solitaire	triste	autre
6. Un cycliste :	rond	grand	musclé	autre

Danseuse, chanteuse,
actrice: Josephine Baker.

E   **La Poésie.** Lisez le poème suivant et complétez les activités de vocabulaire.

Cueillette° à vélo

Cyril Suquet
mai 1998

En ballade à vélo,
Qu'il est bon de panser°,
Qu'il est sain de voguer°,
Vent de face, vent de dos.

Par chemins et sentiers°,
Le guidon° dans le colza°,
Les neurones dans le blé°,
On hume°, de-ci de-là.

En ballade à vélo,
Les paysages défilent°,
L'horizon se dessine,
Le soleil est plus beau.

En selle° à toute vitesse,
Les odeurs vacillent,
Les lumières scintillent°,
Le ciel nous caresse.

En ballade à vélo,
On récolte° les vers°,
Plus de méli-mélo°,
On déboule° de travers°.

A la croisée° des champs,
Pneu° et jambe crevés°,
Ne sont pas mécontents
Enfin de se poser.

harvesting

groom
sail

trails
handlebars; a type of plant used for oil (rape plant); wheat
inhale

parade by

bicycle seat

sparkle

harvest; lines (poetry)
jumble
emerge; askew

crossroad
tire (bicycle); flat, exhausted

© Cyril Suquet, csuquet@yahoo.com, *Les Z'ecrits de Cyril Suquet*, www.lesecritsdecyrilsuquet.wifeo.com

Activité de vocabulaire

1. Trouvez les mots associés :
   a. au vélo :
      Exemple : ballade
   b. à la nature
      Exemple : vent
   c. au corps :
      Exemple : face
2. Quelles émotions sont évoquées dans le poème ?
3. Quel rapport est-ce que le poète fait entre le vélo et la poésie ?

A votre avis…

Est-ce que le poète aime faire du vélo ? Pourquoi ou pourquoi pas ? Aimez-vous faire du vélo ? Pourquoi ou pourquoi pas ? Ressentez-vous les mêmes émotions que le poète quand vous faites du vélo ? Expliquez.

Après avoir visionné

Compréhension générale

A **Vrai ou faux ?** Indiquez si les phrases suivantes sont vraies ou fausses.

1. vrai   faux   Le film se passe pendant les années 1960.
2. vrai   faux   Champion n'aime pas les cadeaux de sa grand-mère.
3. vrai   faux   Madame Souza aide Champion à se préparer pour le Tour de France.
4. vrai   faux   La Mafia française kidnappe les cyclistes pour fabriquer du vin.
5. vrai   faux   Madame Souza traverse l'océan Pacifique pour chercher Champion.
6. vrai   faux   Les Triplettes trouvent Madame Souza dans une rue de Belleville.
7. vrai   faux   Bruno aime la soupe aux grenouilles.
8. vrai   faux   Madame Souza chante et joue de la musique avec les Triplettes.
9. vrai   faux   Les Triplettes aident Madame Souza et Bruno à trouver Champion.
10. vrai   faux   Champion aime beaucoup Belleville et il ne rentre pas à Paris.

B **Personnages.** Faites une petite description de chaque personnage.

1. Champion : *Qui est-ce ? Que fait-il ?*
2. Madame Souza : *Qui est-ce ? Que fait-elle ?*
3. Bruno : *Qui est-ce ? Que fait-il ?*
4. Les Triplettes : *Qui est-ce ? Que font-elles ?*
5. Les Mafieux : *Qui est-ce ? Que font-ils ?*

C **Chronologie.** Faites une petite description des événements principaux du film.

1. Champion et Madame Souza habitent Paris (les années 1940).
2. Champion se prépare pour le Tour de France (les années 1950).
3. Champion participe au Tour de France (les années 1950).
4. Madame Souza cherche Champion (les années 1950).
5. La fin ? (les années ?).

Yvette Horner, l'égérie de la caravane, 1954

D **Sécurité routière.** Lisez le texte suivant sur la sécurité routière. Pourquoi le gouvernement français propose-t-il des conseils pour les cyclistes ? Suivez-vous les conseils ci-dessous ? Pourquoi ou pourquoi pas ?

Pratique du vélo et sécurité routière : 10 conseils pratiques pour les cyclistes

1. **Respecter le Code de la route et la signalisation**

   Le Code de la route est destiné à assurer la sécurité et la bonne cohabitation de tous les usagers de la route, particulièrement des usagers vulnérables.

2. **Se munir d'un bon équipement**
   - Contrôler régulièrement le bon état du véhicule : frein, éclairage, pneus et avertisseur sonore.
   - Si le port du casque n'est pas obligatoire, il est fortement conseillé, notamment pour les enfants et dans le cadre des pratiques sportives.

3. **Être vu**
   - Pour la circulation de nuit ou par visibilité insuffisante, équiper le véhicule d'un feu avant jaune ou blanc, et d'un feu arrière rouge.
   - Dans toutes les circonstances équiper le véhicule de catadioptres (dispositifs réfléchissants) : à l'arrière (rouge), à l'avant (blanc), sur les côtés (orange) et sur les pédales (orange).
   - L'équipement du véhicule d'un «écarteur de danger» est recommandé.
   - Porter de préférence des vêtements de couleur claire ou équipés de dispositifs rétroréfléchissants.

4. **Rouler en douceur**
   - Se faufiler entre les automobiles à l'arrêt dans la circulation est interdit : c'est un risque pour tous, et particulièrement pour les jeunes cyclistes moins expérimentés.

5. **Emprunter les pistes cyclables quand elles existent**
   - Sinon rouler à droite, mais maintenir un espace d'au moins un mètre entre le vélo et les autres véhicules ou le trottoir.

   - Interdiction de circuler sur les trottoirs. Les enfants de moins de 8 ans peuvent cependant y accéder à condition de rouler au pas et de ne pas gêner les piétons.

6. **Se signaler lors d'un changement de direction**
   - Ne pas rester en dehors du champ de vision des conducteurs.
   - Indiquer avec le bras que l'on tourne et rouler à au moins un mètre du trottoir.

7. **Être vigilant, hors agglomération**

   Pour les groupes (deux personnes et plus) : rouler à deux de front au plus, et obligatoirement en file indienne dès la nuit ou lorsque la circulation l'exige, par exemple lorsque le groupe est dépassé.

8. **Être prudent en cas d'intempéries**
   - Augmenter les distances de sécurité : le vent peut entraîner des difficultés de contrôle du vélo et les chaussées glissantes augmentent la distance de freinage.
   - Être plus vigilant quand un véhicule double : une voiture peut faire perdre l'équilibre à un vélo en l'éclaboussant.

9. **Transporter un enfant en toute sécurité**
   - Pour les enfants de moins de cinq ans : se munir d'un siège doté de repose-pieds et de courroies d'attaches.
   - Ne pas transporter d'enfants autrement que sur un siège fixé au vélo.

10. **Rester vigilant : anticiper**
    - Surveiller les mouvements des autres usagers de la route, pour ne pas se laisser surprendre.
    - Changer progressivement de file ou de direction pour ne pas surprendre les autres usagers.

Pratique du vélo et sécurité routière
Dossier de presse - le 8 mars 2005, 12/22

Exercices de vocabulaire

A   **Personnages.** Donnez *des adjectifs du vocabulaire du film* qui décrivent chaque personnage.

1. Champion : *Comment est-il ?*
2. Madame Souza : *Comment est-elle ?*
3. Bruno : *Comment est-il ?*
4. Les Triplettes : *Comment sont-elles ?*
5. Les Mafieux : *Comment sont-ils ?*

B   **Villes.** Donnez *des adjectifs du vocabulaire du film* qui décrivent chaque ville.

1. Paris (dans les années 1940) : *Comment est-ce ?*

2. Paris (dans les années 1950) : *Comment est-ce ?*

3. Marseille (dans les années 1950) : *Comment est-ce ?*

4. Belleville (dans les années 1950) : *Comment est-ce ?*

C   **Thèmes.** Voilà quelques thèmes du film. Trouvez *les mots du vocabulaire du film* qui correspondent aux thèmes.

1. La famille et les amis
2. Les grandes villes
3. La musique
4. Le cyclisme
5. L'aventure

D **Article.** Lisez l'article suivant et complétez les activités de vocabulaire.

SPORTS

Handisport : Le vélo sans les jambes

Le vélodrome° de Bordeaux accueillera° en 2007 les championnats du monde de cyclisme handisport. Samedi, démonstration de handcycling avec le recordman du 3 000 m. Trois roues et la force° des bras pour le faire avancer : le handcycling est à la fois un engin et une discipline jeune du vélo handisport, pour athlètes privés de la force des jambes. Avec un cadre° en carbone, alu ou Kevlar le handbike peut propulser à des moyennes de 35 km/h. Christian Cuisinier est le détenteur° du record du monde du 3 000 mètres. « Quand des pistards° comme Arnaud Tournant ou Arnaud Dublé vous encouragent dans les virages° en tapant sur le plancher°, ou que le public scande votre prénom dans les derniers tours, ça fait chaud au cœur. Quand Florian Rousseau, qui faisait ses adieux l'an passé, vous félicite et dit : "Je te laisse le témoin", je peux vous dire qu'on a les larmes aux yeux. »

Douzième du challenge national, Christian Cuisinier effectuera° samedi une nouvelle tentative°, sur 2 kilomètres, avec un challenger, François Duttringer, puis une poursuite sur quatre tours.

cycle-racing track / will welcome

power, strength

frame
holder
track racers
bends / floor

will make
attempt

© *Journal l'Humanite*, www.humanite.fr
Article paru dans lédition du 22 octobre 2005

Activité de vocabulaire

1. Trouvez les mots apparentés :
   Exemple : handcycling, handbike, etc.
2. Trouvez les mots qui correspondent :
   a. aux parties du corps
      Exemple : les jambes
   b. aux vélos :
      Exemple : le vélo
   c. aux nombres ou aux chiffres
      Exemple : trois roues

3. Trouvez les noms des athlètes qui font du cyclisme handisport.

A votre avis…

Est-ce que le cyclisme handisport est un sport facile ? Y a-t-il beaucoup d'athlètes qui participent aux courses de cyclisme handisport ?

Grammaire

1.1 Les pronoms sujets, Les registres

▶ Le pronom sujet **je** devient **j'** devant une voyelle.
   Exemple : **Je** *parle mais* **j'***écoute aussi.*

▶ Le pronom sujet **tu** est toujours singulier et familier (la famille, les amis, etc.).
   Exemple : *Salut* **Maman !** **Tu** *vas bien ?*

▶ Le pronom sujet **vous** est pluriel et familier, singulier et poli ou pluriel et poli.
   Exemple : *Salut* **Charles et Monique !** **Vous** *allez bien ? (pluriel et familier)*
   Bonjour, **Madame !** **Vous** *allez bien ? (singulier et poli)*

▶ Le pronom sujet **il** remplace un nom (une personne ou une chose) masculin.
   Exemple : **Le garçon** *aime le vélo.* **Il** *aime le vélo.*
   Le vélo *est bleu.* **Il** *est bleu.*

▶ Le pronom sujet **elle** remplace un nom (une personne ou une chose) féminin.
Exemple : *La fille* aime la musique. *Elle* aime la musique.
La musique est française. *Elle* est française.

▶ Le pronom sujet **ils** remplace un groupe de noms masculins ou un groupe de noms masculins et féminins.
Exemple : *Les garçons* aiment le vélo. *Ils* aiment le vélo.
Le garçon et la fille aiment le vélo. *Ils* aiment le vélo.

▶ Le pronom sujet **elles** remplace un groupe de noms féminins.
Exemple : *Les filles* aiment les chansons. *Elles* aiment les chansons.
Les chansons sont françaises. *Elles* sont françaises.

▶ Le pronom sujet **on** représente **les gens / tout le monde**. **On** peut remplacer **nous** dans le langage parlé.
Exemple : *Tout le monde* aime le sport.
On aime le sport.
Nous parlons avec le conducteur.
On parle avec le conducteur.

pronoms sujets			
singulier		pluriel	
1re	je/j'	1re	nous
2^e	tu	2^e	vous
3^e	il, elle, on	3^e	ils, elles

Tableau 1, Les pronoms sujets.

Pratiquez !

A **Tu ou vous ?** Est-ce que vous utilisez *tu* ou *vous* quand vous parlez…

1. à votre frère / sœur ?
2. à vos frères / sœurs ?
3. à votre grand-mère / grand-père ?
4. au conducteur d'autobus / de train ?
5. à votre chien / chat ?

B **Quel pronom ?** Remplacez les mots entre parenthèses par *les pronoms sujets* qui conviennent.

(Moi) ___ suis avec mon frère et mon ami, Marc. Deux jolies filles s'approchent de nous. (Marc) ___ se présente aux filles et (les filles) ___ se présentent à Marc. (Marc et les filles) ___ se parlent. (Mon frère et moi) ___ disons : « Au revoir !» parce que (mon frère et moi) ___ participons à une course. (Marc et les filles) ___ demandent : « (Ton frère et

Extension – les salutations

☛ Quand vous dites **tu** à quelqu'un, vous le **tutoyez**. Le verbe **tutoyer** est un verbe en –er avec un changement de radical (y → i).

☛ Quand vous rencontrez quelqu'un que vous tutoyez, vous vous **faites la bise** ou **vous vous serrez la main**.

☛ Quand vous dites **vous** à quelqu'un, vous le **vouvoyez**. Le verbe **vouvoyer** est aussi un verbe en –er avec un changement de radical (y → i).

☛ En général, quand vous rencontrez quelqu'un que vous vouvoyez, vous vous serrez la main.

Pratiquez !

Tutoyer ou vouvoyer ? Qui est-ce qu'on *tutoie / vouvoie* ? Est-ce qu'on fait la bise ou est-ce qu'on se serre la main ?

1. Je tutoie… mais je vouvoie…
2. Mes amis et moi tutoyons… mais nous vouvoyons…
3. Mes grands-parents tutoient… mais ils vouvoient…
4. Mon professeur tutoie… mais il/elle vouvoie…
5. Le président tutoie… mais il vouvoie…

toi) ___ partez ? » (Moi) ___ réponds : « Oui ! Marc, (toi) ___ accompagnes les filles à la course ! (Les filles) ___ aiment le cyclisme ! » (Marc) ___ n'est pas sûr. (Marc) ___ hésite. Mais (les filles) ___ sont quand même sportives et (tout le monde) ___ va à la course !

C **On.** Remplacez les mots soulignés par *le pronom sujet on.* Attention aux verbes !

Tout le monde adore le sport et **les gens** aiment assister aux événements sportifs, mes amis et moi y compris. **Nous** assistons au Tour de France cet après-midi. En France, **les Français** pensent que c'est la seule course cycliste de l'année. Aux Etats-Unis, **les Américains** apprécient aussi la course, mais **ils** aiment d'autres sports aussi. Malgré tout, **tout le monde** apprécie la vigueur des cyclistes ! Et vous aussi, n'est-ce pas ?

D **Vous vous connaissez ?** En groupe de trois ou quatre, présentez-vous à vos partenaires et présentez ensuite vos partenaires à vos camarades de classe.

Exemple : Bonjour, je m'appelle Alex.
Enchanté Alex, je m'appelle Thomas.
Et moi, je me présente. Je m'appelle Anne.
Bonjour tout le monde, je présente mes amis…

1.2 Les noms – genre et nombre
Les articles – défini, indéfini et partitif

Les noms – genre et nombre

▸ Les noms français ont un genre : *masculin* ou *féminin*.
Exemple : ***le** garçon et **la** fille*

▸ Le genre des noms représentant des personnes ou des animaux correspond souvent au sexe des personnes ou des animaux.
Exemple : ***le** garçon et **le** chien ; **la** fille et **la** chatte*

▸ Quelquefois, le genre du nom peut être identifié selon la terminaison. *Voir les tableaux 2 - 3.*
Exemple : ***le** paysage et **la** cascade*

▸ Les noms français ont aussi un nombre : *singulier ou pluriel*.
Exemple : ***la** fille et **les** garçons*

▸ Le pluriel est indiqué par un **s**. Les noms se terminant en **s**, **x** ou **z** ne changent pas au pluriel.
Exemple : ***les** garçon**s** et la fille : un Anglais et trois Français*

terminaisons masculines/féminines		
masculin	**féminin**	
-age	-ace	-ette
-ail	-ade	-ie
-aire	-aison	-ié
-al	-ance	-ion
-asme	-ande	-oire
-eau	-anse	-son
-ent	-ée	-té
-et	-ence	-tié
-isme	-ense	-tude
-ment	-esse	-ture

Tableau 2, Les terminaisons masculines/féminines.

masculin/féminin	
masculin	**féminin**
-ain	-aine
-ais	-aise
-el	-elle
-er	-ère
-eur	-euse
-ier	-ière
-ien	-ienne
-ois	-oise
-on	-onne
-teur	-trice

pluriel	
s	**p**
-al	-aux
-au	-aux
-eau	-eaux
-eu	-eux

exceptions	
-ail/–aux	bail, corail, travail, etc.
-al/–als	bal, carnaval, festival, etc.
-eu/-eus	pneu
-ou/-oux	bijou, caillou, chou, genou, hibou, joujou, pou
noms composés	des gratte-ciel, des grands-mères, des sous-titres, etc.

Tableau 4, Le pluriel de certains noms.

Tableau 5, Quelques exceptions au pluriel.

Tableau 3, Le masculin / le féminin.

Les articles – définis, indéfinis et partitifs

► L'article défini (**le, la, l', les**) introduit :
  - un nom déterminé :   *Le garçon aime **la** fille.*
  - un nom employé dans le sens général :   *Les garçons aiment le sport.*
  - un nom employé avec un verbe   *J'aime **la** soupe.*
    de préférence :
  - un nom abstrait :   *La patience est nécessaire pour réussir.*
  - un titre :   *Le président Chirac aime le vélo.*
  - une saison :   *L'été est ma saison préférée.*
  - une langue ou une discipline :   *Le français est une belle langue.*
  - un peuple ou un nom géographique :   *Les Américains visitent la France.*
  - une unité de mesure ou de poids :   *La soupe coûte 0,58 € **la** boîte.*
  - une partie du corps quand le possesseur   *Il se lave **les** mains avant de*
    est évident :   *dîner.*
  - une date :   *Le tour de France commence le 4 juillet.*
  - un jour de la semaine quand l'action   *Le lundi, il se repose.*
    est habituelle :

► Les articles définis **le** et **la** se contractent avec un nom qui commence par une voyelle.
Exemple :   *le ami = **l'**ami ; la amie = **l'**amie*

► L'article indéfini (**un, une, des**) introduit un nom indéterminé. Il indique la quantité **one** ou une chose entière.
Exemple :   *Le garçon aime **une (one)** photo.*
                 *Il mange **une** pizza (la pizza entière).*

► L'article partitif (**du, de la, de l', des**) introduit un nom qu'on ne peut pas compter et indique une partie ou une quantité indéterminée.
Exemple :   *Le garçon mange **de la** soupe.*

► Dans une phrase négative, l'article indéfini et l'article partitif se changent en **de/d'**.
Exemple :   *Il regarde **une** photo. Il ne regarde pas **de** photo.*
                 *Il mange **de la** soupe. Il ne mange pas **de** soupe.*

► Après une expression de quantité (assez, beaucoup, peu, trop, etc.) **de/d'** introduit le nom.
Exemple :   *Il passe beaucoup **de** temps à faire du vélo.*

articles						
	article défini		article indéfini		article partitif	
	masculin	féminin	masculin	féminin	masculin	féminin
singulier	le/l'	la/l'	un	une	du/de l'	de la/ de l'
pluriel	les	les	des	des	des	des

Tableau 6, Les articles.

Pratiquez !

A **Genre des noms.** Indiquez si *les noms* suivants sont masculins ou féminins.

1. aventure	5. chien	9. inquiétude
2. appartement	6. kidnappeur	10. maison de jeu
3. télévision	7. camion	11. voiture
4. chanson	8. voyage	12. bonheur

B **Féminin.** Donnez la forme féminine *des noms* suivants.

1. Monsieur	5. le chanteur	9. le coureur
2. un grand-père	6. un pianiste	10. le frère
3. le petit-fils	7. un cycliste	11. un jumeau
4. un guitariste	8. l'accordéoniste	12. un conducteur

C **Pluriel.** Donnez la forme plurielle *des noms* suivants.

1. un petit-fils	5. un vélo	9. un bateau
2. l'album	6. la course	10. un gratte-ciel
3. la photo	7. un pneu	11. un chapeau
4. un journal	8. le mafieux	12. un héros

Extension – les articles définis

- ☞ Certains proverbes français utilisent les articles définis.
- ☞ Dans ces proverbes, les articles définis introduisent des noms abstraits ou des noms utilisés dans un sens général.
- ☞ Observez les proverbes suivants et l'emploi de l'article défini :

◆ **L'**appétit vient en mangeant.	◆ **L'**habit ne fait pas **le** moine.
◆ **L'**occasion fait **le** larron.	◆ **Le** malheur des uns fait **le** bonheur des autres.
◆ **Les** grands esprits se rencontrent.	◆ **Le** crime ne paie pas.
◆ **L'**union fait **la** force.	◆ **La** fin justifie **les** moyens.

Pratiquez !

Traduction. Reliez les proverbes français à gauche avec les proverbes anglais à droite et expliquez le rapport entre le proverbe et le personnage entre parenthèses.

1. L'appétit vient en mangeant. *(le chef mafieux)*
2. L'occasion fait le larron. *(les jumeaux mafieux)*
3. Les grands esprits se rencontrent.
   (les Triplettes et Mme Souza)
4. L'union fait la force. *(les Triplettes et Mme Souza)*
5. L'habit ne fait pas le moine. *(Bruno / Mme Souza)*
6. Le malheur des uns fait le bonheur des autres.
   (les Triplettes)
7. Le crime ne paie pas. *(le chef mafieux)*
8. La fin justifie les moyens.
   (les Triplettes et Mme Souza)

A. Don't judge a book by its cover.
B. United we stand, divided we fall.
C. Crime doesn't pay.
D. Great minds think alike.
E. Opportunity makes the thief.
F. The end justifies the means.

G. The more you have, the more you want.
H. One man's trash is another man's
   treasure.

D **Quel article ?** Complétez le paragraphe suivant avec *les articles* (*définis, indéfinis* ou *partitifs*) ou *de/d'* selon le contexte.

___ famille visite ___ France pour ___ première fois. Ils visitent Paris parce qu'ils aiment ___ grandes villes. ___ parents aiment plutôt ___ gratte-ciel, ___ appartements, ___ gens, etc. ! Ils apprécient surtout ___ architecture. ___ grands-parents sont moins enthousiastes. ___ grand-mère n'aime pas ___ foules. ___ grand-père préfère ___ montagne où il peut faire du vélo. ___ voyage est très intéressant pour ___ enfants. Ils visitent ___ Tour Eiffel, ___ monuments historiques, ___ jardins, etc. Tous ___ soirs, ___ famille dîne dans ___ restaurants français et ils mangent beaucoup ___ choses intéressantes. Ils essaient ___ peu ___ tout… ils mangent ___ pain, ___ soupe, ___ escargots, etc. Mais ils ne mangent pas ___ grenouilles ! Ils n'aiment pas ___ grenouilles ! En fin de compte, c'est ___ bonne aventure !

1.3 Les adjectifs et les pronoms possessifs

Les adjectifs possessifs

▶ L'adjectif possessif indique la possession. Il s'accorde en personne avec le possesseur et en genre et en nombre avec le nom possédé.
Exemple : *Le vélo appartient à Charles. C'est **son** vélo.*

▶ Les adjectifs possessifs **mon, ton** et **son** remplacent **ma, ta** et **sa** quand un nom féminin commence par une voyelle ou un *h* muet.
Exemple : *Ma sœur et **mon** amie adorent **mon** histoire.*

adjectifs possessifs						
	singulier		pluriel		singulier	pluriel
	masculin	féminin	masculin/féminin		masculin	féminin	masculin/féminin
je	mon	ma/mon	mes	**nous**	notre	notre	nos
tu	ton	ta/ton	tes	**vous**	votre	votre	vos
il, elle, on	son	sa/son	ses	**ils, elles**	leur	leur	leurs

Tableau 7, Les adjectifs possessifs.

Les pronoms possessifs

▶ Le pronom possessif indique la possession et il remplace un nom et son article. Il s'accorde en personne avec le possesseur et en genre et en nombre avec le nom possédé.
Exemple : *Le vélo appartient à Charles. C'est son vélo. C'est **le sien**.*

▶ Le pronom possessif se compose de deux mots : un article défini et le pronom possessif. L'article défini se contracte avec les prépositions **à** et **de**.
Exemple : *Nous parlons à notre père. Vous parlez **au vôtre**.*

pronoms possessifs			
	masculin singulier	féminin singulier	masculin pluriel	féminin pluriel
je	le mien	la mienne	les miens	les miennes
tu	le tien	la tienne	les tiens	les tiennes
il, elle, on	le sien	la sienne	les siens	les siennes
nous	le nôtre	la nôtre	les nôtres	les nôtres
vous	le vôtre	la vôtre	les vôtres	les vôtres
ils, elles	le leur	la leur	les leurs	les leurs

Tableau 8, Les pronoms possessifs.

Pratiquez !

A **Adjectifs possessifs – 1.** Donnez *les adjectifs possessifs* qui correspondent.

> **Exemple :** tu → <u>*tes*</u> *vélos*

1. Champion → ___ *grand-mère et* ___ *parents*
2. Mme Souza → ___ *petit-fils et* ___ *amies*
3. les Triplettes → ___ *chansons et* ___ *concert*
4. les jumeaux → ___ *camion et* ___ *victimes*
5. nous → ___ *films préférés et* ___ *discussion*

B **Adjectifs possessifs – 2.** Complétez le paragraphe suivant avec *les adjectifs possessifs* qui conviennent.

Nous passons ___ après-midi à regarder ___ films préférés avec ___ meilleurs amis et ___ discussion des films devient très intéressante. Charles exprime toujours ___ opinions un peu bizarres. ___ film préféré n'est pas *Les Triplettes de Belleville*, mais ___ sœur adore le film. A ___ avis, c'est un des meilleurs films de l'année. Je suis d'accord avec elle et ___ frère aime aussi le film. Mais, Charles n'est pas du tout d'accord ! Il nous quitte en marmonnant … « Vous et ___ idées idiotes ! » (Il se fâche facilement.) Je cherche Charles dans le jardin. Je lui explique : « Tu ne peux pas nous quitter comme ça ! » Il me regarde … « Ben, pourquoi pas ? » Je réponds : « C'est tout simple. C'est __ maison ! » Il est content : « Ben, oui ! Alors, ___ frère et toi, vous rentrez chez vous alors ! » Et oui, nous rentrons chez nous…

C **Pronoms possessifs.** Utilisez *les pronoms possessifs* pour identifier les choses suivantes.

> **Exemple :** *tricycle : Mme Souza* → *Le tricycle ? C'est le sien !*

1. Champion : bicyclette
2. les coureurs : casquettes
3. Champion & Mme Souza : maison
4. Rose, Blanche, Violette : appartement
5. nous : DVD
6. vous : films préférés
7. tu : lecteur de DVD
8. je : histoire préférée

D **Possessifs.** Complétez l'email suivant avec *les adjectifs possessifs* et *les pronoms possessifs* qui conviennent.

> A : Thomas999@wanadoo.fr
> De : Michel333@aol.fr
> Sujet : Sur la route
>
> Salut Thomas !
>
> C'est vrai ! Le vélo de Lance Armstrong coûte plus cher et il est meilleur que ___ (ours), mais j'aime beaucoup ___ (mine) quand même. ___ (my) frère et moi avons de bons souvenirs de ___ (our) randonnées en bicyclette. Nous avons beaucoup de photos de ___ (our) excursions ensemble. Je donne ___ (mine) à ___ (my) frère parce que ___ (his) ne sont pas très bonnes. ___ (our) parents aiment aussi ___ (their) vélos mais ils font moins de randonnées que nous. Ce week-end ___ (my) amie et moi allons à la montagne et Nicolas y va aussi avec ___ (his) amie Nicole. __ (our) guide va téléphoner (à) ___ (their) parents pour leur donner des renseignements sur ___ (our) voyage. Il téléphone aussi (à) ___ (ours). Il est formidable ! C'est tout pour l'instant. Dis bonjour (à) ___ (your) parents et (à) ___ (your) frère pour moi – je dirai bonjour ___ (mine) pour toi !
>
> Bonne route ! Michel

1.4 Les nombres : cardinaux, ordinaux et collectifs, La date

Les nombres cardinaux

0	zéro	15	quinze	51	cinquante et un	101	cent un
1	un, une	16	seize	52	cinquante-deux	200	deux cents
2	deux	17	dix-sept	60	soixante	201	deux cent un
3	trois	18	dix-huit	61	soixante et un	1.000	mille
4	quatre	19	dix-neuf	62	soixante-deux	1.001	mille un
5	cinq	20	vingt	70	soixante-dix	1.100	mille cent
6	six	21	vingt et un	71	soixante et onze	2.000	deux mille
7	sept	22	vingt-deux	72	soixante-douze	2.001	deux mille un
8	huit	30	trente	80	quatre-vingts	100.000	cent mille
9	neuf	31	trente et un	81	quatre-vingt-un	200.000	deux cent mille
10	dix	32	trente-deux	82	quatre-vingt-deux	1.000.000	un million
11	onze	40	quarante	90	quatre-vingt-dix	2.000.000	deux millions
12	douze	41	quarante et un	91	quatre-vingt-onze	1.000.000.000	un milliard
13	treize	42	quarante-deux	92	quatre-vingt-douze	2.000.000.000	deux milliards
14	quatorze	50	cinquante	100	cent	3.000.000.000	trois milliards

- ▶ **1** a une forme masculine (*un*) et une forme féminine (*une*).

- ▶ **80** s'écrit avec un *s* quand il n'est pas suivi d'un autre nombre : *quatre-vingts v. quatre-vingt-un.*

- ▶ **100** s'écrit avec un *s* au pluriel quand il n'est pas suivi d'un autre nombre : *cinq cents v. cinq cent cinquante.*

- ▶ **Mille** est invariable : *mille, deux mille, trois mille, etc.*

- ▶ **1.000.000** et **100.000.000** s'écrivent avec un *s* : *trois millions, trois milliards.*

- ▶ Quand **million** et **milliard** sont suivis d'un nom, **de/d'** introduit le nom : *un million de garçons.*

- ▶ La virgule (**,**) marque les décimaux (**50 ½ : 50,5**) et le point (**.**) ou l'espace sépare les groupes de trois chiffres (**un million : 1 000 000 ou 1.000.000**).

Les nombres ordinaux

- ▶ Pour former le nombre ordinal, on ajoute **ième** au nombre cardinal. Si le nombre cardinal se termine en **e**, on laisse tomber le **e** avant d'ajouter **ième**.
  Exemple :   *deux*   +   **ième**   →   *deuxième*
                quatorze   +   **ième**   →   *quatorzième*

- ▶ Le nombre cardinal **un** (**une**) correspond au nombre ordinal **premier** (**première**).
  Exemple :   *C'est son **premier** Tour de France et c'est aussi sa **première** victoire.*

- ▶ Les nombres ordinaux sont invariables.
  Exemple :   *C'est la **troisième** fois que je regarde le film.*

Les nombres collectifs

- ▶ Pour former le nombre collectif, on ajoute **aine** au nombre cardinal. Si le nombre cardinal se termine en **e**, on laisse tomber le **e** avant d'ajouter **aine**. Si le nombre cardinal se termine en **x**, on remplace le **x** par un **z.**
  Exemple :   *dix*   +   **aine**   →   *dizaine*
                cent   +   **aine**   →   *centaine*

- ▶ Les nombres collectifs sont féminins et ils sont introduits par l'article indéfini **une**. **De/d'** introduit le nom.
  Exemple :   ***une** dizaine **de** coureurs* (= à peu près dix)

- ▶ Notez que mille a une forme particulière **un millier de/d'**.
  Exemple :   ***un millier de** spectateurs* (= à peu près mille)
                ***une centaine de milliers** de personnes* (= à peu près cent mille)

- ▶ Le nombre collectif **une douzaine de/d'** veut dire exactement douze.
  Exemple :   ***une douzaine d'**œufs* (= 12 œufs)

Pratiquez !

A Quel âge ? Lisez *les âges* possibles des personnages du film à haute voix.

1. Champion au début du film :   **9** ans
2. Champion à la fin du film :   **21** ans
3. Mme Souza au début du film :   **59** ans
4. Mme Souza à la fin du film :   **71** ans
5. Bruno au début du film :   **1** an
6. Bruno à la fin du film :   **13** ans
7. Les Triplettes au début du film :   **35** ans
8. Les Triplettes à la fin du film :   **60** ans
9. Le chef mafieux à la fin du film :   **49** ans
10. Le mécanicien à la fin du film :   **33** ans

B Nombres ordinaux. Lisez le paragraphe suivant à haute voix. Faites attention *aux nombres ordinaux* !

Je regarde *Les Triplettes de Belleville* pour la **10ᵉ** fois et un de mes amis le regarde pour la **21ᵉ** fois (il adore le film) ! *Les Triplettes de Belleville* est le **1ᵉʳ** long métrage de Chomet mais ce n'est pas la **1ʳᵉ** fois qu'il réalise un dessin animé. En fait, c'est son **4ᵉ** dessin animé. C'est la **2ᵉ** fois qu'il écrit une histoire sur une vieille femme. Est-ce que Mme Souza reviendra dans son **6ᵉ** film ? J'espère ! C'est mon personnage préféré !

C Nombres collectifs. Lisez le paragraphe suivant à haute voix. Faites attention *aux nombres collectifs* et ajoutez les éléments nécessaires !

Les Triplettes de Belleville est un film riche en culture. Dans le film, il y a (≈**20**) références aux années 1940 et (≈**50**) références culturelles aux années 1950. Chomet inclut (≈**10**) vedettes des années 1940 et 1950 et il montre (≈**15**) modernisations de la vie entre les années 1940 et 1950. Il y a (≈**100**) références aux cultures française et américaine et on compte (≈**40**) clichés sur les Français et sur les Américains. Il montre bien la popularité du Tour de France avec (≈**10.000**) personnes à Marseille. Finalement, il développe le thème du trio avec (≈**20**) références. En fin de compte, c'est un film bien développé avec (≈**1000**) choses à dire sur la culture !

D Chiffres. Lisez les chiffres suivants *à haute voix*.

1. La superficie des Etats-Unis :   **9.158.960 km²**
2. La population des Etats-Unis :   **295.358.163**
3. Les états aux Etats-Unis :   **50**
4. La population de New York :   **8.085.742**
5. La superficie de la France :   **551.000 km²**
6. La population de la France :   **62.000.000**
7. Les régions en France :   **22**
8. Les départements en France :   **96**
9. La population de Paris :   **9.800.000**
10. La distance entre Paris et New York :   **5.851 km**
11. La distance du Tour de France :   **≈ 3.000 km**
12. Les coureurs du Tour de France :   **≈ 200**

La date

▸ En français, la date s'écrit :   *jour / mois / année : 17 / 01 / 2006*

▸ Pour demander la date, on dit :   *Quelle est la date ?*

▸ Pour répondre, on dit :   *C'est le + # + mois + année : C'est le dix-sept janvier 2006.*

▸ On emploie les nombres cardinaux pour exprimer la date (à part le premier jour du mois).
Exemple :   *02 / 01 / 2006 :*   *le deux janvier 2006*
             01 / 01 / 2006 :   *le premier janvier 2006*

▸ Les mois de l'année :
janvier, février, mars, avril, mai, juin, juillet,
août, septembre, octobre, novembre, décembre

Pratiquez !

A   **Dates de naissance.** Lisez *les dates* de naissances suivantes à haute voix.

1. Jacques Anquetil :   08 / 01 / 1934
2. Fred Astaire: 10 / 05 / 1899
3. Joséphine Baker: 03 / 06 / 1906
4. Charlie Chaplin: 16 / 04 / 1889
5. Sylvain Chomet: 10 / 11 / 1963
6. Glenn Gould: 25 / 09 / 1932
7. Yvette Horner :   22 / 09 / 1922
8. Django Reinhardt :   23 / 01 / 1910
9. Jacques Tati :   09 / 10 / 1908
10. Charles Trénet :   18 / 05 / 1913

B   **Dates historiques.** Reliez *la date* à droite avec les événements historiques à gauche.

1. La prise de la Bastille   a.   01 / 07 / 1903
2. L'indépendance des Etats-Unis   b.   14 / 07 / 1789
3. La fin de la seconde guerre mondiale en Europe   c.   19 / 03 / 1895
4. Le premier film   d.   07 / 05 / 1945
5. Le premier Tour de France   e.   04 / 07 / 1776

C   **Dates importantes !** Indiquez quelles dates sont importantes pour les gens suivants.

1. Pour les Américains…   4. Pour les parents…
2. Pour les Français…   5. Pour vous…
3. Pour les enfants…

1.5 Les couleurs

▶ Les couleurs s'accordent en genre et en nombre avec le nom qualifié.
  Exemple : *les fleurs **violettes***

▶ Les noms employés adjectivement sont invariables (***cerise, kaki, marron, orange, etc.***). Quelques exceptions à cette règle sont ***mauve, pourpre, rose, etc.***
  Exemple : *les yeux **marron** et les joues **roses***

▶ Si la couleur est qualifiée par un nom ou un autre adjectif, les deux sont invariables.
  Exemple : *les yeux **bleu ciel**, le vélo **bleu vert***

▶ Quelques couleurs :

blanc/che	jaune	orange*	pourpre*
bleu/e	kaki*	rose	vert/e
brun/e	marron*	rouge	violet/tte
cerise*	mauve*	roux/rousse	
gris/e	noir/e		*couleurs invariables*

Pratiquez !

A **Genre et nombre.** Donnez la forme féminine (si cela est possible) *des couleurs* suivantes.

1. brun
2. jaune
3. vert
4. bleu ciel
5. violet
6. bleu vert
7. marron
8. noir
9. blanc
10. kaki
11. gris
12. rose

B **Couleurs.** Choisissez *les couleurs* qui décrivent les noms suivants. Attention à l'accord !

1. vos yeux
2. vos cheveux
3. votre vélo/votre voiture
4. votre chambre
5. votre appartement/votre maison

C **Portraits.** Choisissez *les couleurs* qui conviennent. Attention à l'accord !

1. Champion a les yeux _____ (marron / vert) et les cheveux _____ (blond / brun).
2. Pendant les années 1940, Madame Souza a les yeux _____ (bleu ciel / noir) et les cheveux _____ (brun / gris). Pendant les années 1950, elle a les cheveux _____ (brun / gris).
3. Pendant les années 1930, les Triplettes ont les cheveux _____ (roux / gris), les cheveux _____ (noir / blond) et les cheveux _____ (brun / orange). Pendant les années 1950, elles ont les cheveux _____ (blanc / noir).
4. Le chef mafieux a les yeux _____ (bleu / noir), les cheveux _____ (blond / noir), une moustache _____ (noir / gris) et le nez _____ (rouge / jaune).
5. Les mafieux portent des lunettes de soleil _____ (rouge / noir) et des vêtements _____ (noir / gris).

1.6   Les verbes réguliers en -er

▶ Les verbes sont classés selon leur terminaison : **–er** ; **-ir** ; **-re** ; etc.
Exemple :   *parler, finir, apprendre*, etc.

▶ Les verbes en **–er** suivent une conjugaison régulière. On laisse tomber la terminaison infinitive **-er** et on ajoute les terminaisons **-e, -es, -e, -ons, -ez, -ent.**
Exemple :   ils / invit**er** → **invit-** + **ent** → ils **invitent**

terminaisons des verbes en -er			
je / j'	**-e**	nous	**-ons**
tu	**-es**	vous	**-ez**
il, elle, on	**-e**	ils, elles	**-ent**

Tableau 9, Les terminaisons des verbes en -er.

chanter			
je	**chante**	nous	**chantons**
tu	**chantes**	vous	**chantez**
il, elle, on	**chante**	ils, elles	**chantent**

Tableau 10, La conjugaison du verbe chanter.

▶ Les verbes en **–ger** sont conjugués avec un *e* quand le *g* est suivi d'un *a* ou d'un *o*.

voyager			
je	**voyage**	nous	**voyageons**
tu	**voyages**	vous	**voyagez**
il, elle, on	**voyage**	ils, elles	**voyagent**

Tableau 11, La conjugaison du verbe voyager.

▶ Les verbes en **–cer** sont conjugués avec un *ç* quand le *c* est suivi d'un *a* ou d'un *o*.

commencer			
je	**commence**	nous	**commençons**
tu	**commence**	vous	**commencez**
il, elle, on	**commence**	ils, elles	**commencent**

Tableau 12, La conjugaison du verbe commencer.

▶ Certains radicaux des verbes en –**er** ont des changements orthographiques aux 1re, 2e et 3e personnes du singulier et à la 3e personne du pluriel.

Verbes comme préférer : é → è

préférer			
je	**préfère**	nous	**préférons**
tu	**préfères**	vous	**préférez**
il, elle, on	**préfère**	ils, elles	**préfèrent**

Tableau 13, La conjugaison du verbe préférer.

Verbes comme amener : e → è

amener			
je/j'	**amène**	nous	**amenons**
tu	**amènes**	vous	**amenez**
il, elle, on	**amène**	ils, elles	**amènent**

Tableau 14, La conjugaison du verbe amener.

Verbes comme appeler : l → ll

appeler			
je/j'	**appelle**	nous	**appelons**
tu	**appelles**	vous	**appelez**
il, elle, on	**appelle**	ils, elles	**appellent**

Tableau 15, La conjugaison du verbe appeler.

Verbes comme jeter : t → tt

jeter			
je	**jette**	nous	**jetons**
tu	**jettes**	vous	**jetez**
il, elle, on	**jette**	ils, elles	**jettent**

Tableau 16, La conjugaison du verbe jeter.

Verbes en –yer* : y → i

envoyer			
je/j'	**envoie**	nous	**envoyons**
tu	**envoies**	vous	**envoyez**
il, elle, on	**envoie**	ils, elles	**envoient**

Tableau 17, La conjugaison du verbe envoyer.

* Notez que les verbes en *ayer* ont deux formes possibles.
Exemple :   *(payer) je paie ou je paye*

Pratiquez !

A **Email.** Lisez le paragraphe suivant et conjuguez *les verbes en -er.*

Voilà une partie d'un message que j'envoyer à un ami :

[…] Nous **commencer** notre étude du film à l'école. Moi aussi, je **trouver** les sons du film très intéressants. Evidemment, il y a les voix des chanteuses qui **chanter**. Il y a également les sons des instruments : le guitariste **jouer** de la guitare, l'accordéoniste et le pianiste **jouer** aussi de leurs instruments. Est-ce que tu **apprécier** aussi la musique à la fin du film ? Mon frère et moi, nous **discuter** des autres sons. On entend les mâchonnements des personnages quand ils **manger**, les grincements du vélo quand Champion **monter** la montagne, etc. Le chien **aboyer** quand les trains passent et il **grogner** quand il **rêver**. Enfin, comme il y a très peu de dialogue, les sons sont très importants et on **apprécier** chaque son. J'**appeler** maintenant un ami qui **étudier** le film. J'**espérer** qu'il me donnera d'autres idées ! Tes amis et toi ? Vous **aimer** les sons ? Quels sons **préférer**-vous ? […]

B **Sommaire.** Développez un sommaire du film avec *les verbes en -er.* Utilisez les verbes suivants pour vous aider !

Introduction :   regarder, acheter, donner, se préparer, manger
Corps :   participer à, grimper/monter, kidnapper, traverser/voyager, rencontrer
Conclusion :   chercher, trouver, libérer

Extension – les verbes en -er

☛ On trouve des verbes en –er dans beaucoup d'expressions idiomatiques.

☛ Observez quelques expressions avec deux verbes en –er et notez que ces expressions sont utilisées dans des contextes familiers:

◆ Expressions avec chercher :

chercher la bagarre (to be spoiling for a fight)

chercher la femme (to look for the woman – as a resolution to a mystery)

chercher la petite bête (to nitpick)

chercher le merle blanc (to dream the impossible dream)

◆ Expressions avec manger :

manger comme un cochon/un oiseau (to eat like a pig/a bird)

manger goulûment (to wolf down food)

manger un morceau (to have a snack)

manger le morceau (to spill the beans)

manger un coup (to take one on the chin)

Pratiquez !

Vrai ou faux ? Lisez les phrases suivantes, déterminez si elles sont vraies ou fausses et expliquez votre choix.

1. Champion mange comme un cochon et il mange toujours goulûment.
2. Un des jumeaux mafieux mange le morceau et on découvre la maison de jeu du chef mafieux.
3. Rose aime un appartement très propre mais quelquefois elle va trop loin et elle cherche la petite bête.
4. Champion et Mme Souza cherchent le merle blanc ; Champion ne va pas gagner le Tour de France !
5. La pauvre Mme Souza cherche la bagarre et elle mange un coup !
6. Pour trouver Champion, il faut chercher la femme.

Traduction

Français → anglais

 A **Mots et expressions.** Traduisez les mots et les expressions suivantes *en anglais*.

1. trois chanteuses et leur pianiste
2. un petit-fils et sa grand-mère
3. des mafieux et le chef mafieux
4. une course et un kidnapping
5. une grande aventure

B **Phrases.** Traduisez les phrases suivantes *en anglais*.

1. La grand-mère et son petit-fils regardent la télé.
2. Ils adorent la musique !
3. La grand-mère aide son petit-fils.
4. Il participe au Tour de France.
5. Pendant leur aventure, ils rencontrent des chanteuses.

Conseils

◆ Faites très attention au genre et au nombre des noms.

◆ Observez bien les articles, les adjectifs possessifs et les nombres qui introduisent les noms.

◆ Cherchez les mots apparentés (les mots qui sont les mêmes en anglais et en français).

◆ Cherchez les faux amis (les mots qui ont la même orthographe en français et en anglais mais qui ont des sens différents).

◆ Ne traduisez pas mot à mot et respectez l'ordre des mots dans la phrase.

◆ Utilisez le vocabulaire et la grammaire pour vous aider !

Anglais → français

A **Mots et expressions.** Traduisez les mots et les expressions suivantes *en français*.

1. their confusion and anger
2. a big city with skyscrapers
3. about 100 racers
4. his bicycle and his cap
5. a big trip

B **Phrases.** Traduisez les phrases suivantes *en français*.

1. It's nice to meet you. My name is Champion and this is my dog Bruno.
2. He loves his bicycle. Do you like yours ?
3. The twins look like their parents.
4. He is watching the cyclist with the yellow jersey.
5. Their twentieth song is a flop.

C **Journal.** Vous trouvez un journal déchiré avec un article sur le Tour de France. Traduisez l'article suivant *en français*.

France : The race, the racers and their families

-JOSH SMITH

Good evening. My name is Mr. Smith. What is your name? *Good evening! My name is Madame Souza. It's a pleasure to meet you.*

In your opinion, do boys love cycling? *Yes, in my opinion, boys love dogs, trains and bicycles. For example, my grandson, Champion, loves cycling and he is preparing for the Tour of France in July. He especially likes going up hills and climbing mountains. He is very muscular !*

This is his first Tour of France? *Yes, this is his first Tour of France.*

Do you watch the Tour of France on TV? *Of course! We always watch the Tour of France on TV!*

Photos

A **Détails.** Regardez l'image et cochez les bonnes réponses.

Photo N°1

[image: Photo N°1]

Photo N°2

[image: Photo N°2]

Photo N°1	Photo N°2

Epoque	
☐ les années 1930	☐ les années 1930
☐ les années 1940	☐ les années 1940
☐ les années 1950	☐ les années 1950
☐ autre _____	☐ autre _____

Lieu	
☐ un théâtre	☐ un théâtre
☐ la rue	☐ la rue
☐ une maison	☐ une maison
☐ autre _____	☐ autre _____

Personnages	
☐ Bruno	☐ Bruno
☐ Madame Souza	☐ Madame Souza
☐ Champion	☐ Champion
☐ le Mafieux	☐ le Mafieux

Age de Champion	
☐ entre 5 et 10 ans	☐ entre 5 et 10 ans
☐ entre 10 et 20 ans	☐ entre 10 et 20 ans
☐ entre 20 et 30 ans	☐ entre 20 et 30 ans
☐ autre _____	☐ autre _____

B **Complétez.** Utilisez le vocabulaire à droite pour compléter les phrases.

1. Le garçon habite dans une maison dans ___. Le garçon est ___ de Mme Souza. Mme Souza est ___ du garçon. Il y a aussi ___, Bruno.
2. Sur la 1re photo, le garçon entre dans ___ et regarde ___ (c'est ___ de Mme Souza).
3. Sur la 2e photo, le garçon est ___. L'homme est ___.
4. Sur la 2e photo, le garçon porte ___ rouge et ___ rouge. L'homme porte des vêtements ___ et des lunettes de soleil ___.
5. Sur la 2e photo, le garçon monte dans ___. L'homme ___ le garçon.

C **En général.** Répondez aux questions suivantes. Ecrivez deux ou trois phrases.

1. Faites une description de la première photo. Qu'est-ce qui se passe ?
2. Faites une petite description de la deuxième photo. Qu'est-ce qui se passe ?
3. Donnez un titre aux deux photos. Justifiez votre choix.

D **Aller plus loin.** Ecrivez un paragraphe pour répondre aux questions suivantes.

1. Comment est la famille (Madame Souza, Champion, Bruno) ?
2. Décrivez les émotions de Champion sur les deux photos.
3. Décrivez les changements physiques de Champion.

Vocabulaire

cycliste
kidnappe
la grand-mère
la maison
le chien
le petit-fils
mafieux
noires
noirs
un cadeau
un camion
un maillot
un tricycle
une casquette
une grande ville

Mise en pratique

 A

En général. Répondez aux questions suivantes. Ecrivez deux ou trois phrases.

1. Quand et où se passe le film ?
2. Décrivez Paris. Comment est-ce que la ville change au cours du film ? Quelles couleurs est-ce que Chomet utilise pour les scènes de Paris ?
3. Décrivez la maison de Champion et de Madame Souza. Quelles couleurs est-ce que Chomet utilise pour les scènes dans la maison ?
4. Au début du film, Madame Souza et Champion regardent la télé. Qu'est-ce qu'ils regardent ? Est-ce que cette scène est importante ?
5. Madame Souza donne trois cadeaux à Champion. Quels cadeaux est-ce qu'elle lui donne et pourquoi est-ce qu'elle lui donne ces cadeaux ?
6. Comment est-ce que Champion se prépare pour le Tour de France ?
7. Décrivez les relations entre Madame Souza et Champion. Est-ce qu'ils s'aiment ? Expliquez.
8. Quelle est la réaction de Madame Souza quand elle découvre que Champion est victime des kidnappeurs ?
9. Pourquoi est-ce que la Mafia française kidnappe les coureurs du Tour de France ?
10. Décrivez Belleville. Où se trouve Belleville ? Quelles couleurs est-ce que Chomet utilise pour les scènes de Belleville ?
11. Comment est-ce que Madame Souza rencontre les Triplettes de Belleville ?
12. Comment est le dîner chez les Triplettes ?
13. Décrivez la musique des Triplettes pendant les années 1950.
14. Décrivez la scène où les cyclistes, les Triplettes, Madame Souza et Bruno échappent à la Mafia française.
15. Décrivez la dernière scène du film. Comment est-ce qu'elle ressemble à la première scène du film ?

B

Aller plus loin. Écrivez un paragraphe pour répondre aux questions suivantes.

1. Décrivez l'évolution de Champion au cours du film.
2. Décrivez la carrière des Triplettes au cours du film.
3. On remarque des changements chez Champion et chez les Triplettes. Est-ce que Madame Souza change ? Est-ce que Bruno change ?
4. Quel effet ont les stars dans le film ?
5. Parlez de l'intrigue du film.
6. Il y a très peu de dialogue dans le film. Comment savez-vous ce qui se passe ? Faut-il avoir un dialogue pour comprendre l'histoire ?
7. Parlez de la musique. Quel est l'effet de la musique dans le film ?
8. Décrivez le ton du film. Comment est-ce que les couleurs contribuent au ton ?
9. Décrivez l'animation du film.
10. Qui est votre personnage préféré ? Justifiez votre réponse.

C   **Analyse.** Lisez le texte suivant et répondez aux questions.

Profil: Paul Guignard
cycliste

Né le 10 mai 1875 à Ainay le Château,
France
Mort le 15 février 1965 à Paris

Son histoire

Il commence à faire du vélo à l'âge de 14 ans. Son père veut qu'il devienne cuisinier et Guignard va à Paris pour étudier la cuisine à l'âge de 16 ans. En 1894, il participe à sa première course à vélo (Bordeaux-Paris) – sans guide, sans conseil, sans soins, sans entraîneur. Malgré la vigueur des 87 coureurs, Guignard se classe quatrième. Il se révèle au monde cycliste. En 1895, il participe à la course Paris-Besançon. Il finit premier. Il devient recordman de l'heure et champion d'Europe et ses victoires continuent jusqu'à la fin de sa carrière professionnelle en 1921.

L'Athlète

Guignard est un pur stayer. Comme la majorité de ses émules°, son aspect physique n'annonce nullement° un athlète de premier ordre°. Il est d'une taille plutôt un peu au-dessous de la moyenne°, et rien dans sa structure n'attire l'attention. Il paraît rentrer dans la grande généralité des types de notre espèce. Toutefois, si on examine avec quelque soin° le détail de ses formes physiques, on peut constater° qu'elles sont d'une régularité parfaite, ce qui, pour un stayer, j'ai déjà eu maintes fois° l'occasion de le remarquer, paraît être la qualité primordiale et nécessaire de sa grande valeur athlétique.

Sur le moral de l'homme, on pourrait s'étendre° à l'infini, car je crois qu'il serait difficile de rencontrer par le monde un garçon plus simple, plus modeste, plus pacifique, qualités dont la physionomie du jeune Guignard est d'ailleurs la manifestation vivante. A voir cette face bon enfant, on considère tout de suite comme impossible qu'un sentiment mauvais, sentiment de haine° ou de colère° puisse jamais pénétrer dans l'âme° de celui qui la porte.

Édouard de Perrodil, *Les Étoiles de la piste. Guignard recordman de l'heure, champion d'Europe* (Dupont, 1905)

emulators
not at all
first-rate
below average

with some care
remark

many times

go on

hate
anger / soul, spirit

Vrai ou faux ?

Déterminez si les phrases suivantes sont vraies ou fausses.

1. Paul Guignard a commencé sa carrière sans aide.
2. Guignard avait l'air d'un vrai athlète.
3. Pour être un pur stayer, il faut avoir des formes physiques d'une régularité parfaite.
4. Guignard n'était pas gentil.
5. Il était souvent très agressif.

A votre avis…

Que faut-il pour être un cycliste accompli ? Faites le portrait de Paul Guignard. Comment est-il physiquement ? Comment est-il moralement ? Champion ressemble-t-il à Guignard ? Expliquez.

Communication

A   **Rencontres.** Madame Souza joue de la musique dans la rue. Les Triplettes arrivent et la rencontrent (39 minutes, 40 secondes). Imaginez leur conversation. Distinguez bien entre l'emploi *des pronoms tu* et *vous.* Utilisez *les pronoms sujets appropriés* et *les salutations.*

    Exemple :   Etudiant 1 :   Bonjour, Madame. Vous allez bien ? Et votre chien, il va bien ?

                                Etudiant 2 :   Non, je ne vais pas très bien. Je cherche mon petit-fils.

B   **Genre et nombre.** Regardez la liste de vocabulaire. Choisissez quinze noms. Lisez les noms sans article à votre partenaire. Il vous donne *l'article défini* et *la forme plurielle* qui correspondent aux noms.

    Exemple :   Etudiant 1 :   tricycle

                                  Etudiant 2 :   le tricycle ; les tricycles

C   **Personnages.** Qui sont les personnages du film ? Faites une liste des personnages du film et de leur profession. Votre partenaire vous donne la forme opposée de leur profession.

    Exemple :   Etudiant 1 :   Les Triplettes : Elles sont chanteuses.

                                  Etudiant 2 :   Forme opposée : Ils sont chanteurs.

D   **Dates.** Faites une liste d'événements historiques. Votre partenaire essaie de vous donner *la date* associée aux événements historiques.

    Exemple :   Etudiant 1 :   Quelle est la date de la Révolution française ?

                                  Etudiant 2 :   C'est le 14 juillet 1789.

E   **Voyage !** Madame Souza quitte Paris pour Belleville. Belleville n'est pas Paris ! Complétez le tableau avec *les chiffres* du manuel et inventez *les chiffres* pour Belleville avec votre partenaire.

Paris et la France	Belleville et les Etats-Unis
Population (la France) :	Population (les Etats-Unis) :
Superficie (la France) :	Superficie (les Etats-Unis) :
Régions en France :	Etats (les Etats-Unis) :
Départements en France :	
Population (Paris) :	Population (Belleville) :
Date de la Fête nationale :	Date de la Fête nationale :

F   **Emotion et couleur.** 1) Discutez *des couleurs* associées aux émotions ci-dessous. Quelles couleurs est-ce que vous associez aux émotions ? 2) Discutez *des couleurs* du film avec votre partenaire. Quelles émotions sont évoquées par *les couleurs* utilisées dans le film ? Présentez vos résultats à vos camarades de classe.

    Emotions : l'agitation, l'amour, l'angoisse, le bonheur, la colère, la confusion, le découragement, la douleur, l'emprisonnement, la fatigue, la joie, la peur, la tristesse, etc.

    Exemple: Etudiants :   le rouge = l'amour ; le bleu = la tristesse, etc. Les couleurs dans le film sont sombres ; le noir, le marron, etc. Le ton est mélancolique.

G **Au cinéma !** Vous et votre partenaire êtes animateurs de l'émission *Au Cinéma* sur *France 2*. Vous présentez le film *Les Triplettes de Belleville*. Ecrivez un résumé du film et discutez du film avec votre partenaire. Utilisez **les verbes en –er.** Présentez votre émission de télé à vos camarades de classe.

> **Exemple :** Etudiant 1 : Bonjour et bienvenue ! Aujourd'hui, on vous présente un dessin animé, *Les Triplettes de Belleville*.
>
> Etudiant 2 : *Les Triplettes de Belleville* est l'histoire d'un garçon …

H **Dessins animés.** Que pensez-vous des dessins animés ? Complétez le sondage et présentez les résultats à vos camarades de classe.

Dessins animés				
	oui	non	peut-être	exemple
Les dessins animés sont pour les enfants.				
Les dessins animés sont pour les adultes.				
Les dessins animés sont amusants.				
Les dessins animés sont tristes.				
Les dessins animés sont intellectuels.				
Les dessins animés ont des intrigues.				
Les dessins animés ont des aventures.				
Les dessins animés ont des stars.				
Les dessins animés ont des héros.				
Les dessins animés ont des victimes.				
Les dessins animés ont de la musique.				
J'aime les dessins animés.				
Je regarde des dessins animés.				
J'ai un dessin animé préféré.				

I **Pour ou contre ?** Est-ce que vous aimez le film ? Complétez le tableau suivant et présentez vos opinions à vos camarades de classe.

Les Triplettes de Belleville un film de Sylvain Chomet			
L'intrigue	☐ très bonne	☐ moyenne	☐ sans intérêt particulier
Les personnages	☐ très bons	☐ moyens	☐ sans intérêt particulier
Le décor	☐ très bon	☐ moyen	☐ sans intérêt particulier
Les couleurs	☐ très bonnes	☐ moyennes	☐ sans intérêt particulier
La musique	☐ très bonne	☐ moyenne	☐ sans intérêt particulier
Le film en général	☐ très bon	☐ moyen	☐ sans intérêt particulier

Aller plus loin

Lecture

LE TOUR DE FRANCE

	Le Premier Tour de France	Le Tour de France contemporain
Le créateur :	Henri Desgrange et Georges Lefèvre	
La date :	le 1er juillet 1903	au mois de juillet
Le départ :	Villeneuve-Saint-Georges	varie
L'arrivée :	Paris	Paris
La distance :	2.428 km	entre 3.000 et 4.000 km
Les étapes :	6 étapes	20 étapes
La durée :	20 jours	3 semaines
Le nombre de coureurs :	60 coureurs	entre 150 et 200 coureurs
Le gagnant :	Maurice Garin	

Course et étapes

La distance du Tour de France est d'environ 3.500 km. La course, qui change chaque année, consiste en vingt étapes (des étapes de plaines et des étapes de montagne). Les coureurs font partie d'équipes qui bénéficient du soutien financier de certaines entreprises (US Postal, T-Mobile, Crédit Agricole, etc.). Le Tour de France dure trois semaines et se termine à Paris où une grande foule accueille les coureurs sur l'avenue des Champs-Élysées.

Difficultés

Le temps (pluie, chaleur, etc.)
La course (distance, montagnes, sprints, etc.)
La santé (physique et mentale)
La fatigue, la soif et la faim
La concurrence, les foules

Maillots

jaune :	le leader du temps total
vert :	le leader des points totaux
blanc à pois rouges :	le leader des montées (le meilleur grimpeur)
blanc :	le leader des jeunes (moins de 26 ans)

Gagnants

7 fois :	Lance Armstrong (1999, 2000, 2001, 2002, 2003, 2004, 2005)
5 fois :	Jacques Anquetil (1957, 1961, 1962, 1963, 1964)
	Eddie Merckx (1969, 1970, 1971, 1972, 1974)
	Bernard Hinault (1978, 1979, 1981, 1982, 1985)
	Miguel Indurain (1991, 1992, 1993, 1994, 1995)

Anecdotes

Le premier Tour de France a été une campagne de publicité créée par Georges Lefèvre et l'éditeur du journal *L'Auto*, Henri Desgrange.

Le Tour de France a été annulé en temps de guerre (1915 – 1918 et 1940 – 1945).

A **Vrai ou Faux ?** Déterminez si les phrases sont vraies ou fausses.

1. vrai faux Le Tour de France se passe au mois d'août.
2. vrai faux Le Tour de France dure trois semaines.
3. vrai faux Le gagnant du premier Tour de France était Jacques Anquetil.
4. vrai faux La course et les étapes ne changent pas.
5. vrai faux Les coureurs arrivent à Paris à la fin de la course.

B **Quel maillot ?** Donnez le maillot qui correspond aux descriptions suivantes.

1. Le coureur a 20 ans. C'est le leader.   le maillot ___
2. Le coureur a le meilleur temps de toutes les étapes.   le maillot ___
3. Le coureur gagne le plus de points.   le maillot ___
4. Le coureur a 33 ans et il grimpe très vite !   le maillot ___

C **En général.** Répondez aux questions suivantes. Ecrivez deux ou trois phrases.

1. Quelle est l'origine du Tour ?
2. Quelles sont les difficultés du Tour de France ?
3. Quels cyclistes ont gagné cinq Tours de France ? En quelles années ? Quel cycliste a gagné sept Tours de France ? En quelles années ?
4. Pourquoi est-ce que les années *1915 – 1918* et *1940 – 1945* sont importantes ?
5. Regardez la publicité et complétez les rubriques suivantes.
   Qui :
   Quoi :
   Quand :
   Combien :

D **Aller plus loin.** Ecrivez un paragraphe pour répondre aux questions suivantes.

1. Est-ce que vous connaissez Lance Armstrong ? Pourquoi est-ce qu'il est remarquable ?
2. Est-ce que vous pensez que les Français admirent Lance Armstrong ? Expliquez.
3. Le Tour de France est un événement sportif très important en France. Est-ce que les Américains ont la même passion pour le Tour de France ?
4. Comment est-ce que vous pouvez expliquer la réussite du Tour de France ?
5. Pourquoi est-ce qu'on voudrait participer à des « vélovacances » ?

Culture

 A **Clichés des années 1950.** Lisez les phrases suivantes et déterminez si les phrases sont *possibles, probables, peu probables ou impossibles* dans les années 1950.

Profil d'un jeune français des années 1950

Choisissez votre réponse…

Est-il…				que/qu'… ?
1. possible	probable	peu probable	impossible	Il habite à la campagne.
2. possible	probable	peu probable	impossible	Il conduit une Hummer.
3. possible	probable	peu probable	impossible	Il a une mère et un père.
4. possible	probable	peu probable	impossible	Sa mère est banquière.
5. possible	probable	peu probable	impossible	Il mange chez MacDonald's.
6. possible	probable	peu probable	impossible	Il écoute du rap.
7. possible	probable	peu probable	impossible	Il aime la musique d'Elvis.
8. possible	probable	peu probable	impossible	Il écoute de la musique des Beatles.
9. possible	probable	peu probable	impossible	Il a un IPOD.
10. possible	probable	peu probable	impossible	Il va rarement au cinéma.
11. possible	probable	peu probable	impossible	Il regarde des films en 3D.
12. possible	probable	peu probable	impossible	Son actrice préférée est Marilyn Monroe.
13. possible	probable	peu probable	impossible	Son acteur préféré est Gérard Depardieu.
14. possible	probable	peu probable	impossible	Il regarde souvent la télé.
15. possible	probable	peu probable	impossible	Il regarde la télé en couleur.
16. possible	probable	peu probable	impossible	Il admire Lance Armstrong.
17. possible	probable	peu probable	impossible	Il regarde le Tour de France à la télé.
18. possible	probable	peu probable	impossible	Il joue à des jeux vidéo.
19. possible	probable	peu probable	impossible	Il parle au téléphone avec ses copains.
20. possible	probable	peu probable	impossible	Il a un téléphone portable.

B **Sont-ils comme ça ?** Cochez les clichés présentés dans le film.

1. Clichés sur les Français :
   - ☐ Ils ont les cheveux bruns ou noirs, les yeux marron et un grand nez.
   - ☐ Ils mangent de la baguette, du fromage et des escargots.
2. Clichés sur les Américains :
   - ☐ Ils mangent des hamburgers et ils sont obèses.
   - ☐ Ils sont riches et beaux (minces, avec les yeux bleus et les cheveux blonds).
3. Clichés sur les grands-mères :
   - ☐ Elles donnent des bonbons et des cookies à leurs petits-enfants.
   - ☐ Elles sont rondes et petites et adorent leurs petits-enfants.
4. Clichés sur les garçons :
   - ☐ Ils n'aiment pas jouer avec les filles.
   - ☐ Ils aiment les chiens, les trains et les vélos.
5. Clichés sur les chiens :
   - ☐ Ils chassent les chats.
   - ☐ Ils passent leur journée à aboyer, à manger et à rêver.
6. Clichés sur les cyclistes :
   - ☐ Ils sont minces parce qu'ils passent leur journée à faire du vélo.
   - ☐ Ils mangent uniquement des spaghettis.

7. Clichés sur les chanteuses :
   ☐ Elles ne sont pas musiciennes parce qu'elles ne jouent pas d'instrument.
   ☐ Elles sont belles avec de beaux cheveux, de grandes dents blanches et de beaux vêtements.
8. Clichés sur les chefs mafieux :
   ☐ Les gens se plient en deux pour eux.
   ☐ Ils cassent les jambes des autres.
9. Clichés sur les soldats mafieux :
   ☐ Ils portent un costume et des lunettes de soleil noires et ils fument beaucoup.
   ☐ Ils sont grands et forts mais stupides.
10. Clichés sur les grandes villes :
    ☐ Les gens sont impolis et violents.
    ☐ Il y a beaucoup de monde, de bâtiments, de voitures, de pollution et de bruit.

C **Clichés.** Lisez les phrases suivantes et choisissez vos réponses selon le contexte.

1. On aime les clichés.	jamais	quelquefois	souvent toujours
2. Les clichés sont méchants.	jamais	quelquefois	souvent toujours
3. Les clichés sont basés sur la réalité.	jamais	quelquefois	souvent toujours
4. Les clichés sont basés sur l'ignorance.	jamais	quelquefois	souvent toujours
5. Les clichés sont fondés sur les différences.	jamais	quelquefois	souvent toujours
6. Les clichés sont fondés sur la peur.	jamais	quelquefois	souvent toujours
7. Les clichés provoquent des problèmes.	jamais	quelquefois	souvent toujours
8. Les clichés blessent les autres.	jamais	quelquefois	souvent toujours
9. Les clichés influencent nos opinions des autres.	jamais	quelquefois	souvent toujours
10. Les clichés aident à comprendre les autres.	jamais	quelquefois	souvent toujours

D **En général.** Répondez aux questions suivantes. Ecrivez deux ou trois phrases.

1. Faites une liste de clichés sur les Français.
2. Faites une liste de clichés sur les Américains.
3. Est-ce que les clichés du film sont méchants ? Justifiez votre réponse.

E **Culture et loisirs.** Etudiez le texte sur la culture et les loisirs des Français (pages 36-37) et expliquez le rapport entre les clichés que vous avez donnés dans l'exercice D et le texte.

Modèle :	Cliché :	Les Français sont très cultivés.
	Rapport :	La France a une culture riche et il y a beaucoup de musées, des concerts de musique et de danse, etc. Tous les Français ne bénéficient pas de cette richesse culturelle puisqu'on voit que la télévision joue quand même un rôle important dans la vie quotidienne des Français.

Culture et loisirs

En 2006, le ministère de la Culture dispose d'un budget de 3 milliards d'euros. Le financement de la culture s'élève à quelque 13 milliards d'euros, assuré pour moitié par l'État et pour moitié par les collectivités locales. Les ménages français dépensent en moyenne 1 385 euros par an pour la culture, les loisirs, le sport et les jeux.

Livres

En 2004, 65 705 titres de livres ont été édités, dont 30 926 nouveaux titres et 37 779 réimpressions, totalisant 512 millions d'exemplaires. 388 millions de livres ont été vendus par les éditeurs. Chiffre d'affaires (2004) : 2,8 milliards d'euros.

Journaux

30 % des Français lisent un quotidien tous les jours parmi 10 titres nationaux et 65 titres régionaux. Tirage global annuel : 4,7 milliards d'exemplaires.

Périodiques

Parmi les cent premiers, six ont un tirage supérieur à 1 million d'exemplaires et huit tirent à plus de 500 000 exemplaires.   Avec 1 354 exemplaires vendus pour 1 000 habitants, les Français sont les premiers lecteurs de magazines dans le monde.

Télévision

La télévision reste le premier loisir des Français. La durée moyenne d'écoute est de l'ordre de 3 heures 15 par jour et par personne.

Le paysage audiovisuel français compte plus de 180 chaînes de télévision : 5 chaînes publiques nationales, 3 chaînes privées nationales, près d'une trentaine de chaînes câblées nationales ou locales (45 % de foyers raccordés à un réseau câblé), un bouquet innombrable de chaînes captables par satellite. TV5 et Canal France International (CFI) sont les deux opérateurs de l'action audiovisuelle extérieure de la France.

Radio

La société Radio France regroupe les chaînes radiophoniques du service public : France Inter, France Info (chaîne d'information en continu), France Culture, France Musique, Radio Bleue, FIP. Le secteur privé est représenté par RTL (la radio la plus écoutée de France), Europe 1 et Radio Monte Carlo, chaînes généralistes et une kyrielle de radios musicales, thématiques, associatives et régionales émettant en modulation de fréquence. Radio France Internationale (RFI) (50 millions d'auditeurs dans le monde), RMC-Moyen-Orient émettant en direction du Proche et du Moyen-Orient, et Medi 1 vers les pays du Maghreb, constituent le dispositif de l'action radiophonique extérieure de la France.

Informatique et multimédia

Si l'ordinateur est considéré avant tout comme un outil professionnel utilisé par 80 % des Français, il investit de plus en plus les foyers : 50 % en sont équipés. «Nouvelle forme d'accès au savoir», l'internet a rapidement conquis les Français qui sont 20 millions à l'utiliser à l'école, au travail ou à leur domicile. Le développement d'internet en France a connu en quelques années une croissance rapide et remarquée : chaque institution, quotidien, administration ou entreprise dispose de son site, couvrant une large palette thématique (sport, éducation, services, cinéma...). Les portails des fournisseurs d'accès (tel Wanadoo du groupe France Telecom) et les sites de services sont les plus fréquentés.

Cinéma

La France, qui a inventé le cinématographe en 1895, reste très dynamique dans ce secteur. 219 films y ont été produits en 2004 (deuxième rang mondial pour les investissements cinématographiques). 53 % des Français vont au cinéma au moins une fois dans l'année et 32 % au moins une fois par mois. Equipée de plus de 5300 salles de cinéma - dont 127 multiplex - la France est un des pays qui dispose du réseau de salles le plus dense.

Musique et danse

La France compte 11 300 artistes dramatiques et danseurs, 16 200 artistes de la musique et du chant et 250 festivals de musique, d'art lyrique et de danse, 8 700 artistes de variétés. Par ailleurs, les amateurs sont de plus en plus nombreux en raison du récent et important développement de l'enseignement de ces deux disciplines (4 300 établissements spécialisés pour le seul domaine musical).

Théâtre

Quelque 50 000 représentations par an (théâtres nationaux, centres dramatiques nationaux, scènes nationales et théâtres privés) attirent 8 millions de spectateurs réguliers. En marge des grandes scènes de Paris, de sa banlieue, des villes de province et des festivals renommés tel celui d'Avignon, on a vu se développer plus d'un millier de compagnies théâtrales indépendantes.

Musées et monuments

Quelque 1 200 musées attirent plus de 70 millions de visiteurs par an. Le Louvre, le château de Versailles et le musée d'Orsay accueillent à eux seuls près de 15 millions de personnes chaque année. La plupart des villes de province possèdent également un ou plusieurs musées. Par ailleurs, plus de 2 400 monuments sont ouverts au public (8 millions de visiteurs par an), la tour Eiffel étant le plus visité d'entre eux avec 6 millions de visiteurs par an. Enfin, quelque 41 800 bâtiments sont protégés par le ministère de la Culture au titre des monuments historiques.

Sports

La pratique du sport s'est considérablement développée au cours des dernières années. On compte près de 10 millions de licenciés dans les fédérations sportives : le football et le tennis sont les deux sports regroupant le plus de licenciés. Le judo, la pétanque, l'équitation, le badminton et le golf connaissent, ces dernières années, un succès remarqué. Tout comme les sports de découverte ou d'aventure tels le cyclisme tout terrain, la randonnée, l'escalade, le parapente, le canoë-kayak, etc. qui comptent de plus en plus d'adeptes.

La France en bref, adopté du site du Ministère des Affaires étrangères, www.diplomatie.gouv.

 Aller plus loin. Ecrivez un paragraphe pour répondre aux questions suivantes.

1. Quelle est l'origine des clichés ? Est-ce qu'on peut éliminer les clichés ?
2. Comment est-ce que la société change après la Seconde Guerre mondiale ?
3. Parlez de la technologie pendant les années 1950.

Recherches

Faites des recherches sur les sujets suivants.

A **Tour de France !** Etudiez le Tour de France et préparez une fiche selon les rubriques ci-dessous. Présentez-la à vos camarades de classe.

- ► Date du premier Tour de France
- ► Créateur du Tour de France & raison de la création du Tour de France
- ► Ville de départ/ville d'arrivée, courses & étapes
- ► Maillots & classements
- ► Equipes & coureurs célèbres
- ► Spectateurs & diffusion du Tour de France
- ► Anecdotes & scandales

B **Les années 1940 et 1950.** Le film a lieu juste après la Seconde Guerre mondiale. Etudiez la France de cette époque et préparez un résumé de vos recherches. Etudiez les sujets suivants :

- ► Technologie : radio, télévision, cinéma
- ► Vie : loisirs, travail
- ► Famille : couple, enfants
- ► Grands faits historiques

C **Stars d'autrefois.** Choisissez deux stars du film et préparez leur biographie. Utilisez les rubriques ci-dessous comme point de départ.

| Jacques Anquetil | Joséphine Baker | Glenn Gould | Django Reinhardt |
| Fred Astaire | Charlie Chaplin | Yvette Horner | Jacques Tati |

- ► Nom, Prénom
- ► Date de naissance (jj/mm/aa)
- ► Nationalité
- ► Lieu de naissance
- ► Lieu de résidence
- ► Situation de famille
- ► Carrière

D **Dessins animés.** Etudiez l'histoire des dessins animés. Préparez un exposé de 3 – 5 minutes selon les rubriques suivantes. Présentez votre exposé à vos camarades de classe.

- ► Origine
- ► Premiers dessins animés
- ► Evolution des dessins animés
- ► Stars d'autrefois et stars d'aujourd'hui
- ► Artistes des premiers dessins animés
- ► Artistes contemporains des dessins animés
- ► Publics

E　**Sylvain Chomet.**　Préparez une fiche d'identité sur Sylvain Chomet et sur ses dessins animés. Présentez votre fiche à vos camarades de classe.

▶ Biographie
▶ Filmographie
▶ Présentation de films récents de Chomet

Fiche d'identité

Biographie

　　Nom :
　　Prénom :
　　Nationalité :
　　Date de naissance :
　　Lieu de naissance :
　　Situation de famille :
　　Lieu de résidence :
　　Loisirs

Filmographie

César

Présentation des films

Documents

«Un cauchemar pour le cyclisme»

Samedi 5 août 2006

Le cyclisme «a une tradition de dopage et est clairement incapable de faire le ménage» a déclaré samedi le président de l'Agence mondiale antidopage (AMA), Dick Pound, suite à la confirmation du contrôle positif de Floyd Landis, vainqueur du Tour de France 2006. «C'est un cauchemar pour le cyclisme quand vous pensez que les 2e, 3 e, 4 e, 5 e et 6 e du Tour de France 2005 ont été attrapés lors d'une enquête en Espagne et que le vainqueur de cette année a été contrôlé positif».

Pour Jean-François Lamour, l'annonce du contrôle positif subi par le vainqueur du Tour de France cycliste, l'Américain Floyd Landis, doit encourager les gouvernements à «optimiser le traitement pénal des affaires de dopage». «Ces athlètes bénéficient de conseils, de matériel sophitisqué qui vient bien de quelque part, ils ont des complicités, des fournisseurs, et c'est maintenant aux gouvernements d'agir», explique le ministre. Le ministre des Sports voit dans le cas Landis la preuve que, malgré le «coup de tonnerre de l'affaire Puerto avant le Tour», «il y a des coureurs qui continuent de consacrer de gros moyens financiers pour violer l'éthique, qui disent quelque sorte qu'ils sont au-dessus des lois». L'Espagnol Oscar Pereiro a déclaré samedi qu'il «se sentait le gagnant» du Tour de France 2006, où il est arrivé 2e, après la confirmation du contrôle antidopage positif du vainqueur américain Floyd Landis.

© Agence France-Presse

Dans la nouvelle, *Le rêve de sa vie*, l'auteur contemporain, Jean Vilain, raconte l'histoire d'un vieil homme qui « réalise » son rêve de participer au Tour de France. Ayant réalisé ce rêve, il peut mourir tranquillement.

Le rêve de sa vie

Jean Vilain

Il est seul ...Seul en tête dans une étape du Tour de France...Il se sent bien...Ses jambes tournent comme des bielles bien réglées. Tout en souplesse, avec une belle régularité....Il se retourne. Rien a l'horizon... Ca fait une dizaine de kilomètres qu'il s'est échappé... Un beau démarrage, en force, juste après une attaque avortée, dans les règles de l'art....Il a pris 10 mètres, puis 20 et le trou s'est creusé régulièrement....Ca montait ferme à ce moment là et la grimpette c'est son truc.... Maintenant il est dans la descente....Après il y aura quelques kilomètres de plat puis la côte qui mène à l'arrivée, pas très longue mais qui grimpe sec....S'il ne se fait pas reprendre avant, il est presque sûr de pouvoir franchir la ligne en tête....Le bonheur !....En attendant, y'a qu'une chose à faire. Foncer, foncer et encore foncer....Holà ! Bien failli se planter .... Putain de gravillons...La roue arrière a chassé...Il a pu rattraper à temps mais il s'est fait une belle frayeur....Relancer, il faut relancer...Allez, mec !...Debout sur les pédales il appuie comme un sourd pour reprendre le rythme.... Il doit bien frôler le 90....S'agit pas de faire une erreur à cette vitesse....Merde, une épingle ! Roue libre, coup de frein ...ça passe !....Il se remet en danseuse....Dur, il aurait dû changer de braquet....Quel con ! C'est pas le moment...Allez fonce Bonhomme !....Depuis le temps qu'il rêve de gagner une étape dans le Tour, ce n'est pas le moment de flancher...Déjà quand il a débuté, il en rêvait....Il se souvient, il avait 14 ans, il était en cadet....Il a gagné la course de côte du «premier pas Dunlop»...Premier...Il n'en revenait pas....Quand il a franchi la ligne d'arrivée, il a bien cru que son coeur allait exploser....Il avait les jambes qui tremblaient...Il a eu du mal à marcher quand il a mis pied à terre.....Mais quelle joie !....Encore 2 lacets et c'est le plat....C'est là que tout va se jouer....Voilà, ça y est....Profiter de l'élan pour enrouler le grand braquet le plus longtemps possible.... Pas de vent...Une chance...Parce que tout seul comme ça, s'il avait le vent contraire, il ne ferait pas long feu... Il appuie à fond, le coccyx sur le bec de selle...Pas très élégant comme position mais il en a rien à faire....Il met le nez dans le guidon, le regard posé juste quelques mètres devant sa roue avant...Pas de risque c'est tout droit…Il est à fond…Mal aux cuisses, aux mollets. La sueur coule sur son front puis le long de son nez en un mince ruisseau…Il se retourne un bref instant, le temps de juger de son avance sur ses poursuivants….Ils débouchent tout juste sur la ligne droite…Il doit avoir deux bonnes minutes d'avance….Pourvu que ça suffise ! … Il emmène le grand développement à grands coups de pédales hargneux… De plus en plus mal aux jambes… Pourvu qu'il n'aie pas de crampes….Une fois, ça lui est arrivé…Il s'en rappelle encore…Il était échappé, comme aujourd'hui….Il est resté en équilibre pendant que les autres le dépassaient à toute allure…Il en avait pleuré de douleur et de rage…. Tout en roulant le plus vite qu'il peut, il fouille dans la poche arrière de son maillot pour en extraire une petite fiole…..Dopage ?….Si on veut, mais à l'ancienne. Un mélange de Porto et de jaunes d'oeufs….Antonin Magne faisait déjà ça à sa grande époque…Ca te donne un coup de fouet pas possible…Et il en a bien besoin….La dernière côte…Encore quelques minutes à souffrir et….Il se retourne encore une fois…. Ils se sont drôlement rapprochés….Il hésite un moment avant de choisir un développement approprié au profil de la route….Les spectateurs ne lui laissent qu'un étroit passage…Ils hurlent des encouragements mais il les entend à peine….Les battements de son coeur résonnent jusque dans sa tête…Il faut tenir …Tenir….Il est en eaux…..Trempé de la tête aux pieds par sa propre sueur……C'est tout juste s'il sent encore ses jambes…. Chaque coup de pédales lui arrache une grimace de douleur….Il tire sur le guidon de toute la force de ses bras…Ca vaut bien la musculation, le vélo …Debout sur les pédales, il se déhanche tel une danseuse des Folies Bergère….Mais en moins érotique…..Cette pensée le fait sourire….Coup d'oeil en arrière…Les autres ne sont qu'à quelques dizaines de mètres…L'arrivée aussi….Il donne tout ce qu'il a dans le ventre…Ce qui lui reste de force…. Il va gagner…Il veut gagner…Il faut qu'il gagne….Quitte à en crever….Ses tempes battent…L'air siffle dans ses poumons brûlants….Il est à 2 doigts de l'étouffement…. Ils sont sur ses talons. Il le sent. Il le sait…..Un écart pour éviter un spectateur qui reste bêtement sur sa trajectoire….Connard !…Mais aucun son ne sort de sa bouche desséchée par sa respiration haletante….Hin, Hin, Hin…Chaque «Hin» ponctue un coup de pédale…. Dents serrées à s'en éclater la mâchoire….Son regard se brouille…La ligne…Elle est là la ligne…Un dernier coup de reins….Il la franchit quelques instants avant les autres….Un sourire éclaire sa face……Dans quelques instants, il répondra aux questions des journalistes.

- Oui, ça a toujours été mon rêve……Quand on a réalisé son rêve on peut mourir tranquille…

Une grande douleur dans la poitrine…Un voile rouge devant les yeux…Puis, plus rien

*****

- Papa…..Papa…

- N'insiste pas, tu vois bien qu'il est mort…..Un belle mort d'ailleurs…Dans son sommeil….A 83 ans, après une vie tranquille, une vie de comptable …On ne pouvait pas souhaiter mieux….C'est ce qu'il voulait d'ailleurs…Il a réalisé son rêve.

Pierre Giffard

La Reine bicyclette
Deuxieme partie : Esthetique

Est-ce chic ? N'est-ce pas chic ?

Suite des objections et des préjugés : la bicyclette n'est pas chic.

Erreur absolue. La bicyclette est chic.

D'abord pouvez-vous me dire pourquoi elle ne serait pas chic ? Parce que les membres du Jockey-club ou du Royal-Gommeux n'arrivent pas encore à leur cercle en vélocipède ? Ce n'est pas une raison. La bicyclette est chic, parce qu'après avoir en effet été l'apanage, à ses débuts, de quelques casse-cou mal éduqués, elle est entrée dans les mœurs de la bourgeoisie et de la noblesse (saluez, fils de saint Louis !). Je connais de jeunes princes qui en font leur sport favori. Nombre d'héritiers des plus grands noms de France grandissent aujourd'hui dans l'admiration de la bicyclette. Ce sont ceux-là peut-être qui arriveront à leur club sur leur machine, les uns avec leur femme et les autres tout seuls.

Tant vaut l'homme, tant vaut la chose. Du moment que les hommes les plus graves et les plus nobles se sont mis au vélocipède, le vélocipède est chic. Il est select. Il est vlan. Il est tout ce qu'on voudra. Allez en Angleterre, et vous y verrez M. Prudhomme – celui de Londres, monté sur deux roues. C'est là que les Anglais nous dament le pion, dans ce mépris hautain des mille préjugés bêtes que nous secouons si lentement en France.

En Angleterre, le prince de Galles s'en irait fort bien en vélocipède avec ses enfants sans qu'on songe à autre chose qu'à l'applaudir. En France, supposez que M. Carnot fasse un voyage présidentiel en vélocipède, avec le général Brugère et le colonel Lichtenstein… Quel scandale !

Un jeune diplomate, marié et père de charmants enfants, fait avec passion de la bicyclette et du tricycle à ses moments perdus. Il en trouve même pour se secouer le sang en exécutant de jolis parcours de vingt-cinq à trente kilomètres entre ses repas. Sa belle-mère lui en faisait des reproches, sans amertume, mais avec dignité :

– À votre âge, Ernest, et dans votre situation ! Un homme marié ! Un père de famille ! Aller ainsi sur ces machines comme un collégien!

– Belle-maman, répondit sagement le jeune diplomate, que diriez-vous si vous me rencontriez au théâtre ou dans les Champs-Élysées avec des drôlesses ?

– Je vous reprendrais ma fille !

– Bien. Que diriez-vous, belle-maman, si je rentrais chez ma femme chaque matin au lever du jour avec des culottes prises au baccara et variant entre cinq et dix mille, pour ne pas taper dans les grands naufrages ?

– Je vous tuerais !

– Alors, laissez-moi donc faire tranquillement du vélocipède. Ça ne vous gêne pas. Ça n'a pas d'odeur. Ça ne prend rien à ma femme. Ça ne coûte rien et je me porte à ravir. Franchement, belle-maman…

– N'achevez pas, s'écrie la belle-mère, femme d'esprit avant d'être française et imbue de préjugés ridicules, n'achevez pas, et embrassez-moi, mon gendre !

La bicyclette est donc chic, puisqu'elle met la paix dans les ménages !

Enfin, tricycle ou bicyclette, le vélocipède est aujourd'hui dans le mouvement. On ne se cache plus pour en faire comme il y a dix ans. Dans dix autres années, il n'y aura que les infirmes qui n'en feront pas.

La Reine bicyclette, Pierre Giffard.
Firmin-Didot, Paris 1891.

Avant le visionnement

Notes culturelles

Paris

Paris

Paris, la capitale de la France, compte 2,15 millions d'habitants (10, 5 avec les banlieues). Paris est le centre politique, économique et culturel de la France ainsi qu'une destination touristique. Chaque année des millions de touristes du monde entier viennent à Paris pour profiter des milliers d'hôtels, de cafés, de brasseries et de restaurants, des 1.500 monuments, des 1.200 musées, des 28 grands parcs et jardins, des 250 festivals de musique, de théâtre, de danse, des 50.000 spectacles artistiques, etc. Il y a toujours quelque chose à faire à Paris. Il est aussi très facile de se déplacer à Paris avec plus de 75 lignes de bus, 2 lignes de tramway, 16 lignes de métro, 5 lignes de RER, les taxis, les vélos, etc. C'est la destination idéale pour tout le monde !

Le Vercors

Situé au sud-est de la France dans les Alpes du nord, le Vercors compte 35.000 habitants sur 186.000 hectares. Le Vercors est un territoire rural où les habitants et les visiteurs profitent des paysages divers : falaises verticales, aiguilles, grands espaces,

Le Vercors

galeries souterraines, gorges, canyons, etc. Au contraire de Paris, il n'est pas facile de s'y déplacer puisque les transports en commun sont rares. C'est la destination idéale pour ceux qui aiment les sports en pleine nature (la randonnée ; le ski de fond ; l'alpinisme ; le parapente ; etc.) !

Fiche technique

Réalisation :	Philippe Muyl
Musique originale :	Nicolas Errèra
Année de production :	2002
Durée :	1 h 25
Genre :	Comédie dramatique
Date de sortie nationale :	18/12/2002

Profil: Philippe Muyl

Réalisateur
Né le 30 mai 1953 à Lille, France

Mini-biographie
Muyl a fait des études d'Arts appliqués en Belgique et il a obtenu un diplôme à l'Ecole Supérieure de Publicité à Paris. Il a commencé sa carrière dans la publicité et il a réalisé de nombreux spots publicitaires et films industriels avant de se lancer dans la fiction en 1981.

Filmographie

1984	L'Arbre sous la mer	1996	Tout doit disparaître
1993	Top Chrono	2000	La Vache et le Président
1993	Cuisine et dépendances	2002	Le Papillon

Synopsis

Qui	Elsa : une petite fille de huit ans ; négligée et triste
	Isabelle : une jeune mère de vingt-cinq ans ; égoïste et inconsciente
	Julien : un vieil homme veuf ; retraité et solitaire
	Isabelle : un papillon rare et difficile à trouver
Quoi	Un voyage inattendu
Quand	Le printemps
Où	Paris et le Vercors
Pourquoi	Pour chercher le papillon Isabelle

Note : *Le Papillon* n'est pas classé aux Etats-Unis. Le film est tous publics.

Personnages

Personnages principaux

Julien	Michel Serrault
Elsa	Claire Bouanich
Isabelle	Nade Dieu
La serveuse du café	Françoise Michaud
La concierge Marguerite	Hélène Hily

Personnages secondaires

Sébastien	Jerry Lucas
Le père de Sébastien	Jacques Bouanich
La mère de Sébastien	Catherine Cyler
La grand-mère de Sébastien	Dominique Marcas
Le policier	Jacky Nercessian
Le policier du commissariat	Pierre Poirot
L'entomologiste (le collectionneur de papillons)	Idwig Stephane
Le géomètre	Francis Frappat

Profil: Michel Serrault

acteur
Né le 24 janvier 1928 à Brunoy, France

Mini-biographie
En 1946, Michel Serrault a signé son premier contrat pour une tournée en Allemagne lançant sa carrière dans le théâtre. En 1952, il a rencontré Jean-Marie Poiré qui est devenu un très bon ami et un compère dans le théâtre et dans le cinéma. Le film de Jean Loubignac, *Ah ! Les Belles bacchantes*, a marqué son début au cinéma en 1954. Entre 1954 et 2006, Serrault a joué dans plus d'une centaine de films et sa carrière continue…

Quelques films

1955	Les Diaboliques	1978	La Cage aux folles*	2001	Une Hirondelle a fait le printemps
1957	Assassins et voleurs	1981	Garde à vue*		
1966	Le Roi de cœur	1995	Nelly et Monsieur Arnaud*	2002	Le Papillon

Michel Serrault a reçu un César pour son interprétation dans ces films.

Vocabulaire

Animaux

le chat	cat	**le papillon**	butterfly
la chenille	caterpillar	**l'oiseau** (*m*)	bird
la chrysalide	chrysalis	**la vache**	cow
l'insecte (*m*)	insect		

Gens

le / la concierge	concierge/caretaker	**l'horloger/ère**	clock-maker, watch-maker
le copain / la copine	friend, buddy	**la mère**	mother
l'entomologiste (*m/f*)	entomologist	**papi**	grandpa
la famille monoparentale	single-parent family	**le père**	father
la fille unique	only child - female	**le policier**	police officer
le fils unique	only child - male	**le/la serveur/euse**	waiter/waitress
le géomètre	surveyor	**le/la veuf/ve**	widower, widow
le grand-père	grandfather		

Vêtements

des baskets (*m*)	sneakers	**un maillot**	jersey
une casquette	cap	**un sac à dos**	backpack
un chapeau	hat	**un tee-shirt**	T-shirt

Endroits

l'appartement (*m*)	apartment	**la maison**	house
le commissariat	police station	**la montagne**	mountain
l'école (*f*)	school	**le refuge**	refuge, shelter
la forêt	forest	**la tente**	tent
la grande ville	big city	**le village**	village

Noms divers

l'allocation (*f*)	benefit, allowance	**la montre**	watch
l'arbre (*m*)	tree	**la pendule**	clock
le bonheur	happiness	**le portable**	cell phone
le ciel	sky	**la recherche**	search, quest
le coup de téléphone	telephone call	**le ruisseau**	stream
l'étoile (*f*)	star	**le trou**	hole
le Game Boy	Game Boy	**la peur**	fear
le journal	newspaper	**la tristesse**	sadness
le malheur	unhappiness		

Adjectifs

âgé/e	old	**mauvais/e**	bad
agréable	agreeable, pleasant	**mélancolique**	melancoly
bavard/e	talkative	**patient/e**	patient
célibataire	single	**précoce**	precocious
charmant/e	charming	**réservé/e**	reserved
content/e	content, happy	**solitaire**	lonely, solitary
débrouillard/e	resourceful	**stable**	stable
inconscient/e	unaware, oblivious	**tolérant/e**	tolerant
insouciant/e	thoughtless, careless	**triste**	sad
intelligent/e	intelligent	**veuf/ve**	widowed
marié/e	married		

Verbes

Verbes en –er

aménager	to move (into)
arrêter	to arrest, to stop
(se) cacher	to hide (oneself)
chercher	to look for
libérer	to free
trouver	to find
voyager	to travel

Verbes en –ir

applaudir	to applaud
choisir	to chose
courir	to run
découvrir	to discover
désobéir	to disobey
dormir	to sleep
finir	to finish
mentir	to lie
mourir	to die
obéir	to obey
ouvrir	to open
partir	to leave
punir	to punish
réfléchir (à)	to think about, to consider
savoir	to know
sentir	to smell
sortir	to go out

Verbes en –re

apprendre (à)	to learn to do…, to teach to
attendre	to wait (for)
comprendre	to understand
conduire	to drive
connaître	to know
descendre	to descend, to go down
entendre	to hear
perdre	to lose
prendre	to take
suivre	to follow
répondre (à)	to respond (to)
vendre	to sell

Exercices de vocabulaire

Familles-1. Comment sont les membres d'une famille typique ? Quels adjectifs *du vocabulaire du film* décrivent :

1. un père typique ? Quels adjectifs décrivent votre père ?
2. une mère typique ? Quels adjectifs décrivent votre mère ?
3. les enfants ? Avez-vous des frères ou des sœurs ? Comment sont-ils/elles ?
4. une fille unique ? Etes-vous fille unique ?
5. un fils unique ? Etes-vous fils unique ?
6. les grands-parents ? Quels adjectifs décrivent votre grand-père/votre grand-mère ?

Familles-2. Répondez aux questions suivantes. Utilisez *le vocabulaire du film*.

1. **Une famille typique.**

   Où la famille habite-t-elle ? Combien de parents y a-t-il ? Combien d'enfants y a-t-il ? La famille typique a-t-elle des animaux domestiques ? Lesquels ? Quelles difficultés la famille typique rencontre-t-elle ?

2. **Une famille monoparentale.**

   Où la famille monoparentale habite-t-elle ? Combien de parents y a-t-il ? Pourquoi ? Combien d'enfants y a-t-il ? La famille monoparentale a-t-elle des animaux domestiques ? Lesquels ? Quelles difficultés la famille monoparentale rencontre-t-elle ? La famille monoparentale a-t-elle les mêmes difficultés que la famille typique ? A-t-elle plus de difficultés qu'une famille typique ? Expliquez.

3. **Une famille recomposée.**

   Où la famille recomposée habite-t-elle ? Combien de parents y a-t-il ? Pourquoi ? Combien d'enfants y a-t-il ? Pourquoi ? La famille recomposée a-t-elle des animaux domestiques ? Lesquels ? Quelles difficultés la famille recomposée rencontre-t-elle ? La famille recomposée a-t-elle les mêmes difficultés que la famille typique / monoparentale ? A-t-elle plus ou moins de difficultés qu'une famille typique ? A-t-elle plus ou moins de difficultés qu'une famille monoparentale ? Expliquez.

Liens !

Pensez à la famille de Champion dans *Les Triplettes de Belleville*. Où habite sa famille ? Combien de parents a-t-il ? Pourquoi ? A-t-il des animaux domestiques ? Lesquels ? Quelles difficultés sa famille rencontre-t-elle ? Pourquoi ?

Loisirs. Comment les gens suivants passent-ils leur temps libre ? Utilisez *le vocabulaire du film* pour décrire les activités des gens suivants.

1. **Un enfant.** Qu'est-ce qu'il fait ? Où va-t-il ? Que fait-il après l'école ?
2. **Une mère.** Qu'est-ce qu'elle fait ? Travaille-t-elle ? Que fait-elle après le travail ?
3. **Un père.** Qu'est-ce qu'il fait ? Travaille-t-il ? Que fait-il après le travail ?
4. **Une grand-mère.** Qu'est-ce qu'elle fait ? Pourquoi ?
5. **Un retraité.** Comment passe-t-il son temps ? A-t-il des loisirs ? Lesquels ?

D **La Poésie.** Lisez le poème suivant et complétez les activités de vocabulaire.

Le Papillon

Nouvelles méditations poétiques (1823)
Alphonse de Lamartine (1790-1869)

Naître avec le printemps, mourir avec les roses,
Sur l'aile° du zéphyr° nager dans un ciel pur,
Balancé sur le sein° des fleurs à peine° écloses,°
S'enivrer° de parfums, de lumière et d'azur,
Secouant°, jeune encor, la poudre de ses ailes,
S'envoler° comme un souffle° aux voûtes° éternelles,
Voilà du papillon le destin° enchanté!
Il ressemble au désir, qui jamais ne se pose,
Et sans se satisfaire, effleurant° toute chose,
Retourne enfin au ciel chercher la volupté!°

wing / gentle breeze
bosom / hardly, scarcely / blossomed
intoxicated
shaking
to fly off / a breath / arches
destiny, fate

grazing
pleasure

Activité de vocabulaire

1. Trouvez les mots associés :
   a. au papillon :
      Exemple : l'aile
   b. aux fleurs :
      Exemple : les roses
   c. au ciel :
      Exemple : le zéphyr
   d. à la vie :
      Exemple : naître...
2. Trouvez les mots qui font référence à la saison. Quelle saison est-ce ?
      Exemple : naître
3. Quelles expressions parlent du destin du papillon ?
      Exemple : enchanté

A votre avis...

Est-ce que le papillon vit longtemps ? Qu'est-ce que le papillon cherche ?
Est-ce que le poète est optimiste ou pessimiste ? Expliquez.

Le papillon *Isabelle*

Après avoir visionné

Compréhension générale

 Vrai ou faux ? Indiquez si les phrases suivantes sont vraies ou fausses.

1. vrai faux Elsa est une fille difficile qui provoque des problèmes.
2. vrai faux Elle libère les papillons de Julien pour être méchante.
3. vrai faux Julien est un homme solitaire qui n'a pas de famille.
4. vrai faux Julien invite Elsa à partir en voyage avec lui.
5. vrai faux Julien perd son portable et il ne peut pas téléphoner à Isabelle.
6. vrai faux Pendant le voyage, Julien apprend beaucoup de choses à Elsa.
7. vrai faux Pendant le voyage, Elsa apprend aussi des choses à Julien.
8. vrai faux Julien et Elsa réussissent à trouver le papillon.
9. vrai faux La police arrête Julien parce que Julien est kidnappeur.
10. vrai faux A la fin du film, Elsa est contente parce qu'elle a une vraie famille.

 Personnages. Identifiez les personnages principaux du film.

1. **Elsa.** Qui est-ce ? Est-elle comme d'autres filles de son âge ? Pourquoi ou pourquoi pas ?
2. **Isabelle.** Qui est-ce ? Est-elle comme d'autres mères ? Pourquoi ou pourquoi pas ?
3. **Julien.** Qui est-ce ? Est-il comme d'autres retraités ? Pourquoi ou pourquoi pas ?

Liens !

Dans *Les Triplettes de Belleville*, Chomet présente une famille intéressante. Est-ce que Madame Souza est comme d'autres grand-mères ? Est-ce qu'elle est comme d'autres retraités ? Est-ce que Champion est comme d'autres garçons de son âge ? Expliquez.

C **Chronologie.** Faites une petite description des événements principaux du film.

1. Elsa et Isabelle rencontrent Julien.
2. Elsa attend sa mère après l'école.
3. Elsa accompagne Julien dans le Vercors.
4. Elsa et Julien trouvent le papillon *Isabelle*.
5. Elsa et Isabelle rentrent à Paris.

D **Le Vercors.** Lisez le texte suivant et décidez si Julien et Elsa participent à la protection de la Réserve Naturelle du Vercors.

Participons ensemble à la protection de ce territoire...

Vous êtes près de 70 000 visiteurs l'été, à pénétrer dans la Réserve Naturelle des Hauts-Plateaux du Vercors. Le comportement de chacun est important. La randonnée se pratique dans le respect du milieu naturel.

Suivez les itinéraires balisés (en blanc et rouge pour les GR ; en jaune et rouge pour les sentiers de pays).

N'abandonnez pas vos déchets : les emballages vides sont toujours moins lourds que les pleins. Et imaginez l'impact laissé sur le milieu naturel si chaque randonneur jette ne serait-ce qu'un mouchoir en papier ou une épluchure d'orange !

La faune sauvage craint le dérangement : les chiens, mêmes tenus en laisse sont interdits. Il font fuir les ongulés, les marmottes et autres animaux sauvages qui réduisent ainsi leur temps d'alimentation. De même, ils dérangent les troupeaux. Ne troublez pas la tranquillité des lieux en criant sans réelle nécessité.

La cueillette des végétaux n'est pas permise dans la Réserve (pensez que durant le trajet jusqu'à votre véhicule, la fleur se fanera).

Les feux sont interdits à l'extérieur des refuges. La prolifération des foyers n'est pas compatible avec un site qui doit rester naturel.

Le bivouac avec ou sans tente est possible le long des itinéraires balisés (après 19 heures et jusqu'à 8 heures). Une tente ne peut pas être laissée montée en cours de journée.

Le Parc naturel régional a réhabilité quelques abris utilisables par les randonneurs. Ces cabanes sont ouvertes toute l'année. Laissez les lieux propres : remportez tous vos déchets (même les bouteilles "bougeoirs"), fermez soigneusement portes et fenêtres (une porte laissée ouverte est un piège à brebis et source de dégradations du fait de la neige ou de la pluie), en l'absence de toilettes, éloignez-vous du bâtiment.

Les activités pastorales doivent être respectées : évitez les bergeries qui sont des bâtiments privés, contournez les troupeaux et n'approchez pas des chiens de protection, respectez la propreté des sources et "bachats" (n'utilisez pas de produits de lavage). Le milieu naturel impose ses contraintes. En milieu karstique, le manque d'eau de surface, le débit et la potabilité incertaine des sources obligent à prévoir des réserves d'eau : 1,5 l d'eau minimum par personne et par jour.

L'égarement dans l'immensité des hauts-plateaux guette chacun : ne construisez pas de "cairn", ils induisent en erreur ; n'oubliez pas la carte et la boussole.

Merci pour votre aide et bonne randonnée !

"La Réserve naturelle", © Centre Permanent d'initiatives pour l'environment, Parc Naturel Régional du Vercors.

Exercices de vocabulaire

A **Routine.** Imaginez la routine quotidienne des personnages suivants. Utilisez *le vocabulaire du film* pour répondre aux questions suivantes.

1. **Elsa :** Que fait-elle pendant la journée ? Que fait-elle après l'école ? Comment s'amuse-t-elle ?
2. **Isabelle :** Où travaille-t-elle ? Que fait-elle après le travail ? Pourquoi ?
3. **Julien :** Comment passe-t-il ses journées ? Comment s'amuse-t-il ?
4. **Sébastien :** Que fait-il pendant la journée ? Que fait-il après l'école ? Comment s'amuse-t-il ?
5. **Isabelle (le papillon) :** Que fait-elle pendant la journée ? Quand sort-elle ? Pourquoi ?

B **Familles.** Utilisez *le vocabulaire du film* pour répondre aux questions suivantes.

1. **Elsa :** Quel genre de famille a-t-elle ? Quelles difficultés Isabelle et Elsa rencontrent-elles ? Pourquoi ?
2. **Julien :** Quel genre de famille a-t-il ? Pourquoi ? Comment était sa famille auparavant ? Quelles difficultés rencontre-t-il ?
3. **Sébastien :** Quel genre de famille a-t-il ? Pourquoi ? Quelles difficultés sa famille rencontre-t-elle ?

C **Modèles familiaux.** Lisez le texte sur les modèles familiaux et complétez les activités de vocabulaire.

Les modèles familiaux se sont diversifiés

Le modèle traditionnel de la famille comportant° un couple marié et des enfants issus de° ce mariage coexiste de plus en plus avec des modèles nouveaux : cohabitation (union libre) ; couples non cohabitants ; familles monoparentales ; familles éclatées° ou recomposées. On compte ainsi aujourd'hui environ 700.000 familles dans lesquelles près de 1,5 million d'enfants vivent avec un beau-père, une belle-mère, un ou plusieurs demi-frères et demi-soeurs. Il faut y ajouter les cas de cohabitation de personnes du même sexe (homosexuels), d'amis ou de communautés. Enfin, le nombre de monoménages (ménages° d'une seule personne) s'est accru° sous l'effet de l'allongement° de la durée de vie (et du veuvage) ainsi que de la proportion de célibataires ; il représente aujourd'hui un tiers° des ménages français. Toutes ces situations autrefois marginales se sont multipliées au cours des vingt dernières années. Elles sont à l'origine de nouveaux modes de vie familiaux.

La loi s'efforce° depuis quelques années de prendre en compte° ces évolutions. L'instauration du pacs traduit la reconnaissance de l'homosexualité. Les demandes de divorce ont été simplifiées afin de rendre les séparations moins douloureuses° pour les couples et les enfants concernés. Le congé paternel de naissance ou la transmission possible du nom par les femmes favorisent l'égalité entre les parents. L'accélération des procédures d'adoption et la législation favorisant le conjoint survivant° dans la répartition° de l'héritage sont d'autres ajustements de la loi par rapport à la réalité sociale. Mais tous les modèles "alternatifs" ne sont pas précisément définis, notamment en ce qui concerne la responsabilité et l'autorité parentale (dans le cas par exemple de la pluriparentalité).

G. Mermet, *Francoscopie* 2005, © Larousse 2004

(Marginal glosses:)
consisting of
from

broken families

households
increased / lengthened
a third

strives / to take into account
painful

surviving spouse / division

Grammaire

2.1 L'adjectif qualificatif (révision)

▶ Les adjectifs qualificatifs s'accordent en genre et en nombre avec le nom qualifié.
   Exemple :   *un homme **intelligent** ; une femme **intelligente** ;*
              *des enfants **intelligents***

▶ Le féminin de l'adjectif qualificatif se forme généralement en ajoutant un *e* à la forme masculine.
   Exemple :   *intelligent* +   *e*   →   *intelligente*

▶ Les adjectifs qualificatifs qui se terminent en *e* ne changent pas au féminin.
   Exemple :   *calme*   +   **Ø**   →   *calme*

▶ Les adjectifs qualificatifs qui se terminent en *é* prennent un *e* au féminin.
   Exemple :   *réservé*   +   *e*   →   *réservée*

▶ Le pluriel des adjectifs qualificatifs se forme généralement en ajoutant un *s* à la forme singulière.
   Exemple :   *fatigué*   +   *s*   →   *fatigués*
              fatiguée   +   *s*   →   *fatiguées*

▶ Les adjectifs qualificatifs suivent généralement le nom qualifié.
   Exemple :   *La fille regarde des films **intéressants**.*

Pratiquez !

A **Descriptions.** Complétez les phrases suivantes avec *les adjectifs qualificatifs* qui décrivent les personnages du film.

1. Elsa est une ____ fille. Elle est ____, ____ et ____.
2. Isabelle est sa mère. Elle est ____. Elle est ____, ____ et ____, mais elle ne réussit pas à montrer qu'elle aime sa fille.
3. Julien est ____ (il n'a plus de femme). Il est ____, ____ et ____.

B **Qualités et défauts.** Pensez aux personnages du film et répondez aux questions suivantes. Utilisez *les adjectifs qualificatifs.*

1. **Elsa :** Quelles sont ses qualités ? A-t-elle des défauts ? Evolue-t-elle au cours du film ? Expliquez.
2. **Isabelle – mère :** Quels sont ses défauts ? A-t-elle des qualités ? Change-t-elle au cours du film ? Pourquoi ou pourquoi pas ?
3. **Isabelle – papillon :** Comment se transforme-t-elle au cours du film ? Pourquoi ?
4. **Julien :** Quels sont ses défauts ? Quelles sont ses qualités ? Comment change-t-il au cours du film ?
5. **La grand-mère de Sébastien :** Comment la réparation de la pendule change-t-elle sa vie ? Expliquez.

2.2 Les verbes en -ir et les verbes en -re

Les verbes en -ir

▶ Les verbes sont classés selon leur terminaison : **–er ; -ir ; -re ;** etc.
Exemple :   *parler, finir, apprendre*, etc.

▶ La plupart des verbes en **–ir** suivent une conjugaison régulière.
Exemple :   *choisir, finir, réussir*, etc.

▶ On laisse tomber la terminaison infinitive **-ir** et on ajoute les terminaisons **-is, -is, -it, -issons, -issez, -issent.**
Exemple :   ils / fin**ir** → **fin- + -issent** → ils **finissent**

terminaisons des verbes en -ir			
je/j'	**-is**	nous	**-issons**
tu	**-is**	vous	**-issez**
il, elle, on	**-it**	ils, elles	**-issent**

Tableau 1, Les terminaisons des verbes en -ir.

choisir			
je	**choisis**	nous	**choisissons**
tu	**choisis**	vous	**choisissez**
il, elle, on	**choisit**	ils, elles	**choisissent**

Tableau 2, La conjugaison du verbe choisir.

▶ Les verbes comme **sortir** suivent une conjugaison différente.
Exemple :   *dormir, mentir, partir, sentir, servir, sortir*, etc.

dormir			
je	**dors**	nous	**dormons**
tu	**dors**	vous	**dormez**
il, elle, on	**dort**	ils, elles	**dorment**

Tableau 3, La conjugaison du verbe dormir.

partir			
je	**pars**	nous	**partons**
tu	**pars**	vous	**partez**
il, elle, on	**part**	ils, elles	**partent**

Tableau 4, La conjugaison du verbe partir.

Notez bien !

☛ **Sortir** veut dire *to go out of (to leave)* en anglais et la préposition ***de*** introduit l'objet.
Exemple :   *Il sort de l'appartement. (He is leaving the apartment.)*

☛ **Sortir** peut être employé sans objet et veut dire *to go out* en anglais.
Exemple :   *Elle sort toujours le samedi soir. (She always goes out on Saturday nights.)*

☛ **Partir** veut dire *to leave from/for* en anglais et les prépositions ***de/pour*** introduisent l'objet.
Exemple :   *Il part de Paris ; il part pour les Alpes.*
                  (He is leaving from Paris ; he is leaving for the Alps.)

☛ **Partir** peut être employé sans objet et il veut dire *to leave* en anglais.
Exemple :   *Elle part déjà ? Il est seulement dix heures !*
                  (She is leaving already ? It is only ten o'clock !)

► Observez d'autres verbes en –**ir.**

venir			
je	**viens**	nous	**venons**
tu	**viens**	vous	**venez**
il, elle, on	**vient**	ils, elles	**viennent**

Tableau 5, Verbes comme venir (devenir, revenir, tenir, etc.).

ouvrir			
je	**ouvre**	nous	**ouvrons**
tu	**ouvres**	vous	**ouvrez**
il, elle, on	**ouvre**	ils, elles	**ouvrent**

Tableau 6, Verbes comme ouvrir (couvrir, découvrir, etc.).

courir			
je	**cours**	nous	**courons**
tu	**cours**	vous	**courez**
il, elle, on	**court**	ils, elles	**courent**

Tableau 7, Verbes comme courir (accourir, concourir, etc.).

mourir			
je	**meurs**	nous	**mourons**
tu	**meurs**	vous	**mourez**
il, elle, on	**meurt**	ils, elles	**meurent**

Tableau 8, Le verbe mourir.

savoir			
je	**sais**	nous	**savons**
tu	**sais**	vous	**savez**
il, elle, on	**sait**	ils, elles	**savent**

Tableau 9, Le verbe savoir.

Les verbes en -re

► La plupart des verbes en –**re** suivent une conjugaison régulière.
Exemple :   *attendre, descendre, répondre, perdre*, etc.

► On laisse tomber la terminaison infinitive **-re** et on ajoute les terminaisons **-s, -s,**
-Ø, -ons, -ez, -ent.
Exemple :   nous / attend**re** → **attend-** + **-ons** → nous **attendons**

terminaisons de verbes en -re			
je/j'	**-s**	nous	**-ons**
tu	**-s**	vous	**-ez**
il, elle, on	**Ø**	ils, elles	**-ent**

Tableau 10, Les terminaisons des verbes en -re.

perdre			
je	**perds**	nous	**perdons**
tu	**perds**	vous	**perdez**
il, elle, on	**perd**	ils, elles	**perdent**

Tableau 11, La conjugaison du verbe perdre.

► Le verbe **prendre** et ses dérivés suivent une conjugaison différente.
Exemple :   *apprendre, comprendre, prendre*, etc.

prendre			
je	**prends**	nous	**prenons**
tu	**prends**	vous	**prenez**
il, elle, on	**prend**	ils, elles	**prennent**

Tableau 12, La conjugaison du verbe prendre.

► Observez d'autres verbes en –**re.**

suivre			
je	**suis**	nous	**suivons**
tu	**suis**	vous	**suivez**
il, elle, on	**suit**	ils, elles	**suivent**

Tableau 13, Les verbes comme suivre
(poursuivre, survivre, vivre, etc.).

rire			
je	**ris**	nous	**rions**
tu	**ris**	vous	**riez**
il, elle, on	**rit**	ils, elles	**rient**

Tableau 14, Les verbes comme rire (sourire).

conduire			
je	**conduis**	nous	**conduisons**
tu	**conduis**	vous	**conduisez**
il, elle, on	**conduit**	ils, elles	**conduisent**

Tableau 15, Les verbes comme conduire
(construire, détruire, introduire, séduire, etc.).

connaître			
je	**connais**	nous	**connaissons**
tu	**connais**	vous	**connaissez**
il, elle, on	**connaît**	ils, elles	**connaissent**

Tableau 16, Les verbes comme connaître
(apparaître, disparaître, paraître, etc.).

Notez bien !

☛ En général, le verbe **connaître** est employé avec les personnes *(le professeur, les étudiants, etc.)*, les endroits *(Paris, les Alpes, la France, etc.)*, les œuvres artistiques *(les chansons, les tableaux, les romans, etc.)*, les objets concrets *(les insectes, les animaux, les magasins, etc.)*, les idées abstraites *(le bonheur, le malheur, etc.)*, etc. Il introduit « les choses qu'on vit ». Il n'est jamais employé avec une proposition subordonnée.
Exemple :   *Je connais bien les films de Michel Serrault.*

☛ En général, le verbe **savoir** est employé avec les choses qu'on étudie ou qu'on mémorise *(les langues, la leçon, les sciences, etc.)*, avec une proposition subordonnée introduite par un adverbe interrogatif *(comment, où, pourquoi, quand, etc.)*, avec une proposition subordonnée introduite par que ou avec un infinitif *(faire, parler, etc.)*. Il n'est jamais employé avec *des personnes, des animaux, des endroits ou des objets concrets.*
Exemple :   *Je sais qu'il a joué dans une centaine de films.*

Pratiquez !

A **Mensonges.** Complétez le passage suivant avec les formes appropriées *des verbes* à droite.

Mon copain et moi 1._____ notre dîner au restaurant et nous 2._____ une conversation entre un homme et sa petite-fille. Nous 3._____ que la fille 4._____ à son grand-père et elle 5._____ aussi ! Le grand-père lui pose des questions mais la fille ne 6._____ pas :

GP :   Pourquoi 7._____- tu sans permission ?
PF :   8._____-tu du dessert ?
GP :   Tu 9._____ à ma question ou tu l'ignores ?
PF :   (La petite-fille 10._____.) Qu'est-ce que je 11._____... de la glace ?
GP :   J' 12._____ une réponse ! Tu sais : les enfants 13._____ toujours aux adultes !
          Tu 14. _____ à ma question !

Malheureusement, la serveuse arrive et le grand-père et la fille 15._____. Je ne 16._____ pas pourquoi le grand-père 17._____ son temps avec sa petite-fille et pourquoi il ne 18._____ pas la fille ! Oh la la !

Verbes
1. finir
2. entendre
3. apprendre
4. désobéir
5. mentir
6. répondre
7. sortir
8. prendre
9. réfléchir
10. rire
11. choisir
12. attendre
13. obéir
14. répondre
15. partir
16. comprendre
17. perdre
18. punir

B **Critiques.** Complétez la critique du film avec *les formes appropriées des verbes* entre parenthèses.

le 18 décembre 2002

Critique du film – *Le Papillon*
Mathieu Wagram

Nous _____ (choisir) ce film à critiquer parce qu'on _____ (apprendre) beaucoup de choses sur la vie pendant le déroulement de l'intrigue.

Le Papillon est l'histoire d'une fille qui _____ (vivre) dans le même bâtiment qu'un vieil homme solitaire. L'homme _____ (partir) en voyage et la fille se cache dans la voiture de l'homme. L'homme _____ (découvrir) la fille le premier soir de son voyage. Il ne _____ pas (punir) la fille et ils vont dans le Vercors ensemble.

La fille pose beaucoup de questions. L'homme _____ (comprendre) que la fille est triste, il _____ (savoir) qu'elle cherche son amitié et il _____ (répondre) gentiment à ses questions.

Le voyage _____ (servir) à ouvrir les esprits des deux voyageurs, des autres personnages et des spectateurs parce que les deux voyageurs _____ (réfléchir) à la vie et à la mort et ils _____ (savoir) que la vie n'est pas facile.

On _____ (applaudir) l'innocence et la simplicité de ce film qui traite des sujets profonds. Je recommande ce film sans hésitation.

C **Rapports.** Observez quelques mots clés du film et cherchez le rapport entre les personnages du film et les mots clés. Ecrivez une phrase pour montrer ce rapport. Utilisez *les verbes en –***ir** et en –**re**.

Modèle :   sortir / partir : Isabelle / Elsa
          Isabelle sort souvent. Elle promet à Elsa de sortir avec elle, mais elle oublie et elle sort avec ses copains. Elsa part donc pour le Vercors avec Julien.

1. savoir : Isabelle / Elsa
2. connaître : Julien / Elsa
3. ouvrir : Elsa
4. suivre : Julien / Elsa
5. courir : Julien / Elsa

6. réfléchir : Julien / Elsa
7. perdre : Julien
8. réussir : Julien / Elsa
9. découvrir : Julien / Elsa / Isabelle
10. devenir : Julien / Elsa / Isabelle

Extension – les verbes en -ir et en -re

Observez quelques expressions avec les verbes en –ir et en –re :

☛ Le verbe **courir**

le bruit court que : *rumor has it*

faire courir un risque : *to put smn at risk*

courir après quelqu'un : *to run after smn*

partir en courant : *to run off*

courir sa chance : *to try one's luck*

☛ Le verbe **mourir**

Il me fait mourir de rire ! : *He cracks me up !*

mourir de soif : *to be parched*

mourir de faim : *to be starving*

mourir de peur : *to be scared to death*

☛ Le verbe **perdre**

perdre espoir : *to lose hope*

perdre qqn/qqch de vue : *to lose sight of smn/sthg*

perdre patience : *to run out of patience*

perdre la trace de qqn : *to lose track of smn*

perdre son temps à faire qqch: *to waste one's time doing sthg*

☛ Le verbe **suivre**

A suivre… : *To be continued…*

suivre la piste de quelqu'un : *to follow smn's trail*

suivre un cours : *to take a class*

Suivez-moi bien. : *Listen to me carefully. Pay attention.*

suivre un chemin : *to follow a path*

Je ne vous suis pas. : *I don't understand.*

suivre un régime : *to be on a diet*

Son exemple n'est pas à suivre. : *He's not a good example.*

☛ Le verbe **rire**

rire aux éclats: *to howl with laughter*

J'ai dit ça pour rire. : *I was joking.*

sans rire : *joking aside*

Ça ne me fait pas rire. : *That's not funny.*

Rira bien qui rira le dernier. : *He who laughs last laughs best.*

Pratiquez !

Expressions. Complétez les phrases suivantes avec les expressions qui correspondent au contexte.

Expressions avec courir…

1. Julien ne veut pas qu'Elsa l'accompagne dans le Vercors parce qu'il ne veut pas _____ à Elsa.
2. Elsa fait tomber le drap et Julien se fâche contre elle. Elle _____.
3. Julien s'inquiète ! Il _____ Elsa.

Expressions avec mourir…

1. Le voyage dans le Vercors n'est pas facile. Elsa a très faim et elle _____ !
2. Quand on essaie de libérer Elsa du trou, sa mère s'inquiète et elle _____.

Expressions avec perdre…

1. Au début du voyage, Julien n'aime pas beaucoup Elsa. Elle parle sans cesse et il _____.
2. Julien appelle Elsa. Il ne la voit plus. Il _____ Elsa _____.
3. Isabelle pense qu'Elsa a été kidnappée. Elle s'inquiète et elle _____.

Expressions avec suivre…

1. La mère d'Elsa n'est pas une bonne mère : _____.
2. Elsa ne comprend pas bien Julien. Elle dit : _____.
3. Julien veut qu'Elsa l'écoute. Il dit : _____.

Expressions avec rire…

1. Elsa raconte une histoire amusante à Julien. Il ne s'amuse pas et il répond : _____ !
2. Elsa ne veut pas être méchante. Elle explique : _____.

2.3 Le conditionnel présent

▶ Le conditionnel est un mode.

▶ Pour former le conditionnel, on ajoute les terminaisons **-ais**, **-ais**, **-ait**, **-ions**, **-iez**, **-aient** (les terminaisons de l'imparfait) à l'infinitif. Si l'infinitif se termine en **e**, on laisse tomber le **e** avant d'ajouter la terminaison.

terminaisons du conditionnel			
je/j'	**-ais**	nous	**-ions**
tu	**-ais**	vous	**-iez**
il, elle, on	**-ait**	ils, elles	**-aient**

Tableau 17, Les terminaisons du conditionnel.

verbes réguliers au conditionnel			
	parler	**finir**	**répondre**
je	parlerais	finirais	répondrais
tu	parlerais	finirais	répondrais
il, elle, on	parlerait	finirait	répondrait
nous	parlerions	finirions	répondrions
vous	parleriez	finiriez	répondriez
ils, elles	parleraient	finiraient	répondraient

Tableau 18, Des verbes réguliers au conditionnel.

▶ Pour les verbes en –er avec un changement orthographique, on garde le changement orthographique dans toutes les personnes au conditionnel. Notez qu'il n'y a pas de changement avec un **é**.

verbes avec changement orthographique			
	acheter	**essayer**	**appeler**	**répéter**
je/j'	achèterais	essaierais	appellerais	répéterais
tu	achèterais	essaierais	appellerais	répéterais
il, elle, on	achèterait	essaierait	appellerait	répéterait
nous	achèterions	essaierions	appellerions	répéterions
vous	achèteriez	essaieriez	appelleriez	répéteriez
ils, elles	achèteraient	essaieraient	appelleraient	répéteraient

Tableau 19, Des verbes avec changement orthographique.

▶ Observez les radicaux irréguliers.

radicaux irréguliers au conditionnel							
aller	**ir-**	envoyer	**enverr-**	pleuvoir	**pleuvr-**	valoir	**vaudr-**
(s')asseoir	**(s')assiér-**	être	**ser-**	pouvoir	**pourr-**	venir	**viendr-**
avoir	**aur-**	faire	**fer-**	recevoir	**recevr-**	voir	**verr-**
courir	**courr-**	falloir	**faudr-**	savoir	**saur-**	vouloir	**voudr-**
devoir	**devr-**	mourir	**mourr-**	tenir	**tiendr-**		

Tableau 20, Des verbes avec radicaux irréguliers.

▶ L'emploi du conditionnel dépend d'une condition (explicite ou implicite). Il exprime un désir ou un souhait, une suggestion ou un conseil, une hypothèse (une possibilité ou une éventualité). Il correspond à *should/would* en anglais.

► Observez les emplois du conditionnel des verbes suivants :
  ♦ **Aimer** : Le conditionnel du verbe **aimer** exprime un désir ou une volonté (même si le désir n'est pas possible).
      Exemple : *Elsa aimerait avoir un père.*
  ♦ **Devoir** : Le conditionnel du verbe **devoir** veut dire « should » en anglais.
      Exemple : *Isabelle devrait tenir ses promesses à Elsa.*
  ♦ **Pouvoir** : Le conditionnel du verbe **pouvoir** veut dire « could » en anglais. Il est employé pour rendre une expression plus polie et pour exprimer une possibilité.
      Exemple : *Isabelle pourrait rentrer après le travail.*
  ♦ **Vouloir** : Le conditionnel du verbe **vouloir** exprime une volonté et il rend une expression plus polie.
      Exemple : *Elsa voudrait passer du temps avec sa mère.*

► Le conditionnel est employé dans des phrases hypothétiques.
  Structure : *Si + sujet + verbe (à l'imparfait) + sujet + verbe (au conditionnel).*
  Exemple : *Si j'étais Isabelle, je passerais plus de temps avec ma fille.*

► La structure « **Je voudrais + infinitif** » veut dire « **I wish I could + infinitive** » en anglais.
  Exemple : *Je voudrais parler à ma mère.   I wish I could talk to my mother.*

Pratiquez !

A **Un monde parfait.** Comment est-ce que la vie d'Elsa serait si le monde était parfait ? Utilisez *le conditionnel.*

Exemple :   *Si le monde était parfait, la mère d'Elsa ne sortirait pas avec ses copains !*

Suggestions

aller au cinéma avec sa mère	faire du basket-ball avec sa mère
avoir un père	manger au Macdo avec sa mère
être joueuse de basket-ball	voir des vaches à la campagne

B **Si seulement !** Complétez les phrases suivantes avec *le conditionnel.*
  1. Si Elsa avait un père, *elle…*
  2. Si Isabelle attendait Elsa après l'école, *elles…*
  3. Si Elsa et Isabelle habitaient à la campagne, *elles…*
  4. Si le fils de Julien était toujours vivant, *il…*
  5. Si la femme de Julien était toujours vivante, *ils…*

C **Recommandations.** Faites des recommandations aux personnages du film. Utilisez *le conditionnel.*
  1. Julien, vous êtes trop solitaire ! Si j'étais vous, *je… et vous pourriez…*
  2. Julien, vous ne souriez pas beaucoup ! Si j'étais vous, *je…*
  3. Julien, vous êtes trop sévère avec Elsa ! Si j'étais vous, *je…*
  4. Isabelle, vous ne montrez pas que vous aimez Elsa ! Si j'étais vous, *je… et vous devriez…*
  5. Isabelle, vous passez trop de temps avec vos copains ! Si j'étais vous, *je…*
  6. Elsa, tu n'obéis pas à ta mère ! Si j'étais toi, *je…*
  7. Elsa, tu es trop indépendante ! Si j'étais toi, *je…*

2.4 La négation (révision)

▶ On utilise l'adverbe négatif **ne/n'... pas** pour écrire une phrase négative.

Structure :	sujet	+	*ne*	+	verbe	+	*pas*	
Exemple :	Je		*ne*		comprends		*pas*	la question.

▶ Dans une construction infinitive, l'adverbe négatif **ne/n'...pas** est placé autour du verbe conjugué.

Structure :	sujet	+	*ne*	+	verbe	+	*pas*	+	infinitif
Exemple :	Je		*ne*		vais		*pas*		attendre.

▶ Dans une phrase négative, l'article indéfini (un, une, des) et l'article partitif (du, de la, de l', des) se changent en **de/d'**.

Exemple :   Il pose une question.   →   Il ne pose pas *de* question.

Pratiquez !

A **Trop de questions !** Complétez le dialogue suivant avec l'adverbe négatif *ne/n'... pas.*

Homme :   Je comprends la question. Je vais répondre à la question et tu vas poser d'autres questions !

Fille :   Tu aimes mes questions ? Pourquoi ?

Homme :   Tout à fait, j'aime tes questions et je vais perdre mon temps à t'expliquer pourquoi.

B **Négation.** Vous êtes professeur et vous lisez un résumé du film écrit par un de vos étudiants. Le résumé n'est pas bon ! Corrigez-le en ajoutant *l'adverbe négatif ne/n'... pas.*

Maxime Moreau

Le Papillon

un film de Philippe Muyl

Il y a beaucoup de personnages principaux dans ce film. La mère, Isabelle, est très soucieuse. La fille, Elsa, est une fille bien aimée par sa mère. Le voisin d'en bas, Julien, est un homme très agréable.

Au début du film, Julien aime beaucoup Elsa et il invite Elsa à voyager avec lui. Comme il est très content, il parle beaucoup pendant le voyage. Le voyage dure longtemps. A la fin du voyage, Julien rentre à Paris avec Elsa parce que la police comprend la situation. C'est grave ! Julien est en prison longtemps. Et Elsa ? Elle est triste à la fin du film parce qu'elle est seule pour la première fois !

2.5 L'interrogation : les questions à réponse oui/non, les questions d'information, les pronoms interrogatifs invariables

Les questions à réponse oui ou non

▶ Il y a quatre façons de poser une question à réponse affirmative ou négative. **L'intonation** et **est-ce que** sont souvent utilisés dans la langue parlée. **N'est-ce pas** est utilisé moins souvent et **l'inversion** est surtout utilisée dans la langue écrite.

Intonation :   L'intonation est employée dans la langue parlée. On utilise un ton interrogatif à la fin de la phrase pour poser la question.
Exemple : Tu attends ta mère.   →   Tu attends ta mère ?

Est-ce que :   On place *est-ce que* devant la phrase sans changer l'ordre des mots.
Exemple : Tu attends ta mère.   →   *Est-ce que* tu attends ta mère ?

N'est-ce pas :   On place *n'est-ce pas* à la fin de la phrase sans changer l'ordre des mots.
Exemple : Tu attends ta mère.   →   Tu attends ta mère, *n'est-ce pas* ?

L'inversion :   On place le verbe devant un pronom sujet.
Exemple :   Tu attends ta mère.   →   *Attends-tu* ta mère ?
Avec un nom :   Alex attend sa mère. →   *Alex attend-il* sa mère ?
Avec 2 voyelles :   Elle arrive bientôt. →   *Arrive-t-elle* bientôt ?

Les questions d'information

▶ On utilise les adverbes interrogatifs pour poser des questions d'information.
Exemple :   *combien, comment, où, pourquoi, quand*

▶ Il y a deux façons de poser une question d'information.

Avec est-ce que :   mot interrogatif   +   est-ce que   +   sujet   +   verbe ?
Exemple :   Quand   est-ce que   Paul   arrive ?

Avec l'inversion :   mot interrogatif   +   (nom) verbe +   -(t)-   +   pronom sujet ?
Exemple :   Quand   Paul   arrive   - t -   il ?

adverbes interrogatifs	
mot interrogatif	**réponse possible**
combien	un adverbe (*beaucoup, cher, etc.*)
combien de + nom	une quantité (*1, 2, 3 ; assez, trop, etc.*)
comment	un adverbe (*bien, mal, etc.*), une description (*content, joli, etc.*), une explication (*en voiture, en train, etc.*)
où	un endroit (*un monument, une ville, un pays, etc.*)
pourquoi	parce que + sujet + verbe ; pour + infinitif (*pour apprendre, pour comprendre, etc.*)
quand	une date (*un jour, un mois, un an, etc.*)

Tableau 21, Les adverbes interrogatifs.

Les pronoms interrogatifs invariables

▶ Les pronoms interrogatifs invariables sont employés pour poser des questions sur les personnes et sur les choses. Observez les formes :

pronoms interrogatifs invariables			
personnes	**sujet du verbe**	**objet du verbe**	**objet d'une préposition**
forme longue	qui est-ce qui	qui est-ce que	préposition + qui + est-ce que
forme courte	qui	qui + l'inversion	préposition + qui + l'inversion
choses	**sujet du verbe**	**objet du verbe**	**objet d'une préposition**
forme longue	qu'est-ce qui	qu'est-ce que	préposition + quoi + est-ce que
forme courte	ø	que + l'inversion	préposition + quoi + l'inversion

Tableau 22, Les mots interrogatifs.

▶ **Questions sur les personnes**

♦ **Sujet du verbe :** Qui est-ce qui + verbe ? ou Qui + verbe ?
Exemple : *Qui est-ce qui regarde la télé ?* ou *Qui regarde la télé ?*

♦ **Objet direct :** Qui est-ce que + sujet + verbe ? ou Qui + inversion ?
Exemple : *Qui est-ce que tu regardes ?* ou *Qui regardes-tu ?*

♦ **Objet d'une préposition :**
Prép. + qui est-ce que + sujet + verbe ? ou Prép. + qui + inversion ?
Exemple : *A qui est-ce que tu parles ?* ou *A qui parles-tu ?*

▶ **Questions sur les choses**

♦ **Sujet du verbe :** Qu'est-ce qui + verbe ?
Exemple : *Qu'est-ce qui coûte cher ?*
(Notez qu'il n'y a pas de forme courte qui correspond à cette structure.)

♦ **Objet direct :** Qu'est-ce que + sujet + verbe ? ou Que + inversion ?
Exemple : *Qu'est-ce que tu regardes ?* ou *Que regardes-tu ?*

♦ **Objet d'une préposition :**
Prép. + quoi est-ce que + sujet + verbe ? ou Prép. + quoi + inversion ?
Exemple : *De quoi est-ce que tu parles ?* ou *De quoi parles-tu ?*
*(Notez que le pronom interrogatif **quoi** est employé après les prépositions.)*

♦ **Pour demander une définition :**
Qu'est-ce que c'est ?
    Qu'est-ce que c'est ?   *Réponse : Un papillon !*
Qu'est-ce que + article + nom ?
    Qu'est-ce qu'un papillon ?   *Réponse : C'est un insecte !*
Qu'est-ce que c'est que + article + nom ?
    Qu'est-ce que c'est qu'un papillon ? Réponse : C'est un insecte !

Pratiquez !

 A **Oui ou non ?** Donnez *les questions à réponse oui ou non* qui correspondent aux réponses suivantes. Utilisez *est-ce que, n'est-ce pas* ou *l'inversion* pour poser vos questions.

1. Oui, j'attends la prof.
2. Oui, elle finit son travail à l'école.
3. Oui, elle rend visite à un copain à 18h.
4. Oui, la prof et son copain sortent souvent.
5. Oui, ils partent en voyage.

B **Enfants.** Les enfants posent toujours beaucoup de questions. Utilisez les éléments donnés pour créer *des questions à réponse oui ou non.*

Exemples : *Est-ce que vous aimez les papillons ? / Aimez-vous les papillons ?*
Est-ce qu'elle aime le basket ? / Aime-t-elle le basket ?

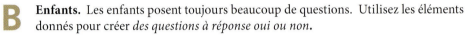

Vocabulaire

Elle aime	Elle rend visite	Nous choisissons	Nous partons	On sent	Vous cherchez
Elle attend	Elle ouvre	Nous voyageons	On dort	Vous aimez	Vous entendez
à un copain	*dans un appartement*	*des fleurs*	*en voiture*	*les papillons*	*sous une tente*
au restaurant	*demain*	*des oiseaux*	*le basket*	*les randonnées*	*un bon endroit*

C **Mots interrogatifs.** Choisissez *les mots interrogatifs* qui correspondent au contexte des questions suivantes.

1. _____ sont les personnages principaux ?
   a. Qui
   b. Pourquoi
2. _____ s'appellent les acteurs du film ?
   a. Quand
   b. Comment
3. _____ se passe le film ?
   a. Où
   b. Quoi
4. _____ est-ce que l'homme part ?
   a. Pourquoi
   b. Qui

5. _____ est-ce qu'il voyage ?
   a. Avec qui
   b. Avec qu'
6. _____ agace Julien ?
   a. Qu'est-ce qui
   b. Qu'est-ce que
7. _____ l'homme trouve ?
   a. Quoi
   b. Qu'est-ce que
8. _____ Julien aime maintenant ?
   a. Qui est-ce que
   b. Qu'est-ce qui

D **A la police.** Elsa a disparu ! Isabelle va au commissariat et le policier lui pose des questions pour l'aider à trouver Elsa. Utilisez les éléments donnés pour poser des *questions d'information (avec est-ce que et avec l'inversion)* !

Exemples : *Comment vous appelez-vous ? Où habitez-vous ? Qui est-ce que vous cherchez ? Pourquoi est-ce que vous cherchez votre voisin ?*

Vocabulaire

A qui	Comment	Qu'est-ce que	Qui est-ce que
Avec qui	Où	Qu'est-ce qui	Qui est-ce qui
Chez qui	Pourquoi	Quand	*etc.*

2.6 Les adjectifs et les pronoms interrogatifs variables

Les adjectifs interrogatifs variables - Quel

▶ L'adjectif interrogatif qualifie un nom et il s'accorde en genre et en nombre avec le nom qualifié. Observez les quatre formes :

adjectif interrogatif		
	masculin	**féminin**
singulier	quel	quelle
pluriel	quels	quelles

Tableau 23, Les adjectifs interrogatifs.

▶ Quand on pose une question avec **quel**, il y a plusieurs structures possibles. Observez.

◆ **Sujet :** Quel + nom + verbe ?
Exemple : *Quel personnage va dans le Vercors ?*

◆ **Suivi du verbe être :** Quel + être + article + nom ?
Exemple : *Quelle est l'importance du papillon ?*

◆ **Objet direct :** Quel + nom + est-ce que + sujet + verbe ?
Quel + nom + inversion ?
Exemple : *Quel personnage est-ce que vous préférez ?*
Quel personnage préférez-vous ?

◆ **Objet d'une préposition :**
Prép. + quel + nom + est-ce que + sujet + verbe ?
Prép. + quel + nom + inversion ?
Exemple : *Dans quelle région est-ce qu'on peut trouver des papillons ?*
Dans quelle région peut-on trouver des papillons ?

◆ **Exclamation :**
Quel + adjectif + nom ! ou Quel + nom + adjectif !
Exemple : *Quelle jolie fille ! Quelle fille intelligente !*

Les pronoms interrogatifs variables - Lequel

▶ Le pronom interrogatif **lequel** remplace **quel** + **un nom** et il s'accorde en genre et en nombre avec le nom remplacé. Observez les quatre formes :

pronom interrogatif		
	masculin	**féminin**
singulier	lequel	laquelle
pluriel	lesquels	lesquelles

Tableau 24, Les pronoms interrogatifs.

▶ Le pronom interrogatif **lequel** se contracte avec les prépositions **à** et **de.** Observez les contractions :

contractions avec à et de				
	avec la préposition à		avec le préposition de	
	masculin	féminin	masculin	féminin
singulier	auquel	à laquelle	duquel	de laquelle
pluriel	auxquels	auxquelles	desquels	desquelles

Tableau 25, Les contractions des pronoms interrogatifs.

Pratiquez !

A **Elsa.** Isabelle est toujours au commissariat. Le policier lui pose des questions sur Elsa et sur ses préférences. Complétez les questions du policier avec *l'adjectif interrogatif quel.* Imaginez aussi les réponses d'Isabelle !

1. _____ est sa date de naissance ?
2. De _____ couleur sont ses yeux ?
3. De _____ couleur sont ses cheveux ?
4. _____ vêtements est-ce qu'elle porte ?
5. A _____ heure rentre-t-elle après l'école ?
6. _____ activités aime-t-elle ?
7. _____ sports aime-t-elle ?
8. _____ est son équipe préférée ?
9. ???
10. ???

B **Et vous ?** Le policier continue à interroger Isabelle. Complétez les questions suivantes avec *le pronom interrogatif lequel.* Attention aux contractions avec les prépositions à et de !

Isabelle : Elsa va souvent au café.
Policier : _____ va-t-elle ?
Isabelle : Au café près de chez nous et elle va aussi au parc pour jouer au basket-ball.
Policier : _____ parlez-vous ?
Isabelle : Je parle du parc du quartier. Mais, après l'école, elle joue souvent aux jeux électroniques.
Policier : _____ aime-t-elle ?
Isabelle : Oh… je ne sais pas. Elle parle toujours au voisin.
Policier : _____ parle-t-elle ?
Isabelle : Au voisin d'en bas. Vous avez d'autres questions ? Je devrais téléphoner à mes copains.
Policier : _____ devriez-vous téléphoner ?
Isabelle : Oh la la ! Il vaudrait mieux chercher Elsa que répondre à vos questions ! Je m'en vais !

C **Ses intérêts.** Julien essaie de connaître Elsa. Il lui pose des questions sur ses intérêts. Suivez le modèle et utilisez *l'adjectif interrogatif quel* et *le pronom interrogatif lequel* pour créer les questions de Julien.

Modèle : *Quels sports aimes-tu ? Auxquels joues-tu ?*

Suggestions

activités	cuisine	jeux électroniques	sports
bandes dessinées	films	romans	etc.

Traduction

Français → anglais

 Mots et expressions. Traduisez les mots et les expressions suivantes *en anglais*.

1. une famille monoparentale
2. un homme solitaire
3. désobéir à sa mère
4. courir après Elsa
5. réussir à trouver

 Phrases. Traduisez les phrases suivantes *en anglais*.

1. Pourquoi Elsa part-elle avec Julien ?
2. Qu'est-ce que Julien cherche ?
3. Qui est-ce que Julien trouve à l'hôtel ?
4. Est-ce que Julien devrait appeler Isabelle ?
5. Qu'est-ce qui agace Julien ?

Conseils

- Cherchez les mots apparentés et les faux amis.
- Notez que certains verbes sont suivis d'une préposition en français alors que ces mêmes verbes n'ont pas de préposition en anglais (ou le contraire) !
- Observez bien le mode des verbes (l'indicatif ou le conditionnel).
- Respectez bien l'ordre des mots dans la phrase.
- Utilisez le vocabulaire et la grammaire pour vous aider !

Anglais → français

 Mots et expressions. Traduisez les mots et les expressions suivantes *en français*.

1. to wait for her mother
2. to obey her mother
3. to hide in his car
4. to look for a butterfly
5. to think about life

 Phrases. Traduisez les phrases suivantes *en français*.

1. Do you like the film ?
2. Which character do you prefer ?
3. Which scene do you prefer ?
4. Why is Julien looking for a butterfly ?
5. Would you recommend the film to your friends ?

C **Journal.** Vous trouvez un journal déchiré avec un article sur un kidnapping. Traduisez l'article suivant *en français*.

8 yr. old girl lost !!

-Paris

We are looking for Elsa, an 8 year old girl from Paris. She is an intelligent and charming girl. She is wearing an NBA jersey and jeans. She loves basketball, she plays video games and she talks to everyone. Please help!! We would like to have information about the disappearance of Elsa. You should call the police or you could go to the police station…

Photos

A **Détails.** Regardez l'image et cochez les bonnes réponses.

1. Où se passe cette scène ?
   a. dans un appartement à Paris
   b. dans un jardin à Grenoble
   c. dans une maison dans le Vercors
2. Quand cette scène se passe-t-elle ?
   a. C'est la première scène du film.
   b. C'est une scène du milieu du film.
   c. C'est une scène vers la fin du film.
3. Qui est le personnage sur la photo ?
   a. Elsa
   b. Isabelle (le papillon)
   c. Marguerite
4. Qu'est-ce que le personnage sur la photo regarde ?
   a. Elle regarde la télé.
   b. Elle regarde la naissance d'un papillon.
   c. Elle regarde un jeu électronique.
5. Qu'est-ce qui se passe après cette scène ?
   a. C'est le début du film et l'histoire commence.
   b. Julien et Elsa libèrent le papillon.
   c. Julien et Elsa rentrent à Paris.

B **Symbolisme.** Les personnages et les objets sur cette photo sont très symboliques. Décrivez ce qu'ils symbolisent. Utilisez le vocabulaire à gauche et ajoutez des mots *du vocabulaire du film*.

Personnage/objet	Symbole (s)
Elsa	_____
Isabelle (le papillon)	_____
Le tee-shirt d'Elsa	_____
La couleur bleue du tee-shirt	_____
La couleur jaune de la fleur	_____
La couleur verte des feuilles	_____

Vocabulaire

le bonheur
l'innocence
la jeunesse
la joie
la liberté
la maturité
la métamorphose
la nature
la paix
la sécurité
la transformation

C **En général.** Répondez aux questions suivantes. Ecrivez deux ou trois phrases.

1. Donnez un titre à la photo. Justifiez votre réponse.
2. Quelle est l'importance de cette scène ?

D **Aller plus loin.** Ecrivez un paragraphe pour répondre aux questions suivantes.

1. Expliquez la transformation d'Elsa jusqu'à cette scène.
2. Quelle est la signification du tee-shirt d'Elsa ?

Liens !

Dans *Les Triplettes de Belleville*, Champion change aussi. Réfléchissez à son enfance dans les années 1940 et à sa vie pendant les années 1950. Comparez sa transformation à celle d'Elsa.

Mise en pratique

 A **En général.** Répondez aux questions suivantes. Ecrivez deux ou trois phrases.

1. Comment est Elsa ?
2. Comment est Isabelle ?
3. Est-ce qu'Isabelle aime Elsa ?
4. Comment est-ce qu'Elsa rencontre Julien ?
5. Qu'est-ce qu'Elsa découvre dans l'appartement de Julien ?
6. Pourquoi est-ce qu'Elsa part en voyage avec Julien ?
7. Où est-ce qu'Elsa et Julien vont ? Pourquoi ?
8. Pourquoi est-ce que Julien quitte le commissariat de police avec Elsa ?
9. Pourquoi est-ce que Julien ne réussit pas à téléphoner à Isabelle ?
10. Qu'est-ce qu'Elsa cherche ? Qu'est-ce qu'elle trouve ?
11. Qu'est-ce que Julien cherche ? Qu'est-ce qu'il trouve ?
12. Pourquoi est-ce que Julien est triste quand il dîne dans la famille de Sébastien ?
13. Comment est-ce que la police trouve Elsa ?
14. Pourquoi est-ce que la police ne peut pas trouver Elsa avant sa chute dans le trou ?
15. Est-ce qu'Isabelle peut devenir « une bonne mère » ?

B **Aller plus loin.** Écrivez un paragraphe pour répondre aux questions suivantes.

1. Le papillon *Isabelle* est une métaphore des personnages du film. Expliquez.
2. Pourquoi est-ce qu'Elsa pose beaucoup de questions à Julien ? Expliquez.
3. Julien raconte une histoire à Elsa (Dieu et le lapin, le loup, etc.). Expliquez le symbolisme de cette histoire.
4. Julien et Elsa rencontrent des gens au refuge. Quelle est l'importance de cette scène ?
5. Julien est horloger. Expliquez le rôle de son métier dans le film.
6. Pourquoi est-ce que Muyl ne développe pas l'histoire du père d'Elsa ?
7. Le film présente une histoire très simple mais il a eu du succès dans les salles de cinéma. Pourquoi ?
8. Expliquez le symbolisme de la recherche d'Isabelle.
9. Quel personnage évolue le plus dans le film ? Justifiez votre réponse.
10. Aimez-vous le film ? Avez-vous un personnage préféré ?

Analyse. Lisez le poème suivant et répondez aux questions suivantes.

La pauvre fleur disait au papillon céleste

Les Chants du crépuscule (1835)
Victor Hugo (1802–1885)

heavenly

don't fly away

La pauvre fleur disait au papillon céleste° :
-Ne fuis pas !°
Vois comme nos destins sont différents. Je reste,
Tu t'en vas !

Pourtant nous nous aimons, nous vivons sans les hommes
Et loin d'eux,
Et nous nous ressemblons, et l'on dit que nous sommes
Fleurs tous deux !

takes you away / chains
me / destiny, fate

perfume / my breath

Mais, hélas ! l'air t'emporte° et la terre m'enchaîne .°
Sort° cruel !
Je voudrais embaumer° ton vol de mon haleine°
Dans le ciel !

Mais non, tu vas trop loin ! -Parmi des fleurs sans nombre
Vous fuyez,
Et moi je reste seule à voir tourner mon ombre
A mes pieds.

to shine

in tears

Tu fuis, puis tu reviens ; puis tu t'en vas encore
Luire° ailleurs.
Aussi me trouves-tu toujours à chaque aurore
Toute en pleurs !°

flows

root

Oh ! pour que notre amour coule° des jours fidèles,
Ô mon roi,
Prends comme moi racine,° ou donne-moi des ailes
Comme à toi !

Questions

Choisissez la bonne réponse.

1. Qui parle à qui ?
   a. La fleur parle au papillon.
   b. Le papillon parle à la fleur.
2. La fleur n'est pas contente…
   a. parce qu'elle n'aime pas le papillon.
   b. parce qu'elle reste et le papillon part.
3. La fleur veut des ailes comme le papillon ou…
   a. elle veut que le papillon ait des racines.
   b. elle veut que le papillon ne revienne pas.

4. Quels mots ou quelles expressions décrivent la tristesse de la fleur ?
5. Quels mots ou quelles expressions indiquent que le papillon part ?

A votre avis

On peut dire que Julien est comme la fleur. Qui est « son papillon » ? Pourquoi ? On peut dire qu'Isabelle est aussi comme le papillon. Expliquez.

Communication

A   **Familles !** Vous faites les portraits des deux familles du film. Décrivez la famille à problèmes (Isabelle – Elsa - Julien) et votre partenaire décrit la famille élargie (Sébastien – ses parents – sa grand-mère). Utilisez *des adjectifs qualificatifs* pour faire le portrait de ces deux genres de familles.

> **Exemple :**   Etudiant 1 :   La famille à problèmes est une famille monoparentale qui a une mère célibataire, sa fille précoce et un ami veuf.
>
>   Etudiant 2 :   La famille élargie a deux parents mariés, un fils unique et une grand-mère veuve.

B   **Au ciné.** Votre partenaire et vous faites un résumé du film pour le site Web *www.allocine.fr*. Utilisez *les verbes en –ir* et *en –re* du vocabulaire du film pour développer votre résumé. Comparez votre résumé avec ceux de vos camarades de classe.

> Verbes :   apprendre, choisir, comprendre, connaître, découvrir, désobéir, devenir, entendre, mentir, ouvrir, partir, perdre, punir, réfléchir, répondre, savoir, venir, etc.
>
> **Exemple :**   Etudiants :   *Le Papillon* est l'histoire d'une fille et d'un homme qui découvrent une amitié inattendue….

C   **A sa place.** Pensez aux scènes suivantes et discutez de ce que vous feriez à la place des personnages du film. Utilisez *le conditionnel*.

> **Exemple :**   Etudiant 1 :   Si j'étais Elsa, j'appellerais Marguerite pour me donner la clé.
>
>   Etudiant 2 :   Si j'étais Elsa, j'attendrais au restaurant où je pourrais prendre un goûter !

D   **Qui est-ce ?** Choisissez un personnage du film et faites son portrait. Votre partenaire vous pose *des questions à réponse oui ou non* pour deviner le nom du personnage du film.

> Personnages : Elsa, Julien, Isabelle – mère, Isabelle – papillon, Sébastien, le père de Sébastien, la mère de Sébastien, la grand-mère de Sébastien, Marguerite, le policier, le géomètre, l'entomologiste, etc.
>
> **Exemple :**   *Personnage choisi : Sébastien*
>
>   Etudiant 2 :   Est-ce que le personnage est jeune ? Le personnage est-il jeune ?
>
>   Etudiant 1 :   Oui.

E   **Interview.** Vous êtes animateur de l'émission de télé, *Un Regard sur le cinéma*. Vous interviewez Philipe Muyl. Posez des questions d'information à votre partenaire qui joue le rôle de Muyl. Utilisez *les mots interrogatifs* pour poser *vos questions d'information*. Présentez votre interview à vos camarades de classe.

> **Exemple :**   Etudiant 1 :   Bonsoir et bienvenue à « Un Regard sur le cinéma ». Notre invité ce soir est le réalisateur Philipe Muyl. Comment allez-vous ?
>
>   Etudiant 2 :   Bonsoir, Monsieur (Mademoiselle). Je vais très bien, merci.

F **La suite.** Votre interview avec Philipe Muyl continue. Il parle maintenant de ses scènes préférées du film. Vous lui posez des questions sur les scènes, sur les acteurs/les actrices, etc. Utilisez *l'adjectif interrogatif quel* et *le pronom interrogatif lequel*.

Exemple : Etudiant 1 : Quelles scènes est-ce que vous aimez beaucoup ?
Laquelle est votre scène préférée ?
Etudiant 2 : J'aime toutes les scènes du film mais j'aime surtout la scène où Elsa et Julien regardent la naissance du papillon.

G **Critiques !** Votre partenaire et vous êtes journalistes pour l'hebdomadaire *Chroniques du film*. Vous écrivez une critique du film *Le Papillon*. Vous aimez beaucoup le film mais votre partenaire n'aime pas du tout le film. Préparez vos critiques selon les rubriques suivantes et utilisez **la négation** et **les verbes en –ir et en –re** pour présenter des critiques opposées à vos camarades de classe.

Exemple : Etudiant 1 : Nous critiquons le film *Le Papillon*. J'aime beaucoup ce film parce que l'histoire est émouvante.
Etudiant 2 : Je ne suis pas d'accord avec mon collègue. Je n'aime pas le film et l'histoire n'est pas du tout émouvante.

H **Tendances.** Vous faites un sondage sur les préférences de vos camarades de classe. Posez-leur les questions suivantes et inventez aussi d'autres questions. Présentez vos résultats à vos camarades de classe.

Tendances		
Questions	**Réponses**	**N/A**
Qu'est-ce que vous aimez comme genres de films ?		
Pourquoi regardez-vous des films ?		
Combien de films regardez-vous par mois ?		
Où regardez-vous des films ?		
Quand regardez-vous des films ?		
Avec qui ou chez qui regardez-vous des films ?		
Vos questions supplémentaires	**Réponses**	**N/A**

Aller plus loin

Lecture

Le Vercors

Région :	Rhône-Alpes
Départements :	La Drôme et l'Isère
De Paris :	670 km
De Grenoble :	60 km
Altitude :	entre 1.000 et 2.300 mètres
Géographie :	Plaines, montagnes, forêts, champs, lacs, ruisseaux
A voir :	Le Parc naturel du Vercors
Activités :	Randonnées, ski alpin, ski de fond, ski de piste, parapente, etc…

A la recherche…

Jean-Pierre, parisien depuis 67 ans, déménage. Sa destination ? Le Vercors. Lisez notre interview pour découvrir ses raisons…

Qu'est-ce que vous faites comme travail ?
Je ne travaille pas, je suis retraité. J'aime beaucoup la nature et les activités en plein air et j'aime étudier les plantes et les insectes. Je suis amateur de botanique et d'entomologie.

Aimez-vous Paris ?
J'aime Paris. Il y a toujours des choses à faire : aller au cinéma, aux concerts, aux musées, aux cafés, etc. La ville est dynamique. Elle bouge.

Où habitez-vous actuellement ?
J'habite un appartement dans le 15ᵉ arrondissement de Paris. J'aime le quartier et j'aime mon appartement.

Pourquoi quittez-vous Paris ?
J'en ai un peu marre. Il y a trop de monde : 2,15 millions d'habitants à Paris (10,5 avec les banlieues). Il y a toujours beaucoup de bruit, beaucoup de pollution et beaucoup de problèmes. J'entends toujours mes voisins qui regardent la télé, jouent à des jeux vidéos et se disputent.

Vendez-vous votre appartement ?
Non, je ne vends pas mon appartement parce que j'ai des relations à Paris. Ma mère habite une maison de retraite à Paris et je voudrais lui rendre visite de temps en temps.

Pourquoi choisissez-vous Le Vercors ?
On peut respirer dans le Vercors. On entend le vent, les oiseaux, les insectes… Je peux y trouver des espèces rares de fleurs et de plantes. Je peux aussi y faire beaucoup d'activités sportives : du ski, des randonnées, etc. Le Parc naturel du Vercors m'intéresse aussi.

Avez-vous une maison dans le Vercors ?
Oui, j'ai une maison. Il faut y faire beaucoup de travail parce que la maison est un ancien refuge de randonneurs. Je descends assez souvent dans le Vercors pour rénover la maison.

Avec qui déménagez-vous ?
Je déménage seul. Je suis veuf et mon fils est mort il y a vingt ans.

Quand partez-vous pour le Vercors ?
J'attends un peu parce qu'il fait très froid et il y a beaucoup de neige en ce moment et parce que je suis toujours en train de préparer la maison. Si tout va bien, je vais déménager au printemps.

Qu'est-ce que vous cherchez dans le Vercors ?
Ouf ! C'est une question difficile… Je pense que je cherche une vie plus simple et plus tranquille!

Merci Jean-Pierre. Nous vous souhaitons bon voyage !

-Marc Letrajet
Voyages et voyageurs Nº17, Page 29

A   **Le Vercors.** Choisissez la bonne réponse.

1. Le Vercors se trouve _____.
   - a. dans le Massif central.
   - b. dans les Pyrénées.
   - c. dans les Alpes.
2. Le Vercors se trouve dans _____ de la France.
   - a. le sud-ouest
   - b. le sud-est
   - c. le nord-est
3. Le Vercors est à _____ de Paris.
   - a. 670 miles
   - b. 670 mètres
   - c. 670 kilomètres
4. _____ habitants habitent le Vercors.
   - a. ≈ deux mille
   - b. ≈ deux millions d'
   - c. ≈ deux milliards d'
5. Le Vercors offre des activités diverses comme _____.
   - a. les visites de musées
   - b. les sports en plein air
   - c. les visites de monuments

B   **A la recherche.** Complétez les réponses suivantes.

1. Où Jean-Pierre habite-t-il ?   *Il habite à _____.*
2. Pourquoi déménage-t-il ?   *Parce qu'il n'aime pas _____.*
3. Avec qui déménage-t-il ?   *Il déménage _____.*
4. Où va-t-il ?   *Il va dans _____.*
5. Que fait-il comme travail ?   *Il est _____.*
6. Qu'aime-t-il faire ?   *Il aime _____.*
7. Quand part-il pour le Vercors ?   *Il part pour le Vercors _____.*

C   **En général.** Répondez aux questions suivantes. Ecrivez deux ou trois phrases.

1. Quels sont les avantages et les inconvénients de la vie à Paris ?
2. Quels sont les avantages et les inconvénients de la vie dans le Vercors ?
3. Le Vercors est une destination touristique. Expliquez pourquoi.

D   **Aller plus loin.** Ecrivez un paragraphe pour répondre aux questions suivantes.

1. Julien et Elsa rencontrent des gens au refuge. Comment sont ces gens ? Pourquoi sont-ils dans le Vercors ? Est-ce qu'ils réussissent à apprécier le Vercors ? Est-ce que Jean-Pierre va apprécier le Vercors ? Expliquez.
2. Pourquoi Julien et Elsa partent-ils pour le Vercors ? Jean-Pierre part-il pour les mêmes raisons ? Expliquez.
3. Julien et Elsa trouvent-ils ce qu'ils cherchent dans le Vercors ? Jean-Pierre va-t-il réussir à trouver ce qu'il cherche ? Expliquez.

Culture

A **Sigles.** Reliez les sigles à gauche avec la définition à droite.

_____ 1. ANPE   A. Revenu minimum d'insertion
_____ 2. BD   B. Sans domicile fixe
_____ 3. DASS   C. Salaire minimum interprofessionnel de croissance
_____ 4. HLM   D. Interruption volontaire de grossesse
_____ 5. IVG   E. Train à grande vitesse
_____ 6. NBA   F. Bande dessinée
_____ 7. PACS   G. National Basketball Association
_____ 8. PJ   H. Habitation à loyer modéré
_____ 9. RMI   I. Direction des affaires sanitaires et sociales
_____ 10. SDF   J. Police judiciaire
_____ 11. SMIC   K. Pacte civil de solidarité
_____ 12. TGV   L. Agence nationale pour l'emploi

B **Quel sigle ?** Complétez les paragraphes suivants avec *les sigles* qui conviennent.

Au début du film, Elsa et Isabelle aménagent dans un appartement et elles voient
un _____ dans la rue. Elles n'habitent pas dans une _____, mais elles ne sont pas riches.
Elles bénéficient peut-être des allocations familiales. Julien habite le même immeuble
qu'Elsa et Isabelle.

Julien et Elsa partent en voyage. Ils ne prennent pas le _____ parce qu'ils vont en
voiture. Pendant le voyage, nous apprenons qu'Isabelle aime les horoscopes et qu'Elsa
préfère les _____. Elsa aime aussi le _____ parce qu'elle veut être grande.

A la fin du film, Elsa est contente que sa mère l'aime. Elle ne va pas aller à la _____ !

C **La famille.** Utilisez les textes sur les modes de vie pour vous aider à faire l'activité qui
suit.

Modes de vie

Au premier janvier 2005, la population de la France, y compris les départements
d'outre-mer, est estimée à 62 millions d'habitants. La population française représente
ainsi environ 13 % de la population de l'Union européenne. En 2004, l'espérance de vie
à la naissance est de 76,7 ans pour les hommes et de 83,8 ans pour les femmes.

Population *Situation démographique (2004)*

▸ Naissances : 797 400 : Taux de natalité : 12,8 %. (*1,91 enfant par femme*)
▸ Décès : 518 000 : Taux de mortalité : 8,3 %.
▸ Mariages : 266 300
▸ Divorces : 127 643

La structure des ménages selon le type de famille

32 %   Couples avec enfant(s)
31,4 % Personnes seules
27,6 % Couples sans enfant
7,1 %   Familles monoparentales
1,9 %   Autres ménages sans famille

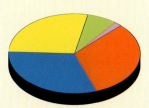

Répartition par groupes d'âges
54,3 %   de 20 à 59 ans
25,1 %   moins de 20 ans
20,6 %   60 ans et plus
L'âge moyen est de 39,2 ans

Population active

La France compte environ 27,5 millions d'actifs. Au sein de cette catégorie, on dénombre 24,7 millions de salariés et 2,73 millions de demandeurs d'emploi, soit 9,9 % de la population active (janvier 2004). Le taux d'activité s'élève à 74,9 % pour les hommes et 63,8 % pour les femmes.

Catégories socio-professionnelles (% de la population active)
28,8 %   Employés : 7 809 000
24,8 %   Ouvriers : 7 062 000
23,3 %   Professions intermédiaires : 5 763 000
14,4 %   Cadres et professions intellectuelles : 3 700 000
5,9 %   Artisans, commerçants, chefs d'entreprise : 1 500 000
2,8 %   Agriculteurs-exploitants : 642 000

Consommation (part du budget des ménages)
24,5 %   Logement, éclairage, chauffage
17,7 %   Alimentation, boissons, tabac
17,6 %   Transports et communications
9,4 %   Loisirs et culture
5,9 %   Equipement et entretien du logement
5 %   Habillement
3,4 %   Santé
16,5 %   Autres biens et services (restaurants, voyages...)

Niveau de vie

Salaire net moyen par salarié : 21 735 euros par an.

Revenus salariaux

Au 1er juillet 2005, le montant mensuel brut du salaire minimum interprofessionnel de croissance (SMIC) est de 1 217,88 euros pour 35 heures de travail hebdomadaire au taux horaire de 8,03 euros.

Revenus fiscaux annuels moyens des ménages

Professions libérales : 70 126 euros
Cadres : 42 928 euros
Techniciens, agents de maîtrise : 22 143 euros
Agriculteurs, exploitants : 21 114 euros
Autres professions intermédiaires : 20 000 euros
Ouvriers qualifiés : 15 906 euros
Employés : 15 327 euros

Vacances

Congés payés légaux : 5 semaines par an. Taux de départ en vacances : 69 %.

Protection sociale

Le système français de protection sociale, la Sécurité sociale, a été créé en 1945. Il repose sur le principe de la répartition (les prestations des bénéficiaires sont assurées par les cotisations des actifs).

La proportion grandissante de retraités par rapport à celle des actifs ainsi que les progrès de la médecine et l'allongement de la durée de vie, ont conduit au déficit du régime général de la Sécurité sociale et en 2003 à la réforme du régime général d'assurance vieillesse.

Santé

La santé est une préoccupation majeure des Français : en 2004, ils ont dépensé 144 milliards d'euros en soins et biens médicaux. La Sécurité sociale finance à 75,8 % la dépense, la part des ménages et des sociétés d'assurance progresse. Une importante réforme a été engagée en 2004 pour équilibrer les comptes de la branche assurance maladie de la Sécurité sociale.

La France en bref, adopté du site du Ministère
des Affaires étrangères, www.diplomatie.gouv.

La famille. Activité : Lisez les phrases suivantes et déterminez à quel/s personnage/s chaque phrase correspond.

Personnages

Elsa, Isabelle, Julien, (ne…) personne

Le couple

1. Le nombre de mariages baisse en France.
2. Dans un couple français, on remarque que les rapports entre l'homme et la femme sont plus égalitaires, que le couple partage plus souvent les tâches domestiques et que la femme travaille souvent.
3. Le nombre d'unions libres augmente.
4. Le nombre de divorces augmente. Un mariage sur trois se termine par un divorce (un sur deux à Paris).

Les enfants

1. Les enfants représentent 19% de la population française.
2. Il y a rarement plus de trois enfants dans une famille française. La famille française nombreuse a presque disparu.
3. Près d'un enfant sur deux est né hors mariage.
4. Les crèches municipales ont des places limitées pour les enfants et les listes d'attentes sont longues (dans les grandes villes).
5. A part les crèches municipales des villes, il y a aussi des nourrices qui gardent les enfants. Les familles paient un tarif établi par la nourrice.
6. Il y a moins d'enfants non désirés en France grâce à l'IVG et à la contraception.
7. Les enfants nés hors mariage ont les mêmes droits que les enfants légitimes.

Les retraités

1. 18 millions de Français habitent seuls (35% de la population), surtout dans les grandes villes. A Paris un ménage sur deux est une personne seule. Les personnes âgées, les veufs ou les veuves, constituent la plupart des gens seuls.
2. Il y a 12,5 millions de retraités en France.
3. La population en France vieillit. L'espérance de vie est à peu près de 80 ans.
4. En France, sur les 62 millions d'habitants que compte le pays, 20% ont plus de 60 ans.

Liens !

Relisez les phrases ci-dessus et déterminez quelles phrases correspondent à Champion et lesquelles correspondent à Madame Souza dans le film *Les Triplettes de Belleville*.

D En général. Ecrivez deux ou trois phrases pour répondre aux questions suivantes.

1. On remarque beaucoup de sigles dans la langue française. Est-ce qu'on utilise des sigles aux Etats-Unis ? Pourquoi ?
2. Comment est-ce que le gouvernement français aide les Français ?
3. Comment est la famille française d'aujourd'hui ?

E Aller plus loin. Ecrivez un paragraphe pour répondre aux questions suivantes.

1. Pourquoi est-ce qu'il est difficile de comprendre les sigles français ?
2. Pourquoi est-ce que la famille nombreuse disparaît en France ?
3. Pourquoi est-ce que le nombre de mères célibataires augmente en France ?
4. Pourquoi est-ce que le nombre de personnes âgées augmente en France ?
5. Est-ce que l'augmentation du nombre de retraités en France pose des problèmes ?

Recherches

Faites des recherches sur les sujets suivants.

A Voyages ! Vous partez en voyage avec votre famille. Vous choisissez la région Rhône-Alpes comme destination. Faites un plan de votre voyage selon les rubriques suivantes.

- ▶ Date de départ
- ▶ Durée de séjour
- ▶ Transport
- ▶ Ville d'arrivée et hébergement
- ▶ Géographie – Flore – Faune
- ▶ Activités

B La famille. Comment est-ce que la famille française évolue ? Comment est-ce que la famille américaine évolue ? Comment est votre famille ? Ecrivez un paragraphe pour tracer l'évolution de la famille française et comparez les genres de familles suivants, les genres de familles américaines et votre famille.

- ▶ La famille nucléaire
- ▶ La famille monoparentale
- ▶ La famille recomposée

C Les enfants. Les enfants constituent environ 20% de la population en France. Pour assurer que les enfants grandissent bien, le gouvernement propose des aides et des activités pour les enfants. Etudiez la vie d'un enfant français selon les rubriques suivantes et préparez un exposé de 3 à 4 minutes à présenter à vos camarades de classe.

- ▶ Aides familiales
- ▶ Santé
- ▶ Scolarisation
- ▶ Activités
- ▶ Vacances

D **Les allocations.** Les Français bénéficient de toutes sortes d'aides gouvernementales. Répondez aux questions suivantes et donnez des exemples d'aides gouvernementales. Pourquoi est-ce que le gouvernement aide les Français ? Est-ce que les Américains bénéficient des aides sociales ? Est-ce que vous bénéficiez des aides sociales ? Utilisez les rubriques suivantes pour préparer une fiche sur les aides gouvernementales.

▶ Les allocations familiales
▶ La famille et la vie quotidienne
▶ Les enfants
▶ Le logement
▶ La garde des enfants
▶ Les parents
▶ Le RMI
▶ Les retraités

E **Michel Serrault.** Vous êtes stagiaire pour le nouveau site web *Les Acteurs de nos jours.* Vous êtes chargé/e de créer la page web de Michel Serrault. Etudiez sa biographie et sa carrière pour créer sa page Web selon les rubriques suivantes.

▶ Biographie
  ◆ Date de naissance
  ◆ Lieu de naissance
  ◆ Lieu de résidence
  ◆ Famille et enfants
▶ Filmographie
  ◆ Les années 1950
  ◆ Les années 1960
  ◆ Les années 1970
  ◆ Les années 1980
  ◆ Les années 1990
  ◆ Les films récents
▶ Prix
▶ Critiques
▶ Photos
▶ Adresse

L'AVIS

Nathalie Guellier

Coordinatrice du site parent-solo.fr

« Ce n'est pas plus compliqué que pour une mère. »

La fonction multicasquette des pères solo développe l'émotion, la sensibilité. Ils s'étonnent souvent de leur « capacité d'adaptation » pour le ménage, le repassage, les jeux, la complicité. Ce n'est pas plus compliqué pour un père que pour une mère d'élever seul ses enfants, tout est une question d'organisation et surtout d'amour ! Ils sont fiers de réussir et si les copains de leurs enfants adorent venir jouer chez eux, c'est un signe. Les journées sont bien remplies et le soir, quand les enfants sont couchés, comme les mères seules ils n'ont personne avec qui discuter. Alors, ils se connectent à www.parent-solo. fr pour partager les charges. Elever un enfant en solo, cela demande de la patience, de l'organisation, de la volonté, un travail et une vie équilibrée, une supernounou, un environnement avec beaucoup d'amis, plein de sorties avec d'autres enfants, pour décompresser et…penser aussi à soi, ne pas s'oublier. Il ne faut surtout pas s'isoler : ne pas hésiter à en parler à des proches, à échanger pour croiser d'autres expériences qui rassurent !

Nathalie GUELLIER, créatrice du site
www.parent-solo.fr . Reproduit avec autorisation.

senior**planet.fr**

Famille & Cie > **Nos aînés** > Les femmes vieillissent seules…

Les femmes vieillissent seules…

Derrière le nom de code «Felicie» se cache une étude démographique européenne sur les configurations familiales et une projection des besoins des plus de soixante-quinze ans à l'horizon 2030. Dix équipes de spécialistes aux approches différentes travaillent ensemble. Premiers constats : les femmes vieillissent seules…

«Les femmes vieillissent seules, les hommes vieillissent à deux. Un bilan européen». Le titre du bulletin d'information de l'Institut national d'études démographiques a de quoi attirer l'attention. Il s'appuie sur le projet «Felicie», initié dans le cadre des recherches européennes sur la qualité de la vie. L'acronyme de Future Elderly Living Conditions In Europe (l'avenir des conditions de vie des personnes âgées en Europe) a pourtant une sonorité un brin optimiste.

Qui prendra soin des aînés demain en cas de dépendance et quels seront leurs besoins ? La commission européenne s'interroge. Avant d'envisager les conditions de vie des plus de soixante-quinze ans dans les vingt-cinq ans à venir, le programme de recherches Felicie présente, d'ores et déjà, une photographie démographique de la situation actuelle, dans neuf pays choisis comme représentatifs : Finlande, Pays-Bas, Allemagne, Belgique, Royaume-Uni, France, Italie, Portugal et République Tchèque. Dix équipes de ces pays travaillent ensemble sur l'évolution de la population et confrontent les points de vue sur différents thèmes, l'état matrimonial, la santé, l'économie, etc.

«Nous travaillons sur des données existantes comme celles des recensements. Il y en a une quantité qui dorment!», indique Joëlle Gaymu, chercheur pour l'Ined et coordinatrice de Felicie. Sur son bureau, l'aspect prospectif se traduit en autant de graphiques, courbes, statistiques, histogrammes et pyramides des âges qui s'empilent et attendent d'être analysés au peigne fin. La matière ne manque pas. S'il n'y a pas effectivement de grosses surprises : «Quelques différences entre les pays du Nord et ceux du Sud sont déjà à noter», précise la démographe.

Différences Nord-Sud

La variété des situations est, bien sûr, liée aux modèles familiaux, à l'Histoire et aux cultures qui diffèrent déjà d'un pays à l'autre. Aux politiques du vieillissement, également. Ainsi, le Portugal est caractérisé par une forte dominante familiale, quand les pays du Nord ont davantage développé les services à domiciles et les institutions. «La cohabitation intergénérationnelle est très liée au niveau économique des personnes. Logiquement, la personne âgée qui a peu de moyens habite chez ses enfants. Or, 46 % des Portugaises de plus de soixante-quinze ans vivent en dessous du seuil de pauvreté, contre 6 % des Néerlandaises… Et il est difficile de prévoir comment cela va évoluer», donne, en exemple, Joëlle Gaymu.

Quant à la vieillesse solitaire actuelle de nos aînées, elle est essentiellement due à leur longévité et à leur veuvage plus fréquent que chez les hommes. Entre soixante-quinze et soixante-dix-neuf ans, environ trois hommes sur quatre vivent en couple, alors que c'est le cas de seulement une femme sur trois. Les hommes n'atteignent ce niveau qu'entre quatre-vingt-dix et quatre-vingt-quatorze ans. Il n'y a quasiment plus aucune femme en couple dans cette tranche d'âge… Les hommes vieillissent donc plus aux côtés de leur partenaire. Et, en cas de rupture, ils se remettent en couple avec des compagnes généralement plus jeunes.

«À l'avenir, les valeurs masculines et féminines vont un peu moins différer. Avec la baisse de la mortalité, le veuvage féminin baissera également. Les deux sexes se rapprochent, c'est déjà une bonne nouvelle», s'exclame Joëlle Gaymu.

Résolument optimiste face aux échéances sociétales, la démographe rappelle : «Restons calmes ! Certes, deux questions se posent, celle du financement des retraites et celle de la dépendance. Mais les premiers baby-boomers ont soixante ans seulement aujourd'hui. Les problèmes viendront lorsqu'ils auront soixante-quinze ou quatre-vingts ans… Nous disposons de quinze à vingt ans devant nous pour nous y préparer !»

© Florence de Maistre. www.seniorplanet.com.
Reproduction autorisée par l'auteur.

Dans *Le Papillon*, Julien raconte l'histoire du jugement dernier à Elsa. Pourquoi est-ce que Julien raconte cette histoire à Elsa ? Est-ce qu'elle a une morale ? La nouvelle de Didier Benini, *Le cri des animaux*, ressemble à l'histoire de Julien. Quel est le but de cette nouvelle ?

La cri des animaux

Didier Benini

Vous qui êtes si érudits, connaissez-vous les différents cris et sons des espèces vivantes qui peuplent la Terre ?

Et bien moi, oui.

Je pourrais parfaitement les citer et remplir cette page de vagissements, beuglements, piaillements, rugissements et autres grincements sans que vous n'en reteniez aucun. Alors permettez plutôt que je vous narre l'origine des sons et cris distinctifs de chacun de ces peuples.

Au début, bien avant que les poissons n'habitent les aquariums et que les chiens ne dorment dans des paniers ou que les chats ne jouent avec les souris, régnait sur notre planète un vacarme incroyable !

En effet comme aucune espèce vivante ne possédait de cri particulier, chacune s'exprimait comme elle l'entendait et aucune ne se comprenait. Ainsi il n'était pas rare d'entendre beugler un oiseau, braire une cigale ou japper une grenouille. On raconte d'ailleurs la triste histoire de ce banc de poissons buvant la tasse en tentant de rugir, ou bien encore celle de ce lion qui rencontrait les plus grandes difficultés à asseoir son autorité naturelle de roi des animaux en cancanant comme un canard.

Mais le pire brouhaha était bien celui des hommes qui déjà ne partageaient aucun cri, son ou langage distinctif avec leurs infortunés congénères. Dans la plus grande confusion et l'incompréhension la plus complète, petits, grands, noirs ou blancs se livraient bataille en s'insultant copieusement et sans aucun sens !

Ainsi, bien avant le cri de guerre qu'on leur connaît, les indiens discouraient dans un japonais approximatif et teinté d'un fort accent méditerranéen. Nous mêmes français nous exprimions le plus souvent en Inuit et parfois en Ougandais, quand aux femmes ougandaises elles, elles pilaient le millet en entonnant des chants folkloriques d'outre Rhin !!!!

Bref cette situation ne pouvait durer plus longtemps !

Le Maître des sons et cris distinctifs décida alors de réunir autour d'une même table un représentant de chaque espèce vivante, afin d'attribuer à chacune d'elle un son ou cri distinctif.

Il fallut plusieurs mois pour rédiger en autant de sons ou cris connus une convocation compréhensible par tous, puis autant de mois pour l'aller placarder sur les arbres où vivaient les oiseaux, dans les grottes où s'abritaient les hommes et sur les roses des vents qui embaumaient de leur parfum les déserts les plus arides… bref partout dans le monde un représentant désigné vint siéger autour de l'immense table des attributions.

A l'échelle de l'Humanité cette réunion dura longtemps, très longtemps et l'on vit souvent le soleil se lever sous les roucoulements d'un coq et la nuit coucher à son horizon la lune ronde et lumineuse, et qui accueillait en son cercle l'ombre d'un loup hennissant péniblement vers les étoiles.

Fort heureusement la sagesse animale vint à bout des réticences de chacun. Et c'est à l'unanimité ou presque que furent attribué les sons ou cris distinctifs de chaque espèce bestiale en ces termes sentencieux et prononcés par le maître des lieux.

- Nous Maître des sons et cris distinctifs attribuons ce jour au lion, le RUGISSEMENT !

- Nous Maître des sons et cris distinctifs attribuons ce jour à la baleine, le CHANT !

- Nous Maître des sons et cris distinctifs attribuons ce jour au cochon, le GROGNEMENT !

- etc.…

Chaque nouvelle élection était accueillie par le vacarme du son ou cri produit par l'espèce toute entière. Maintenant c'est une vague d'apaisement qui inondait la planète et l'on pouvait enfin découvrir le bruit du silence ou du vent qui s'engouffrait dans les vallées.

Ne restaient plus autour de la table que les hommes.

Petits ou grands, blancs, noirs, rouges ou jaunes et pleins de leurs mots qu'ils projetaient en l'air comme des armes destinées à vaincre le verbe assassin d'un voisin d'une autre race.

Toujours sur l'échelle de l'Humanité ce tapage devait durer longtemps, très longtemps, et fort heureusement la délivrance vint encore cette fois de là où on l'attendait le moins.

Barbouillé par toutes ces élucubrations, un petit homme malingre et mal installé en bout de table ne put s'empêcher de lâcher un pet, mais un énorme pet qui tonna si fort que tous s'interrompirent interloqués par une telle liberté d'expression.

Terriblement gêné de s'être ainsi fait entendre, l'homme s'excusa d'un sourire crispé cependant qu'un long silence pesant s'installait.

Puis les regards complices se croisèrent et l'assemblée toute entière éclata d'un rire aux milles éclats. En un instant les bouches à canons des hommes devinrent autant de moues plissées libérant tout à trac les prouts et les pfuiiiits les plus incongrus qu'aucun ne pouvait produire d'une autre manière.

Alors le Maître des lieux se leva et de la façon la plus solennelle qui soit prononça ces mots :

- Nous Maître des sons et cris distinctifs attribuons ce jour à l'Homme ……… le ……

….. le RIRE !

Car il convenait d'admettre en ce jour de félicité que le seul son ou cri distinctif et «prononçable» commun à tous les hommes était bien le rire.

Alors riez, riez et riez encore de tout ……… mais pas avec n'importe qui !!!!!!

chapitre 3

Etre et avoir

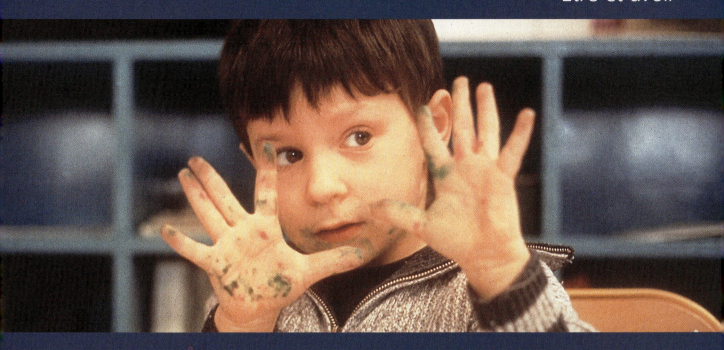

Avant le visionnement

Notes culturelles

Clermont-Ferrand vu depuis le Puy-de-Dôme

Les Salers, vaches originaires du Massif central

L'Auvergne

L'Auvergne, région montagneuse et faiblement peuplée, est située au centre de la France. La plus grande ville est Clermont-Ferrand qui compte un tiers de la population de la région. L'économie auvergnate est basée sur l'industrie (*Michelin* à Clermont-Ferrand et *Dunlop* à Montluçon) et sur l'agriculture (l'élevage orienté vers la production laitière). La région produit un quart de la production nationale de fromages. L'Auvergne est connue pour ses sources et ses sels minéraux. 10.000 touristes visitent les stations thermales de la Bourboule et de Vichy chaque année. Les touristes viennent aussi en Auvergne pour visiter le parc de loisirs Vulcania et le Parc naturel régional des volcans d'Auvergne.

Le film *Etre et avoir* a lieu à Saint-Etienne-sur-Usson, une commune du Puy-de-Dôme. Cette commune compte 232 habitants sur 1558 hectares. Comme la plupart des gens de cette commune, les familles du film sont des agriculteurs qui font de l'élevage. L'isolement, le climat et le travail sont les préoccupations principales des gens de cette commune.

Fiche technique

Réalisation :	Nicolas Philibert
Montage :	Nicolas Philibert
Musique originale :	Philippe Hersant
Année de production :	décembre 2000 – juin 2001
Durée :	1 h 45
Genre :	Documentaire
Date de sortie nationale :	28/08/2002
Cumul entrées France :	1,8 million de spectateurs (sur 62 millions d'habitants en France). Ce chiffre représente un énorme succès public !

Profil: Nicolas Philibert

réalisateur
Né le 10 janvier 1951 à Nancy, France

Mini-biographie
A l'âge de 27 ans, Philibert a débuté au cinéma comme assistant-réalisateur du film *La Voix de son maître (1978)*. Depuis 1989, il a réalisé six documentaires, notamment *Etre et avoir*, qui a été un grand succès. Dans ses documentaires, Philibert cherche à montrer un nouvel aspect de la vie contemporaine.

Filmographie

1990	La Ville Louvre	1998	Qui sait ?
1992	Le Pays des sourds	2002	Etre et avoir
1994	Un Animal, des animaux	2005	Retour en Normandie
1996	La Moindre des choses		

Synopsis

Etre et avoir est un documentaire qui a lieu dans une école à classe unique à Saint-Etienne-sur-Usson, un petit village d'Auvergne. Un seul instituteur, Georges Lopez, s'occupe de l'éducation de treize élèves de 3 à 11 ans. L'instituteur et les élèves invitent les spectateurs à observer leur vie quotidienne pendant six mois.

Note : *«Etre et avoir»* est classé «G» aux Etats-Unis.

Personnages

Les petits

Alizé	3 ans
Johann	4 ans
Jessie	4 ans
Létitia	4 ans
Marie	4 ans
Jojo	4 ans

Les moyens

Axel	6 ans
Laura	7 ans

Les grands

Guillaume	9 ans
Jonathan	10 ans
Julien	10 ans
Olivier	10 ans
Nathalie	11 ans

L'instituteur

Georges Lopez

Profil: Georges Lopez

retraité

Mini-biographie

Georges Lopez, instituteur pendant plus de 30 ans, est devenu très connu après la sortie du film *Etre et avoir* en 2002. L'enseignement a plu à Lopez qui a toujours eu envie d'être instituteur, même pendant son enfance. Son père, ouvrier agricole d'origine espagnole, espérait que son fils ne serait pas agriculteur. On voit quand même des ressemblances entre l'agriculture et l'enseignement. L'un cultive la terre et l'autre cultive les esprits. Lopez a quitté l'enseignement un an après le tournage du film mais il continue à travailler. Son livre, *Les Petits cailloux (Librairies Privat, 2005),* est sorti en 2005 et Lopez donne actuellement des conférences sur ce livre et sur son approche de l'enseignement.

Vocabulaire

l'automne (*m*)	fall	**en automne** (*m*)	in the fall
l'hiver (*m*)	winter	**en hiver** (*m*)	in the winter
le printemps	spring	**au printemps**	in the spring
l'été (*m*)	summer	**en été** (*m*)	in the summer

Passage du temps

aujourd'hui	today	**le soir**	evening
demain	tomorrow	**l'année prochaine** (*f*)	next year
hier	yesterday	**l'année dernière** (*f*)	last year
le matin	morning	**l'heure** (*f*)	time
l'après-midi (*m*)	afternoon		

Temps

Il fait…	It's…	Il y a…	It's…
beau	beautiful	**des nuages** (*m*)	cloudy
bon	nice	**des orages** (*m*)	stormy
chaud	hot	**du soleil**	sunny
du soleil	sunny	**du vent**	windy
frais	cool	**Il neige.**	It's snowing.
froid	cold	**Il pleut.**	It's raining.
mauvais	bad (weather)	**la météo**	the forecast
# degrés	# degrees	**le temps**	the weather

Le paysage et les endroits

l'arbre (*m*)	tree	**la maison**	house, home
la campagne	country, countryside	**la montagne**	mountain
le champ	field	**le village**	small town
la forêt	forest	**la ville**	city

A l'école

les écoles (*f*)	schools	**l'instituteur / trice**	elementary school teacher
l'école à classe unique	single room school	**les salles** (*f*)	rooms
l'école primaire	elementary school	**la cour de récréation**	courtyard/playground
les gens (*m*)	people	**la salle de classe**	classroom
le cancre	dunce	**l'année scolaire** (*f*)	school year
le/la chouchou / te	teacher's pet	**la rentrée**	back-to-school
l'élève (*m/f*)	student	**les vacances** (*f*)	vacation

Dans la salle de classe

le bureau	desk	**les devoirs** (*m*)	homework
les ciseaux (*m*)	scissors	**le feutre**	marker
le coloriage	coloring	**la gomme**	eraser

Matières

le français	French	**les maths** (*f*)	Math
la matière	subject	**la récréation**	recess

Vêtements

un anorak	parka	**des gants** (*m*)	gloves
un bleu (*m*)	coveralls	**un foulard**	scarf
des bottes (*f*)	boots	**des pantoufles** (*f*)	slippers
un chapeau	hat	**un pull (polaire)**	sweater (fleece)

Emotions

l'angoisse (*f*)	anxiety	**l'inquiétude** (*f*)	worry, concern
la colère	anger	**la peur**	fear
l'ennui (*m*)	boredom	**le remords**	remorse
l'incertitude (*f*)	uncertainty	**la tristesse**	sadness

Adjectifs

amical/e	friendly	**ludique**	light, amusing
autoritaire	authoritative	**malin/maligne**	mischievous
chaleureux/euse	warm, hospitable	**méchant/e**	mean
comique	comical, funny	**mignon/nne**	cute
content/e	content, happy	**moqueur/euse**	mocking
émouvant/e	moving	**rude**	difficult
ennuyeux/euse	boring	**sage**	well behaved, wise
gentil/lle	nice	**tendu/e**	tense
indulgent/e	indulgent, lenient	**troublé/e**	troubled
lourd/e	heavy		

Verbes

avoir	to have	**de bonne humeur**	to be in a good mood
# ans	to be # years old	**de mauvaise humeur**	to be in a bad mood
du mal à + inf.	to have difficulty in doing…	**en train de + infinitif**	to be in the process of …
l'air + adjectif	to look, seem + adjective	**sur le point de + inf**	to be on the verge of …
l'habitude de + inf.	to be in the habit of doing…	**faire**	to do, to make
le temps de + inf.	to have the time to do…	**de la luge**	to sled
raison	to be right	**les devoirs** (*m*)	to do homework
tort	to be wrong	**prendre sa retraite**	to retire
être	to be	**se bagarrer**	to have a fight

Exercices de vocabulaire

A   **Ecoles.**   Reliez les âges des élèves avec l'école.

_____ 1. l'école maternelle	A. 6 – 11 ans
_____ 2. le lycée	B. 15 - 18 ans
_____ 3. le collège	C. 3 - 6 ans
_____ 4. l'école primaire	D. 11 – 15 ans
_____ 5. l'université	E. 18 + ans

B   **Ecoliers.**   Imaginez que vous êtes écolier/écolière. Vos parents vous aident à répondre aux questions du sondage sur les écoles. Que pensez-vous de votre école ? Complétez le sondage suivant.

Votre école - Sondage

Demandez à vos parents de vous aider à remplir ce sondage sur votre école.
Travaillons ensemble pour améliorer votre éducation !

Des renseignements généraux…
>A quelle heure arrivez-vous à l'école ?
>A quelle heure quittez-vous l'école ?
>Comment allez-vous à l'école ?
>Quelles matières préférez-vous ?
>Quelles matières détestez-vous ?

Pendant combien de temps… (heures par semaine)
>êtes-vous en cours ?
>faites-vous vos devoirs ?
>allez-vous à la bibliothèque /à l'infothèque ?
>jouez-vous avec des amis ?

Dans votre école, il y a combien de/d'…
>… salles de classe ?
>… élèves ?
>… instituteurs ?
>… assistants ?

Etes-vous _pas d'accord, d'accord ou tout à fait d'accord_ avec les phrases suivantes ?
>J'aime l'instituteur, je peux parler avec l'instituteur et j'aime parler avec
>   l'instituteur.
>J'aime mes camarades de classe et j'aime aller à l'école.
>J'aime faire mes devoirs, j'aime passer des examens et je réussis aux examens.
>Je fais tout mon possible pour réussir.

En général, êtes-vous _pas du tout satisfait, satisfait ou tout à fait satisfait_ de votre/ vos…
>…instituteur ?
>…école ?
>…activités ? sports ?
>…locaux (bâtiments, salles, …) ?

C **A la campagne.** Complétez les phrases suivantes avec une réponse logique et développez une description de la vie à la campagne.

Réponses possibles		
assez	beaucoup	peu
ne/n'… pas assez	beaucoup trop	trop

1. A la campagne, il y a _____ de voitures.
2. A la campagne, il y a _____ d'arbres.
3. A la campagne, il y a _____ de bâtiments.
4. A la campagne, il y a _____ de pollution.
5. A la campagne, il y a _____ de bruit.
6. A la campagne, il y a _____ de fermes.
7. En général, les gens qui habitent à la campagne ont _____ d'argent.
8. En général, les gens qui habitent à la campagne ont _____ de temps libre.
9. En général, les gens qui habitent à la campagne ont _____ de soucis.
10. En général, les gens qui habitent à la campagne sont _____ éduqués.

Liens !

Dans *Le Papillon*, Julien va dans le Vercors pour chercher le papillon *Isabelle*. Rappelez-vous les scènes qui ont lieu dans le Vercors et celle où Julien et Elsa rencontrent Sébastien et sa famille. Imaginez leur vie dans le Vercors : Qu'est-ce que la famille fait pour passer le temps ? Qu'est-ce que le père fait comme travail à votre avis ? Comment est l'école de Sébastien ? Est-ce qu'il a beaucoup d'instituteurs et beaucoup de camarades de classe ? Expliquez.

Chaînes des Puys, (Département du Puy-de-Dôme, Auvergne)

D **La Poésie.** Lisez le poème suivant et complétez les activités de vocabulaire.

Le temps perdu
Recueil : Les vaines tendresses

René-François Sully Prudhomme (1839 – 1907)

Si peu d'oeuvres° pour tant de fatigue et d'ennui° !
De stériles soucis° notre journée est pleine°:
Leur meute° sans pitié nous chasse à perdre haleine°,
Nous pousse, nous dévore, et l'heure utile a fui°...

"Demain ! J'irai demain voir ce pauvre chez lui,
"Demain je reprendrai ce livre ouvert à peine,
"Demain je te dirai, mon âme°, où je te mène°,
"Demain je serai juste et fort... pas aujourd'hui."

Aujourd'hui, que de soins°, de pas et de visites !
Oh ! L'implacable essaim° des devoirs parasites
Qui pullulent° autour de nos tasses de thé !

Ainsi chôment° le coeur, la pensée et le livre,
Et, pendant qu'on se tue à différer° de vivre,
Le vrai devoir dans l'ombre attend la volonté.

[glosses in margin:]
works / trouble
worries / full
their pack / out of breath
has flown by

my soul / I lead you

care
swarm
which swarm

lie idle
to postpone, to defer

Activité de vocabulaire

1. Trouvez les mots associés :
   a. au passage du temps :
      Exemple : notre journée naître
   b. au travail du poète :
      Exemple : oeuvres
   c. aux émotions du poète :
      Exemple : fatigué le zéphyr
2. Trouvez les mots qui indiquent que le poète perd du temps.
   Exemple : l'heure utile a fui
3. Quels verbes est-ce que le poète utilise pour montrer que le temps utile passe trop vite ?
   Exemple : pousser
4. Quel est le vrai devoir ?
5. Est-ce que le poète est optimiste ? Expliquez.

A votre avis...

Le poète parle du fait que le temps utile passe vite. Est-ce que le temps passe vite pour les enfants ? Est-ce que le temps passe vite quand on va à l'école ? Est-ce que le temps passait vite quand vous étiez petit ?

Liens !

Dans *Le Papillon*, comment est-ce que Julien passe son temps ? Est-ce que le temps passe vite pour lui ? Pourquoi ou pourquoi pas ? Est-ce que le temps passe vite pour Elsa ? Pourquoi ou pourquoi pas ?

Après avoir visionné

Compréhension générale

A   **Vrai ou faux ?** Indiquez si les phrases suivantes sont vraies ou fausses.

1. vrai   faux   Le film a lieu dans une grande ville.
2. vrai   faux   Le film présente l'histoire d'un instituteur qui a beaucoup de problèmes.
3. vrai   faux   Le film est l'histoire d'un instituteur qui enseigne à des enfants de 3 à 11 ans.
4. vrai   faux   Le film commence par la rentrée scolaire.
5. vrai   faux   Les enfants adorent l'instituteur. Les parents l'aiment aussi !
6. vrai   faux   Les grands aident les petits à faire leurs devoirs.
7. vrai   faux   L'instituteur aide les élèves à résoudre les conflits entre eux.
8. vrai   faux   Malheureusement, l'instituteur n'a pas le temps de parler avec chaque élève.
9. vrai   faux   Les élèves sont très tristes à la fin de l'année scolaire.
10. vrai   faux   Le film se termine avec la fin de l'année scolaire.

B   **Personnages.** Comment sont les relations entre les personnages suivants ? Choisissez les adjectifs qui décrivent les relations entre les personnages suivants. Justifiez vos réponses avec des exemples du film.

Relations : suggestions			
excellentes	bonnes	moyennes	mauvaises
détendues	tendres	délicates	tendues
intimes	amicales	ouvertes	distantes
émouvantes	difficiles	troublées	autre

1. Instituteur : enfants
2. Instituteur : parents
3. Parents : enfants
4. Enfants : enfants
5. Réalisateur : instituteur
6. Réalisateur : parents
7. Réalisateur : enfants

Monsieur Lopez et Jojo

C **Chronologie.** Faites une petite description des événements du film.

1. C'est l'hiver. Le film commence.
2. C'est le printemps. Les élèves font un pique-nique et ils visitent le collège.
3. C'est l'été. On se dit au revoir.

L'école à Saint-Etienne-sur-Usson en hiver

D **Ecoles !** Savez-vous qui a inventé l'école ? Lisez le paragraphe suivant pour le découvrir !

Qui a inventé l'école ?
Sacré Charlemagne !

La chanson *Sacré Charlemagne* (France Gall, 1964) apprend aux enfants que c'est grâce à Charlemagne (roi des Francs 768 – 814) qu'ils vont à l'école. Charlemagne (Charles 1er, fils de Pépin le Bref et de Berthe au Grand Pied) est né en 724 et est mort en 814. A cette époque il n'y avait pas de système d'éducation organisé et, comme la plupart des Francs, Charlemagne était illettré. Ayant toujours eu envie de savoir lire, Charlemagne s'est mis à apprendre à lire le francique (la langue des Francs) ainsi que le latin et le grec. Comme il était déjà adulte, le processus d'apprentissage a été difficile, mais Charlemagne a quand même embrassé la culture et l'éducation. Il voulait que son peuple soit aussi éduqué et cultivé. Il a donc développé un système d'éducation gratuit. Les écoles de son règne étaient associées à la religion catholique et les garçons allaient au monastère ou à la cathédrale pour apprendre le latin. Même si l'on était loin de l'éducation laïque pour tous, le système éducatif de Charlemagne marque le début du système contemporain.

Exercices de vocabulaire

 A **Routine !** Parlez de la routine quotidienne des personnages suivants. Utilisez *le vocabulaire du cahier* pour répondre aux questions suivantes.

1. **Monsieur Lopez :** Que fait-il pendant la journée ? Que fait-il après l'école et le week-end ? Comment s'amuse-t-il ?
2. **Les élèves en général :** Que font-ils pendant la journée ? Que font-ils après l'école et le week-end ? Ont-ils beaucoup de temps libre ? Pourquoi ou pourquoi pas ?
3. **Julien :** Que fait-il pendant la journée ? Que fait-il après l'école ? Pourquoi ? Comment s'amuse-t-il ?
4. **Les parents en général :** Que font-ils pendant la journée ? Ont-ils beaucoup de temps libre ? Expliquez. Comment s'amusent-ils ?
5. **La mère de Nathalie :** Que fait-elle pendant la journée ? A-t-elle du temps libre ? Comment s'amuse-t-elle ?

B **Climat.** Répondez aux questions suivantes.

1. Quel temps fait-il au cours du film ?
2. Etudiez le climat dans le Puy-de-Dôme avec le graphique ci-dessous. Décrivez les températures et les précipitations normales du Puy-de-Dôme. Quel genre de climat est-ce ?
3. Est-ce que le climat dans le film (décembre 2000 – juin 2001) est typique du climat dans le Puy-de-Dôme ?
4. Est-ce que le climat dans le Puy-de-Dôme est plus doux ou plus rude que le climat chez vous ?
5. Pourquoi est-ce que le climat est important pour les gens dans le film ? Est-ce que le climat est important pour vous ?

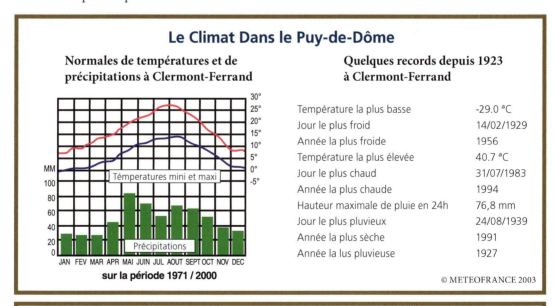

Le Climat Dans le Puy-de-Dôme

Normales de températures et de précipitations à Clermont-Ferrand

Températures mini et maxi

Précipitations

JAN FEV MAR APR MAI JUIN JUL AOUT SEPT OCT NOV DEC

sur la période 1971 / 2000

Quelques records depuis 1923 à Clermont-Ferrand

Température la plus basse	-29.0 ªC
Jour le plus froid	14/02/1929
Année la plus froide	1956
Température la plus élevée	40.7 ªC
Jour le plus chaud	31/07/1983
Année la plus chaude	1994
Hauteur maximale de pluie en 24h	76,8 mm
Jour le plus pluvieux	24/08/1939
Année la plus sèche	1991
Année la lus pluvieuse	1927

© METEOFRANCE 2003

Celsius ➡ Fahrenheit		Fahrenheit ➡ Celsius	
#°C x 9	7°C x 9 = 63	#°F - 32	44.6° F - 32 = 12.6
# ÷ 5	63 ÷ 5 = 12.6	# ÷ 9	12.6 ÷ 9 = 1,4
# + 32 = #° F	12.6 + 32 = 44.6° F	# x 5 = #°C	1,4 x 5 = 7°C

C   **Automne.** Lisez les deux poèmes suivant et complétez les activités de vocabulaire.

Automne
Recueil : Alcools

Guillaume Apollinaire (1880–1918)

fog / knock-kneed

Dans le brouillard° s'en vont un paysan cagneux°
Et son bœuf lentement dans le brouillard d'automne

hamlets / shameful

Qui cache les hameaux° pauvres et vergogneux°

hum

En s'en allant là-bas le paysan chantonne°

break

Une chanson d'amour et d'infidélité
Qui parle d'une bague et d'un cœur que l'on brise°

Oh ! l'automne l'automne a fait mourir l'été
Dans le brouillard s'en vont deux silhouettes grises

La Chanson d'automne
Recueil : Poèmes saturniens

Paul Verlaine (1844–1896)

Les sanglots longs
Des violons
De l'automne

wound

Blessent° mon coeur

languor

D'une langueur °
Monotone

Tout suffocant

pale

Et blême°, quand
Sonne l'heure

Je me souviens
Des jours anciens
Et je pleure ;

Et je m'en vais
Au vent mauvais

takes me away

Qui m'emporte °

De-ci, de-là,

like

Pareil° à la
Feuille morte.

Activité de vocabulaire

1. Quels mots sont employés pour décrire l'automne dans les deux poèmes ?
   Exemple : chanson
2. Observez les sons des deux poèmes. Quels sons est-ce que les poètes privilégient ? Trouvez les mots associés à ces sons.
   Exemple : «on», une chanson
3. Quel est le ton des deux poèmes ? Comment est-ce que les poètes évoquent leurs émotions ?

A votre avis…

Comment est-ce que l'automne annonce l'arrivée de l'hiver ? Comment est l'hiver ? La première scène du film a lieu en hiver. Comment est cette scène ? Qu'est-ce qu'on voit ? Qu'est-ce qu'on entend ? Comment est-ce que cette scène établit le ton du film ?

D **Printemps.** Lisez les deux poèmes suivant et complétez les activités de vocabulaire.

Printemps
Recueil : Toute la lyre

Victor Hugo (1802-1885)

Voici donc les longs jours, lumière, amour, délire° !　　　madness
Voici le printemps ! mars, avril au doux sourire,
Mai fleuri°, juin brûlant°, tous les beaux mois amis !　　flowered / burning
Les peupliers°, au bord des° fleuves endormis°,　　　　poplar trees / on the banks of /
Se courbent° mollement° comme de grandes palmes ;　　drowsy / bend / softly
L'oiseau palpite au fond des bois tièdes et calmes ;
Il semble que tout rit, et que les arbres verts
Sont joyeux d'être ensemble et se disent des vers°.　　lines (of poetry)
Le jour naît couronné d'une aube° fraîche et tendre ;　　a dawn
Le soir est plein d'amour ; la nuit, on croit entendre,
A travers l'ombre immense et sous le ciel béni°,　　　　blessed
Quelque chose d'heureux chanter dans l'infini.

Avril
Recueil : Sagesse

Paul Verlaine (1844-1896)

Déjà les beaux jours, - la poussière°,　　　　　dust
Un ciel d'azur et de lumière,
Les murs enflammés °, les longs soirs ; -　　　burning
Et rien de vert : - à peine encore
Un reflet rougeâtre° décore　　　　　　　　　reddish
Les grands arbres aux rameaux° noirs !　　　branches

Ce beau temps me pèse° et m'ennuie.　　　　weighs upon me
- Ce n'est qu'après des jours de pluie
Que doit surgir°, en un tableau,　　　　　　arise
Le printemps verdissant et rose,
Comme une nymphe fraîche éclose
Qui, souriante, sort de l'eau.

Activité de vocabulaire

1. Trouvez les mots que les deux poètes utilisent pour décrire :
   a. Les jours du printemps :
      Exemple : beaux jours
   b. Le bonheur de la saison :
      Exemple : délire
   c. La renaissance de la saison :
      Exemple : Le jour naît…
2. Quels mots sont employés pour décrire le printemps dans les deux poèmes ?
   Exemple : lumière
3. Quel est le ton des deux poèmes ? Comment est-ce que les poètes évoquent leurs émotions ?

A votre avis…

Après un long hiver en Auvergne, les enfants sont prêts pour le printemps. Comment Philibert montre-t-il que le printemps arrive en Auvergne ? Comment les enfants s'habillent-ils ? Comment se comportent-ils ? Quelles activités font-ils au printemps ? Comparez les poèmes sur l'automne aux poèmes sur le printemps. Quelles différences remarquez-vous ? Comparez les scènes du film qui se passent en hiver aux celles qui se passent au printemps. Quelles différences remarquez-vous ?

Grammaire

3.1 Les verbes être et avoir, Introduction aux pronoms compléments

Le verbe être

▶ Le verbe **être** est un verbe irrégulier.

être			
je	**suis**	nous	**sommes**
tu	**es**	vous	**êtes**
il, elle, on	**est**	ils, elles	**sont**

Tableau 1, La conjugaison du verbe être.

pronoms disjoints	
moi	nous
toi	vous
lui, elle, soi	eux, elles

Tableau 2, Les pronoms disjoints.

▶ Il est employé avec des adjectifs pour décrire des choses et des personnes.
Exemple :   *Les enfants sont adorables !*

▶ L'adjectif peut être remplacé par le pronom complément d'objet direct **le** pour éviter la répétition. Le pronom est placé devant le verbe dont il est l'objet.
Exemple :   *Les enfants sont **adorables** ! Je suis d'accord ! Ils **le** sont !*

▶ Le verbe être est employé avec des prépositions pour situer des choses et des personnes.
Exemple :   *Le livre est sur la table.*

▶ Il est employé avec la préposition **à** + **un nom/un pronom disjoint** pour indiquer la possession.
Exemple :   *Le livre est à Julien ; il n'est pas à moi.*

▶ Il est employé dans certaines expressions idiomatiques : *être d'accord/pas d'accord ; être en train de + infinitif ; être sur le point de + infinitif ; etc.*
Exemple :   *Je suis en train de faire mes devoirs. Je ne vais pas jouer dehors.*

▶ Il est employé pour exprimer l'heure.
Structure :   Il + est + # + heure(s) + #.
Exemple :   *Il est 4 heures 30. Les enfants rentrent chez eux.*

Le verbe avoir

▶ Le verbe **avoir** est un verbe irrégulier.

avoir			
je/j'	**ai**	nous	**avons**
tu	**as**	vous	**avez**
il, elle, on	**a**	ils, elles	**ont**

Tableau 3, La conjugaison du verbe avoir.

pronoms compléments d'objet direct	
me	nous
te	vous
le, la, l'	les

Tableau 4, Les pronoms compléments d'objet direct

▶ Il est employé dans la structure **il y a / il n'y a pas** pour indiquer la présence ou l'absence des choses ou des personnes.
Exemple :   *Il y a trois élèves dans la salle mais il n'y a pas d'instituteur.*

▶ Il est employé avec des noms pour indiquer l'existence ou la possession.
Exemple :   *J'ai un crayon et deux stylos.*

▶ Quand le verbe avoir est suivi d'un objet direct, on peut remplacer l'article et le nom par un pronom complément d'objet direct (le, la, l', les). Le pronom est placé devant le verbe dont il est l'objet.
Exemple :   *Tu as **le crayon** ? Oui ! Je l'ai.*

▶ Quand le verbe avoir est suivi d'un article indéfini, d'un partitif ou d'une autre expression de quantité, on peut remplacer l'article/l'expression de quantité et le nom par le pronom **en.** Le pronom est placé devant le verbe dont il est l'objet et on garde l'expression de quantité.

Exemple : *Tu as **un crayon** ? Oui, j'**en** ai un.*

▶ Le verbe avoir est employé dans certaines expressions idiomatiques : *avoir # ans ; avoir chaud/froid ; avoir l'air + adjectif ; avoir l'air de + infinitif ; avoir le temps de + infinitif ; avoir raison/tort ; etc.*

Exemple : *J'ai raison ! Tu as 10 ans.*

Etre et avoir

▶ Observez les emplois des verbes **être** et **avoir** :

ÊTRE ET AVOIR	
être	**avoir**
adjectifs	**noms**
Tu es patient. Tu l'es.	Tu as beaucoup de patience. Tu en as beaucoup.
prépositions	**présence ou absence**
Les enfants sont dans la salle. L'instituteur n'est pas dans la salle.	Il y a des enfants dans la salle. Il n'y a pas d'instituteur dans la salle.
possession	**possession**
Le livre est à Paul. Le livre est à lui.	Paul a un livre. Paul en a un.
expressions idiomatiques	**expressions idiomatiques**
être de bonne/mauvaise humeur ; d'accord/pas d'accord ; en retard/à l'heure ; en train de ; prêt/e à ; etc.	avoir chaud/froid ; du mal à ; avoir l'air ; peur ; raison/ tort ; le temps de ; etc.
l'heure	**le temps**
Quelle heure est-il ? Il est 7 heures.	Vous avez le temps de regarder un film ? Non, je n'ai pas le temps ce soir.

Tableau 5, Les emplois des verbes être et avoir.

Pratiquez !

A **Etre et avoir.** L'instituteur écrit un email à une remplaçante. Complétez ses phrases avec la forme appropriée *des verbes être* ou *avoir* selon le contexte.

> à : mmedubois@wanadoo.fr
> de : mdelacampagne@wanadoo.fr
> sujet : L'école à classe unique
>
> Chère Madame,
> Il y ____ 15 élèves dans notre école. Les petits ____ entre 4 et 8 ans et le plus grand ____ 11 ans. En général, tous les élèves ____ de bonne humeur. Vous allez penser que Joseph ____ toujours l'air fatigué et vous ____ raison ! Il travaille à la ferme après l'école. Il n'____ jamais le temps de faire ses devoirs. Il ____ un petit frère qui ____ toujours en retard. Mais à part ça, vous n'allez pas ____ de problèmes. Les enfants ____ adorables ! Bon courage et n'hésitez pas à me contacter si vous ____ des questions.
>
> M. Delacampagne

B **Comment sont-ils ?** Complétez les phrases suivantes avec les descriptions des personnages du film. Utilisez *les verbes être et avoir*.

1. L'instituteur / être
2. L'instituteur / avoir
3. Les parents de Julien / être
4. Les parents de Julien / avoir
5. Olivier / être
6. Olivier / avoir
7. Jojo / être
8. Jojo / avoir

C **Expressions avec être et avoir.** Reliez les expressions suivantes avec les traductions qui conviennent.

_____ 1. avoir # ans
_____ 2. avoir du mal à + infinitif
_____ 3. avoir l'habitude de + infinitif
_____ 4. avoir le temps de + infinitif
_____ 5. avoir raison
_____ 6. être à l'heure
_____ 7. être d'accord
_____ 8. être de bonne humeur
_____ 9. être sur le point de
_____ 10. être en train de

A. to be about to
B. to be accustomed to
C. to be # years old
D. to be in a good mood
E. to be in agreement
F. to have difficulty in
G. to be in the process of
H. to be on time
I. to be right
J. to have the time to

D **Inventaire.** Indiquez ce que chaque personne a et à qui sont les objets. Utilisez 1) *le verbe avoir* et *un article indéfini,* 2) *le verbe être* et *un pronom disjoint* et 3) *le verbe avoir* et *le pronom en.*

Exemple : *Michel* ✏ ***Michel a un crayon. Le crayon est à lui. Il en a un.***

1. Je
2. Les garçons
3. Vous
4. Tu
5. L'instituteur
6. Nous

E **Soucis d'Olivier.** Complétez le dialogue entre M. Lopez et Olivier avec *les pronoms (le, la, l', les* ou *en)* qui conviennent et la forme appropriée des *verbes être et avoir.*

M. Lopez : Olivier, tu _____ une question ?
Olivier : Oui, je _____. Vous avez beaucoup de patience.
M. Lopez : Oui, je _____.
Olivier : Et vous _____ très sympa.
M. Lopez : En général, je _____.
Olivier : _____-vous aussi des soucis ?
M. Lopez : Bien sûr ! Je _____ quelques-uns. Et toi ? Tu _____ inquiet ?
Olivier : Oui, je _____ parce que mon père _____ très malade.
M. Lopez : Je sais qu'il _____. Tu _____ peur ? C'est tout à fait normal.

3.2 Le verbe faire, Le pronom en

▶ Le verbe faire est un verbe irrégulier.

▶ Il est employé avec **de et un article défini** pour parler des études, des activités et des sports.
   Structure : sujet + **faire** + **de** + **article défini** + **matière/activité/sport**
   Exemple : *Nous faisons du (= contraction de de + le) français.*

▶ Dans une phrase négative, la matière, l'activité, ou le sport est introduit par **de/d'**.
   Structure : sujet + **ne faire pas** + **de/d'** + **matière/activité/sport**
   Exemple : *Ils ne font pas de français.*

▶ La contraction **de + l'article défini** et **le nom** peuvent être remplacés par le pronom **en.** Le pronom **en** est placé devant le verbe dont il est l'objet.
   Exemple : *Je fais **du sport** mais ma soeur ne fait pas **de sport**.*
   *J'**en** fais mais ma soeur n'**en** fait pas.*

▶ Le verbe faire est aussi employé pour parler du temps.
   Exemple : *Quel temps fait-il en été ? -- Il fait chaud en été.*

faire			
je	**fais**	nous	**faisons**
tu	**fais**	vous	**faites**
il, elle, on	**fait**	ils, elles	**font**

Tableau 6, La conjugaison du verbe faire

de + article défini		au négatif
de + le ➡	du	de
de + la ➡	de la	de
de + l' ➡	de l'	d'
de + les ➡	des	de

Tableau 7, La contraction de la préposition de et l'article défini.

La Météo

☼ soleil, belles éclaircies

☼ soleil voilé; variable ou nuageux

☁ très nuageux; couvert

🌦 courtes éclaircies ; variable avec averses; orages isolés

🌧 couvert; bruines ou pluies; couvert, pluies modérées ou fortes

⛈ orages

🌪 tornade

🌨 couvert; neige faible; variable; averses de neige; neige modérée ou forte

🌬 vent

Pratiquez !

A **Saisons !** Quel temps fait-il en Auvergne ? Que font les enfants ? Indiquez le temps qu'il fait, la saison et une activité des enfants. Utilisez *les expressions avec faire.*

	la saison	le temps	l'activité
	C'est le printemps.	Il fait doux, mais il pleut !	Ils font du vélo.

B **Le temps.** Choisissez la bonne réponse.

1. Le film commence au mois de décembre, _____.
   a. il fait beau.   b. il fait frais.   c. il neige.
2. Les hivers sont durs en Auvergne, _____.
   a. il fait doux.   b. il fait froid.   c. il fait chaud.
3. Les enfants font de la luge, _____.
   a. il neige.   b. il pleut.   c. il grêle.
4. Pendant les scènes de récréation du début du film _____.
   a. il fait frais.   b. il fait froid.   c. il fait chaud.
5. Julien travaille à la ferme, _____.
   a. il fait mauvais.   b. il y a du vent.   c. il fait beau.
6. Au début de la fête d'anniversaire de Nathalie, _____. Mais, un peu plus tard, _____.
   a. il pleut.   b. il fait du soleil.   c. il fait froid.
7. Les élèves sortent de l'école. M. Lopez les accompagne avec des parapluies parce qu'_____.
   a. il grêle.   b. il neige.   c. il pleut.
8. Les élèves ont cours dehors parce qu'_____.
   a. il fait beau.   b. il fait froid.   c. il fait mauvais.
9. Les élèves font un pique-nique, _____.
   a. il y a un orage.   b. il fait mauvais.   c. il fait doux.
10. A la fin du film, _____ parce que c'est l'été.
    a. il fait gris.   b. il fait beau.   c. il y a du vent.

C **A l'école.** Julien n'aime pas trop l'école ! Complétez son dialogue avec Monsieur Lopez. Utilisez *le verbe faire, la contraction avec de et l'article défini* et *le pronom en.*

Julien :	Monsieur ? Pourquoi _____-nous _____ devoirs ?
M. Lopez :	Vous _____ pour apprendre des choses !
Julien :	Et les dictées ? Pourquoi _____-nous _____ dictées ?
M. Lopez :	Vous _____ pour apprendre à épeler !
Julien :	Est-ce que je dois vraiment _____ maths ?
M. Lopez :	Ben oui ! Tu dois vraiment _____ !
Julien :	Mais je veux être agriculteur !
M. Lopez :	Les maths sont très importantes pour les agriculteurs !
	Il faut aussi _____ français !
Julien :	Pourquoi faut-il _____ ?
M. Lopez :	Oh la la…Julien ! Au travail !

Extension – le faire causatif

- La structure *faire + infinitif* est employée pour indiquer que le sujet cause une action.

- Quand il y a un sujet du verbe faire, il est placé après l'infinitif. Ce sujet devient l'objet direct.
  Exemple :   M. Lopez fait lire les enfants. (Les enfants lisent. *Les enfants* est l'objet direct.)

- Quand il y a un objet direct du verbe faire, il est placé après l'infinitif. Cet objet direct reste l'objet direct.
  Exemple :   M. Lopez fait lire le livre. (Le livre est lu. *Le livre* est l'objet direct.)

- Quand il y a un sujet et un objet direct du verbe faire, ils sont placés après l'infinitif. Le sujet du verbe faire devient l'objet indirect et l'objet direct reste l'objet direct.
  Exemple :   M. Lopez fait lire le livre aux enfants. (Les enfants lisent le livre. *Les enfants* est l'objet indirect et *le livre* et l'objet direct.)

- Voilà quelques expressions souvent employées avec le faire causatif :

faire cuire :	to cook	faire savoir :	to let know, to inform
faire rire :	to make laugh	faire tomber :	to drop
faire penser à :	to make think about	faire venir :	to send for
faire pleurer :	to make cry	faire voir :	to show

Pratiquez !

Traduction. Traduisez les phrases suivantes. Utilisez *le faire causatif.*

1. In the middle of the film, M. Lopez has the students cook crepes. The students drop the crepes. That makes the students laugh !
2. At the end of the film, M. Lopez sends for the new little students. Their mothers leave. That makes the little students cry !
3. I am going to show the film to my friend because it makes me think about life and the passing of time.

3.3 Les verbes aller et venir, Le passé récent et le futur proche

Le verbe aller

- Le verbe **aller** est un verbe irrégulier.

- Il est employé pour parler de la santé.
  Exemple :   *--Comment allez-vous ? --Moi ? Je vais bien, merci !*

- Il est employé avec la préposition *à* et indique une destination.
  Exemple :   *--Où allez-vous ? --Nous allons à l'école.*

- La préposition *à* se contracte avec **l'article défini**.
  Exemple :   *--Où vont-ils ? --Ils vont au collège.*

aller			
je	**vais**	nous	**allons**
tu	**vas**	vous	**allez**
il, elle, on	**va**	ils, elles	**vont**

Tableau 8, La conjugaison du verbe aller.

les contractions : à + l'article défini		
à + le	→	au
à + la	→	à la
à + l'	→	à l'
à + les	→	aux

Tableau 9, La contraction de la préposition
à et l'article défini.

Le verbe venir

▶ Le verbe **venir** est un verbe irrégulier.

▶ Il est employé avec la préposition **de** et indique une origine.
Exemple : *D'où viennent les enfants ? Les enfants viennent de l'école.*

▶ La préposition **de** se contracte avec **l'article défini**.
Exemple : *D'où vient l'instituteur ? Il vient du bureau.*

▶ Il y a d'autres verbes conjugués comme le verbe *venir* : convenir, devenir, revenir, etc.
Exemple : *L'instituteur revient de son bureau.*

venir			
je	**viens**	nous	**venons**
tu	**viens**	vous	**venez**
il, elle, on	**vient**	ils, elles	**viennent**

Tableau 10, La conjugaison du verbe venir.

les contractions : de + l'article défini		
de + le	➡	du
de + la	➡	de la
de + l'	➡	de l'
de + les	➡	des

Tableau 11, La contraction de la préposition de et l'article défini.

Le passé récent et le futur proche

▶ Le passé récent indique une action ou un événement du passé immédiat *(to just have done)*.
Structure : sujet + **venir** + **de** + **infinitif**
Exemple : *Nous* ***venons*** *de* ***faire*** *nos devoirs !*

▶ Le futur proche indique une action ou un événement futur *(to be going to do)*.
Structure : sujet + **aller** + **infinitif**
Exemple : *Je* ***vais*** ***faire*** *mes devoirs après l'école.*

le passé récent et le futur proche			
l'heure	17h30	18h30	19h
le temps	passé récent	présent	futur proche
exemple	Je viens de rentrer.	Je prépare le dîner.	Je vais dîner.

Tableau 12, Le passé récent et le futur proche.

Pratiquez !

 Origines et destinations. Utilisez *les verbes venir et aller* et *les contractions des prépositions de/à et l'article défini* pour indiquer les origines et les destinations des gens suivants et déterminez si la phrase est abstraite ou concrète.

1. Abstrait Concret M. Lopez : le premier étage ➡ le rez-de-chaussée pour enseigner
2. Abstrait Concret Les enfants : la maison ➡ l'école
3. Abstrait Concret M. Lopez : une famille d'ouvriers ➡ l'université pour devenir instituteur
4. Abstrait Concret Le père de M. Lopez : Espagne ➡ en France
5. Abstrait Concret Les parents : la maison ➡ l'école pour parler avec M. Lopez

B **Chronologie.** Complétez les phrases suivantes avec *le passé récent ou le futur proche* selon le contexte.

1. La camionnette _____ prendre les enfants. Ils sont dans la camionnette. Ils _____ aller à l'école.
2. Les enfants _____ arriver à l'école. Ils cherchent leurs places. Ils _____ travailler.
3. Jonathan, Julien, Nathalie et Olivier _____ aller au collège à la rentrée prochaine. Ils _____ réussir aux examens. Ils sont contents !
4. Jojo _____ se laver les mains. Elles sont toujours sales. Il _____ se relaver les mains.
5. Julien et Olivier _____ se disputer. M. Lopez parle avec eux. Ils _____ essayer d'être amis.
6. Julien _____ rentrer à la maison. Il travaille à la ferme. Après son travail, il _____ faire ses devoirs.
7. Julien _____ demander de l'aide pour ses devoirs. Sa famille arrive. Ils _____ essayer de résoudre le problème.
8. Les petits disent qu'ils _____ être instituteurs comme M. Lopez quand ils seront grands.
9. M. Lopez _____ prendre sa retraite dans un an.
10. Les enfants sont très contents ! Ils _____ terminer l'année scolaire.

3.4 Le futur simple

▶ Le futur simple est un temps simple. Il se compose d'un mot.

▶ Pour former le futur simple, on ajoute les terminaisons **-ai, -as, -a, -ons, -ez, -ont** à l'infinitif. Si l'infinitif se termine en *e*, on laisse tomber le *e* avant d'ajouter la terminaison.

terminaisons du futur simple			
je/j'	**-ai**	nous	**-ons**
tu	**-as**	vous	**-ez**
il, elle, on	**-a**	ils, elles	**-ont**

Tableau 13, Les terminaisons du futur simple.

verbes réguliers au futur simple			
	parler	**finir**	**répondre**
je	parlerai	finirai	répondrai
tu	parleras	finiras	répondras
il, elle, on	parlera	finira	répondra
nous	parlerons	finirons	répondrons
vous	parlerez	finirez	répondrez
ils, elles	parleront	finiront	répondront

Tableau 14, Des verbes réguliers au futur simple.

▶ Pour les verbes en **–er** avec un changement orthographique, on garde le changement orthographique dans toutes les personnes au futur simple. Notez qu'il n'y a pas de changement avec un **é**.

verbes avec changement orthographique			
	acheter	**essayer**	**appeler**	**répéter**
je/j'	achèterai	essaierai	appellerai	répéterai
tu	achèteras	essaieras	appelleras	répéteras
il, elle, on	achètera	essaiera	appellera	répétera
nous	achèterons	essaierons	appellerons	répéterons
vous	achèterez	essaierez	appellerez	répéterez
ils, elles	achèteront	essaieront	appelleront	répéteront

Tableau 15, Des verbes avec changement orthographique.

► Observez les radicaux irréguliers.

radicaux irréguliers au futur simple							
aller	**ir-**	envoyer	**enverr-**	pleuvoir	**pleuvr-**	valoir	**vaudr-**
(s')asseoir	**(s')assiér-**	être	**ser-**	pouvoir	**pourr-**	venir	**viendr-**
avoir	**aur-**	faire	**fer-**	recevoir	**recevr-**	voir	**verr-**
courir	**courr-**	falloir	**faudr-**	savoir	**saur-**	vouloir	**voudr-**
devoir	**devr-**	mourir	**mourr-**	tenir	**tiendr-**		

Tableau 16, Des verbes avec radicaux irréguliers.

► Le futur simple est employé pour indiquer une action, un état ou un fait futur par rapport au présent.
Exemple :   *Il **aura** 8 ans en décembre.*

► Le futur simple peut être employé pour donner des ordres d'une façon plus polie.
Exemple :   *Ce soir, vous **ferez** vos devoirs !*

► Le futur simple est employé dans les phrases conditionnelles. Observez la structure :
Structure :   Si + sujet + verbe au présent,   sujet + verbe au futur
Exemple :   *Si   tu   révises pour l'examen,   tu   **auras** une bonne note !*

► Pour exprimer une action, un état ou un fait futur, on peut utiliser les conjonctions : *aussitôt que / dès que ; lorsque / quand ; pendant que / tandis que ; tant que.* Le verbe de la proposition principale est au futur ou à l'impératif.
Structure :
   Conjonction + sujet +   verbe au futur,   (sujet +)   verbe au futur ou à l'impératif
Exemple :
   Quand   *tu*   ***finiras** tes devoirs,*   *joue avec tes amis !*
   Dès que   *l'instituteur*   ***arrivera**,*   *nous lui   **poserons** nos questions !*

Pratiquez !

A **Devoirs.** C'est la fin de la journée et M. Lopez explique aux élèves ce qu'il faut faire comme devoirs. Mettez les verbes soulignés *au futur simple.*

M. Lopez :   Ce soir… vous **faire** vos devoirs : vous **écrire** une composition, vous **relire** votre composition et vous **réviser** pour l'interrogation. Si vous révisez bien, vous **avoir** une bonne note ! Il **falloir** bien vous préparer parce que l'interrogation ne **être** pas facile ! Quand j'**arriver** demain matin, vous **pouvoir** me poser des questions.
Elève :   **Devoir**-nous mémoriser tous les verbes irréguliers ?
M. Lopez :   Sans aucun doute ! Si vous les mémorisez, vous **recevoir** une bonne note.
Elève :   Et si nous avons une bonne note, on **aller** à Issoire !
M. Lopez :   On **voir** !

B **L'année prochaine.** Décrivez ce que les gens suivants feront l'année prochaine. Utilisez *le futur* des verbes entre parenthèses et *les conjonctions* (aussitôt que, dès que, quand, lorsque, pendant que, tandis que, etc.).

1. Nathalie (aller, devoir, recevoir)
2. Olivier et Julien (aller, avoir, essayer, venir)
3. Jojo (aller, apprendre, faire)
4. les nouveaux «petits» (aller, être, pleurer)
5. le nouvel instituteur (pouvoir, venir, vouloir)

3.5 Les adjectifs et les pronoms démonstratifs

Les adjectifs démonstratifs

▶ L'adjectif démonstratif qualifie un nom et il s'accorde en genre et en nombre avec le nom qualifié. Il veut dire *this/these* ou *that/those* en anglais.
   Exemple :   *J'aime beaucoup ce film !*

▶ Pour distinguer entre deux noms, on ajoute **–ci** (*this/ these*) et **–là** (*that/those*) après le nom.
   Exemple :   *Tu cherches ce livre-ci ou ce livre-là ?*

adjectifs démonstratifs		
	masculin	**féminin**
singulier	ce, cet	cette
pluriel	ces	ces

Tableau 17, Les adjectifs démonstratifs.

Les pronoms démonstratifs

▶ Le pronom démonstratif remplace un nom et il s'accorde en genre et en nombre avec le nom remplacé. Il veut dire *this one/these ones* ou *that one /those ones* en anglais. Il est employé avec :

pronoms démonstratifs		
	masculin	**féminin**
singulier	celui	celle
pluriel	ceux	celles

Tableau 18, Les pronoms démonstratifs.

▶ -ci ou là
   Exemple :   *J'aime beaucoup le livre ! Lequel aimes-tu -* **celui-ci** *ou* **celui-là** *?*

▶ la préposition de
   Exemple :   *Ma voiture est laide mais* **celle de** *Monsieur Lopez est belle !*

▶ un pronom relatif (qui, que, dont, où, etc.)
   Exemple :   *Les profs aiment les élèves sages et ils n'aiment pas* **ceux qui** *sont méchants !*

Pratiquez !

 A **Il fait froid !** La mère de Jojo l'aide à s'habiller. Complétez le dialogue avec *les adjectifs* et *les pronoms démonstratifs* qui conviennent.

Mère :   Jojo, mets _____ pantalon, il fait froid aujourd'hui !
Jojo :   Je n'aime pas _____-ci, je préfère _____ de papa.
Mère :   Mais non ! _____ de papa est trop grand. Tiens, mets _____ anorak.
Jojo :   _____-ci ou _____-là ?
Mère :   Mets _____ qui est le plus chaud et mets _____ bottes parce qu'il va neiger.
Jojo :   Je mets _____ que je porte toujours quand il neige ?
Mère :   Ben oui ! Et n'oublie pas _____ gants.
Jojo :   Mais _____-là sont tous mouillés !
Mère :   Prends _____-ci alors. Dépêche-toi ! Tu vas être en retard !

B **Dans la salle de classe.** L'assistante aide les enfants à ranger leurs affaires. Utilisez *les adjectifs* et *les pronoms démonstratifs* et *le vocabulaire du film* pour créer des dialogues entre l'assistante et les enfants.

Dans la salle de classe					
l'affiche	le cahier	le coloriage	les devoirs	le feutre	le livre
le bureau	les ciseaux	le crayon	le feuille	la gomme	le stylo

Exemple :   **Cette** gomme est à Marie ?
             Non, **celle-ci** est à elle et **celle-là** est à Alizé.

3.6 La négation : adverbes, adjectifs, pronoms et conjonctions négatifs

► En général, on utilise l'adverbe négatif ***ne ... pas*** pour écrire une phrase négative.

    Structure :   sujet   +   ***ne***   +   verbe   +   ***pas***

    Exemple :   Je   ***ne***   vais   ***pas***   à l'école le mercredi.

► Dans une construction infinitive, le ***ne ... pas*** est placé autour du verbe conjugué.

    Structure :   sujet   +   ***ne***   +   verbe   +   ***pas***   +   infinitif

    Exemple :   Je   ***ne***   vais   ***pas***   jouer avec mes amis.

► Les articles indéfinis (un, une, des), les articles partitifs (du, de la, de l', des) et les expressions de quantité sont remplacés par ***de/d'*** dans une phrase négative.

    Exemple :   *J'ai un frère.*   *Je n'ai pas de frère.*

► On peut classifier les autres expressions négatives selon leur fonction dans la phrase.

expressions négatives		
adverbes négatifs		
ne... pas	no, not any	Tu aimes aller à l'école ? Non, je n'aime pas aller à l'école.
ne... pas du tout	not at all	Je te dérange ? Non, tu ne me déranges pas du tout.
ne... pas encore	not yet	Tu as déjà fait tes devoirs ? Non, je n'ai pas encore fait mes devoirs.
ne ... jamais	never	Il va souvent au parc ? Non, il ne va jamais au parc.
ne ... plus	no longer, no more	Il est toujours instituteur ? Non, il n'est plus instituteur.
ne...guère	hardly, scarcely	Il réussit à ses examens ? Il ne réussit guère à ses examens
ne...nulle part	nowhere, not anywhere	Où va-t-il après l'école ? Il ne va nulle part après l'école.
adjectifs négatifs		
ne... aucun(e) + nom objet du verbe	no, not any, not a single	Y a-t-il un problème ? Non, il n'y a aucun problème.
aucun(e) + nom...ne sujet du verbe	no, not any, not a single	Tu veux lire un livre ? Oui, mais aucun livre ne m'intéresse.
pronoms négatifs		
n'en... aucun(e) objet du verbe	no, not any, not a single	Tu as un problème ? Non, je n'en ai aucun.
aucun(e)...ne sujet du verbe	no, not any, not a single	Tu veux lire un livre ? Oui, mais aucun ne m'intéresse.
ne ... personne objet du verbe	no one, not anyone	Qui est-ce que tu regardes ? Je ne regarde personne.
ne ... personne de + adj. objet du verbe	no one, not anyone + adjective	Y a-t-il quelqu'un d'intéressant à la soirée ? Non, il n'y a personne d'intéressant à la soirée.

pronoms négatifs (continued)		
personne…ne sujet du verbe	no one, not anyone	Qui est-ce qui te gêne ? Personne ne me gêne.
ne…rien objet du verbe	nothing	Qu'est-ce que tu regardes ? Je ne regarde rien.
ne…rien de + adj. objet du verbe	nothing + adjective	Fais-tu quelque chose d'amusant ce soir ? Non, je ne fais rien d'amusant ce soir !
rien…ne sujet du verbe	nothing	Qu'est-ce qui te gêne ? Rien ne me gêne.
conjonctions négatives		
ne…ni…ni objet du verbe	neither…nor	Qu'est-ce que tu portes ? Ton jean ou ta jupe ? Je ne porte ni mon jean ni ma jupe. Je porte mon short.
ni…ni…ne sujet du verbe	neither…nor	Alex et Marie viennent chez nous ? Non, ni Alex ni Marie ne viennent chez nous.
expression restrictive		
ne…que	only	Combien de sœurs as-tu ? Je n'ai qu'une sœur.* *Une ne devient pas de parce que la négation n'est pas complète.

Tableau 19, Expressions négatives.

Pratiquez !

 Contraires. Jacob écrit une composition. Il est de mauvaise humeur et décide de mettre sa composition au négatif. Mettez ses phrases au négatif. Utilisez *les expressions négatives.* Attention aux articles !

Maxime Moreau

L'école et moi

En général, j'<u>aime</u> l'école. <u>Pourquoi</u> ? D'abord, j'<u>aime toujours</u> apprendre des choses <u>et</u> faire mes devoirs ! Ce soir, nous <u>avons des</u> devoirs intéressants. Deuxièmement, j'<u>aime</u> le maître. En fait, j'<u>aime tout le monde</u> à l'école et j'<u>ai beaucoup d'amis</u> ! Troisièmement, pendant la récréation, nous <u>jouons toujours</u> à des jeux intéressants. Après l'école, je <u>vais chez des amis</u> et je <u>regarde souvent</u> la télé parce qu'il y <u>a toujours quelque chose</u> d'amusant à regarder. J'<u>ai toujours des choses</u> à dire mais je n'ai plus de place. En conclusion, je <u>suis</u> très content et j'<u>ai vraiment envie</u> d'aller à l'école demain !

Photos

Photo N° 1

A **Détails.** Regardez la photo et cochez les bonnes réponses.

1. Lieu : ☐ l'école   ☐ une maison   ☐ autre
          ☐ l'extérieur   ☐ l'intérieur   ☐ autre

2. Personnages : ☐ un parent   ☐ l'instituteur   ☐ Marie
                 ☐ Jojo   ☐ Julien   ☐ Nathalie

3. Emotions : ☐ la colère   ☐ l'incertitude   ☐ la joie
              ☐ la tristesse   ☐ l'impatience   ☐ la peur
              ☐ la patience   ☐ l'ennui

B **Vrai ou Faux ?** Déterminez si les phrases sont vraies ou fausses.

1. vrai   faux   Les deux personnages s'amusent beaucoup !
2. vrai   faux   Le monsieur raconte une histoire à l'enfant.
3. vrai   faux   Le monsieur n'est pas content du comportement de l'enfant.
4. vrai   faux   Le monsieur va punir l'enfant.
5. vrai   faux   L'enfant est très fâché. Il va désobéir au monsieur.

C **En général.** Répondez aux questions suivantes. Ecrivez deux ou trois phrases.

1. Qu'est-ce qui se passe ? Faites une petite description de la photo.
2. Où est-ce que la scène se passe ? Faites un inventaire de ce que vous voyez.
3. Est-ce qu'il fait froid ou chaud ? Justifiez votre réponse.
4. Donnez un titre à la photo. Justifiez votre choix.

D **Aller plus loin.** Ecrivez un paragraphe pour répondre aux questions suivantes.

1. Imaginez ce qui se passe avant, pendant et après cette scène.
2. Expliquez le comportement de M. Lopez. Est-ce qu'il est méchant ?
3. Expliquez le comportement de Jojo. Est-ce qu'il est triste ?
4. Est-ce que cette scène est typique du comportement de M. Lopez et de Jojo ? Justifiez votre réponse avec des exemples précis du film.
5. Est-ce que cette scène est typique d'autres scènes du film ? Justifiez votre réponse avec des exemples précis du film.

Photo N°2

A **Détails.** Regardez l'image et cochez les bonnes réponses.

1. Lieu : ☐ l'école ☐ une maison ☐ autre
   ☐ l'extérieur ☐ l'intérieur ☐ autre

2. Personnages : ☐ un parent ☐ l'instituteur ☐ Marie
   ☐ Jojo ☐ Julien ☐ Nathalie

3. Emotions : ☐ la colère ☐ l'incertitude ☐ la joie
   ☐ la tristesse ☐ l'impatience ☐ la peur
   ☐ la patience ☐ l'ennui

B **Vrai ou Faux ?** Déterminez si les phrases sont vraies ou fausses.

1. vrai faux C'est la récréation et les enfants jouent dans la cour.
2. vrai faux Le monsieur punit les enfants.
3. vrai faux Les enfants font un travail ensemble.
4. vrai faux Les enfants font attention au monsieur.
5. vrai faux Les enfants sont dehors parce qu'il y a un problème dans la salle.

C **En général.** Répondez aux questions suivantes. Ecrivez deux ou trois phrases.

1. Qu'est-ce qui se passe ? Faites une petite description de la photo.
2. Où est-ce que la scène se passe ? Faites un inventaire de ce que vous voyez.
3. Pourquoi est-ce que l'instituteur et les enfants sont dans le jardin ? Expliquez.
4. Donnez un titre à la photo. Justifiez votre choix.

D **Aller plus loin.** Ecrivez un paragraphe pour répondre aux questions suivantes.

1. Où sont les petits ?   Que font-ils ?
2. Est-ce que les enfants aiment être dehors pour les cours ? Expliquez.
3. Est-ce que l'instituteur aime être dehors pour les cours ? Expliquez.
4. Est-ce que cela vaut la peine de faire cours dehors ? Expliquez.
5. Est-ce que cette scène est typique d'autres scènes du film ? Justifiez votre réponse
   avec des exemples précis du film.

Mise en pratique

 En général. Répondez aux questions suivantes. Ecrivez deux ou trois phrases.

1. Décrivez le début du film. Quel temps fait-il ? Quelle saison est-ce ?
2. Décrivez la fin du film. Quel temps fait-il ? Quelle saison est-ce ?
3. Comment est le village de Saint-Etienne-sur-Usson ?
4. Comment est l'école ?
5. Comment sont les maisons du village ?
6. Comment est l'instituteur ? Est-ce qu'il est content ?
7. Comment sont les enfants ? Est-ce qu'ils sont contents ?
8. Quelle est l'importance de la région choisie par le cinéaste ?
9. Quelle est l'importance des scènes où Julien conduit le tracteur, travaille à la ferme et prépare le dîner ?
10. Décrivez la scène où Julien fait ses devoirs de maths avec ses parents. Pourquoi est-ce qu'ils ont du mal ?
11. Après la dispute entre Julien et Olivier, M. Lopez leur dit qu'il faut être amis. Pourquoi ?
12. Cette année est très importante pour Jonathan, Julien, Nathalie et Olivier. Pourquoi ? Qu'est-ce qu'ils vont faire l'année prochaine ? Est-ce qu'ils ont peur ? Pourquoi ?
13. L'année prochaine va être très importante pour M. Lopez. Qu'est-ce qu'elle représente pour lui ?
14. Qui est votre personnage préféré ? Justifiez votre réponse avec des exemples du film.
15. Est-ce que le titre *Etre et avoir* est un bon titre pour ce film ? Comment est-ce que vous pouvez expliquer ce titre ?

 Aller plus loin. Écrivez un paragraphe pour répondre aux questions suivantes.

1. Est-ce que la vie des enfants est facile ? Et la vie de l'instituteur ? Et la vie des parents ?
2. Qu'est-ce que les enfants font pour s'amuser après l'école à votre avis ?
3. Comment sont les relations entre les personnages du film (enfants/enfants ; parents/enfants ; instituteur/enfants ; instituteur/parents) ?
4. Est-ce que M. Lopez réussit à bien éduquer tous les enfants ? Expliquez.
5. Les enfants ont certaines choses et n'ont pas d'autres choses. Expliquez.
6. Pourquoi est-ce que Philibert privilégie Jojo ?
7. La scène où M. Lopez parle de sa famille est la seule où l'on entend la voix de Philibert. Pourquoi est-ce qu'il intervient ici et pas pendant d'autres scènes ? Quel est l'effet ?
8. Décrivez le rôle du temps dans le film.
9. Le film parle surtout de présence et d'absence. Comment ?
10. Expliquez le thème du va-et-vient. D'où viennent les personnages ? Où vont-ils ?

C **Analyse.** Lisez le texte suivant et répondez aux questions.

Emile ou De l'éducation
Leçons de choses Livre III, 1762

Jean-Jacques Rousseau

Dans les premières opérations de l'esprit°, que les sens soient toujours ses guides. **mind**
Point d'autre livre que le monde, point d'autre instruction que les faits°. L'enfant qui **facts**
lit ne pense pas, il ne fait que lire ; il ne s'instruit pas, il apprend des mots.

Rendez votre élève attentif aux phénomènes de la nature, bientôt vous le
rendrez curieux ; mais, pour nourrir° cette curiosité, ne vous pressez° jamais de **to feed / never rush to**
la satisfaire. Mettez les questions à sa portée°, et laissez-les-lui résoudre. Qu'il ne **within his reach**
sache rien parce que vous le lui avez dit, mais parce qu'il l'a compris lui-même ; qu'il
n'apprenne pas la science, qu'il l'invente. Si jamais vous substituez dans son esprit
l'autorité à la raison°, il ne raisonnera plus, il ne sera plus que le jouet° de l'opinion **reason / the toy**
des autres. Vous voulez apprendre la géographie à cet enfant, et vous lui allez
chercher des globes, des sphères°, des cartes° : que des machines ! Pourquoi toutes ce **globes / maps**
représentations ? Que ne commencez-vous par lui montrer l'objet même, afin qu'il
sache au moins° de quoi vous lui parlez ? **at least**

[…] Nous avons vu lever le soleil à la Saint-Jean, nous l'allons voir aussi lever
à Noël ou quelque autre beau jour d'hiver ; car on sait que nous ne sommes pas
paresseux, etc. que nous nous faisons un jeu de braver le froid. J'ai soin de faire
cette seconde observation dans le même lieu où nous avons fait la première ;
et moyennant° quelque adresse pour préparer la remarque, l'un ou l'autre ne **by means of**
manquera pas de s'écrier : «Oh ! oh ! voilà qui est plaisant ! Ici sont nos anciens
renseignements°, et à présent il s'est levé là, etc. Il y a donc un orient° d'été, et un **our previous information (teachings) / a point where the sun rises /**
orient d'hiver, etc.» Jeune maître, vous voilà sur la voie°. Ces exemples vous doivent **the path**
suffire pour enseigner très clairement la sphère, en prenant le monde pour le monde,
et le soleil pour le soleil.

En général, ne substituez jamais le signe à la chose que quand il vous est
impossible de la montrer ; car le signe absorbe l'attention de l'enfant, et lui fait
oublier la chose représentée.

Questions

Choisissez la bonne réponse.

1. De quoi Jean-Jacques Rousseau parle-t-il ?
   a. l'enseignement aux enfants
   b. la géographie du monde
2. Selon Rousseau, c'est à l'instituteur d'apprendre à l'enfant de :
   a. braver le froid
   b. s'instruire
3. Il ne faut pas substituer le signe à :
   a. la sphère
   b. la chose représentée
4. Rousseau cite l'exemple _____ pour illustrer sa méthode.
   a. du lever du soleil
   b. du voyage du monde
5. Quand un enfant commence à apprendre, il faut que _____ soient toujours ses guides.
   a. les instituteurs
   b. les sens

A votre avis…

Est-ce que M. Lopez suit les conseils de Rousseau ? Est-ce que M. Lopez est un bon instituteur ? Comment sont ses élèves ? Comment est-ce qu'ils apprennent ? Justifiez votre réponse avec des exemples précis du film.

Communication

A

Portraits. Choisissez un personnage du film. Faites son portrait physique et moral. Lisez votre description à votre classe. Vos camarades de classe devinent le nom du personnage. Utilisez *les verbes être* et *avoir*.

Exemple :   Etudiant :   Il a quatre ans et il est très petit et adorable. Il est amusant et même comique. C'est le chouchou de tout le monde !

La classe :   C'est Jojo !

B

Richesse. Faites un débat sur la phrase suivante : *Les enfants sont très riches.* Utilisez *les verbes être* et *avoir et les expressions négatives*.

Exemple :   Pas d'accord :   Les enfants et leurs familles n'ont pas beaucoup d'argent !

D'accord :   Ils ont l'amour de l'instituteur et de leurs familles !

– Ça a beaucoup de valeur !

C

Météo. La météo est très importante pour les gens du village. Faites les prévisions météo pour chaque saison en Auvergne et suggérez des activités et des vêtements qui correspondent au temps qu'il fait. Présentez vos prévisions et vos suggestions à vos camarades. Utilisez *les verbes être, avoir, aller, venir* et *faire et les expressions négatives*.

Exemple :   Présentateur :   (L'hiver) Bonjour ! Aujourd'hui, il va faire très froid. Il y a beaucoup de nuages et il va neiger cet après-midi. Portez des bottes, un foulard et des gants !

D

Emploi du temps. Vous et votre partenaire créez l'emploi du temps rêvé de Julien. Où est-ce qu'il va pendant la journée ? Qu'est-ce qu'il fait pendant la journée ? Utilisez *les verbes aller, venir* et *faire et les expressions avec faire*.

Exemple :   Etudiants :   Il va à l'école. Il fait du français, des maths, etc. Après l'école, il travaille avec sa famille et prépare le dîner. Il fait ses devoirs et il va au lit.

E

Destinations. Une famille planifie un voyage pendant les vacances de printemps. Les parents proposent des destinations et les enfants ne sont pas d'accord avec les choix. Jouez les rôles des parents et des enfants avec vos partenaires. Utilisez *les verbes aller* et *venir* et *les expressions négatives*.

Exemple :   Père :   Nous allons à la mer et tu viens avec nous !

Enfant :   Moi, je ne vais pas à la mer ! Je n'aime pas la mer !

Mère :   Si, tu viens avec nous ! Tu aimes bien faire de la natation !

F

Bagarre. Julien et Olivier viennent de se disputer. L'instituteur va intervenir. Préparez votre dialogue et jouez les rôles de l'instituteur, de Julien et d'Olivier avec vos partenaires. Utilisez *le passé récent* et *le futur proche* et *les expressions négatives*.

Exemple :   Julien: Olivier vient de se disputer avec les petits.

Olivier :   Oui, c'est vrai, je viens de me disputer avec eux.

Instituteur :   Tu vas t'excuser. Il ne faut pas se disputer. Il faut donner l'exemple.

G **Instituteur.** Un élève vient de rendre un devoir incomplet. Vous jouez le rôle de l'instituteur et expliquez à l'élève qu'il finira le devoir avant de jouer. Votre partenaire joue le rôle de l'enfant. Utilisez *le futur* et *les expressions négatives*.

Exemple : Instituteur : Tu viens de rendre un devoir incomplet. Tu ne joueras pas avec tes amis. Tu finiras ton travail.
Enfant : Je finirai mon travail après la récréation !

H **Débat.** On voudrait fermer l'école de Saint-Etienne-Sur-Usson. Les parents ne sont pas contents ! Est-ce qu'une grande école sera meilleure pour les élèves ? Organisez-vous en deux groupes : pour et contre l'école à classe unique. Développez vos arguments. Utilisez *le futur* et *les expressions négatives*.

Exemple : Pour : Il n'y aura pas beaucoup d'élèves et l'instituteur aura du temps pour chaque élève.
Contre : L'école sera très petite, il n'y aura pas de diversité et l'instituteur n'aura jamais assez de temps pour ses élèves.

I **A qui est-ce ?** C'est la fin de l'année scolaire et M. Lopez range la salle de classe. Il demande aux enfants à qui appartiennent divers objets. Jouez le rôle de M. Lopez et des élèves avec vos partenaires. Utilisez *les adjectifs* et *les pronoms démonstratifs* et *le vocabulaire du film*.

Exemple : M. Lopez : A qui est ce cahier ?
Elève : Celui-ci ? Il appartient à Maxime.

J **Pour ou contre ?** Est-ce que vous aimez le film ? Complétez le tableau suivant et présentez vos opinions à vos camarades de classe.

Etre et avoir un film de Nicolas Philibert			
L'intrigue	☐ très bien	☐ moyen	☐ sans intérêt particulier
Les personnages	☐ très bien	☐ moyen	☐ sans intérêt particulier
Le décor	☐ très bien	☐ moyen	☐ sans intérêt particulier
La musique	☐ très bien	☐ moyen	☐ sans intérêt particulier
Le montage	☐ très bien	☐ moyen	☐ sans intérêt particulier
Le film en général	☐ très bien	☐ moyen	☐ sans intérêt particulier

Aller plus loin

Lecture

Education nationale française

L'école

L'école publique nationale est gratuite et laïque°. Les enfants peuvent aller à l'école à partir de l'âge de trois ans. Dans certains cas, si l'enfant est prêt physiquement et psychologiquement, il peut commencer à l'âge de deux ans. L'école est obligatoire de 6 à 16 ans. Il y a quatre étapes : l'école maternelle (facultative), l'école primaire, le collège, le lycée. Après avoir réussi au baccalauréat, l'élève peut continuer ses études supérieures (universitaires).

°Laïque : sans domination religieuse. Depuis 1905, l'Eglise et L'Etat sont complètement séparés en France. Il n'y a donc aucun enseignement religieux dans les écoles publiques.

La semaine

En primaire, la plupart des écoles ont une semaine de quatre jours. Il n'y a pas de cours le mercredi. Les cours commencent vers 8h30 et se terminent vers 4 heures 30. Il y a des pauses pour la récréation et pour le déjeuner. En général, les élèves ont 26 heures de cours par semaine.

Les congés

La rentrée scolaire est au mois de septembre. L'année scolaire se termine et les vacances d'été commencent à la fin du mois de juin ou, de plus en plus, au début du mois de juillet. Les congés scolaires sont nombreux : la Toussaint (fin octobre – début novembre) ; Noël (fin décembre – début janvier) ; hiver (mi-février – fin février) ; printemps (début avril – mi-avril). Il y a aussi de nombreuses fêtes.

JULES FERRY (1832-1893)

«De l'égalité d'éducation»

conférence prononcée à Paris à la salle Molière
le 10 avril 1870

Les lois Ferry de 1881 et de 1882 ont rendu l'école gratuite (1881), obligatoire (1882) et laïque (1882). Jules Ferry a été élu député de Paris en 1869. Le 10 avril 1870, il a proposé la fin des différences entre les classes françaises. Cet extrait de son discours sur l'égalité de l'éducation montre ses vœux.

Le siècle dernier et le commencement de celui-ci ont anéanti les privilèges de la propriété, les privilèges et la distinction des classes ; l'oeuvre de notre temps n'est pas assurément plus difficile. À coup sûr, elle nécessitera de moindres orages, elle exigera de moins douloureux sacrifices ; c'est une oeuvre pacifique, c'est une œuvre généreuse, et je la définis ainsi ; faire disparaître la dernière, la plus redoutable des inégalités qui viennent de la naissance, l'inégalité d'éducation. C'est le problème du siècle et nous devons nous y rattacher. Et quant à moi, lorsqu'il m'échut ce suprême honneur de représenter une portion de la population parisienne dans la Chambre des députés, je me suis fait un serment : entre toutes les nécessités du temps présent, entre tous les problèmes, j'en choisirai un auquel je consacrerai tout ce que j'ai d'intelligence, tout ce que j'ai d'âme, de coeur, de puissance physique et morale, c'est le problème de l'éducation du peuple.

(Vifs applaudissements.)

L'inégalité d'éducation est, en effet, un des résultats les plus criants et les plus fâcheux, au point de vue social, du hasard de la naissance. Avec l'inégalité d'éducation, je vous défie d'avoir jamais l'égalité des droits, non l'égalité théorique, mais l'égalité réelle, et l'égalité des droits est pourtant le fond même et l'essence de la démocratie.

LE SYSTÈME D'ÉDUCATION NATIONALE FRANÇAISE

Education nationale primaire et secondaire			
	Classes	**Age théorique**	**Examens**
Ecole primaire			
Ecole maternelle	Petite section	3 – 4 ans	
	Moyenne section	4 – 5 ans	
	Grande section	5 – 6 ans	
Ecole primaire	CP Cours préparatoire	6 – 7 ans	
	CE1 Cours élémentaire 1	7 – 8 ans	
	CE2 Cours élémentaire 2	8 – 9 ans	
	CM1 Cours moyen 1	9 – 10 ans	
	CM2 Cours moyen 2	10 – 11 ans	
Ecole secondaire			
Collège	6e	11 – 12 ans	
	5e	12 – 13 ans	
	4e	13 – 14 ans	
	3e	14 – 15 ans	Brevet
Lycée	2nde	15 – 16 ans	
	1 re	16 – 17 ans	
	Terminale	17 – 18 ans	Baccalauréat

LES FÊTES FRANÇAISES

Fêtes françaises		
Date	**Fête**	
le 1er janvier	*le Jour de l'An*	férié
le 6 janvier	*la Fête des Rois (Epiphanie)*	
le 14 février	*la Saint-Valentin*	
40 jours avant Pâques	*le Mercredi des cendres*	
39 jours avant Pâques	*Mardi gras*	
le 1er avril	*le poisson d'avril*	
entre le 22 mars et le 25 avril	*Pâques*	férié
le 1er mai	*la Fête du travail*	férié
le 8 mai	*la Fête de la victoire 1945*	férié
le dernier dimanche de mai	*la Fête des Mères*	
40 jours après Pâques	*l'Ascension*	férié
10 jours après l'Ascension	*la Pentecôte*	férié
le 3e dimanche de juin	*la Fête des Pères*	
le 14 juillet	*la Fête nationale*	férié
le 15 août	*l'Assomption*	férié
le 1er novembre	*La Toussaint*	férié
le 11 novembre	*L'armistice 1918*	férié
le 25 décembre	*Noël*	férié

L'orginisation du système éducatif. Ministère des Affaires étrangères, www.diplomatie.gouv

Enseignement

En 2004, les dépenses d'éducation se sont élevées à 111,3 milliards d'euros, soit 7,1 % du PIB et 37,8 % du budget de l'État. La dépense d'éducation représente un montant de 1 810 euros par habitant, ou 6 600 euros par élève ou étudiant.

Pré-élémentaire, primaire et secondaire :

♦   12 133 000 élèves
♦   894 000 enseignants
♦   68 590 écoles, collèges et lycées :
   ◈   Taux d'encadrement : 1 enseignant pour 13,6 élèves
   ◈   Taux de réussite au baccalauréat (2004) : 79,7%

Supérieur :

♦   2 268 251 étudiants
♦   88 000 enseignants
♦   83 universités,
♦   3 600 établissements de formation supérieure
   ◈   Taux d'encadrement : 1 enseignant pour 25,7 étudiants

A **Vrai ou Faux ?** Déterminez si les phrases sont vraies ou fausses.

1. vrai   faux   L'école publique française est gratuite.
2. vrai   faux   L'église influence l'éducation nationale.
3. vrai   faux   Il faut avoir 5 ans pour aller à l'école.
4. vrai   faux   L'école n'est plus obligatoire à partir de l'âge de 16 ans.
5. vrai   faux   Les élèves vont à l'école le lundi, le mardi, le mercredi et le jeudi.

B **En quel mois ?** Donnez le mois ou les mois qui correspondent aux descriptions suivantes.

1. _____ la rentrée scolaire
2. _____ les vacances d'été
3. _____ la fin de l'année scolaire
4. _____ les vacances d'hiver
5. _____ les vacances de printemps

C **Ecole primaire.** Donnez les âges qui correspondent à chaque école et à chaque classe.

Ecoles	Ecole maternelle : _____	ans
	Ecole primaire : _____	ans
Classes	CP : _____	ans
	CE1 : _____	ans
	CE2 : _____	ans
	CM1 : _____	ans
	CM2 : _____	ans

D **En général.** Répondez aux questions suivantes. Ecrivez deux ou trois phrases.

1. Quels sont les deux grands examens que les élèves passent ?
2. Que veut dire laïque ?
3. Qu'est-ce qu'un jour férié ? Donnez quelques exemples.
4. Est-ce que les enfants vont à l'école à l'âge de trois ans aux Etats-Unis ? Expliquez.
5. Est-ce que les enfants peuvent quitter l'école à l'âge de seize ans aux Etats-Unis ? Expliquez.

E **Aller plus loin.** Ecrivez un paragraphe pour répondre aux questions suivantes.

1. Pourquoi est-ce que les enfants ne vont pas à l'école le mercredi ? Est-ce une bonne idée ?
2. Est-ce que les enfants américains ont autant de vacances que les enfants français ? Expliquez.
3. Quelles fêtes est-ce qu'on fête en France et aux Etats-Unis ?
4. Pourquoi est-ce qu'on dit que l'éducation est nationale en France ?
5. Est-ce que le système éducatif français ressemble au système américain ? Expliquez.

Liens !

Dans *Le Papillon,* Elsa habite Paris. A quelle école irait-elle ? Dans quelle classe serait-elle ? Comment serait son école à votre avis ? Est-ce que vous pensez que l'école à Saint-Etienne-sur-Usson ressemblerait à l'école d'Elsa ou à celle de Sébastien ? Pourquoi ?

Culture

A   **Le cinéma français.** Choisissez la réponse qui ne va pas.

1. Genres de films français :
    - ☐ les drames
    - ☐ les documentaires
    - ☐ les comédies
    - ☐ les films de cape et d'épée
    - ☐ les bandes dessinées
    - ☐ les films d'aventure

2. Films français :
    - ☐ *Les Visiteurs*
    - ☐ *La Bamba*
    - ☐ *Le Dernier métro*
    - ☐ *La Haine*
    - ☐ *L'Auberge espagnole*
    - ☐ *Le Fabuleux destin d'Amélie Poulain*

3. Acteurs français :
    - ☐ Vincent Cassel
    - ☐ Daniel Auteuil
    - ☐ Mathieu Kassovitz
    - ☐ Antonio Banderas
    - ☐ Jean Reno
    - ☐ Christian Clavier

4. Actrices françaises :
    - ☐ Catherine Deneuve
    - ☐ Isabelle Huppert
    - ☐ Juliette Binoche
    - ☐ Audrey Tautou
    - ☐ Vanessa Paradis
    - ☐ Angelina Jolie

5. Cinéastes français :
    - ☐ Mathieu Kassovitz
    - ☐ Francis Veber
    - ☐ Francis Ford Coppola
    - ☐ Louis Malle
    - ☐ Jean-Luc Godard
    - ☐ François Truffaut

B   **Genres de films.** Reliez les genres de films avec les définitions qui correspondent.

Genres de films			
les comédies	les documentaires	les films d'aventures	les thrillers
les dessins animés	les drames	les films de cape et d'épée	les westerns

1. La plupart de ces films ont été produit pendant les années 1930 et 1960. En général, l'action a lieu en Amérique du Nord pendant la conquête de l'Ouest.
2. Le but de ces films est principalement de faire rire à partir de la dénonciation des défauts et des vices de la société.
3. Ces films se caractérisent par des événements tragiques.
4. Le but de ces films est de présenter une réalité, sans intervenir sur son déroulement.
5. Ces films sont créés à partir d'images dessinées, d'images créées par ordinateur ou de photographies. Ils sont connus pour leur succès parmi les enfants.
6. Ces films suscitent le suspense et la peur chez le spectateur.
7. Ces films ont lieu principalement pendant la Renaissance jusqu'à la Révolution française. Certains sont inspirés d'œuvres littéraires du XIXᵉ siècle.
8. Dans ces films, il s'agit d'une série d'aventures ou de mésaventures.

C **Préférences des Français.** Etudiez le cinéma français et les opinions des Français en ce qui concerne les films, les acteurs et les actrices du 20ᵉ siècle. Regardez à nouveau vos réponses aux Exercices A et B et changez-les si cela est nécessaire.

Cinéma – 2003

Production et diffusion de films

♦ 212 films de long métrage produits dont 183 d'initiative française (c'est-à-dire produits et financés intégralement ou majoritairement par des partenaires français).

♦ 1 153 millions d'euros d'investissements dans la production cinématographique dont 68 % d'investissements français.

♦ 513 films de long métrage sont sortis pour la première fois sur le marché français, dont 219 français et 160 américains.

♦ 174,2 millions d'entrées et une recette de 1 milliard d'euros.

ENTRÉES ET RECETTES DES SALLES DE CINÉMA

ENTRÉES SELON LA NATIONALITÉ DES FILMS *(EN MILLIONS)*

Films à succès en millions d'entrées	
Le monde de Nemo (USA)	7,46
Taxi 3 (F)	6,06
Matrix Reloaded (USA)	5,60
Le Seigneur des anneaux : le retours du roi (NZ)	4,76
Chouchou (F)	3,80
Pirate des Caraïbes : la malédiction du Black Pearl (USA)	3,61
Arrête-moi si tu peux (USA)	3,57
Le livre de la jungle 2 (USA)	3,28
Matrix Revolutions (USA)	3,20
Terminator 3 : le soulèvement des machines (USA)	3,03
Tais-toi (F, I)	2,91
X-Men 2 (USA)	2,74
Le seigneur des anneaux : les deux tours (USA)	2,61
Bruce tout puissant (USA)	2,61
8 Mile (USA)	2,19
Gangs of New York (USA)	2,15

© CNC (centre national de la cinématographie), *Mini-chiffres clés, statistiques de la culture*, edition 2005.

Les films et les acteurs préférés des Français

Fiche Technique

Enquête réalisée pour Nestlé du 2 au 7 février 2000 auprès d'un échantillon national de 1131 individus représentatif de la population française âgée de 15 ans et plus, interrogé en face à face. Méthode des quotas (sexe, âge, profession, catégorie socio-professionnelle du chef de ménage) après stratification (régions, catégorie d'agglomération).

FRÉQUENTATION DU CINÉMA

Question : Tous les combien en moyenne allez-vous au cinéma ?

Vont au cinéma	67
dont :	
- Au moins une fois par semaine	2
- 2 à 3 fois par mois	8
"Réguliers"	**10**
- 1 fois par mois	10
- 1 à 2 fois par trimestre	13
- 1 à 3 fois par an	17
- Moins souvent	17
"Occasionnels"	**57**
- Ne vont pas au cinéma	**33%**

Les films français qui ont le plus marqué le 20e siècle

- Principaux films cités –

Question : Selon vous, quels sont les trois films français qui ont le plus marqué le 20e siècle ? (réponses spontanées en %)

Ont cité au moins un film	80
- La Grande vadrouille	19
- Les Visiteurs	16
- Le Grand bleu	12
- Le Dîner de cons	5
- Les films de Marcel Pagnol ou d'après Marcel Pagnol (Fanny, Marius, la Gloire de mon père.)	5
- La Traversée de Paris	4
- Les Bronzés (sans autre indication)	3
- Taxi	3
- La Vache et le prisonnier	3
- Manon des sources	3
- Les Enfants du paradis	3
- Hôtel du nord	3
- Quai des brumes	3
- Les Bronzés font du ski	2
- Le Père Noël est une ordure	2
- Les Tontons flingueurs	2
- Jean de Florette	2
- Astérix, Astérix et Obélix	2
- Un Homme et une femme	2
- Germinal	2
- Les Misérables	2
- La Grande illusion	2
- Léon	2
- Le Cinquième élément	2

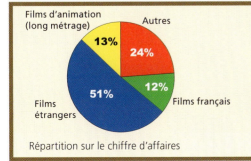

Films d'animation (long métrage) 13%
Autres 24%
Films français 12%
Films étrangers 51%

Répartition sur le chiffre d'affaires

VIDÉOGRAMMES

chiffres de 2002

- 101,4 millions de vidéogrammes (un enregistrement audiovisuel) dont 76 millions de DVD vendus par les éditeurs.
- 5 200 nouveaux titres de DVD parus.
- 1,2 milliard d'euros de chiffre d'affaires de gros.

Les plus grands acteurs de cinéma français du 20e siècle

- Principaux acteurs cités –

Question : Quels sont, parmi ceux que vous connaissez, les trois plus grands acteurs de cinéma masculins français du 20e siècle ? (Réponses spontanées) (en %)

Ont cité au moins un acteur français	97
- Jean Gabin	38
- Gérard Depardieu	35
- Alain Delon	26
- Jean-Paul Belmondo	25
- Bourvil	21
- Louis de Funès	18
- Fernandel	15
- Lino Ventura	9
- Yves Montand	8
- Jean Reno	7
- Philippe Noiret	5
- Raimu	5
- Daniel Auteuil	4
- Michel Serrault	4
- Jean Marais	4
- Thierry Lhermitte	3
- Christian Clavier	3
- Gérard Philippe	3
- Michel Simon	3
- Louis Jouvet	3
- Christophe Lambert	2
- Pierre Richard	2

Les plus grandes actrices de cinéma français du 20e siècle

- Principales actrices citées –

Question : Et de la même façon, quelles sont, selon vous, les trois plus grandes actrices françaises du 20e siècle ? (Réponses spontanées) (en %)

Ont cité au moins une actrice française	90
- Catherine Deneuve	44
- Sophie Marceau	20
- Simone Signoret	19
- Isabelle Adjani	18
- Michèle Morgan	17
- Brigitte Bardot	13
- Jeanne Moreau	11
- Romy Schneider	8
- Arletty	7
- Annie Girardot	6
- Josiane Balasko	6
- Emmanuelle Béart	6
- Nathalie Baye	4
- Miou Miou	4
- Vanessa Paradis	4
- Juliette Binoche	3
- Carole Bouquet	3
- Isabelle Huppert	3
- Danièle Darrieux	3
- Mimi Mathy	3
- Edwige Feuillère	2
- Marlène Jobert	2
- Mireille Darc	2

© TNS Sofres. 7 fevrier 2000.

D **Documentaires français.** Choisissez la réponse qui ne va pas.

1. Eléments des documentaires :
   - ☐ des histoires fictives
   - ☐ des interviews
   - ☐ des photographies
   - ☐ une narration
   - ☐ de la musique
   - ☐ des extraits du journal télévisé

2. Adjectifs caractérisant des documentaires :
   - ☐ éducatif
   - ☐ fictif
   - ☐ ennuyeux
   - ☐ informatif
   - ☐ subjectif
   - ☐ objectif

3. Thèmes des documentaires :
   - ☐ l'éducation
   - ☐ les maladies
   - ☐ la nature
   - ☐ l'heure
   - ☐ le climat
   - ☐ la culture contemporaine

4. Thèmes du film Etre et avoir :
   - ☐ l'éducation
   - ☐ la vie quotidienne
   - ☐ la nature
   - ☐ le climat
   - ☐ les animaux sauvages
   - ☐ l'enfance

5. Documentaires de Nicolas Philibert :
   - ☐ *Qui sait ?*
   - ☐ *Le Pays des sourds*
   - ☐ *Les Misérables*
   - ☐ *Etre et Avoir*
   - ☐ *Un Animal, des animaux*
   - ☐ *La Moindre des choses*

E **D'accord ou pas d'accord ?** Indiquez si vous êtes d'accord ou si vous n'êtes pas d'accord avec les phrases suivantes. Justifiez votre choix.

1. Les documentaires sont ennuyeux.
2. Les documentaires ont souvent un but éducatif.
3. Les documentaires sont pour les intellectuels.
4. Les documentaires sont l'ancêtre de la télé-réalité.
5. Les documentaires sont toujours objectifs.

F **En général.** Répondez aux questions suivantes. Ecrivez deux ou trois phrases.

1. Est-ce que vous aimez les documentaires ? Pourquoi ou pourquoi pas ?
2. Pourquoi est-ce que les gens n'aiment pas les documentaires en général ?
3. Pourquoi est-ce que très peu de documentaires connaissent un grand succès ?
4. Quels thèmes sont présentés dans le film *Etre et avoir* ? Justifiez votre réponse en citant des exemples précis du film.
5. Est-ce que le documentaire *Etre et avoir* est un documentaire typique ? Justifiez votre réponse en citant des exemples précis du film.

G **Aller plus loin.** Ecrivez un paragraphe pour répondre aux questions suivantes.

1. Comment est-ce qu'on peut expliquer la réussite récente des films français dans le monde ? Par exemple, *Amélie*.
2. Comment est-ce qu'on peut expliquer la réussite récente des documentaires ?
3. Comment est-ce qu'on peut expliquer la réussite du documentaire Etre et avoir ?
4. M. Lopez a demandé de l'argent après la réussite du film. Est-ce que ce fait change votre opinion de l'instituteur ?
5. Est-ce que M. Lopez fait semblant d'être gentil ? Expliquez.
6. Est-ce que Philibert manipule la réalité dans le film ? Par exemple, est-ce qu'il est vraiment omniscient ?
7. Est-ce que le documentaire *Etre et avoir* a pour but de changer les opinions des spectateurs ?

Recherches

Faites des recherches sur les sujets suivants.

A **Ecole !** Etudiez le système éducatif en France. Préparez un exposé de 3 à 5 minutes à présenter à vos camarades de classe.

- ▶ Description des écoles – ce qu'il faut savoir sur les écoles (des renseignements généraux).
- ▶ Rentrée – ce qu'il faut faire pour se préparer pour la rentrée.
- ▶ Fêtes – ce qu'il faut savoir sur les fêtes et les jours fériés.
- ▶ Vacances – ce que l'on peut faire pendant les vacances.

B **Ecole à classe unique.** Les écoles à classe unique existent toujours en France et dans le monde. Faites des recherches sur ces écoles. Ecrivez une description des écoles selon les rubriques suivantes.

- ▶ Combien d'écoles à classe unique est-ce qu'il y a ? Où se trouvent ces écoles en général ? Comment sont-elles en général ?
- ▶ Combien d'élèves est-ce qu'il y a dans les écoles ? Quel âge ont les enfants ?
- ▶ Qu'est-ce que les élèves apprennent ?
- ▶ Quelles sont les difficultés de l'enseignant ? des élèves ?
- ▶ Est-ce que le Ministère de l'éducation nationale s'inquiète pour ces écoles ?
- ▶ Qu'est-ce que vous pensez de ce genre d'école ?

C **Tourisme !** L'Auvergne est une destination touristique grâce à ses beaux paysages et à son histoire riche. Préparez une brochure sur l'Auvergne. Utilisez les rubriques suivantes pour vous aider à organiser votre brochure.

- ▶ Population
- ▶ Géographie
- ▶ Climat
- ▶ Hébergement
- ▶ Restauration
- ▶ Activités touristiques
- ▶ Musées et monuments

D **Météo.** La météo intéresse les agriculteurs aussi bien que les gens dans les métiers du tourisme et ceux qui planifient des voyages ! Préparez une présentation sur la météo selon les étapes ci-dessous.

1. Etudiez les trois climats de la France (continental, océanique et méditerranéen). Décrivez le temps qu'il fait pendant chaque saison (l'automne, l'hiver, le printemps et l'été).
2. Faites les prévisions météo pour les régions suivantes.
   - ◆ L'Ile-de-France
   - ◆ L'Auvergne
   - ◆ La Provence
   - ◆ La Bretagne
3. Regardez deux ou trois sites pour prévoir la météo. Comparez les prévisions des sites.

E **Cinéma.** Les documentaires sont de plus en plus vus dans les cinémas. Nicolas Philibert est un cinéaste assez connu pour ses documentaires. Préparez une fiche sur Philibert et sur son travail.

- ▶ Biographie
- ▶ Filmographie
- ▶ Présentation de cinq films récents de Philibert

Fiche d'identité

Biographie

    Nom :
    Prénom :
    Nationalité :
    Date de naissance :
    Lieu de naissance :
    Situation de famille :
    Lieu de résidence :
    Loisirs

Filmographie

César

Présentation des films

Les films et les acteurs préférés des Français

L'enquête de *Nestlé*

Le 28 avril 2000 - L'enquête réalisée pour le compte de Nestlé le confirme : les Français adorent les comédies au cinéma. Lorsqu'on leur demande les trois films français qui ont le plus marqué le 20e siècle, 19 % de nos concitoyens - cinéphiles ou non - citent spontanément «La Grande vadrouille», 16 % «Les Visiteurs», 12 % «Le Grand bleu», 5% «Le Dîner de cons» et 5% également les films de Marcel Pagnol. A l'exception du «Grand bleu», on voit bien que les Français plébiscitent avant tout les comédies et, dans un deuxième temps, les films dans lesquels domine la satire sociale comme «Le Dîner de cons», les films des «Bronzés» ou «Le Père Noël est une ordure».

Au cinéma français la comédie, au cinéma américain le romantisme et le grand spectacle

Ces préférences ne reflètent qu'imparfaitement le box office. Certes, «La Grande vadrouille» et «Les Visiteurs» sont à ce jour les deux films français ayant drainé le plus de spectateurs dans les salles obscures. Mais «Le Corniaud», «Trois hommes et un couffin», «Les Misérables», «La Guerre des boutons» ou encore «L'ours» se situent devant «Le Grand bleu» en terme d'entrées.

Sans bousculer totalement la hiérarchie, les plus jeunes citent plus volontiers «Les Visiteurs» et «Le Grand bleu», alors que les plus âgés sont plus nombreux à puiser leurs références dans le passé : les films de Pagnol, «La traversée de Paris», «Quai des brumes» ou «Hôtel du Nord» sont plus largement cités. Le palmarès est identique entre les hommes et les femmes, même si «La Grande vadrouille» se détache plus largement chez les premiers. Notons enfin que l'encrage local et historique des films peut parfois expliquer des différences dans les préférences : les films de Pagnol sont ainsi plus largement cités par les habitants du Sud que dans le reste de la France. La situation professionnelle ne joue qu'à la marge, le tiercé gagnant restant identique. Certes chez les inactifs, plus âgés, les films de Marcel Pagnol détrônent «Les Visiteurs « dans le trio de tête. Mais ils ont surtout pour principale caractéristique de moins citer de films que les plus jeunes, phénomène à mettre en liaison avec leur fréquentation moins grande des salles de cinéma.

Même si la hiérarchie reste identique, les catégories populaires citent plus fréquemment «Les Visiteurs», «Taxi» ou «Un Indien dans la ville» - des films récents - , alors que les cadres supérieurs et professions intermédiaires leur préfèrent «Le Grand bleu», «La Traversée de Paris» ou «Les Enfants du Paradis», plus classiques.

Le phénomène Titanic

Du côté des films étrangers, «Titanic» est logiquement plébiscité avec 34 % de citations, loin devant «Autant en emporte le vent» (10 %) ou la saga de «La Guerre des étoiles» (9 %). Ce classement confirme le record enregistré au box office par le «phénomène Titanic»: plus de 20 millions d'entrée en France. Une surprise toutefois : l'absence des dessins animés de Walt Disney, toujours gagnants en termes d'entrées mais absents des citations, alors qu'apparaissent des films plus récents comme «La Liste de Schindler», «La Vie est belle» ou «Le Sixième sens».

L'analyse du classement des films français et étrangers qui ont le plus marqué les esprits au cours du XXe siècle confirme que le cinéma hexagonal excelle dans la comédie voire la satire de la société - le succès actuel du «Goût des autres» en atteste -, alors que les Américains dominent dans le grand spectacle et le romantisme.

Dans le détail, pour les films étrangers, on constate que si la totalité des moins de 20 ans citent au moins un film étranger les ayant marqué, ce n'est le cas que d'une personne de plus de 65 ans sur deux. Le succès de Titanic - alliance exemplaire de grand spectacle et de romantisme - est surtout porté par les jeunes. Ils sont un sur deux à le citer dans le tiercé de tête quand ils ont moins de 25 ans. Ce chiffre tombe à 30 % chez les plus de 35 ans et à 21 % chez les plus de 65 ans. Par opposition, «Autant en emporte le vent» reste la référence romantique des plus âgés, qui le citent deux plus fois que les jeunes (6% chez les moins de 35 ans pour 12% chez les plus de 35 ans).

En revanche, les hommes et les femmes se distinguent peu : aucune différence n'est à noter sur les 5 premiers films. Tout au plus peut-on noter que les films sentimentaux comme «La vie est belle» ou

«Pretty woman» sont significativement plus cités par les femmes ; alors que les films de guerre ou d'aventures («Le Jour le plus long», «Indiana Jones», «Le Parrain» ou «Le Dictateur») ont plus largement marqué les hommes.

La fréquentation des cinémas influence sensiblement le classement. Les non-cinéphiles (ou ex-cinéphiles), plus âgés, citent plus volontiers «Il était une fois dans l'Ouest», «Le jour le plus long» ou encore «Ben Hur», des films certes largement (re)diffusés à la télévision, mais qui ont connu le succès en salle au cours des dernières décennies. Les cinéphiles réguliers, quant à eux, sont plus nombreux à évoquer des films ayant obtenu de récents succès en salle : " La Guerre des étoiles», «Le Sixième sens» ou «Matrix» par exemple.

Acteurs français préférés : les classiques et les comiques plus que les modernes

Selon cette enquête, les plus grands acteurs masculins du cinéma français sont Jean Gabin (38 %), Gérard Depardieu (35 %), Alain Delon (26 %), Jean-Paul Belmondo (25 %), Louis de Funès (18 %) et Fernandel (15 %). Si la présence des acteurs comiques reflète bien les choix des Français pour les comédies, la présence de Gabin, Depardieu, Delon et Belmondo est à mettre à leur actif personnel, puisque aucun de leurs films (à l'exception de «La Traversée de Paris») n'apparaît parmi les dix premiers films français.

Notons que si Gérard Depardieu est plébiscité par les moins de 35 ans (49% pour 28% aux plus de 35 ans), les plus âgés lui préfèrent Jean Gabin. Dans cette liste des grands du cinéma français, seul perce un acteur récent : Jean Reno. Il n'apparaît qu'au dixième rang dans l'ensemble du classement, mais au sixième chez les moins de 35 ans et même au deuxième rang (32%) pour les 21-24 ans.

Au-delà des qualités de l'acteur, le physique entre certainement lui aussi en ligne de compte : Alain Delon est plus largement cité par les femmes que par les hommes. Enfin, si les catégories populaires citent plus largement les acteurs comiques (Pierre Richard ou Gérard Jugnot par exemple), les cadres supérieurs et professions intermédiaires supportent plus spécifiquement «les classiques»: Jean Gabin, Yves Montand, Philippe Noiret, Daniel Auteuil, Michel Serrault et Louis Jouvet.

Catherine Deneuve sans concurrence

Peu de surprise non plus pour les plus grandes actrices. Catherine Deneuve, avec 44 % de citations, devance largement Sophie Marceau (20 %), Simone Signoret (19 %), Isabelle Adjani (18 %), Michèle Morgan (17 %), Brigitte Bardot (13 %) et Jeanne Moreau (11 %). L' Ambassadrice du cinéma français à l'étranger reste la reine incontestée dans l'ensemble des classes d'âge, aussi bien chez les hommes que chez les femmes, domine encore dans l'ensemble des catégories socioprofessionnelles et réunit les suffrages des cinéphiles comme de ceux qui ne fréquentent pas (ou plus) les cinémas. Notons, chez les plus jeunes, la deuxième et troisième place de Sophie Marceau et d'Isabelle Adjani, devancée par Simone Signoret et Michèle Morgan chez les plus âgés.

Parmi les acteurs masculins du cinéma étranger du XXe siècle, se distinguent John Wayne (17 %), Bruce Willis (14 %) et dans une moindre mesure Clint Eastwood (9%), Robert de Niro (8%) et Harrison Ford (8% également). Mais les citations sont sans commune mesure avec celles de leurs homologues Français et, du coup, les variations entre les différentes catégories de la population plus sensibles et moins significatives.

Marilyn : la fin d'un mythe ?

Même phénomène d'éclatement- moins marqué cependant - pour les actrices étrangères. Quatre d'entre elles obtiennent au moins 10% des citations : Marilyn Monroe (20%), Sophia Loren (16%), Sharon Stone (12%) et Jodie Foster (10%). Si Marilyn Monroe (21%) domine le classement d'ensemble, elle est devancée chez les plus jeunes par Sharon Stone (23%) et talonnée par Jodie Foster (19%), Demi Moore (17%) et Julia Roberts (16%). Le mythe perdure mais la concurrence - américaine exclusivement il faut le noter - d'actrices plus récentes est forte. Chez les Français les plus âgés, c'est moins les actrices américaines qu'européennes qui concurrencent le sex-symbol américain. Sophia Loren (21%) est en effet quasiment à égalité avec Marilyn Monroe (20%) et suivie de près par Romy Schneider (15%).

Concurrence donc, mais pas disparition du mythe Marilyn car comme le démontre ce sondage, «les hommes préfèrent (encore) les blondes» : 25% la désignent comme la plus grande actrice, pour 16% des femmes.

© TNS Sofres. Stéphane Marcel, 28 avril 2000

Journal l'Humanité
Rubrique Cultures

CINÉMA
En avoir ou pas

Georges Lopez, l'instituteur du film de Nicolas Philibert Être et Avoir estime qu'il aurait dû être rémunéré.

Il y a dans la vie des choses qui font symboles. Le film de Nicolas Philibert en fut une il n'y a pas si longtemps. Un documentaire autre qu'animalier et qui ne touchait pas à une des zones brûlantes de l'histoire (comme les films de Marcel Ophüls) obtenait enfin les faveurs d'un très large public. Bien sûr, il avait eu Raymond Depardon nous captivant avec le fonctionnement de la justice ordinaire et les aliénés de San Clemente, ou Jean Eustache filmant sa grand-mère, la mise à mort du cochon et l'élection de la rosière de Pessac. D'autres encore, y compris Nicolas Philibert pour ses travaux précédents, qui nous avaient permis, par exemple, de découvrir le Louvre comme on ne l'avait jamais vu. Mais Être et Avoir, c'était autre chose, la revanche au tiroir-caisse de David sur Goliath, du documentaire sur la fiction. Plus d'un million et demi de spectateurs s'étaient pressés pour découvrir la vie quotidienne de Georges Lopez, instituteur en classe unique à Saint-Étienne-sur-Usson, dans le Puy-de-Dôme. Philibert est un réalisateur minutieux. Il lui avait fallu six mois de visites successives, débouchant sur soixante heures de pellicule imprimée, pour parvenir au résultat lui convenant. Bien entendu, l'académie avait donné son accord, ainsi que toutes les familles pour leurs enfants. C'était d'ailleurs leur maître qui s'était occupé de collecter les autorisations. Georges Lopez et Saint-Étienne-sur-Usson, c'était désormais dans l'imaginaire populaire comme - toutes choses égales d'ailleurs - François le facteur et Sainte-Sévère-sur-Indre dans Jour de fête, de Tati, l'union indissoluble d'un homme et d'un lieu réunis dans une osmose fervente fleurant bon sa France profonde.

Patatras. Voici qu'on apprend, à la lecture du numéro 2 804 de Télérama, daté du 8 octobre, que Georges Lopez assigne à tout-va depuis huit mois. Il avait été ravi de l'aventure («ma plus belle inspection», disait-il), il avait pu monter les marches du palais à Cannes avec toute sa petite classe sur son trente et un, participer à des débats, rendre familier son doux visage ibérique, quelque part entre Sergi Lopez et Joao Cesar Monteiro, mais bon, il y a des moments dans la vie où on préfère l'argent du beurre au beurre. Depuis le début de l'année, les citations pleuvaient. Sont visés d'abord le réalisateur, le compositeur de la musique originale, les coproducteurs et les distributeurs, soit les ayants droit du film et ceux qui ont propagé son image en salles. Une deuxième salve atteint France Télévisions Distribution, France 2, Canal Plus et Télérama, ce dernier dévoilant aujourd'hui l'affaire, pour avoir, à un titre ou un autre, diffusé le film sur le petit écran, en cassettes et en DVD. Pour rester en justice, il fait valoir son droit à l'image, déniant qu'il ait expressément consenti à son abandon. Rien de surprenant juridiquement jusque-là. On sait depuis divers procès récents, principalement dans le domaine de la photographie, que nul n'est à l'abri de semblable requête, surtout bien sûr dans le cas où la création de référence a atteint le stade de la notoriété et s'il peut donc y avoir des pépettes à la clé. De façon plus étonnante et inédite à ce jour, Georges Lopez fait aussi valoir que les leçons qu'il dispensait relevaient de ce que la loi définit comme des «œuvres de l'esprit», et que Être et Avoir est ainsi une co-création, une «œuvre composite» au sens où la définit le Code de propriété intellectuelle, invoquant donc le délit de contrefaçon, pratique réprimable qui fait tomber sous le coup de la loi toute personne qui s'approprie la création d'autrui. Il affirme enfin, cela est en revanche banal, qu'il a participé pendant plusieurs mois à la promotion du film, enchaînant entretiens de presse et rencontres avec les spectateurs, et que cela eût mérité contrat, en foi de quoi il attaque Les films du losange, société distributrice du film. En attendant que les tribunaux se prononcent sur la valeur définitive du préjudice supposé, il demande une provision de 250 000 euros.

Comme il se doit, les parties adverses ne l'entendent pas ainsi. Leur argumentaire, c'est de bonne guerre, fait feu de tout bois, soulevant questions de détails autant que questions de fond. Les premières ne peuvent guère captiver que les intéressés ou ceux qui pourraient un jour se retrouver en semblable situation. Passons donc rapidement sur les émoluments liés à la promotion, ce n'est qu'un conflit du travail parmi d'autres. La distribution fait savoir qu'il aurait reçu 30 000 euros majorés de 7 500 euros de défraiements, soit un an et demi du salaire d'un instituteur en fin de carrière, et que, de toute façon, il n'est pas d'usage de salarier une promotion, à laquelle au demeurant nul n'est obligé de se prêter. Passons aussi vite sur le renoncement non stipulé au droit à l'image. Entre l'accord stipulé, l'accord tacite et l'accord de l'employeur, invoqué par les producteurs pour expliquer qu'ils n'ont pas fait signer de décharge individuelle dans la mesure où il y avait autorisation officielle de l'administration, la justice ne manquera pas de trancher. La chose est d'autant plus ténue que Nicolas Philibert s'est déjà trouvé traîné devant les tribunaux au moment de la Voix de son maître par François Dalle, patron de L'Oréal, alors que celui-ci lui avait signé une décharge. Oublions enfin la défense quand elle affirme que - les cours du maître seraient-ils une œuvre de l'esprit ? -, les droits en reviendraient à l'éducation nationale et que, Georges Lopez ayant été approché, il aurait refusé toute conciliation.

On s'en voudrait d'être méprisant par rapport aux intérêts financiers en jeu mais, en fait, ce qu'il y a de passionnant dans cette polémique c'est les points fondamentaux qu'elle soulève. Ils semblent être au nombre de trois. Qu'est-ce qu'une œuvre de l'esprit ? Où s'arrête le droit à l'image ? Des gens simplement filmés dans le cadre de leur activité professionnelle pour les besoins d'un documentaire peuvent-ils prétendre, tels des comédiens, au partage de la recette ? Bien entendu, le premier point relève de la question de cours pour fac de droit mais force est de constater qu'autant le cas est clair pour un Clouzot tournant le Mystère Picasso, jamais un enseignant n'avait à ce jour tenté de prétendre à semblable statut. Le deuxième aussi a longuement été débattu entre juristes. Même le profane constatera aisément que s'opposent là deux libertés. Le troisième, lui, est franchement nouveau. D'un côté, l'intéressement de celui sans lequel le film n'aurait pas existé dans la forme qu'on lui connaît ne semble qu'être normal mais, de l'autre, serait-il fait droit à la requête de l'instituteur qu'on voit mal comment un flic ou un médecin des urgences, saisi dans le cadre du journal télévisé, ne voudrait aussitôt demander son dû. Ce serait, à coup sûr, la mort économique de tout un pan du cinéma documentaire. Le procès qui s'annonce et qui est appelé à faire jurisprudence mérite décidément la plus haute attention.

© Jean Roy, *Journal l'Humanite*, www.humanite.fr
Article paru dans l'édition du 13 octobre 2003

Alphonse Daudet, 1840 – 1897, était un romancier, un dramaturge, un poète et un conteur prolifique et admiré de ses contemporains. Son roman *Contes du lundi* a lieu en Alsace pendant la guerre franco prussienne quand la France a dû abandonner l'Alsace et la Lorraine aux Prussiens. Dans l'extrait, *La Dernière classe,* le maître explique aux élèves que l'allemand sera la langue de l'enseignement dans les écoles de ces deux régions.

La Dernière classe

— Récit d'un petit alsacien —

Alphonse Daudet

Contes du lundi, Paris: G. Charpentier, 1888.

Ce matin-là, j'étais très en retard pour aller à l'école, et j'avais grand'peur d'être grondé, d'autant que M. Hamel nous avait dit qu'il nous interrogerait sur les participes, et je n'en savais pas le premier mot. Un moment, l'idée me vint de manquer la classe et de prendre ma course à travers champs.

Le temps était si chaud, si clair !

On entendait les merles siffler à la lisière du bois, et dans le pré Rippert, derrière la scierie, les Prussiens qui faisaient l'exercice. Tout cela me tentait bien plus que la règle des participes; mais j'eus la force de résister, et je courus bien vite vers l'école.

En passant devant la mairie, je vis qu'il y avait du monde arrêté près du petit grillage aux affiches. Depuis deux ans, c'est de là que nous sont venues toutes les mauvaises nouvelles, les batailles perdues, les réquisitions, les ordres de la commandature; et je pensai sans m'arrêter :

«Qu'est-ce qu'il y a encore ?»

Alors comme je traversais la place en courant, le forgeron Wachter, qui était là avec son apprenti en train de lire l'affiche, me cria :

— «Ne te dépêche pas tant, petit; tu y arriveras toujours assez tôt à ton école !»

Je crus qu'il se moquait de moi, et j'entrai tout essoufflé dans la petite cour de M. Hamel.

D'ordinaire, au commencement de la classe, il se faisait un grand tapage qu'on entendait jusque dans la rue, les pupitres ouverts, fermés, les leçons qu'on répétait très haut tous ensemble en se bouchant les oreilles pour mieux apprendre, et la grosse règle du maître qui tapait sur les tables :

«Un peu de silence !»

Je comptais sur tout ce train pour gagner mon banc sans être vu; mais justement, ce jour-là tout était tranquille, comme un matin de dimanche. Par la fenêtre ouverte, je voyais mes camarades déjà rangés à leurs places, et M. Hamel, qui passait et repassait avec la terrible règle en fer sous le bras. Il fallut ouvrir la porte et entrer au milieu de ce grand calme. Vous pensez, si j'étais rouge et si j'avais peur !

Eh bien, non. M. Hamel me regarda sans colère et me dit très doucement :

«Va vite à ta place, mon petit Franz; nous allions commencer sans toi.»

J'enjambai le banc et je m'assis tout de suite à mon pupitre. Alors seulement, un peu remis de ma frayeur, je remarquai que notre maître avait sa belle redingote verte, son jabot plissé fin et la calotte de soie noire brodée qu'il ne mettait que les jours d'inspection ou de distribution de prix. Du reste, toute la classe avait quelque chose d'extraordinaire et de solennel. Mais ce qui me surprit le plus, ce fut de voir au fond de la salle, sur les bancs qui restaient vides d'habitude, des gens du village assis et silencieux comme nous, le vieux Hauser avec son tricorne, l'ancien maire, l'ancien facteur, et puis d'autres personnes encore. Tout ce monde-là paraissait triste; et Hauser avait apporté un vieil abécédaire mangé aux bords qu'il tenait grand ouvert sur ses genoux, avec ses grosses lunettes posées en travers des pages.

Pendant que je m'étonnais de tout cela, M. Hamel était monté dans sa chaire, et de la même voix douce et grave dont il m'avait reçu, il nous dit :

«Mes enfants, c'est la dernière fois que je vous fais la classe. L'ordre est venu de Berlin de ne plus enseigner que l'allemand dans les écoles de l'Alsace et de la Lorraine... Le nouveau maître arrive demain. Aujourd'hui, c'est votre dernière leçon de français. Je vous prie d'être bien attentifs.»

Ces quelques paroles me bouleversèrent. Ah ! les misérables, voilà ce qu'ils avaient affiché à la mairie.

Ma dernière leçon de français!...

Et moi qui savais à peine écrire ! Je n'apprendrais donc jamais ! Il faudrait donc en rester là!... Comme je m'en voulais maintenant du temps perdu, des classes manquées à courir les nids ou à faire des glissades sur la Saar ! Mes livres que tout à l'heure encore je trouvais si ennuyeux, si lourds à porter, ma grammaire, mon histoire sainte me semblaient à présent de vieux amis qui me feraient beaucoup de peine à quitter. C'est comme M. Hamel. L'idée qu'il allait partir, que je ne le verrais plus, me faisait oublier les punitions, les coups de règle.

Pauvre homme !

C'est en l'honneur de cette dernière classe qu'il avait mis ses beaux habits de dimanche, et maintenant je comprenais pourquoi ces vieux du village étaient venus s'asseoir au bout de la salle. Cela semblait dire qu'ils regrettaient de ne pas y être venus plus souvent, à cette école. C'était aussi comme une façon de remercier notre maître de ses quarante ans de bons services, et de rendre leurs devoirs à la patrie qui s'en allait...

J'en étais là de mes réflexions, quand j'entendis appeler mon nom. C'était mon tour de réciter. Que n'aurais-je pas donné pour pouvoir dire tout au long cette fameuse règle des participes, bien haut, bien clair, sans une faute; mais je m'embrouillai aux premiers mots, et je restai debout à me balancer dans mon banc, le coeur gros, sans oser lever la tête. J'entendais M. Hamel me parler :

«Je ne te gronderai pas, mon petit Franz, tu dois être assez puni... voilà ce que c'est. Tous les jours on se dit : Bah ! j'ai bien le temps. J'apprendrai demain. Et puis tu vois ce qui arrive... Ah ! ç'a été le grand malheur de notre Alsace de toujours remettre son instruction à demain. Maintenant ces gens-là sont en droit de nous dire : Comment ! Vous prétendiez être Français, et vous ne savez ni parler ni écrire votre langue!... Dans tout ça, mon pauvre Franz, ce n'est pas encore toi le plus coupable. Nous avons tous notre bonne part de reproches à nous faire.

«Vos parents n'ont pas assez tenu à vous voir instruits. Ils aimaient mieux vous envoyer travailler à la terre ou aux filatures pour avoir quelques sous de plus. Moi-même n'ai-je rien à me reprocher ? Est-ce que je ne vous ai pas souvent fait arroser mon jardin au lieu de travailler ? Et quand je voulais aller pêcher des truites, est-ce que je me gênais pour vous donner congé?..»

Alors d'une chose à l'autre, M. Hamel se mit à nous parler de la langue française, disant que c'était la plus belle langue du monde, la plus claire, la plus solide : qu'il fallait la garder entre nous et ne jamais l'oublier, parce que, quand un peuple tombe esclave, tant qu'il tient bien sa langue, c'est comme s'il tenait la clef de sa prison... Puis il prit une grammaire et nous lut notre leçon. J'étais étonné de voir comme je comprenais. Tout ce qu'il disait me semblait facile, facile. Je crois aussi que je n'avais jamais si bien écouté, et que lui non plus n'avait jamais mis autant de patience à ses explications. On aurait dit qu'avant de s'en aller le pauvre homme voulait nous donner tout son savoir, nous le faire entrer dans la tête d'un seul coup.

La leçon finie, on passa à l'écriture. Pour ce jour-là, M. Hamel nous avait préparé des exemples tout neufs, sur lesquels était écrit en belle ronde : *France, Alsace, France, Alsace*. Cela faisait comme des petits drapeaux qui flottaient tout autour de la classe pendus à la tringle de nos pupitres. Il fallait voir comme chacun s'appliquait, et quel silence ! On n'entendait rien que le grincement des plumes sur le papier. Un moment des hannetons entrèrent; mais personne n'y fit attention, pas même les tout petits qui s'appliquaient à tracer leurs *bâtons*, avec un coeur, une conscience, comme si cela encore était du français... Sur la toiture de l'école, des pigeons roucoulaient tout bas, et je me disais en les écoutant :

«Est-ce qu'on ne va pas les obliger à chanter en allemand, eux aussi?»

De temps en temps, quand je levais les yeux de dessus ma page, je voyais M. Hamel immobile dans sa chaire et fixant les objets autour de lui, comme s'il avait voulu emporter dans son regard toute sa petite maison d'école... Pensez ! depuis quarante ans, il était là à la même place, avec sa cour en face de lui et sa classe toute pareille. Seulement les bancs, les pupitres s'étaient polis, frottés par l'usage; les noyers de la cour avaient grandi, et le houblon qu'il avait planté lui-même enguirlandait maintenant les fenêtres jusqu'au toit. Quel crève-coeur ça devait être pour ce pauvre homme de quitter toutes ces choses, et d'entendre sa soeur qui allait, venait, dans la chambre au-dessus, en train de fermer leurs malles ! car ils devaient partir le lendemain, s'en aller du pays pour toujours.

Tout de même il eut le courage de nous faire la classe jusqu'au bout. Après l'écriture, nous eûmes la leçon d'histoire; ensuite les petits chantèrent tous ensemble le BA BE BI BO BU. Là-bas au fond de la salle, le vieux Hauser avait mis ses lunettes, et, tenant son abécédaire à deux mains, il épelait les lettres avec eux. On voyait qu'il s'appliquait lui aussi; sa voix tremblait d'émotion, et c'était si drôle de l'entendre, que nous avions envie de rire et de pleurer. Ah ! je m'en souviendrai de cette dernière classe...

Tout à coup l'horloge de l'église sonna midi, puis l'Angelus. Au même moment, les trompettes des Prussiens qui revenaient de l'exercice éclatèrent sous nos fenêtres... M. Hamel se leva, tout pâle, dans sa chaire. Jamais il ne m'avait paru si grand.

«Mes amis, dit-il, mes amis, je... je...»

Mais quelque chose l'étouffait. Il ne pouvait pas achever sa phrase.

Alors il se tourna vers le tableau, prit un morceau de craie, et, en appuyant de toutes ses forces, il écrivit aussi gros qu'il put :

«VIVE LA FRANCE !»

Puis il resta là, la tête appuyée au mur, et, sans parler, avec sa main il nous faisait signe :

«C'est fini... allez-vous-en.»

chapitre 4

Les Visiteurs

Avant le visionnement

Notes culturelles

LOUIS VI le Gros, 1081-1137.

Le Château de Montmirail.

Le Moyen Age — 476-1492

Au Moyen Age, le clivage entre les nobles (5% de la population) et les paysans est clair et net. Les nobles ne travaillent pas, ils mangent des repas copieux, ils se cultivent et ils se distraient alors que les paysans travaillent la terre des seigneurs (la base matérielle et économique de la vie), ils mangent peu et ils souffrent de graves maladies (comme la peste). L'oppression du peuple continue jusqu'à la Révolution (1789) qui mène à la chute de la monarchie absolue et à la Déclaration des droits de l'Homme et du Citoyen. Au Moyen Age, la religion joue un rôle dominant. Le clergé appartient à la classe privilégiée et il a une grande influence économique et politique. Les femmes jouent un rôle important dans la vie sociale, économique et politique même si elles n'ont pas les mêmes droits que les hommes. On note aussi l'importance des chevaliers qui appartiennent à la classe privilégiée. Etre chevalier est prestigieux car le métier demande de longues années d'apprentissage. De plus, c'est au chevalier de protéger les gens et le territoire du royaume.

Fiche technique

Réalisation :	Jean-Marie Poiré
Scénario :	Christian Clavier et Jean-Marie Poiré
Musique originale :	Eric Levi
Année de production :	1992
Durée :	1 h 47
Genre :	Comédie médiévalo-fantastique, farce
Date de sortie nationale :	27/01/1993
Cumul entrées France :	13 728 242

Profil: Jean-Marie Poiré

réalisateur, scénariste, producteur
Né le 10 juillet 1945 à Paris

Mini-biographie
Poiré a commencé sa carrière cinématographique comme assistant-opérateur. Puis, il s'est mis à co-écrire des scénarios. Son film, *Le Père Noël est une ordure,* est devenu un film culte et il a eu du succès avec ses films suivants. En 1993, *Les Visiteurs* a été un grand succès en France avec 13 millions de spectateurs. Poiré continue à écrire des scénarios et à réaliser des films.

Filmographie

1977	Les Petits câlins	1990	L'Opération Corned Beef
1981	Les Hommes préfèrent les grosses	1993	Les Visiteurs
1982	Le Père Noël est une ordure	1997	Les Couloirs du temps : Les Visiteurs 2
1983	Papy fait de la résistance	2001	Ma Femme… s'appelle Maurice
1988	Mes Meilleurs copains	2001	Les Visiteurs en Amérique

Synopsis

C'est l'an 1123. Le comte de Montmirail rentre chez lui après des batailles. En route, il capture une sorcière qui met une potion hallucinogène dans son eau. Le comte hallucine et assassine le père de sa fiancée. Pour se marier avec elle, il faut revenir dans le passé et réparer son geste. Alors, il rend visite à un vieil enchanteur qui se trompe de formule. C'est une catastrophe ! Le comte et son domestique sont projetés dans le futur en 1992. *Les visiteurs* rencontrent leurs descendants et cherchent un moyen de retourner au 12e siècle. Mais en attendant, le 20e siècle provoque des malentendus et des problèmes...

Note :   *«Les Visiteurs»* est classé «R» aux Etats-Unis pour le langage.

Personnages

Personnages principaux

Jacquouille la Fripouille/ Jacques-Henri Jacquart	Christian Clavier
Godefroy de Papincourt/ Comte de Montmirail	Jean Reno
Frénégonde de Pouille/ Béatrice de Montmirail	Valérie Lemercier
Ginette la clocharde	Marie-Anne Chazel
Jean-Pierre	Christian Bujeau

Personnages secondaires

Fabienne Morlot	Isabelle Nanty
Edgar Bernay	Gérard Séty
Louis VI le Gros	Didier Pain
Le maréchal des logis Gibon	Jean-Paul Muel
Jacqueline	Arielle Séménoff
Edouard Bernay	Michel Peyrelon
Le magicien Eusaebius / Eusèbe Ferdinand	Pierre Vial
Le prêtre	François Lalande
Le docteur Beauvin	Didier Bénureau
Freddy	Frédéric Baptiste
Le duc de Pouille	Patrick Burgel
La sorcière	Tara Gano

Profil: Christian Clavier

acteur, producteur, scénariste
Né le 6 mai 1952 à Paris

Mini-biographie
Après ses études à Sciences-Po, Clavier a commencé sa carrière de comédien avec la troupe de théâtre du *Splendid* avec qui il a fait des films qui ont eu du succès en France (*Les Bronzés, Le Père Noël est une ordure,* etc.). En 1993, il est devenu très connu grâce à son rôle de Jacquouille dans le film *Les Visiteurs*. Il continue à jouer dans des films et à poursuivre sa carrière de producteur. Il est marié avec Marie-Anne Chazel (Ginette).

Quelques films
1978	Les Bronzés	1998	Les Couloirs du temps : Les Visiteurs 2
1979	Les Bronzés font du ski	1999	Astérix et Obélix contre César
1982	Le Père Noël est une ordure	2001	Les Visiteurs en Amérique (Just Visiting)
1993	Les Visiteurs	2002	Astérix & Obélix : Mission Cléopâtre
1994	Grosse fatigue	2006	Les Bronzés 3 - Amis pour la vie

Vocabulaire

Famille / Amis

l'arrière-grand-père (*m*)	great grandfather	le mari	husband
le/la cousin/e	cousin	le/la petit/e ami/e	boyfriend/girlfriend
le/la descendant/e	descendant	le petit-fils/la petite-fille	grandson/granddaughter
le/la fiancé/e	fiancé/e	le visiteur	visitor
la fille/le fils	daughter/son		

Métiers

un/e banquier/ière	banker	un médecin	doctor
un/e clochard/e	bum	un policier	policeman
un/e dentiste	dentist	un prêtre	priest
un/e domestique	servant, squire	un président	president
une femme au foyer	housewife	un/e propriétaire	owner
un guerrier	warrior	un/e sorcier/ère	sorcerer/witch
un magicien	magician		

Endroits

le bowling	bowling alley	la forêt	forest
le cabinet de toilette	half bath	l'hôtel (*m*)	hotel
le château	castle	les oubliettes (*f*)	dungeon
la cuisine	kitchen	la route	road
le donjon	dungeon	la salle à manger	dining room
l'église (*f*)	church	la salle de bains	bathroom
l'endroit (*m*)	place	le salon	living room

Vêtements

l'armure (*f*)	armor	le costume	man's suit
la bague	ring	le polo	polo shirt
les bijoux (*m*)	jewels	le poncho	poncho
la chemise Lacoste	Izod shirt		

Noms utiles

la baignoire	bathtub	le grimoire (rare)	magician's book
la brosse à dents	toothbrush	le malentendu	misunderstanding
le comportement	behavior	le Moyen Age	Middle Ages
la corne	horn	l'oreille (*f*)	ear
le dentifrice	toothpaste	le parfum	perfume
les dents (*f*)	teeth	le papier hygiénique	toilet paper
la gourde	flask	le savon	soap

Adjectifs

agaçant/e	annoying	**matérialiste**	materialistic
agressif/ve	aggressive	**moyen/ne**	average
bête	dumb	**nouveau/elle**	new (different)
bizarre	strange	**relaxe**	easy-going
bon/ne	good	**sale**	dirty
costaud/e	stocky, big	**snob**	snob
courageux/se	courageous	**superficiel/le**	superficial
fou/folle	crazy	**tendu/e**	tense, uptight
laid/e	ugly	**vieux/vieille**	old

Verbes

avoir besoin de	to need	**se calmer**	to calm oneself
avoir envie de	to want, to feel like	**se comporter**	to behave, conduct oneself
avoir faim	to be hungry	**se coucher**	to go to bed
avoir honte (de)	to be ashamed (of)	**se débrouiller**	to manage, to get by
avoir l'air + adjectif	to seem, to appear	**se déshabiller**	to undress
avoir l'habitude de	to be in the habit of	**se laver**	to wash oneself
avoir l'intention de	to intend to	**se mettre à table**	to sit at the table
avoir mal à	to hurt	**se moquer de**	to make fun of
avoir mal au coeur	to feel sick	**s'occuper de**	to take care of
avoir peur (de)	to be afraid (of)	**se sécher**	to dry oneself
avoir soif	to be thirsty	**se tromper**	to mistake, to be wrong
prendre un bain	to take a bath	**se trouver**	to find oneself, be located
se brosser les dents	to brush one's teeth		

Expressions diverses

A table !	Dinner time!	**Ça puire !** (inventé)	That stinks!
Aïe ! / Ouille!	Ow!/ Ouch!	**C'est bizarre!**	That's strange!
Au dodo !	Bedtime!	**C'est dingue !** (familier)	It's crazy!
Au secours !	Help!	**C'est okay !**	It's ok!
BCBG	Preppie (approximation)	**Pouah !**	Pooh! Ugh!

La Tapisserie de Bayeux - (La tapisserie est une broderie qui montre des batailles du 11ᵉ siècle notamment la bataille de Hastings. Cette première «bande dessinée» ne montre pas seulement des scènes de guerre, mais aussi les habits, les châteaux, les conditions de vie, etc. du Moyen Age.)

Exercices de vocabulaire

A   **Métiers.** Ecrivez les métiers qui correspondent aux descriptions suivantes.

1. Il travaille avec l'argent et il est très riche.
2. Il est employé des postes et il distribue le courrier.
3. Il travaille dans une cathédrale et il fait la messe.
4. Il travaille avec les dents.
5. Il fait la guerre.
6. Il fait du cinéma.
7. Il est membre de la police.
8. Elle pratique la sorcellerie.
9. Il s'occupe des malades.
10. Elle travaille à la maison.

B   **Expressions.** Reliez les expressions suivantes avec les traductions qui conviennent.

_____ 1. C'est une catastrophe !	A. Calm down !
_____ 2. Allons-y!	B. You are really hurting me !
_____ 3. Au dodo!	C. It's ok !
_____ 4. Maîtrise-toi !	D. They weren't born yesterday !
_____ 5. Vous me faites hyper mal !	E. It's crazy !
_____ 6. C'est dingue !	F. Help !
_____ 7. Calmez-vous !	G. Let's go !
_____ 8. Ils ne sont pas nés d'hier !	H. It's a catastrophe !
_____ 9. C'est okay !	I. Control yourself !
_____ 10. Au secours !	J. Bedtime !

C   **La Poésie.** Lisez le poème suivant et complétez les activités de vocabulaire.

Sonnet Moyen-Age
Recueil : Les caresses

Jean Richepin (1849–1926)

Dans le décor de la tapisserie ancienne
La châtelaine° est roide° et son corsage° est long.
Un grand voile de lin° pend° jusqu'à son talon°
Du bout de son bonnet pointu de magicienne.

Aux accords d'un rebec° la belle musicienne
Chante son chevalier, le fier preux° au poil blond
Qui combat sans merci le Sarrazin félon°.
Elle garde sa foi comme il garde la sienne.

Il reviendra quand il aura bien mérité
De cueillir le lis blanc de sa virginité.
Peut-être il restera dix ans, vingt ans loin d'elle.

Et s'il ne revient pas, s'il périt aux lieux saints,
Elle mourra dans son serment, chaste et fidèle,
Et nul n'aura fondu la neige de ses seins.

lady / stiff / her blouse
linen veil / hangs / heel

musical instrument
valiant knight
deceitful

La tapisserie, La dame à la licorne. (Cette tapisserie fait partie d'une série de six tapisseries qui datent du XVᵉ siècle et qui se trouvent aujourd'hui dans le Musée national du Moyen Age – L'Hôtel de Cluny à Paris. Chaque tapisserie de la série représente un sens. Celle-ci représente «la vue».)

Activité de vocabulaire

1. Trouvez les mots associés :
   a. aux vêtements de la châtelaine :
      Exemple : voile
   b. à la musique :
      Exemple : accords
   c. aux qualités du chevalier :
      Exemple : fier
   d. à la fidélité :
      Exemple : chaste
   e. à la religion :
      Exemple : saints

2. Parlez des vêtements de la châtelaine. Comment s'habille-t-elle ? Pourquoi ?
3. Parlez de la musique. Quel est le rôle de la musique à cette époque ?

A votre avis…

Comment est la vie de la châtelaine ? du chevalier ? Quels sont leurs devoirs respectifs ?

Après avoir visionné

Compréhension générale

A **Vrai ou faux ?** Indiquez si les phrases suivantes sont vraies ou fausses.

1. vrai faux *Les visiteurs* viennent de Paris.
2. vrai faux Les gens du village pensent que *les visiteurs* sont fous.
3. vrai faux Béatrice n'a pas peur *des visiteurs*, mais elle ne veut pas les aider.
4. vrai faux Béatrice et Jean-Pierre habitent au château de Montmirail.
5. vrai faux Jacquart travaille à l'hôtel comme serveur. Il est très pauvre.
6. vrai faux Le banquier a mal à l'oreille.
7. vrai faux Godrefroy cherche une bague au château de Montmirail.
8. vrai faux L'encyclopédie *Larousse* n'a pas d'articles sur la vie de Godefroy.
9. vrai faux Jacquouille ne veut pas retourner au 12ᵉ siècle.
10. vrai faux Godefroy réussit à réparer son erreur. Il va se marier avec Frénégonde.

B **Personnages.** Donnez les noms des personnages du film qui correspondent aux descriptions suivantes.

1. Elle porte un short bleu et un polo rose. Elle est très gentille.
2. Il porte des costumes vifs. Il est hyper tendu.
3. Il porte des costumes sombres. Il est nerveux.
4. Il découvre l'amour et la liberté au 20ᵉ siècle.
5. Il est à l'hôtel pour un séminaire. Il est très riche.
6. Il a peur de Godefroy. Il appelle Béatrice pour qu'elle l'aide.
7. Elle est un peu folle et pense que *les visiteurs* sont acteurs.
8. Ils ont très peur *des visiteurs* quand ils se couchent.
9. Il donne des pilules roses à Godefroy pour le calmer.
10. Elle travaille pour le président. Elle est un peu tendue.

La ville de Montmirail au 20e siècle

B **Description.** Pensez aux éléments suivants et citez des exemples pour comparer le 12e et le 20e siècles. Suivez les modèles et utilisez *le vocabulaire* du film.

	12e siècle	20e siècle
1. Métiers :	*Au 12e siècle, on est peut-être chevalier.*	*Au 20e siècle, on est peut-être dentiste.*
2. Loisirs :		
3. Repas :		
4. Vêtements :		
5. Transports :		

C **Codes.** Lisez le texte suivant et complétez les activités de vocabulaire.

Introduction

Les US & Coutumes

Le passé ne se conquiert pas. On devient riche mais on naît BCBG ! Que la vie aurait été agréable au XVIIe siècle pour un BCBG !

Les Usages

Le passé est représenté par les vieilles familles, les vieilles maisons, les vieux meubles, les vieux serviteurs, les vieilles fortunes et les vieilles traditions familiales.

Le présent reflète la culture et les atavismes de ces grandes familles qui ont su perpétuer, au fil des siècles, leurs traditions et les usages indispensables qui les représentent, tout en sachant les faire évoluer.

Ce qui est BCBG aujourd'hui

- faire le baisemain
- vouvoyer ses parents
- l'understatement
- le loden vert
- le foulard Hermès
- le stylo Mont-Blanc
- le carnet Hermès
- avoir une voiture française
- le carnet du jour du Figaro
- les rallyes
- le bridge
- écrire des lettres et répondre à celles que l'on reçoit
- dire «à la maison» même si l'on demeure dans un château ou en appartement
- parler anglais avec l'accent d'Oxbridge
- aller à la chasse
- jouer au golf, au tennis
- ne jamais parler de ses origines
- dire les «la Motte»
- avoir un prêtre dans sa famille ou parmi ses amis
- recevoir ses amis en toute simplicité avec suffisamment de grandeur
- parler à tous simplement
- ne jamais montrer ses sentiments en public
- préférer le bon goût au confort

Ce qui n'est pas BCBG

- Etre vu sur les Champs-Elysées pendant le week-end
- aller au coiffeur, au docteur; préférer chez le coiffeur, …
- dire la robe à Maman; préférer la robe de Maman
- parler l'américain mais parler américain
- rouler en Ford, bleu pâle, neuve
- aller à la chasse et dire que c'est en Sologne
- en mettre plein la vue à ses amis
- arriver à l'heure à une réception
- passer ses vacances dans un club ou en caravane
- jouer au tiercé
- regarder la télévision le samedi soir
- parler d'argent, de ses problèmes personnels
- habiter dans un pavillon banlieue nord
- être anticlérical et antimilitariste

Activité de vocabulaire

1. Quels sports et quelles activités est-ce que le BCBG fait ?
   Exemple : jouer au golf naître
2. Comment parle-t-il ?
   Exemple : Il vouvoie ses parents.
3. Comment se comporte-t-il ?
   Exemple : Il fait le baisemain.
4. Qui fait partie de sa famille ou de ses amis ?
5. Quels sports et quelles activités est-ce que le BCBG ne fait pas ?
   Exemple : Il ne va pas aux Champs-Élysées pendant le week-end.
6. Comment ne parle-t-il pas ?
   Exemple : Il ne dit pas aller au coiffeur.
7. Comment ne se comporte-t-il pas ?
   Exemple : Il ne conduit pas une Ford.

A votre avis...

Comment est le BCBG ? Où habite-t-il ? Comment s'habille-t-il ? Que fait-il comme travail ? Que fait-il pour s'amuser ? Faites son portrait. N'oubliez pas de citer des choses qu'il ne fait pas !

Décrivez les activités de Béatrice et Jean-Pierre. Suivent-ils «les règles» BCBG ? Expliquez.

Etes-vous BCBG ? Connaissez-vous des gens BCBG ?

Grammaire

4.1 L'adjectif qualificatif : formes et place

▸ Les adjectifs qualificatifs s'accordent en genre et en nombre avec le nom qualifié. Le féminin de l'adjectif qualificatif se forme généralement en ajoutant un **e** à la forme masculine. Le pluriel de l'adjectif qualificatif se forme généralement en ajoutant un **s** à la forme singulière. Il suit généralement le nom qualifié.
   Exemple :   *Les visiteurs portent des vêtements sales !*

▸ L'adjectif qualificatif est **invariable** quand :
   ◆ un adjectif qualifie une couleur : *des cheveux châtain foncé.*
   ◆ la couleur est aussi un nom : *orange, citron, crème, marron.*
   ◆ *demi* précède le nom qualifié : *une demi-heure.*

▸ Les adjectifs qualificatifs **snob** et **chic** s'accordent en nombre (pas en genre) avec le nom qualifié.
   Exemple :   *la famille snob, les parents snobs*

▸ Certains adjectifs communs sont placés devant le nom qualifié. On utilise souvent l'acronyme BANGS (Beauty, Age, Number, Goodness, Size) pour se rappeler les adjectifs qui précèdent le nom. L'article indéfini pluriel (des) devient **de/d'** quand il introduit un adjectif qui précède le nom.
   Exemple :   *joli, jeune, premier, gentil, grand, etc.*
                 C'est une jolie femme ! Ce sont de jolies femmes !

terminaisons		exemple	
masculin	féminin	masculin	féminin
consonne	-e	génial	géniale
voyelle (≠ e)	-e	tendu	tendue
-c	-che	franc	franche
-c	-que	public	publique
-e	ø	propre	propre
-é	-e	réservé	réservée
-f	-ve	agressif	agressive
-g	-gue	long	longue
-l	-lle	superficiel	superficielle
-x	-se	courageux	courageuse
-en	-enne	moyen	moyenne
-on	-onne	bon	bonne
-er	-ère	financier	financière
-et	-ète	secret	secrète
-et	-ette	muet	muette
-eur	-euse	moqueur	moqueuse
-eur	-eure	antérieur	antérieure
-teur	-trice	dominateur	dominatrice

Tableau 1, Le masculin et le féminin des adjectifs qualificatifs.

adjectifs qualificatifs irréguliers			
masculin	féminin	masculin	féminin
doux	douce	long	longue
faux	fausse	malin	maligne
favori	favorite	roux	rousse
frais	fraîche	sec	sèche
grec	grecque		

Tableau 2, Des adjectifs qualificatifs irréguliers.

adjectifs avec une forme masculine irrégulière				
MS + C	MS + V	FS	MP	FPL
beau	bel	belle	beaux	belles
fou	fol	folle	fous	folles
nouveau	nouvel	nouvelle	nouveaux	nouvelles
vieux	vieil	vieille	vieux	vieilles

Tableau 3, Les adjectifs avec une forme masculine irrégulière.

terminaisons		exemple	
singulier	pluriel	singulier	pluriel
consonne	-s	agressif	agressifs
voyelle	-s	propre	propres
-s	ø	français	français
-x	ø	courageux	courageux
-al	-aux	génial	géniaux
-eau	-eaux	beau	beaux
quelques exceptions			
fatal	fatals		
final	finals (ou finaux)		
glacial	glacials		
natal	natals		
naval	navals		

Tableau 4, Le singulier et le pluriel des adjectifs qualificatifs.

► Certains adjectifs ont un changement de sens selon leur position. Les adjectifs placés devant le nom ont le sens figuré et les adjectifs placés après le nom ont le sens propre.

adjectifs avec un changement de sens			
devant le nom	exemple	après le nom	exemple
ancien = former	mon ancien prof	ancien = old	une maison ancienne
brave = kind, good, simple	un brave homme	brave = brave, courageous	un guerrier brave
certain = a kind of	un certain regard	certain = sure	une victoire certaine
cher = dear	un cher ami	cher = expensive	une bague chère
dernier = last in a series	le dernier film	dernier = preceding	le semestre dernier
différent = various, some	de différents personnages	différent = different (from)	un problème différent
drôle (de) = strange	une drôle de femme	drôle = funny	un film drôle
grand = great	un grand homme	grand = tall	un garçon grand
même = same	en même temps	même = very	le problème même
pauvre = unfortunate, poor	la pauvre femme	pauvre = poor, penniless	le vieil homme pauvre
prochain = next in a series	la prochaine fois	prochain = next after this one	la semaine prochaine
propre = own	ma propre chambre	propre = clean	une chambre propre
sale = bad	un sale garçon	sale = dirty	des vêtements sales
seul = only	la seule chose	seul = lonely	une vieille femme seule

Tableau 5, Les adjectifs avec un changement de sens.

Il est ou c'est ?

► On utilise **il est** (elle est, ils sont, elles sont) :
  * avec **un adjectif qualificatif.**   Exemple : *Il est gentil.*
  * avec **un nom de profession** employé comme adjectif.   Exemple : *Il est dentiste.*
  * avec **un nom de nationalité** employé comme adjectif.   Exemple : *Il est français.*

► On utilise **c'est** (ce sont) :
  * avec **un nom propre.**   Exemple : *C'est Frénégonde.*
  * avec **un nom** introduit par un déterminant (article, adjectif possessif, adjectif démonstratif, etc.).   Exemple : *C'est mon arrière arrière-grand-mère.*
  * avec **un pronom disjoint.**   Exemple : *Oh ! C'est elle !*

Pratiquez !

A   **Portraits.** Utilisez le tableau pour vous aider à décrire les personnages du film. Utilisez *des adjectifs qualificatifs.*

	physiquement	moralement	profession	vêtements
Godefroy				
Jacquouille				
Jacquart				
Béatrice				
Jean-Pierre				
Ginette				

B **Traduction.** Traduisez le paragraphe suivant. Utilisez *les adjectifs qualificatifs*. Attention à la place des adjectifs et à l'emploi de *c'est* et *il est*.

> ### My Favorite Character
>
> My favorite character is Godefroy. He is a brave warrior who travels to the 20th century and meets some strange people. For example, he meets Béatrice (she is his great-great-granddaughter). He thinks that Béatrice is a poor woman because she doesn't have any servants and he discovers that his former castle is a hotel run by a simple man (the descendant of Jacquouille!). Jacquart is a strange man who finds that Godefroy is a rude and filthy man! The poor warrior tries to repair the damage of the past! He is courageous!

4.2 Le comparatif et le superlatif des adjectifs, des noms et des adverbes

Le comparatif

▶ Le comparatif est employé pour comparer deux ou plusieurs personnes/objets. Il y a trois sortes de comparatifs ; **la supériorité, l'infériorité** et **l'égalité**.

▶ Pour les adjectifs : (L'adjectif s'accorde en genre et en nombre avec le sujet.)
- ◆ supériorité : **plus** + adjectif + **que** + nom / pronom disjoint
- ◆ infériorité : **moins** + adjectif + **que** + nom / pronom disjoint
- ◆ égalité : **aussi** + adjectif + **que** + nom / pronom disjoint
  Exemple : *Le comte est plus âgé que Béatrice. Alors, Béatrice est moins âgée que lui.*

Notez : Le comparatif de supériorité de *bon* est *meilleur* ; de *mauvais* est *plus mauvais* ou *pire* ; et de *petit* est *plus petit* ou *moindre*.

▶ Pour les noms : (Le nom est introduit par ***de/d'*** et on omet l'article.)
- ◆ supériorité : **plus de** + nom + **que** + nom / pronom disjoint
- ◆ infériorité : **moins de** + nom + **que** + nom / pronom disjoint
- ◆ égalité : **autant de** + nom + **que** + nom / pronom disjoint
  Exemple : *Jean-Pierre a moins de patience que Béatrice. Béatrice a plus de patience que lui.*

▶ Pour les adverbes :
- ◆ supériorité : **plus** + adverbe + **que** + nom / pronom disjoint
- ◆ infériorité : **moins** + adverbe + **que** + nom / pronom disjoint
- ◆ égalité : **aussi** + adverbe + **que** + nom / pronom disjoint
  Exemple : *Jacquouille s'adapte plus facilement à sa nouvelle vie que Godefroy.*

Notez : Le comparatif de supériorité de *bien* est *mieux* ; de *mal* est *plus mal* ou *pis* ; et de *peu* est *moins*.

Le superlatif

▶ Le superlatif est employé pour comparer par degrés les qualités de deux ou plusieurs personnes/objets. Il y a deux sortes de superlatifs; *la supériorité et l'infériorité.*

▶ Pour les adjectifs qui précèdent le nom qualifié : (Le, la, les et l'adjectif s'accordent en genre et en nombre avec le nom qualifié.)
   • supériorité : **le, la, les plus** + adjectif + nom + **de** + nom
   • infériorité : **le, la, les moins** + adjectif + nom + **de** + nom
   Exemple : *Selon Godefroy, Frénégonde est la plus belle femme du royaume !*

   Notez : Le superlatif de supériorité de *bon* est *le meilleur* ; de *mauvais* est *le plus mauvais* ou *le pire* ; et de *petit* est *le plus petit* ou *le moindre* (rarement utilisé).

▶ Pour les adjectifs qui suivent le nom qualifié : (Le, la, les et l'adjectif s'accordent en genre et en nombre avec le nom qualifié.)
   • supériorité : **le, la, les nom** + **le, la, les plus** + adjectif + **de** + nom
   • infériorité : **le, la, les nom** + **le, la, les moins** + adjectif + **de** + nom
   Exemple : *Tout le monde sait que Jacquouille n'est pas l'homme le plus intelligent du monde !*

▶ Pour les noms : (L'article **le** est invariable.)
   • supériorité : **le plus de** + nom + **de** + nom
   • infériorité : **le moins de** + nom + **de** + nom
   Exemple : *Je dirais que Béatrice a le plus de patience des personnages du film.*

▶ Pour les adverbes : (L'article **le** est invariable.)
   • supériorité : **le plus** + adverbe + **de** + nom
   • infériorité : **le moins** + adverbe + **de** + nom
   Exemple : *C'est vrai que Godefroy et Jacquouille chantent mal. A mon avis, Ginette chante le plus mal !*

   Notez : Le superlatif de supériorité de *bien* est *le mieux* ; de *mal* est *le plus mal* ou *le pis* ; et de *peu* est *le moins.*

Pratiquez !

 A **Comparaisons !** Comparez les personnages suivants en remplissant les tableaux comparatifs. Utilisez *le comparatif* et *le superlatif* pour faire vos comparaisons.

Modèle : *Godefroy est plus grand et plus courageux que Jean-Pierre.*
Jacquouille est pourtant le personnage le plus rigolo du film !

	physiquement	moralement	profession	vêtements
Godefroy				
Jacquouille				
Jacquouille				
Jacquart				
Jacquart				
Béatrice				
Béatrice				
Ginette				

B **Scènes.** Utilisez *le comparatif* et *le superlatif* pour comparer les éléments du film. Utilisez le tableau suivant pour vous aider.

	12ᵉ siècle	20ᵉ siècle
la forêt		
le château		
la nourriture		
l'hygiène		
les transports		
la technologie		

1. La forêt…
2. Le château…
3. La nourriture…

4. L'hygiène…
5. Les transports…
6. La technologie…

4.3 Les expressions verbales : avoir, devoir, pouvoir, vouloir

Les expressions avec avoir

▶ Quelques expressions idiomatiques sont employées avec le verbe avoir.
Exemples : *avoir chaud/froid, avoir faim/soif, avoir raison/tort, etc.*

▶ L'expression **avoir mal à + l'article défini + une partie du corps** indique la douleur.
Exemple : *J'ai mal à la tête.*

▶ L'expression **avoir l'air + l'adjectif au masculin** veut dire *paraître*.
Exemple : *Elle a l'air fatigué.*

▶ Les expressions **avoir envie de et avoir l'intention de** sont suivies d'un infinitif.
Exemple : *Nous avons l'intention de regarder ce film.*

devoir			
je	**dois**	nous	**devons**
tu	**dois**	vous	**devez**
il, elle, on	**doit**	ils, elles	**doivent**

Tableau 6, La conjugaison du verbe devoir.

Les expressions avec devoir

▶ Le verbe devoir est un verbe irrégulier qui exprime la nécessité ou l'obligation. Il est souvent suivi d'un infinitif.
Exemple : *Béatrice doit aider Godefroy.*

▶ Le verbe devoir a plusieurs sens :
   ◆ **une intention** : Il doit venir me voir demain.
   ◆ **une probabilité** : Il n'est pas là ? Il doit être malade.
   ◆ **une chose inévitable** : On doit travailler pour gagner de l'argent
   ◆ **une dette** : Il me doit 30 euros. Il me doit une explication.

▶ Quelques expressions sont employées avec le verbe devoir.
   ◆ **traiter qqn avec le respect qu'on lui doit** : *treat somebody with due respect*
   ◆ **Je vous dois bien cela.** : *That's the least I can do for you.*
   ◆ **Je ne demande que ce qui m'est dû.** : *I am only asking for what is owed to me.*

Les expressions avec pouvoir

▶ Le verbe *pouvoir* est un verbe irrégulier qui exprime la capacité. Il est souvent suivi d'un infinitif.
Exemple : *Béatrice peut aider Godefroy.*

pouvoir			
je	**peux**	nous	**pouvons**
tu	**peux**	vous	**pouvez**
il, elle, on	**peut**	ils, elles	**peuvent**

Tableau 7, La conjugaison du verbe pouvoir.

▶ Quelques expressions sont employées avec le verbe *pouvoir*.
   ◆ **Qu'y puis-je ?** : *What can I do about it ?*
   ◆ **Vous seul y pouvez quelque chose.** : *You alone can do something about it.*
   ◆ **On n'y peut rien.** : *Nothing can be done about it.*
   ◆ **J'ai fait tout ce que j'ai pu.** : *I did all that I could.*
   ◆ **Je n'en peux plus.** : *I can't take it anymore. I am exhausted.*
   ◆ **Ça se peut.** : *That may be.*

Les expressions avec vouloir

▶ Le verbe *vouloir* est un verbe irrégulier qui exprime la volonté. Il est souvent suivi d'un infinitif.
Exemple : *Béatrice veut aider Godefroy.*

vouloir			
je	**veux**	nous	**voulons**
tu	**veux**	vous	**voulez**
il, elle, on	**veut**	ils, elles	**veulent**

Tableau 8, La conjugaison du verbe vouloir.

▶ Quelques expressions sont employées avec le verbe *vouloir*.
   ◆ **vouloir bien** : *to be willing to, happy to, kind enough to*
   ◆ **en vouloir à quelqu'un** : *to be angry with someone*
   ◆ **vouloir dire** : *to mean*
   ◆ **vouloir faire** : *to want/try to do*
   ◆ **si l'on veut** : *if you like*
   ◆ **la chance a voulu que…** : *as luck would have it…*
   ◆ **ça veut tout dire** : *that says it all*
   ◆ **ça veut bien dire ce que ça veut dire** : *it's clear enough/it's plain enough*

Pratiquez !

A **Expressions avec avoir.** Complétez les phrases suivantes avec *les expressions avec avoir* qui conviennent.

Expressions			
avoir # ans	avoir besoin de	avoir faim	avoir honte
avoir l'habitude de	avoir l'intention de	avoir mal aux dents	avoir mal au cœur
avoir peur	avoir raison	avoir soif	avoir tort

1. Godefroy _____, alors il boit de l'eau de sa gourde.
2. Godefroy _____ trouver la formule magique pour revenir dans le passé.
3. Au 20ᵉ siècle, *les visiteurs* sont vieux ! Ils _____ !
4. Au début, Béatrice pense que Godefroy est son cousin ; elle _____. Puis, elle apprend qu'il est son arrière-arrière-arrière-arrière-grand-père ; elle _____.
5. Jacquouille ne/n'_____ pas _____ voyager en voiture ; il _____.
6. Godefroy et Jacquouille _____ même après le dîner chez Béatrice !
7. Le président Bernay va chez Jean-Pierre parce qu'il _____.
8. Le pauvre Jacquart _____ son nom. Alors, il change de nom.
9. Les enfants se couchent et Godefroy et Jacquouille leur disent bonne nuit. Les pauvres ! Ils _____.
10. Jacquouille ne veut pas retourner avec Godefroy parce qu'il _____ rester au 20ᵉ siècle.

B **Obligations.** Répondez aux questions suivantes. Utilisez *les verbes vouloir, pouvoir* et *devoir*.

1. Béatrice arrive à l'église et elle rencontre Godefroy. Que veut-elle faire ? Pourquoi ?
2. Est-ce que Béatrice veut vraiment aider Godefroy ? Que peut-elle faire pour l'aider ?
3. Béatrice se sent obligée d'aider Godefroy. Doit-elle aider Godefroy ? Pourquoi ?
3. Qu'est-ce que Godefroy doit faire pour retourner au 12e siècle ?
4. Qu'est-ce que Jacquouille et Ginette veulent faire au 20e siècle ?

4.4 Les verbes pronominaux

▶ Les verbes pronominaux se conjuguent avec un pronom réfléchi.
▶ Notez la place du pronom réfléchi dans la phrase :

- ◆ A l'affirmatif : sujet   **pronom réfléchi**   verbe

  Exemple :   *Le comte*   *se*   *lave les mains.*

- ◆ Au négatif : sujet   **ne**   **pronom réfléchi**   verbe   **pas**

  Exemple :   *Le comte*   ***ne***   *se*   *lave*   ***pas*** *les mains.*

▶ Il y a trois sortes de verbes pronominaux :

- ◆ Réfléchi : Le sujet reçoit l'action du verbe.

  Exemple : *Le comte se lave. Le comte (le sujet) reçoit l'action du verbe laver.*

- ◆ Réciproque : Les sujets échangent l'action du verbe.

  Exemple : *Godefroy et Frénégonde s'aiment. Godefroy aime Frénégonde. Elle aime Godefroy.*

- ◆ Idiomatique : Ces verbes sont non réfléchis mais ils sont conjugués avec un pronom réfléchi.

  Exemple : *Godefroy s'en va. (Godefroy part.)*

▶ Notez que les verbes pronominaux à sens réfléchis sont employés avec l'article défini quand ils introduisent une partie du corps.

Exemple :   *Béatrice se brosse les cheveux. Les cheveux appartiennent à Béatrice. Béatrice brosse les cheveux de sa fille. Elle brosse ses cheveux. Les cheveux appartiennent à sa fille.*

pronoms réfléchis	
me/m'	nous
te/t'	vous
se/s'	se/s'

Tableau 9, Les pronoms réfléchis

se laver			
je	**me lave**	nous	**nous lavons**
tu	**te laves**	vous	**vous lavez**
il, elle, on	**se lave**	ils, elles	**se lavent**

Tableau 10, La conjugaison du verbe se laver.

Pratiquez !

 A **Les verbes pronominaux.** Utilisez *les verbes pronominaux* suivants pour complétez les phrases.

Expressions

se brosser	se débrouiller	se déshabiller	s'habiller	se laver
se mettre	se moquer	s'occuper de	se tromper	se trouver

1. Le magicien _____ de formule.
2. Godefroy et Jacquouille _____ propulsés dans le temps.
3. Béatrice _____ Godefroy parce qu'elle pense qu'il est de la famille.
4. *Les visiteurs* _____ bien dans les années 1990.
5. Godefroy et Jacquouille _____ les mains dans les toilettes.

6. Jacquouille ne _____ pas à table pour manger le dîner.
7. Godefroy et Jacquouille ne _____ pas avant de prendre un bain.
8. Jacquouille ne _____ pas les dents, alors il a mauvaise haleine.
9. A la fin du film, Jacquouille _____ à la mode des années 1990.
10. A la fin du film, les gens du 12ᵉ siècle _____ de Jacquart parce qu'il a l'air idiot.

B **La routine.** Imaginez une journée typique chez les personnages suivants. Que font-ils ?
Utilisez *les verbes pronominaux* pour décrire leurs routines.

1. Frénégonde
2. Béatrice
3. Ginette
4. Godefroy
5. Jacquouille
6. Jacquart

4.5 L'impératif

▶ L'impératif exprime un ordre, un souhait, une prière.

▶ Il y a trois formes :
  ♦ 2ᵉ personne du singulier (tu)
  ♦ 2ᵉ personne du pluriel (vous)
  ♦ 1ʳᵉ personne du pluriel (nous)

▶ Pour former l'impératif, on omet le sujet (le pronom sujet) de la phrase.
  Exemple :   L'indicatif :   *Vous allez au cinéma.*
              L'impératif :   *Allez au cinéma !*

▶ Pour les verbes en **-er**, on omet le sujet (le pronom sujet) de la phrase et le **s** du verbe
  à la 2ᵉ personne du singulier.
  Exemple :   L'indicatif :   *Tu regardes le film.*
              L'impératif :   *Regarde le film !*

à l'affirmatif								
	regarder	**attendre**	**finir**	**se laver**	**aller**	**avoir**	**être**	**faire**
tu	Regarde !	Attends !	Finis !	Lave-toi !	Va !	Aie !	Sois !	Fais !
vous	Regardez !	Attendez !	Finissez !	Lavez-vous !	Allez !	Ayez !	Soyez !	Faites !
nous	Regardons !	Attendons !	Finissons !	Lavons-nous !	Allons !	Ayons !	Soyons !	Faisons !

Tableau 11, Les conjugaisons à l'impératif affirmatif.

au négatif			
	regarder	**attendre**	**finir**	**se laver**
tu	Ne regarde pas !	N'attends pas !	Ne finis pas !	Ne te lave pas !
vous	Ne regardez pas !	N'attendez pas !	Ne finissez pas !	Ne vous lavez pas !
nous	Ne regardons pas !	N'attendons pas !	Ne finissons pas !	Ne nous lavons pas !
	aller	**avoir**	**être**	**faire**
tu	Ne va pas !	N'aie pas !	Ne sois pas !	Ne fais pas !
vous	N'allez pas !	N'ayez pas !	Ne soyez pas !	Ne faites pas !
nous	N'allons pas !	N'ayons pas !	Ne soyons pas !	Ne faisons pas !

Tableau 12, Les conjugaisons à l'impératif négatif.

Pratiquez !

A **Impératif.** Donnez des suggestions selon le contexte. Utilisez *l'impératif*.

1. Béatrice à Godefroy : *bouger, ne...pas*
2. Béatrice à Godefroy : *se calmer*
3. Béatrice à Godefroy : *aller (y)*
4. Jean-Pierre aux *Visiteurs* : *insister bien sur les pieds*
5. Béatrice à Jean-Pierre : *se maîtriser*
6. Béatrice à Jean-Pierre : *hurler, ne...pas*
7. Jean-Pierre à Béatrice : *venir voir*
8. Fabienne à Jacquart : *chercher un extincteur*
9. Jacquart aux *Visiteurs* : *ouvrir immédiatement*
10. Godefroy à Jacquouille : *être en retard, ne...pas*

B **Ça suffit !** Vous avez un/e invité/e chez vous. Il/elle vous agace et vous voulez qu'il/elle change. Complétez la lettre suivante. Utilisez *l'impératif* pour exprimer vos demandes et vos recommandations.

> Cher/chère _____,
>
> Ecoute ! J'en ai marre ! Ça fait deux semaines que tu m'agaces !
>
>
>
> Merci, _____

4.6 Le présent du subjonctif

La formation du subjonctif

▶ Le subjonctif est un mode qui exprime un sentiment, une volonté, un jugement, un doute ou une possibilité. L'attitude de la personne qui parle est subjective. On emploie souvent le subjonctif dans une proposition subordonnée introduite par **que** quand le sujet de cette proposition est différent de celui de la proposition principale.
Exemple : *Je veux que **vous** soyez sages.*

▶ Pour former le subjonctif :
   ♦ Conjuguez le verbe en question à la 3ᵉ personne du pluriel (ils).
   ♦ Laissez tombez la terminaison **–ent**.
   ♦ Ajoutez les terminaisons du subjonctif : **-e, -es, -e, -ions, -iez, -ent**.

terminaisons du subjonctif			
je/j'	**-e**	nous	**-ions**
tu	**-es**	vous	**-iez**
il, elle, on	**-e**	ils, elles	**-ent**

Tableau 13, Les terminaisons du subjonctif.

verbes réguliers au subjonctif			
que/qu'...	**parler**	**finir**	**répondre**
je	parle	finisse	réponde
tu	parles	finisses	répondes
il, elle, on	parle	finisse	réponde
nous	parlions	finissions	répondions
vous	parliez	finissiez	répondiez
ils, elles	parlent	finissent	répondent

Tableau 14, Des verbes réguliers au subjonctif.

verbes avec changement orthographique					
que/qu'…	appeler	préférer	lever	essayer	nettoyer
je/j'	appelle	préfère	lève	essaie	nettoie
tu	appelles	préfères	lèves	essaies	nettoies
il, elle, on	appelle	préfère	lève	essaie	nettoie
nous	appelions	préférions	levions	essayions	nettoyions
vous	appeliez	préfériez	leviez	essayiez	nettoyiez
ils, elles	appellent	préfèrent	lèvent	essaient	nettoient

Tableau 15, Des verbes avec changement orthographique.

verbes avec deux radicaux				
boire	que je	boive	que nous	buvions
croire	que je	croie	que nous	croyions
devoir	que je	doive	que nous	devions
envoyer	que j'	envoie	que nous	envoyions
mourir	que je	meure	que nous	mourions
prendre	que je	prenne	que nous	prenions
recevoir	que je	reçoive	que nous	recevions
venir	que je	vienne	que nous	venions
voir	que je	voie	que nous	voyions

Tableau 16, Des verbes avec deux radicaux au subjonctif.

verbes irréguliers au subjonctif										
quel/qu'	aller	faire	pouvoir	savoir	valoir	vouloir	avoir	être	falloir	pleuvoir
je/j'	aille	fasse	puisse	sache	vaille	veuille	aie	sois		
tu	ailles	fasses	puisses	saches	vailles	veuilles	aies	sois		
il, elle, on	aille	fasse	puisse	sache	vaille	veuille	ait	soit	il faille	il pleuve
nous	allions	fassions	puissions	sachions	valions	voulions	ayons	soyons		
vous	alliez	fassiez	puissiez	sachiez	valiez	vouliez	ayez	soyez		
ils, elles	aillent	fassent	puissent	sachent	vaillent	veuillent	aient	soient		

Tableau 17, Des verbes irréguliers au subjonctif

Les emplois du subjonctif

► Rappelez-vous qu'on emploie souvent le subjonctif dans une proposition subordonnée introduite par **que** quand le sujet de cette proposition est différent de celui de la proposition principale.
Exemple :   *Je veux que vous soyez sages.*

► Le subjonctif est employé après des verbes ou des expressions d'émotions ou de sentiments (*être content, désolé, fâché, heureux, ravi, triste, etc.*).
Exemple :   *Je suis content que vous vouliez m'aider !*

► Le subjonctif est employé après des verbes ou des expressions de préférence, de désir ou de volonté (*aimer, demander, désirer, exiger, préférer, souhaiter, vouloir, etc.*). Le verbe **espérer** est une exception ; il n'est pas suivi du subjonctif et il est souvent suivi du futur.
Exemple :   *Je veux que vous soyez sages. J'espère que vous serez sages.*

▶ Le subjonctif est employé après des verbes ou des expressions de doute ou d'improbabilité (*douter / il est douteux, il semble, il est peu probable, il est improbable, etc.*).
Exemple :   *Je doute qu'il puisse trouver un moyen de retourner au 12ᵉ siècle.*

▶ Il est employé après des expressions impersonnelles :

♦ de nécessité (*il faut, il est nécessaire / obligatoire / essentiel, etc.*)
Exemple : *Il faut que vous soyez à l'heure.*

♦ de possibilité (*il est possible, il est impossible, il se peut, etc.*)
Exemple : *Il est possible qu'elle ne sache pas où se trouve le livre.*

♦ de jugement (*il vaut mieux, il est bon / bizarre / honteux / important, etc.*)
Exemple : *Il vaut mieux que nous arrivions tôt.*

▶ Les verbes **croire, espérer, penser** et **trouver** sont des verbes qui indiquent un degré de certitude et ils peuvent prendre l'indicatif ou le subjonctif. Observez :

♦ à la forme affirmative → l'indicatif
Exemple : *Tu crois qu'il vient.*

♦ au négatif → le subjonctif
Exemple : *Tu ne crois pas qu'il vienne.*

♦ à l'interrogatif avec l'inversion → le subjonctif
Exemple : *Crois-tu qu'il vienne ?*

♦ à l'interrogatif négatif → l'indicatif
Exemple : *Ne crois-tu pas qu'il vient ?*

▶ On peut utiliser un infinitif pour éviter le subjonctif :

♦ après un verbe de préférence, de désir ou de volonté quand le sujet de la proposition principale est le même sujet que celui de la proposition subordonnée.
Exemple : *Je veux aller au château.*

♦ après une expression d'émotion (sujet + être + adjectif + de + infinitif).
Exemple : *Je suis content de vous accompagner.*

♦ après une expression impersonnelle (il faut, il vaut mieux, il est + adjectif + de + infinitif, etc.).
Exemple :   *Il faut arriver avant minuit. Il est essentiel d'arriver avant minuit.*

♦ après le verbe devoir pour remplacer les expressions de nécessité.
Exemple : *Il faut que je parte bientôt. Je dois partir bientôt.*

Pratiquez !

A   **Que faut-il ?** Substituez les mots donnés aux mots soulignés. Faites les changements nécessaires. Utilisez *le subjonctif*, *l'indicatif* (*le présent/le futur*) ou *l'infinitif*.

Exemple :   **Je suis contente** que tu sois là. (Il est bon…/ Il est bon que tu sois là.)

1. Jean-Pierre parle à Béatrice. **Il faut que** tu viennes voir !
   a. Je veux que…
   b. Tu dois…
   c. Il est essentiel que…
2. Béatrice parle à Godefroy. **Je demande que** vous vous calmiez.
   a. J'espère que…
   b. Vous devez…
   c. Il est peu probable que…
3. Jean-Pierre parle *aux visiteurs*. **Il est nécessaire que** vous insistiez bien sur les pieds !
   a. Il vaut mieux que…
   b. Il faut…
   c. Je désire…
4. Jean-Pierre parle à Béatrice. **Je préfère qu**'il parte !
   a. Il faut qu'…
   b. Il est peu probable qu'…
   c. Je suis content qu'…
5. Béatrice parle à Jean-Pierre. **Il est important que** nous les aidions !
   a. Nous devons…
   b. Il est préférable de…
   c. Je veux que…

B   **Sommaire.** Complétez le résumé du film avec *le subjonctif*, *l'indicatif* (*le présent/le futur*) ou *l'infinitif* selon le contexte.

1. Godefroy tue le père de Frénégonde, il faut que…
2. Godefroy et Jacquouille se retrouvent au 20ᵉ siècle, il est important que…
3. Godefroy rencontre Béatrice, elle est contente de…
4. Béatrice aime que…
5. Jean-Pierre n'est pas content que…
6. Godefroy et Jacquouille doivent…pour retourner au 12ᵉ siècle.
7. Ils trouvent le couloir du temps. Il est essentiel que…
8. A la fin du film, Jacquouille ne veut pas…

C   **Le Moyen Age !** *France 2* présente une émission sur la vie au Moyen Age. 10 Français vont habiter un château du 12ᵉ siècle. Vous êtes chargé/e de préparer les gens pour cette nouvelle vie. Expliquez-leur ce qu'il faut qu'ils fassent pour se préparer. Pensez au confort moderne qui existe au 21ᵉ siècle et qui n'existe pas au 12ᵉ siècle et écrivez un paragraphe pour décrire les difficultés qu'ils vont affronter au 12ᵉ siècle. Utilisez *le subjonctif*.

La vie au 12ᵉ siècle va être très très difficile. Il faut que vous pensiez à l'hygiène comme il n'y a pas de salle de bains. Il est nécessaire que vous vous laviez au bain public…

Conseils

- ◆ Cherchez les mots apparentés et les faux amis.
- ◆ Observez bien le mode des verbes (l'indicatif, l'infinitif, le subjonctif).
- ◆ Notez que la conjonction «que» est souvent omise en anglais alors qu'en français, elle n'est jamais omise !
- ◆ N'oubliez pas de ne pas traduire mot à mot !
- ◆ Utilisez le vocabulaire et la grammaire pour vous aider !

Français → anglais

 Mots et expressions. Traduisez les mots et les expressions suivantes *en anglais*.

1. un malentendu
2. un gros problème
3. le Moyen Age, le 20ᵉ siècle
4. les descendants, les ancêtres
5. les clochards, les pauvres, les snobs, les BCBG

B **Phrases.** Traduisez les phrases suivantes *en anglais*.

1. C'est un bon acteur.
2. Il est plus doué que les autres acteurs.
3. En général, il a plus de travail qu'eux.
4. Crois-tu qu'il ait assez de travail ?
5. Je me demande pourquoi il n'est pas plus riche !

Anglais → français

 Mots et expressions. Traduisez les mots et les expressions suivantes *en français*.

1. good, better, best
2. bad, worse, worst
3. as much as
4. the best actor
5. the most handsome actor

B **Phrases.** Traduisez les phrases suivantes *en français*.

1. He likes to watch movies.
2. He thinks that movies are more interesting than homework.
3. He has to do his homework.
4. He always has more homework than we do !
5. But he always finishes his work more quickly than we do ! Hmmm.

C **Courriel.** Un étudiant écrit un email à sa copine. Traduisez son email *en français*.

Hi Jeanne!

Thank you for your advice. I think that the *Visitors* is the funniest film! I love Jean Reno – he is the greatest actor in France! Christian Clavier is funnier than Reno but I prefer watching Reno. I must watch the *Visitors in America*. Do you think it is as good as the first film? I doubt that it is better than the *Visitors*! I have to study now – I have a test in History on the Middle Ages. Call me tonight!! Don't forget that I have to go to bed early because my test is at 8AM!

Kisses, Max

Photo

A   **Détails.** Regardez la photo et cochez les bonnes réponses.

1. Situation dans le film : ☐ début   ☐ milieu   ☐ fin   ☐ autre
2. Epoque :   ☐ 12ᵉ siècle   ☐ 20ᵉ siècle   ☐ autre
3. Lieu :   ☐ la campagne   ☐ la ville   ☐ autre
                 ☐ le château   ☐ la maison   ☐ autre (la route)
4. Musique :   ☐ de la musique classique   ☐ du jazz
                 ☐ du rock   ☐ autre
5. Personnages :
6. Titre :

B   **En général.** Répondez aux questions suivantes. Ecrivez deux ou trois phrases.

1. Qu'est-ce qui se passe ? Faites une petite description de la photo.
2. Le personnage à gauche a l'air _____ parce qu'il...
3. Le personnage à droite a l'air _____ parce qu'il...
4. Le camion de la Poste est démoli parce que les deux personnages sur la photo...
5. Comment est le paysage ?

C   **Aller plus loin.** Ecrivez un paragraphe pour répondre aux questions suivantes.

1. *Scènes.* Qu'est-ce qui se passe avant la scène ? Pendant la scène ? Après la scène ?
2. *Malentendus.* Quel est le malentendu ? Est-ce que ce malentendu est représentatif d'autres malentendus du film ? Expliquez.
3. *Sentiments.* Comment est-ce que les personnages se sentent ? Expliquez.
4. *Vêtements.* Pourquoi est-ce que les deux personnages sont habillés comme ça ?
5. *Scènes.* Est-ce que cette scène est une scène importante du film ? Expliquez.

Mise en pratique

 En général. Répondez aux questions suivantes. Ecrivez deux ou trois phrases.

1. Pourquoi est-ce que Jacquouille a peur de traverser la forêt au début du film ?
2. Qu'est-ce que le magicien oublie quand il prépare la potion magique ? Quel est le résultat ?
3. Godefroy va à l'église. Pourquoi est-ce que le prêtre téléphone à Béatrice ? Pourquoi est-ce que Béatrice veut aider Godefroy ?
4. Pourquoi est-ce que le mari de Béatrice n'aime pas Godefroy ?
5. Est-ce que le château de Montmirail appartient aux descendants de Godefroy ? Expliquez.
6. Pourquoi est-ce que Godefroy critique la maison de Béatrice ?
7. Pourquoi est-ce que Godefroy pense qu'on va continuer à manger pendant le dîner chez Béatrice ?
8. Pourquoi est-ce que Jacquart change de nom ?
9. Pourquoi est-ce que Godefroy va à l'hôtel ? Qu'est-ce qu'il cherche ?
10. Qu'est-ce qui se passe pendant que Godefroy, Jacquouille et Béatrice vont au château ?
11. Qui est-ce que Jacquouille aime ? Pourquoi ?
12. Est-ce que Godefroy réussit à la fin du film ? Expliquez.

 Aller plus loin. Écrivez un paragraphe pour répondre aux questions suivantes.

1. Expliquez l'expression «*Ils ne sont pas nés d'hier*».
2. Qu'est-ce que *les visiteurs* pensent du 20ᵉ siècle ? Expliquez.
3. Qui s'adapte mieux au 20ᵉ siècle, Godefroy ou Jacquouille ? Pourquoi ?
4. Décrivez le comportement des gens suivants : Godefroy, Jacquouille, Jacquart, Béatrice, Jean-Pierre, Ginette.
5. Est-ce que vous trouvez le comportement de Godefroy et de Jacquouille impoli ? Expliquez.
6. Imaginez la famille de Béatrice transportée en 1123. Comment est-ce que *les visiteurs* trouvent le comportement de leurs «*visiteurs*» ?
7. Pensez à la hiérarchie des classes sociales au Moyen Age et expliquez pourquoi Jacquouille ne se met pas à table pendant le dîner chez Béatrice.
8. Pourquoi est-ce que Godefroy n'est pas content quand il lit l'encyclopédie *Larousse* avec Béatrice ? Qu'est-ce qu'il n'aime pas en particulier ?
9. Pensez aux rôles et aux droits des domestiques au Moyen Age et expliquez pourquoi Jacquouille ne veut pas retourner avec Godefroy.
10. Jacquart retourne en 1123 avec le comte. Qu'est-ce qui va se passer ? Est-ce que le 12ᵉ siècle provoque des problèmes pour lui ? Expliquez.
11. Est-ce que vous pensez que le titre est un bon titre pour le film ? Pourquoi ou pourquoi pas ?
12. Qui est votre personnage préféré ? Pourquoi ?
13. Vous êtes le réalisateur et vous pensez qu'il faut éliminer une scène. Quelle scène est-ce que vous éliminez ? Pourquoi ?
14. Vous êtes le réalisateur et vous pensez qu'il faut ajouter une scène. Décrivez la scène. Où est-ce que vous ajoutez la scène ? Pourquoi ?
15. Est-ce que vous êtes content/e de la conclusion du film ? Expliquez pourquoi ou pourquoi pas.

C   **Analyse.** Lisez le texte suivant et répondez aux questions.

La Déclaration des droits de l'Homme et du Citoyen
le 26 août 1789

Article 1er : Les hommes naissent° et demeurent° libres et égaux en droits. Les distinctions sociales ne peuvent être fondées que sur l'utilité commune.   *are born / remain*

Article 2 : Le but° de toute association politique est la conservation des droits naturels et imprescriptibles de l'Homme. Ces droits sont la liberté, la propriété°, la sûreté°, et la résistance à l'oppression.   *the goal*   *ownership / security*

Article 3 : Le principe de toute Souveraineté réside essentiellement dans la Nation. Nul corps, nul individu ne peut exercer d'autorité qui n'en émane° expressément.   *comes from*

Article 4 : La liberté consiste à pouvoir faire tout ce qui ne nuit pas à autrui° : ainsi, l'exercice des droits naturels de chaque homme n'a de bornes° que celles qui assurent aux autres Membres de la Société la jouissance° de ces mêmes droits. Ces bornes ne peuvent être déterminées que par la Loi.   *does not harm others*   *boundaries*   *pleasure*

Article 5 : La Loi n'a le droit de défendre que les actions nuisibles° à la Société. Tout ce qui n'est pas défendu par la Loi ne peut être empêché°, et nul ne peut être contraint à faire ce qu'elle n'ordonne pas.   *harmful*   *prevented*

Article 6 : La Loi est l'expression de la volonté générale. Tous les Citoyens ont droit de concourir° personnellement, ou par leurs Représentants, à sa formation. Elle doit être la même pour tous, soit qu'elle protège, soit qu'elle punisse. Tous les Citoyens étant égaux à ses yeux sont également admissibles à toutes dignités, places et emplois publics, selon leur capacité, et sans autre distinction que celle de leurs vertus et de leurs talents.   *concur, agree*

Article 7 : Nul homme ne peut être accusé, arrêté ni détenu° que dans les cas déterminés par la Loi, et selon les formes qu'elle a prescrites°. Ceux qui sollicitent, expédient, exécutent ou font exécuter des ordres arbitraires, doivent être punis; mais tout citoyen appelé ou saisi° en vertu de la Loi doit obéir à l'instant: il se rend coupable° par la résistance.   *detained*   *prescribed*   *seized*   *guilty*

Article 8 : La Loi ne doit établir que des peines° strictement et évidemment nécessaires, et nul ne peut être puni qu'en vertu d'une Loi établie et promulguée antérieurement au délit°, et légalement appliquée.   *penalties*   *offence*

Article 9 : Tout homme étant présumé innocent jusqu'à ce qu'il ait été déclaré coupable, s'il est jugé indispensable de l'arrêter, toute rigueur qui ne serait pas nécessaire pour s'assurer de sa personne doit être sévèrement réprimée par la loi.

Article 10 : Nul ne doit être inquiété pour ses opinions, même religieuses, pourvu que leur manifestation ne trouble pas l'ordre public établi par la Loi.

Article 11 : La libre communication des pensées et des opinions est un des droits les plus précieux de l'Homme: tout Citoyen peut donc parler, écrire, imprimer librement, sauf à répondre à l'abus de cette liberté dans les cas déterminés par la Loi.

Article 12 : La garantie des droits de l'Homme et du Citoyen nécessite une force publique : cette force est donc instituée pour l'avantage de tous, et non pour l'utilité particulière de ceux auxquels elle est confiée°.   *entrusted*

maintenance

distributed

share / funding / retrieval
accountability

prior
condition

Article 13 : Pour l'entretien° de la force publique, et pour les dépenses d'administration, une contribution commune est indispensable: elle doit être également répartie° entre tous les citoyens, en raison de leurs facultés.

Article 14 : Tous les Citoyens ont le droit de constater, par eux-mêmes ou par leurs représentants, la nécessité de la contribution publique, de la consentir librement, d'en suivre l'emploi, et d'en déterminer la quotité°, l'assiette°, le recouvrement° et la durée.

Article 15 : La Société a le droit de demander compte° à tout Agent public de son administration.

Article 16 : Toute Société dans laquelle la garantie des Droits n'est pas assurée, ni la séparation des Pouvoirs déterminée, n'a point de Constitution.

Article 17 : La propriété étant un droit inviolable et sacré, nul ne peut en être privé, si ce n'est lorsque la nécessité publique, légalement constatée, l'exige évidemment, et sous la condition d'une juste et préalable° indemnité°.

Vrai ou faux ?

Lisez attentivement les Articles 1er et 2 et déterminez si les phrases suivantes sont vraies ou fausses.

1. Les hommes naissent égaux.
2. Les hommes ne naissent pas libres. Il faut gagner la liberté.
3. Les distinctions sociales sont fondées sur l'utilité commune.
4. Les hommes ont le droit d'être propriétaires.
5. Les hommes peuvent être opprimés par le gouvernement.

A votre avis…

Est-ce que Jacquouille bénéficie de la Déclaration des droits de l'Homme et du Citoyen au 12e siècle ? Expliquez. Pourquoi veut-il rester au 20e siècle ? Comment est-ce que la Déclaration change sa vie ? Est-ce que la Déclaration change aussi la vie de Godefroy ? Expliquez.

Communication

A **Portraits.** Choisissez un personnage du film. Faites son portrait physique et moral. Lisez votre description à votre classe. Vos camarades de classe devinent le nom du personnage.

Exemple : Étudiant 1 : Il est très vieux, il a les cheveux gris. Il est sénile.
Étudiant 2 : Eusaebius - le magicien !

B **Contraires.** Faites une description de chaque personnage principal. Votre partenaire est de mauvaise humeur et trouve votre description idiote. Il/elle fait la description opposée. Utilisez *le comparatif* et *le superlatif*.

Exemple : Étudiant 1 : Béatrice est tendue et impatiente. C'est le personnage le plus tendu du film !
Étudiant 2 : Elle est moins tendue que Jean-Pierre ! En fait, elle est relaxe et indulgente !

C **Débat.** Préférez-vous la campagne ou la ville ? Organisez-vous en deux groupes (pour et contre la vie en ville). Vous avez un débat sur les avantages et les inconvénients de la ville et de la campagne. Qui gagne ? Utilisez *le comparatif* et *le superlatif*.

Exemple : Pour la ville : Il y a plus d'activités culturelles en ville.
Contre la ville : Il y a plus de pollution en ville !

D **Recommandations.** Vous êtes le prêtre et vous conseillez Béatrice. Qu'est-ce qu'elle peut et doit faire pour aider Godefroy ? Veut-elle vraiment l'aider ? Jouez les rôles du prêtre et de Béatrice avec votre partenaire. Utilisez *les expressions verbales*.

Exemple : Prêtre : Godefroy a besoin d'aide mais vous ne pouvez pas l'aider !
Béatrice : Si ! Je veux l'aider et je dois l'aider !

E **Routine.** Vous imaginez les habitudes de Godefroy et de Jacquouille au 12e siècle. Votre partenaire décrit leur routine quotidienne au 20e siècle. Utilisez *les verbes pronominaux*.

Exemple : Étudiant 1 : Au 12e siècle, Godefroy se lève et se prépare pour aller à la guerre.
Étudiant 2 : Au 20e siècle, Godefroy se lève et se prépare pour aller au bureau.

F **Amour !** Créez une scène entre Ginette et Jacquouille. Quels ordres ou quelles suggestions est-ce qu'ils se donnent ? Jouez les rôles de Ginette et de Jacquouille avec votre partenaire. Utilisez *l'impératif*.

Exemple : Ginette : Chéri, brosse-toi les dents !
Jacquouille : D'acc, et toi, prépare mon déjeuner !

G **Suggestions.** Un critique aide Jean-Marie Poiré à améliorer le film. Il lui donne des suggestions. Faut-il ajouter une scène ? Faut-il changer une scène ? Jouez le rôle du critique et votre partenaire joue le rôle de Poiré. Aime-t-il vos suggestions ? Utilisez *le subjonctif*.

Exemple : Critique : Il faut que vous ajoutiez une scène.
Poiré : Oui, c'est vrai. J'aimerais bien que vous me recommandiez une scène.

H **Pour ou contre ?** Est-ce que vous aimez le film ? Complétez le tableau suivant et présentez vos opinions à vos camarades de classe.

Les Visiteurs un film de Jean-Marie Poiré			
L'intrigue	☐ très bien	☐ moyen	☐ sans intérêt particulier
Les personnages	☐ très bien	☐ moyen	☐ sans intérêt particulier
Les costumes	☐ très bien	☐ moyen	☐ sans intérêt particulier
Le décor	☐ très bien	☐ moyen	☐ sans intérêt particulier
Les effets spéciaux	☐ très bien	☐ moyen	☐ sans intérêt particulier
La musique	☐ très bien	☐ moyen	☐ sans intérêt particulier
Le montage	☐ très bien	☐ moyen	☐ sans intérêt particulier
Le film en général	☐ très bien	☐ moyen	☐ sans intérêt particulier

Aller plus loin

Lecture

Jean-Baptiste Bourgeois critique le film *Les Visiteurs*. Lisez sa critique et répondez aux questions qui suivent.

Les Visiteurs

une critique de J.B. Bourgeois

Je viens de voir le film, *Les Visiteurs*. Les Français sont fous de ce film et ils disent que c'est le meilleur film français de 1993. Moi, je ne suis pas du tout d'accord : «Quelle catastrophe !»

Par où commencer ? D'abord, le scénario n'est ni créatif ni original. A mon avis, le scénario ressemble trop aux films de Monty Python. Mais il n'est pas aussi bon !

Je me demande s'il y a une intrigue. Le film commence en 1123. Empoisonné par une sorcière, un comte tue le père de sa fiancée. Pour réparer son erreur, il va chez le magicien. Le magicien se trompe de formule et le comte et son domestique sont projetés au 20e siècle. *Les visiteurs* ne s'adaptent pas facilement au 20e siècle ce qui provoque des problèmes et des malentendus. Malgré des situations comiques, les scènes restent très banales. Le scénariste développe seulement les différences d'hygiène et de nourriture. Il ignore d'autres situations plus comiques. L'intrigue n'est qu'une série de mini-scènes humoristiques plutôt idiotes.

Est-ce qu'il y a des effets spéciaux dans le film ? Je ne pense pas. Ou peut-être que je dormais pendant ces scènes ! Parlons des personnages : je trouve que les personnages ne sont pas bien développés. Ce sont des clichés. Le scénariste se moque des pauvres, des riches, des médecins, des policiers, ... bref, de tout le monde ! Je pense que ces caricatures sont exagérées et méchantes ! En plus, elles sont de mauvais goût.

Quant aux acteurs, c'est aussi une catastrophe ! Je suis fan de Jean Reno. Je vois tous ses films et tout le monde sait que c'est un acteur doué ! Mais pourquoi est-ce qu'il a choisi ce rôle ? C'est un rôle débile ! Et Clavier ? Il joue (mal) le clown et c'est un échec. Finalement, il y a Valérie Lemercier. Avant de voir le film, j'avais beaucoup de respect pour Lemercier. Mais, maintenant, je ne peux pas la supporter. Elle m'agace !

En somme, je ne comprends pas pourquoi tout le monde adore ce film. Bien sûr, nous sommes une société de consommation. Il faut gagner autant d'argent que possible. Qu'est-ce qui se vend bien ? Ce qui ne nous demande pas d'effort comme ce film. C'est vrai que nous sommes contents de passer deux heures dans une salle de cinéma sans penser, sans réfléchir. C'est dommage. Il va y avoir un deuxième film avec nos fameux *visiteurs*, et je me demande : est-ce que l'on peut faire quelque chose de plus bête encore ?

 Vrai ou Faux ? Déterminez si les phrases sont vraies ou fausses.

1. vrai faux Jean-Baptiste aime beaucoup le film *Les Visiteurs*.
2. vrai faux Il trouve que les caricatures sont très méchantes.
3. vrai faux Il aime beaucoup les scènes comiques du film.
4. vrai faux Il fait référence aux films de Monty Python.
5. vrai faux Il pense que les acteurs du film ont du talent.

 En général. Répondez aux questions suivantes. Ecrivez deux ou trois phrases.

1. Qu'est-ce que Jean-Baptiste pense du scénario ? Pourquoi ?
2. Pourquoi est-ce qu'il n'aime pas les personnages du film ?
3. Est-ce qu'il a toujours du respect pour ses acteurs préférés ? Expliquez.
4. Comment est-ce qu'il explique la réussite du film ?
5. Est-ce qu'il va voir *Les Visiteurs 2* ? Pourquoi ou pourquoi pas ?

Aller plus loin. Ecrivez un paragraphe pour répondre aux questions suivantes.

1. Quel est le rôle des critiques ? Est-ce que les critiques des films influencent vos opinions ? Est-ce que vous aimez les critiques ? Expliquez.
2. Faites une liste de points forts et de points faibles du film. Est-ce que vous avez plus de points forts ou plus de points faibles ? Comment est-ce que vous expliquez vos résultats ?
3. Dialogue. Développez des arguments pour et contre le film. Puis écrivez un dialogue entre les gens qui adorent le film et les gens qui détestent le film. Qui gagne ?
4. Faites votre propre critique du film. Est-ce que vous aimez ou détestez le film ? Pourquoi ?
5. Vous êtes chargé/e de créer la publicité pour *Les Visiteurs*. Qu'est-ce que vous choisissez pour attirer votre public ? (les acteurs, l'intrigue, les scènes comiques, quelque chose d'autre ?) Ecrivez (dessinez !) votre pub !

Culture

 Culture contemporaine. Etudiez les sondages sur les événements principaux, sur les découvertes importantes et sur les objets et les services indispensables de notre société et complétez les activités culturelles qui suivent.

Les faits négatifs marquants dans la vie des Français

Question : Et parmi les 10 faits suivants, considérés généralement comme négatifs, lesquels ont, selon vous, le plus marqué la vie des Français ? (1)		
	%	Rang
Le chômage	40	1
Les délocalisations et fermetures d'usines	33	2
Le SIDA	26	3
Les attentats terroristes	24	4
L'insécurité	19	5
La violence dans les banlieues	17	6
La hausse du prix de l'essence	12	7
La pollution, les accidents climatiques (tempêtes, sècheresse, …)	10	8
Les épidémies internationales (la vache folle, le SRAS, la grippe aviaire, …)	8	9
La crise du système éducatif français	7	10
Sans opinion	1	11

(1) Le total des % est supérieur à 100, les personnes interrogées ayant pu donner deux réponses.

Les faits positifs marquants dans la vie des Français

Question : Voici une liste de faits, considérés généralement comme positifs, qui se sont passés au cours des 25 dernières années. Quels sont les deux qui, selon vous, ont le plus marqué la vie des Français ? (1)		
	%	Rang
L'introduction de l'Euro	47	1
La réduction du temps de travail	42	2
L'avènement des nouvelles technologies (ordinateur, Internet, téléphone mobile…)	36	3
Les manifestations de solidarité (Restos du coeur, Téléthon, bénévolat, …)	16	4
La baisse du nombre de morts sur les routes	14	5
La fin du service militaire obligatoire	12	6
La victoire de l'équipe de France de football à la Coupe du monde	11	7
L'amélioration des moyens de transport (TGV, autoroutes, …)	8	8
La création du PACS	4	9
La création de SOS Racisme	2	10
La généralisation des billets d'avion à bas prix	1	11
Sans opinion	1	

(1) Le total des % est supérieur à 100, les personnes interrogées ayant pu donner deux réponses.

Une Peugeot

Le TGV (Train à grande vitesse)

La Concorde

Les faits historiques marquants dans le monde

Question : Au total, selon vous, qu'est-ce que l'Histoire retiendra, parmi les dix événements suivants de ces 25 dernières années, que ce soit en France ou dans le monde ? (1)

	%	Rang
Les attentats du 11 sept 2001 aux Etats-Unis et le terrorisme lié à Al Quaida	55	1
La chute du mur de Berlin et des régimes communistes à l'Est	39	2
La catastrophe de Tchernobyl	25	3
La montée des intégrismes religieux	20	4
La construction européenne et l'Euro	19	5
Les conflits du Moyen-Orient (Israël, Liban, Iran, Irak, …)	10	6
L'émergence des pays d'Asie, de la Chine	9	7
Les génocides ou massacres de population (Rwanda, Ex-Yougoslavie, …)	8	8
Les famines en Afrique (Ethiopie, Somalie, Soudan, …)	6	9
La domination américaine	5	10
Sans opinion	1	

(1) Le total des % est supérieur à 100, les personnes interrogées ayant pu donner deux réponses.

Les évolutions souhaitées pour les 25 prochaines années

Question : Enfin, parmi les évolutions suivantes, possibles au cours des 25 prochaines années, quelles sont celles que vous souhaitez le plus, pour vous personnellement ? (1)

	%	Rang
Les énergies renouvelables	56	1
L'allongement de la durée de la vie	35	2
Les bénéfices des découvertes en médecine génétique (thérapie génique, technique du clonage, …)	26	3
La maîtrise du climat par l'homme	22	4
La voiture électrique	20	5
Un rôle plus important de la spiritualité	9	6
La dépénalisation des drogues douces (cannabis)	4	7
L'anglais devenu la langue universelle	3	8
Les voyages personnels dans l'Espace	3	8
Les résidences sous l'eau	1	10
Sans opinion	1	

(1) Le total des % est supérieur à 100, les personnes interrogées ayant pu donner deux réponses.

Les découvertes marquantes
en matière de santé

Question : Dans le domaine de la santé, quelles sont selon vous les découvertes des 25 dernières années les plus importantes pour l'humanité ? Et quelles sont les découvertes des 25 dernières années les plus importantes pour vous ? (1)					
	Pour l'humanité		Pour soi-même		Diff. (en points)
	%	Rang	%	Rang	
Les progrès de l'imagerie médicale (scanner, IRM, échographie)	49	1	47	1	2
Les trithérapies pour le sida	44	2	30	4	14
Le développement de la médecine préventive (vaccins contre la grippe, dépistage des cancers du sein, …)	38	3	37	2	1
Le décryptage du génome humain (ADN)	37	4	27	5	10
Une meilleure prise en compte de la douleur	29	5	33	3	4
Les progrès de la médecine cardiaque	29	5	27	5	2
La multiplication des greffes	28	7	22	8	6
La chirurgie endoscopique (sans à avoir à ouvrir)	20	8	24	7	4
La lutte contre le tabagisme	16	9	13	10	3
Les médicaments génériques	15	10	14	9	1
La lutte contre l'alcoolisme	10	11	9	13	1
Les perfectionnements des prothèses	9	12	12	11	3
Le clonage des animaux (la brebis Dolly)	6	13	4	15	2
L'essor des médecines douces	6	13	10	12	4
Les OGM (Organismes Génétiquement Modifiés)	6	13	4	15	2
Les anti-dépresseurs	4	16	5	14	1
Le développement des psychothérapies	2	17	4	15	2
Les lentilles de contact jetables	2	17	3	18	1
La chirurgie esthétique (liposuccion, collagène, implants mammaires, …)	2	17	2	19	=
Le Viagra	1	20	1	20	=
Sans opinion	1		2		

(1) Le total des % est supérieur à 100, les personnes interrogées ayant pu donner quatre réponses.

Les nouveaux objets
indispensables au quotidien

Question : Parmi les dix objets suivants, créés ou développés au cours des 25 dernières années, quels sont les deux qui ont le plus d'importance dans votre vie quotidienne ? (1)

	%	Rang
Le téléphone mobile	53	1
L'ordinateur personnel à la maison	38	2
Le four à micro ondes	35	3
Les D.A.B (distributeurs automatiques de billets)	30	4
Les nouveaux supports numériques (CD, DVD, MP3,…)	11	5
La photo numérique	5	6
Les produits jetables (appareils photo, rasoirs, lingettes,…)	5	6
Les machines à café dans les lieux de travail	4	8
Le post it	2	8
Les jeux vidéo	2	10
Sans opinion	3	

(1) Le total des % est supérieur à 100, les personnes interrogées ayant pu donner deux réponses.

Les nouveaux services
indispensables au quotidien

Question : Et parmi les dix services suivants, quels sont les deux qui ont le plus d'importance dans votre vie quotidienne? (1)

	%	Rang
La carte bleue	54	1
La télévision par câble, satellite ou ADSL	29	2
Internet, pour surfer ou acheter sur le réseau	24	3
Le hard discount (supermarchés à très bas prix)	24	3
Les produits surgelés	15	5
La messagerie électronique pour échanger des mails	13	6
Les produits bio	8	7
Les aliments allégés	4	8
Les quotidiens gratuits	3	8
La livraison de plats (pizzas, etc) à domicile	2	10
Sans opinion	5	

(1) Le total des % est supérieur à 100, les personnes interrogées ayant pu donner deux réponses.

© TNS Sofres. 3 janvier 2006

B **Langage.** Reliez les phrases suivantes avec les équivalents en langage familier.

_____ 1. Est-ce que tu as un polaroid ?
_____ 2. C'est drôle !
_____ 3. C'est étrange !
_____ 4. J'ai très peur !
_____ 5. Il n'y a pas de problème.
_____ 6. Tu es un peu hystérique.
_____ 7. Ça fait très mal !
_____ 8. Ça sent mauvais.
_____ 9. Le propriétaire adore sa voiture.
_____ 10. Couchez-vous !

A. C'est okay !
B. Ça puire !
C. Ça fait hyper mal !
D. C'est dingue !
E. Au dodo !
F. J'ai la trouille !
G. Le proprio adore sa bagnole.
H. C'est bizarre !
I. T'es un peu hystéro !
J. T'as un pola ?

C **Culture populaire.** Cochez les noms qui correspondent aux éléments culturels du film.

_____ la musique
_____ la religion
_____ le langage
_____ les loisirs
_____ le cinéma
_____ le comportement
_____ la famille

_____ l'éducation
_____ les transports
_____ la nourriture
_____ les sports
_____ les voyages
_____ les classes sociales
_____ l'environnement

_____ la politique
_____ la technologie
_____ le confort moderne
_____ la télévision
_____ la mode
_____ les métiers

Liens !

Est-ce que les autres films que vous avez vus parlent de culture populaire ? Réfléchissez aux éléments culturels dans *Les Triplettes de Belleville,* dans *Le Papillon* et dans *Etre et avoir.* Est-ce que Poiré présente la culture populaire comme les autres réalisateurs la présentent ? Expliquez.

D **D'accord ou pas d'accord ?** Indiquez si vous êtes d'accord ou si vous n'êtes pas d'accord avec les phrases suivantes. Expliquez votre choix.

1. *Les Visiteurs* est un film qui représente bien la culture française contemporaine.
2. Le film représente bien la culture française du Moyen Age.
3. Le film est fidèle à l'histoire de France.
4. Les personnages représentent bien certaines classes sociales françaises.
5. Les personnages sont trop stéréotypés.
6. Le film utilise un langage contemporain et à la mode.
7. Les modes des années 90 et du Moyen Age sont mal représentées dans le film.

Liens !

Est-ce qu'on peut dire que *Les Triplettes de Belleville* représente bien la langue, les modes et la musique des années 1940 et 1950 ? Est-ce que les personnages sont trop clichés ? Expliquez.

Est-ce que *Le Papillon* et *Etre et avoir* représentent bien la culture contemporaine française ? Comment ? Citez des exemples précis des deux films !

E **En général.** Répondez aux questions suivantes. Ecrivez deux ou trois phrases.

1. Quelles classes sociales sont représentées dans le film ? Citez un personnage qui correspond à chaque classe sociale.
2. Est-ce qu'il est possible de classer les gens selon les vêtements qu'ils portent ? Justifiez votre réponse avec des exemples du film.
3. Est-ce qu'il est possible de classer les gens selon où ils habitent ? Expliquez et citez des exemples du film.
4. Est-ce qu'il est possible de classer les gens selon leurs métiers ? Justifiez votre réponse avec des exemples du film.
5. Est-ce que le film a une valeur culturelle ? Expliquez.

F **Aller plus loin.** Ecrivez un paragraphe pour répondre aux questions suivantes.

1. Décrivez le dîner en famille chez Béatrice. Est-ce que le dîner est un dîner typiquement français ? Comment est un dîner typique chez vous ? Comparez le dîner chez Béatrice avec un dîner chez vous.
2. Comment est-ce que la vie du 12e siècle se différencie de la vie du 20e siècle ?
3. Décrivez un Preppie. Qu'est-ce qu'il porte ? Qu'est-ce qu'il fait comme métier ? Qu'est-ce qu'il trouve important dans la vie ? Est-ce que vous connaissez des gens Preppie ? Comment sont-ils ?
4. Les films ont une influence importante sur la culture et sur le langage contemporains. Pensez aux films qui ont une influence sur la culture. Quelles sortes d'influences est-ce qu'on voit ? Est-ce que cette influence est toujours positive ? Expliquez.
5. Pensez aux années 1990. Qu'est-ce qui est à la mode ? Comment est-ce qu'on s'habille, quelles expressions est-ce qu'on utilise, qu'est-ce qu'on écoute comme musique, de quels films est-ce qu'on parle ? Est-ce qu'il y a toujours des restes de ces influences ? Expliquez.

6. Est-ce que l'histoire de France joue un rôle dans le film ? Quels événements historiques sont essentiels à l'intrigue ? Est-ce qu'on pourrait ajouter d'autres faits historiques ? Lesquels ? Expliquez.
7. Les magiciens et les sorcières jouent un rôle important dans le film. Comment est-ce qu'ils sont perçus au 12e siècle ? Est-ce qu'ils existent au 21e siècle ? Comment est-ce qu'ils sont perçus au 21e siècle ?

Liens !

Pensez aux films *Le Papillon* et *Etre et avoir* et répondez aux questions suivantes :

A quelle classe sociale est-ce qu'Isabelle et Elsa appartiennent ? Est-ce que leurs vêtements, leur maison ou le métier d'Isabelle indiquent leur classe sociale ? Expliquez. Quelle est la valeur culturelle du film ?

A quelle classe sociale est-ce que les familles d'*Etre et avoir* appartiennent ? Est-ce que Monsieur Lopez appartient à la même classe sociale ? Expliquez. Est-ce que les vêtements, les maisons, les voitures ou les métiers indiquent la classe sociale des familles et de Monsieur Lopez ? Expliquez. Quelle est la valeur culturelle du film ?

Recherches

Faites des recherches sur les sujets suivants.

A **Vive les vacances !** Vous faites un stage pour *La Maison de France* et vous êtes chargé/e de développ une brochure sur Montmirail. Préparez votre brochure selon les rubriques suivantes.

▶ Population
▶ Géographie
▶ Climat
▶ Hébergement
▶ Restauration
▶ Activités touristiques
▶ Musées et monuments

B **Châteaux.** Les châteaux jouent un rôle important dans l'histoire de France. Aujourd'hui, les châte sont des musées, des sites historiques, des maisons particulières, etc. Préparez un exposé de 3 – 5 minutes qui montre l'évolution des châteaux. Présentez vos recherches à vos camarades de classe. Utilisez les rubriques suivantes pour organiser votre exposé.

▶ L'histoire des châteaux et leur évolution
▶ Des forteresses du Moyen Age
▶ Leur statut aujourd'hui
  ◆ Musées nationaux
  ◆ Sites / monuments historiques
  ◆ Maisons particulières / hôtels
  ◆ Ruines ou autre

C   **Vive la révolution !** Comment est-ce que la Révolution française a changé la vie des Français ? Vous préparez un dépliant pour *Le Musée National de la Révolution française* pour aider les visiteurs à comprendre l'importance de la Révolution. Traitez chaque sujet ci-dessous.

- ▶ Dates et raisons pour la Révolution
- ▶ Personnages principaux
- ▶ Droits de l'homme avant et après la révolution
- ▶ Ce que la Révolution a changé.

D   **Confort moderne.** Le Moyen Age est très différent du 21ᵉ siècle en ce qui concerne le confort moderne. Vous faites une étude comparative sur les différences. Préparez une page sur le Moyen Age et une page sur le 21ᵉ siècle. Lisez les questions suivantes pour vous aider à préparer votre étude.

- ▶ Qu'est-ce qui a changé pour les gens au cours des siècles ?
- ▶ Est-ce que la vie est plus facile aujourd'hui ? Qu'est-ce qui est plus facile ? Pourquoi ?
- ▶ Comment est-ce que le confort moderne rend la vie plus facile ? Expliquez.
- ▶ Quels services et quelles technologies sont indispensables au 21ᵉ siècle ? Expliquez.
- ▶ Est-ce que vous voudriez pouvoir vivre au Moyen Age ? Expliquez.

E   **Cinéma.** Les acteurs du film *Les Visiteurs* sont connus. Cherchez-les sur l'Internet et préparez une fiche d'identité pour votre personnage préféré. Comparez cette fiche d'identité avec celle que vous avez préparée sur le rôle qu'il ou qu'elle joue dans le film.

Fiche d'identité

Biographie

    Nom :
    Prénom :
    Nationalité :
    Date de naissance :
    Lieu de naissance :
    Situation de famille :
    Lieu de résidence :
    Loisirs

Filmographie

César

Présentation des films

Documents

BCBG - France

LE LANGAGE BCBG

Plus BCBG que ça et vous devenez snob. Pour articuler des mots et y mettre la juste intonation BCBgiste, il vous faudra un peu d'oreille et surveiller votre langage. Toutes les syllabes que forment vos paroles doivent être énoncées clairement. Parlez lentement et distinctement pour anoblir notre belle langue française et faites semblant de vous brûler la langue sur chacun de vos mots : - «Parfait, vous êtes dans le ton !».

COMMENT S'EXPRIMER

Le silence est d'or et la parole est d'argent ! Le seul fait de savoir s'exprimer devrait suffire pour communiquer en société. Un langage de base comporte environ 4.500 mots mais on peut faire beaucoup mieux. Il suffit d'emprunter quelques expressions «very british» et autres abréviations ou apostrophes bien pesées et le tour est joué.

LEXIQUE INDISPENSABLE

Repeat after me ...

Absolument : adv., complètement, sans restriction. Peut remplacer le oui en réponse à une question ou bien augmenter la marque d'un sentiment très profond. *Ex. : «Je suis absolument désolé».*

Adorable : adj. syn. de mignon, charmant. Qualifie un animal, un enfant ou un objet. *Ex. : «Son fils est absolument adorable».*

Ami : nom propre très BCBG. Prononcer «Aâmii». Les noms communs seront copains, camarades, etc... qu'il vaut mieux oublier de son vocabulaire *Ex. : «Cher ami, comment allez-vous ?».*

Boîte : n. f., la société dans laquelle travaille Monsieur BCBG. *Ex. : «Ma boîte marche très bien en ce moment».*

Boulot : n. m., terme vulgaire pour parler de son travail hormis lors de l'expression familière suivante: *Ex. : «J'ai un boulot dingue en ce moment!». Voir dingue*.*

Brunch : mot anglo-américain, contraction de breakfast-lunch, petit déjeuner - déjeuner pris entre 11 heures et 14 heures, le plus souvent le week-end.

Carré : le foulard noblement porté par une personne BCBG. *Ex. : «J'ai un nouveau carré Hermès».*

Carton : anciennement bristol qui désigne une invitation.

Catastrophique : adj., se prononce en accentuant chaque syllabe. Signifie au pire très ennuyeux, gênant, embarrassant. *Ex. : «C'est ca-tas-tro-phi-que, je n'ai plus de porto !».*

Caviar : Oeufs d'esturgeon. On en parle beaucoup mais on en mange plus rarement. Les oeufs de lump (ersatz fréquent dans les buffets).

C'est cela, oui ! : Acquiescement sincère mais à connotation humoristique à utiliser avec modération.

Cercle : Un club mais BCBG. Le mot «Cercle» évoque mieux le côté élitiste que le mot club.

Chiant : adj. très ennuyeux. *Ex. : «Les Dugenou sont chiants».*

Chier (faire) : v. vulgaire ; ennuyer profondément. Les anciens le disent, donc les jeunes le répètent !

Chiottes : n. f. pl., mot très vulgaire désignant les W.C., les wawa, les toilettes, l'endroit où l'on se lave les mains. *Ex. au figuré : «Il a un goût de chiottes» : Il a un très mauvais goût.*

Classe : Etre ou ne pas être BCBG, telle est la question. Si vous l'êtes, vous l'avez : «la classe» !

Club : Club de sport ou boîte de nuit. Autre : Voir cercle*.

Conseil : Conseil d'administration.

CPCH : Collier de Perles, Carré Hermès ; abréviation qui désigne les jeunes filles de 18 ans qui, chez les BCBG, reçoivent leur premier collier de perles et leur premier foulard Hermès. Voir Carré*.

Décontract' : adj. abréviation de décontracté, syn. de cool. *Ex. : «Quand les parents sont là on n'est pas décontract'.»*

Dehors : 1) : Signifie à l'extérieur de la maison, sur la terrasse comme dans le parc. *Ex. : «Ce soir, le dîner est servi dehors».* 2) à l'extérieur de chez soi, chez des amis. *Ex. : « Nous dînons dehors.»*

Déjeuner : v. Prendre le repas de midi. On ne mange* pas !

Dément : adj. 1) fou, incroyable, fantastique (sens laudatif). *Ex. : «Il habite un loft dément».* 2) sens péjoratif : excessif. *Ex. : «Philippine a un travail dément». Voir dingue*.*

Désolé : adj. signifie confus, navré. *Ex. : «Je suis absolument désolé, mais nous sommes déjà pris ce soir là.»*

Deuche : Appellation BCBG de la 2CV Citroën, la première des décapotables, aujourd'hui disparue.

Dîner : v. Prendre le repas du soir. *Ex. : « Nous dînons chez des amis»* - Attention : on ne mange pas chez des amis.

Dingue : adj. énorme. *Ex. : «Charles-Henri a un boulot dingue !»* Expression plus représentative que le simple: «J'ai beaucoup de travail.»

Epouvantable : adj. triste, atroce. Se prononce E-POU-VAN-TA-BLE. *Ex. : «Ce qui leur arrive est épouvantable.»*

Fauché : adj. sans argent, démuni. Dans ce cas, les BCBG n'en parlent pas !

Génial : adj. superlatif de bien, au delà d'épatant et de sensass et plus fort qu'hyper sympa*.

Gens : n. m. pl. qui désigne la foule, la masse, les autres. *Ex. : «Ces gens sont pas possibles»* Traduction: Ces gens ne sont pas fréquentables.

Habité : Bien habité signifie habité par des BCBG. Contraire : mal habité.

Job : n. m. mot anglais désignant une occupation professionnelle, pas un travail et encore moins une place !

Laver (se laver les mains) : Circonlocution, «où peut-on se laver les mains ?» signifiant «où sont les W.C. ? Voir aussi chiottes, wawa, toilettes*.

Look : n. m. emprunté à la langue anglaise désignant un style vestimentaire et l'apparence générale. *Ex. : «Il a un look BCBG mais juste le look.»*

Maison : n. f. désignant l'endroit où l'on habite, qu'il soit un appartement ou un château. On dit : «Venez dîner à la maison, vendredi soir !».

Manger : ne s'emploie jamais à propos d'un repas (on dit prendre son petit-déjeuner, déjeuner et dîner) mais à propos d'un mets. *Ex. : «J'adore manger du caviar».*

Merde : juron souvent employé par les BCBG. Pour plus de raffinement, utilisez le : «Merde, quoi»!

Méribel : la station de ski familiale BCBG. Les bonnes familles y possèdent un chalet, les autres n'y ont que des habitudes.

NAP : abréviation de Neuilly-Auteuil-Passy et qualificatif des habitants de ces quartiers. Désigne aussi la jeunesse dorée qui s'habille avec la panoplie BCBG.

Parents (les) : n. m. pl. entité désignée ainsi pour faire plus adulte que «papa et maman», moins snob que «père et mère» chez les BCBG.

Plouc : désigne le contraire du BCBGisme. Expression péjorative désignant les nouveaux riches, les BOF (beurre-oeufs-fromage) ou bien ce qui est l'apanage des ploucs : le mauvais goût.

Possible : adj. toujours employé avec la forme négative : «Un quartier pas possible» signifiant : pas habitable.

Preppy : le BCBG "made in USA". Les preppies ont apporté les Docksides, les pantalons à carreaux, les chemises Oxford, les MBA à Harvard. Ils ont près de chez eux un Gourmet Shop où ils achètent de la moutarde de Dijon et fréquentent un vrai restaurant français qui leur vend de la baguette. Ils boivent du Beaujolais nouveau qui pourrait bien provenir de France. En tout cas, ils connaissent le Chianti.

Rallye : n. m. 1) ensemble de soirées mondaines, dansantes ; également rallye-bridge ou rallye-théâtre. 2) accessoirement, épreuve automobile sur route.

Saint-Barth : Saint-Barthélémy, petite île des F.W.I. (French West Indies) au large de la Guadeloupe où il faut passer quelques jours en janvier !

Salut ! : formule de politesse des jeunes BCBG entre eux. A ne surtout pas employer avec Père ou Bonne Maman.

Sloane Ranger : les BCBG anglais (en abrégé S.R.). Ils aiment Paris et le S. of F. (South of France) du Lavandou à Grasse, Val d'Isère, Bordeaux, Biarritz et la Dordogne. Ils appellent les BCBG «Les Frogs».

Sloane Square : C'est le centre du monde pour les Sloane Rangers car c'est la place de Londres S.W.I. qu'il faut habiter. Les distances se mesurent à partir de Sloane Square.

Smoking : Tenue de soirée pour les hommes.

Sortable : adj. pas sortable ; que l'on ne peut pas sortir ou montrer tant la personne est vulgaire. *Ex. : «Son amie n'est pas sortable.»*

Sympa : adj. abrégé et familier de sympathique. Mot très employé pour qualifier des personnes, des lieux, une ambiance, un objet. *Ex. : «Cette soirée était très sympa» ; contraire : «pas possible.»*

Tenue de soirée : mention figurant sur un carton* d'invitation signifiant smoking pour les hommes et robe du soir pour les femmes.

Tout à fait : Exprime un accord ou une approbation. *Ex. : «Il est tout à fait présentable».*

Molière s'est inspiré du *Vilain Mire* pour écrire sa comédie-farce en trois actes, *Le Médecin malgré lui*. Comme le fabliau du Moyen Age, le but de la farce est de faire rire les auditeurs à partir des bouffonneries ou de l'absurde. Les trois premières scènes sont présentées ici.

Le Médecin malgré lui

Molière, 1666

ACTEURS

SGANARELLE, *mari de Martine*
MARTINE, *femme de Sganarelle*
M. ROBERT, *voisin de Sganarelle*
VALÈRE, *domestique de Géronte*
LUCAS, *mari de Jacqueline*
JACQUELINE, *nourrice chez*
   Géronte / femme de Lucas
GÉRONTE, *père de Lucinde*
LUCINDE, *fille de Géronte*
LÉANDRE, *amant de Lucinde*
THIBAUT, *père de Perrin*
PERRIN, *fils de Thibaut, paysan*

ACTE I
Scène Première

SGANARELLE, MARTINE, en se querellant.

SGANARELLE	Non je te dis que je n'en veux rien faire; et que c'est à moi de parler et d'être le maître.
MARTINE	Et je te dis moi, que je veux que tu vives à ma fantaisie: et que je ne me suis point mariée avec toi, pour souffrir tes fredaines.
SGANARELLE	Ô la grande fatigue que d'avoir une femme: et qu'Aristote a bien raison, quand il dit qu'une femme est pire qu'un démon !
MARTINE	Voyez un peu l'habile homme, avec son benêt d'Aristote.
SGANARELLE	Oui, habile homme, trouve-moi un faiseur de fagots, qui sache, comme moi, raisonner des choses, qui ait servi six ans, un fameux médecin, et qui ait su dans son jeune âge, son rudiment par coeur.
MARTINE	Peste du fou fieffé.
SGANARELLE	Peste de la carogne.
MARTINE	Que maudit soit l'heure et le jour, où je m'avisai d'aller dire oui.

SGANARELLE	Que maudit soit le bec cornu de notaire qui me fit signer ma ruine.
MARTINE	C'est bien à toi, vraiment, à te plaindre de cette affaire: devrais-tu être un seul moment, sans rendre grâces au Ciel de m'avoir pour ta femme, et méritais-tu d'épouser une personne comme moi?
SGANARELLE	Il est vrai que tu me fis trop d'honneur: et que j'eus lieu de me louer la première nuit de nos noces. Hé! morbleu, ne me fais point parler là-dessus, je dirais de certaines choses...
MARTINE	Quoi? que dirais-tu?
SGANARELLE	Baste, laissons là ce chapitre, il suffit que nous savons ce que nous savons: et que tu fus bien heureuse de me trouver.
MARTINE	Qu'appelles-tu bien heureuse de te trouver? Un homme qui me réduit à l'hôpital, un débauché, un traître qui me mange tout ce que j'ai?
SGANARELLE	Tu as menti, j'en bois une partie.
MARTINE	Qui me vend, pièce à pièce, tout ce qui est dans le logis.
SGANARELLE	C'est vivre de ménage.
MARTINE	Qui m'a ôté jusqu'au lit que j'avais.
SGANARELLE	Tu t'en lèveras plus matin.
MARTINE	Enfin qui ne laisse aucun meuble dans toute la maison.
SGANARELLE	On en déménage plus aisément.
MARTINE	Et qui du matin jusqu'au soir, ne fait que jouer, et que boire.
SGANARELLE	C'est pour ne me point ennuyer.
MARTINE	Et que veux-tu pendant ce temps, que je fasse avec ma famille?
SGANARELLE	Tout ce qu'il te plaira.
MARTINE	J'ai quatre pauvres petits enfants sur les bras.

SGANARELLE	Mets-les à terre.
MARTINE	Qui me demandent à toute heure, du pain.
SGANARELLE	Donne-leur le fouet. Quand j'ai bien bu, et bien mangé, je veux que tout le monde soit saoul dans ma maison.
MARTINE	Et tu prétends ivrogne, que les choses aillent toujours de même?
SGANARELLE	Ma femme, allons tout doucement, s'il vous plaît.
MARTINE	Que j'endure éternellement, tes insolences, et tes débauches?
SGANARELLE	Ne nous emportons point ma femme.
MARTINE	Et que je ne sache pas trouver le moyen de te ranger à ton devoir?
SGANARELLE	Ma femme, vous savez que je n'ai pas l'âme endurante: et que j'ai le bras assez bon.
MARTINE	Je me moque de tes menaces.
SGANARELLE	Ma petite femme, ma mie, votre peau vous démange, à votre ordinaire.
MARTINE	Je te montrerai bien que je ne te crains nullement.
SGANARELLE	Ma chère moitié, vous avez envie de me dérober quelque chose.
MARTINE	Crois-tu que je m'épouvante de tes paroles?
SGANARELLE	Doux objet de mes vœux, je vous frotterai les oreilles.
MARTINE	Ivrogne que tu es.
SGANARELLE	Je vous battrai.
MARTINE	Sac à vin.
SGANARELLE	Je vous rosserai.
MARTINE	Infâme.
SGANARELLE	Je vous étrillerai.
MARTINE	Traître, insolent, trompeur, lâche, coquin, pendard, gueux, belître, fripon, maraud, voleur...!
SGANARELLE	*Il prend un bâton, et lui en donne.-* Ah! vous en voulez, donc.
MARTINE	Ah, ah, ah, ah.
SGANARELLE	Voilà le vrai moyen de vous apaiser.

SCÈNE II
M. ROBERT, SGANARELLE, MARTINE.

M. ROBERT	Holà, holà, holà, fi, qu'est-ce ci ? Quelle infamie, peste soit le coquin, de battre ainsi sa femme.
MARTINE	*Les mains sur les côtés, lui parle en le faisant reculer, et à la fin, lui donne un soufflet.-* Et je veux qu'il me batte, moi.
M. ROBERT	Ah! j'y consens de tout mon cœur.
MARTINE	De quoi vous mêlez-vous?
M. ROBERT	J'ai tort.
MARTINE	Est-ce là votre affaire?
M. ROBERT	Vous avez raison.
MARTINE	Voyez un peu cet impertinent, qui veut empêcher les maris de battre leurs femmes.
M. ROBERT	Je me rétracte.
MARTINE	Qu'avez-vous à voir là-dessus?
M. ROBERT	Rien.
MARTINE	Est-ce à vous, d'y mettre le nez?
M. ROBERT	Non.
MARTINE	Mêlez-vous de vos affaires.
M. ROBERT	Je ne dis plus mot.
MARTINE	Il me plaît d'être battue.
M. ROBERT	D'accord.
MARTINE	Ce n'est pas à vos dépens.
M. ROBERT	Il est vrai.
MARTINE	Et vous êtes un sot, de venir vous fourrer où vous n'avez que faire.
M. ROBERT	*Il passe ensuite vers le mari, qui, pareillement, lui parle toujours, en le faisant reculer, le frappe avec le même bâton, et le met en fuite, il dit à la fin.-* Compère, je vous demande pardon de tout mon cœur, faites, rossez, battez, comme il faut, votre femme, je vous aiderai si vous le voulez.
SGANARELLE	Il ne me plaît pas, moi.
M. ROBERT	Ah! c'est une autre chose.
SGANARELLE	Je la veux battre, si je le veux: et ne la veux pas battre, si je ne le veux pas.
M. ROBERT	Fort bien.
SGANARELLE	C'est ma femme, et non pas la vôtre.
M. ROBERT	Sans doute.
SGANARELLE	Vous n'avez rien à me commander.
M. ROBERT	D'accord.
SGANARELLE	Je n'ai que faire de votre aide.
M. ROBERT	Très volontiers.
SGANARELLE	Et vous êtes un impertinent, de vous ingérer des affaires d'autrui: apprenez que Cicéron dit, qu'entre l'arbre et le doigt, il ne faut point mettre l'écorce. *(Ensuite il revient vers sa femme, et lui dit, en lui pressant la main)* Ô çà faisons la paix nous deux. Touche là.
MARTINE	Oui! après m'avoir ainsi battue!
SGANARELLE	Cela n'est rien, touche.
MARTINE	Je ne veux pas.
SGANARELLE	Eh!
MARTINE	Non.

SGANARELLE	Ma petite femme.
MARTINE	Point.
SGANARELLE	Allons, te dis-je.
MARTINE	Je n'en ferai rien.
SGANARELLE	Viens, viens, viens.
MARTINE	Non, je veux être en colère.
SGANARELLE	Fi, c'est une bagatelle, allons, allons.
MARTINE	Laisse-moi là.
SGANARELLE	Touche, te dis-je.
MARTINE	Tu m'as trop maltraitée.
SGANARELLE	Eh bien va, je te demande pardon, mets là, ta main.
MARTINE	*Elle dit le reste bas.-* Je te pardonne, mais tu le payeras.
SGANARELLE	Tu es une folle, de prendre garde à cela. Ce sont petites choses qui sont, de temps en temps, nécessaires dans l'amitié: et cinq ou six coups de bâton, entre gens qui s'aiment, ne font que ragaillardir l'affection. Va je m'en vais au bois: et je te promets, aujourd'hui, plus d'un cent de fagots.

SCÈNE III

MARTINE	*Seule.-* Va, quelque mine que je fasse, je n'oublie pas mon ressentiment: et je brûle en moi-même, de trouver les moyens de te punir des coups que tu me donnes. Je sais bien qu'une femme a toujours dans les mains de quoi se venger d'un mari: mais c'est une punition trop délicate pour mon pendard. Je veux une vengeance qui se fasse un peu mieux sentir: et ce n'est pas contentement, pour l'injure que j'ai reçue.

chapitre 5
L'Auberge espagnole

Avant le visionnement

Notes culturelles

Carte de l'Union européenne, (Les 27 pays membres sont en bleu et les futurs pays membres sont en rose.)

L'Union Européenne

En 1957, six pays (la Belgique, la RFA (l'Allemagne de l'ouest), la France, l'Italie, le Luxembourg et les Pays-Bas) ont signé *le Traité de Rome* qui a instauré la Communauté Economique Européenne et qui a donné naissance à l'Union européenne. Actuellement, l'Union européenne compte 25 pays membres et les discussions sur les pays membres futurs, sur la politique, sur l'économie et sur l'identité européenne continuent.

Dans *L'Auberge espagnole,* Klapisch présente une «micro-Europe» où les personnages rencontrent ces mêmes difficultés.

Le Parlement Européen à Strasbourg

Fiche technique

Réalisation :	Cédric Klapisch
Musique originale :	Cyril Moisson
Autre musique :	Ardag (*Cambia la vida*) ; Frédéric Chopin (*Valse Op.64 No.2*) ; Ry Cooder et Ali Farka Touré (*Ail Du*) ; Loïc Dury (*Urquinaona* et *Le rêve de l'hippocampe*) ; Colin Greenwood, Jonny Greenwood, Ed O'Brien, Phil Selway et Thom Yorke (*No Surprises*) ; Jean-Baptiste Lully (*Te Deum*)
Année de production :	2002
Durée :	2 h 02
Genre :	Comédie dramatique / romantique
Date de sortie nationale :	18/12/2002

Profil: Cédric Klapisch

réalisateur
Né le 4 septembre 1961 à Paris

Mini-biographie
Après avoir fait une licence et une maîtrise en France, Klapisch a poursuivi un Master of Fine Arts à New York University. Pendant son séjour aux Etats-Unis, il a réalisé plusieurs courts métrages. En 1989, Klapisch est retourné en France où il a réalisé d'autres courts métrages et où il a commencé à réaliser des longs métrages. En 1995, il a fait son premier film avec Romain Duris qui est devenu un de ses acteurs préférés et avec qui il continue à travailler.

Filmographie

1992	Rien du tout	1999	Peut-être
1993	Le Péril jeune	2001	L'Auberge espagnole
1995	Chacun cherche son chat	2002	Ni pour ni contre bien au contraire
1996	Un Air de famille	2005	Les Poupées russes

Synopsis

Xavier, un étudiant français de 25 ans, espère obtenir un poste au Ministère des finances mais il faut d'abord qu'il étudie l'économie espagnole et qu'il maîtrise l'espagnol. Il décide donc de faire sa dernière année d'études supérieures à Barcelone. Il quitte la France, sa famille et sa petite amie avec laquelle il sort depuis 4 ans. Son séjour commence mal mais grâce à six étrangers et à l'auberge espagnole, il arrive à se débrouiller. Voilà son histoire…

Note : *L'Auberge espagnole* est classé «R» aux Etats-Unis.

Personnages

Personnages principaux

Xavier	Romain Duris
Alessandro	Federico D'Anna
Isabelle	Cécile de France
Lars	Christian Pagh
Soledad	Cristina Brondo
Tobias	Barnaby Metschurat
Wendy	Kelly Reilly
William	Kevin Bishop

Personnages secondaires

la mère de Xavier	Martine Demaret
Martine	Audrey Tautou
Anne-Sophie	Judith Godrèche
Jean-Michel	Xavier De Guillebon
Jean-Charles Perrin	Wladimir Yordanoff
Alistair	Iddo Goldberg
Neus	Irene Montalà
Juan	Javier Coromina
M. Cucurull (le propriétaire)	Père Abello
le professeur	Père Sagrista

Profil: Romain Duris

acteur
Né le 28 mai 1974 à Paris

Mini-biographie
Après son bac, Duris a suivi des cours de dessin à l'école Duperré. Il a été remarqué par un directeur de casting et il a débuté dans le film *Mademoiselle Personne* (un film qui n'est jamais sorti en salle). Après ce film, il a fait *Le Péril jeune* de Cédric Klapisch (son premier vrai film). Depuis son début avec Klapisch, Duris a fait quatre films avec le réalisateur. Il est aujourd'hui l'un des acteurs les plus populaires de sa génération..

Ses films avec Klapisch

1993	Le Péril jeune	2001	L'Auberge espagnole
1995	Chacun cherche son chat	2005	Les Poupées russes
1999	Peut-être		

Vocabulaire

Les gens

l'amant/e	lover	le/la fonctionnaire	civil servant, state employee
le/la colocataire	roommate, co-tenant	le/la neurologue	neurologist
l'écrivain/e	writer, author	le/la petit/e ami/e	boyfriend/girlfriend
l'étudiant/e	student	le/la propriétaire	owner

Les nationalités

allemand/e	German	danois/e	Danish
anglais/e	English	espagnol/e	Spanish
belge	Belgian	européen/ne	European
castillan/e	Castilian	français/e	French
catalan/e	Catalan	italien/ne	Italian

Les endroits

l'aéroport (*m*)	airport	la Belgique	Belgium
l'appartement (*m*)	apartment	la Catalogne	Catalonia
l'auberge (*f*)	inn	le Danemark	Denmark
le bureau	office	l'Espagne (*f*)	Spain
la fac (la faculté)	university	l'Europe (*f*)	Europe
l'Allemagne (*f*)	Germany	la France	France
l'Angleterre (*f*)	England	l'Italie (*f*)	Italy
Barcelone	Barcelona	l'Union européenne (*f*)	European Union

A la fac et au travail

le baccalauréat	high school diploma	les études supérieures (*f*)	higher education
le boulot (familier)	work	le formulaire	form
la bureaucratie	bureaucracy	les petites annonces (*f*)	classifieds
le dossier	dossier, file	le poste	job, position
l'économie (*f*)	Economics	le travail	job, work

Noms divers

l'arrivée (*f*)	arrival	le séjour	stay
l'aventure (*f*)	adventure, love affair	le téléphone	telephone
le coup de téléphone	telephone call	la traduction	translation
le départ	departure	l'union (*f*)	union
le loyer	rent		

Adjectifs

borné/e	narrow-minded	indépendant/e	independent
coincé/e (familier)	repressed, hung-up	intolérant/e	intolerant
confiant/e	confident	organisé/e	organized
décontracté/e	easy-going, relaxed	pénible	difficult
démonstratif/ive	demonstrative	renfermé/e	withdrawn
désordonné/e	disorderly, untidy, sloppy	sensible	sensitive
dominateur/trice	dominating	sympathique	nice, pleasant
farfelu/e	eccentric	tendu/e	tense, uptight

Verbes

agacer	to annoy	**partager**	to share
apprendre (à)	to learn (to)	**rendre visite à qqn.**	to visit a person
(se) comprendre	to understand (each other)	**résoudre**	to resolve
craindre	to fear, to dread	**rire**	to laugh
se débrouiller	to get by, to manage	**savoir**	to know
décoller	to take off (plane)	**suivre**	to follow
découvrir	to discover	**se taire**	to be quiet
draguer (familier)	to hit on	**traîner**	to drag
s'entendre avec	to get along with	**tromper**	to cheat (on someone)
gêner	to bother	**visiter**	to visit a place
se mettre à	to start to	**vivre**	to live
nager	to swim	**voir**	to see

Expressions diverses

assister à un cours	to attend a class	**passer un examen**	to take a test
avoir rendez-vous	to have a meeting	**poser sa candidature**	to apply
échouer à un examen	to fail a test	**réussir à un examen**	to pass a test
s'inscrire à un cours	to register for a class	**suivre un cours**	to take a class

Exercices de vocabulaire

Définitions. Reliez *le vocabulaire* ci-dessous avec les définitions qui correspondent.

Les gens	Les choses	Les endroits
a. un ami	f. une amitié	i. un appartement
b. un colocataire	g. une aventure	j. un bureau
c. un écrivain	h. une union	k. une faculté
d. un fonctionnaire		

_____ 1. une personne qui fait des études supérieures

_____ 2. un établissement d'enseignement supérieur

_____ 3. un sentiment d'affection qu'une personne a pour une autre personne

_____ 4. une association ou une combinaison de différentes choses ou personnes

_____ 5. un ensemble de pièces destiné à l'habitation

_____ 6. une personne qui loue un appartement avec d'autres personnes

_____ 7. une personne pour laquelle on a de l'affection

_____ 8. une personne qui est employée par l'Etat ou qui exerce une fonction publique

_____ 9. une personne qui écrit des romans, des poèmes, etc.

_____ 10. le lieu de travail des employés d'une administration ou d'une entreprise

Paris I - La Sorbonne

B **Familles de mots.** Complétez les rubriques suivantes avec *le vocabulaire* du film.

Université	
1. un diplôme	4.
2.	5.
3.	6.

Etudiant	
1. des études	4.
2.	5.
3.	6.

Travail	
1. un métier	4.
2.	5.
3.	6.

Logement	
1. un appartement	4.
2.	5.
3.	6.

Amis	
1. un camarade	4.
2.	5.
3.	6.

Europe	
1. un pays	4.
2.	5.
3.	6.

C **Interview.** Lisez l'interview suivante et complétez les activités de vocabulaire.

Cédric Klapisch

sur L'Auberge espagnole

Inspiration

Qu'est-ce qui a inspiré Klapisch pour écrire l'histoire de sept étudiants de nationalités différentes qui réussissent à vivre ensemble malgré leurs différences de culture et de langue ? Dans l'interview réalisée par Jean-Luc Brunet, Klapisch explique qu'il y a deux inspirations : «D'une part°, je suis allé voir ma soeur qui a fait *ERASMUS* il y a une dizaine d'années. Elle était à Barcelone où elle partageait un appartement avec 5 personnes. Suite à° un séjour d'une semaine là-bas, je me suis dit que ce serait vraiment un sujet de film super drôle [..]. »[1] Klapisch a aussi passé deux ans à New York. «J'y ai vécu° le fait d'être un étranger aux Etats-Unis. J'ai habité en colocation° et j'ai vécu un certain nombre de choses qui, dans le film, sont totalement autobiographiques. »[2]

Casting

Même avant d'écrire le scénario, Klapisch a fait le casting pour trouver les acteurs qui représenteraient les pays de son *auberge*. «Lorsque j'ai fait le casting à travers l'Europe, j'ai fait un peu comme Xavier en fait : je suis allé à Copenhague, à Rome, à Londres, à Barcelone. La rencontre avec une trentaine d'acteurs dans chaque pays m'a donné un panorama de qui sont les jeunes aujourd'hui et de ce qu'ils cherchent, même si ceux-là étaient avant tout des acteurs. »[3] Cette diversité a permis à Klapisch de jouer avec les clichés, surtout à partir de William, un jeune homme anglais. Klapisch explique : «C'est sûr que c'était pratique avec ce personnage de dire ce que tout le monde a en tête°, «*Les Allemands sont très*

on the one hand

following

experienced
living with roommates

is thinking

---

1 Brunet, Jean-Luc. «Cédric Klapisch, réalisateur de l'Auberge espagnole ». juin, 2000. Monsieur Cinéma. 27 jan 2007.
   http://cinema.aliceadsl.fr/ficheart.aspx?keys=AR015057&file=http&type=art.
2 Brunet, Jean-Luc. monsieurcinema.com, juin, 2000.
3 Ibid.

ordonnés, les Italiens sont bordéliques », et de voir à quel point il se trompe. [...] Evidemment il y a des types nationaux mais en même temps on ne peut pas catégoriser et caricaturer les gens comme ça. Le monde est heureusement plus complexe. » [4]

Direction

Comment Klapisch a-t-il réussi à diriger les acteurs de nationalités différentes ? Dans l'interview réalisé par Hervé, il raconte : «Tous les comédiens parlaient anglais. Et quelques-uns parlaient français dont le danois, l'allemand, l'espagnole. Déjà que la direction d'acteur est un exercice difficile en soi, imaginez dans une langue étrangère ! Le film était devenu une sorte de Tour de Babel où je parlais une sorte de «Gloubi Boulga» international. » [5]

Tournage

Le tournage a donc ressemblé à l'histoire du film. «C'était un bordel° organisé parce que pour fabriquer du faux désordre il faut être assez ordonné. Pour arriver à fabriquer cette espèce de squat bordélique avec plein de gens de nationalités et de langues différentes, on a intérêt à dire des choses précises à chacun. C'était compliqué mais assez joyeux ! » [6] Evidemment, les problèmes de langue se sont présentés. «Dés qu'on ne se comprenait pas, dés qu'il y avait un problème, un conflit, on en riait. Tout le monde était dans cet état parce qu'il y avait quelque chose d'absurde dans la situation de départ, et du coup je n'ai jamais eu autant de plaisir à tourner un film, il n'y a jamais eu de trac°, de pression. On tournait vite, on était très actifs, mais tout ça dans le bonheur. » [7]

(familier) a mess

nervousness

---

4   Ibid.
5   Hervé. «Cédric Klapisch ». juin, 2000. *Ecran noir*. 27 jan 2007. http://www.ecrannoir.fr/entrevues/entrevue.php?e=59.
6   Brunet, Jean-Luc. «Cédric Klapisch, réalisateur de l'Auberge espagnole ». juin, 2000. Monsieur Cinéma. 27 jan 2007.
      http://cinema.aliceadsl.fr/ficheart.aspx?keys=AR015057&file=http&type=art.
7   Ibid.

Activité de vocabulaire

1. Trouvez les mots associés :
   a. au cinéma
      Exemple : le scénario
   b. aux villes et aux pays étrangers
      Exemple : Barcelone
   c. aux clichés
      Exemple : catégoriser
   d. au désordre et à l'organisation
      Exemple : organiser
2. Quelles situations ont inspiré Klapisch pour écrire *L'Auberge espagnole* ? Expliquez.
3. Qu'est-ce que Klapisch a découvert quand il faisait le casting du film ? Expliquez.

A votre avis…

Klapisch décrit le tournage du film. A quoi est-ce que le tournage a ressemblé selon Klapisch ? Pourquoi est-ce que le tournage a été compliqué ? A votre avis, comment est-ce qu'un réalisateur peut travailler avec des acteurs de nationalités différentes ? Quels problèmes est-ce qu'il confronte ? Pourquoi ? Est-ce qu'il est aussi difficile pour les acteurs de travailler ensemble ? Pourquoi ?

Après avoir visionné

Compréhension générale

A **Vrai ou faux ?** Indiquez si les phrases suivantes sont vraies ou fausses.

1. vrai faux   Xavier a du mal à préparer son dossier ERASMUS à cause de la bureaucratie.
2. vrai faux   Xavier est content de quitter la France parce qu'il n'aime plus Martine.
3. vrai faux   Xavier appelle le couple français parce qu'il a besoin d'être hébergé.
4. vrai faux   Xavier trouve un appartement avec des colocataires sympathiques.
5. vrai faux   Les colocataires ne sont pas amis parce qu'ils parlent des langues différentes.
6. vrai faux   Martine rend visite à Xavier et elle trouve son appartement génial !
7. vrai faux   Les colocataires apprécient l'humour de William.
8. vrai faux   Les colocataires s'unissent pour avertir Wendy de l'arrivée d'Alistair.
9. vrai faux   Malheureusement, William ne fait aucun effort pour aider Wendy.
10. vrai faux   A la fin du film, tous les colocataires sont prêts à quitter Barcelone.

B **Personnages.** Décrivez les relations entre *les personnages* suivants.

1. Xavier ; Jean-Charles Perrin
2. Xavier ; la mère de Xavier ; le père de Xavier
3. Xavier ; Martine
4. Xavier ; Anne-Sophie ; Jean-Michel
5. Xavier ; les colocataires
6. Wendy ; William ; Bruce
7. William ; les colocataires
8. M. Cucurull ; les colocataires

C **Scènes.** Faites une petite description des scènes suivantes.

1. Xavier s'inscrit au programme ERASMUS.
2. Xavier arrive à Barcelone.
3. Xavier cherche/trouve un logement.
4. Martine rend visite à Xavier.
5. Xavier rentre en France et il est embauché au Ministères des finances.

D **Rapports.** Décrivez les rapports entre les éléments suivants.

1. Xavier : la France : l'Espagne
2. L'éducation supérieure : le CROUS : la France
3. ERASMUS : Xavier
4. ERASMUS : la France : l'Europe
5. La France : l'Europe

Liens !

Est-ce que Xavier et sa mère ont des relations comme les mères et les enfants dans les autres films que vous avez vus ? Pourquoi ? Réfléchissez aux relations entre Elsa et sa mère dans *Le Papillon*, entre les mères et les enfants dans *Etre et avoir* et entre Béatrice et ses enfants dans *Les Visiteurs*.

Barcelone

E **L'Ode à la joie.** *L'Ode à la joie*, un poème de Friedrich von Schiller (1785), parle de la fraternité des hommes. En 1823, Beethoven a composé sa 9e symphonie dont le 4e mouvement correspond au poème. En 1972, le Conseil de l'Europe a choisi la mélodie de ce mouvement comme l'hymne européen (*l'Hymne à la joie*) et, en 1985, l'hymne est devenu l'hymne officiel de l'Union européen. Lisez les paroles de *l'Ode à la joie* et expliquez *le monde idéal* de von Schiller. Est-ce que la vision de von Schiller correspond à celle de Klapisch ? à celle de l'Europe ? Expliquez.

L'Ode à la joie

Friedrich von Schiller, 1785
(traduit de l'allemand)

Joie ! Joie ! Belle étincelle divine,
Fille de l'Elysée,
Nous entrons l'âme enivrée
Dans ton temple glorieux.
Ton magique attrait resserre
Ce que la mode en vain détruit ;
Tous les hommes deviennent frères
Où ton aile nous conduit.

Si le sort comblant ton âme,
D'un ami t'a fait l'ami,
Si tu as conquis l'amour d'une noble femme,
Mêle ton exultation à la nôtre!
Viens, même si tu n'aimas qu'une heure
Qu'un seul être sous les cieux !
Mais vous que nul amour n'effleure,
En pleurant, quittez ce choeur !

Tous les êtres boivent la joie,
En pressant le sein de la nature
Tous, bons et méchants,

Suivent les roses sur ses traces,
Elle nous donne baisers et vendanges,
Et nous offre l'ami à l'épreuve de la mort,
L'ivresse s'empare du vermisseau,
Et le chérubin apparaît devant Dieu.

Heureux,
tels les soleils qui volent
Dans le plan resplendissant des cieux,
Parcourez, frères, votre course,
Joyeux comme un héros volant à la victoire!

Qu'ils s'enlacent tous les êtres !
Ce baiser au monde entier !
Frères, au-dessus de la tente céleste
Doit régner un tendre père.
Vous prosternez-vous millions d'êtres ?
Pressens-tu ce créateur, Monde ?
Cherche-le au-dessus de la tente céleste,
Au-delà des étoiles il demeure
nécessairement.

Exercices de vocabulaire

  ERASMUS ! Complétez le paragraphe suivant avec *le vocabulaire* qui convient.

Xavier a _____ avec Jean-Charles Perrin. Jean-Charles travaille _____ des finances. Il explique à Xavier qu'il y aura un poste après _____. Il faut pourtant que Xavier sache parler _____. Xavier décide donc de faire _____ à Barcelone. Il va _____ pour se renseigner sur le programme ERASMUS. Il passe beaucoup de temps à aller _____ à un autre mais il arrive à trouver la personne avec qui il faut parler. La femme explique à Xavier que _____ n'est pas complet. Xavier est _____ ! La femme continue à lui expliquer qu'il faut : _____, _____ de motivation et beaucoup d'autres _____ ! Malgré toute _____, Xavier arrive à _____ au programme ERASMUS !

Vocabulaire

à la fac
au Ministère
d'un bureau
espagnol
formulaires
frustré
la bureaucratie
rendez-vous
s'inscrire
ses études
son DEA
son dossier
un CV
une lettre

B **Description.** Pensez aux différentes étapes de la vie de Xavier et décrivez-les avec *le vocabulaire* qui convient.

1. Xavier – futur employé
2. Xavier – candidat au programme ERASMUS
3. Xavier – enfant de sa mère
4. Xavier – enfant de son père
4. Xavier – petit ami de Martine
5. Xavier – étudiant qui arrive à Barcelone
6. Xavier – colocataire de l'auberge espagnole
7. Xavier – ami / amant d'Anne-Sophie
8. Xavier – nouvel employé
9. Xavier – écrivain

> ### Liens !
> Dans le film *Etre et avoir,* M. Lopez est instituteur. Réfléchissez à ses études. Quelles études a-t-il faites à votre avis ? A-t-il toujours voulu être instituteur ou a-t-il changé d'avis après avoir fait des études (comme Xavier) ? Expliquez.

Dans un amphithéâtre de la Sorbonne

C **Université.** L'université n'est pas facile ! Donnez des renseignements sur la vie étudiante de Xavier. Utilisez *le vocabulaire* du film.

1. Choisir un programme
2. Se renseigner sur le programme
3. Remplir des formulaires et envoyer le dossier
4. Trouver un logement
5. Aller aux cours, passer des examens, etc.

D **Formulaire.** Lisez le formulaire de candidature suivant et complétez les activités de vocabulaire.

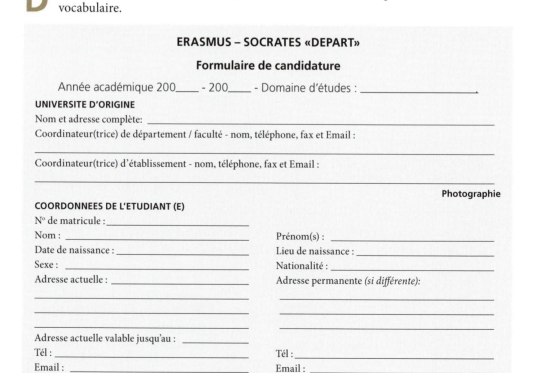

ERASMUS – SOCRATES «DEPART»

Formulaire de candidature

Année académique 200_____ - 200_____ - Domaine d'études : _____.

UNIVERSITE D'ORIGINE
Nom et adresse complète: _____
Coordinateur(trice) de département / faculté - nom, téléphone, fax et Email : _____

_____
Coordinateur(trice) d'établissement - nom, téléphone, fax et Email :

_____

Photographie

COORDONNEES DE L'ETUDIANT (E)
N° de matricule : _____
Nom : _____   Prénom(s) : _____
Date de naissance : _____   Lieu de naissance : _____
Sexe : _____   Nationalité : _____
Adresse actuelle : _____   Adresse permanente *(si différente):*

_____   _____
_____   _____
_____   _____

Adresse actuelle valable jusqu'au : _____
Tél : _____   Tél : _____
Email : _____   Email : _____

LISTE DES ÉTABLISSEMENTS QUI RECEVRONT LA PRÉSENTE DEMANDE *(dans l'ordre de préférence)*

Établissement	Pays	Période d'études		Durée du séjour	Nombre de crédits ECTS prévus
		Du	Au	*(en mois)*	

1. _____

2. _____

3. _____

Expliquez brièvement pourquoi vous désirez étudier à l'étranger.

_____

_____

COMPÉTENCES LINGUISTIQUES

Langue maternelle _____   Langue d'enseignement dans l'établissement d'origine (*si différente*): _____

Autres langues	J'étudie actuellement cette langue.	Je la connais suffisamment pour suivre les cours.	Une préparation supplémentaire me donnera les connaissances suffisantes pour suivre les cours.
	OUI NON	OUI NON	OUI NON

_____

_____

ÉTUDES ANTÉRIEURES ET ACTUELLES

Diplôme que vous préparez actuellement : _____

Nombre d'années d'études supérieures antérieures au départ à l'étranger : _____

Avez-vous déjà étudié à l'étranger ?   Oui   Non

Si oui, quand et dans quel établissement ? _____

UNIVERSITE D'ACCUEIL

Par la présente, nous accusons réception de la candidature, du contrat d'études proposé et du relevé de notes du (de la) candidat(e).

L'étudiant(e) ci-dessus est _____ accepté(e) à titre provisoire _____ n'est pas accepté(e) dans notre établissement

Signature du coordinateur de département / faculté   Signature du coordinateur d'établissement

_____

Date : _____
Date : _____

Activité de vocabulaire

1. Trouvez les mots que vous ne connaissez pas. Pouvez-vous deviner leur sens ?
2. Remplissez le formulaire. Quelles difficultés rencontrez-vous ?

A votre avis…

A quoi ce genre de formulaire sert-il ? Quels documents faut-il envoyer avec ce genre de formulaire ? Pourquoi ? Avez-vous déjà rempli des formulaires comme celui-ci ? Pourquoi ?

Grammaire

5.1 Le passé composé

▶ Le passé composé est un temps du passé qui exprime une action accomplie ou terminée par rapport au présent.
  Exemple :   *Nous avons regardé un film à la télé hier soir.*

▶ Quelques expressions sont souvent employées avec le passé composé : une fois, deux fois, etc. ; plusieurs fois ; un matin, un soir, etc. ; lundi, mardi, etc. ; un jour, un week-end, etc. ; cette semaine-ci, ce mois-ci, cette année-ci, etc. ; soudainement, tout à coup, tout d'un coup, etc.

▶ Le passé composé est un temps composé. Il comporte deux parties : **un verbe auxiliaire** (avoir ou être) conjugué au présent et **un participe passé.**

Présent :	sujet	+	verbe		
Exemple :	*Nous*		*achetons un DVD.*		

Passé composé :	sujet	+	verbe auxiliaire	+	participe passé
Exemple :	*Nous*		***avons***		***acheté*** *un DVD.*

▶ Le participe passé est formé à partir de l'infinitif du verbe en question. Pour les verbes réguliers en :

-*er*	→	-**é**	regard**er**	→	regard**é**
-*ir*	→	-**i**	fin**ir**	→	fin**i**
-*re*	→	-**u**	attend**re**	→	attend**u**

▶ Observez d'autres participes passés :

participes passés									
-ert		**-int**		**-it**		**-u**		**irréguliers**	
couvrir	couvert	atteindre	atteint	conduire	conduit	falloir	fallu	avoir	eu
découvrir	découvert	craindre	craint	décrire	décrit	lire	lu	être	été
offrir	offert	joindre	joint	dire	dit	plaire	plu	faire	fait
ouvrir	ouvert	peindre	peint	écrire	écrit	pleuvoir	plu	mourir	mort
recouvrir	recouvert	rejoindre	rejoint	inscrire	inscrit	pouvoir	pu	naître	né
souffrir	souffert			produire	produit	recevoir	reçu		
				traduire	traduit	résoudre	résolu		
-i		**-is**		**-u**		savoir	su		
nuire	nui	acquérir	acquis	apercevoir	aperçu	taire	tu		
rire	ri	apprendre	appris	boire	bu	tenir	tenu		
sourire	souri	asseoir	assis	conclure	conclu	valoir	valu		
suffire	suffi	conquérir	conquis	connaître	connu	venir	venu		
suivre	suivi	comprendre	compris	croire	cru	vivre	vécu		
		mettre	mis	décevoir	déçu	voir	vu		
		prendre	pris	devoir	dû	vouloir	voulu		

Tableau 1, Les participes passés.

▶ Dans une phrase négative, l'adverbe négatif **ne/n'… pas** est placé autour du verbe auxiliaire.

Structure :	sujet	**ne/n'**	verbe auxiliaire	**pas**	participe passé
Exemple :	*Nous*	**ne**	*sommes*	**pas**	*sortis.*

- Les adverbes communs sont placés entre le verbe auxiliaire et le participe passé.
  Exemple :   *Il a **beaucoup** voyagé et il a **trop** mangé !*

Le passé composé avec avoir

- Les verbes transitifs (les verbes qui peuvent avoir un objet) sont conjugués avec **avoir**.
  Exemple :   *J'ai **aimé** le film. (le film = l'objet direct)*
  *Il **a téléphoné** à son amie. (son amie = l'objet indirect)*

- Les verbes **avoir** et **être** sont aussi conjugués avec le verbe **avoir**.
  Exemple :   *J'ai **eu** du mal à comprendre pourquoi il **a été** surpris.*

- Le participe passé s'accorde en genre et en nombre avec **l'antécédent du pronom relatif «que »**, **le pronom complément d'objet direct** ou **un autre objet direct** quand ils précèdent le verbe au passé composé.
  Exemple :   ***Les histoires** qu'il a **lues** sont bonnes. (l'antécédent = les histoires)*
  ***Les histoires ? Oui, il **les** a **lues**.   (les = les histoires)*
  ***Quelles histoires** est-ce qu'il a **lues** ?   (quelles histoires = l'objet direct)*

Le passé composé avec être

- Les verbes intransitifs (les verbes jamais suivis d'un objet) sont conjugués avec **être**.
  Exemple :   *Il **est sorti** de la maison. (La maison est l'objet de la préposition de.)*

- L'acronyme **DR. & MRS. P. VANDERTRAMP** aide à se rappeler les verbes conjugués avec **être** au passé composé.

- Les verbes **descendre, monter, passer, sortir** et **tomber** sont transitifs (conjugués avec avoir) et intransitifs (conjugués avec être).
  Exemple :   *Elle **a sorti** le chien et puis elle **est sortie**.*

- Le participe passé s'accorde en genre et en nombre avec **le sujet** quand le verbe en question est un verbe intransitif.
  Exemple :   ***Elle** est sortie de la maison.*

- Les verbes pronominaux sont aussi conjugués avec **être** au passé composé.
  Exemple :   réfléchi   *Le jeune homme **s'est levé**.*
  réciproque   *Les jeunes gens **se sont parlé**.*
  idiomatique   *Le jeune homme **s'en est allé**.*

- Le participe passé s'accorde en genre et en nombre avec **le pronom réfléchi** quand il fonctionne comme objet direct. Certains verbes pronominaux à sens idiomatique ne suivent pas cette règle et le participe passé s'accorde avec le sujet. (Exceptions : s'agir de, s'en faire, s'imaginer, se rendre compte de, se plaire/déplaire, etc.).
  Exemple :   réfléchi   *Elle **s'est lavée**.*   (Se fonctionne comme objet direct.)
  Elle s'est lavé le visage.   (Le visage est l'objet direct.)
  réciproque *Elles **se** sont **vues**.*   (Se fonction comme objet direct.)
  Elles se sont parlé.   (Se fonctionne comme objet indirect.)
  idiomatique *Elles **s'en sont allées**.* (Le participe passé s'accorde avec le sujet.)
  Elles se sont plus à le voir. (Exception, le participe passé est invariable.)

D evenir
R evenir

M onter
R etourner
S ortir

P asser

V enir
A ller
N aître
D escendre
E ntrer
R entrer
T omber
R ester
A rriver
M ourir
P artir

Pratiquez !

 A **Bruce.** Xavier raconte à Martine ce qui s'est passé le soir où Wendy a rencontré Bruce. Complétez le paragraphe suivant avec *le passé composé* des verbes entre parenthèses et expliquez votre choix du verbe auxiliaire. Attention à l'accord des participes passés !

Nous _____ (rencontrer) Bruce dans un bar. Wendy _____ (inviter) Bruce à nous rejoindre. On _____ (trouver) un coin isolé et Bruce _____ (sortir) sa guitare. Il _____ (se mettre) à jouer de sa guitare et il _____ (chanter) «No Woman, No Cry ». Je _____ (ne… pas/aimer) la chanson, mais Wendy la/l'_____ (adorer) ! Je pense qu'elle avait trop bu et qu'elle _____ (ne…pas/entendre) toutes les fausses notes ! Nous _____ (finalement / rentrer) chez nous. Bruce _____ (venir) avec nous. Je _____ (aller) dans ma chambre pour écrire dans mon journal et je _____ (se souvenir) de quelque chose : Wendy a un petit ami en Angleterre ! Pauvre Alistair !

B **Appart ?** Xavier écrit dans son journal. Mettez son texte *au passé composé*. Attention à l'accord des participes passés !

Je trouve un appartement ! Ce matin, je me réveille tôt, je me lève et je me prépare pour ma journée. Je prends le petit-déjeuner avec Anne-Sophie et je pars. Je vais à la fac où je lis un journal. J'y trouve une petite annonce intéressante. Je cherche une cabine téléphonique et je parle avec un jeune homme qui me dit de venir voir l'appartement tout de suite. J'ai un peu de mal à trouver l'appartement mais je réussis à le trouver quand même ! Quand j'y arrive, je rencontre les cinq colocataires. Je m'assieds et ils se mettent à me poser beaucoup de questions (même des questions indiscrètes) ! On parle du loyer, des chambres, des problèmes éventuels, etc. et on décide de me prendre comme colocataire. Quelle chance !

5.2 L'imparfait

▶ L'imparfait est le temps du passé qui décrit un état (l'état physique ou mental), l'arrière plan d'une situation (le décor, le temps, etc.), et une action habituelle ou répétée dans le passé.
   Exemple :   *Le garçon **avait** 25 ans. Il **pensait** à sa petite amie. Il **était** triste.*

▶ Quelques expressions sont souvent employées avec l'imparfait : d'habitude, normalement, en général, etc. ; de temps en temps, souvent, toujours, etc. ; le matin, le soir, etc. ; le lundi, le mardi, etc. ; tous les jours, le week-end, etc. ; chaque semaine, chaque mois, chaque année, etc. ; autrefois, auparavant, etc.
   Exemple :   *Il se levait tôt **tous les jours** pour aller au travail.*

terminaisons de l'imparfait			
je/j'	**-ais**	nous	**-ions**
tu	**-ais**	vous	**-iez**
il, elle, on	**-ait**	ils, elles	**-aient**

Tableau 2, Les terminaisons de l'imparfait.

▶ L'imparfait est un temps simple. Il se compose d'un mot. Pour former l'imparfait :

▶ Conjuguez le verbe au présent de l'indicatif à la première personne du pluriel (nous).

▶ Laissez tomber la terminaison –**ons** et ajoutez la terminaison de l'imparfait.
   Exemple :   *je/avoir :   nous av~~ons~~   →   **av-** + **-ais**→   **j'avais***

- Le seul verbe irrégulier à l'imparfait est **être**. Le radical est **ét-**.
- Observez quelques particularités :
  - Quand le radical se termine en **c**, le **ç** remplace le **c** à la 1re, 2e et 3e personnes du singulier et à la 3e personne du pluriel.
  - Quand le radical se termine en **g** il faut ajouter un *e* devant les terminaisons de l'imparfait à la 1re, 2e et 3e personnes du singulier et à la 3e personne du pluriel.

être à l'imparfait			
je/j'	**étais**	nous	**étions**
tu	**étais**	vous	**étiez**
il, elle, on	**était**	ils, elles	**étaient**

Tableau 3, Le verbe être à l'imparfait.

agacer à l'imparfait			
je/j'	**agaçais**	nous	**agacions**
tu	**agaçais**	vous	**agaciez**
il, elle, on	**agaçait**	ils, elles	**agaçaient**

Tableau 4, Le verbe agacer à l'imparfait.

nager à l'imparfait			
je	**nageais**	nous	**nagions**
tu	**nageais**	vous	**nagiez**
il, elle, on	**nageait**	ils, elles	**nageaient**

Tableau 5, Le verbe nager à l'imparfait.

Pratiquez !

A **Ça suffit !** Wendy parle à William de son comportement insupportable. Complétez le dialogue suivant avec *l'imparfait* des verbes entre parenthèses.

Wendy : Nous _____ (passer) une soirée agréable mais tu _____ (ne…pas/être) sympa avec mes amis ! Tu _____ (parler) sans cesse. Tu _____ (rire) trop fort. Tu _____ (se moquer) de tout le monde. Tu _____ (ne…pas/faire) attention à ce que tu _____ (dire). Personne ne _____ (vouloir) rester à table avec toi !

William : *Mais non Wendy ! Nous _____ (s'amuser) ! Xavier et Lars _____ (rire) beaucoup !*

Wendy : Ce _____ (ne…pas/être) amusant ! Personne ne _____ (rire) !

William : *C'est parce que toi et tes amis _____ (ne…pas/vouloir) vous amuser ! Vous _____ (être) trop sérieux toute la soirée !*

Wendy : Tu _____ (ne…pas/savoir) qu'on en _____ (avoir) assez ! Ça suffit William ! Je n'en peux plus !

B **Soirée.** Wendy écrit dans son journal. Elle décrit une soirée inoubliable. Mettez sa description *à l'imparfait.*

C'est vrai que je ne veux pas sortir mais je m'ennuie dans ma chambre et je ne peux pas me concentrer. Les autres font trop de bruit. Quand j'habite en Angleterre, je sors souvent mais je n'aime pas vraiment sortir. Ce soir, il fait un peu chaud et j'ai envie de me changer les idées. Le club est charmant ! Les gens dansent, ils chantent, ils rient et ils s'amusent beaucoup ! Moi aussi ! Je danse et je regarde un jeune homme américain qui a l'air décontracté et sympa. Il joue de sa guitare et il chante de belles chansons. C'est le coup de foudre !

5.3 Le passé composé et l'imparfait

► Observez quelques expressions qui aident à déterminer le temps du verbe :

expressions pour déterminer le temps du verbe	
passé composé	**imparfait**
une fois, deux fois, etc.	d'habitude, normalement, en général, etc.
plusieurs fois	de temps en temps, souvent, toujours, etc.
un matin, un soir, etc.	le matin, le soir, etc.
lundi, mardi, etc.	le lundi, le mardi, etc.
un jour, un week-end, etc.	tous les jours, le week-end, etc.
cette semaine-ci, ce mois-ci, cette année-ci, etc.	chaque semaine, chaque mois, chaque année, etc.
soudainement, tout à coup, tout d'un coup, etc.	autrefois, auparavant, etc.

Tableau 6, Des expressions pour déterminer le temps du verbe.

► Observez les emplois du passé composé et de l'imparfait :

emplois du passé composé et de l'imparfait	
passé composé	**imparfait**
L'action dans le passé une action ou plusieurs actions qui font progresser la narration d'une histoire *Le jeune homme est arrivé à l'aéroport. Il a déposé ses bagages et il est allé à l'aérogare.*	**La description dans le passé** une action ou plusieurs actions qui décrivent les états physiques ou mentaux et l'arrière plan (le décor, le temps, etc.) d'une histoire *Le ciel était gris et il pleuvait. Le jeune homme était à l'aéroport. Il était triste.*
La durée est indiquée une action a lieu un nombre de fois précis *Un jour il s'est levé tard et pour la première fois, il n'est pas allé en classe.*	**L'action est habituelle** une action est répétée dans le passé *Quand il était à l'université, il se levait tôt, il allait en classe, il travaillait à la bibli, etc.*
Un moment précis dans le passé une action commence et se termine dans le passé *Hier il est allé en France.*	**Un moment indéterminé dans le passé** le début ou la fin de l'action n'est pas clairement indiquée *Il allait souvent à l'étranger.*
Une action interrompt une autre action dans le passé une action (le passé composé) interrompt l'action en cours (l'imparfait) *Il écrivait dans son journal quand quelqu'un a frappé à sa porte.*	**Une action est interrompue par une autre action dans le passé** une action en cours (l'imparfait) est interrompue par l'autre action (le passé composé) *Il écrivait dans son journal quand quelqu'un a frappé à sa porte.*
Le changement d'une situation l'état physique ou mental change *Il a été triste mais il n'est plus triste.*	**La description d'une situation** l'état physique ou mental reste stable *Il était triste pendant le vol et il est toujours triste.*

Tableau 7, Les emplois du passé composé et de l'imparfait.

Pratiquez !

A **Arrivée-1.** Lisez les phrases suivantes et déterminez si les phrases indiquent *une action* (ce qui s'est passé = le passé composé), *une description* (l'imparfait) ou *une action* et *une description.*

1. action description   Il est triste pendant le vol.
2. action description   Il débarque de l'avion.
3. action description   Il va chercher ses valises.
4. action description   Il attend ses valises quand il fait la connaissance d'un couple français.
5. action description   Ils sont sympas mais la femme ne parle pas beaucoup.
6. action description   Il prend leurs coordonnées et il quitte l'aéroport.
7. action description   Le soleil brille et il fait chaud. Il est optimiste !
8. action description   Il prend le métro, il arrive au centre-ville et il se perd.
9. action description   Il demande donc de l'aide à un jeune Barcelonais.
10. action description   Il est prêt à commencer son aventure !

B **Arrivée-2.** Racontez l'arrivée de Xavier à Barcelone. Mettez le paragraphe suivant *au passé composé* et *à l'imparfait.* Expliquez votre choix du temps. Attention à l'accord des participes passés !

Xavier _____ (être) triste pendant le vol. Il _____ (débarquer) de l'avion et il _____ (aller) chercher ses valises. Il _____ (attendre) ses valises quand il _____ (faire) la connaissance d'un couple français. Ils _____ (être) sympas mais la femme _____ (ne…pas/beaucoup/parler). Il _____ (prendre) leurs coordonnées et il _ (quitter) l'aéroport. Le soleil _____ (briller) et il _____ (faire) chaud. Il _____ (être) optimiste ! Il _____ (prendre) le métro, il _____ (arriver) au centre-ville et il _____ (se perdre). Il _____ (donc/demander) de l'aide à un jeune Barcelonais. Il _____ (être) prêt à commencer son aventure !

C **Martine.** Xavier décrit la visite de Martine dans son journal. Complétez son texte avec *le passé composé* ou *l'imparfait* des verbes entre parenthèses. Attention à l'accord des participes passés !

Quand Martine _____ (arriver) à l'aéroport, je/j'_____ (être) très content de la voir. Elle _____ (avoir) l'air content aussi ! On _____ (visiter) Barcelone et puis nous ___ (rentrer) chez moi. Mes colocataires _____ (avoir) envie de la rencontrer et ils _____ (être) sympas avec elle. On _____ (décider) de dîner ensemble. Pendant le repas, nous _____ (s'amuser), on _____ (raconter) des anecdotes et on _____ (rire). Tout à coup, Martine _____ (se lever) et elle _____ (partir). Je la/l'_____ (suivre). Elle _____(aller) dans ma chambre. Elle _____ (critiquer) ma chambre, mes amis et ma vie à Barcelone. Elle _____ (ne…pas/vouloir) et elle _____ (ne…pas/pouvoir) comprendre que je/j' _____ (être) content ! Je/j'_____ (essayer) de lui expliquer la situation. Il _____ (falloir) qu'elle comprenne ! Hélas, elle _____ (ne…pas/comprendre). Je la/l'_____ (accompagner) à l'aéroport. Nous _____ (se dire) au revoir et je/j'_____ (savoir) que ce/c'_____ (être) la fin de notre vie de couple et que tout _____ (aller) changer ….

5.4 Le plus-que-parfait

▶ Notez la formation du plus-que-parfait :
   Structure :   sujet + verbe auxiliaire (avoir/être) à l'imparfait + participe passé
   Exemple :   *Nous   avions   fait nos devoirs.*

▶ Le choix du verbe auxiliaire et l'accord du participe passé suivent les mêmes règles
   que pour celles du passé composé.

▶ Le plus-que-parfait est un temps du passé qui exprime une action qui a lieu
   antérieurement à une autre action dans le passé.
   Exemple :   *Il était déjà parti quand je lui ai téléphoné.*

▶ Le plus-que-parfait est aussi employé pour exprimer un regret introduit par la
   conjonction si.
   Exemple :   *Si seulement il n'était pas parti !*

Pratiquez !

 A **Si seulement !** Les colocataires ont certains regrets. Complétez les phrases suivantes
avec *le plus-que-parfait* des verbes entre parenthèses.

1. Xavier : Ma mère est triste. Si seulement je lui ____ (parler) plus gentiment ! Et
   Martine est triste aussi ! Si seulement je ____ (passer) plus de temps à lui expliquer
   mes sentiments !
2. Anne-Sophie : Je ne suis pas contente à Barcelone. Si seulement Jean-Michel et
   moi ____ (rester) en France !
3. Jean-Michel : Anne-Sophie et Xavier s'aiment beaucoup. Si seulement ils ____
   (ne…pas/se rencontrer) ! Si seulement j'____ (essayer) de la comprendre !
4. Wendy : William agace les colocataires ! Si seulement il ____ (ne…pas/venir) à
   Barcelone !
5. Xavier : Je ne veux pas être homme d'affaires. Si seulement j'____ (savoir) ça plus
   tôt !

B **Au début.** Racontez le début de l'histoire de Xavier. Mettez les verbes entre
parenthèses *au plus-que-parfait* ou *au passé composé* selon le contexte.

Xavier ____ (déjà décider) de faire son DEA quand il ____ (parler) avec Jean-Michel.
Quand il ____ (aller) au CROUS, il ____ (déjà envoyer) son dossier aux responsables.
Il ____ (apprendre) que quelqu'un ____ (perdre) son dossier. Xavier ____ (devoir)
remplir de nouveau tous les formulaires. Il était prêt à partir ! Sa mère ____ (déjà
trouver) un logement provisoire pour lui. Tout ____ (bien commencer) !

Extension – les temps composés

☛ Il y a d'autres temps composés qui sont formés avec le verbe auxiliaire avoir/être et un participe passé :

♦ **le futur antérieur**
– Formation : sujet + le futur du verbe auxiliaire + participe passé
– Emploi : Pour indiquer qu'une action aura eu lieu avant qu'une autre action n'ait lieu au futur.
– Exemple : Quand il aura fini ses études, il trouvera un travail.

♦ **le conditionnel passé**
– Formation : sujet + le conditionnel du verbe auxiliaire + participe passé
– Emploi : Dans les phrases hypothétiques : Si + sujet + plus-que-parfait, sujet + conditionnel passé
– Exemple : Si j'avais révisé pour l'examen, je l'aurais réussi !

♦ **le passé du subjonctif**
– Formation : que + sujet + le subjonctif du verbe auxiliaire + participe passé
– Emploi : Dans les propositions subjonctives qui ont lieu antérieurement à l'action de la proposition principale.
– Exemple : Xavier est content que Martine soit venue lui rendre visite.

Pratiquez !

Temps. Complétez les phrases suivantes avec *le futur antérieur, le conditionnel passé* ou *le passé du subjonctif* selon le contexte.

1. Si Xavier s'était bien préparé pour son séjour, il *ne...pas avoir* besoin de se faire héberger chez Jean-Michel et Anne-Sophie. Mais Jean-Michel est ravi que Xavier lui *téléphoner* pour qu'il l'aide !
2. Martine n'est pas contente que Xavier *sortir* avec ses colocataires. S'il n'était pas sorti avec ses amis, il *pouvoir* parler avec elle !
3. Dès que Xavier *finir* son roman, il l'enverra aux maisons d'édition. Il *passer* deux ans à l'écrire lorsqu'il le finira.

5.5 Les noms géographiques, Les pronoms y et en

▶ Observez les articles et les prépositions qui introduisent les noms géographiques :

noms géographiques et prépositions				
	ville / île	**pays féminin**	**pays masculin**	**pays pluriel**
usage général	Je visite Paris.	Je visite la France.	Je visite le Danemark.	Je visite les Pays-Bas.
destination	Je vais à Paris.	Je vais en France.	Je vais au Danemark.	Je vais aux Pays-Bas.
situation	Je suis à Paris.	Je suis en France.	Je suis au Danemark.	Je suis aux Pays-Bas.
origine	Je viens de Paris.	Je viens de France.	Je viens du Danemark.	Je viens des Pays-Bas.

Tableau 8, Les noms géographiques et les prépositions.

▶ L'article défini introduit la plupart des noms géographiques (les continents, les pays, les provinces, les états, les montagnes, les fleuves, etc.).
Exemple : *l'Europe, la France, le Québec, le Massachusetts, les Alpes, la Seine, etc.*

▶ L'article défini n'introduit pas les noms des villes, les noms des îles et les noms de quelques pays.
Exemple :   *Barcelone, Boston, Paris, Cuba, Israël, Madagascar, Porto Rico, Tahiti, etc.*

Exceptions : *le Caire, le Havre, la Nouvelle Orléans, la Rochelle, la Corse, la Martinique, etc.*

▶ Les noms géographiques qui se terminent en *e* sont féminins. L'article défini **la** introduit ces noms géographiques.
Exemple :   *la France, la Suisse, la Bretagne, la Californie, la Seine, etc.*
Exceptions : *le Cambodge, le Mexique, le Zaïre, le Maine, le Tennessee, etc.*

▶ Les autres noms géographiques sont masculins. L'article défini **le** introduit ces noms géographiques.
Exemple :   *le Brésil, le Danemark, le Japon, etc.*

▶ L'article défini **les** introduit les noms géographiques pluriels.
Exemple :   *les Etats-Unis, les Pays-Bas, les Alpes, etc.*

Destination

▶ La préposition **à** introduit les villes et les îles.
Exemple :   *à Barcelone, à Paris, à Tahiti, etc.*
Exceptions : *au Havre, au Caire, à la Nouvelle Orléans, en Corse, en Haïti, etc.*

▶ La préposition **en** introduit les noms géographiques féminins.
Exemple :   *en Europe, en France, en Bretagne, etc.*

▶ La préposition **en** introduit aussi les noms géographiques qui commencent par une voyelle.
Exemple :   *en Israël, en Irak, en Iran, etc.*

▶ La contraction **au (à + le)** introduit les noms géographiques masculins.
Exemple :   *au Brésil, au Canada, au Japon, etc.*

▶ La préposition **dans** introduit les provinces et les états masculins.
Exemple :   *dans le Maine, dans le Tennessee, dans le Midi, etc.*
Exceptions : *au Texas, au Québec, etc.*

▶ La contraction **aux (à + les)** introduit les noms géographiques pluriels.
Exemple :   *aux Etats-Unis, aux Pays-Bas, aux Philippines, etc.*

Le pronom y

▶ Le pronom **y** peut remplacer une préposition et un nom de lieu.
Exemple :   *Je vais **à Barcelone**. J'y vais.*
              *Ils habitent **en Espagne**. Ils **y** habitent.*

▶ Le pronom **y** ne peut pas remplacer la préposition **de.**

► Notez la place de la préposition *y* dans la phrase :

		Affirmatif	Négatif
Au futur proche :	Tu vas voyager **en Espagne.**	Tu vas **y** voyager.	Tu ne vas pas **y** voyager.
Au futur simple :	Tu voyageras **en Espagne.**	Tu **y** voyageras.	Tu n'**y** voyageras pas.
Au conditionnel :	Tu voyagerais **en Espagne.**	Tu **y** voyagerais.	Tu n'**y** voyagerais pas.
Au présent :	Tu voyages **en Espagne.**	Tu **y** voyages.	Tu n'**y** voyages pas.
A l'impératif :	Voyage **en Espagne !**	Voyages-**y** !*	N'**y** voyage pas !
Au passé composé :	Tu as voyagé **en Espagne.**	Tu **y** as voyagé.	Tu n'**y** as pas voyagé.
A l'imparfait :	Tu voyageais **en Espagne.**	Tu **y** voyageais.	Tu n'**y** voyageais pas.

*   A l'impératif affirmatif, il faut rajouter le *s* des verbes en –er conjugués à la 2ᵉ personne du singulier.

Origine

► La préposition **de/d'** introduit les villes et les îles.
   Exemple :   *de Barcelone, de Paris, de Tahiti, etc.*
   Exception :   *du Havre, de la Nouvelle-Orléans, etc.*

► La préposition **de/d'** introduit les noms géographiques féminins.
   Exemple :   *d'Europe, de France, de Bretagne, etc.*

► La préposition **de/d'** introduit aussi les noms géographiques qui commencent par une voyelle.
   Exemple :   *d'Israël, d'Irak, d'Iran, etc.*

► La contraction **du (de + le)** introduit les noms géographiques masculins.
   Exemple :   *du Brésil, du Canada, du Japon, etc.*

► La contraction **des (de + les)** introduit les noms géographiques pluriels.
   Exemple :   *des Etats-Unis, des Pays-Bas, des Alpes, etc.*

Le pronom en

► Le pronom *en* peut remplacer la préposition **de/d' (du, de la, de l', des)** et un nom de lieu.
   Exemple :   *Je viens **de France**. J'**en** viens.*
                *Ils partent **des Pays-Bas**. Ils **en** partent.*

► Notez la place de la préposition *en* dans la phrase.

		Affirmatif	Négatif
Au futur proche :	Tu vas partir **du Canada.**	Tu vas **en** partir.	Tu ne vas pas **en** partir.
Au futur simple :	Tu partiras **du Canada.**	Tu **en** partiras.	Tu n'**en** partiras pas.
Au conditionnel :	Tu partirais **du Canada.**	Tu **en** partirais.	Tu n'**en** partirais pas.
Au présent :	Tu pars **du Canada.**	Tu **en** pars.	Tu n'**en** pars pas.
A l'impératif :	Pars **du Canada !**	Pars-**en** !*	N'**en** pars pas !
Au passé composé :	Tu es parti **du Canada.**	Tu **en** es parti.	Tu n'**en** es pas parti.
A l'imparfait :	Tu partais **du Canada.**	Tu **en** partais.	Tu n'**en** partais pas.

*   A l'impératif affirmatif, il faut rajouter le *s* des verbes en –er conjugués à la 2ᵉ personne du singulier.

Pratiquez !

A D'où venez-vous ? Les colocataires parlent de leur pays d'origine et de leurs voyages. Complétez leur dialogue avec *les articles et les prépositions* qui conviennent (si cela est nécessaire).

Alessandro : Je viens ____ Italie. Ma famille habite ____ Rome et ma petite amie vit ____ Venise. J'ai visité ____ Etats-Unis il y a un an. Je suis allé ____ NYC et ____ Boston. Je voulais aller ____ Texas pour voir des cow-boys mais j'ai dû aller ____ Floride pour voir des amis de mes grands-parents.

Lars : Je suis ____ Danemark. J'ai habité longtemps ____ Copenhague avec ma famille mais maintenant elle habite ____ Norvège. Je voyage beaucoup et j'aime surtout les îles tropicales. L'année dernière, je suis allé ____ Tahiti, ____ Réunion et ____ Vanuatu. C'était formidable !

Soledad : Je suis ____ Tarragona. Toute ma famille habite ____ Espagne. Je voyage beaucoup. L'été dernier, j'ai visité ____ Chypre. C'était incroyable !

Tobias : Je suis ____ Allemagne. J'ai habité ____ Berlin et ____ Munich. J'ai fait des études ____ Etats-Unis et je suis ____ Espagne pour étudier le marketing.

Wendy : Moi ? Oh, je ne voyage pas beaucoup. Je suis allée ____ Irlande et ____ Ecosse. Evidemment, je viens ____ Angleterre. Ma famille et mon petit ami vivent ____ Londres.

Xavier : Je viens ____ France. Ma famille, ma petite amie, mes amis, etc. habitent ____ Paris. J'ai visité ____ Canada il y a deux ans. J'ai beaucoup aimé les villes ____ Québec comme ____ Montréal et ____ Québec.

B Visite inattendue ! Alistair appelle Wendy et il tombe sur Alessandro qui lui pose des questions. Complétez les réponses d'Alistair. Utilisez *les pronoms y et en* dans votre réponse.

Alessandro : Allô ? Ah ! Bonjour, Alistair. Tu es **en Espagne** ?
Alistair : Oui, oui. Je…
Alessandro : C'est-à-dire que tu es parti **de Londres** ce matin ?
Alistair : Oui, c'est ça. Je…
Alessandro : Je ne comprends pas. Tu n'es plus **en Angleterre** ?
Alistair : Ben … non ! Je…
Alessandro : Ça veut dire que tu es **à Barcelone** ?
Alistair : Ben … oui ! Je…
Alessandro : Tu vas aller **à l'appartement** ?
Alistair : Euh… oui… Je…
Alessandro : Oh la la ! Ne quitte pas l'aéroport ! J'arrive !

C Origines. Vous parlez de la généalogie avec vos parents. Inventez des dialogues selon le modèle. Soyez créatif/ve et utilisez *les pronoms y et en*.

Modèle : Vous : Mon arrière-arrière-grand-père est né en France ?
Vos parents : *Oui, il y est né. Il est parti de France pour aller en Italie.*
Vous : Ah oui ! Je sais qu'il en est parti pour y aller et qu'après il est allé aux Etats-Unis.
Vos parents : *Oui, c'est ça. Il y est allé et il y a rencontré ton arrière arrière-grand-mère.*

Traduction

Français → anglais

 Mots et expressions. Traduisez les mots et les expressions suivantes *en anglais*.

1. un rendez-vous
2. un processus
3. un Curriculum Vitae
4. une lettre de motivation
5. un dossier

 Phrases. Traduisez les phrases suivantes *en anglais*.

1. Il avait déjà préparé son CV.
2. Il allait envoyer son CV.
3. Il a préparé son CV.
4. Il préparait son CV.
5. Il a dû préparer son CV.

> ### Conseils
>
> ◆ Cherchez les mots apparentés et les faux amis.
> ◆ Observez bien le temps des verbes (le passé composé, l'imparfait, le plus-que-parfait).
> ◆ Vérifiez votre choix de verbe auxiliaire et l'accord du participe passé.
> ◆ N'oubliez pas de ne pas traduire mot à mot !
> ◆ Utilisez le vocabulaire et la grammaire pour vous aider !

Anglais → français

 Mots et expressions. Traduisez les mots et les expressions suivantes *en français*.

1. to study abroad
2. study abroad programs
3. forms
4. enroll/register
5. to have a meeting

B **Phrases.** Traduisez les phrases suivantes *en français*.

1. I studied abroad.
2. I was studying abroad.
3. I had studied abroad.
4. I had to study abroad.
5. I am studying abroard.

C **Interview.** Un journaliste a écrit un article sur Xavier et sur le programme ERASMUS. Traduisez l'article *en français*.

> ### Student Magazine
>
> ERASMUS – One French Student's Experience
>
> I had already decided to do my DEA when I had a meeting with M. Perrin (my father's friend from college). In his opinion, I had to study in Spain. I got information about study abroad programs and I went to the CROUS. I had already filled out my forms and I had already enrolled in the ERASMUS program when I learned that my dossier had been lost. The process of enrolling in the program is obviously disorganized and it took three months to complete my file! I finally left for Spain. It was difficult to say goodbye to my family and friends. But I was happy to arrive in Spain where my adventure began…

Photo

A **Détails.** Regardez l'image et choisissez les bonnes réponses.

1. Où se passe cette scène ?
   a. dans «l'auberge espagnole »
   b. dans l'appartement de Jean-Michel et d'Anne-Sophie
   c. dans l'appartement de Martine
2. Quand cette scène a-t-elle lieu ?
   a. C'est une scène vers le début du film.
   b. C'est une scène vers le milieu du film.
   c. C'est une scène vers la fin du film.
3. Qui sont les personnages sur la photo ?
   a. Lars, Alessandro, Wendy, Tobias, Isabelle
   b. Xavier, Alessandro, Wendy, Tobias, Soledad
   c. Lars, Alessandro, Wendy, Tobias, Soledad
4. Qu'est-ce que les personnages sur la photo regardent ?
   a. une conversation entre Xavier et Martine
   b. une conversation entre Xavier et le propriétaire
   c. une conversation entre Xavier et Anne-Sophie
5. Qu'est-ce qui se passe après cette scène ?
   a. Les colocataires cherchent un autre appartement.
   b. Les colocataires cherchent un moyen de payer le loyer.
   c. Les colocataires cherchent du travail pour pouvoir payer le loyer.

B **Chronologie.** Mettez les phrases suivantes dans l'ordre chronologique.

_____ Le propriétaire trouve Xavier responsable.
_____ Ensuite, Xavier sort de sa chambre et il parle avec le propriétaire.
_____ D'abord, Tobias fait entrer le propriétaire de l'appartement.
_____ Le propriétaire montre l'appartement à un acheteur éventuel.
_____ Puis, Tobias avertit ses colocataires et ils se cachent dans la chambre de Wendy.
_____ Finalement, le propriétaire n'expulse pas les étudiants mais il augmente le loyer.

C **En général.** Répondez aux questions suivantes. Ecrivez deux ou trois phrases.

1. Donnez un titre à la photo. Justifiez votre réponse.
2. Quelle est l'importance de cette scène ?

D **Aller plus loin.** Ecrivez un paragraphe pour répondre aux questions suivantes.

1. Inventez le dialogue des colocataires à propos de la propreté de l'appartement.
2. En quoi les colocataires sont-ils comme «L'Europe des six » ?

Mise en pratique

 A

En général. Répondez aux questions suivantes. Ecrivez deux ou trois phrases.

1. Décrivez le début du film. Qu'est-ce qui se passe ?
2. Pourquoi est-ce que Xavier décide d'étudier à Barcelone ?
3. Qui est Erasme selon Xavier ? Pourquoi est-ce qu'il veut savoir ?
4. Pourquoi est-ce que Xavier et Martine sont tristes à l'aéroport ?
5. Quelle est l'attitude de Xavier envers sa mère dans la scène à l'aéroport ? Expliquez.
6. Quelle est l'ironie de l'arrivée de Xavier à l'aéroport à Barcelone ?
7. Comment est-ce que Xavier se sent quand il arrive au centre-ville ? Expliquez.
8. Pourquoi est-ce que Xavier appelle Jean-Michel ?
9. Décrivez le comportement de Jean-Michel envers sa femme. Quel est le résultat ?
10. Est-ce que Xavier trouve facilement un logement permanent à Barcelone ? Expliquez.
11. Est-ce que les colocataires arrivent à se comprendre malgré les différences de langue et de nationalité ? Expliquez.
12. Comment est-ce que l'aventure entre Xavier et Anne-Sophie se développe ? Est-ce qu'elle se termine bien ?
13. Comment est-ce que les colocataires s'unissent pour aider Wendy ? Comment est-ce que Klapisch montre l'angoisse des colocataires ?
14. Qu'est-ce que Xavier fait quand il est embauché au Ministère des finances ? Pourquoi ?
15. Décrivez la dernière scène du film. Comparez cette scène avec la première scène du film.

B

Aller plus loin. Écrivez un paragraphe pour répondre aux questions suivantes.

1. Comment est-ce que Klapisch critique la bureaucratie française dans les scènes où Xavier va au bureau de Jean-Charles Perrin et les scènes où il se renseigne sur le programme ERASMUS ?
2. Pourquoi est-ce que les colocataires interviewent Xavier et Isabelle ? Est-ce que les questions sont utiles ? Expliquez.
3. Expliquez comment Xavier est représentatif des clichés sur les Français.
4. Comment est-ce que les autres colocataires représentent des clichés sur leur nationalité ?
5. Quel rôle est-ce que William (le frère de Wendy) joue dans le film ?
6. Pourquoi est-ce que le professeur d'économie ne veut pas parler la langue commune (le castillan) en classe ? Est-ce qu'il y a d'autres exemples de ce conflit ?
7. Est-ce que les colocataires maintiennent leur propre identité dans l'appartement ? Expliquez.
8. Est-ce que Klapisch présente seulement la question d'identité culturelle ou est-ce qu'il présente une histoire universelle ? Expliquez.
9. Qu'est-ce que Xavier découvre au cours de son séjour à Barcelone ?
10. Décrivez le rôle du narrateur dans le film. Est-ce que Klapisch présente une mise en abîme (une histoire dans une autre histoire) ? Expliquez.
11. Aimez-vous le film ? Avez-vous un personnage préféré ?
12. Imaginez la suite du film. Quels personnages est-ce qu'on revoit ? Quelles histoires est-ce que Klapisch développe ? Sera-t-il aussi bien que le premier ?

C **Analyse.** Lisez l'article suivant et complétez les activités de vocabulaire.

LE FIGARO étudiant

Dossier : Etudier en Belgique et en Suisse
Paroles d'étudiants Francais en Suisse

Un esprit Erasmus

Frédérique Guérin, 26 ans, étudiante à l'Institut universitaire des hautes études internationales (Genève). «Après avoir fait Sciences Po à Lyon, je voulais faire des études de relations internationales. Je n'avais pas trouvé, en France, de cursus° qui m'intéressait. Je suis partie en quatrième année en stage° au Tadjikistan. C'est là que je me suis décidée à postuler° à HEI. La localisation est vraiment intéressante. A Genève, je peux étudier et faire des stages dans un contexte très international. Et, puisque j'envisage de travailler dans les relations internationales, autant étudier dans une école de réputation mondiale. La scolarité° dans mon école est peut-être chère par rapport à une université française, mais comparée aux formations à l'étranger, elle est tout à fait abordable°.»

Olivier Laurac, 25 ans, étudiant à l'Ecole hôtelière de Lausanne. «J'ai choisi de faire l'école après un deug de gestion. J'ai comparé les écoles hôtelières en France comme l'IMHI ou l'école de Savignac, mais elles ne me convenaient° pas. Je me suis donc tourné vers Lausanne, d'abord parce que c'est l'école la plus réputée et qui présente le plus grand panel de cours. En revanche, la scolarité est très chère : environ 10 000 € par semestre pendant quatre ans. Dans mon école, les étudiants viennent généralement de milieux très aisés°. Au début, j'ai eu du mal à m'adapter à la région. Les gens sont plutôt froids au premier abord, ils laissent une distance. Mais, une fois entré dans un cercle d'amis, tout va bien. A vrai dire, je n'ai presque pas d'amis suisses. Il faut dire aussi que les Français représentent probablement 20 à 25% des effectifs° de mon école.»

Pierre Lugan, 25 ans, étudiant à l'EPF Lausanne. «Je suis entré à l'EPF en quatrième année, après Polytechnique, à Paris. Nous avions un accord de double diplôme. J'ai d'abord choisi cette école parce que les laboratoires dans mon domaine, l'optique quantique, sont réputés. En plus, ils ont de bons moyens, et l'école présente un caractère très international. Mais il y a d'autres avantages à vivre à Lausanne, dont la qualité de vie. Nous vivons dans le calme, la verdure°, entre les montagnes et le lac. Il y a aussi une ambiance très ERASMUS : énormément d'étudiants viennent apprendre le français. J'ai l'impression d'avoir côtoyé° plus d'étrangers ici que n'importe où ailleurs. Et puis, c'est agréable d'être dans un pays où les choses fonctionnent, où tout est efficace°.»

© *Le Figaro Étudiant*, Maïte Selignan, 09/02/2005

course of study
internship
to apply to

tuition (fees)
reasonable

worked for me

well-off (rich)

number (quantity)

greenery

get close

efficient

Activité de vocabulaire

1. D'où viennent les trois étudiants ?
2. Qu'est-ce qu'ils étudient ?
3. Où est-ce qu'ils sont allés pour faire leurs études ?
4. Pourquoi est-ce qu'ils sont allés faire des études à l'étranger ?
5. Est-ce qu'ils ont profité de leur séjour à l'étranger ? Expliquez.

A votre avis…

Quels sont les avantages de partir faire des études à l'étranger selon les trois étudiants ? Est-ce qu'il y a d'autres avantages à votre avis ? Quels sont les inconvénients de faire des études à l'étranger ? Est-ce que ça vaut la peine d'étudier à l'étranger à votre avis ? Pourquoi ou pourquoi pas ?

Communication

A **Inspiration !** Cédric Klapisch a rendu visite à sa sœur quand elle participait à un programme ERASMUS. Il a trouvé ses anecdotes amusantes. Jouez les rôles de Klapisch et de sa sœur avec votre partenaire. Klapisch lui pose des questions et elle lui répond pour l'aider à développer un scénario. Présentez votre dialogue à vos camarades de classe. Utilisez *le passé composé.*

Modèle :	Etudiant 1 :	Quand as-tu décidé de partir ?
	Etudiant 2 :	J'ai décidé d'étudier à l'étranger après avoir essayé de trouver du travail.

B **Comment c'était ?** Klapisch et sa soeur continuent à parler du programme ERASMUS. Jouez les rôles de Klapisch et de sa sœur avec votre partenaire. Klapisch lui demande de décrire son année à l'étranger, sa routine quotidienne, ses colocataires, ses émotions, etc. Présentez votre dialogue à vos camarades de classe. Utilisez *l'imparfait.*

Modèle :	Etudiant 1 :	Quelle était ta routine quotidienne ?
	Etudiant 2 :	J'avais une routine assez typique. Je me levais tard, j'allais en classe, je faisais des recherches, etc.

C **Catastrophe !** Un soir la sœur de Klapisch est sortie avec une copine. Elles se promenaient au centre-ville quand la copine a vu son petit ami avec une autre femme ! Jouez les rôles de Klapisch et de sa sœur avec votre partenaire. Klapisch pose des questions sur les événements de la soirée. Présentez votre dialogue à vos camarades de classe. Distinguez bien entre l'emploi *du passé composé et de l'imparfait.*

Modèle :	Etudiant 1 :	Qu'est-ce qui s'est passé hier soir ?
	Etudiant 2 :	C'était la catastrophe ! Nous nous promenions quand nous avons vu son petit ami au café…

D **Préparations.** Wendy demande à Xavier ce qu'il avait fait pour se préparer pour son séjour à Barcelone avant de quitter la France. Jouez les rôles de Wendy et de Xavier. Utilisez *le plus-que-parfait.*

Modèle :	Etudiant 1 :	Qu'est-ce que tu avais rempli comme formulaires ?
	Etudiant 2 :	J'avais rempli des tas de formulaires. J'étais allé au CROUS…

E **Quiz.** Vous interrogez votre partenaire sur la géographie du monde. Choisissez un pays de chaque continent. Votre partenaire vous donne le continent, la capitale, la nationalité et la langue officielle de chaque pays. Suivez le modèle et faites attention *aux articles et aux prépositions* ! Changez de rôles !

Modèle :	Etudiant 1 :	L'Europe : la France
	Etudiant 2 :	La France est en Europe. Paris est la capitale. Les Français parlent français.

2000	Les négociations sur «la deuxième vague » des pays candidats à l'entrée dans l'Union (la Bulgarie, la Lettonie, la Lituanie, la Roumanie, la Slovaquie et Malte).
2001	La Grèce adopte l'euro comme monnaie unique (12 pays ont l'euro comme monnaie unique).
2002	Mise en circulation des billets° et des pièces° en euros (les francs circulent légalement jusqu'au 17 février 2002).
2003	Conférence intergouvernementale (CIG) : préparation du projet de la Constitution Européenne.
2004	Signature à Dublin de l'acte d'élargissement de l'Union européenne : entrée de Chypre, de l'Estonie, de la Hongrie, de la Lettonie, de la Lituanie, de Malte, de la Pologne, de la République tchèque, de la Slovaquie et de la Slovénie (l'Europe des vingt-cinq).
	Elections européennes dans les 25 pays de l'Union européenne et création de la Constitution européenne.
	Début des négociations avec la Turquie pour son entrée dans l'Union européenne.
2007	Future adhésion° de la Roumanie et de la Bulgarie (et éventuellement de la Croatie).
	Future adoption de l'euro comme monnaie unique en Irlande.

bills / coins

membership

Devise :	Unie dans la diversité
Hymne européen :	L'Hymne à la joie
Jour de l'Europe :	le 9 mai
Monnaie :	L'euro

Valeurs
★ La paix et la stabilité en Europe
★ La prospérité des citoyens
★ Le rôle international de l'Europe
★ La diversité culturelle des pays de l'Europe.

L'Union européenne, 2004 vue d'un satellite NASA

Pays membres de l'Union européenne Capitales : Luxembourg, Bruxelles, Strasbourg			
A	Autriche	**I**	Italie
B	Belgique	**LT**	Lituanie
BG	Bulgarie	**L**	Luxembourg
CY	Chypre	**LV**	Lettonie
CZ	République tchèque	**MT**	Malte
D	Allemagne	**NL**	Pays-Bas
DK	Danemark	**PL**	Pologne
EE	Estonie	**P**	Portugal
E	Espagne	**RO**	Roumanie
FIN	Finlande	**S**	Suède
F	France	**SI**	Slovénie
EL	Grèce	**SK**	Slovaquie
HU	Hongrie	**UK**	Royaume-Uni
IRL	Irlande		
Langues officielles de l'Union européenne			
BG	bulgare	**IT**	italien
CS	tchèque	**LT**	lituanien
DA	danois	**LV**	letton
DE	allemand	**MT**	maltais
EL	grec	**NL**	néerlandais
EN	anglais	**PL**	polonais
ES	espagnol	**PT**	portugais
ET	estonien	**RO**	roumain
FI	finnois	**SK**	slovaque
FR	français	**SL**	slovène
GA	gaélique	**SV**	suédois
HU	hongrois		

Buts du marché européen

✦ la libre circulation des biens
  ▸ La suppression des contrôles aux frontières intérieures
  ▸ Le rapprochement des différents taux de Taxes à Valeur Ajoutée
  ▸ L'harmonisation des règles européennes

✦ la libre circulation des personnes
  ▸ La liberté de déplacement en Europe
  ▸ La liberté de choisir son domicile en Europe
  ▸ L'harmonisation des diplômes
  ▸ La liberté de choisir sa profession

✦ la libre circulation des capitaux
  ▸ La possibilité d'ouvrir un compte bancaire dans 15 pays européens
  ▸ La liberté de choix pour investir de l'argent dans 15 pays européens

✦ la création de l'euro
  ▸ La monnaie unique européenne de 12 pays européens

Robert Schuman, Ministre des Affaires étrangères (1948 – 1952). Dans sa déclaration du 9 mai 1950, il a proposé la création de la Communauté Européenne du Charbon et de l'Acier (CECA) ce qui est l'origine de l'Union européenne. Le 9 mai 1951, le Traité de Paris a établi la CECA.

La Zone Euro

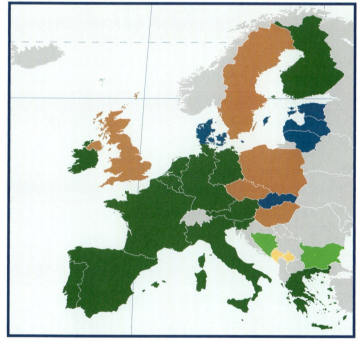

■ Pays de la zone euro
■ Pays membres du MCE II (mécanisme de taux de change européen pour les pays membres qui ne sont pas pays de la zone euro)
■ Pays membres de l'UE, non utilisateurs de l'euro
■ Pays non-membres de l'UE dont la devise officielle est l'euro
■ Pays non-membres de l'UE dont la devise est basée sur le cours de l'euro.

Siège de la Banque Centrale Européenne à Francfort

A **Abréviations.** Trouvez les mots qui correspondent *aux abréviations* suivantes.

1. BCE
2. CECA
3. CEE
4. CIG
5. RDA
6. RFA
7. UE

B **60 ans de construction.** Complétez le tableau suivant pour décrire l'élargissement de l'Union européenne.

Année	# de pays	Noms des pays
1957	6	
1973	9	
1981	10	
1986	12	
1990	12	
1995	15	
2004	25	
2007	27 (28)	

C **Euro.** Pour chaque année, donnez l'événement qui correspond à l'évolution/au développement de l'euro.

Année	Description
1991	
1997	
1999	
2001	
2002	
2007	

D **Création.** Déterminez si les phrases suivantes sont vraies ou fausses.

1. vrai faux L'Union européenne se compose de tous les pays de l'Europe.
2. vrai faux L'Union européenne a été créée en un seul jour.
3. vrai faux Le Traité de Rome a établi une «Europe des six».
4. vrai faux L'Union européenne continue à s'élargir.
5. vrai faux Tous les pays membres de l'Union européenne ont adopté l'euro.

E **En général.** Répondez aux questions suivantes. Ecrivez deux ou trois phrases.

1. Quelles sont les valeurs des citoyens de l'Union européenne ?
2. Quels sont les buts du marché unique en Europe ?
3. Que veut dire l'expression «*solidarité, dignité, égalité, justice* » ?

F **Aller plus loin.** Ecrivez un paragraphe pour répondre aux questions suivantes.

1. Quelles sont les difficultés d'une Europe unie ?
2. Quelles sont les difficultés des colocataires de l'auberge espagnole ?
3. Quels sont les avantages d'une Europe unie ?
4. Quels sont les avantages du groupe de colocataires unis ?
5. Pourquoi est-ce que certains pays membres de l'Union européenne ne sont pas favorables à l'adhésion de nouveaux pays ? Est-ce que les colocataires acceptent facilement de nouveaux colocataires ?

Culture

Enseignement supérieur. Les textes ci-dessous vous aideront à comprendre le système français d'éducation. Il n'est pas nécessaire de comprendre tous les mots mais le texte, *Les Cycles*, serait très utile pour vous aider à compléter les activités qui suivent.

Les enseignements supérieurs

La démocratisation de l'enseignement supérieur est indéniable, mais il reste marqué par de fortes disparités entre les trois types d'enseignement supérieur qui s'offrent aux bacheliers. Tous les nouveaux bacheliers ont le droit d'entrer à l'université, et la grande majorité des étudiants (plus de 60 %) fréquente les universités, mais l'absence de projet professionnel précis, comme l'inscription dans des filières aux débouchés limités expliquent en partie l'échec d'un certain nombre d'entre eux au cours des premières années de l'université. Une minorité continue à entrer dans les classes préparatoires afin d'y préparer les concours aux grandes écoles. Si le nombre de places a eu tendance à augmenter, la sélection est devenue plus sévère puisque le pourcentage des étudiants dans les classes préparatoires et les grandes écoles qui était de 6,8 % en 1960 n'est plus que de 3,6 % en 2000. Il est vrai que, de plus en plus, les grandes écoles réservent un certain nombre de places en admission parallèle, 24 % des effectifs des écoles d'ingénieurs et 32 % des écoles de commerce en 2002, à des étudiants diplômés d'autres filières universitaires. Les sections de techniciens supérieurs et les IUT (Institut universitaire de technologie) sont une deuxième option pour ceux qui ne veulent pas aller à l'université.

Le paysage universitaire français est de plus en plus caractérisé par l'affirmation croissante d'universités à la fois mieux gouvernées et plus innovantes, revendiquant leur autonomie. Un corps enseignant plus soucieux de pédagogie et une gestion plus efficace des universités ont favorisé l'évolution des enseignements. L'offre de formation se diversifie, des parcours professionnalisants se multiplient, les contenus des enseignements sont rénovés, et des audaces pédagogiques se manifestent. L'harmonisation des diplômes en Europe est l'étape la plus récente de cette modernisation avec le passage à une organisation des cursus universitaires sur le modèle licence/master/doctorat. La coopération transnationale entre les universités est encouragée afin de renforcer notamment la dimension européenne de l'enseignement supérieur avec par exemple des programmes comme ERASMUS. Les conditions complexes de la mise en œuvre de la réforme brouillent la lisibilité des enjeux de la construction de l'espace européen de l'éducation et entretiennent les craintes de certains personnels quant à la pérennité d'un service public national de l'enseignement supérieur.

Origine sociale des nouveaux bacheliers s'inscrivant dans l'enseignement supérieur en 2001-2002 (en %)

Catégories professionnelles	Université Ensemble	Santé	IUT	STS (*)	CPGE (*)
Agriculteurs	2,2	2,0	3,3	2,6	7,9
Artisans, commerçants, chefs d'entreprise	7,3	6,8	8,1	8,6	7,4
Professions libérales, cadres supérieurs	**30,5**	**43,2**	**25,8**	**14,0**	**52,1**
Professions intermédiaires	18,4	16,9	21,0	16,9	14,7
Employés	15,6	10,9	16,0	16,9	8,8
Ouvriers	14,6	9,8	17,4	25,1	5,3
Retraités, inactifs	8,2	5,8	6,3	11,5	7,2
Indéterminé	3,1	4,6	2,1	4,2	2,7

MEN-DPD Champ : France métropolitaine (adapté). Ministère des Affaires étrangères, www.diplomatie.gouv.

Les grandes écoles

Les grandes écoles, auxquelles les étudiants accèdent après avoir réussi à un concours très sélectif, qu'ils ont préparé dans des classes préparatoires durant deux ans en moyenne, sont apparues dès le XVIIIe siècle, dans les périodes de crise de l'université et à l'initiative des pouvoirs publics afin de pourvoir en cadres, par concours, les administrations ; elles ont également été créées à l'initiative des professionnels pour que les entreprises disposent des compétences nécessaires à leur développement.

Ces écoles comptent plus de 200 000 élèves et couvrent tous les domaines du savoir et de la connaissance, des sciences fondamentales aux arts, en passant par les sciences humaines et de l'ingénieur, ainsi que les disciplines littéraires, juridiques et administratives.

Certaines de ces écoles, parmi les plus prestigieuses, étaient initialement destinées à former les personnels les plus qualifiés des grands corps de l'État : Écoles normales supérieures pour l'enseignement, Polytechnique et Saint-Cyr pour l'armée, École des chartes pour les archives et les conservateurs du patrimoine national, École nationale d'administration (ENA) pour former les personnels civils de la haute fonction publique. Tout en conservant ces objectifs, la plupart de ces établissements ont élargi leurs formations et les étudiants qui en sortent ne se destinent plus nécessairement au service de l'État.

Parallèlement, les écoles de commerce et de gestion, telles que HEC, l'ESSEC ou l'École supérieure de commerce, ainsi que les écoles d'ingénieurs (ENSI), ont attiré un nombre sans cesse croissant de candidats, les besoins des entreprises en personnels hautement qualifiés de ce type étant de plus en plus importants.

Les Etudes supérieures - Cycles

6.000 établissements d'enseignement supérieur dans toutes les régions de France offrent des milliers de formations qui couvrent tous les domaines du savoir. Les formations sont bien adaptées aux besoins et aux intérêts des étudiants.

Etudes supérieures	
1er cycle	
Baccalauréat +2	
DEUG	Diplôme d'Etudes Universitaires Générales
DEUST	Diplôme d'Etudes Universitaires Scientifiques et Techniques*
2e cycle	
Baccalauréat +3 : Licence	
	Licence générale
	Licence professionnelle*
Baccalauréat +4 : Maîtrise	
	Maîtrise
3e cycle	
DEA	Diplôme d'Etudes Approfondies (1 année d'études)
DESS	Diplôme d'Etudes Supérieures Spécialisées* (1 année d'études)
	Doctorat (2 – 5 ans de recherches)

* Les diplômes à objectif professionnel

A **Abréviations.** Donnez les diplômes qui correspondent aux abréviations et indiquez le nombre d'années d'études (après le bac) qui correspondent aux diplômes.

	# D'années	Diplôme
1. DEUG	_____	_____
2. DEUST	_____	_____
3. DEA	_____	_____
4. DESS	_____	_____

B **Quel diplôme ?** Lisez les phrases suivantes et déterminez *quels diplômes* conviennent aux besoins des étudiants.

1. L'étudiant veut terminer ses études universitaires en quatre ans.
2. L'étudiant veut faire un maximum de deux années d'études supérieures.
3. L'étudiant veut obtenir le diplôme universitaire le plus élevé.
4. L'étudiant veut passer trois années à l'université.
5. L'étudiant a obtenu sa maîtrise et il veut continuer ses études pendant un an.

C **Soucis-1.** Avant d'aller à l'université, un étudiant a toujours beaucoup de questions. Lisez *les questions* et mettez-les en ordre d'importance.

_____ Comment se soigner ?
_____ Comment se déplacer ?
_____ Où pratiquer sa religion ?
_____ Où se loger ?
_____ Comment se distraire ?
_____ Où se nourrir ?
_____ Comment gagner de l'argent ?

> **Liens !**
> Les parents dans *Etre et avoir* sont-ils allés à l'université à votre avis ? Les enfants iront-ils à l'université ? Pourquoi ? Isabelle *(Le Papillon)* est-elle allée à l'université ? Expliquez. Elsa ira-t-elle à l'université ? Béatrice et Jean-Pierre *(Les Visiteurs)* sont-ils allés à l'université ? Leurs enfants iront-ils à l'université ? Expliquez.

D **Soucis-2.** Ecrivez *la question* de l'exercice A qui correspond aux groupes des mots ci-dessous.

_____ les restaurants universitaires, les fast-food, les supermarchés…
_____ le métro, l'autobus, les trains, les taxis, les voitures, les vélos…
_____ le travail à mi-temps, les cours particuliers, le baby-sitting…
_____ la cité universitaire, les chambres de bonne, la colocation…
_____ la pharmacie, l'hôpital, les urgences, le SAMU…
_____ les églises, les temples, les mosquées, les synagogues…
_____ les musées, les cinémas, les sports, les sorties…

E **ERASMUS.** Qu'est-ce qu'ERASMUS ? Barrez la phrase qui n'est pas logique.

Le programme

1. Le programme ERASMUS a été créé en 1987.
2. 2.199 d'établissements dans 31 pays participent à ERASMUS.
3. A peu près 15.000 enseignants participent à ERASMUS.
4. 1.200.000 étudiants ont fait une période d'études à l'étranger depuis 1987.
5. 10 étudiants participent à ERASMUS chaque année.

Etudier

1. L'étudiant/e doit être citoyen/ne d'un pays éligible.
2. L'étudiant/e doit être en train de faire des études universitaires.
3. L'étudiant/e doit avoir fini la première année d'études universitaires.
4. L'étudiant/e doit avoir 35 ans pour participer à ERASMUS.
5. L'étudiant/e doit passer un minimum de trois mois dans une université étrangère.

Desiderius Erasmus, Hans Holbein le jeune, 1523

Pour les étudiants

1. C'est l'occasion d'étudier à l'étranger.
2. C'est l'occasion de perfectionner une langue étrangère.
3. C'est l'occasion de poursuivre des études élémentaires.
4. C'est l'occasion de rencontrer des étudiants d'autres pays.
5. C'est l'occasion de contribuer au développement d'une Europe unie.

Pour les enseignants

1. C'est l'occasion de prendre des vacances.
2. C'est l'occasion d'enseigner à l'étranger.
3. C'est l'occasion de perfectionner une langue étrangère.
4. C'est l'occasion de rencontrer des enseignants d'autres pays.
5. C'est l'occasion de contribuer au développement d'une Europe unie.

Buts

1. Créer un espace européen d'enseignement supérieur.
2. Promouvoir la mobilité des étudiants en Europe.
3. Promouvoir la mobilité des enseignants en Europe.
4. Développer l'élitisme de l'enseignement supérieur en Europe.
5. Développer des capacités d'adaptation (au niveau personnel, académique et social).

F **En général.** Ecrivez deux ou trois phrases pour répondre aux questions suivantes.

1. Quels sont les avantages du système d'enseignement supérieur français ?
2. Parlez de l'éducation de Xavier. Qu'est-ce qu'il a fait comme études et qu'est-ce qu'il va faire à Barcelone ?
3. Quels sont les avantages de participer au programme ERASMUS ?

G **Aller plus loin.** Ecrivez un paragraphe pour répondre aux questions suivantes.

1. Est-ce que le programme ERASMUS est une réussite ? Pourquoi ou pourquoi pas ?
2. Est-ce que Xavier bénéficie du programme ERASMUS ? Pourquoi ou pourquoi pas ?
3. Est-ce que les autres colocataires bénéficient du programme ERASMUS ? Pourquoi ou pourquoi pas ?
4. Est-ce que vous aimeriez étudier à l'étranger ? Pourquoi ou pourquoi pas ?
5. Est-ce que vous avez déjà participé à un programme à l'étranger ?

Recherches

Faites des recherches sur les sujets suivants.

A **Union !** Vous avez fait des études en sciences politiques et vous êtes stagiaire à la Commission Européenne. Vous êtes chargé/e de créer un dépliant pour promouvoir les valeurs de l'Union européenne. Utilisez les rubriques suivantes comme point de départ.

- ► La paix et la stabilité sur le territoire européen
- ► L'accroissement de la prospérité des citoyens européens
- ► L'accentuation du rôle international de l'Europe
- ► La richesse de la diversité culturelle des pays européens

B **Euro.** La mise en circulation de l'euro est un événement assez récent. Ecrivez un paragraphe pour présenter la mise en circulation de l'euro en France et son histoire. Utilisez les rubriques suivantes comme point de départ.

- ► La création de l'euro
- ► L'adoption de l'euro en France
- ► La mise en circulation de l'euro
- ► La transition des francs français à l'euro

C **A la fac !** Un/e de vos amis veut aller en France pour faire ses études. Il /elle sait que le système universitaire français n'est pas comme le système universitaire américain et il/elle vous demande de lui expliquer les différences entre les deux systèmes. Vous préparez une fiche pour parler :

- ► Des diplômes et des formations
- ► Des formulaires et du dossier d'inscription
- ► Des frais d'inscription, des bourses, des aides financières, etc.
- ► Du coût de la vie et du logement
- ► Des cours et des examens
- ► Des vacances et de la vie sociale

D **ERASMUS.** Vous êtes un/e étudiant/e européen/ne et vous venez de participer à un programme ERASMUS. Vous étiez si impressionné/e que vous décidez de créer un Blog sur le programme. Vous y mettez les rubriques suivantes :

- ► Vous voulez étudier à l'étranger : Le processus pour préparer le dossier
- ► Vous choisissez un pays et une université : Le pays et l'université d'accueil
- ► Vous vous préparez à partir : Les aides financières et les bourses
- ► Vous cherchez un logement : Les résidences universitaires / les appartements
- ► Vous y êtes ! Vous vous amusez : Les sorties, les excursions et les activités sociales
- ► Ça y est ! Vous rentrez chez vous. Que faire maintenant ?

E **Audrey Tautou.** Vous êtes écrivain/e et vous écrivez un livre sur les actrices françaises importantes. Vous décidez d'écrire un chapitre sur Audrey Tautou. Etudiez sa biographie et sa filmographie et décrivez la diversité de ses rôles. Présentez votre chapitre selon les rubriques suivantes.

- ► Biographie
  - ◆ Date de naissance
  - ◆ Lieu de naissance
  - ◆ Lieu de résidence
  - ◆ Famille
- ► Filmographie
  - ◆ Les années 1990
  - ◆ Les films récents
- ► Prix
- ► Critiques
- ► Photos
- ► Adresse

Documents

Dans *L'Auberge espagnole*, Xavier veut savoir qui est ERASMUS. D'autres étudiants se posent la même question ! Cet article, écrit par un étudiant ERASMUS, explique l'origine du mot ERASMUS.

L'origine du mot ERASMUS

Par Etudiant ERASMUS

L'origine du mot ERASMUS : Erasme de Rotterdam. Quel étudiant n'a jamais entendu le mot «ERASMUS» ? Très peu, j'en suis certaine. Avant d'être mondialement connu comme le programme de mobilité pour les étudiants, l'humaniste du même nom avait également essayé ces séjours à l'étranger.

Le mot ERASMUS vient du théologien et humaniste Desiderius ERASMUS Roterodamus, plus connu sous le nom d'Erasme de Rotterdam. Ce Hollandais de Rotterdam était l'un des précurseurs du mouvement de la Renaissance, connu pour sa conviction en une Europe unie et éclairée au-delà des frontières et de tout dogmatisme.

«Paix, piété et belles lettres»

Erasme débute sa formation dans différentes institutions religieuses. Dans l'institution des chanoines de Steyn (Pays-Bas), Erasme se plonge dans la lecture de grands auteurs et y découvre entre autres des auteurs païens, la poésie ainsi que la libre pensée. Par la suite, il prêche une connaissance plus approfondie des textes et [...] en 1488, [...] il prononce ses voeux.

Ensuite en 1500, il décrit la culture antique par des citations replacées dans l'histoire de la pensée et de la langue dans son ouvrage publié 'Les Adages'. Il réalisera différents travaux comme l'écriture de manuels scolaires, la traduction d'auteurs grecs en latin, etc. Son autre ouvrage intitulé 'L'Eloge de la folie' écrit en 1511, le rendra célèbre à travers l'Europe entière. Par ces textes, il fait la synthèse de ses propres principes qui sont la paix, la piété et les belles lettres.

Faire de l'Europe une terre d'études

Le XVIᵉ siècle marque la fin d'une période de guerre. Les métiers des lettres et des arts profitent de cette paix en Europe pour se développer considérablement, aidés également par l'invention de l'imprimerie. Erasme est passionné par l'Europe. Il a vécu et travaillé dans plusieurs pays d'Europe tels que l'Italie, la France, la Suisse, l'Allemagne pour n'en citer que quelques uns. A travers ses voyages, il rencontre de nombreux penseurs qui l'aident à enrichir ses connaissances.

Ainsi, ces différentes expériences lui permettent de rédiger ses écrits à raison de 40 lettres par jour. Aujourd'hui, ses lettres, au nombre de 3000 conservées, représentent des témoignages précieux de l'évolution de sa pensée et de son statut de libre penseur.

Le 1ᵉʳ citoyen européen ?

Passionné par l'Europe, Erasme prône une vision globale d'une Europe des cultures qui se connaissent et se respectent. Vers 1517, il dirige un collège où l'enseignement est dispensé en 3 langues (latin, grec, hébreu) à Louvain (Belgique). Aussi, il a une grande influence sur les rois et les acteurs politiques (Charles Quint, Marguerite d'Autriche, François 1er, roi d'Angleterre Henri VIII...), tout en restant indépendant. Il n'accepte pas la protection qu'on lui propose et préfère voyager.

Cependant, avec l'arrivée de Luther et du mouvement de la Réforme, des difficultés apparaissent. Erasme, prônant la paix et la réconciliation, voit naître les désaccords. Il ne prend pas parti, mais est attaqué, autant par l'Eglise car il ne critique pas Luther, que par Luther avec qui il échange des essais virulents. Finalement, Erasme est dépassé, ne cédant pas sur son idéalisme. Il meurt délaissé à Bâle en 1536. Dans l'histoire européenne, Erasme restera comme un humaniste chrétien, un vrai défenseur des libertés et le premier citoyen européen.

Et le programme ERASMUS ?

Le programme de mobilité universitaire ne pouvait avoir un meilleur nom... Plus de 1.2 millions d'étudiants sont déjà partis étudier dans un autre pays d'Europe grâce au programme ERASMUS. Ce programme, créé en 1987, concerne plus de 31 pays. Quelle meilleure expérience pour découvrir de nouveaux pays, de nouvelles cultures et rencontrer de nouvelles personnes. N'hésitez pas une minute de plus : adressez-vous à votre université, et saisissez toute opportunité pour partir étudier en Europe !!

© Cao Céline, *Journal by Backpackers*, 05/07/06. http://www.jbyb.net

Les étudiants qui participent au programme ERASMUS bénéficient de toutes sortes de conseils pour les aider à préparer leur année à l'étranger. Parmi les principaux soucis des étudiants est celui de la maîtrise de la langue étrangère. Le Conseil de l'Europe a préparé cette brochure pour aider les étudiants à apprendre une langue étrangère.

Comment apprendre les langues

Ce guide vous donne des conseils sur la manière de réussir votre apprentissage.

Apprendre de nouvelles langues demande du temps et des efforts. Mais tout le monde est capable de le faire, et cela en vaut la peine.

Même si vous ne connaissez que quelques mots, vous serez mieux accueilli lors de vos voyages de loisirs ou d'affaires.

J'aime mettre nos hôtes à l'aise en leur disant quelques mots dans leur langue.

Et si vous persévérez, vous verrez que de nouvelles voies s'ouvriront à chaque instant. Vous rencontrerez d'autres personnes et d'autres façons de penser, peut-être même améliorerez-vous vos perspectives de carrière. Et vous aurez vraiment l'impression de vous épanouir.

C'était quelqu'un de fantastique – je voulais lui écrire en portugais. C'est pourquoi j'ai commencé un cours.

Qui plus est, pour apprendre des langues, l'Europe est un endroit privilégié, où se côtoient de nombreuses communautés linguistiques et de nombreuses cultures.

«Je ne sais pas par où commencer». Lisez ce guide, il est là pour vous donner de bons conseils !

«Je n'ai jamais EU la possibilité d'apprendre les langues et maintenant je suis trop vieux»

On n'est jamais trop âgé pour apprendre. Les gens disent souvent que seuls les enfants peuvent apprendre les langues rapidement. Ce n'est pas vrai, les adultes aussi aiment apprendre et réussissent très bien.

«Il faudrait des années pour apprendre tout le vocabulaire et la grammaire»

Vous n'avez pas besoin de tout apprendre, vous pouvez commencer à communiquer dans une langue même si vous la connaissez peu, en apprenant un peu à la fois.

«Je n'étais pas doué en langues à l'école»

Beaucoup pour qui ça ne marchait pas bien à l'école ont appris des langues plus tard. Les méthodes modernes sont conviviales et vous aident à communiquer et à utiliser la langue de façon amusante.

«Je suis gêné si je fais beaucoup de fautes»

Il ne faut pas. Faire des fautes fait partie de l'apprentissage d'une langue et les gens le savent, ne vous inquiétez donc pas. Lancez-vous !

«De nos jours, il suffit de connaître l'anglais»

L'anglais peut être utile, mais ce n'est pas assez. Vous comprendrez bien mieux les gens et ce qui se passe autour de vous si vous connaissez un peu leur langue.

Des millions de gens comme vous et moi parlent des langues étrangères. Mais beaucoup de personnes pensent ne pas pouvoir y arriver seules.

N'oubliez pas qu'apprendre une nouvelle langue signifie également apprendre à comprendre d'autres manières de penser et de faire.

Avant de commencer

Réfléchissez à ce que vous voulez pouvoir faire

- Apprendre pour votre plaisir personnel
- Comprendre une autre culture
- Communiquer au travail (au téléphone, en réunion, pour accueillir des visiteurs)
- Trouver un meilleur emploi
- Parler avec des amis ou de la famille
- Vous débrouiller lors d'un court voyage à l'étranger
- Lire des journaux
- Utiliser Internet

J'aime surfer sur Internet – et maintenant que je lis l'espagnol et l'anglais, j'ai accès à beaucoup plus d'informations.

Planifiez votre apprentissage linguistique d'une manière qui vous convienne et qui soit compatible avec votre emploi du temps quotidien. Ainsi, vous aurez de meilleurs résultats.

Demandez-vous :

- Combien de temps vous pouvez consacrer chaque semaine à cet apprentissage
- si vous pouvez organiser un emploi du temps d'études régulier
- de quelles ressources vous disposez (magnétophone à cassettes, ordinateur, vidéo, etc.)

- où vous pouvez vous procurer le matériel d'apprentissage - bibliothèques, librairies, kiosques qui vendent des revues et des journaux étrangers, sites Internet, télévision par satellite …

Comment et où voulez-vous apprendre ?

- Rapidement et de manière intensive **OU** sur une plus longue durée
- Avec des amis/en groupe **OU** tout seul
- Par auto-apprentissage/télé-enseignement **OU** avec un enseignant
- Au travail **OU** à la maison
- Dans votre pays de résidence **OU** à l'étranger

Si vous avez déjà une expérience de l'apprentissage d'une langue, réfléchissez aux activités les plus adaptées à votre cas. Cela vous aidera à choisir un cours ou un manuel répondant à vos besoins.

Quel type de méthodes et de matériels vous conviendrait ? Par exemple :

- Suivre des cours de conversation avec un locuteur natif
- Écouter des cassettes pendant vos déplacements
- Utiliser un manuel
- Lire des journaux et des revues
- Utiliser Internet
- Utiliser des CD ROM
- Regarder des vidéos
- Vous concentrer sur la conversation
- Vous concentrer sur la grammaire

Choisissez votre approche de l'apprentissage

Apprendre dans votre pays de résidence

En groupe

Les approches de l'apprentissage sont nombreuses. Chaque méthode présente ses avantages et ses inconvénients et peut vous convenir à des moments différents.

Des classes une ou deux fois par semaine à proximité de son domicile ou de son lieu de travail conviennent à beaucoup (mais évidemment pas à tous) :

- Il peut être amusant d'apprendre au sein d'un groupe
- Avec un bon enseignant, les occasions de pratiquer la langue seront nombreuses
- On peut trouver des partenaires avec qui étudier en dehors des cours
- En général, l'horaire des cours est fixe (mais on peut souvent choisir le moment : étudier entre midi et deux, le soir, le week-end, etc.)

On peut également trouver des cours intensifs et spécialisés, s'il le faut.

Seul

Nous avons suivi un cours de grec ce printemps. Ça a fait une grande différence au moment des vacances.

A l'aide de cours d'auto-apprentissage ou d'émissions radio et télévisées :

- Les contenus et le rythme sont adaptés à vos besoins et à vos objectifs
- Il n'y a pas d'horaire fixe, vous étudiez comme vous pouvez et quand vous pouvez
- Vous êtes seul et devez vous motiver vous-même

Certains cours d'auto-apprentissage proposent également l'assistance de tuteurs, soit en tête-à-tête, soit à distance.

Apprendre à l'étranger

Si vous suivez un cours de langue à l'étranger :

- Il s'agit généralement d'un cours intensif, vous pouvez donc apprendre beaucoup en peu de temps
- Vous êtes plongé dans l'environnement linguistique et culturel du pays
- Vous avez des contacts avec les habitants et vous partagez leur mode de vie
- Cette solution peut être onéreuse
- Il peut être difficile de trouver le temps de suivre ce genre de cours.

Vous pouvez également apprendre à l'étranger pendant vos vacances - si vous faites un effort - ou en travaillant à l'étranger

Apprentissage virtuel des langues

Aujourd'hui, les possibilités sont de plus en plus nombreuses d'utiliser Internet pour entrer en contact avec des gens du monde entier.

Trouver des cours

L'annuaire téléphonique donne généralement des informations qui permettent d'entrer en contact avec des écoles privées de langues.

La Slovénie est juste de l'autre côté de la frontière et nous y allons beaucoup plus souvent maintenant que nous comprenons un peu la langue.

Mais il existe beaucoup d'autres possibilités, parfois moins chères. Dans la plupart des villes, on trouve des établissements d'éducation pour adultes qui offrent des cours de langues. Certaines écoles et universités proposent aux habitants des cours de quelques heures par semaine. Les autorités locales - renseignez-vous à la mairie - et les chambres de commerce organisent souvent elles-mêmes des cours ou savent qui s'en occupe. On peut parfois trouver des informations dans les bibliothèques publiques. Les ministères de l'éducation, au niveau national ou régional, sont peut-être en mesure de vous aider ou de vous donner des détails d'organisations professionnelles susceptibles de vous conseiller.

Vous pouvez également tenter une recherche Internet à l'aide de mots clés tels que «cours de langues» suivis du nom de l'endroit où vous habitez. L'accès Internet est souvent disponible pour un prix avantageux dans des «cafés Internet».

Pour ceux qui ne vivent pas à proximité d'une bonne école de langues ou qui préfèrent travailler seul, les possibilités du télé-enseignement sont souvent disponibles soit à partir d'une université ou d'un établissement régional d'enseignement pour adultes, soit (dans certains pays) à partir d'un fournisseur national.

Les enfants viennent de commencer le français à l'école. Nous aussi nous suivons des cours pour pouvoir les aider à faire leurs devoirs.

La plupart des grandes librairies proposent toute une gamme de cours d'auto-apprentissage.

Choisir un bon cours

Voici quelques conseils pour vous aider à choisir :

- Demandez toujours à visiter l'école ou, si elle se trouve à l'étranger, demandez le plus de renseignements possible, par exemple en matière de logement et d'activités sociales

Notre société a décroché un très gros contrat; notre réceptionniste parle russe, ce qui a beaucoup facilité les premiers contacts.

- L'école vous donne-t-elle des renseignements précis sur ses programmes, la taille des groupes, le niveau que vous intégrerez ?
- Le personnel possède-t-il des qualifications appropriées ?
- L'école dispose-t-elle de bonnes ressources et de bons équipements ?
- L'école est-elle régulièrement inspectée, par exemple par le ministère de l'éducation ou par une association externe ?
- L'école peut-elle vous fournir des références d'élèves satisfaits ?
- L'école vous prépare-t-elle à des examens si vous souhaitez en passer ?

Lorsque vous avez commencé

Il est agréable d'apprendre une langue, mais si vous voulez réussir, vous devez être motivé. Plus vous serez actif, mieux vous réussirez.

Si vous êtes découragé ou frustré - la plupart des gens le sont parfois - n'abandonnez pas. Mieux vaut en parler à un enseignant ou à quelqu'un qui étudie avec vous et vous accorder une pause - cela vous aidera à recommencer avec une énergie nouvelle.

Conseils pratiques

- N'essayez pas de tout apprendre à la fois. Fixez-vous des objectifs clairs et réalistes et progressez à votre rythme.
- Soyez ouvert à de nouvelles manières d'apprendre - de nouvelles méthodes et une technologie nouvelle peuvent vous aider.
- Saisissez toutes les occasions pour communiquer dans la langue que vous étudiez.
- N'ayez pas peur de vous tromper. Avec le temps, vous ferez moins d'erreurs. Ce qui compte, c'est que vous vous fassiez comprendre.
- Revoyez ce que vous avez appris et faites régulièrement le point sur vos progrès.

Lire et écouter

- Il est très important de beaucoup lire et écouter. Plus vous écoutez, mieux vous parlerez. Lire vous aide à mieux écrire.
- Lisez et écoutez des textes dans lesquels la langue est utilisée de manière naturelle (journaux, TV, radio).
- Rappelez-vous que vous n'avez pas besoin de comprendre chaque mot pour comprendre l'essentiel.
- Vérifiez vos progrès. Revenez sur des points que vous avez déjà étudiés. Vous semblent-ils plus faciles ?

Écrire

- Essayez de trouver des occasions de communiquer par écrit - courrier électronique, cartes postales, lettres, etc.

Les enseignants enseignent, mais seuls les apprenants peuvent apprendre. En fin de compte, vous êtes responsable de vos progrès.

- Relisez ce que vous avez écrit : lorsqu'on écrit, on a davantage de temps pour vérifier et corriger les erreurs.

Parler

- Pratiquez la langue parlée aussi souvent que possible (parlez aux autres élèves, aux étrangers que vous rencontrez, parlez même tout seul !)
- Si vous allez dans un pays où l'on parle la langue que vous étudiez et si les gens vous parlent dans votre propre langue ou en anglais, expliquez-leur que vous préféreriez qu'ils vous parlent dans leur langue.

- Mémorisez ce que vous devez dire le plus souvent - quand vous rencontrez quelqu'un, quand vous faites les courses, quand vous achetez quelque chose, etc.
- La plupart des gens n'auront jamais un accent parfait dans une autre langue. Cela n'a aucune importance pour autant que les autres comprennent.

Vocabulaire

- Apprendre un vocabulaire nouveau est plus facile si l'on regroupe les mots selon leur sens.

La meilleure méthode est donc celle qui marche le mieux pour vous.

© Division des Politiques linguistiques de Conseil de l'Europe, Strasbourg, France. www.coe.int/lang/jel

Et après ? Il n'est pas toujours facile de rentrer après avoir fait des études ERASMUS. Dans cet article, un étudiant ERASMUS parle des difficultés présentées une fois rentrés.

Dépendance ERASMUS
par étudiant ERASMUS

Ce guide vous donne des conseils sur la manière de réussir votre apprentissage.

Y a-t-il des étudiants ERASMUS qui n'ont pas été perturbés une fois rentrés de leur semestre ? Voici un phénomène dont on parle peu mais qui est pourtant récurrent.

Chaque année vous partez nombreux vers de nouveaux horizons, des terres inconnues où vous aurez tout à construire et où vos proches ne pourront guère vous aider.

Des débuts difficiles aux coups de blues ; vous trouverez le réconfort, combiné à la main, dans la voix de vos parents.

Une fois les débuts oubliés, ce sont eux, les étudiants étrangers de pays différents, qui vous écouteront. Ils deviendront rapidement votre famille et combleront le vide des amis français. Puis un climat de fête et de joie sera votre quotidien.

Mais lorsque vous rentrerez en France, attendez-vous à vivre une période de transition. Une fois à l'aéroport le jour de votre retour, vous prendrez conscience que, ça y est, cette expérience unique à l'étranger est arrivée à sa fin. Vous verrez vos derniers mois défiler sous vos yeux et vous vous direz que tout est allé si vite...

Céline revient sur son retour de Cambridge à la fin de son année ERASMUS. «Une fois à l'aéroport, les larmes aux yeux, je me suis dit «c'est déjà terminé». J'ai pris conscience que c'était le retour au train-train quotidien. En arrivant en France j'étais perdue, je ne savais pas quoi faire.»

Les premiers jours sont déboussolants, vous tournez en rond et cherchez vos repères. Ceci mêlé à la nostalgie des fêtes ERASMUS, des bons souvenirs entre copains de semestre. Autant dire que le retour à la réalité est difficile. Chacun vit ce clash à sa façon mais est-ce le cas pour tous ?

Rassurez-vous, après quelques jours les occupations du quotidien auront repris le dessus et vos souvenirs ERASMUS seront sagement rangés dans un coin de votre tête (ce qui ne les empêchera pas de ressortir fréquemment !). A quand le prochain départ ?

© Journal by Backpackers, 14/09/06, http://www.jbyb.net

Avant le visionnement

Notes culturelles

L'économie

La France est la quatrième puissance économique mondiale. Ses industries principales sont l'électricité, les industries agro-alimentaires, les produits pharmaceutiques, les télécommunications et les transports. Le secteur bancaire, le tourisme et les produits de luxe jouent aussi un rôle important dans l'économie française. (France-Diplomatie, *Economie*)

Le travail et le chômage

Il y a 27,5 millions de personnes actives en France : 28,2% sont employés, 24,8% sont ouvriers, 23,3% ont une profession intermédiaire, 14,4% sont cadres ou exercent une profession intellectuelle, 5,9% sont artisans, commerçants ou chefs d'entreprise et 2,8% sont agriculteurs-exploitants. Le salaire net moyen est de 21.735€ et le taux de chômage est de 8,9% pour le pays. Comme le taux de chômage est de 22% pour les moins de 25 ans, l'éducation et la formation professionnelle sont très importantes pour les jeunes demandeurs d'emploi. (France-Diplomatie, *La France en bref*, www.diplomatie.gouv.fr)

Le crime

Le manque d'éducation, la pauvreté et la discrimination sont parmi les facteurs qui contribuent aux crimes contre les personnes, les biens ou l'Etat. Les peines varient selon le crime : une amende ou l'emprisonnement (la France a aboli la peine de mort en 1981). Dans le film, on apprend que Paul a passé deux ans en prison pour un vol aggravé. Il est en liberté conditionnelle pendant six mois.

Taux de criminalité dans l'Union européenne (2003)

en % / 1000 habitants
(* En 2001, sauf Irlande du nord. ** 2002)
Source : Interpol

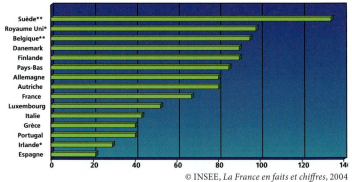

© INSEE, *La France en faits et chiffres*, 2004

Fiche technique

Réalisation :	Jacques Audiard
Musique originale :	Alexandre Desplat
Année de production :	2001
Durée :	1 h 55
Genre :	Drame/thriller
Date de sortie nationale :	17/10/2001

Profil : Jacques Audiard

réalisateur, scénariste
Né le 30 avril 1952 à Paris

Mini-biographie

Audiard a commencé sa carrière au cinéma comme monteur. Il s'est mis à écrire des scénarios au début des années 80. En 1993, il a réalisé son premier long métrage, *Regarde les hommes tomber,* qui a reçu le César du Meilleur premier film en 1994. Au cours des années 90, Audiard a continué à présenter la condition humaine et à développer le ton noir qui caractérise ses films. Son film *De battre mon cœur s'est arrêté (2004),* a reçu huit Césars et il a établi Audiard comme le nouveau maître des thrillers français.

Filmographie

1993	Regarde les hommes tomber	2001	Sur mes lèvres
1995	Un Héros très discret	2004	De battre mon coeur s'est arrêté

Synopsis

Une jeune secrétaire malentendante travaille dans une société de promotion immobilière. Elle est mal payée, mal aimée et peu appréciée par ses collègues. Débordée de travail, elle embauche un ancien détenu comme assistant. Elle l'introduit dans le monde des affaires et il l'introduit dans le monde des criminels…

Note : *Sur mes lèvres* est classé «R» aux Etats-Unis.

A SAVOIR !

Jacques Audiard a travaillé avec Romain Duris (*L'Auberge espagnole*) dans le film *De battre mon cœur s'est arrêté (2005)*. Dans ce thriller, Duris joue le rôle de Tom, un criminel qui essaie de réaliser son rêve de devenir pianiste. Le film, qui a reçu huit César, est à voir !

Personnages

Personnages principaux

Paul	Vincent Cassel
Carla	Emmanuelle Devos

Personnages secondaires

Marchand	Olivier Gourmet
Masson	Olivier Perrier
Annie	Olivia Bonamy
Morel	Bernard Alane
Josie	Céline Samie
Keller	Pierre Diot
Jean-François	François Loriquet
Mammouth	Serge Boutleroff
Richard Carambo	David Saracino
Louis Carambo	Christophe Van de Velde
Barman	Bî Gaultier de Kermoal

Profil: Vincent Cassel

acteur, producteur
Né le 23 novembre 1966 à Paris

Mini-biographie
Vincent Cassel s'intéresse aux beaux-arts depuis son enfance. Il a fait des études à l'Actor's Studio à New York et à l'Atelier International de Théâtre. Il a commencé sa carrière d'acteur avec la troupe de Jean-Louis Barrault et il a fait quelques émissions de télé avant de débuter au cinéma dans le film *Les Clés du Paradis (1991)*. Sa rencontre avec Mathieu Kassovitz et son film *Les Rivières pourpres (2000)* ont démarré sa carrière au cinéma. Acteur très doué, Cassel a déjà joué dans une soixantaine de films (français et américains) et il met toute son énergie et son intensité aux films actuellement en tournage.

Quelques films

1991	Les Clés du paradis	2001	Article premier
1993	Métisse	2001	Le Pacte des loups
1995	La Haine	2002	Irréversible
2000	Les Rivières pourpres	2004	Agents secrets

Vocabulaire

Gens

l'actif/ve	employed person	le/la directeur/trice	director, manager
l'ancien détenu (*m*)	ex-convict	l'employé/e	employee
le barman	barman	l'employeur (*m*)	employer
le cadre/la femme cadre	executive (staff)	l'escroc (*m*)	crook, swindler
le/la candidat/e	candidate	l'espion/ne	spy
le chef	boss	le/la patron/ne	boss, employer
le/la complice	accomplice	le/la secrétaire	secretary
le contrôleur judiciaire	parole officer	le/la voleur/euse	thief
le/la criminel/le	criminal	le voyou	thug

Travail

l'augmentation de salaire (*f*)	pay raise	la lettre de motivation	letter of intent
le curriculum vitae (CV)	résumé	l'offre d'emploi (*f*)	job offer
la demande d'emploi	job application	les petites annonces (*f*)	classified ads
le dossier	file	le poste	position, job
l'entretien d'embauche (*m*)	job interview	la promotion immobilière	property development
la formation	training	le salaire	salary
		le stage	internship, training course

Logement

l'agence immobilière (*f*)	real estate agency	la pièce	room of a house (apartment)
le duplex	duplex home	le placard	closet
le F1	apartment w/separate kitchen	le studio	efficiency, studio apartment
le F2	apartment w/kitchen & bedroom		

Endroits

l'ANPE (*f*)	government employment agency	l'entreprise (*f*)	firm, company
le bar	bar	la mairie	city hall
la boîte de nuit	night club	la prison	prison
le bureau	office	la société	company, corporation
le chantier	building site, worksite	la taule (familier)	prison
		les toilettes	restroom, bathroom

Noms divers

l'appareil auditif (*m*)	hearing aid	le handicap	handicap
l'atmosphère (*f*)	atmosphere, environment	la liberté conditionnelle	parole
le chauvinisme	chauvinism	les lèvres (*f*)	lips
la compétence	ability, skill	la manipulation	manipulation
le complot	plot, conspiracy	les prothèses auditives (*f*)	hearing aids
l'état d'esprit (*m*)	state of mind	le vol aggravé	aggravated theft

Adjectifs

compétent/e	competent	isolé/e	isolated, lonely
débordé/e	overwhelmed, swamped	mal à l'aise	uncomfortable
dupé/e	fooled	malentendant/e	hard of hearing
efficace	efficient	manipulateur/trice	manipulative
endurci/e	hardened	qualifié/e	qualified
handicapé/e	handicapped	sourd/e	deaf

Verbes

avoir confiance en soi	to have confidence in oneself	quitter le nid	to leave the nest (to leave home)
craindre	to fear, to dread	remplir	to fill out
déchiffrer	to decipher, to solve	se mettre à	to start to
embaucher	to hire	souffrir de	to suffer from
engager	to hire	suivre	to follow
espionner	to spy	se taire	to be quiet
fouiller	to search	travailler au noir	to work on the side
gagner	to earn	traîner	to drag
lire sur les lèvres	to lipread	tromper	to cheat (on someone)
poser sa candidature à	to apply for	virer (famillier)	to fire
		voler	to steal

Exercices de vocabulaire

A **Au bureau.** Réfléchissez au caractère et aux rôles des employés d'une petite entreprise (moins de 250 salariés) et faites une description de chaque employé ci-dessous et de ses responsabilités.

> **Exemple :** Une jeune réceptionniste : *Elle est sympathique, extravertie et dynamique. Elle répond au téléphone, elle accueille les clients, etc.*

1. Le patron
2. Un employé ambitieux
3. Une jeune secrétaire (entre 25 et 35 ans)
4. Une secrétaire plus âgée (plus de 60 ans)
5. Un assistant à la secrétaire

> ### Liens !
> Sylvain Chomet présente des caricatures de la Mafia française dans *Les Triplettes de Belleville*. Réfléchissez au chef mafieux qui est le propriétaire d'un cabaret/d'une maison de jeu et aux jumeaux mafieux qui kidnappent Champion et les autres cyclistes pour vous aider à décrire les criminels.

B **Police et criminels.** Pensez aux agents de police et aux criminels et faites une petite description de chaque personne ci-dessous.

1. Un agent de police
2. Un contrôleur judiciaire
3. Un ancien détenu
4. Un chef de gang
5. Un voyou

C **Découvrir votre métier.** Etudiez les secteurs d'activité suivants. Donnez des exemples des métiers qui correspondent à chaque rubrique et répondez aux questions qui suivent. Utilisez le vocabulaire ci-dessous pour vous aider.

> ### Vocabulaire
> acteur, agent de police, agriculteur, architecte, artiste, athlète, avocat, banquier, cadre, commercial, comptable, contrôleur judiciaire, dentiste, directeur, employé de bureau, enseignant, gendarme, homme d'affaires, infirmier, inspecteur, instituteur, magistrat, médecin, metteur en scène, militaire, ouvrier, professeur, représentant de commerce, secrétaire, technicien, traducteur

secteur d'activités

- agriculture / environnement
- art / culture / société
- banque / finance / assurance
- bâtiment / travaux publics
- droit / sécurité / fonction publique
- enseignement / recherche / sciences
- entreprise / gestion / secrétariat
- industries
- information / communication / audiovisuel
- informatique / télécoms / Internet
- médical / paramédical / social
- services / commerce / distribution
- tourisme / loisirs / sport
- transport / logistique

Questions :

1. Quels secteurs d'activité et quels métiers vous intéressent ? Pourquoi ?
2. Est-ce que vos études vous aideront à trouver un emploi dans votre secteur d'activité préféré ? Expliquez.
3. Est-ce que vous pourrez trouver un emploi tout de suite après vos études ? Expliquez.
4. Est-ce que vous devrez continuer vos études avant de trouver un emploi ? Expliquez.
5. Est-ce que vous aurez besoin de formation avant de commencer un travail ? Expliquez.

D **Le travail.** Etudiez le tableau suivant et complétez les activités de vocabulaire.

Femmes et Hommes, Regards sur la parité

Actifs occupés selon le sexe° et le secteur d'activité en 2005
en milliers

gender

	Femmes	Hommes	Ensemble	Part des femmes en %	% de la population féminine occupée	
Agriculture, sylviculture° et pêche	276	674	950	29,1	2,4	forestry
Industries agricoles	262	416	678	38,7	2,3	
Industries des biens de consommation°	320	371	691	46,3	2,8	consumer goods
Industrie automobile	52	281	333	15,6	0,5	
Industries des biens d'équipement°	163	657	820	19,9	1,4	capital goods
Industries des biens intermédiaires°	334	1 056	1 390	24,0	2,9	production goods
Energie	44	190	234	18,9	0,4	
Construction	142	1 455	1 597	8,9	1,2	
Commerce et réparations	1 545	1 747	3 292	46,9	13,5	
Transports	251	825	1 076	23,3	2,2	
Activités financières	409	325	734	55,7	3,6	
Activités immobilières	195	152	347	56,1	1,7	
Services aux entreprises	1 292	1 923	3 215	40,2	11,3	
Services aux particuliers°	1 298	829	2 127	61,0	11,4	individuals
Education, santé, action sociale°	3 475	1 227	4 702	73,9	30,4	social services
Administrations	1 335	1 328	2 663	50,1	11,7	
Activité indéterminée	33	38	71	46,5	0,3	
Total	**11 425**	**13 496**	**24 921**	**45,8**	**100,0**	

© INSEE, *La France en faits et chiffres*, 2004

Activité de vocabulaire

1. Les femmes travaillent surtout dans les secteurs d'activité suivants :
   a. *Education, santé, action sociale*
   b. …
   c. …
2. Elles travaillent moins souvent dans les secteurs d'activité suivants :
   a. *Energie*
   b. …
   c. …
3. Pourquoi les femmes travaillent-elles dans certains secteurs et pas dans d'autres ?

A votre avis…

Quels secteurs d'activité vous intéressent ? Pourquoi ? Quelle formation faut-il pour travailler dans ces secteurs ? Est-ce qu'il y a beaucoup de femmes qui travaillent dans ces secteurs ?
Quels secteurs d'activité ne vous intéressent pas du tout ? Pourquoi pas ?
Quelle est votre spécialisation ? Après vos études pourrez-vous trouver un emploi qui correspond à votre spécialisation ? Pourquoi ou pourquoi pas ?

Après avoir visionné

Compréhension générale

A **Vrai ou faux ?** Indiquez si les phrases suivantes sont vraies ou fausses.

1. vrai   faux   Carla aime beaucoup la Sédim et ses collègues.
2. vrai   faux   Les collègues de Carla savent qu'elle est malentendante.
3. vrai   faux   Carla s'évanouit et son patron pense qu'elle a besoin d'un assistant.
4. vrai   faux   Carla va à l'ANPE pour chercher un assistant.
5. vrai   faux   Paul est le candidat idéal pour le poste d'assistant.
6. vrai   faux   Paul propose d'aider Carla. Il veut voler le dossier des Flérets.
7. vrai   faux   Paul a besoin de Carla parce qu'elle sait lire sur les lèvres.
8. vrai   faux   Carla a de plus en plus confiance en elle et elle s'adapte au monde des criminels.
9. vrai   faux   Paul va chez Marchand et il trouve l'argent, mais il ne dit rien à Carla.
10. vrai   faux   A la fin du film, Carla et Paul réussissent à voler l'argent.

B **Personnages.** Carla et Paul évoluent au cours du film. Faites une petite description de chaque étape de leur évolution.

1. Carla – jeune secrétaire
   (au début du film)
2. Carla – nouvelle criminelle
   (au milieu du film)
3. Carla – criminelle expérimentée
   (à la fin du film)
4. Paul – ancien détenu et nouvel employé
   (au début du film)
5. Paul – ancien détenu et criminel
   (à la fin du film)

C **Relations.** Examinez les relations suivantes et réfléchissez à l'évolution des relations entre les personnages ci-dessous. Faites une description de chaque relation et de son évolution.

1. Carla (secrétaire) et ses collègues
2. Carla (secrétaire) et son patron
3. Carla (patronne) et Paul (assistant) du début du film
4. Carla (assistante) et Paul (patron) du milieu du film
5. Carla (conspiratrice) et Paul (conspirateur) de la fin du film

---

Liens !

On a vu que les trois personnages principaux du film *Le Papillon (Elsa, Isabelle* et *Julien)* ont évolué au cours du film. Comparez les transformations de Carla et de Paul avec celles d'Elsa, d'Isabelle et de Julien.
Est-ce qu'on peut dire que Carla est comme un papillon qui sort de sa chrysalide ? Est-ce que Paul est aussi comme un papillon ? Expliquez. Qui bénéficie de leurs transformations ? Pourquoi ?

D **Scènes.** Faites une petite description des scènes suivantes.

1. Carla va à l'ANPE pour soumettre une offre d'emploi.
2. Paul a un entretien d'embauche avec Carla.
3. Carla demande à Paul de voler le dossier des Flérets.
4. Carla va à la boîte de nuit pour voir Paul. Il a besoin de son aide.
5. Carla trouve l'argent chez Marchand.
6. Carla va chez Mme Marchand.
7. Carla et Paul fuient ensemble.

E **Les personnes handicapées.** Lisez l'article suivant et déterminez si Carla bénéficie de ses droits en tant que travailleuse handicapée à la Sédim. Pourquoi faut-il encourager les employeurs à embaucher les employés handicapés ? Quels sont les avantages et les inconvénients d'embaucher des travailleurs handicapés ? Est-ce qu'il y a des lois américaines qui encouragent l'embauche des personnes handicapées ? Expliquez.

Les personnes handicapées et le monde du travail

Favoriser l'accès des personnes handicapées au monde du travail est une condition essentielle de leur insertion sociale et de leur autonomie financière. Plusieurs textes législatifs organisent et rappellent l'importance de cette insertion.

La loi du 23 novembre 1957 introduit la notion de travailleur handicapé, tandis que la loi d'orientation du 30 juin 1975 confie à la COTOREP (Commission technique d'orientation et de reclassement professionnel) la reconnaissance du handicap et l'aide au reclassement professionnel. Enfin la loi du 10 juillet 1987 impose à l'ensemble des employeurs, parmi lesquels les administrations de l'Etat ainsi que les établissements publics à caractère scientifique, technologique ou culturel, une obligation d'emploi égale à 6% de l'effectif salarié au bénéfice des travailleurs handicapés.

Pourtant les chiffres concernant les personnes handicapées et l'emploi témoignent de difficultés persistantes d'accès à l'emploi, du fait aussi du vieillissement des personnes handicapées, de leur faible niveau de formation, des difficultés d'accessibilité (en matière de transport, d'aménagement des locaux de travail...).

Néanmoins, la reconnaissance de la qualité de travailleur handicapé permet de bénéficier de mesures spécifiques pour compenser le handicap, que ce soit en matière de formation professionnelle, de placement en milieu de travail protégé, d'emploi en milieu ordinaire de travail dans le cadre notamment de l'obligation d'emploi des entreprises de plus de 20 salariés et de compensation d'une partie du salaire grâce à la garantie de ressources des travailleurs handicapés (GRTH).

© La documentation Française. *Vie Publique*, avril 2005.

Exercices de vocabulaire

Vocabulaire

un assistant
une augmentation
candidat
une demande
d'emploi
embauche
un entretien
d'embauche
formation
un métier
une offre d'emploi
son patron
une promotion
promotion
immobilière
un salaire
secrétaire
stage

A **A la Sédim.** Complétez le paragraphe suivant avec *le vocabulaire* qui convient.

Carla travaille dans une société de _____. Elle est _____. Le secrétariat n'est pas _____ facile parce qu'il faut s'occuper des problèmes des autres et parce qu'on reçoit _____ de misère par rapport au travail qu'on fait. Il y a trois ans que Carla y travaille et elle mérite _____ et _____ de salaire. Elle ne reçoit rien, mais _____ lui propose de chercher _____. Elle va donc à l'ANPE pour soumettre _____.

Paul va aussi à l'ANPE. Il remplit _____. Il réussit à avoir _____ avec Carla. Il est clair qu'il n'a aucune _____ et qu'il n'a jamais fait de _____ dans un bureau. Mais Carla trouve que c'est un bon _____ pour le poste et elle l'_____.

B **Description.** Pensez aux différentes étapes de la vie de Carla. Déterminez si vous êtes d'accord ou si vous n'êtes pas d'accord avec les phrases suivantes. Si vous n'êtes pas d'accord avec la phrase, expliquez pourquoi et corrigez-la. Utilisez *le vocabulaire* qui convient.

1. Carla est une secrétaire peu appréciée à la Sédim.
2. Carla devient patronne quand elle embauche Paul.
3. Carla est criminelle parce qu'elle demande à Paul de voler le dossier des Flérets.
4. Carla est bienfaitrice parce qu'elle donne les clés du studio à Paul.
4. Carla est mal à l'aise quand elle va à la boîte de nuit pour la première fois.
5. Carla devient espionne quand elle observe Marchand et les Carambo.
6. Carla s'adapte à sortir en boîte de nuit et elle a plus confiance en elle.
7. Carla est voleuse parce qu'elle vole l'argent de Marchand.
8. Carla est courageuse parce qu'elle va voir Josie pour sauver Paul.
9. Carla est meurtrière parce qu'elle drogue la femme de Marchand.
10. Carla est contente à la fin du film.

C **Entretien.** Paul veut être embauché à la Sédim. Carla va l'interroger sur son passé. Quelles études a-t-il faites ? Quelle formation a-t-il ? A-t-il de l'expérience professionnelle ? Sait-il se servir d'un ordinateur ? Développez le CV imaginé de Paul selon les rubriques ci-dessous. Utilisez *le vocabulaire* du film.

1. Ses études (le lycée, l'université, autre)
2. Sa formation (les stages dans les entreprises, les stages à l'étranger, autre)
3. Ses expériences professionnelles (le travail dans les entreprises, le travail dans l'immobilier, autre)
4. Ses compétences (l'informatique : PC, Mac, autre)
5. Ses centres d'intérêts (les arts, le sport, autre)

La Défense, le quartier des affaires

Liens !

Dans le film *L'Auberge espagnole,* Xavier fait des études en économie et il veut travailler au Ministère des Finances. Imaginez son entretien d'embauche : parlez de ses études, de sa formation, de son expérience professionnelle, de ses compétences et de ses centres d'intérêts.

Est-ce que Xavier serait un bon candidat pour le poste d'assistant de Carla ? Expliquez. Est-ce qu'il voudrait travailler dans une société de promotion immobilière ? Expliquez.

D **Entretien d'embauche.** Lisez les conseils pour un bon entretien d'embauche et complétez les activités de vocabulaire.

Entretien d'embauche
Paris Étudiant

Conseils et règles d'or de l'entretien d'embauche
Un entretien d'embauche réussi° c'est un entretien d'embauche préparé ! L'entretien d'embauche est un moment unique pour prouver au recruteur que vous êtes le bon candidat pour le poste proposé, mais aussi pour vérifier que le poste correspond bien à vos attentes°. En quelques minutes le recruteur se fait très rapidement une opinion sur votre candidature, alors attention à votre comportement et préparez ce que vous allez dire. Voici des conseils essentiels pour préparer et réussir votre entretien d'embauche.

Les objectifs de l'entretien d'embauche :
Montrez que vous êtes motivé par le poste offert ! Montrez que vous allez être opérationnel rapidement, vous adapter à l'entreprise, y évoluer et y rester. Vous devez convaincre le recruteur que vous êtes le bon candidat. Vous devez évaluer si le poste convient° à votre profil et à vos attentes.

1. Connaître le poste visé° et intégrer ce poste dans votre perspective de carrière.
Relisez à nouveau le descriptif du poste visé et préparez-vous à répondre aux questions suivantes : Pourquoi avez-vous postulé° à ce poste ? Quelles missions vous attirent dans ce nouveau poste ? Quel objectif de carrière vous êtes-vous fixé à moyen et long terme ? En quoi ce poste rentre dans cet objectif ? Pourquoi avez-vous choisi l'entreprise proposant ce poste ? Renseignez-vous sur les valeurs de l'entreprise qui embauche et essayez de les assimiler.

2. Faites le point sur votre candidature : vos points forts et vos points faibles.
Quels sont vos points forts ? Quels sont vos points faibles face à° ce poste ? Faites le point sur vos compétences, comportements, connaissances… afin de pouvoir répondre facilement à ces questions. Soyez honnête dans vos réponses, en argumentant par des exemples concrets. Lorsque que vous évoquerez° vos points faibles concluez positivement en expliquant comment vous travaillez pour corriger ces défauts. Au travers de l'annonce analysez les compétences requises pour le poste et axez° vos réponses dans le sens de celles-ci.

3. Préparez le comportement à adopter durant l'entretien.
Vous avez le trac° : c'est normal et inévitable ! Décontractez-vous et utilisez le trac comme une énergie et un dynamisme ! Arrivez quelques minutes en avance, sachez vous présenter, sourire, dire bonjour, et faire bonne impression dès les premières secondes (soignez votre habillement°). Contrôlez votre voix, votre respiration, le rythme de vos paroles, votre regard, votre posture et votre gestuelle… calez ces comportements sur le message que vous voulez faire passer : dynamisme, rigueur, volonté, calme, enthousiasme, organisation, indépendance… Restez aimable et courtois durant toute la durée de l'entretien d'embauche.

4. Informez-vous sur le poste proposé, l'entreprise et le recruteur !
Un entretien d'embauche ce n'est pas un monologue ni un interrogatoire.
L'entretien d'embauche permet un échange : renseignez-vous sur les missions,
l'équipe avez qui vous travaillerez, l'organisation de l'entreprise, le contexte des
missions, le poste du recruteur, son influence dans le processus de recrutement.
Préparez des questions, montrez que ce poste vous intéresse !

© Gabriel Jaquemet, *Paris Etudiant* 19/11/2005 http://www.parisetudiant.com/etudes/ article.php?article =676

Activité de vocabulaire

A. Choisissez la bonne traduction.

1. réussi :	a. successful	b. rewarding
2. attentes :	a. waiting	b. expectations
3. convient :	a. suits	b. admits
4. visé :	a. target	b. marked
5. postulé :	a. posted	b. applied
6. face à :	a. in front of	b. concerning
7. évoquerez :	a. bring up	b. evoke
8. axez :	a. center	b. rotate
9. le trac :	a. the track	b. nerves (afraid)
10. habillement :	a. clothing	b. ability

B. . Expliquez ce qu'il faut faire pour avoir un bon entretien.

A votre avis...

Pensez à l'entretien d'embauche de Paul. Est-ce qu'il suit les règles et les conseils de
parisétudiant.com ? Expliquez. Qu'est-ce qu'il aurait dû faire pour avoir un meilleur
entretien d'embauche ?

Avez-vous déjà eu un entretien d'embauche ? Comment c'était ? Qu'est-ce qui était
facile ? Qu'est-ce qui était difficile ? Que ferez-vous pour avoir un meilleur entretien
d'embauche à l'avenir ?

Avez-vous des conseils pour avoir un bon entretien d'embauche ?

Grammaire

6.1 Les prépositions avec certains verbes

▶ Certains verbes peuvent être suivis directement d'un infinitif alors que d'autres verbes exigent l'emploi de la préposition **à** ou **de** devant l'infinitif.

Exemple : *Paul vient **de** sortir de prison. Il doit chercher un emploi et grâce à Carla, il réussit **à** trouver un emploi.*

▶ Notez les verbes qui peuvent être suivis directement d'un infinitif :

verbes suivis de l'infinitif					
adorer	descendre	envoyer	monter	regarder	sentir
aimer	désirer	espérer	paraître	rentrer	souhaiter
aller	détester	faillir	partir	retourner	valoir mieux
apercevoir	devoir	faire	penser	revenir	venir
compter	écouter	falloir	pouvoir	savoir	voir
croire	entendre	laisser	préférer	sembler	vouloir

Tableau 1, Les verbes suivis de l'infinitif.

▶ Les verbes suivants exigent que la préposition **à** introduise l'infinitif :

verbes suivis de la préposition à					
aider à	s'autoriser à	décider (qqn) à	hésiter à	se préparer à	rêver à
s'amuser à	avoir à	se décider à	inviter (qqn) à	recommencer à	servir à
apprendre à	chercher à	encourager à	se mettre à	réfléchir à	songer à
s'apprêter à	commencer à	s'engager à	parvenir à	renoncer à	tarder à
arriver à	consentir à	enseigner à	persister à	résister à	tenir à
s'attendre à	continuer à	s'habituer à	se plaire à	réussir à	

Tableau 2, Les verbes suivis de la préposition à.

▶ Les verbes suivants exigent que la préposition **de** introduise l'infinitif :

verbes suivis de la préposition de				
accepter de	convenir de	féliciter de	persuader de	remercier de
s'agir de	craindre de	finir de	prendre garde de	rêver de
(s')arrêter de	décider de	gronder de	prendre le parti de	se soucier de
avoir peur de	se dépêcher de	se hâter de	se presser de	se souvenir de
cesser de	s'efforcer de	manquer de	prier de	supplier de
choisir de	empêcher de	mériter de	promettre de	tâcher de
conseiller de	s'empresser de	offrir de	proposer de	venir de
se contenter de	essayer de	oublier de	refuser de	
continuer de	s'excuser de	(se) permettre de	regretter de	

Tableau 3, Les verbes suivis de la préposition de.

▶ Certains verbes exigent que la préposition **à** introduise l'objet (une personne/ quelqu'un) et que la préposition **de** introduise l'infinitif :

verbes suivis de la préposition à et de			
commander à qqn de conseiller à qqn de défendre à qqn de demander à qqn de	dire à qqn de écrire à qqn de interdire à qqn de	ordonner à qqn de permettre à qqn de promettre à qqn de	proposer à qqn de reprocher à qqn de suggérer à qqn de

Tableau 4, Les verbes suivis de la préposition à et de

▶ Notez d'autres structures qui exigent l'emploi d'une préposition devant un infinitif :

◆ sujet + être + adjectif + de + infinitif
Exemple : *Paul est content de travailler à la Sédim.*

◆ Il est + adjectif + de + infinitif
Exemple : *Il est essentiel de soigner l'habillement.*

◆ C'est + adjectif + à + infinitif
Exemple : *Il essaie de trouver un travail sans formation ?*
Ce n'est pas facile à faire !

Pratiquez !

A **Au travail.** Complétez le passage suivant avec *les prépositions* qui conviennent (si cela est nécessaire).

Bien que Carla soit malentendante, elle réussit _____ travailler dans une société de promotion immobilière. Elle peut _____ assister aux réunions et _____ parler avec ses collègues parce qu'elle sait _____ lire sur les lèvres. Elle arrive _____ répondre au téléphone grâce aux prothèses auditives. Elle essaie _____ cacher son handicap des autres et elle refuse _____ demander de l'aide. Malheureusement, ses collègues ne sont pas très sympathiques et Carla doit _____ s'efforcer _____ travailler dans cet environnement difficile. Elle persiste _____ faire tout ce qu'elle peut _____ faire et elle apprend _____ profiter de son handicap.

B **L'histoire de Carla et de Paul.** Complétez les phrases suivantes d'une manière logique. Faites attention aux prépositions !

1. Malgré son handicap, Carla réussit…
2. Il n'est pas facile…
3. Elle n'est pas contente…
4. Paul va à l'agence immobilière où Carla travaille. Il veut …
5. Carla embauche Paul, bien qu'il ne soit pas capable…
6. Il est très surpris…et il va en profiter !
7. Après quelques semaines, Carla demande…
8. Comme Paul se sent obligé, il aide…
9. Paul doit de l'argent à Marchand. Il doit…
10. Il essaie… avec l'aide de Carla.

6.2 Les pronoms disjoints

▶ Les pronoms disjoints (accentués) sont employés pour parler des gens. Notes les formes :

pronoms disjoints	
moi	nous
toi	vous
lui, elle, soi	eux, elles

Tableau 5, Les pronoms disjoints.

▶ Les pronoms disjoints sont employés :

- ◆ Pour mettre l'accent sur un nom ou un pronom (une personne) :
  Exemple : ***Moi***, *j'aime beaucoup Paul mais **toi**, tu préfères Carla.*

- ◆ Quand il y a 2+ sujets :
  Exemple : ***Lui** et **elle** arrivent à se comprendre.*

- ◆ Quand une réponse n'a pas de verbe :
  Exemple : *Qui est-ce ? --Ah ! **Lui** !*
  *Tu n'aimes pas tes collègues ? --**Moi** non plus !*

- ◆ Après *c'est* ou *ce sont (ce n'est pas / ce ne sont pas)* :
  Exemple : *C'est **lui** qui change sa vie.*

- ◆ Dans les comparaisons :
  Exemple : *Paul est plus fort que Carla mais elle est aussi manipulatrice que **lui**.*

- ◆ Après *ni* dans l'expression négative ne…ni…ni…:
  Exemple : *Carla et Paul ? Je n'aime ni elle ni lui. Ils sont manipulateurs.*

- ◆ Avec *–même* :
  Exemple : *Je n'ai pas besoin d'aide. Je peux le faire **moi-même**.*

- ◆ Après une préposition :
  Exemple : *Elle va chez **lui** pour chercher ses affaires.*

- ◆ Avec certains verbes qui sont suivis de la préposition **à** (*s'adresser, faire attention / référence, s'habituer, s'intéresser, penser, se présenter, songer, etc.*)
  Exemple : *Pense-t-elle à Paul ? --Bien sûr ! Elle pense souvent à **lui** !*

- ◆ Après la préposition **de** quand la personne est définie (*en* est employé avec les noms collectifs) :
  Exemple : *Parlez-vous de Carla ? --Oui, nous parlons d'**elle**.*

Pratiquez !

 Pronoms disjoints. Répondez aux questions suivantes. Remplacez les mots soulignés par *les pronoms disjoints* qui conviennent.

1. Est-ce que Carla aime travailler avec <u>ses collègues</u> ? Est-ce que vous travaillez ? Est-ce que vous aimez travailler avec <u>vos collègues</u> ? Est-ce que vos collègues aiment travailler avec <u>vous</u> ?
2. Est-ce que les autres employés se moquent de <u>Carla</u> ? Est-ce que Carla se moque de <u>ses collègues</u> ? Et vous ? Est-ce que vous vous moquez <u>des autres étudiants</u> ?
3. Est-ce que Carla peut faire son travail sans <u>Paul</u> ? Quand vous travaillez, est-ce que vous pouvez faire votre travail sans <u>vos collègues</u> ? Est-ce que vos collègues peuvent faire leur travail sans <u>vous</u> ?

4. Est-ce que Carla veut être comme **les autres femmes de son âge** ? Et les jeunes en général, est-ce qu'ils veulent être comme **les autres jeunes gens** ?
5. Est-ce que Paul s'intéresse à **Carla** ? Est-ce que Paul pense à **Carla** ? Est-ce qu'elle s'intéresse à **Paul** ? Est-ce qu'elle pense à **Paul** ? Est-ce que vous vous intéressez **aux autres étudiants** ? Est-ce que vous pensez **aux autres étudiants** ?

B **A la cantine.** Complétez le dialogue entre Carla et Paul. Utilisez *les pronoms disjoints* qui conviennent.

Paul :	Ça va ____ ? Qu'est-ce qu'il y a ?
Carla :	____ ? Oh oui… ça va. Tu vois les hommes là-bas ?
Paul :	Oui… ils travaillent à la Sédim avec ____.
Carla :	Oui… ce sont ____… Ils parlent de ____.
Paul :	Ils parlent de ____ ? Comment est-ce que tu le sais ?
Carla :	Je lis sur les lèvres. Ils se moquent de ____ et de ____ aussi.
Paul :	Ils se moquent de ____ ? Pourquoi ?
Carla :	Tu vois celui qui porte la cravate violette ? ____, il est plus méchant que les autres. Mais il est aussi idiot qu'____.
Paul :	Qu'est-ce qu'on peut faire ?
Carla :	Tu ne peux rien faire ____-même. Il faut simplement que tu fasses attention à ____ et que tu m'aides.
Paul :	D'accord. Pas de problème. Allons-y.

6.3 Les pronoms compléments d'objets direct et indirect

Le pronom complément d'objet direct

▶ L'objet direct reçoit l'action d'un verbe transitif. Il peut être une personne ou une chose. Il répond à la question *qui est-ce que (pour les gens)* ou *qu'est-ce que (pour les choses)*. Notez que, contrairement à l'anglais, les verbes *appeler, attendre, chercher, écouter, payer* et *regarder* sont des verbes transitifs et ils sont suivis d'un objet direct.
   Exemple :   *Carla embauche **Paul**. (L'objet direct est une personne.*
                     Qui est-ce que Carla embauche ? --Paul.)
                 *Carla prépare **les dossiers**. (L'objet direct est une chose.*
                     Qu'est-ce que Carla prépare ? --Les dossiers.)

▶ Le pronom complément d'objet direct remplace l'objet direct et son déterminant (l'article défini, l'adjectif possessif, l'adjectif démonstratif, etc.).
   Exemple :   *Carla embauche **Paul**. Carla l'embauche.*

▶ Le pronom complément d'objet direct peut aussi remplacer un adjectif. **Le** remplace l'adjectif.
   Exemple :   *--Carla est timide ? --Oui, elle l'est.*

▶ Le pronom complément d'objet direct s'accorde en genre, en personne et en nombre avec le nom remplacé.

pronoms compléments d'objet direct	
me, m'	nous
te, t'	vous
le, la, l'	les

Tableau 6, Les pronoms compléments d'objet direct.

▶ Notez la place du pronom complément d'objet direct dans la phrase :

		Affirmatif	Négatif
Au futur proche :	Tu vas regarder **les films**.	Tu vas **les** regarder.	Tu ne vas pas **les** regarder.
Au futur simple :	Tu regarderas **les films**.	Tu **les** regarderas.	Tu ne **les** regarderas pas.
Au conditionnel :	Tu regarderais **les films**.	Tu **les** regarderais.	Tu ne **les** regarderais pas.
Au présent :	Tu regardes **les films**.	Tu **les** regardes.	Tu ne **les** regardes pas.
A l'impératif :	Regarde **les films** !	Regarde-**les** !	Ne **les** regarde pas !
Au passé composé :	Tu as regardé **les films**.	Tu **les** as regardé**s**.	Tu ne **les** as pas regardé**s**.*
A l'imparfait :	Tu regardais **les films**.	Tu **les** regardais.	Tu ne **les** regardais pas.

*Quand le pronom complément d'objet direct précède le verbe au passé composé, le participe
passé s'accorde en genre et en nombre avec le pronom complément d'objet direct.

Le pronom complément d'objet indirect

▶ L'objet indirect reçoit l'action d'un verbe indirectement. Il est introduit par la
préposition **à**. L'objet indirect est toujours une personne. Il répond à la question *à
qui est-ce que*. Notez que les verbes *demander, dire, plaire, offrir* et *téléphoner* sont
suivis d'un objet indirect.
Exemple : Carla parle **à Paul**. *(A qui est-ce que Carla parle ? A Paul.)*

▶ Le pronom complément d'objet indirect remplace l'objet indirect et son
déterminant (l'article défini, l'adjectif possessif, l'adjectif démonstratif, etc.).
Exemple : *--Carla parle à Paul ? --Oui, elle **lui** parle.*

▶ Le pronom complément d'objet indirect s'accorde en
personne et en nombre avec le nom remplacé.
Exemple : *--Carla a téléphoné **aux clients** ?
--Oui, elle **leur** a téléphoné.
(Aux clients, 3e personne du pluriel)*

pronoms compléments d'objet indirect	
me, m'	nous
te, t'	vous
lui	leur

Tableau 7, Les pronoms compléments d'objet indirect.

▶ Notez la place du pronom complément d'objet indirect dans la phrase :

		Affirmatif	Négatif
Au futur proche :	Tu vas parler **aux hommes**.	Tu vas **leur** parler.	Tu ne vas pas **leur** parler.
Au futur simple :	Tu parleras **aux hommes**.	Tu **leur** parleras.	Tu ne **leur** parleras pas.
Au conditionnel :	Tu parlerais **aux hommes**.	Tu **leur** parlerais.	Tu ne **leur** parlerais pas.
Au présent :	Tu parles **aux hommes**.	Tu **leur** parles.	Tu ne **leur** parles pas.
A l'impératif :	Parle **aux hommes** !	Parle-**leur** !	Ne **leur** parle pas !
Au passé composé :	Tu as parlé **aux hommes**.	Tu **leur** as parlé.	Tu ne **leur** as pas parlé.
A l'imparfait :	Tu parlais **aux hommes**.	Tu **leur** parlais.	Tu ne **leur** parlais pas.

Pratiquez !

 A **Contrôleur judiciaire.** Le contrôleur judiciaire Masson donne des conseils à Paul. Transformez ses phrases en ordres. Utilisez *l'impératif* et *les pronoms compléments d'objet direct* qui conviennent.

Modèle : Il faut que vous m'écoutiez ! → *Ecoutez-moi !*

1. Comme vous êtes ancien détenu, il faut que vous respectiez les règles de votre liberté conditionnelle.
2. Il faut que vous trouviez le travail qui correspond à votre éducation et à votre formation.
3. Pour trouver un travail, il faut que vous regardiez les petites annonces.
4. Il faut aussi que vous visitiez l'ANPE.
5. N'oubliez pas qu'il est important que vous soigniez votre habillement.

B **Contrôleur judiciaire.** Masson continue sa conversation avec Paul. Transformez ses phrases en ordres. Utilisez *l'impératif* et *les pronoms compléments d'objet indirect* qui conviennent.

Modèle : Il faut que vous me disiez que vous comprenez. → *Dites-moi que vous comprenez.*

1. Il faut que vous me rendiez visite tous les jours.
2. Il faut que vous me donniez les coordonnées de votre nouvel employeur.
3. Il faut que vous donniez tous ces formulaires à votre nouvel employeur.
4. Il faut que vous envoyiez les formulaires au juge.
5. Il faut que vous demandiez de l'aide aux autres si vous en avez besoin.

C **Au bureau.** Lisez les phrases suivantes et identifiez les objets directs et indirects. Indiquez de quel objet il s'agit, quel pronom complément peut remplacer le nom et refaites la phrase avec *le pronom complément d'objet* qui convient.

Modèle : Paul rend visite à son contrôleur judiciaire.
          Son contrôleur judiciaire = l'objet indirect = lui → *Paul lui rend visite.*

1. Bien que Paul ne sache pas utiliser les machines de bureau, il veut être assistant.
2. Carla embauche Paul parce qu'elle aime Paul.
3. Carla aide Paul parce qu'elle veut qu'il travaille au bureau.
4. Carla dit à Paul qu'il faut demander de l'aide.
5. Paul ne demande pas souvent de l'aide à Carla.
6. Au cours de la journée, les clients de la Sédim téléphonent à Carla.
7. Les clients posent des questions à Carla et elle essaie de résoudre leurs problèmes.
8. Carla prépare les dossiers pour ses collègues.
9. Elle donne les dossiers à ses collègues juste avant les réunions.
10. Malheureusement, la plupart de ses collègues sont ingrats et ils ne remercient pas Carla.

6.4 Les pronoms y et en

Le pronom y

▶ Le pronom *y* remplace une préposition indiquant la localisation (à, chez, dans, devant, sous, sur, etc.) et son objet. Il ne remplace jamais la préposition **de** et son objet.
Exemple :   *Paul va **au bureau**. Paul **y** va.*

▶ Le pronom *y* remplace aussi la préposition **à** et son objet quand l'objet est une chose ou une idée. Il ne remplace jamais les personnes.
Exemple :   *Paul répond **aux questions que Carla lui pose**. Paul **y** répond.*

▶ Le pronom *y* est employé avec les verbes *jouer à, s'intéresser à, penser à, réfléchir à, répondre à, etc.*
Exemple :   *Paul réfléchit **au complot de Marchand**. Il **y** réfléchit.*

▶ Notez la place de la préposition *y* dans la phrase :

		Affirmatif	Négatif
Au futur proche :	Tu vas penser **à ton avenir**.	Tu vas **y** penser.	Tu ne vas pas **y** penser.
Au futur simple :	Tu penseras **à ton avenir**.	Tu **y** penseras.	Tu n'**y** penseras pas.
Au conditionnel :	Tu penserais **à ton avenir**.	Tu **y** penserais.	Tu n'**y** penserais pas.
Au présent :	Tu penses **à ton avenir**.	Tu **y** penses.	Tu n'**y** penses pas.
A l'impératif :	Pense **à ton avenir** !	Penses-**y** !*	N'**y** pense pas !
Au passé composé :	Tu as pensé **à ton avenir**.	Tu **y** as pensé.	Tu n'**y** as pas pensé.
A l'imparfait :	Tu pensais **à ton avenir**.	Tu **y** pensais.	Tu n'**y** pensais pas.

*A l'impératif affirmatif, il faut rajouter le **s** des verbes en –er conjugués à la 2e personne du singulier.

Le pronom en

▶ Le pronom **en** remplace la préposition **de** et son objet.
Exemple :   *Paul vient **du bureau**. Paul **en** vient.*

▶ Le pronom **en** remplace aussi :
   ◆ l'article partitif (du, de la, de l', des) et son objet :
   Exemple : *Carla a **des difficultés**. Carla **en** a.*

   ◆ l'article indéfini (un, une, des) :
   Exemple : *Paul a **un gros problème**. Paul **en** a un.*

   ◆ un nombre (1, 2, 3…) ou une expression de quantité (assez, beaucoup, peu, trop, etc.). En général, on garde l'expression de quantité :
   Exemple : *Carla a **peu d'amis** au travail. Carla **en** a **peu** au travail.*

   ◆ l'objet des expressions avec la préposition *de* (avoir besoin de, envie de, peur de, etc.) :
   Exemple : *Paul a besoin **de travailler**. Il **en** a **besoin.***

   ◆ l'objet des verbes introduit par la préposition *de* (discuter, parler, profiter, se servir, se souvenir, etc.) :
   Exemple : *Paul se sert **du handicap de Carla**. Il s'**en** sert.*

▶ Le pronom **en** ne remplace pas normalement une personne, mais il peut remplacer les gens employés dans un sens général (un nom collectif).
Exemple :   *L'ANPE aide **beaucoup de gens** à trouver du travail.*
                  *L'ANPE **en** aide **beaucoup** à trouver du travail.*

► Notez la place de la préposition **en** dans la phrase.

		Affirmatif	**Négatif**
Au futur proche :	Tu vas parler **du problème**.	Tu vas **en** parler.	Tu ne vas pas **en** parler.
Au futur simple :	Tu parleras **du problème**.	Tu **en** parleras.	Tu n'**en** parleras pas.
Au conditionnel :	Tu parlerais **du problème**.	Tu **en** parlerais.	Tu n'**en** parlerais pas.
Au présent :	Tu parles **du problème**.	Tu **en** parles.	Tu n'**en** parles pas.
A l'impératif :	Parle **du problème** !	Parles-**en** !*	N'**en** parle pas !
Au passé composé :	Tu as parlé **du problème**.	Tu **en** as parlé.	Tu n'**en** as pas parlé.
A l'imparfait :	Tu parlais **du problème**.	Tu **en** parlais.	Tu n'**en** parlais pas.

*A l'impératif affirmatif, il faut rajouter le **s** des verbes en –er conjugués à la 2ᵉ personne du singulier.

Pratiquez !

A **Le pronom y.** Répondez aux questions suivantes. Utilisez **y** dans votre réponse.

1. Est-ce que Paul répond honnêtement aux questions de Carla ? Est-ce que vous répondez toujours honnêtement aux questions que les autres vous posent ?
2. Est-ce que Paul aime travailler à la Sédim ? Est-ce que vous voudriez travailler dans un bureau comme la Sédim ? Pourquoi ou pourquoi pas ?
3. Est-ce que Carla réussit à faire son travail malgré son handicap ? Est-ce que Paul réussit à faire son travail malgré son inexpérience et son manque de formation ? Est-ce que vous réussissez à faire votre travail ?
4. Est-ce que Carla pense à son avenir ? Est-ce que vous pensez à votre avenir ? Et les autres étudiants ? Est-ce qu'ils pensent à leur avenir ?
5. Est-ce que Carla aime aller aux soirées et aux boîtes de nuit ? Est-ce que Paul aime aller aux soirées et aux boîtes de nuit ? Est-ce que vous aimez aller aux soirées et aux boîtes de nuit ?

B **Le pronom en.** Répondez aux questions suivantes. Utilisez *le pronom en* dans votre réponse.

1. Est-ce que Carla a besoin d'aide pour faire son travail ? Est-ce que Paul a besoin d'aide pour faire son travail ? Est-ce que vous avez souvent besoin d'aide pour faire des choses ? Quand ?
2. Est-ce que Carla a beaucoup de soucis ? Est-ce que Paul a aussi des soucis ? Est-ce que vous avez des soucis ? Lesquels ?
3. Est-ce que Carla a des amis ? Est-ce que Paul a des amis ? Est-ce que vous avez des amis ?
4. Est-ce que Carla peut parler de ses problèmes avec Paul ? Est-ce que Paul peut parler de ses problèmes avec Carla ? Est-ce que vous pouvez parler de vos problèmes avec quelqu'un ? Avec qui ?
5. Est-ce que Carla profite de son handicap ? Est-ce qu'elle profite des faiblesses de Paul ? Est-ce que Paul profite du handicap de Carla ? Est-ce qu'il profite des faiblesses de Carla ?

C **Les pronoms y et en.** Paul parle avec Carla de ce qu'elle doit faire ce soir. Répondez à ses questions. Utilisez **y** ou **en** dans votre réponse.

- Tu viens à la boîte de nuit ce soir ? --*Oui, …*
- Tu viens directement du bureau ? --*Non…*
- Tu as bien réfléchi à la situation ? --*Oui…*
- Tu sais que tu peux profiter du fait que tu lis sur les lèvres. --*Oui…je sais que…*

- Tu as des soucis ? *--Non…*
- Tu as des questions ? *--Non…*
- Tu vas attendre devant la porte ?   *--Non…*
- Tu vas monter directement sur le toit ? *--Oui…*
- Qu'est-ce qu'il y a ? Tu penses toujours au dossier des Flérets ? *--Non…*
- Je m'en vais. Tu dois m'appeler plus tard. Tu as un portable ? *–Oui…*
- Bon – téléphone-moi si tu as besoin d'aide.   *–D'accord…*

6.5 La place des pronoms

▶ On peut utiliser plusieurs pronoms dans une seule phrase. Notez la place des pronoms multiples dans les phrases affirmatives et à l'impératif au négatif :

Exemples :   *Il donne les jumelles à Carla. Il **les lui** donne.*
*Elle écrit des notes sur une feuille. Elle **y en** écrit.*
*Ne me donne pas d'ordres ! Ne **m'en** donne pas !*

▶ Notez la place des pronoms multiples à l'impératif à l'affirmatif :

Exemple :   *Ecris des lettres à Masson. Ecris-**lui-en**.*

▶ Notez qu'il faut utiliser les pronoms disjoints **moi** et **toi** à l'impératif à l'affirmatif à moins qu'ils ne soient suivis du pronom **en**.
Exemple :   *Donne-moi de l'aide. Donne-**m'en**.*

Pratiquez !

 Le travail. Carla donne des ordres à Paul. Remplacez les objets par *les pronoms multiples.*

1. Ne me parle pas de tes problèmes personnels.
2. Occupe-toi de tes affaires.
3. Apporte ton dossier à la secrétaire.
4. Donne tes coordonnées au contrôleur judiciaire.
5. Ne t'inquiète pas des machines de bureau.
6. Montre-moi les fichiers que tu as préparés.
7. Envoie ces fichiers aux clients tout de suite.
8. Donne ce document au chef de l'entreprise.
9. Ne laisse pas tes affaires dans le placard.
10. Rends-moi les clés du bureau avant de partir.

B **Paul et Carla.** Identifiez les pronoms qu'il faut utiliser pour répondre à chaque question ci-dessous. Puis, répondez aux questions suivantes avec *les pronoms multiples* dans votre réponse.

1. Est-ce que Paul s'est habitué facilement au travail de bureau ?
2. Est-ce que Carla a trouvé les affaires de Paul dans le placard ?
3. Est-ce que Paul avait une bonne raison pour dormir dans le placard ?
4. Est-ce que Carla a emmené Paul à l'appartement de l'entreprise ?
5. Est-ce que Carla a donné les clés de l'appartement à Paul ?
6. Est-ce que Paul demande un service à Carla ?
7. Est-ce que Carla s'adapte facilement à la vie nocturne ?
8. Est-ce que Paul sait que Marchand a caché l'argent dans le frigo ?
9. Est-ce que Carla a montré l'argent à Paul ?
10. Est-ce que Paul va donner l'argent aux Carambo ?

Traduction

Français → anglais

A **Mots et expressions.** Traduisez les mots et les expressions suivantes *en anglais*.

1. une société et une entreprise
2. une secrétaire et ses collègues
3. un directeur et ses employés
4. un ancien détenu et son contrôleur judiciaire
5. un candidat et son entretien d'embauche

B **Phrases.** Traduisez les phrases suivantes *en anglais*.

1. Le bureau ouvre à 9h.
2. Les employés y arrivent très tôt.
3. Le patron n'arrive jamais à l'heure !
4. La secrétaire répond au téléphone. Elle répond aussi aux questions de son assistant.
5. Elle prépare les dossiers et son assistant fait les photocopies.

Conseils

- Cherchez les mots apparentés et les faux amis.
- Vérifiez les articles et les prépositions qui introduisent les objets.
- Notez que certains verbes exigent l'emploi d'une préposition devant un infinitif.
- Faites très attention au registre et au temps des verbes.
- N'oubliez pas de ne pas traduire mot à mot !
- Utilisez le vocabulaire et la grammaire pour vous aider !

Anglais → français

A **Mots et expressions.** Traduisez les mots et les expressions suivantes *en français*.

1. to listen to messages
2. to distribute the mail
3. to photocopy the files
4. to attend a meeting
5. to take notes

B **Phrases.** Traduisez les phrases suivantes *en français*.

1. You want to do something.
2. It is important to do it.
3. Don't forget to do it.
4. Ask someone to do something.
5. You know how to do it !

C **Notes.** Carla écrit quelques notes pour son nouvel assistant. Traduisez ses notes *en français*.

> **New assistant**
> **Advice for a successful start**
>
> The office opens at 8:30 a.m. but I like to arrive at 8:00 a.m. You will want to have some time to prepare for the day. I try to listen to the messages, to read the mail and to organize the office. It is important to finish all that before the employees arrive at 9:00 a.m. They want to look at their mail and to prepare for their meetings. We have a general meeting at 12 p.m. Don't forget to order coffee and sandwiches for them. After the meeting, you answer the phone, make photocopies and prepare the files for the next day. Don't hesitate to take notes and I will try to help you. One last suggestion, when someone asks you to do something, say you know how to do it even if you don't!

Photo

A **Détails.** Regardez l'image et choisissez les bonnes réponses.

1. Où est-ce que ces deux scènes ont lieu ?
   a. dans les toilettes du bureau
   b. dans les toilettes de la boîte de nuit
   c. dans la salle de bain du studio de Paul
2. Quand est-ce que la 1ʳᵉ scène a lieu ?
   a. Elle a lieu vers début du film.
   b. Elle a lieu au milieu du film.
   c. Elle a lieu à la fin du film.
3. Quand est-ce que la 2ᵉ scène a lieu ?
   a. Elle a lieu au début du film.
   b. Elle a lieu au milieu du film.
   c. Elle a lieu à la fin du film.
4. Sur la 1ʳᵉ photo, les personnages sont…
   a. en train de se parler.
   b. en train de se cacher.
   c. en train de se préparer pour le travail.
5. Sur la 2ᵉ photo, les personnages sont…
   a. en train de se parler.
   b. en train de se cacher.
   c. en train de se préparer pour le travail.

B **Chronologie.** Mettez les phrases suivantes en ordre chronologique.

1ʳᵉ photo

_____ A la fin de la scène, Paul explique à Carla qu'il doit 70.000 francs à un homme qui s'appelle Marchand.

_____ Après la bagarre, Carla cherche une chemise propre pour Paul.

_____ D'abord, Carla va aux toilettes.

_____ Ensuite, Paul et un autre homme y entrent et ils se bagarrent.

_____ Quelqu'un entre dans les toilettes et Paul et Carla se cachent.

2e photo

_____ Après avoir fait leur toilette, ils quittent les toilettes.

_____ Au début de la scène, Carla et Paul arrivent au bureau après voir passé la nuit à la boîte de nuit.

_____ Paul va à son bureau pour travailler.

_____ Ils font leur toilette dans les toilettes du bureau et ils parlent du travail.

_____ Carla répond au téléphone.

C **En général.** Répondez aux questions suivantes. Ecrivez deux ou trois phrases.

1. Donnez un titre à la 1re photo. Justifiez votre réponse.
2. Donnez un titre à la 2e photo. Justifiez votre réponse.

D **Aller plus loin.** Ecrivez un paragraphe pour répondre aux questions suivantes.

1. Parlez de l'importance du fait que ces deux scènes ont lieu dans les toilettes.
2. Comment est-ce que les deux personnages changent entre les deux photos ?

Mise en pratique

A **En général.** Répondez aux questions suivantes. Ecrivez deux ou trois phrases.

1. Comment est-ce que le film commence ? Comment est Carla ? De quoi rêve-t-elle ?
2. Où est-ce que Carla travaille ? Décrivez les relations entre Carla et son patron et entre Carla et ses collègues. Est-ce qu'elle est contente ?
3. Pourquoi est-ce que Carla cache son handicap ? Quelles difficultés est-ce qu'elle rencontre au travail ? Pourquoi est-ce que Morel ne fait rien pour améliorer ses conditions de travail ?
4. Est-ce que le comportement des collègues de Carla est typique du comportement des employés d'un bureau ? Expliquez.
5. Décrivez la scène où Carla décrit son assistant idéal à l'employée de l'ANPE. Que recherche-t-elle ?
6. Comment est Paul ? Est-ce un bon candidat pour le poste d'assistant ? Expliquez.
7. Pourquoi est-ce que Paul dort dans le placard du bureau ? Pourquoi est-ce que Carla se fâche contre lui ?
8. Pourquoi est-ce que Carla donne les clés du studio à Paul ? Qu'en pense-t-il ?
9. Est-ce que Carla change après avoir embauché Paul ? Expliquez.
10. Comment est-ce que Carla manipule Paul ? Pourquoi ? Est-ce que Paul veut l'aider ?
11. Comment est-ce que Paul manipule Carla ? Pourquoi ? Est-ce que Carla veut aider Paul ?
12. Pourquoi est-ce que Carla va chez Paul ? Qu'est-ce qu'elle y découvre ? Comment réagit-elle ?
13. Qu'est-ce qui arrive quand Carla fouille l'appartement de Marchand ?
14. Qui est Masson ? Quel est son rôle dans le film ? Est-ce clair ?
15. Quel rôle est-ce que la femme de Marchand joue dans le film ? Est-ce un personnage important ?
16. Décrivez la fin du film. Qu'est-ce qui arrive à Marchand, aux frères Carambo, à Paul et à Carla ?

B **Aller plus loin.** Écrivez un paragraphe pour répondre aux questions suivantes.

1. Est-ce qu'il y a un rapport entre les noms et le caractère des personnages du film (Carla Behm, Paul Angelini, Marchand, Carambo) ? Expliquez.
2. Parlez des thèmes principaux du film : le travail, le logement, l'argent, l'amitié / l'amour.
3. Le spectateur est plongé dans la vie actuelle de Carla et de Paul. Qu'est-ce que le spectateur sait sur le passé de Carla et sur le passé de Paul ?
4. Les toilettes, les placards et les voitures sont des décors principaux dans le film. Décrivez quelques scènes qui ont lieu dans ces endroits.
5. Comment est-ce qu'Audiard montre l'isolement dans les scènes qui ont lieu dans les endroits publics (la cantine de la Sédim, la soirée de Boubou, la boîte de nuit, le train, etc.) ?
6. Parlez de la perspective du film. Comment est-ce qu'Audiard montre la perspective de Carla ? Quel est l'effet ? Comment est-ce que la perspective montre son isolement ?
7. Parlez des bruits au cours du film. Comment est-ce que ces bruits contribuent à l'état d'esprit de Carla ? Comment est-ce qu'ils montrent son isolement ?
8. Parlez des couleurs et de la lumière du film. Comment est-ce qu'elles contribuent au ton du film ?
9. Est-ce que le film est une histoire d'amour ? Pourquoi ou pourquoi pas ?
10. Est-ce que vous aimez le film ? Pourquoi ou pourquoi pas ? Avez-vous un personnage préféré ?

C **Analyse.** Lisez l'article suivant et complétez les activités de vocabulaire.

Politique de l'emploi : Le chômage° des jeunes

Les jeunes, premiers touchés par le chômage

Les jeunes restent les principales victimes du chômage en France. Alors que la moyenne° nationale a pointé° à 10% en février 2005, avant de redescendre, fin décembre 2005, à 9,5%, le chômage des jeunes (15 à 24 ans) culmine à 22%, contre 8,6% des 25-49 ans et 6,8% des plus de 50 ans. Explication avancée° : les contrats temporaires (Interim, CDD…), apanage° des jeunes (un jeune sur cinq occupe ce type d'emplois), ont été les premiers touchés par le ralentissement° économique entre 2002 et 2004. Dans un contexte économique difficile, ces contrats sont les premiers à être supprimés°, les entreprises y recourant° moins. De plus, ils ne sont généralement pas convertis en CDI°*, et le salarié° rencontre plus de difficultés dans sa recherche d'un nouvel emploi.

Le rôle du diplôme

Les débuts de carrières, généralement composés de contrats courts, sont de plus en plus poussifs°. Selon l'INSEE, 28% des jeunes qui étaient actifs° en 2003 ont traversé une période sans emploi, contre 17% pour l'ensemble des actifs. Près d'un jeune actif sur dix n'a pas occupé d'emploi au cours de cette même année. De plus, on constate qu'aujourd'hui un diplôme élevé n'est plus forcément garant d'un contrat à durée indéterminée. Parmi les diplômés de niveau BAC+2 qui travaillaient en 2003, 14% ont été sans emploi au moins une fois au cours de l'année suivante. Ce chiffre grimpe à 20% pour les diplômés du supérieur long (Bac + 4/5). Le diplôme reste néanmoins° le meilleur garant d'une insertion professionnelle : 68% des diplômés du supérieur qui travaillaient en 2003 disposaient° encore d'un CDI l'année d'après, contre 43% des non-diplômés.

Glossary (margin):
- unemployment
- average / checked in at
- given
- prerogative, privilege
- the slowing down
- done away with / using them / a job contract / wage earner
- sluggish / employed
- nevertheless
- had

Encadré : Un phénomène global en Europe

Le chômage des jeunes est un casse-tête° partout dans l'Union Européenne. Le taux de chômage des 15-24 ans dans les 25 pays de l'UE est de 18,6%, soit plus de deux fois supérieur au taux global de 9%, selon les données fournies par Eurostat pour l'année 2004. Dans le bas° du classement, la Pologne, où 39,5% des jeunes sont à la recherche d'un emploi, suivie de la Slovaquie (32,3%), la Grèce (26,9%) et la France (22%). Les bons élèves sont les Pays-Bas, où seulement 8% des 15-24 ans sont au chômage, suivis du Danemark (8,2%), l'Irlande (8,3%) et l'Autriche (9,7%). Le Royaume-Uni affiche un écart impressionnant : le taux de chômage des jeunes (12,1%) y est presque trois fois supérieur à celui du chômage global (4,7%).

*CDI - contrat à durée indéterminée

© Agence France-Presse. www.20Minutes.fr, 07/03/06

Activité de vocabulaire

1. Qui sont les principales victimes du chômage en France ? Quel âge ont-ils ?
2. Quel est le taux de chômage pour les 25-49 ans ? pour les plus de 50 ans ?
3. Pourquoi est-ce que les jeunes (15-24 ans) sont les premiers touchés par le chômage ?
4. Est-ce qu'il est toujours important de faire des études supérieures ? Pourquoi ou pourquoi pas ?
5. Pourquoi est-ce qu'on dit que le chômage des jeunes est un casse-tête dans l'Union Européenne ?

A votre avis…

A-t-on les mêmes problèmes avec le chômage aux Etats-Unis ? Est-ce que vous vous inquiétez de votre avenir ? Pensez-vous qu'il soit facile ou difficile de trouver un emploi ? De quel groupe d'actifs Carla fait-elle partie ? Et Paul ? Est-il juste que Carla ait embauché Paul étant donné que le taux de chômage est très élevé parmi les jeunes ? Expliquez.

Communication

 Personnages. Vous faites un stage à TF1 (une chaîne de télévision). Vous êtes chargé/e de préparer Jacques Audiard pour une interview. Vous lui posez des questions sur le personnage de Carla. Présentez votre dialogue à vos camarades de classe. Utilisez *les verbes* ci-dessous et faites très attention *aux prépositions* qui introduisent l'infinitif.

Vocabulaire

aimer, désirer, devoir, falloir, regarder,vouloir
aider à, apprendre à, arriver à, chercher à, s'habituer à, réfléchir à
accepter de, choisir de, empêcher de, oublier de, persuader de, rêver de

---

Modèle :   Etudiant 1 :   Qu'est-ce que Carla aime faire ?
              Etudiant 2 :   Carla aime travailler bien qu'elle soit peu appréciée par ses collègues.

B　**Le passé.** Carla et Paul parlent de leur passé et ils font des comparaisons (leur éducation, leur formation, leurs amis, leur famille, etc.). Elle lui pose beaucoup de questions. Jouez le rôle de Carla et posez des questions à Paul (votre partenaire). Il répond avec *les pronoms disjoints*.

Modèle :　Etudiant 1 :　As-tu fais des études supérieures ?

Etudiant 2 :　Euh moi ? Oui, mais je n'ai pas fait les mêmes études que toi !

C　**Au bureau.** Carla demande à Paul s'il a fait certaines tâches. Jouez le rôle de Carla et posez des questions à Paul (votre partenaire). Il répond avec *des pronoms compléments d'objets direct et indirect*.

Modèle :　Etudiant 1 :　As-tu photocopié les dossiers ?

Etudiant 2 :　Oui, je les ai photocopiés ce matin.

D　**La fortune !** Carla et Paul parlent de l'argent qu'ils vont voler. Ils se posent des questions. Jouez les rôles de Carla et de Paul. Inventez des questions et répondez avec *les pronoms y et en*. Utilisez le vocabulaire ci-dessous.

> ### Vocabulaire
>
> aider à, commencer à, inviter à, se mettre à, penser à, persister à, réfléchir à, réussir à, etc.
> avoir besoin (envie, peur,…) de, se dépêcher de, s'efforcer de, essayer de, finir de, rêver de, etc.
> assez de, beaucoup de, peu de, trop de, etc.

Modèle :　Etudiant 1 :　As-tu beaucoup réfléchi à ce que tu feras avec l'argent ?

Etudiant 2 :　Oui, j'y ai beaucoup réfléchi !

E　**Complot.** Paul interroge Carla sur le complot de Marchand et des Carambo. Inventez les questions de Paul et Carla (votre partenaire) répond aux questions avec *les pronoms qui conviennent*.

Modèle :　Etudiant 1 :　Tu peux me donner toutes les notes que tu as prises ce soir ?

Etudiant 2 :　Je peux te les donner plus tard.

F　**Opinions.** Jacques Audiard aime savoir ce qu'on pense de ses films. Il pose des questions à ses amis et à sa famille. Inventez un sketch entre Audiard et ses amis et sa famille selon les rubriques ci-dessous. Jouez le sketch pour vos camarades de classe.

> ### Éléments du film
>
> l'intrigue et l'histoire de Carla / de Paul
> vos scènes préférées / les scènes superflues
> les acteurs / les actrices
> le décor / le bureau / la boîte de nuit
> la lumière / les couleurs
> la bande son / la musique
> la fin du film

Modèle :　Etudiant 1 :　Qu'est-ce que tu penses de l'intrigue du film ?

Etudiant 2 :　A mon avis, l'intrigue est excellente, intéressante, parfaite, etc.

Aller plus loin

Lecture

Sur les lèvres de Vincent Cassel

Interview avec Vincent Cassel (21/10/2001)

[...] Cinopsis : Pour interpréter ce nouveau personnage vous avez opéré une sacrée métamorphose physique, comment vous est venue l'idée de cette gueule° ?

this face, character

Vincent Cassel : Quand Jacques est venu me voir pour me demander de faire ce film, il m'a demandé de composer mon personnage, ses premières indications étaient : «Regarde les SDF° dans la rue...», alors que moi j'étais parti dans un truc beaucoup plus social et plombé°. Et puis quand on est arrivés sur le plateau° ça a plus viré° au trip italien. C'est une chose assez rare de la part d'un metteur en scène, encore que jusqu'à maintenant c'est vrai que je suis plutôt bien tombé (...) mais là c'était vraiment ouvertement dit et voilà il m'a laissé m'amuser et de fil en aiguille° on a trouvé ce personnage. En fait je me suis inspiré d'un voisin que j'avais quand j'étais petit qui était plombier. Au fur et mesure que les répétitions avançaient ce mec° m'est revenu. On m'a dit que j'avais un air à la Dewaere et à la Depardieu pour la moustache et le nez et c'est vrai qu'en lisant le script j'ai tout de suite pensé à un rôle pour eux. Ce côté loser dépassé de leurs films des années 70/80 et puis Jacques m'a dit : «Non ce type n'est pas un loser, il s'en sort°». Le costume est extrêmement important, c'est comme dans la vie, ça altère totalement notre manière d'être et de se présenter ou l'assurance que l'on peut avoir. Allez vous retrouver dans une boite de nuit un peu chic en short vous allez comprendre... Y'a des acteurs qui disent que ce n'est pas important, non, c'est pas vrai !

the homeless

heavy / set / became

one thing lead to another

this guy

gets out (of it)

C. : Il y a eu un gros travail de répétition pour rentrer dans la peau de Paul ?

V.C. : Je veux bien répéter. Ça me permet de connaître les gens, mais contrairement au théâtre, au cinéma on n'apprend pas son texte et il est arrivé un moment où je commençais un peu à me faire chier° sur les répétitions. Je voulais passer au film, y avait urgence. Idéalement en tant qu'acteur on a envie de faire un truc rare et moi pour faire un truc rare je ne me sens pas assez bon pour le faire les mains dans les poches. Il faut que ça me prenne à la gorge° et que je me sente en danger, et les répétitions c'est pas du danger. Les choses sont intéressantes au moment où on les invente et à mon avis on ne peut pas les inventer 30 fois d'affilée°. Dans une scène je ne sais jamais ce qui va se passer, je pars du principe que c'est en la faisant qu'on découvre ce qui s'y passe. C'est justement de ne pas savoir qui est grisant et excitant. C'est les choses que l'on n'a pas prévues qui sont intéressantes. On dit que dans ce que vous voulez donner, c'est ce qui vous échappe qui est intéressant. Et plus j'avance plus je me reconnais dans ce genre de petite phrase à la con° ! Les tennismen quand il jouent ils savent pas quel est le prochain coup° qu'ils vont faire. Ils s'adaptent à ce qu'ils ont en face. Ils ont pas le temps de réfléchir et quand ils font un beau coup, ils ne sont pas sûrs de pouvoir le refaire. Et plus ça va vite plus c'est excitant et plus on a quelqu'un en face qui a une aptitude à se laisser aller° à ses sensations et à son instinct plus il y a de l'émulation et il arrive parfois que vous ne jouez plus. Et puis des fois à la fin de la séquence on sait plus ce que l'on a fait et ça quand ça arrive c'est fantastique.

(*vulgaire*) to get bored

takes me by the throat

in a row

(*vulgaire*) worthless / move, shot, swing

to let oneself go

C. : On ne sait pas grand chose sur Paul, comment le définiriez-vous ?

V.C. : C'est un type qui n'a plus vraiment les moyens de réagir face à ce que la vie lui impose. Il est pas à sa place et se retrouve dans cette situation par la force des choses mais il est complètement déclassé. Avec Carla ils vont voir leur détresse dans l'œil de l'autre. Au départ il n'y pas de notion d'amour juste de business, il est incapable d'aimer. Je me suis d'ailleurs pas mal posé de questions sur sa sexualité. Un mec qui sort de prison, le premier truc qu'il fait en principe c'est d'aller tirer un coup. Mais lui il a pas un rond et puis vue sa dégaine et sa tête, avant qu'il puisse attraper une fille ça risque d'être dur (…) Donc j'étais parti dans l'option, le mec a des bouquins de cul° partout et je trouvais que c'était une bonne idée d'en placer partout dans les décors et c'est ce que j'ai fait, mais Jacques a tout coupé au montage. De même il y avait une scène dans la rue où il regardait une pute° et qui débouchait sur° une conversation avec Carla sur sa sexualité (il mime la scène et les deux personnages) qui elle aussi a été coupée au montage.

C. : Quelle a été votre réaction en voyant le film pour la première fois ?

V.C. : J'ai été très ému. J'aime beaucoup ce film. Pas parce que je me voyais à l'écran mais parce que j'étais pris par les personnages. Non, non je dis pas ça pour la promo°, je suis vraiment sincère. Audiard a ici une écriture cinématographique très particulière et très personnelle, peut-être même plus que dans ses films précédents. En plus d'être un film d'auteur c'est un film de genre. Audiard s'attarde à des choses moins futiles, moins spectaculaires et plus vraies. Vous savez en France il n'y a pas 150.000 réalisateurs avec qui il faut travailler, je pense que si il y en a 20 c'est déjà beaucoup et Jacques fait parti de ceux là. […]

C. : Alors, qu'est-ce qui fait un bon acteur ?

V.C. : J'en sais rien, c'est comme un bon chasseur et un mauvais chasseur c'est celui qui ramène le plus de lapins. Non sérieusement je n'en sais rien. Bon en disant ces choses là je cherche un peu à jouer au con° et à dédramatiser car je trouve qu'on en fait toujours un fromage°. Il faut vraiment réaliser que c'est rien, regardez les enfants qui jouent la comédie, ils sont incroyables ! Le truc c'est de pas trop réfléchir, le problème c'est que plein de gens essayent de mettre entre eux et leur travail trop de choses d'adultes. Les choses qui me touchent au cinéma sont des choses très simples. […]

C. : On a l'impression que vous ne vous prenez pas du tout la tête° avec votre métier.

V.C. : Je me prends extrêmement la tête et c'est pour ça que je fais tous les efforts possibles et inimaginables pour éviter de me la prendre plus, pas la peine d'en rajouter. Mais je peux vous tenir le discours opposé et vous dire qu'effectivement je dors mal la nuit quand je prépare un rôle, que je n'écoute plus ce qu'on me dit parce que j'arrête pas de chercher comment je vais faire. Mais c'est un bon stress, j'en viens de plus en plus à penser que tout ce qu'on fait dans la vie c'est pour éviter de se faire chier. Faire du cinéma c'est un truc qui m'occupe énormément et qui m'intéresse suffisamment pour m'empêcher de dormir.

C. : Maintenant que vous êtes un acteur reconnu les choix ne doivent pas manquer, comment faites-vous le tri° ?

V.C. : Même quand j'avais pas un choix comme aujourd'hui j'ai toujours choisi mes films. Après LES RIVIERES POUPRES, Mathieu Kassovitz m'a dit «Tu te rends compte toutes les portes que ce film va t'ouvrir». Mais en fait les portes qui m'intéressent étaient déjà ouvertes avant, ce sont celles des gens avec qui je travaille depuis longtemps. Ca va juste me rendre les choses plus faciles avec ces personnes, mais les éventuelles portes qui s'ouvriraient maintenant ne m'intéressent pas. Et je veux pas balancer° de noms mais il y a pas mal de gens qui m'ont proposé des choses plus françaises, à la mode et dans l'air du temps, mais ça ne m'intéresse pas. […]

Glossary (right margin):

(*vulgaire*) adult magazines

(*vulgaire*) prostitute / leading to

promotion, advertisement

(*vulgaire*) to mess around / (*familier*) make a mountain out of a molehill

you don't make things more difficult for yourself

how do you choose

to throw out, to toss around

A **Autrement dit.** Reliez les mots et les expressions ci-dessous avec ceux de l'interview. Utilisez le vocabulaire ci-dessous pour vous aider.

<table>
<tr><td colspan="3" align="center">**Vocabulaire**</td></tr>
<tr><td>beaucoup de gens</td><td>extraordinaire</td><td>passe beaucoup de temps / s'arrête longtemps</td></tr>
<tr><td>ce personnage (cet homme)</td><td>jouer</td><td>ses premières suggestions</td></tr>
<tr><td>choisir</td><td>l'aspect physique du personnage</td><td>une chose / quelque chose de</td></tr>
<tr><td>développer mon personnage</td><td></td><td></td></tr>
</table>

1. interpréter
2. sacrée
3. cette gueule
4. composer mon personnage
5. ses premières indications

6. ce type
7. un truc
8. s'attarde à
9. faire le tri
10. pas mal de gens

B **Paul.** Déterminez si les phrases suivantes sont vraies ou fausses.

1. vrai faux   Audiard a bien décrit le personnage de Paul pour Cassel.
2. vrai faux   Audiard voulait surtout un loser qui n'a pas pu réussir à quitter le monde criminel.
3. vrai faux   Cassel a passé beaucoup de temps à réfléchir au caractère et à l'aspect physique de Paul.
4. vrai faux   Selon Cassel, Paul a du mal à réagir à ce que la vie lui impose.
5. vrai faux   Selon Cassel, Carla et Paul sont des personnages qui n'ont rien en commun.

C **Selon Cassel.** Complétez les phrases suivantes avec le vocabulaire de l'interview.

1. Cassel s'est inspiré d'_____ qu'il avait quand il était petit. Cet homme était _____.
2. On lui a dit qu'il avait _____ à la Dewaere (un acteur français né le 26/1/47, mort le 16/7/82) et à la Depardieu (né le 27/12/48) pour _____.
3. Cassel veut bien _____ parce que ça lui permet _____ les gens.
4. Selon Cassel, Paul est un homme qui n'a plus les moyens de _____ ce que la vie lui impose.
5. Il aime ce film parce qu'il a été _____ les personnages quand il l'a vu pour la première fois.
6. Selon Cassel, il ne faut pas trop _____ pour être un bon acteur.
7. Cassel dit qu'il dort mal la nuit quand il prépare _____.
8. Il dit aussi que _____ l'intéresse beaucoup et cela l'empêche _____.

D **En général.** Répondez aux questions suivantes. Ecrivez deux ou trois phrases.

1. Faites le portrait de Paul d'après Cassel.
2. Pourquoi Cassel pense-t-il que le costume est vraiment important ?
3. Pourquoi Cassel veut-il répéter et pourquoi n'aime-t-il pas répéter ?
4. Cassel compare l'acteur aux tennismen. Expliquez cette analogie.
5. Qu'est-ce qui fait un bon acteur selon Cassel ?

E **Aller plus loin.** Ecrivez un paragraphe pour répondre aux questions suivantes.

1. Est-ce que Cassel respecte Audiard à votre avis ? Expliquez.
2. Comment est Cassel dans cette interview ? Trouvez-vous qu'il est égoïste ?
3. Est-ce que Vincent Cassel est un bon acteur à votre avis ? Est-ce qu'Emmanuelle Devos est une bonne actrice ? Expliquez.

Culture

Le monde du travail

A **Diplômé !** Qu'est-ce qu'il faut qu'un nouveau diplômé fasse pour commencer sa vie professionnelle ? Mettez les étapes suivantes en ordre d'importance.

____ trouver un logement
____ faire un stage
____ préparer un CV
____ chercher un emploi
____ trouver des offres d'emploi intéressantes
____ acheter une garde-robe professionnelle
____ ouvrir un compte bancaire
____ envoyer son CV aux employeurs potentiels
____ écrire une lettre de motivation
____ avoir un entretien d'embauche
____ lire les petites annonces
____ poster son CV sur Internet

B **CV.** Le CV donne des renseignements sur les activités d'un demandeur d'emploi à un futur employeur. Etudiez le CV ci-dessous et répondez aux questions à gauche.

1. Quelles sont les rubriques principales du CV français ?
2. Quelles différences y a-t-il entre un CV français et un CV américain en ce qui concerne :
   a. le nom :
   b. l'âge :
   c. la situation familiale :
   d. la photo :
3. Remarquez-vous d'autres différences entre un CV français et un CV américain ?

Prénom NOM
Adresse
code postal, Ville
☎   📱
E-mail

Affichez une photo ici.

Age/date de naissance
situation familiale

Titre du CV (mission ou poste recherché)

Etudes / Formation

Date	**Diplôme final – option ou mention** Institut de formation : fac / lycée / école
Date	**Baccalauréat, filière** Lycée (Ville - Pays)

Expérience professionnelle

Dates	**Nom de l'entreprise (ville, lieu, pays)** Titre du poste Responsabilités & missions effectuées (Utilisez des phrases courtes avec un vocabulaire précis et varié.)
Dates	**Nom de l'entreprise (ville, lieu, pays)** Titre du poste Responsabilités & missions effectuées (Utilisez des phrases courtes avec un vocabulaire précis et varié.)

Connaissances linguistiques et informatiques

Langues 1. Anglais (Votre niveau : notions/ opérationnel/ bilingue)
2. Espagnol (notions/opérationnel/bilingue)

Informatique : PC : Word, Excel, Photoshop, Power Point
Macintosh : XPress

D'autres compétences en :
Analyse, écriture, etc.

Centres d'intérêts

Divers : Danse, musique, peinture, photographie, etc.
Sports : Natation, vélo, football, etc.
Bénévolat : Accompagnement scolaire, visites aux personnes âgées, etc.

Prénom, Nom
Adresse
Code postal, ville

> A l'attention de …
> Nom de l'entreprise
> Adresse
> Code postal, ville

> Ville, date (le # mois 200#)

Objet : poste de secrétaire

Messieurs,

En réponse à l'annonce parue dans le Figaro cette semaine je me permets de poser ma candidature pour l'emploi de secrétaire à votre agence immobilière.

Cet emploi m'intéresse vivement et je crois répondre aux conditions exigées.

Je joins mon CV en annexe à la présente et je reste à votre disposition pour un entretien durant lequel je pourrai vous parler davantage de ma formation, de mon expérience professionnelle et de mes compétences informatiques.

J'ose espérer qu'il vous plaira d'examiner ma candidature avec bienveillance et je vous prie de croire, Messieurs, à ma considération distinguée.

Signature

PJ : CV

C   **Lettre de motivation.** La lettre de motivation est la première prise de contact que le demandeur d'emploi a avec un employeur. En France, la lettre de motivation est souvent manuscrite mais cette pratique disparaît. Etudiez la lettre ci-dessous et répondez aux questions à gauche.

1. Quels sont les éléments principaux d'une lettre de motivation ?
2. Quelles différences y a-t-il entre une lettre française et une lettre américaine en ce qui concerne :
   a. La place des adresses :
   b. l'adresse :
   c. la date :
   d. La formule d'appel :
3. Remarquez-vous d'autres différences entre une lettre de motivation française et une lettre de motivation américaine ?

D   **Conseils.** Vous écrivez votre lettre de motivation. Décidez si les conseils suivants sont bons ou mauvais.

1. bon   mauvais   La lettre doit faire au moins trois pages.
2. bon   mauvais   Elle est quelquefois manuscrite (alors qu'aux Etats-Unis elle est dactylographiée).
3. bon   mauvais   Elle doit mentionner le salaire, les congés payés, les vacances, etc. que vous souhaitez.
4. bon   mauvais   Elle doit montrer que vous êtes motivé/e et capable mais humble.
5. bon   mauvais   C'est la première prise de contact avec le recruteur.
6. bon   mauvais   Elle répond aux questions : Qui suis-je ? Qu'est-ce que je veux faire ?
7. bon   mauvais   Elle ne répond pas à la question : Qu'est-ce que j'ai fait ?
8. bon   mauvais   Elle doit montrer vos atouts et vos faiblesses.
9. bon   mauvais   Elle est facultative (optionnelle).
10. bon   mauvais   Il faut passer beaucoup de temps à l'écrire parce qu'elle peut déterminer votre avenir.

E **Définitions.** Reliez les définitions suivantes avec le vocabulaire ci-dessous.

Définitions

A. C'est un groupe énergétique qui produit et distribue l'électricité en France (et en Europe).

B. C'est un contrat de travail entre un employeur et un employé d'une durée indéterminée mais pas infinie.

C. C'est le salaire minimum légal en France.

D. C'est le minimum de ressources nécessaires pour vivre en France. C'est aussi le nom de l'allocation donnée aux personnes défavorisées pour leur permettre de s'insérer dans la société.

E. C'est une personne qui n'a pas de logement.

F. C'est un organisme de l'état qui centralise les offres et les demandes d'emploi et qui aide les gens à se préparer pour un emploi et à chercher un emploi.

G. C'est un document qui sert à présenter la formation, les connaissances et les expériences d'un individu.

H. C'est un contrat de travail entre un employeur et un employé d'une durée de 18 mois maximum pour accomplir une tâche précise et temporaire.

I. C'est un groupe énergétique qui fournit le gaz naturel en France (et en Europe).

J. C'est un contrat de travail à durée indéterminée entre en employeur et un employé qui a moins de 26 ans.

____ 1. Agence nationale pour l'emploi
____ 2. Contrat à durée déterminé
____ 3. Contrat à durée indéterminé
____ 4. Contrat première embauche
____ 5. Curriculum vitae
____ 6. Electricité de France
____ 7. Gaz de France
____ 8. Revenu minimum d'insertion
____ 9. Salaire minimum interprofessionnel de croissance
____ 10. Sans domicile fixe

F **Sigles.** Complétez les phrases suivantes avec les sigles qui conviennent.

1. Paul s'inscrit à l'____ pour trouver un emploi. Carla y va aussi pour trouver un assistant.
2. Comme Paul vient de sortir de prison, il n'a pas de ____ à donner à Carla.
3. Carla trouve les affaires de Paul dans le placard. Il n'a pas de logement, il est ____.
4. Carl montre le studio à Paul. Comme c'est un chantier, on a déjà contacté ____ pour avoir de l'électricité et ____ pour avoir du gaz pour faire les travaux.
5. Ça fait longtemps que Carla travaille à la Sédim. Elle gagne plus du ____. Paul vient d'être embauché et il n'a plus droit au ____.

sigles
ANPE
CV
EDF
GDF
RMI
SDF
SMIC

L'argent

A **Les contraires.** Ecrivez le contraire des mots suivants.

____ 1. ouvrir un compte bancaire
____ 2. retirer de l'argent de votre compte
____ 3. économiser / épargner
____ 4. faire un chèque
____ 5. emprunter de l'argent
____ 6. les pièces
____ 7. l'argent liquide
____ 8. payer en espèces

A. les billets
B. un chèque
C. dépenser
D. fermer un compte bancaire
E. payer par carte de crédit
F. prêter de l'argent
G. toucher un chèque
H. verser de l'argent sur votre compte

B **Salaires.** Etudiez le tableau ci-dessous et répondez aux questions qui suivent.

SALAIRES ANNUELS ET HORAIRES MOYENS SELON LE SEXE ET LA CATÉGORIE SOCIOPROFESSIONNELLE

	Salaires bruts		Salaires nets de tous prélèvements	
	2003 (euros courants)	2004 (euros courants)	2003 (euros courants)	2004 (euros courants)
SALAIRES ANNUELS DES POSTES À TEMPS COMPLET (et effectifs en années-travail)				
Ensemble	28 515	29 279	21 733	22 193
Cadres[1]	56 796	58 243	42 778	43 653
Prof. interm.	28 960	29 726	22 075	22 504
Employés	19 928	20 326	15 357	15 576
Ouvriers	20 749	21 359	15 939	16 337
Hommes	30 513	31 316	23 297	23 778
Cadres*	60 256	61 928	45 470	46 514
Prof. interm.	30 373	31 183	23 224	23 693
Employés	20 649	21 009	16 124	16 259
Ouvriers	21 268	21 860	16 349	16 730
Femmes	24 685	25 411	18 735	19 182
Cadres*	46 790	47 933	34 992	35 647
Prof. interm.	26 802	27 530	20 320	20 712
Employés	19 580	20 005	14 987	15 254
Ouvriers	17 650	18 359	13 487	13 982
Smic (169h)	14 216	15 007	11 202	11 826
SALAIRES HORAIRES (et effectifs en nombre d'heures travaillées)				
Salariés à temps complet				
Hommes	16,53	16,96	12,62	12,88
Femmes	13,64	14,06	10,35	10,61
Ensemble	15,55	15,98	11,85	12,11
Cadres*	30,47	31,31	22,95	23,47
Prof. interm.	15,79	16,20	12,03	12,26
Employés	10,96	11,23	8,45	8,60
Ouvriers	11,35	11,66	8,72	8,92
Salariés à temps non complet				
Hommes	14,87	15,30	11,43	11,71
Femmes	11,78	12,15	8,98	9,21
Ensemble	12,80	13,16	9,79	10,02
Cadres*	27,92	28,21	21,18	21,26
Prof. interm.	15,37	15,70	11,72	11,91
Employés	9,92	10,19	7,61	7,77
Ouvriers	10,60	10,88	8,17	8,33
Smic	7,01	7,40	5,52	5,83

© INSEE no. 1067, Février 2006

1. Combien d'argent est-ce que l'ensemble des femmes a gagné en 2004 ?
   a. salaire annuel net :
   b. salaire horaire net à temps complet :
2. Combien d'argent est-ce que l'ensemble des hommes a gagné en 2004 ?
   a. salaire annuel net :
   b. salaire horaire net à temps complet :
3. Combien d'argent est-ce que le Smicard a gagné en 2004 ?
   a. salaire annuel net :
   b. salaire horaire net à temps complet :
4. vrai ou faux : En général, les hommes gagnent plus d'argent que les femmes.
5. vrai ou faux : Les cadres gagnent le plus d'argent de tous les actifs.
6. vrai ou faux : Les ouvriers sont les plus mal payés de tous les actifs.

Le logement

A **Le logement.** Reliez les définitions à droite avec le vocabulaire à gauche.

_____ 1. la résidence principale
_____ 2. la résidence secondaire

_____ 3. la surface
_____ 4. le/la propriétaire

_____ 5. le/la locataire

_____ 6. le contrat de location (le bail)
_____ 7. le loyer
_____ 8. la caution

_____ 9. les charges

A. la superficie d'un logement (entre 20 et 150 m² en moyenne)
B. la somme d'argent donnée au propriétaire avant de louer un logement, c'est une garantie
C. la personne qui loue le logement
D. un logement destiné aux périodes de courtes durées (week-ends, vacances, etc.).
E. la somme d'argent donnée au propriétaire (chaque mois) pour louer un logement
F. les frais d'eau et de chauffage
G. la personne qui possède un logement
H. un logement destiné à la résidence pendant plus de 9 mois de l'année
I. le contrat entre le propriétaire et le locataire

A SAVOIR !

La colocation (partager un appartement avec d'autres) est beaucoup moins fréquente en France qu'aux Etats-Unis. Les enfants quittent le nid de plus en plus tard. Cette situation est quelquefois difficile pour les parents ! Le film *Tanguy* montre les difficultés de la cohabitation entre les jeunes et leurs parents. C'est à voir !

HLM en bas de la Butte aux Cailles.

A SAVOIR !

On utilise F+ # de pièces (la cuisine et la salle de bain non compris) pour décrire l'appartement. (1m² = 3.28 ft²)

Les types d'appartements		
Type	# de pièces	La surface en moyenne
F 1	1	27 m² - 30 m²
F 2	2	41m² - 46m²
F 3	3	54m² - 60m²
F 4	4	66m² - 73m²
F 5	5	79m² - 88m²
F 6	6	89m² - 99m²
F 7	7	114m²+

adapté de: http://fr.wikipedia.org/wiki/Taille_des_logements

B **Votre appart.** Complétez le paragraphe suivant avec le vocabulaire qui convient.

Quand vous louez un appartement, vous êtes _____. Vous louez l'appartement d'_____. Avant de signer _____, il faut savoir si _____ sont comprises ou si vous devez payer les frais d'eau et de chauffage. Avant d'emménager, il faut payer _____ qui protège le propriétaire. Il faut être raisonnable et payer _____ chaque mois.

C **Le contrat de location.** Lisez les phrases suivantes et déterminez s'il s'agit des obligations/devoirs du locataire, des obligations/devoirs du propriétaire ou d'un contrat de location en général.

A. **Obligations / devoirs d'un locataire**
B. **Obligations / devoirs d'un propriétaire**
C. **Contrat de location (Bail)**

_____ 1. Il doit laisser le locataire libre et tranquille.
_____ 2. Il indique les droits et devoirs du locataire et du propriétaire.
_____ 3. Il ne peut pas faire de travaux.
_____ 4. Il permet d'éviter les abus du locataire et du propriétaire.
_____ 5. Il définit la durée du contrat.
_____ 6. Il doit entretenir les locaux pour le propriétaire.
_____ 7. Il doit maintenir les locaux en bon état pour le locataire.
_____ 8. Il ne doit pas déranger les voisins.
_____ 9. Il définit les locaux.
_____ 10. Il doit payer le loyer à la date convenue.
_____ 11. Il définit le montant du loyer.
_____ 12. Il doit assurer les locaux et leur contenu.

Paris – Les beaux quartiers
Aux abords des Champs Elysées

Liens !

Expliquez les différents logements dans les films que vous avez vus. Dans *Les Triplettes de Belleville,* Champion habite une maison avec sa grand-mère. Dans *Le Papillon,* Isabelle et Elsa habitent un appartement dans le même immeuble que Julien. Dans *Etre et avoir,* les enfants habitent des maisons avec leur famille. Dans *Les Visiteurs,* Béatrice habite une maison avec sa famille. Dans *L'Auberge espagnole,* Xavier partage un appartement avec des colocataires. Comment est-ce qu'on peut expliquer cette grande variété de logements ? Pensez à la ville habitée et au revenu des individus.

D **Aller plus loin.** Ecrivez un paragraphe pour répondre aux questions suivantes.

1. Le film a lieu dans plusieurs logements. Pour chaque logement ci-dessous indiquez de quel type de logement il s'agit (un studio, un F2, etc.), et les pièces qui se trouvent dans le logement et faites une petite description du logement.
   L'appartement de Carla, celui de Paul, ceux de Marchand, le duplex de Masson, la maison de Lehaleur

2. Quelle est l'importance d'un bon CV et d'une bonne lettre de motivation ?

3. Pourquoi est-ce que le CV et la lettre de motivation sont surtout importants pour les jeunes Français ?

4. Paul a de la chance parce que Carla l'embauche malgré son manque de compétence et d'expérience. Est-ce que c'est juste à votre avis ?

5. Quelles études et quelle formation Carla a-t-elle à votre avis ?

Recherches

Faites des recherches sur les sujets suivants.

A **Au boulot !** Vous venez de finir vos études et vous voudriez travailler à Paris. Vous faites des recherches sur le travail en France et vous préparez un dossier pour vous aider à organiser vos recherches. Organisez votre dossier selon les rubriques ci-dessous. Après avoir fini votre dossier, choisissez deux métiers, deux entreprises et deux offres d'emploi qui vous intéressent. Présentez vos préférences à vos camarades de classe.

   ▶ Les métiers qui correspondent à vos centres d'intérêts
   ▶ Les entreprises qui correspondent à vos centres d'intérêts
   ▶ Les offres d'emploi qui correspondent à vos études et à votre formation
   ▶ Les conseils des experts

B **Le logement.** Après avoir trouvé un emploi, il faut trouver un logement. Vous faites des recherches sur le logement à Paris. Après avoir fait des recherches, organisez vos notes pour présenter une liste concise de détails sur votre logement idéal à vos camarades de classe. Utilisez les rubriques suivantes pour vous aider.

   ▶ Les arrondissements qui correspondent à vos besoins (la proximité à votre bureau, au métro, etc.)
   ▶ Les quartiers qui vous plaisent (les quartiers étudiants, les quartiers résidentiels, etc.)
   ▶ Les types d'appartement qui correspondent à votre budget
   ▶ Les types d'appartement qui correspondent à vos besoins (meublé, charges comprises, une chambre, etc.)

C **Les droits des personnes handicapées.** En France, les personnes handicapées ont les mêmes droits que les autres citoyens français et le gouvernement met en place des règles pour assurer que ces droits sont protégés. Vous vous renseignez sur les sujets suivants et préparez un dépliant qui renseigne les autres sur les droits des personnes handicapées.

   ▶ Le handicap en France
   ▶ Le logement pour les personnes handicapées
   ▶ Les transports pour les personnes handicapées
   ▶ Les droits des personnes handicapées au travail
   ▶ Les questions générales des personnes handicapées

D **Crime.** Vous voulez habiter Paris mais vos parents pensent que la ville est trop dangereuse ! Vous faites des recherches pour leur expliquer que Paris pratique la vigilance ! Utilisez les rubriques suivantes pour vous aider à leur expliquer. Préparez aussi une fiche détaillée pour les convaincre que la ville n'est pas dangereuse.

- La police (les agents de police, les gendarmes, les CRS, etc.)
- Les crimes contre les personnes
- Les crimes contre les biens
- Les anciens détenus et la réinsertion sociale

E **Vincent Cassel.** Vous êtes un/e fan de Vincent Cassel et vous décidez de faire un site (non officiel !!) sur Cassel. Vous développez une page dédiée à chaque rubrique ci-dessous. Préparez la page web sur papier ou si vous êtes vraiment motivé/e, montez votre site web sur myspace.com !

- Photos
- Biographie
  - Date de naissance
  - Lieu de naissance
  - Lieu de résidence
  - Famille
  - Adresse
- Filmographie
  - Les années 1990
  - Les films récents
  - Prix
- Critiques
- Amis, centres d'intérêts, loisirs, etc.

Documents

SOCIÉTÉ

Article paru dans l'édition du 7 juillet 2006.

Les choix politiques font les détenus

Prison. Une étude de la chancellerie montre que le taux d'incarcération dépend de la politique pénale.

Ces trente dernières années la population pénale a connu des variations importantes. La faute, avant tout, aux politiques pénales. C'est ce que vient d'admettre une étude publiée par le ministère de la Justice. Plus que du niveau de la délinquance et de la criminalité, c'est d'abord du nombre d'entrées en prison et de la longueur des peines que vient la surpopulation carcérale. Deux critères dépendant des politiques initiées par les gouvernements.

De 1975 à 1995, la population pénale a ainsi doublé avant de baisser de 20 % entre 1996 et 2001. Depuis, elle a augmenté de près d'un quart. Grâce à des lois, pourvoyeuses de nouveaux embastillés, comme la loi Perben 1 qui, en septembre 2002, a étendu la procédure de comparution immédiate aux délits passibles de six mois à dix ans d'emprisonnement. Conséquence : les condamnés à moins d'un an de prison représentent 31,2 % des 60 000 prisonniers qui peuplent aujourd'hui les établissements pénitentiaires. Quant aux longues peines, elles sont de plus en plus nombreuses. Entre 1996 et 2006, le nombre de condamnés à des peines de vingt à trente ans a été multiplié par 3,5.

Devant une situation carcérale surpeuplée et maintes fois dénoncée, les avocats de France ont décidé, aujourd'hui, une journée de sensibilisation sur la situation dans les prisons, les lieux de garde à vue et de rétention. «L'état actuel des prisons françaises est indécent et contraire à l'objectif de réinsertion, à l'intérêt des victimes, aux droits et à la sécurité du personnel pénitentiaire», a estimé le président de la conférence, Frank Natali.

© S. B., *Journal l'Humanite*, www.humanite.fr
Article paru dans l'édition du 7 juillet 2006

Le contrat première embauche

Le 16 janvier 2006, le Premier ministre, Dominique de Villepin, annonce la création du CPE, le contrat première embauche. La réaction des Français est immédiate et les manifestations contre le CPE commencent le 7 février 2006. Le gouvernement refuse pourtant de retirer le CPE et le combat continue jusqu'au 10 avril 2006, quand Villepin annonce le remplacement du CPE.

CNE et futur contrat CPE, pas de protection particulière pour les travailleurs handicapés.

20 mars 2006
par Elie Martin

http://www.delairagauche.net/

Je viens d'apprendre, dans le cadre de mes activités professionnelles, le licenciement d'une personne sourde qui avait été embauchée avec un contrat CNE,[1] le 1er décembre dernier par un artisan à Rennes. Après avoir pioché des informations dans différents textes législatifs et réglementaires, puis consulté un spécialiste du droit du travail, je vous livre quelques réflexions. Qui ne demandent qu'à être complétées par les remarques et informations que nos lecteurs pourraient nous apporter.

L'employeur de cette personne n'est pas obligé de lui fournir un justificatif de licenciement, cette règle s'appliquant aux travailleurs handicapés comme à tous les salariés. Dans l'hypothèse où ce licenciement serait en rapport avec son handicap, c'est à la personne handicapée licenciée d'apporter des éléments de faits pour tenter de prouver devant un juge des Prud'hommes qu'il est victime d'une «discrimination» ou qu'il s'agit d'un «abus de droit», voire devant un juge au pénal mais sur ce dernier point je n'ai pas de connaissances juridiques pour en parler. Soulignons ici que le droit du travail est complexe, parfois contradictoire entre ses différents articles, et que la jurisprudence est primordiale pour son interprétation et son application.

Un employeur qui embauche une personne handicapée en CNE (même chose pour le futur CPE[2]) peut demander à percevoir une subvention spécifique forfaitaire de 1 600 euros de la part de l'A.G.E.F.I.P.H[3] (voir plus bas dans cet article). Cet employeur peut licencier sans justification la personne handicapée en CNE dès le lendemain des 12 mois de présence obligatoire dans l'entreprise et bénéficier de cette prime. Et dans la foulée embaucher une autre personne handicapée La prime étant perçue par l'employeur dans les semaines qui suivent le dépôt de la demande, il faudra vérifier que le salarié handicapé est -au moins - resté une année dans l'entreprise. Dans le cas contraire l'employeur sera tenu de rembourser cette prime à l'A.G.E.F.I.P.H.

Un employeur peut également bénéficier d'aides financières de l'A.G.E.F.I.P.H. dans le cas où il mettrait en œuvre des aménagements pour optimiser le poste de travail et l'environnement d'une personne handicapée. Si le salarié handicapé est resté au moins une année dans l'entreprise, les aides versées à l'entreprise sont à priori acquises même si le bénéficiaire handicapé voit son contrat CNE interrompu après cette première année.

On peut raisonnablement penser que les situations évoquées plus haut seront rares, car à ma connaissance, les contrats aidés en CDI dont bénéficient les personnes handicapées (principalement des contrats CIE-CDI) sont aujourd'hui très largement respectés par les employeurs.

Sans prétendre vouloir nous substituer aux partenaires sociaux, nous suggérons deux idées : Des limitations aux possibilités de rompre un CNE pendant les deux premières années existent pour les salariées en état de grossesse ou les salariés victimes d'un accident du travail ou d'une maladie professionnelle, ainsi que les salariés bénéficiaires d'une protection en lien avec un mandat représentatif ou syndical. Une mesure identique serait hautement

---

1   Contrat Nouvelle Embauche
2   Contrat Première Embauche
3   Fonds pour l'insertion professionnelle des personnes handicapée

souhaitable pour les personnes handicapées. Pourrait-on imaginer que la règle qui s'applique en cas de licenciement économique d'une personne handicapée puisse s'appliquer également dans le cas d'une rupture du contrat CNE ? Dans ce cas le travailleur handicapé dispose d'une mesure plus protectrice puisque la durée du préavis est doublée.

Rappels

Le contrat nouvelle embauche CNE s'adresse aux petites et moyennes entreprises (PME) et industries (PMI). Il s'accompagne de 3 ans d'exonération de charges patronales, comme pour tout contrat à durée indéterminée (CDI) proposé aux chômeurs de plus de 6 mois.

Le contrat première embauche CPE est un type de contrat de travail sans limitation de durée. Ce contrat est réservé aux jeunes de moins de 26 ans et concerne les entreprises de plus de vingt salariés. Durant la période dite «consolidant l'emploi» de deux années, le licenciement sans justification de motif est possible. La loi n'empêche pas de remplacer immédiatement un CPE licencié, par un autre CPE (contrairement au CDD par exemple qui est fortement encadré).

La prime à l'insertion pour les personnes handicapées : cette prime versée par l'A.G.E.F.I.P.H vise à encourager les entreprises relevant du droit privé à recruter des personnes handicapées dans des emplois durables. Cette aide s'adresse aux personnes handicapées et aux entreprises. Pour l'employeur une subvention forfaitaire de 1 600 euros pour la signature d'un CDI ou d'un CDD d'au moins 12 mois. La prime pour l'employeur est versée pour chaque nouvelle embauche d'un salarié handicapé. Pour la personne handicapée une subvention forfaitaire de 800 euros pour la signature d'un CDI ou d'un CDD d'au moins 12 mois. La prime pour la personne handicapée n'est pas renouvelable.

Licenciement d'une personne handicapée : sauf inaptitude physique constatée par le médecin du travail, il est interdit de licencier un salarié en raison de son handicap. En cas de licenciement économique, le handicap est l'un des critères légaux permettant de fixer l'ordre des licenciements. Dans l'hypothèse d'un licenciement, le travailleur handicapé dispose d'une mesure plus protectrice puisque la durée du préavis est doublée. Cependant cette disposition ne peut avoir pour effet de porter à plus de trois mois la durée du préavis.

P.S.

Elie Martin est responsable du service Emploi-Formation de l'URAPEDA Bretagne (Union Régionale des Associations des Parents d'Enfants Déficients Auditifs). Cet article a été publié sur le site de la structure nationale l'UNAPEDA dont il est également le conseiller technique national Emploi-Formation.

Sur le même sujet, il est également possible de lire l'édito du 6 mars 2006 de Laurent Lejard sur le site Yanous.

Maurice Leblanc (11/12/1864 – 06/11/1941)

Maurice Leblanc était un écrivain de romans policiers célèbre pour sa création du personnage d'*Arsène Lupin*, *«gentleman-cambrioleur»*, une sorte de Robin des Bois, qui apparaît dans plus de 20 romans avec un autre personnage célèbre Herlcok Sholmès. L'extrait de *L'arrestation d'Arsène Lupin, Gentleman-Cambrioleur,* le premier roman d'une série de neuf nouvelles, introduit ce personnage pour la première fois.

Arsène Lupin, Gentleman-Cambrioleur

Maurice Leblanc
Nouvelles (1907)

– 1 –

L'arrestation d'Arsène Lupin

L'étrange voyage ! Il avait si bien commencé cependant ! Pour ma part, je n'en fis jamais qui s'annonçât sous de plus heureux auspices. La Provence est un transatlantique rapide, confortable, commandé par le plus affable des hommes. La société la plus choisie s'y trouvait réunie. Des relations se formaient, des divertissements s'organisaient. Nous avions cette impression exquise d'être séparés du monde, réduits à nous-mêmes comme sur une île inconnue, obligés par conséquent, de nous rapprocher les uns des autres.

Et nous nous rapprochions…

Avez-vous jamais songé à ce qu'il y a d'original et d'imprévu dans ce groupement d'êtres qui, la veille encore, ne se connaissaient pas, et qui, durant quelques jours, entre le ciel infini et la mer immense, vont vivre de la vie la plus intime, ensemble vont défier les colères de l'Océan, l'assaut terrifiant des vagues et le calme sournois de l'eau endormie ?

C'est, au fond, vécue en une sorte de raccourci tragique, la vie elle-même, avec ses orages et ses grandeurs, sa monotonie et sa diversité, et voilà pourquoi, peut-être, on goûte avec une hâte fiévreuse et une volupté d'autant plus intense ce court voyage dont on aperçoit la fin du moment même où il commence.

Mais, depuis plusieurs années, quelque chose se passe qui ajoute singulièrement aux émotions de la traversée. La petite île flottante dépend encore de ce monde dont on se croyait affranchi. Un lien subsiste, qui ne se dénoue que peu à peu, en plein Océan, et peu à peu, en plein Océan, se renoue. Le télégraphe sans fil ! appels d'un autre univers d'où l'on recevrait des nouvelles de la façon la plus mystérieuse qui soit ! L'imagination n'a plus la ressource d'évoquer des fils de fer au creux desquels glisse l'invisible message.

Le mystère est plus insondable encore, plus poétique aussi, et c'est aux ailes du vent qu'il faut recourir pour expliquer ce nouveau miracle.

Ainsi, les premières heures, nous sentîmes-nous suivis, escortés, précédés même par cette voix lointaine qui, de temps en temps, chuchotait à l'un de nous quelques paroles de là-bas. Deux amis me parlèrent. Dix autres, vingt autres nous envoyèrent à tous, à travers l'espace, leurs adieux attristés ou souriants.

Or, le second jour, à cinq cents milles des côtes françaises, par un après-midi orageux, le télégraphe sans fil nous transmettait une dépêche dont voici la teneur :

«Arsène Lupin à votre bord, première classe, cheveux blonds, blessure avant-bras droit, voyage seul, sous le nom de R… »

À ce moment précis, un coup de tonnerre violent éclata dans le ciel sombre. Les ondes électriques furent interrompues. Le reste de la dépêche ne nous parvint pas. Du nom sous lequel se cachait Arsène Lupin, on ne sut que l'initiale.

S'il se fût agi de toute autre nouvelle, je ne doute point que le secret en eût été scrupuleusement gardé par les employés du poste télégraphique, ainsi que par le commissaire du bord et par le commandant. Mais il est de ces événements qui semblent forcer la discrétion la plus rigoureuse. Le jour même, sans qu'on pût dire comment la chose avait été ébruitée, nous savions tous que le fameux Arsène Lupin se cachait parmi nous.

Arsène Lupin parmi nous ! l'insaisissable cambrioleur dont on racontait les prouesses dans tous les journaux depuis des mois ! l'énigmatique personnage avec qui le vieux Ganimard, notre meilleur policier, avait engagé ce duel à mort dont les péripéties se déroulaient de façon si pittoresque ! Arsène Lupin, le fantaisiste gentleman qui n'opère que dans les châteaux et les salons, et qui, une nuit, où il avait pénétré chez le baron Schormann, en était parti les mains vides et avait laissé sa carte, ornée de cette formule : «Arsène Lupin, gentleman-cambrioleur, reviendra quand les meubles seront authentiques.» Arsène Lupin, l'homme aux mille déguisements : tour à tour chauffeur, ténor, bookmaker, fils de famille, adolescent, vieillard, commis-voyageur marseillais, médecin russe, torero espagnol !

Qu'on se rende bien compte de ceci : Arsène Lupin allant et venant dans le cadre relativement restreint d'un transatlantique, que dis-je ! dans ce petit coin des premières où l'on se retrouvait à tout instant, dans cette salle à manger, dans ce salon, dans ce fumoir ! Arsène Lupin, c'était peut-être ce monsieur… ou celui-là… mon voisin de table… mon compagnon de cabine…

– Et cela va durer encore cinq fois vingt-quatre heures ! s'écria le lendemain miss Nelly Underdown, mais c'est intolérable ! J'espère bien qu'on va l'arrêter.

Et s'adressant à moi :

– Voyons, vous, monsieur d'Andrésy, qui êtes déjà au mieux avec le commandant, vous ne savez rien ?

J'aurais bien voulu savoir quelque chose pour plaire à miss Nelly ! C'était une de ces magnifiques créatures qui, partout où elles sont, occupent aussitôt la place la plus en vue. Leur beauté autant que leur fortune éblouit. Elles ont une cour, des fervents, des enthousiastes.

Élevée à Paris par une mère française, elle rejoignait son père, le richissime Underdown, de Chicago. Une de ses amies, lady Jerland, l'accompagnait.

Dès la première heure, j'avais posé ma candidature de flirt. Mais dans l'intimité rapide du voyage, tout de suite son charme m'avait troublé, et je me sentais un peu trop ému pour un flirt quand ses grands yeux noirs rencontraient les miens. Cependant, elle accueillait mes hommages avec une certaine faveur. Elle daignait rire de mes bons mots et s'intéresser à mes anecdotes. Une vague sympathie semblait répondre à l'empressement que je lui témoignais.

Un seul rival peut-être m'eût inquiété, un assez beau garçon, élégant, réservé, dont elle paraissait quelquefois préférer l'humeur taciturne à mes façons plus «en dehors» de Parisien.

Il faisait justement partie du groupe d'admirateurs qui entourait miss Nelly, lorsqu'elle m'interrogea. Nous étions sur le pont, agréablement installés dans des rocking-chairs. L'orage de la veille avait éclairci le ciel. L'heure était délicieuse.

– Je ne sais rien de précis, mademoiselle, lui répondis-je, mais est-il impossible de conduire nous-mêmes notre enquête, tout aussi bien que le ferait le vieux Ganimard, l'ennemi personnel d'Arsène Lupin ?

– Oh ! oh ! vous vous avancez beaucoup !

– En quoi donc ? Le problème est-il si compliqué ?

– Très compliqué.

– C'est que vous oubliez les éléments que nous avons pour le résoudre.

– Quels éléments ?

– 1. Lupin se fait appeler monsieur R…

– Signalement un peu vague.

– 2. Il voyage seul.

– Si cette particularité vous suffit.

– 3. Il est blond.

– Et alors ?

– Alors nous n'avons plus qu'à consulter la liste des passagers et à procéder par élimination.

J'avais cette liste dans ma poche. Je la pris et la parcourus.

– Je note d'abord qu'il n'y a que treize personnes que leur initiale désigne à notre attention.

– Treize seulement ?

– En première classe, oui. Sur ces treize messieurs R…, comme vous pouvez vous en assurer, neuf sont accompagnés de femmes, d'enfants ou de domestiques. Restent quatre personnages isolés : le marquis de Kaverdan…

– Secrétaire d'ambassade, interrompit miss Nelly, je le connais.

– Le major Rawson…

– C'est mon oncle, dit quelqu'un.

– M. Rivolta…

– Présent, s'écria l'un de nous, un Italien dont la figure disparaissait sous une barbe du plus beau noir.

Miss Nelly éclata de rire.

– Monsieur n'est pas précisément blond.

– Alors, repris-je, nous sommes obligés de conclure que le coupable est le dernier de la liste.

– C'est-à-dire ?

– C'est-à-dire M. Rozaine. Quelqu'un connaît-il M. Rozaine ?

On se tut. Mais miss Nelly, interpellant le jeune homme taciturne dont l'assiduité près d'elle me tourmentait, lui dit :

– Eh bien, monsieur Rozaine, vous ne répondez pas ?

On tourna les yeux vers lui. Il était blond.

chapitre 7

Comme une image

Avant le visionnement

Notes culturelles

Les activités culturelles

Une évasion de la routine quotidienne, les pratiques culturelles jouent un rôle important dans la vie des Français et sont considérées comme le moment de se détendre, se distraire et s'éduquer. Les résultats du sondage de 2004 montrent que la musique, le cinéma, et la lecture de livre sont les pratiques culturelles principales des Français. Etudiez le sondage ci-dessous et réfléchissez aux activités que vous pratiquez.

Pratiques culturelles à l'âge adulte selon l'âge et le sexe

Pratiques culturelles à l'âge adulte selon l'âge et le sexe						
Au cours des 12 derniers mois...	Lecture de livre	Cinéma	Musée, exposition ou monument historique	Théâtre ou concert	Écoute de la radio	Écoute de disque ou cassette
Ensemble*	**61**	**53**	**46**	**33**	**87**	**75**
Âge						
15 - 29 ans	70	85	47	45	89	95
30 - 39 ans	61	64	49	34	92	87
40 - 49 ans	60	58	48	33	89	78
50 - 59 ans	59	39	51	31	88	69
60 - 69 ans	59	36	50	34	87	67
70 - 79 ans	52	20	34	20	76	48
80 ans ou plus	50	8	19	10	69	32
Sexe						
Femme	71	53	48	35	85	77
Homme	50	53	44	30	88	74

© INSEE edition 2004.

Profil: Agnès Jaoui

actrice, réalisatrice
Née le 19 octobre 1964
à Antony, France

Fiche technique

Réalisation :	Agnès Jaoui
Musique originale :	Philippe Rombi
Année de production :	2003
Durée :	1 h 50
Genre :	Comédie dramatique
Date de sortie nationale :	22/09/2004

Mini-biographie

Après avoir suivi des cours de comédie au Théâtre des Amandiers à Nanterre, Jaoui débute au cinéma dans le film *Le Faucon (1983 -Boujenah)*. En 1987, elle joue dans la pièce *L'Anniversaire* où elle rencontre son futur compagnon (Jean-Pierre Bacri). Après cette rencontre, ils écrivent ensemble la pièce *Cuisine et dépendances* qui est adaptée au cinéma en 1993. Leur succès continue avec la pièce (et le film) *Un Air de Famille*. Le duo joue dans d'autres films ensemble (*Smoking/No Smoking* et *On connaît la chanson*). Ils co-écrivent ensuite le scénario du film *Le Goût des Autres* ainsi que *Comme une image* (deux films qui ont eu beaucoup de succès).

Quelques films du duo Jaoui-Bacri comme scénaristes

1993	Cuisine et dépendances	1997	Smoking/No Smoking	1999	Le Goût des Autres
1996	Un Air de Famille	1997	On connaît la chanson	2004	Comme une image

Synopsis

A vingt ans, Lolita Cassard cherche ce qu'elle veut faire dans la vie mais elle est mal dans sa peau et elle vit dans l'ombre de la célébrité de son père, Etienne Cassard. Lolita se passionne pour le chant et elle admire énormément Sylvia, son professeur de chant dont le mari est un écrivain qui cherche la célébrité. Sylvia délaisse Lolita jusqu'à ce qu'elle apprenne que le père de Lolita, l'écrivain qu'elle respecte depuis longtemps, peut changer le destin de son mari. Est-ce pourtant le destin dont elle rêve ?

Note : *Comme une image* est classé «PG-13» aux Etats-Unis.

Liens !

Quel rôle est-ce que les activités culturelles jouent dans les films que vous avez vus ?

Par exemple :
Les Triplettes de Belleville : Madame Souza et Champion écoutent de la musique et ils regardent des concerts à la télé.
Le Papillon : Elsa espère aller au cinéma avec sa mère.
Etre et avoir : Les enfants lisent des livres.
L'Auberge espagnole : Xavier et Isabelle parlent de la musique qu'ils aiment.
Sur mes lèvres : Paul et Carla ont-ils des activités culturelles ?

Personnages

Personnages principaux

Lolita Cassard	Marilou Berry
Etienne Cassard	Jean-Pierre Bacri
Sylvia Miller	Agnès Jaoui
Pierre Miller	Laurent Grévill
Karine Cassard	Virginie Desarnauts
Sébastien	Keine Bouhiza

Personnages secondaires

Vincent	Grégoire Oestermann
Félix	Serge Riaboukine
Edith	Michèle Moretti
le chauffeur de taxi	Jean-Pierre Lazzerini
le videur	Jacques Boko
Louna Cassard	Emma Beziaud
Mathieu	Julien Baumgartner
la petite amie de Mathieu	Zelie Berger

Profil: Marilou Berry

actrice, comédienne
Née le 1er février 1983 à Paris

Mini-biographie
Berry débute au cinéma à l'âge de huit ans dans le film de sa mère, *Ma vie est un enfer*. Comme elle s'intéresse beaucoup au théâtre, elle quitte le lycée pour s'inscrire au conservatoire à Paris. Sa carrière au cinéma explose en 2004 grâce à ses rôles dans les films *Comme une image* et *La Première fois que j'ai eu 20 ans*. En 2005, elle reçoit le prix du Meilleur jeune espoir féminin aux César pour son rôle dans le film *Comme une image*. Elle tourne actuellement des films et elle poursuit sa carrière au théâtre.

Quelques films
1991	Ma vie est un enfer	2005	La Boîte noire
2004	Comme une image	2005	Nos jours heureux
2004	La Première fois que j'ai eu 20 ans	2006	On ne devrait pas exister
2004	Il était une fois dans l'Oued	2006	Lisa et le pilote d'avion

Vocabulaire

Gens

la belle-fille	stepdaughter, daughter-in-law	**l'homme entretenu**	"kept" man
la belle-mère	mother-in-law, stepmother	**le/la lecteur/trice**	reader
le chœur	choir	**le/la photographe**	photographer
le chauffeur	driver	**le professeur de chant**	singing instructor
la demi-sœur	half sister	**le/la raté/e**	failure
l'écrivain	writer	**la vedette**	star
l'éditeur/trice	editor, publisher	**le videur**	bouncer

Arts

l'avant-première (*f*)	premiere, preview	**la littérature**	literature
le chant	singing	**l'opéra** (*m*)	opera
le concert	concert	**la répétition**	rehearsal
le cours de chant	singing class	**le roman**	novel
la critique	review, criticism		

Endroits

la boîte de nuit	night club	**la maison de campagne**	country house
l'église (*f*)	church	**la maison d'édition**	publishing house

Noms divers

la carte de visite	business card	**l'égocentrisme** (*m*)	egocentricity
le carton d'invitation	invitation	**l'émission** (*f*)	show
la déception	disappointment	**le portable**	cell phone
le déclin	decline	**la queue**	line
la dynamique familiale	family dynamic	**le soutien**	support
l'égoïsme (*m*)	selfishness	**les troubles alimentaires** (*m*)	eating disorder

Adjectifs

célèbre	famous	**mélodramatique**	melodramatic
confiant/e	confident	**obséquieux/euse**	obsequious
cynique	cynical	**puissant/e**	powerful
déçu/e	disappointed	**rejeté/e**	rejected
déprimé/e	depressed	**sarcastique**	sarcastic
égocentrique	egocentric, self-centered	**sous-entendu**	implied
égoïste	egotistical, selfish	**troublé/e**	troubled
mal à l'aise	uncomfortable	**vaniteux/se**	vain

Adverbes

absolument	absolutely	**lentement**	slowly
actuellement	currently	**longtemps**	long
admirablement	admirably	**précisément**	precisely
ailleurs	elsewhere	**parfois**	sometimes
apparemment	apparently	**partout**	everywhere
bientôt	soon	**passionnément**	passionately
brièvement	briefly	**patiemment**	patiently
bruyamment	noisily	**poliment**	politely
confusément	confusedly	**premièrement**	first
constamment	constantly	**profondément**	deeply
énormément	enormously	**quelquefois**	sometimes
franchement	frankly, clearly	**récemment**	recently
gentiment	nicely	**spontanément**	spontaneously
intelligemment	intelligently	**suffisamment**	sufficiently
intensément	intensely		

Verbes

abandonner	to abandon	**s'évanouir**	to faint, to pass out
aspirer à	to aspire to	**être mal dans sa peau**	to be uncomfortable w/oneself
assister à	to attend		
avoir confiance en soi	to have self-confidence	**se fâcher contre**	to get angry with
bénéficier de	to benefit from	**faire la queue**	to wait in line
blesser	to hurt	**fêter**	to celebrate
changer d'avis	to change one's mind	**lutter contre**	to struggle against
compter sur qqn.	to count on someone	**monter un concert**	to put on a concert
critiquer	to criticize	**répéter**	to rehearse
culpabiliser	to make feel guilty	**sortir (pour un livre)**	to publish, to come out
se désespérer	to be disheartened, to dispair	**soutenir**	to support
		suivre un cours	to take a class
se détériorer	to deteriorate	**supporter**	to tolerate

Exercices de vocabulaire

 A **Les activités culturelles.** Réfléchissez au rôle des activités culturelles et répondez aux questions suivantes. Utilisez *le vocabulaire du film*.

1. Quel rôle les activités culturelles jouent-elles dans la société ? Pourquoi faut-il avoir des activités culturelles ? Comment une société serait-elle sans activités culturelles ? Expliquez.
2. Quelles sont vos activités culturelles préférées ? Pourquoi ? Avez-vous assez de temps pour vos activités culturelles préférées ? Avez-vous assez d'argent pour en avoir ? Expliquez.
3. Complétez le sondage suivant :

Activités culturelles				
Indiquez la fréquence de votre participation aux activités culturelles.	Très souvent	Souvent	Pas souvent	Pas du tout
J'ai les activités culturelles suivantes…				
Lecture de livres				
Cinéma				
Musée, exposition ou monument historique				
Théâtre ou concert				
Pratiques artistiques en amateur				

 B **La célébrité.** Que pensez-vous des célébrités ? Répondez aux questions suivantes. Utilisez *le vocabulaire du film* dans vos réponses.

1. Est-ce que vous admirez les célébrités ? Lesquelles ? Pourquoi ?
2. Est-ce qu'il y a des célébrités que vous n'aimez pas ou que vous ne respectez pas ? Pourquoi ?
3. Est-ce que vous trouvez le comportement de certaines célébrités admirable ou irresponsable ? Expliquez.
4. Quelles sont les obligations ou les responsabilités d'une célébrité ? Expliquez.
5. Est-ce qu'il est difficile d'être célèbre ? Pourquoi ou pourquoi pas ?
6. Quels sont les avantages et les inconvénients de la célébrité ? Expliquez.
7. Comment est-ce que les célébrités traitent les autres célébrités ? Comment est-ce qu'elles traitent les gens qui ne sont pas célèbres ? Comment est-ce qu'elles traitent les membres de leur famille ? Expliquez.
8. Est-ce que vous aimeriez être célèbre un jour ? Pourquoi ou pourquoi pas ?

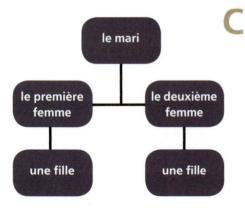

C **La famille.** Etudiez le graphique à droite et répondez aux questions suivantes. Utilisez *le vocabulaire du film* dans vos réponses.

1. Combien de femmes le mari a-t-il ? Expliquez. Quel genre de relations a-t-il avec les deux femmes ?
2. Combien d'enfants a-t-il ? Quel âge ont-ils ? Expliquez. Quel genre de relations a-t-il avec ses enfants ? Expliquez.
3. Quel genre de relations les femmes ont-elles ? Se connaissent-elles ? Pourquoi ou pourquoi pas ?
4. Quel genre de relations les femmes ont-elle avec les enfants ? Expliquez.
5. Quel genre de relations les enfants ont-ils ? Se connaissent-ils ? Pourquoi ou pourquoi pas ?
6. Quelles difficultés a cette famille recomposée ? Expliquez.

Vous rappelez-vous cette famille du film *Les Triplettes de Belleville*? Comment est la famille?

D **Pratiques culturelles.** L'article suivant et complétez les activités de vocabulaire.

La diffusion des pratiques culturelles

Depuis 25 ans, d'après° les études du ministère de la Culture, les pratiques culturelles se développent, mais de façon très inégale selon les domaines. Ainsi, si les salles de cinéma attirent moins de spectateurs, les autres équipements culturels (et notamment les bibliothèques) sont de plus en plus fréquentés, les activités artistiques en amateur° (musique, peinture, théâtre, sculpture…) se diffusent° de plus en plus et la lecture se généralise°, même si la proportion de forts lecteurs décline. Malgré ce mouvement de diffusion, en 2000, une personne de 15 ans ou plus sur cinq déclarait n'avoir pratiqué aucune activité culturelle au cours des douze mois précédents. Alors que plus de la moitié des Français sont allés au moins une fois au cinéma ou ont lu au moins un livre au cours des douze derniers mois, ils ne sont que 14% à avoir exercé° une activité en amateur et 29% à avoir assisté à une pièce de théâtre ou à un concert. A peine° la moitié d'entre eux (45%) ont visité un musée, une exposition ou un monument historique.

according to

non professional / diversify / spreads

to have done (performed)
scarcely

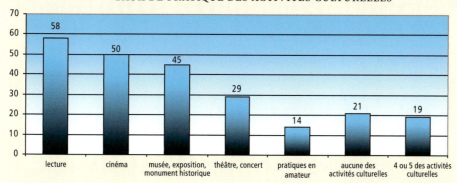

TAUX DE PRATIQUE DES ACTIVITÉS CULTURELLES

(valeurs: lecture 58, cinéma 50, musée, exposition, monument historique 45, théâtre, concert 29, pratiques en amateur 14, aucune des activités culturelles 21, 4 ou 5 des activités culturelles 19)

Champ : personnes de 15 ans ou plus
Lecture : 50% des 15 ans ou plus sont allés au moins une fois au cinéma au cours des 12 derniers mois.

© INSEE edition 2003.

Activité de vocabulaire

1. Les pratiques culturelles se développent …
   a. de façon inégale
   b. de façon régulière
2. Les salles de cinéma attirent … de spectateurs.
   a. plus
   b. moins
3. Les bibliothèques sont … fréquentées.
   a. de plus en plus
   b. de moins en moins
4. Les activités en amateur ont un … taux de participation.
   a. meilleur
   b. moins bon
5. La lecture est une activité exercée par … de Français qu'avant.
   a. plus
   b. moins
6. _____ % des personnes de 15 ans et plus ont fait une activité en amateur au cours des douze derniers mois.
7. _____ % des Français sont allés au théâtre ou à un concert au cours des douze derniers mois.

A votre avis…

Pourquoi est-ce que la lecture est l'activité culturelle préférée des Français à votre avis ?
Pourquoi est-ce que moins de Français vont au cinéma à votre avis ?
Avez-vous une activité culturelle préférée ?
Aimez-vous lire ? Quels genres de livres lisez-vous ? Avez-vous un écrivain préféré ?
Admirez-vous un écrivain en particulier ? Expliquez.
Allez-vous souvent au cinéma ? Pourquoi ou pourquoi pas ? Avez-vous un réalisateur ou un acteur préféré ? Admirez-vous un réalisateur ou un acteur en particulier ? Pourquoi ou pourquoi pas ?

Après avoir visionné

Compréhension générale

Vrai ou faux ? Indiquez si les phrases suivantes sont vraies ou fausses.

1. vrai faux   Au début du film, Sylvia est très contente de rencontrer un écrivain qu'elle admire.
2. vrai faux   Sylvia veut aider Lolita parce que son père est célèbre.
3. vrai faux   Sylvia soutient Pierre parce qu'elle sait qu'il deviendra célèbre un jour.
4. vrai faux   Sylvia n'est pas contente que le livre de Pierre ait du succès.
5. vrai faux   Sylvia est fière de l'interview de Pierre à l'émission de François Galland.
6. vrai faux   Sylvia est triste d'avoir perdu l'amitié d'Edith.
7. vrai faux   Sylvia est fière de Lolita et elle pense que son concert est une grande réussite.
8. vrai faux   Sylvia apprend qu'Etienne n'a pas vu le concert mais elle a peur de lui dire ce qu'elle pense de son absence.
9. vrai faux   A la fin du film, Sylvia ne peut plus supporter le comportement de Pierre.
10. vrai faux   Pourtant Sylvia ne quitte pas Pierre parce qu'il est riche et célèbre et elle a toujours rêvé d'être mariée avec un homme célèbre.

B **Pierre et Sylvia.** Pierre devient célèbre au cours du film et il déçoit sa femme. Faites une petite description des étapes qui mènent à la célébrité de Pierre et à la déception de Sylvia.

Au début du film
Pierre – écrivain inconnu et sans espoir
Sylvia – femme optimiste et pleine d'espoir

Au milieu du film
Pierre – écrivain connu et plein d'espoir
Sylvia – femme soucieuse mais optimiste

A la fin du film
Pierre – écrivain célèbre et égocentrique
Sylvia – femme déçue

> ### Liens !
> Dans le film *L'Auberge espagnole*, Xavier découvre qu'il ne veut pas être homme d'affaires et qu'il veut être écrivain. Comparez Xavier et sa carrière d'écrivain et Pierre et sa carrière. Est-ce que vous croyez que Xavier sera déçu par sa carrière ? Qui le soutient ? Est-ce qu'il va être célèbre comme Etienne ou comme Pierre ? Expliquez.

C **Evolution.** Réfléchissez aux évolutions des relations entre les personnages ci-dessous. Faites une description de chaque relation et de son évolution.

1. Pierre – Edith (au début du film → à la fin du film)
2. Pierre – Félix (au début du film → au milieu du film → à la fin du film)
3. Pierre – Sylvia (au début du film → au milieu du film → à la fin du film)
4. Etienne – Sylvia (au début du film → à la fin du film)
5. Etienne – Karine (au début du film → au milieu du film → à la fin du film)

D **Scènes.** Faites une description des scènes suivantes pour décrire l'évolution de Sylvia au cours du film.

1. Sylvia décide de dire à Lolita qu'elle ne peut pas l'aider à préparer son concert. Elle change d'avis quand Lolita lui donne la carte de visite de son père.
2. Sylvia emmène Lolita à la soirée où elle voit Mathieu qui embrasse une autre jeune femme. Sylvia et Lolita rentrent et Lolita lui dit que tout le monde veut la connaître parce que son père est célèbre mais Sylvia est différente des autres.
3. Sylvia attend Edith au restaurant depuis une heure. Sylvia se fâche contre Edith. Edith arrive et elles se disputent.
4. Sylvia regarde l'émission de télé de François Galland avec Félix. Il lui dit qu'Edith pense que Sylvia et Pierre ont changé.
5. Sylvia croise Edith dans la rue. Elle s'arrête mais elle décide de ne pas lui parler.
6. Sylvia et Etienne se disputent après le concert de Lolita. Etienne dit qu'il comprend pourquoi Pierre pense que Sylvia culpabilise les gens. Sylvia se fâche contre Pierre.
7. Sylvia quitte la maison d'Etienne sans Pierre. Elle met la cassette de Lolita avant de partir.

Cours de chant, Sylvia et Lolita

E **Lecture.** Lisez l'article suivant sur la lecture. Pourquoi est-ce qu'on dit que la lecture est un loisir accessible ? Qui lit le plus de livres en France ? Pourquoi ? Quel rôle est-ce que la littérature joue dans le film ? Qui lirait les livres d'Etienne et de Pierre selon l'étude? Pourquoi ? Pourquoi est-ce qu'Etienne et Pierre deviennent célèbre à votre avis ?

La lecture, une affaire de famille

Hélène Michaudon, division Conditions de vie des ménages

Interrogées sur leur pratique de la lecture, 27% des personnes de 15 ans et plus déclarent spontanément lire au moins un livre par mois : elles peuvent se ranger dans la catégorie des gros lecteurs. A l'opposé, 42% d'entre elles sont en retrait vis-à-vis de cette pratique, soit qu'elles ne lisent jamais, soit que, n'attachant pas d'importance particulière à la lecture, la mémoire leur fasse défaut lorsqu'il s'agit de comptabiliser le nombre d'ouvrages lus au cours de l'année écoulée. Résultat maintes fois mis en évidence, la majorité des lecteurs, et plus encore des gros lecteurs, sont en réalité des lectrices : à tout âge, et quel que soit le niveau d'études atteint, les femmes lisent plus que les hommes. Les deux tiers des lecteurs qui atteignent ou dépassent le seuil d'un livre par mois sont des femmes.

Contrairement à d'autres pratiques culturelles (théâtre, concerts, expositions), la lecture est un loisir facilement accessible : les études du ministère de la Culture indiquent que les achats de livres sont monnaie courante, que le nombre d'inscrits en bibliothèque (21% des personnes interrogées) est en légère augmentation, et qu'il est très fréquent de prêter ou d'emprunter un livre à un proche ou à un ami. Malgré cette abondance de l'offre, la pratique de cette activité semble fortement liée aux caractéristiques sociales et culturelles : les plus diplômés, les cadres, les personnes appartenant à des ménages aisés lisent plus que les autres. 42% des diplômés du supérieur sont de gros lecteurs, mais ce n'est le cas que de 17% de ceux qui n'ont au mieux que le certificat d'études. Par ailleurs, c'est parmi les cadres que l'on compte le moins de réfractaires au livre, et le plus de lecteurs assidus.

© INSEE Premiere No. 777, mai 2001.

Exercices de vocabulaire

 A **La littérature.** Quel rôle est-ce que la littérature joue dans la vie des personnages ci-dessous ? Décrivez son rôle selon les rubriques ci-dessous. Utilisez *le vocabulaire du film*.

1. Etienne :   a. la célébrité   b. le déclin de la célébrité   c. la déception
2. Pierre :   a. la déception   b. la quête de la célébrité   c. la célébrité
3. Lolita :   a. la déception
4. Sylvia :   a. le soutien   b. la déception
5. Karine :   a. la déception

Liens !

Pourquoi est-ce que Xavier devient écrivain à la fin du film *L'Auberge espagnole* ? Qui est-ce qu'il ne veut pas décevoir ? Pourquoi ? Est-ce que Pierre veut être écrivain pour les mêmes raisons ? Expliquez.
Est-ce que Xavier serait un bon candidat pour le poste d'assistant de Carla ? Expliquez. Est-ce qu'il voudrait travailler dans une société de promotion immobilière ? Expliquez.

B **La musique.** Parlez de l'importance de la musique dans la vie des personnages suivants. Décrivez cette importance selon les rubriques ci-dessous. Utilisez *le vocabulaire du film*.

1. Lolita :   a. la cassette   b. les cours de chant   c. les répétitions   d. le concert
2. Sylvia :   a. les cours   b. les répétitions   c. le concert   d. sa déception
3. Etienne :   a. la cassette   b. le concert   c. la déception de Lolita
4. Sébastien :   a. le soutien   b. le concert

C **La famille.** Réfléchissez à la famille d'Etienne et répondez aux questions suivantes. Utilisez *le vocabulaire du film* pour parler des relations entre les personnages.

Etienne et Karine

la famille
▪ père   ▪ belle-mère
▪ mère   ▪ belle-fille
▪ fille   ▪ demi-soeur

La Famille

Etienne

Quel est son rôle dans la famille ? Est-ce qu'il aime sa famille ? Où est sa première femme ? Pourquoi ? Est-ce qu'il respecte ses responsabilités en tant que père ? Expliquez. Est-ce que sa famille le respecte ? Pourquoi ou pourquoi pas ?

Karine

Quel est son rôle dans la famille ? Est-ce qu'elle aime son mari ? Expliquez. Est-ce qu'Etienne l'aime ? Expliquez. Est-ce qu'elle aime sa belle-fille ? Pourquoi est-ce qu'elle veut que Lolita l'aime ? Est-ce qu'elle arrive à bien élever sa fille (Louna) ? Expliquez.

Lolita

Quel est son rôle dans la famille ? Est-ce qu'elle aime son père ? Quelle relation est-ce qu'elle a avec sa mère ? Est-ce qu'elle aime sa belle-mère ? Est-ce qu'elle essaie d'être amie avec Karine ? Pourquoi ou pourquoi pas ? Quelle relation est-ce qu'elle a avec sa demi-sœur (Louna) ? Pourquoi ? Pourquoi est-ce qu'elle n'est pas contente ? Expliquez.

Louna

Quel est son rôle dans la famille ? Est-ce qu'Etienne l'aime ? Pourquoi ou pourquoi ? Est-ce que Lolita l'aime ? Quels problèmes confrontera Louna à l'avenir ? Expliquez.

D **Vie culturelle.** Lisez ce texte sur la vie culturelle des jeunes et complétez les activités de vocabulaire.

Les jeunes : une vie culturelle plus intense

display
noted

similar
remain / more

slightly

Les jeunes témoignent° globalement d'une vie culturelle plus intense et extravertie. Ce fait est particulièrement marqué° pour le cinéma : 89% des 15-24 ans y sont allés au moins une fois au cours des douze derniers mois contre seulement 23% des 55 ans ou plus. Les pratiques culturelles des hommes et des femmes sont par ailleurs aujourd'hui très semblables°, mis à part la lecture et les pratiques artistiques en amateur qui demeurent° des activités davantage° féminines : les deux tiers des femmes ont lu un livre au cours des douze derniers mois, contre seulement la moitié des hommes. Enfin, si les disparités géographiques se sont légèrement° réduites, la taille de la commune de résidence reste un facteur discriminant, même pour la lecture qui est pourtant moins sensible aux effets d'offre : 48% des ruraux, contre 71% des habitants de l'agglomération parisienne, ont lu au moins un livre au cours des douze derniers mois.

LES PRATIQUES CULTURELLES À L'ÂGE ADULTE
AU COURS DES DOUZE DERNIERS MOIS (EN %)

	Lecture de livre	Cinéma	Musée, exposition ou monument historique	Théâtre ou concert	Pratiques amateur
Ensemble	58	50	45	29	14
Age					
15-24 ans	72	89	46	40	24
25-44 ans	59	61	49	31	16
45-64 ans	56	40	47	30	11
65-75 ans	49	21	39	24	9
75 an et plus	49	11	28	11	5
Sexe					
Femme	66	50	45	30	16
Homme	50	51	45	28	12
Lieu de résidence					
Commune rurale	48	38	40	22	12
Moins de 100 000 habitants	56	43	43	24	13
100 000 habitants et plus	62	60	46	33	15
Unité urbaine de Paris	71	66	54	44	18

Champ : personnes de 15 ans ou plus.
Lecture : 89% des 15-24 ans sont allés au moins une fois au cinéma au cours des 12 derniers mois.
© INSEE, *Enquête Permanente sur les Conditions de Vie*, octobre 2000

Activité de vocabulaire

1. _____ % des Français de 15 à 24 ans sont allés au cinéma au cours des douze derniers mois.
2. _____ % des Français de 55 ans ou plus sont allés au cinéma au cours des douze derniers mois.
3. En général, les pratiques culturelles des hommes et des femmes sont _____.
4. _____ et _____ sont pourtant des activités culturelles plus «féminines».
5. _____ est un facteur qui détermine l'activité culturelle pratiquée.

A votre avis…

Pourquoi est-ce que les jeunes ont plus d'activités culturelles que les autres personnes sondées ? Pourquoi est-ce que les habitants de la région parisienne ont plus d'activités culturelles que les autres personnes sondées ?

Quel rôle est-ce que les activités culturelles jouent dans le film ? Notez les différences entre les activités culturelles pratiquées par les personnages quand ils sont à Paris et quand ils sont à la campagne. Qu'est-ce qu'ils font comme activités à Paris ? à la campagne ?

Quelles activités culturelles vous intéressent ? Pourquoi ?

Grammaire

7.1 Les adverbes : formes et places

▶ L'adverbe qualifie un verbe, un adjectif ou un autre adverbe. L'adverbe est invariable.

Exemple :   *Lolita chante **bien**. (**Bien** qualifie le verbe **chante**.)*
*Lolita est **très** nerveuse. (**Très** qualifie l'adjectif **nerveuse**).*
*Son père s'est **très** mal comporté pendant le concert.*
     *(**Très** qualifie l'adverbe **mal**).*

▶ Observez le classement des adverbes :

- ◆ de fréquence :   *encore, quelquefois, souvent, toujours, etc.*
- ◆ de temps :   *aujourd'hui, demain, hier, etc.*
- ◆ de lieu :   *derrière, devant, près, loin, etc.*
- ◆ de manière :   *bien, gentiment, mal, poliment, etc.*
- ◆ de quantité :   *assez, beaucoup, moins, trop, etc.*
- ◆ d'affirmation / de doute :   *oui, non, probablement, etc.*

▶ En général, l'adverbe est formé en ajoutant **–ment** à un adjectif. Observez la formation :

- ◆ Si l'adjectif se termine par une voyelle, on ajoute **–ment** à la forme masculine de l'adjectif.

Exemple : *absolu*   *+ ment*   →   *absolument*
facile   *+ ment*   →   *facilement*
passionné   *+ ment*   →   *passionnément*
vrai   *+ ment*   →   *vraiment*

- ◆ Si l'adjectif se termine par une consonne, l'adverbe est formé en ajoutant **–ment** à la forme féminine de l'adjectif.

Exemple : *franc*   →   *franche + ment →*   *franchement*
général   →   *générale + ment →*   *généralement*
sérieux   →   *sérieuse + ment →*   *sérieusement*
vif   →   *vive + ment →*   *vivement*

- ◆ Quelquefois, le **e** se change en **é**.

Exemple : *confus*   →   *confuse + ment →*   *confusément*
précis   →   *précise + ment →*   *précisément*
profond   →   *profonde+ ment →*   *profondément*

- Certains adverbes sont formés irrégulièrement.
  Exemple : *gentil* → *genti* + *ment* → *gentiment*
  bref → *briève* + *ment* → *brièvement*

- Certains adverbes anglais n'ont pas d'équivalent français.
  Exemple : *avec espoir, avec plaisir, de façon permanente, en colère, etc.*

- Quelques adjectifs sont employés adverbialement.
  Exemple : *bas, cher, clair, droit, dur, faux, fort, etc.*

▶ La place de l'adverbe varie selon son rôle et la structure de la phrase.

- L'adverbe suit normalement le verbe qualifié.
  Exemple : *Lolita chante **bien**.*

- Les adverbes courts et communs sont placés entre le verbe auxiliaire et le participe passé dans les temps composés.
  Exemple : *Lolita a **beaucoup** répété.*

- Les adverbes longs et moins communs suivent le participe passé dans les temps composés.
  Exemple : *Lolita a répété **quotidiennement**.*

- L'adverbe est placé devant ou après un infinitif.
  Exemple : *Lolita va **probablement** chanter avec le chœur. Le chœur va répéter **sérieusement**.*

- L'adverbe précède l'adjectif ou l'adverbe qualifié.
  Exemple : *Lolita chante **très** bien et elle sera **bien** préparée pour son concert.*

- Les adverbes de temps sont placés après un participe passé ou au début ou à la fin de la phrase.
  Exemple : ***Hier** Lolita a chanté pour Sébastien.*
  *Si Lolita n'avait pas chanté **hier**, Sébastien aurait été déçu.*
  *Il est très content qu'il l'a vue chanter **hier** !*

- Les adverbes de lieu sont placés après un objet direct, après un participe passé ou à la fin de la phrase.
  Exemple : *Lolita a mis sa musique **là-bas**.*

Pratiquez !

 A **Cours de chant.** Lolita parle avec une de ses amies après le cours de chant. Trouvez *les adverbes* et analysez leur fonction et leur place dans la phrase.

«Bien que tu chantes bien et que je chante toujours faux, tu chantes bas et je chante fort. On m'entend donc mieux, ce qui n'est pas vraiment une bonne chose. Je continuerai pourtant à chanter avec plaisir parce que ça plaît énormément à ma mère. Elle m'écoute avec espoir parce qu'elle veut tellement que je devienne célèbre. Je n'ai malheureusement pas ce même espoir. Elle va sûrement comprendre un jour que je n'ai pas de talent et elle ne va plus payer mes cours de chant qui coûtent très cher !»

«*Tu es trop pessimiste ! Naturellement il y a des jours où on chante mal mais tu sais bien que ça ne vient pas spontanément ! Il faut simplement que tu répètes tous les jours. Tu verras demain – ça ira beaucoup mieux !*»

B **Au magasin de vêtements.** Karine va au magasin de vêtements avec Lolita où elle essaie de lui parler de leur relation. Ajoutez des adverbes ci-dessous à l'énoncé de Karine et inventez la réponse de Lolita. Faites très attention à la place des adverbes.

Adverbes

absolument	demain	maintenant	rapidement
actuellement	derrière	moins	rarement
admirablement	devant	naturellement	récemment
ailleurs	encore	n'importe où	sérieusement
apparemment	énormément	obscurément	souvent
assez	franchement	parfois	spontanément
aujourd'hui	gentiment	partout	suffisamment
beaucoup	hier	passionnément	tant
bientôt	ici	patiemment	tard
brièvement	immédiatement	plus	tôt
bruyamment	intelligemment	poliment	toujours
confusément	intensément	précisément	tout à l'heure
constamment	jamais	premièrement	tout de suite
dedans	là	profondément	très
dehors	lentement	quelque part	trop
déjà	longtemps	quelquefois	vraiment

Karine dit :

«Tu ne sais pas que j'ai envie de te demander de faire des choses avec moi. Je veux te demander d'aller au cours de gym avec moi. Ça me ferait plaisir d'aller au musée, au café, au cinéma avec toi. J'aimerais assister à tes cours de chant. Je veux faire du shopping avec toi et t'aider à choisir une robe pour ton concert. Tu sais qu'il n'est pas facile de te demander de faire des choses. Je suis timide et j'ai l'impression que tu ne m'aimes pas. Nous devrions être amies ! Nous avons presque le même âge et nous avons des intérêts en commun ! Je serais très contente de passer plus de temps avec toi ! Qu'en penses-tu Lolita ?»

Lolita répond :

«Ben… je ne sais pas…»

7.2 Les pronoms relatifs qui et que

▶ Le pronom relatif est un pronom employé pour relier deux phrases. Il remplace un nom et introduit la proposition subordonnée (relative). La proposition relative peut être placée au milieu ou à la fin de la phrase.

Exemple : *Lolita aime **un jeune homme**. **Le jeune homme** s'appelle Mathieu.*
*Lolita aime un jeune homme **qui** s'appelle Mathieu.*
    (***Qui** remplace le jeune homme.*)
***Le jeune homme** est sympathique. Lolita a aidé **un jeune homme**.*
*Le jeune homme **que** Lolita a aidé est sympathique.*
    (***Que** remplace le jeune homme.*)

Le pronom relatif qui

▶ Le pronom relatif **qui** peut remplacer une personne ou une chose. **Qui** est le sujet du verbe de la proposition subordonnée (relative).

Exemple : *Lolita aide **un jeune homme**. **Le jeune homme** s'évanouit dans la rue.*
*Lolita aide un jeune homme **qui** s'évanouit dans la rue.*
(**Qui** remplace une personne et c'est le sujet du verbe **s'évanouit**.)
*Pierre a écrit **un roman**. **Le roman** a eu du succès.*
*Pierre a écrit un roman **qui** a eu du succès.*
(**Qui** remplace une chose et c'est le sujet du verbe **a eu**.)

Le pronom relatif que

▶ Le pronom relatif **que** peut remplacer une personne ou une chose. **Que** est l'objet direct du verbe de la proposition subordonnée (relative).

Exemple : *Pierre veut revoir **la belle femme**. Il vient de rencontrer **la belle femme**.*
*Pierre veut revoir la belle femme **qu'**il vient de rencontrer.* (**Que** remplace une personne et c'est l'objet direct du verbe **rencontrer**.)
*Lolita n'aime pas **la robe**. Elle porte **la robe**.*
*Lolita n'aime pas la robe **qu'**elle porte.* (**Que** remplace une chose et c'est l'objet direct du verbe **porte**.)

▶ Quand le pronom relatif **que** précède un verbe au temps composé (le passé composé, le plus-que-parfait, le conditionnel passé, le futur antérieur), le participe passé s'accorde en genre et en nombre avec l'antécédent du pronom relatif.

Exemple : *Etienne ne va jamais écouter **la cassette**. Lolita lui a donné **la cassette**.*
*Etienne ne va jamais écouter la cassette **que** Lolita lui a donnée.* (**Que** précède le verbe au passé composé. L'antécédent, la cassette, est féminin et singulier. Il faut ajouter un **e** au participe passé.)

Pratiquez !

 Sébastien. Complétez le paragraphe suivant avec *le pronom relatif qui* ou *que* selon le contexte.

Au début du film, il y a un jeune homme ____ s'évanouit dans la rue. Comme il grelotte, Lolita le couvre avec la veste ____ elle porte. Lolita reçoit le coup de fil ____ elle attend et elle part sans lui parler. Le jeune homme se réveille et il trouve la veste ____ Lolita a oubliée. Dans la poche, il trouve une photo ____ l'aide à trouver la propriétaire de la veste. Il veut vraiment rencontrer la jeune femme ____ lui a montré de la gentillesse. Il aime beaucoup la jeune femme ____ il rencontre au café. Ils deviennent amis. Lolita a pourtant un petit ami ____ l'aime parce que son père est célèbre. Au contraire, Sébastien est un jeune homme ____ est intègre. Il veut rendre l'argent ____ le père de Lolita lui a prêté et il rejette l'aide ____ Etienne lui a proposée. A la fin du film, Lolita apprend que Sébastien est un vrai ami ____ l'aime pour elle-même.

Sylvia. Complétez les phrases suivantes de manière logique. Faites très attention au *pronom relatif* qui introduit la proposition subordonnée (relative).

1. Lolita est une jeune femme qui …
2. Elle a des amis qui …
3. Elle pense que le professeur de chant que…

4. Elle a tort parce que Sylvia est aussi une femme qui…
5. Bien que Sylvia admire le père de Lolita, elle reste une femme que…
6. Sylvia apprend que la célébrité est une chose qui…
7. Elle n'aime pas la célébrité que…
8. A cause de cette célébrité, Sylvia quitte Pierre qui…

C **Personnages.** Déterminez ce qui suit *les pronoms relatifs qui* (un verbe) et *que* (un sujet et un verbe) et complétez les phrases de manière logique.

Modèle :   **qui + verbe**   Un des personnages principaux qui ***a beaucoup de soucis*** est Lolita.

1. Lolita qui ___ veut monter un concert.
2. Le concert que___ aura lieu dans six mois.
3. Lolita veut l'aide de Sylvia qui ___.
4. Sylvia dit qu'elle ne peut pas aider tous les étudiants qui ___.
5. Après le cours de chant, Lolita lui donne la carte de visite de son père qui ___.
6. Son père a beaucoup aimé le livre que ___.
7. Son père est un écrivain qui ___.
8. Il a aussi une maison d'édition que ___.
9. Il sait que Pierre écrira d'autres livres qui ___.
10. A la fin du film, l'amitié que ___ se détériore.

7.3 Les pronoms relatifs qui, lequel, où et dont

Le pronom relatif qui

▶ Le pronom relatif **qui** est employé après toutes les prépositions quand il remplace une personne.

   Exemple :   *Les chanteurs sont doués. Lolita chante avec les chanteurs.*
   Les chanteurs avec qui Lolita chante sont doués. (L'antécédent les chanteurs représente des personnes. La préposition avec introduit le pronom relatif qui.)

Le pronom relatif lequel

▶ Le pronom relatif **lequel** est employé après toutes les prépositions quand il remplace une chose.

   Exemple :   *Voilà la boîte de nuit. Sébastien s'est évanoui devant la boîte de nuit.*
   Voilà la boîte de nuit devant laquelle Sébastien s'est évanoui.
   (L'antécédent la boîte de nuit représente une chose. La préposition devant introduit le pronom relatif laquelle.)

▶ Le pronom relatif **lequel** a quatre formes et il s'accorde en genre et en nombre avec le nom qu'il remplace.

▶ Le pronom relatif **lequel** se contracte avec les prépositions **à** et **de.**

lequel		
	masculin	**féminin**
singulier	lequel	laquelle
pluriel	lesquels	lesquelles

Tableau 1, Le pronom relatif lequel.

la contraction à + lequel		
	masculin	**féminin**
singulier	auquel	à laquelle
pluriel	auxquels	auxquelles

Tableau 2, Le pronom relatif lequel + la préposition à.

la contraction de + lequel		
	masculin	**féminin**
singulier	duquel	de laquelle
pluriel	desquels	desquelles

Tableau 3, Le pronom relatif lequel + la préposition de.

Le pronom relatif où

▶ Le pronom relatif **où** est employé à la place du pronom relatif **lequel** quand l'antécédent est un lieu ou un temps. (En anglais, l'antécédent du pronom relatif **où** (*where*) représente toujours un lieu.)

Exemple : *Sébastien attend Lolita **au conservatoire**. Lolita suit des cours de chant **au conservatoire**.*

*Sébastien attend Lolita au conservatoire **où** elle suit des cours de chant.*
(***Où** remplace un lieu – **au conservatoire**.*)

*Sylvia voit l'égocentrisme d'Etienne **un jour**. Il ne soutient pas sa fille **un jour**.*

*Sylvia voit l'égocentrisme d'Etienne le jour **où** il ne soutient pas sa fille.*
(***Où** remplace un temps – **un jour**.*)

Le pronom relatif dont

▶ Le pronom relatif **dont** est employé pour remplacer les personnes et les choses introduites par la préposition **de.** Ces verbes et ces expressions sont suivis de la préposition **de** : *avoir besoin de, avoir envie de, avoir peur de, être content/fier/ surpris de, parler de, s'inquiéter de, s'occuper de, se plaindre de, rêver de, se servir de, tomber amoureux/se de, etc.*

Exemple : *Pierre rencontre **l'écrivain**. Sylvia lui a parlé **de l'écrivain**.*

*Pierre rencontre l'écrivain **dont** Sylvia lui a parlé.*
(***Dont** remplace **de l'écrivain** – une personne.*)

*Le Monde publie **une très bonne critique**. Pierre a besoin **d'une très bonne critique**.*

*Le Monde publie une très bonne critique **dont** Pierre a besoin.*
(***Dont** remplace **d'une bonne critique** – une chose.*)

▶ Le pronom relatif **dont** n'est pas employé pour remplacer les antécédents introduits par des prépositions composées : *à côté de, au dessous de, en face de, près de, etc.*

Exemple : *Oui, c'est **la boîte de nuit**. Vous verrez une grande foule à côté de **la boîte de nuit**.*

*Oui, c'est la boîte de nuit **à côté de laquelle** vous verrez une grande foule. (**Laquelle** remplace **la boîte de nuit** qui est introduite par la préposition composée **à côté de**.*)

▶ Le pronom relatif **dont** est employé pour indiquer la possession. **Dont** veut dire *of which, of whom, whose* en anglais. Observez la structure de la phrase :

Structure : l'antécédent + dont + sujet de la proposition + verbe de la
                                              relative   proposition relative
              la jeune femme dont   le père   est célèbre

Exemple : *Lolita est une jeune femme **dont le père est célèbre**.*
*Le film **dont quelques acteurs étaient inconnus** a reçu le prix du Meilleur Scénario au Festival de Cannes.*

Pratiquez !

 A

Sylvia. Complétez les phrases suivantes de manière logique. Faites très attention à la préposition qui introduit *le pronom relatif qui.*

Modèle :   Lolita est une personne avec qui **Sylvia devient amie**.
1. Sylvia est une personne pour qui …
2. Sylvia a un mari à qui…
3. Sylvia et Pierre rencontrent Etienne chez qui …
4. Etienne est un écrivain pour qui…
5. A la fin du film, Pierre est une personne avec qui…

B

Pierre. Complétez les phrases suivantes de manière logique. Faites très attention à la préposition qui introduit *le pronom relatif lequel* et notez que les lieux et les expressions de temps sont introduits par *le pronom relatif où.*

Modèle :   Pierre a des soucis auxquels **Sylvia réfléchit souvent**.
1. «Comme une image» est le livre pour lequel…
2. On fête la réussite de Pierre le jour où…
3. Les amis de Pierre et de Sylvia se retrouvent chez eux où…
4. Tout le monde lit la critique dans laquelle…
5. La réussite de son livre est la raison pour laquelle…

C

Sébastien. Complétez les phrases suivantes de manière logique. Notez l'emploi *du pronom relatif dont.*

Modèle :   Lolita est la jeune femme dont **Sébastien tombe amoureux**.
1. Sébastien est le jeune homme dont…
2. … dont il est fier.
3. … dont Lolita lui a parlé.
4. Il rejette l'aide d'Etienne dont ….
5. Etienne dont… raconte à Lolita que Sébastien…

D

Personnages. Complétez le passage suivant avec *les pronoms relatifs qui, lequel, où* et *dont* selon le contexte.

«Comme une image» est un film ＿＿ tous les personnages sont touchés par la célébrité. Par exemple, Lolita ＿＿ le père est un écrivain célèbre essaie d'entrer dans la boîte de nuit ＿＿ il y a une soirée pour fêter l'avant-première de l'adaptation cinématographique du livre de son père. Le videur ne lui permet pas d'entrer dans la boîte de nuit devant ＿＿ il y a une grande queue. C'est une situation à ＿＿ Lolita est habituée. En face de la boîte de nuit, un jeune homme qui a trop bu s'évanouit. Quelques jours après la soirée, Lolita rencontre ce jeune homme avec ＿＿ elle s'entend bien. Mais elle pense que la raison pour ＿＿ il veut sortir avec elle est que son père est célèbre. Sébastien est intègre et c'est une personne pour ＿＿ Karine a du respect. Le moment ＿＿ Etienne dit à Lolita que Sébastien a rejeté son aide, Lolita comprend que c'est une personne pour ＿＿ la célébrité n'est pas importante. Le film, au cours ＿＿ la vie des autres personnages est détruite par la célébrité, montre que la célébrité n'est pas toujours une bonne chose.

7.4 Les pronoms relatifs sans antécédent et avec antécédent proposition

▶ Quand le pronom relatif n'a pas d'antécédent, il faut ajouter *ce* devant qui, que ou dont. Les pronoms relatifs **ce qui** (le sujet de la proposition relative), **ce que** (l'objet direct du verbe de la proposition relative) et **ce dont** (l'objet de la préposition *de*) veulent dire *what* en anglais.

Exemple : *Voilà **ce qui** me gêne !*
(**Ce** joue le rôle d'antécédent et **qui** est le sujet du verbe **gêne**.)
*Tu ne comprends pas **ce que** je dis !*
(**Ce** joue le rôle d'antécédent et **que** est l'objet direct du verbe **dis**.)
*Je comprends bien **ce dont** tu as besoin.*
(**Ce** joue le rôle d'antécédent et **dont** est l'objet de la préposition **de**.)

▶ Quand le pronom relatif remplace une proposition entière, il faut aussi ajouter **ce** devant qui, que ou dont.

Exemple : *Il arrive toujours en retard, **ce qui** me rend folle.*
(**Ce** remplace «il arrive toujours en retard» et **qui** est le sujet du verbe **rend**.)
*Il devrait être poli envers les autres, **ce que** je comprends bien.*
(**Ce** remplace «il devrait être poli envers les autres» et **que** est l'objet direct du verbe **comprends**.)
*Il m'aime beaucoup, **ce dont** je suis surprise !*
(**Ce** remplace «il m'aime beaucoup» et **dont** est l'objet de la préposition **de** (surprise de).)

▶ Quand le pronom relatif (sans antécédent ou avec antécédent proposition) représente une chose et il est introduit par une préposition qui n'est pas la préposition *de*, on emploie la structure **ce + préposition + quoi**. Quelquefois le **ce** peut être omis et on emploie la structure : **préposition + quoi**.

Exemple : *La réaction d'Etienne ? Ce n'est pas **ce à quoi** Lolita s'attendait.*
(structure : ce + préposition + quoi)
*Etienne ne sait pas **sur quoi** il veut écrire son prochain livre.*
(structure : préposition + quoi)

tableau récapitulatif pronoms relatifs sans antécédent et avec antécédent proposition	
fonction	**pronom relatif**
sujet de la proposition relative	ce qui
objet direct de la proposition relative	ce que
objet de la préposition de	ce dont
objet d'une préposition autre que de	(ce) préposition quoi

Tableau 4, Tableau récapitulatif, les pronoms relatifs sans antécédent et avec antécédent proposition.

Pratiquez !

 Etienne et Lolita. Répondez aux questions suivantes. Utilisez *les pronoms relatifs sans antécédent* et *avec antécédent proposition* dans votre réponse.

1. Est-ce qu'Etienne sait ce qui gêne Lolita ? ce qui inquiète Lolita ? ce qui plaît à Lolita ?
2. Est-ce qu'il comprend ce que Lolita n'aime pas ? ce que Lolita veut faire ? Est-ce qu'il sait ce qu'il devrait faire pour aider Lolita ?
3. Est-ce qu'il réfléchit à ce dont elle a envie ? à ce dont elle a peur ? à ce dont Lolita a besoin pour être heureuse ?
4. Pourquoi est-ce qu'Etienne ne se soucie pas de : ce à quoi Lolita pense ? ce sur quoi Lolita compte ? ce à quoi Lolita rêve ?
5. Est-ce qu'Etienne peut expliquer avec quoi il faut que Lolita vive ? sans quoi Lolita ne peut pas vivre ?

Qu'est-ce qui est important ? Réfléchissez aux choses qui sont importantes pour les personnages du film et complétez les phrases suivantes de manière logique.

1. Le livre de Pierre, *c'est ce que… et c'est ce dont…*
2. Le concert de Lolita, *c'est ce qui… et c'est ce dont…*
3. La célébrité d'Etienne, *c'est ce que… et c'est ce à quoi…*
4. La célébrité de Pierre, *c'est ce qui… et c'est ce que…*
5. L'amour d'Etienne, *c'est ce dont… et c'est ce à quoi…*
6. L'amitié de Mathieu, *c'est ce que… et c'est ce qui*
7. L'amitié de Sylvia, *c'est ce à quoi… et c'est ce que…*
8. L'amitié / l'amour de Sébastien, *c'est ce que… et c'est ce qui…*

Révélations. Lolita et Etienne se parlent. Complétez leur conversation avec *les pronoms relatifs sans antécédent ou avec antécédent proposition* selon le contexte.

«*Lolita, qu'est-ce que tu as ? Tu m'en veux ? Je ne comprends pas ___ tu veux !*»
«*Non, ___ je pense, ce n'est pas que tu ne me comprends pas ! ___ est important, c'est que je sais ___ j'ai besoin. Je sais ___ je peux faire pour avoir ___ me plairait.*»
«*Hein ? Je ne sais pas de ___ tu parles !*»
«*Il n'est pas important que tu me comprennes. Dis à Karine que je comprends ___ elle avait envie, que j'apprécie ___ elle a dit et que j'espère qu'elle trouvera ___ elle cherche ! Je file – j'ai un rendez-vous très important, ___ tu comprendras !*»
«*Attends ! Je ne comprends rien !*»

7.5 Les pronoms relatifs - récapitulation

▶ Observez le tableau récapitulatif des pronoms relatifs.

	pronoms relatifs		
	avec antécédent spécifique		**sans antécédent / avec antécédent proposition**
fonction	**personne**	**chose**	
sujet de la proposition relative	qui	qui	ce qui
objet direct de la proposition relative	que	que	ce que
objet de la préposition de	dont	dont	ce dont
objet d'une préposition (autre que de)	qui	lequel, laquelle, lesquels, lesquelles	(ce +) préposition + quoi
lieu / temps		où	

Tableau 5, Les pronoms relatifs.

▶ Pour choisir le pronom relatif qui convient, il faut analyser le rôle du pronom relatif dans la phrase. Pour analyser son rôle, il faut se poser les questions suivantes :

questions pour choisir le pronom relatif qui convient	
1. Est-ce que le pronom relatif a un antécédent spécifique ?	
avec antécédent spécifique	**sans antécédent / avec antécédent proposition**
2. Est-ce que l'antécédent est une personne ou une chose ?	2. Est-ce que le pronom relatif est le sujet, l'objet direct, l'objet de la préposition de ou l'objet d'une préposition autre que de ?
3. Est-ce que le pronom relatif est le sujet, l'objet direct, l'objet de la préposition de ou l'objet d'une préposition autre que de ?	
4. Est-ce que l'antécédent est masculin ou féminin ? singulier ou pluriel ?	

Tableau 6, Questions pour choisir le pronom relatif qui convient.

Exemple : Voilà le livre sur _____ j'ai écrit une critique.

1. Est-ce que le pronom relatif a un antécédent spécifique ? *Oui. Le livre.*

avec antécédent spécifique		
fonction	personne	chose
sujet de la proposition relative	qui	qui
objet direct de la proposition relative	que	que
objet de la préposition de	dont	dont
objet d'une préposition (autre que de)	qui	lequel, laquelle, lesquels, lesquelles
lieu, temps		où

2. Est-ce que l'antécédent du pronom relatif est une personne ou une chose ? *Une chose.*

avec antécédent spécifique		
fonction	personne	chose
sujet de la proposition relative		qui
objet direct de la proposition relative		que
objet de la préposition de		dont
objet d'une préposition (autre que de)		lequel, laquelle, lesquels, lesquelles
lieu, temps		où

3. Est-ce que le pronom relatif est un sujet, un objet direct, l'objet de la préposition de ou l'objet d'une préposition autre que de ? *L'objet de la préposition sur.*

avec antécédent spécifique		
fonction	personne	chose
sujet de la proposition relative		
objet direct de la proposition relative		
objet de la préposition de		
objet d'une préposition (autre que de)		lequel, laquelle, lesquels, lesquelles
lieu, temps		

4. Est-ce que l'antécédent du pronom relatif est masculin/féminin, singulier/pluriel ? *Masculin et singulier.*

avec antécédent spécifique		
fonction	**personne**	**chose**
sujet de la proposition relative		
objet direct de la proposition relative		
objet de la préposition de		
objet d'une préposition (autre que de)		lequel
lieu, temps		

Pratiquez !

A **Sommaire.** Lisez le résumé du film *Comme une image* et analysez *les pronoms relatifs*.

Comme une image

«Comme une image» est un très beau film *qui* montre les problèmes *qu'*on peut avoir quand on devient célèbre. Lolita *dont* le père est un écrivain célèbre vit dans l'ombre de sa célébrité. *Ce qu'*elle cherche, c'est l'amour de son père. Elle n'aura jamais l'amour *dont* elle a besoin. Elle pense qu'elle trouve une vraie amie en Sylvia. *Ce à quoi* Sylvia pense, c'est la réussite de son mari Pierre *qui* est aussi écrivain. Le livre de Pierre sur *lequel* on écrit de bonnes critiques mène à sa célébrité. Pierre suit pourtant le modèle d'Etienne, *ce qui* détruit les relations *qu'*il a avec sa femme et ses amis. Lolita monte un concert pour *lequel* elle se prépare au cours du film. Le concert *qui* est une réussite met en évidence l'égocentrisme d'Etienne. Ce concert montre aussi que Sébastien aime Lolita, *ce que* Lolita comprendra. Lolita trouve pourtant *ce dont* elle rêve et, à la fin du film, elle est contente.

B **Comme une image.** Complétez les phrases suivantes de manière logique pour parler du film *Comme une image*. Choisissez deux des pronoms relatifs donnés pour écrire des phrases sur le film.

1. *Comme une image* est un film :
    a. *qui...*   b. *que...*   c. *dont...*
2. Les personnages principaux du film :
    a. *qui...*   b. *que...*   c. *dont...*
3. Lolita :
    a. *qui...*   b. *pour qui...*   c. *dont...*
4. Etienne :
    a. *qui...*   b. *de qui...*   c. *que...*
5. Le livre de Pierre :
    a. *qui...*   b. *que...*   c. *sur lequel...*
6. La célébrité, c'est :
    a. *ce qui...*   b. *ce que...*   c. *ce dont...*
7. La réussite du livre de Pierre, c'est :
    a. *ce à quoi...* b. *ce sur quoi...* c. *ce qui...*
8. L'amitié de Sébastien, c'est :
    a. *ce qui...*   b. *ce que...*   c. *ce dont...*
9. L'église :
    a. *qui...*   b. *où...*   c. *dans laquelle...*
10. Le jour
    a. *où...*

Traduction

Conseils

- Cherchez les mots apparentés et les faux amis.
- Observez la formation des adverbes et faites attention à leur place dans la phrase.
- Vérifiez la fonction des pronoms relatifs qui introduisent les propositions subordonnées (relatives).
- Faites très attention aux temps et aux modes des verbes.
- N'oubliez pas de ne pas traduire mot à mot !
- Utilisez le vocabulaire et la grammaire pour vous aider !

Français → anglais

A **Mots et expressions.** Traduisez les mots et les expressions suivantes *en anglais*.

1. un écrivain doué
2. une chanteuse douée
3. une personne célèbre
4. une célébrité, un raté
5. un mari et sa femme, une belle-mère et sa belle-fille

B **Phrases.** Traduisez les phrases suivantes *en anglais*.

1. Il vient de le lire.
2. Il faut le soutenir.
3. Il a eu l'honneur de le faire.
4. Il deviendra célèbre.
5. Il n'est pas sûr qu'il soit célèbre.

Anglais → français

A **Mots et expressions.** Traduisez les mots et les expressions suivantes *en français*.

1. to be in the process of doing
2. to be depressed
3. to be unsure of oneself
4. to become famous
5. to be autobiographical

B **Phrases.** Traduisez les phrases suivantes *en français*.

1. He supports her financially.
2. He deals with her fame.
3. In the book, he talks about men and women.
4. He will present the story.
5. He is already writing his next book.

C **Notes.** La critique du livre de Pierre sort dans une revue littéraire. Traduisez-la *en français*.

The World of Books

Good as Gold by Pierre Miller

Good as gold, the book that just came out this summer, is an excellent book that everyone must read! I had the honor of meeting the young and talented writer, Pierre Miller, who is already in the process of writing his next great novel. Miller, whose wife is a singer, will present the story of a young singer whose husband supports her emotionally and financially. She is depressed and unsure of herself and her husband's love is unfailing until the day that she becomes famous. She becomes selfish and mean and her husband finally cannot tolerate her behavior. According to Miller the novel is not autobiographical. I am sure that this novel will be great as his first novel and I look forward to reading it! As for his current novel, it too seems autobiographical. Miller talks about a man and his wife who …

Photo

 A **Détails.** Regardez l'image et choisissez les bonnes réponses.

1. Où est-ce que cette scène a lieu ?
   a. chez Etienne
   b. dans le café préféré d'Etienne
   c. dans le café préféré de Lolita
2. Quand est-ce que cette scène a lieu ?
   a. Elle a lieu au début du film.
   b. Elle a lieu au milieu du film.
   c. Elle a lieu à la fin du film.
3. Sur cette photo, Etienne…
   a. parle sur son portable pendant que Lolita s'ennuie.
   b. est en train de finir son repas quand Lolita arrive.
   c. est sur le point de partir quand Lolita arrive.
4. Cette photo montre :
   a. l'importance d'Etienne.
   b. l'égocentrisme de Lolita.
   c. l'égocentrisme d'Etienne.
5. Cette photo montre aussi :
   a. une scène typique dans un café.
   b. une scène typique dans une boîte de nuit.
   c. les relations intimes entre un père et sa fille.

B **Chronologie.** Mettez les phrases suivantes en ordre chronologique.

____ Il continue à se plaindre quand son portable sonne.

____ Lolita attend Etienne à «sa» table dans son café préféré.

____ La scène change et Lolita est dans un café avec Sébastien. Elle se plaint du fait que son père l'ignore.

____ Etienne arrive, Lolita lui demande s'il va bien, il répond que non et il se met à se plaindre de sa vie.

____ Il raconte à son interlocuteur que sa fille est la joie de sa vie. Lolita pense qu'il parle d'elle mais elle se trompe.

 C **En général.** Répondez aux questions suivantes. Ecrivez deux ou trois phrases.

1. Donnez un titre à la photo. Justifiez votre réponse.
2. Décrivez les émotions d'Etienne et de Lolita sur cette photo.

 D **Aller plus loin.** Ecrivez un paragraphe pour répondre aux questions suivantes.

1. Cette scène est une des scènes qui ont lieu dans ce café. Quel rôle le café joue-t-il dans la vie d'Etienne ?
2. Est-ce que les cafés jouent le même rôle dans la vie de Lolita que dans la vie d'Etienne à votre avis ?

Mise en pratique

 En général. Répondez aux questions suivantes. Ecrivez deux ou trois phrases.

1. Décrivez le début du film. Pourquoi est-ce que le chauffeur de taxi gêne Lolita ? Pourquoi est-ce qu'elle le gêne ? Pourquoi est-ce qu'il gêne Etienne ? Quelle est l'ironie de cette scène ?

2. Pourquoi est-ce que le videur ne permet pas à Lolita d'entrer dans la boîte de nuit ? Qu'est-ce qui arrive à Lolita dans la rue ?

3. Pierre, Sylvia, Edith et Félix font la queue devant la boîte de nuit. De quoi est-ce qu'ils se plaignent ? De quoi est-ce que Pierre accuse Sylvia ? Pourquoi est-ce que cette scène est ironique ?

4. Après la soirée, Sylvia et Pierre rentrent chez eux. Pourquoi est-ce que Pierre est déprimé ? Est-ce qu'il a une bonne raison d'être déprimé ?

5. Après le cours de chant, Lolita rappelle à Sylvia qu'elles se verront mardi pour la répétition de son groupe. Est-ce que Sylvia veut assister à la répétition de Lolita ? Expliquez.

6. Qui est-ce que Lolita rencontre au café ? Pourquoi ? Par quoi est-ce qu'il est impressionné ? Comment est-ce que Lolita réagit ?

7. Qu'est-ce que Karine explique à Lolita quand elles font du shopping ? Pourquoi est-ce que Lolita n'est pas convaincue ?

8. Sylvia allait dire à Lolita qu'elle ne pourrait pas assister à ses répétitions. Pourquoi est-ce qu'elle change d'avis ?

9. Qu'est-ce qu'on fête chez Sylvia et Pierre ? Qu'est-ce qu'Edith conseille à Pierre ?

10. Sébastien a quelques problèmes d'argent. Qu'est-ce que Lolita lui propose de faire ? Qu'est-ce qui est sous-entendu ?

11. Pourquoi est-ce que Lolita est déçue quand elle va à la maison de campagne ? Pourquoi est-ce que Sébastien est déçu ?

12. Qu'est-ce que Lolita confie à Sylvia quand elles rentrent de la soirée ? Qu'est-ce que Sylvia répond ? Pourquoi est-ce que cette scène est importante ?

13. Qu'est-ce que Pierre doit faire pour Félix ? Pourquoi est-ce qu'il ne le fait pas ? Expliquez.

14. Pourquoi est-ce que Karine quitte Etienne ? Comment est-ce qu'il réagit ? Comment est-ce que Lolita réagit ? Expliquez.

15. Comment est l'émission de François Galland ? Pourquoi est-ce que Pierre décide de participer à l'émission ?

16. Qu'est-ce qui arrive pendant le concert de Lolita ? Qui remarque l'absence d'Etienne ?

17. Pourquoi est-ce qu'Etienne, Lolita, Karine et Sylvia se disputent ? Quel est le résultat de cette dispute ?

18. De quoi est-ce que Lolita accuse Sébastien ? Qu'est-ce qu'elle apprend à la fin du film ?

Aller plus loin. Écrivez un paragraphe pour répondre aux questions suivantes.

1. Quel rôle est-ce que l'image de soi joue dans la vie d'Etienne, de Karine et de Lolita ?

2. Quel rôle est-ce que l'amour joue dans la vie d'Etienne, de Karine et de Lolita ?

3. Quel rôle est-ce que la célébrité joue dans la vie d'Etienne, de Lolita, de Sylvia et de Pierre ?

4. Comment est-ce que la célébrité met fin à l'amitié entre Pierre et Edith et entre Pierre et Félix ? Comment est-ce que Sylvia réagit ?

5. Quels personnages du film sont intègres et droits ? Expliquez.

6. Certains personnages manquent de bonnes manières. Expliquez.

7. Le nouvel appartement de Pierre et de Sylvia est représentatif de leur nouvelle vie. Expliquez.

8. Quelle est l'importance de la nourriture (les fêtes, les repas, les cafés, etc.) dans le film ?
9. Comment est-ce qu'on communique dans le film ? Quel rôle est-ce que le portable joue dans le film ?
10. Est-ce que le film est cynique ? Expliquez.

C **Analyse.** Lisez l'article suivant et complétez les activités de vocabulaire.

40 ans de services culturels et récréatifs:
La télévision détrône le stade et le cinéma

Danielle Besson, division Synthèse des biens et services

Le cinéma souffre de la rivalité de la télévision

En 40 ans, les dépenses° de cinéma ont baissé de 43 % à prix constants du fait de la concurrence° de la télévision puis des magnétoscopes et ensuite des lecteurs DVD. Elles ont diminué de 1,3 % par an en volume et en moyenne (graphique).

Sur la période, le cinéma a été affecté par deux crises° majeures provoquées par la concurrence de nouveaux médias. Au cours des années 60, le nombre de spectateurs a diminué de moitié du fait de la diffusion de la télévision, puis la fréquentation du cinéma s'est stabilisée autour de° 180 millions de spectateurs. L'évolution du prix des places de cinéma° était pourtant alors plus modérée que celle des autres services culturels et récréatifs. À partir de 1980, les ménages se sont équipés en magnétoscopes et l'offre télévisuelle s'est diversifiée. Des chaînes° privées sont apparues telles que la Cinq, M6 et Canal Plus qui diffuse des films récents. Entre 1982 et 1991, les dépenses de cinéma ont diminué de 6,4 % par an. Cependant, depuis, la tendance s'est retournée. La fréquentation des salles, à son plus bas niveau en 1992, a augmenté. L'offre accrue de salles, le développement des multiplexes (complexes cinématographiques de plus de dix salles) et les cartes d'abonnements° illimités ont favorisé cette croissance. Entre 1995 et 2003, les dépenses des ménages ont progressé de 3,8 % par an en volume.

spending
competition

crises

around
of movie ticket prices

channels (television)

subscriptions

40 ans de dépenses de consommation des ménages en services culturels et récréatifs

	1960		2003	
	Montant en millions d'€	Coefficient budgétaire en %	Montant en millions d'€	Coefficient budgétaire en %
Dépenses de consommation des ménages	26 169	100	856 763	100
Loisirs et culture	1 859	7,1	78 283	9,2
dont Services culturels et récréatifs dont :	736	2,8	33 253	3,9
Jeux de hasard (*)	98	0,4	7 790	0,9
Télévision	59	0,2	5 420	0,6
Services liés au sport	95	0,4	4 542	0,5
Spectacles	64	0,2	3 920	0,5
Manèges forains et parc d'attractions	82	0,3	2 055	0,2
Bals et discothèques	20	0,1	1 241	0,1
Cinéma	117	0,5	1 086	0,1
Zoos et réserves	9	0,0	494	0,1

(*) : les dépenses sont nettes des gains des ménages
Note : Le coefficient budgétaire d'un produit ou groupe de produits est le rapport de la dépense concernée à la dépense totale de consommation des ménages

© INSEE Première No. 983, août 2004.

Activité de vocabulaire

1. Pourquoi est-ce que les dépenses de cinéma ont baissé en France pendant 40 ans?
2. Quelles sont les deux crises qui ont affecté le cinéma entre 1960 et 2003 ?
3. Qu'est-ce que les chaînes privées offrent aux spectateurs ?
4. Pourquoi est-ce que les dépenses des ménages ont progressé de 3,8% par an en volume entre 1995 et 2003 ?
5. Qu'est-ce qui était la dépense de consommation principale des ménages français en 2003 ? Pourquoi ?

A votre avis...

Pourquoi est-ce qu'Etienne et Karine sont allés au cinéma au début du film ? Est-ce que le cinéma est important pour Etienne à votre avis ? Expliquez. Est-ce que le cinéma est important pour Lolita ? Expliquez. Est-ce que le cinéma est important pour les Français à votre avis ? Expliquez.

Est-ce que vous allez souvent au cinéma ? Pourquoi ou pourquoi pas ?

Communication

 Félix et Pierre. Félix est très déçu par le comportement de Pierre. Il le voit dans un café où il lui dit ce qu'il pense de son comportement. Jouez le rôle de Félix et votre partenaire joue le rôle de Pierre. Utilisez *les adverbes* pour créer votre dialogue.

adverbes

absolument	demain	moins	rarement
actuellement	derrière	naturellement	récemment
admirablement	devant	n'importe où	sérieusement
ailleurs	encore	obscurément	souvent
apparemment	énormément	parfois	spontanément
assez	franchement	partout	suffisamment
aujourd'hui	gentiment	passionnément	tant
beaucoup	hier	patiemment	tard
bientôt	ici	plus	tôt
brièvement	intelligemment	poliment	toujours
bruyamment	intensément	précisément	tout à l'heure
confusément	jamais	premièrement	tout de suite
constamment	là	profondément	très
dedans	lentement	quelque part	trop
dehors	longtemps	quelquefois	vraiment
déjà	maintenant	rapidement	

Modèle :   Etudiant 1 :   Pierre, je suis extrêmement déçu qu'on se voie rarement.
Etudiant 2 :   Félix, tu sais que j'ai toujours trop de choses à faire actuellement.

B **Personnes et choses.** Vous travaillez pour le site web *www.biostars.com*. Vous préparez la fiche technique du film *Comme une image*. Préparez une description de deux phrases des personnages et des mots clés du film. Votre partenaire joue le rôle de l'éditeur/l'éditrice et il/elle relie vos deux phrases avec *les pronoms relatifs qui* et *que*.

personnes			
Lolita	Mathieu	Sylvia	Edith
Etienne	Sébastien	Pierre	Félix
Karine			

mots clés			
les cours de chant	l'argent	la confiance	la célébrité
le concert	l'amour	l'égocentrisme	la déception
le livre	l'amitié		

Modèle :   Etudiant 1 :   Lolita est une jeune femme. Elle cherche l'amour de son père. Lolita est un personnage. Les jeunes femmes peuvent admirer le personnage.

Etudiant 2 :   Lolita est une jeune femme qui cherche l'amour de son père. Lolita est un personnage que les jeunes femmes peuvent admirer.

C **Définitions.** Lolita et Sébastien discutent de la vie. Ils parlent de leurs définitions des mots ci-dessous. Développez leur conversation. Utilisez les pronoms relatifs *ce qui, ce que et ce dont* dans votre dialogue.

qualités / défauts			
l'avarice	l'égoïsme	l'insécurité	la puissance
la célébrité	l'égocentrisme	l'obsession	la richesse

Modèle :   Etudiant 1 :   La célébrité, c'est ce que mon père cherche.

Etudiant 2 :   Non, c'est plutôt ce dont Pierre rêve.

D **François Galland.** Pierre est invité à l'émission de François Galland. Vous jouez le rôle de Pierre qui répond aux questions de François Galland (votre partenaire). Utilisez *les pronoms relatifs* et jouez le sketch pour vos camarades de classe.

Modèle :   Etudiant 1 :   Bonsoir ! J'ai le plaisir de vous présenter un écrivain qui va bientôt être très célèbre. Bonjour, Pierre. Comment allez-vous ce soir ?

Etudiant 2 :   Bonsoir François, je vais bien.

E **La célébrité.** Vous êtes animateur/trice de l'émission de télévision *Points de vue*. Vous parlez de la célébrité avec votre co-animateur/trice. Vous présentez les avantages de la célébrité (le pouvoir, la richesse, etc.) et votre partenaire présente les inconvénients de la célébrité (l'égocentrisme, la perte d'une vie privée, etc.). Utilisez la célébrité d'Etienne Cassard et de Pierre Miller dans le film *Comme une image* comme point de départ. Présentez votre émission à vos camarades de classe.

Modèle :   Etudiant 1 :   Dans le film *Comme une image*, on rencontre Etienne Cassard, un homme riche qui se sert de son pouvoir en tant qu'écrivain célèbre.

Etudiant 2 :   C'est tout à fait vrai, mais il faut aussi parler de ce qu'il perd à cause de sa célébrité.

Aller plus loin

Lecture

Paris et ses cafés

Les «cafés de Paris», c'est tout à la fois de l'histoire et de la légende. Pourrait-on imaginer la capitale sans le charme des terrasses de ses cafés, le «zinc» du bar et les arrières-salles trop longtemps enfumées. Loin d'être anecdotique, la geste des cafés parisiens permet de saisir sur le vif tant de moments forts de la vie politique, littéraire et artistique, parfois même de la grande histoire de notre pays.

Tout débute lors de la seconde moitié du XVIIᵉ siècle, dans le quartier de la foire Saint-Germain. Finis les sombres tavernes et «l'éclat des trognes rougies». Aux cabarets et au vin («la purée septembrale») vont succéder les cafés et le «noir breuvage», où, selon Michelet, «les prophètes assemblés dans l'antre du *Procope* virent le futur rayon de 89».

Au XVIIIᵉ siècle, Paris compte six à sept cents cafés – comme l'indique Louis-Sébastien Mercier dans son Tableau de Paris paru en 1781. Des circonstances de cet «acte de naissance», le café, la boisson comme le lieu, conservera la marque et la saveur : à travers les siècles, il demeure attaché à l'univers des lettres. Ce premier véritable café fut le premier café littéraire ; si l'on dressait la liste des habitués du *Procope*, tant de noms d'écrivains et de dramaturges, de philosophes et de critiques seraient à citer: Rousseau, Voltaire, d'Alembert, Fontenelle, Beaumarchais, Marmontel, Crébillon le fréquentèrent au siècle des Lumières, plus tard Balzac, Verlaine ou encore Anatole France. A l'engouement pour les cafés où les idées s'agitent autour d'une tasse du breuvage «turc» ou d'un sorbet, contribue la rareté, sous l'Ancien Régime, de la presse. Les cafés, que fréquentent assidûment les nouvellistes, mais aussi les espions, pourront devenir des foyers d'opposition. Montesquieu les tient ainsi dans ses Lettres persanes pour «des endroits dangereux pour l'avenir du pays». Beaucoup d'entre eux en gagnèrent une mauvaise réputation ; Mercier les considère comme des refuges ordinaires d'oisifs et des asiles d'indigents. Un siècle plus tard, Huysmans dans *Les habitués de café* (1889) brossera lui aussi un tableau peu reluisant de leur clientèle. Le monde des cafés parisiens est placé sous le sceau de l'ambivalence qui est celle de l'âme humaine ; lieux de création et d'agitation, ils sont aussi lieux de rêverie et de paresse.

Tout au long du Siècle des Lumières, les cafés se multiplièrent, quittant la foire Saint-Germain pour se répandre rive droite autour du Palais-Royal, dont les arcades accueillirent plusieurs d'entre eux. Citons seulement le *Café des Arts*, le *Café des Aveugles* dit aussi du *Sauvage*, un cabaret réputé pour son orchestre de non-voyants et ses «nymphes», le *Café de la Régence*, rendez-vous incontournable des joueurs d'échecs, le *Café de Foy* d'où, le 12 juillet 1789, Camille Desmoulins harangua la foule et constitua avec les feuilles d'un marronnier du jardin les premières cocardes arborées par les Parisiens. Au *Café du Caveau* se réunirent les Fédérés, tandis que les principaux chefs de la Montagne fréquentaient le *Café Corazza*.

Avec le Directoire, le boulevard du Temple devint l'un des lieux favoris de promenade des Parisiens : ce furent alors les heures fastes du *Café Godet* et du *Café turc*, renouant avec les origines. Puis, après 1815, c'est au café *Lemblin* que se réunirent les demi-soldes, clientèle d'outragés prompts à engager des duels. Entre-temps s'étaient répandus aux Champs-Élysées les «bistrots» fréquentés par les Cosaques qui y campaient.

A partir de la Restauration et durant tout le XIXe siècle les Grands Boulevards donnèrent le ton : le café *Tortoni*, célébré pour ses glaces, le *Café de Paris*, le *Café Riche* immortalisé dans Bel-Ami de Maupassant, le *Café du Divan* fréquenté par Théophile Gautier, Balzac, Nerval ou Berlioz, en furent les endroits les plus réputés. Puis on escalade la Butte Montmartre : aux guinguettes succédèrent le *Café Guerbois*, où des débats entre Auguste Renoir, Claude Monet ou Camille Pissaro dessinèrent les grands axes de l'impressionnisme, le *café de La Nouvelle Athènes*, qui accueillit aussi Cézanne, Van Gogh ou Toulouse-Lautrec et vit éclore le mouvement cubiste, et tant d'autres encore. Naissent alors «cabarets» et «chansonniers» : le *Lapin Agile* du Père Frédé, avec son enseigne peinte par l'humoriste André Gill (un lapin s'échappant d'une casserole), le *Chat noir* (1881-1896) d'Aristide Bruant avec son décor de style pseudo-historique réalisé par Caran d'Ache.

Après la Grande Guerre, une partie du monde bohême devait s'installer dans le quartier Montparnasse, devenu alors à la mode : à *La Coupole*, fondée en 1927, l'on pourra rencontrer Picasso, De Chirico, Foujita, Man Ray et nombre d'artistes russes. Quant à l'Entre-deux-Guerres, il voit l'apogée des cafés littéraires, avec le *Flore*, les *Deux Magots* et la *Brasserie Lipp*, «véritables institutions aussi célèbres que des institutions d'État» (Léon-Paul Fargue, Le Piéton de Paris, 1932) ; en 1933 est fondé le prix de Saint-Germain-des-Prés, dont le premier lauréat sera Raymond Queneau pour *Le Chiendent*. N'oublions pas non plus que les cafés sont aussi des lieux d'expérimentation pour de jeunes architectes et des décorateurs : *Café militaire* de Claude-Nicolas Ledoux (1762), *Café des Mille Colonnes*, célèbre pour sa fameuse caissière.

Lieux de création par excellence – et de multiples façons –, les cafés de Paris ajoutent un chapitre de choix – et combien chatoyant – à l'éclat et à la gloire de notre capitale, témoignages des plus vivants de notre patrimoine culturel.

Jean Leclant
Secrétaire perpétuel de l'Académie des Inscriptions et Belles-Lettres

Extrait de *Paris et ses cafés*, © Delphine Christophe et Gerogina Letourmy, 2004.
Editions l'Action Artistique de la ville de Paris.

A **Au cours des siècles.** Complétez le tableau suivant avec les noms des cafés qui correspondent aux époques ci-dessous.

Cafés au cours des siècles		
Epoque	**Situation**	**Cafés**
XVIIe siècle	la foire Saint-Germain (*rive gauche*)	
XVIIIe siècle Siècle des Lumières	Palais Royal (*rive droite*)	
XVIIIe siècle Le Directoire (1795-1799)	le boulevard du Temple (*rive droite*)	
XIXe siècle (après 1815)	Palais Royal (*rive droite*)	
La Restauration (1814 – 1830) et au cours du XIXe siècle	les Grands Boulevards (*rive droite*)	
XIXe siècle	Butte Montmartre (*rive droite*)	
XXe siècle après la Grande Guerre (1918)	le quartier Montparnasse (*rive gauche*)	
XXe siècle l'Entre-deux-Guerres (1919 – 1939)	Boulevard Saint-Germain (*rive gauche*)	

B **Habitués.** Complétez le tableau suivant avec les noms des personnes qui fréquentaient les cafés ci-dessous.

Habitués célèbres des cafés		
Café	**Situation**	**Habitués**
le Procope	la foire Saint-Germain (*rive gauche*)	
le Café du Divan	les Grands Boulevards (*rive droite*)	
le Café Guerbois	Butte Montmartre (*rive droite*)	
la Nouvelle Athènes	Butte Montmartre (*rive droite*)	
la Coupole	le quartier Montparnasse (*rive gauche*)	

C **Vrai ou faux ?** Déterminez si les phrases suivantes sont vraies ou fausses.

1. vrai faux Il est difficile d'imaginer Paris sans ses cafés.
2. vrai faux Le «noir breuvage» correspond à la nouvelle boisson consommée dans les cafés.
3. vrai faux Au début du XVIIIe siècle, il y a eu un déclin de la popularité des cafés.
4. vrai faux Au XVIIIe siècle, les écrivains et les dramaturges, les philosophes et les critiques fréquentaient les cafés.
5. vrai faux Au milieu du XIXe siècle, les artistes en ont eu assez des cafés et ils ont arrêté de les fréquenter.

D **Cafés célèbres.** Trouvez le café qui correspond aux descriptions suivantes.

1. Premier véritable café et premier café littéraire.
2. Réputé pour son orchestre de non-voyants et «ses nymphes».
3. Rendez-vous incontournable des joueurs d'échecs.
4. Lieu de réunion des Fédérés.
5. Lieu de fréquentation des principaux chefs de la Montagne.
6. Lieu de rencontre des demi-soldes (clientèle d'outragés prompts à engager des duels).

7. Célébré pour ses glaces.
8. Immortalisé dans *Bel-Ami* de Maupassant.
9. Lieu de débats dessinant les grands axes de l'impressionnisme.
10. Lieu de naissance du mouvement cubiste.

E **Cafés de Paris.** Complétez les phrases suivantes avec le vocabulaire du texte.

1. Les cafés sont des endroits pleins de moments forts de la vie ____, ____ et ____.
2. Au milieu du XVIIᵉ siècle, les cafés remplacent ____ et ____.
3. Au XVIIIᵉ siècle, Paris compte ____ cafés.
4. Dès sa naissance, le café, la boisson comme le lieu, conserve la marque et la saveur : à travers les siècles, il reste attaché à l'univers ____.
5. Les cafés, fréquentés par les nouvellistes ainsi que les espions, deviennent des foyers ____.
6. Montesquieu dit dans ses *Lettres persanes* que les cafés sont «des ____ pour l'avenir du pays».
7. Les cafés sont des lieux de ____ et d'____ ainsi que des lieux de rêverie et de paresse.
8. Les cafés sont des lieux d'expérimentation pour de ____ et des ____.
9. Les cafés de Paris sont à la fois de l'histoire et ____.
10. En somme, les cafés sont des témoignages des plus vivants du patrimoine ____ de la France.

F **En général.** Répondez aux questions suivantes. Ecrivez deux ou trois phrases.

1. Pourquoi est-ce que l'auteur dit que les cafés de Paris sont de l'histoire et de la légende ?
2. Pourquoi est-ce que Montesquieu décrit les cafés comme «des endroits dangereux pour l'avenir du pays» ?
3. Pourquoi est-ce que l'auteur dit que les cafés sont «des lieux d'expérimentation» ?

G **Aller plus loin.** Ecrivez un paragraphe pour répondre aux questions suivantes.

1. Est-ce que les cafés sont toujours des lieux de rencontres de grands penseurs et artistes ?
2. Quel rôle est-ce que le café joue dans le film *Comme une image* ?

Culture

Le cinéma

 A   **Cinéma.** Barrez le mot en italique qui n'est pas logique.

Le Cinéma

La première projection cinématographique payante a eu lieu le 28 décembre *1895 / 1995* au Salon Indien du Grand Café à Paris et le film des frères *Lumière / Spectacle*, *la Sortie de l'usine Lumière à Lyon*, a donné naissance au *5ᵉ / 7ᵉ* art. Les premiers films étaient muets et l'accompagnement musical est très vite devenu une norme dans les salles de cinéma. En *1927 / 1977*, le premier long-métrage parlant, *Le Chanteur du jazz,* a été projeté dans les salles de cinéma. En *1902 / 1932*, les spectateurs ont vu les premiers films *en couleur / en 3D* grâce au Technicolor. Au fil des années, les techniques cinématographiques n'ont jamais cessé d'évoluer et, aujourd'hui c'est l'un des *divertissements / diversifications* principaux des Français. Des millions de spectateurs vont au cinéma chaque année pour se perdre dans la magie *du cinéma / de la télévision.*

Aujourd'hui, les cinéphiles attendent avec impatience deux grands événements cinématographiques chaque année. Le Festival de *Cannes / Saint-Tropez*, qui a eu lieu pour la première fois du 20 septembre au 5 octobre *1946 / 1996*, est un événement international et l'un des festivals les plus prestigieux du monde. L'autre grand événement cinématographique, les *César / Napoléon*, a été créé en 1975. Cet événement, équivalent en France des Oscars, a peu changé au cours des années (à l'origine il y avait 13 catégories et aujourd'hui il y en a 19) et il reste l'un des événements cinématographiques qui peuvent influencer la réussite des films, des cinéastes, des acteurs, etc. en France.

Agnès Jaoui et Jean-Pierre Bacri reçoivent le Prix du scénario au Festival de Cannes, 22/05/2004

Liens !

En 2005, Agnès Jaoui et Jean-Pierre Bacri ont reçu le César du *Meilleur scénario, original ou adaptation* et Marilou Berry a reçu le César du *Meilleur jeune espoir féminin.* Jaoui et Bacri ont aussi reçu le *Prix du scénario* au Festival de Cannes (2004).

B **César.** Imaginez que tous les gens ci-dessous ont reçu tous les César possibles pour leur contribution au film *Comme une image*. Quel(s) César(s) ont-ils reçu(s) ?

1. Marilou Berry
2. Jean-Pierre Bacri
3. Agnès Jaoui
4. Laurent Grévill
5. Philippe Rombi
6. Stéphane Fontaine (directeur de la photographie)
7. Olivier Jacquet (chef décorateur)
8. Jackie Budin (costumier)
9. François Gédigier (monteur)
10. Jean-Pierre Duret (ingénieur du son)

Catégories

Meilleur acteur
Meilleure actrice
Meilleur acteur dans un second rôle
Meilleure actrice dans un second rôle
Meilleur espoir féminin
Meilleur espoir masculin
Meilleur réalisateur
Meilleur film
Meilleur premier film
Meilleur scénario original
Meilleure adaptation
Meilleure musique écrite pour un film
Meilleurs décors
Meilleure photo
Meilleur son
Meilleur montage
Meilleurs costumes
Meilleur film étranger
Meilleur court-métrage

Liens !

Les films que vous avez vus ont reçu des César ! Etudiez les César qu'ils ont reçus et citez les qualités des films (scénario, décors, musique, acteurs, actrices, etc.) et les raisons pour lesquelles ils ont reçu des César à votre avis.

Les Triplettes de Belleville : Meilleure musique (2004)
Etre et avoir : Meilleur montage (2003)
Les Visiteurs : Meilleur second rôle féminin – Valérie Lemercier (1994)
L'Auberge espagnole : Meilleur espoir féminin – Cécile De France (2003)
Sur mes lèvres : Meilleure actrice – Emmanuelle Devos, Meilleur son, Meilleur scénario (2002)

C **Gens du cinéma.** Reliez le vocabulaire à droite avec la phrase qui décrit le travail des gens du cinéma.

1. _____ écrit le scénario du film.
2. _____ s'occupe du financement, du personnel et d'autres moyens nécessaires à la réalisation d'un film.
3. _____ s'occupe de la préparation et de la réalisation du film et dirige les acteurs et les techniciens.
4. _____ aide le réalisateur à préparer le tournage du film et s'occupe du déroulement du tournage.
5. _____ coiffe et maquille les acteurs afin de «créer» les personnages.
6. _____ dirige la qualité technique et artistique du film.
7. _____ s'occupe du maniement de la caméra et des angles de prises de vues pour composer l'image.
8. _____ s'occupe du son du tournage avec des micros, des casques et des magnétophones.
9. _____ s'occupe du montage des images et du son du film selon les instructions du réalisateur.
10. _____ s'occupe de la projection du film dans les salles de cinéma.

vocabulaire

l'assistant réalisateur
le cadreur
le coiffeur-maquilleur
le directeur de la photographie
l'ingénieur du son
le monteur
le producteur
le projectionniste
le réalisateur
le scénariste

La musique

A **Sondage.** Etudiez le sondage du TNS-SOFRES et répondez aux questions suivantes.

1. Est-ce que les résultats du sondage vous surprennent ? Pourquoi ou pourquoi pas ?
2. Qui a été sondé à votre avis ?
3. Pourquoi est-ce que le style de musique préféré des Français est la chanson française à votre avis ?
4. Pourquoi est-ce que les Français n'aiment pas beaucoup le raï à votre avis ?
5. Quels styles de musique aimez-vous ? Pourquoi ?

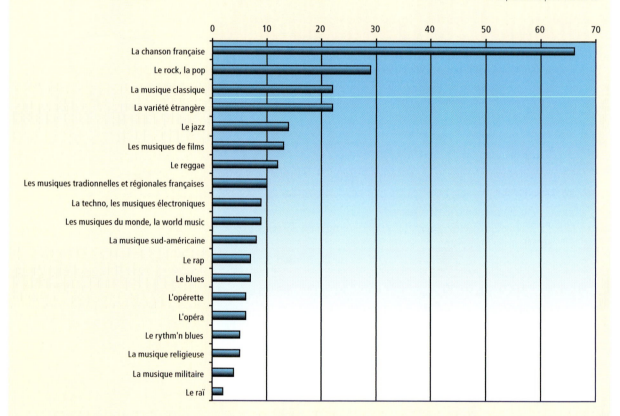

Le style de musique préféré des Français : la chanson française

http://www.tns-sofres.com/etudes/pol/270605_musique.pdf

Question :
Parmi les types de musique suivants, quel est votre style de musique préféré ?

Réponses exprimées en %

© TNS Sofres. 22 juin 2005.

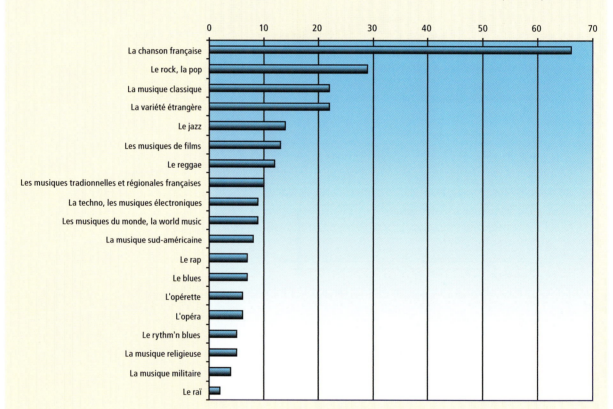

B Musique. Complétez la fiche d'activités ci-dessous.

La musique

A Styles. Reliez le genre de musique avec la définition qui correspond.

_____ 1. Un style de musique souvent vocal qui mêle des éléments de jazz, de blues et de folklore et qui se caractérise par l'utilisation de la guitare électrique et de la batterie.

_____ 2. Une composition musicale dramatique dont les chanteurs sont accompagnés d'un orchestre.

_____ 3. Un style de musique chantée algérienne qui mêle le rock, le punk, le reggae et le disco et qui est fondé sur l'improvisation en arabe.

_____ 4. Un style de musique occidentale composée qui est très diverse en techniques et en styles et qui se caractérise par une séparation des rôles (le compositeur, les musiciens et le public).

_____ 5. Un style de musique développé aux Etats-Unis qui est très divers en techniques et en styles et qui se caractérise par l'improvisation et par l'importance du rythme (le swing).

_____ 6. Un style de musique qui fait partie du mouvement «hip-hop» et qui est fondé sur la récitation chantée de textes accompagnée par un rythme répétitif ou par le «scratching» de disques vinyles.

_____ 7. Un style de musique vocale française qui prend des multitudes de formes et qui se caractérise par l'importance des paroles.

B Artistes. Barrez l'artiste dans chaque groupe qui n'est pas logique.

Style	Artistes			
Chanson française	Georges Brassens	Jacques Brel	Givenchy	Johnny Hallyday
Jazz	Stéphane Grappelli	Michel Petrucciani	Jean-Luc Ponty	Louis Vuitton
Musique classique	Berlioz	Chanel	Chopin	Debussy .
Opéra	Bizet	Christian Lacroix	Jean-Baptiste Lully	Jean-Philippe Rameau
Raï	Christian Dior	Cheb Khaled	Cheb Mami	Les Boukakes
Rap	IAM	MC Solaar	NTM	Yves Saint-Laurent
Rock	Jean-Paul Gaultier	Louise Attaque	M	Mickey 3D

C Ma musique préférée. Complétez le tableau avec le style de musique et les artistes que vous préférez.

Genre	Artistes			

La littérature

 Lecture. Etudiez le tableau sur la lecture et complétez les phrases suivantes.

Lecture d'un livre au cours des douze derniers mois

lecture d'un livre au cours des douze derniers mois (en %)			
	Femmes	**Hommes**	**Ensemble**
15 - 24 ans			
un livre par mois ou plus	38	25	32
moins d'un livre par mois	42	32	37
aucun livre	20	44	32
25 - 39 ans			
un livre par mois ou plus	36	18	27
moins d'un livre par mois	40	32	36
aucun livre	24	50	37
40 - 59 ans			
un livre par mois ou plus	37	20	29
moins d'un livre par mois	35	26	31
aucun livre	28	54	41
60 ans et plus			
un livre par mois ou plus	30	19	25
moins d'un livre par mois	29	29	29
aucun livre	41	52	46
Ensemble			
un livre par mois ou plus	35	20	28
moins d'un livre par mois	36	29	33
aucun livre	30	51	40

Lecture : au cours des douze derniers mois, parmi les 15-24 ans,
38% des femmes et 25 % des hommes ont lu un livre par mois ou plus.
Champ : France métropolitaine, individus âgés de 15 ans ou plus.

© INSEE edition 2004.

1. _____ des hommes de 25 à 39 ans n'ont lu aucun livre en 2004.
2. _____ des hommes de 15 à 24 ans ont lu au moins un livre par mois en 2004.
3. _____ des femmes de 40 à 59 ans n'ont lu aucun livre en 2004.
4. _____ des femmes de 15 à 24 ans ont lu moins d'un livre par mois en 2004.
5. _____ des femmes de 60 ans et plus ont lu au moins un livre par mois en 2004.
6. _____ des hommes de 60 ans et plus ont lu au moins un livre par mois en 2004.
7. En général, je lis _____ livres par mois.
8. Je lis *plus / moins / autant* de livres que ma famille.
9. Je lis *plus / moins / autant* de livres que mes amis.
10. Je lis pour *le travail / l'école / le plaisir*.

B **Littérature.** Complétez la fiche d'activités ci-dessous.

La littérature au fil des siècles

A **Genres.** Barrez le nom dans chaque colonne qui n'est pas logique.

genres littéraires			
Poésie	**Roman**	**Théâtre**	**Autre**
Aventure	Roman d'anticipation	Comédie	Dictionnaire
Ballade	Roman épistolaire	Documentaire	Encyclopédie
Calligramme	Roman historique	Drame	Essai
Haïku	Roman policier	Farce	Etude
Ode	Roman social	Mystère	Lettre
Sonnet	Roman slasher	Tragédie	Comédie musicale

 B **Ecrivains.** Barrez le nom dans chaque colonne qui n'est pas logique.

écrivains au fil des siècles			
17ᵉ siècle	**18ᵉ siècle**	**19ᵉ siècle**	**20ᵉ siècle**
Descartes	Beaumarchais	Balzac	Apollinaire
La Fontaine	de Gaulle	Baudelaire	Chirac
Molière	Diderot	Flaubert	Gide
Pascal	Montesquieu	Hugo	Ionesco
Pompidou	Rousseau	Mitterrand	Proust
Racine	Voltaire	Stendhal	Sartre

C **Citations.** Qui l'a dit ? Lisez les citations ci-dessous et barrez le nom qui n'est pas correct.

1. Il n'y a qu'un devoir, c'est d'être heureux.
   Denis Diderot   Romain Duris
2. Je pense, donc je suis.
   René Descartes   Michel Serrault
3. Il est si doux d'être aimé pour soi-même.
   Audrey Tautou   Pierre-Augustin de Beaumarchais
4. La médiocrité ne s'imite pas.
   Jean-Paul Sartre   Gérard Depardieu
5. Egoïsme : Se plaindre de celui des autres, et ne pas s'apercevoir du sien.
   Christian Clavier   Gustave Flaubert
6. La mélancolie, c'est le bonheur d'être triste.
   Vincent Cassel   Victor Hugo
7. (Cela est bien dit, répondit Candide, mais) il faut cultiver notre jardin.
   Georges Lopez   Voltaire
8. La parole a été donnée à l'homme pour cacher sa pensée.
   Stendhal   Emmanuelle Devos
9. Ce sont les grandes occasions qui font les grands hommes.
   Jean Reno   Jean-Jacques Rousseau
10. L'amour n'est pas seulement un sentiment, il est un art aussi.
    Cécile de France   Honoré de Balzac

L'art

 Art. Complétez la fiche sur l'art ci-dessous.

L'art au fil des siècles

A **Artistes.** Barrez le nom dans chaque colonne qui n'est pas logique.

artistes au fil des siècles			
17ᵉ siècle	**18ᵉ siècle**	**19ᵉ siècle**	**20ᵉ siècle**
de Champaigne	Chardin	Caillebotte	Braque
La Tour	David	Cézanne	De Vinci
Lorrain	Drouais	Manet	Duchamp
Poussin	Fragonard	Michel-Ange	Magritte
Vouet	Pollack	Pissarro	Matisse
Warhol	Watteau	Toulouse-Lautrec	Mondrian

B **19ᵉ siècle.** Lisez le texte sur l'art du 19ᵉ siècle et barrez le mot en italique qui n'est pas logique.

J'adore l'art du 19ᵉ siècle et je pense que **l'impressionnisme / le classicisme** est un mouvement artistique très intéressant. Ce mouvement a eu lieu entre 1874 et **1996 / 1886**. Les artistes de ce mouvement peignaient des scènes de la vie **ancienne / contemporaine** et quotidienne. Ils peignaient **en plein air / dans les usines**, mettaient en valeur la qualité de la lumière et peignaient par petites touches. Mes artistes préférés de ce mouvement sont : **Degas / Delacroix**, Monet, Berthe Morisot et Renoir. Les artistes **romantiques / néo-impressionnistes** se sont inspirés des tableaux impressionnistes et ils ont continué à privilégier leur impression du sujet peint, plutôt que la réalité. **La couleur / la réalité** était importante pour ces artistes et on peut le voir dans les tableaux d'artistes comme Gauguin, **Toulouse-Lautrec / Toulouse-La Tour** et Van Gogh. Ces artistes ont bousculé les idées reçues sur l'art et leurs peintures ont été le point de départ pour les mouvements du 20ᵉ siècle comme **le cerclage / le cubisme**, l'expressionnisme, le surréalisme, etc. !

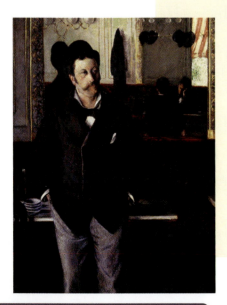

C **Impressionnisme.** Etudiez le tableau à gauche et répondez aux questions ci-dessous.

1. Quel est le sujet du tableau ?
2. Où sont les gens sur le tableau ? Que font-ils ?
3. Est-ce un tableau «réaliste» ? Expliquez.
4. Parlez de la lumière du tableau. Quelle heure est-il ? Comment le savez-vous ?
5. Parlez des couleurs du tableau. Les couleurs sont-elles vives ou sombres ? Expliquez.
6. Aimez-vous ce genre de tableau ? Pourquoi ou pourquoi pas ?

B **Musées de Paris.** Complétez la brochure sur les musées de Paris avec le nom du musée qui correspond à chaque description.

Noms de musées

Musée d'Orsay   Musée Picasso   Musée Rodin   Centre Pompidou   Musée du Louvre

Musées de Paris

1.

Ancien palais royal, ce musée est aujourd'hui l'un des plus grands musées du monde. La collection de ce musée compte 300.000 œuvres d'art : civilisations antiques, arts de l'Islam et œuvres d'art du Moyen Age à 1848.

Entrée principale la Pyramide (1er) M° Palais-Royal

2.

Ce musée, l'ancienne gare d'Orsay, a une collection d'art français (de tableaux, de sculptures, de meubles, etc.) de 1848 à 1914. Ce musée est surtout connu pour sa grande collection de tableaux impressionnistes.

1, rue de la Légion-d'Honneur (7e) M° Solférino

3.

Ce musée a été construit de 1971 à 1977 et il doit son nom à un ancien président français. On y trouve une bibliothèque, le musée national d'Art moderne, des galeries d'expositions et des salles de cinéma, de spectacles et de concerts.

Place George Pompidou (4e) M° Hôtel de Ville

4.

«L'hôtel Salé» est le musée qui contient la plus grande collection d'œuvres de Picasso avec une grande variété d'œuvres de toutes ses périodes.

Hôtel Salé 5, rue de Thorigny (3e) M° Saint-Paul

5.

Ce musée, l'ancien hôtel Biron, présente les œuvres et les collections d'Auguste Rodin ainsi que celles de Camille Claudel.

77, rue de Varenne (7e) M° Varenne

Les repas

A **Repas.** Reliez les repas avec les descriptions qui conviennent.

repas			
le déjeuner	le dîner	le goûter	le petit déjeuner

1. C'est le premier repas de la journée. Les Français prennent en général : une boisson chaude (café, thé, chocolat), du pain grillé, des viennoiseries, des céréales, etc.
2. C'est le deuxième repas de la journée (entre 12h et 14h). Les Français prennent un repas traditionnel (une boisson, une entrée, un plat principal, du fromage et/ou un dessert) ou un repas plus léger (une boisson, une salade, un sandwich).
3. C'est un casse-croûte que les enfants français prennent dans l'après-midi.
4. C'est le dernier repas de la journée (entre 20h et 20h30). Quand les Français font la fête ou dînent au restaurant, ce repas peut comprendre : un apéritif, un hors-d'œuvre, une entrée, un plat principal, du fromage ou un dessert, du café, etc. mais le plus souvent, ils mangent un repas assez léger.

B **Le dîner.** Lisez la description d'un dîner de Sacha Guitry et complétez les activités qui suivent.

Sacha Guitry : acteur, réalisateur, scénariste

Sacha Guitry

(1885-1957)

Si vous réunissez à table une douzaine de personnes, il y a toujours une femme «qui fait la gueule», un monsieur qui s'ennuie, un homme qui parle trop et quelqu'un de distrait qui fait gaffe sur gaffe. Lorsque vous avez un médecin à votre table, pensez à mettre auprès de lui un bloc de papier et un stylo, afin qu'il puisse, entre la poire et le fromage, faire autant d'ordonnances qu'il y aura de convives. De quels repas se souvient-on ? De ceux qui furent délectables - ou pour la bouche - ou pour l'esprit. Ce ne sont pas toujours les mêmes. Les plus exquis de tous n'ont ils pas été ceux que l'on improvisa ? On se souvient trente ans après, de deux œufs sur le plat - un peu trop cuits sans doute - mais la main qui tenait la poêle était si belle !

Activité 1

Le dîner

Invention : Imaginez que la description du dîner de Sacha Guitry corresponde à une scène dans un film. Développez la scène :

Personnages : Combien d'hommes et de femmes est-ce qu'il y a ? Comment sont-ils ?
Décors : Où est-ce que la scène a lieu ?
Accessoires : Est-ce qu'il y a des accessoires ?
Scénario : Qu'est-ce qu'ils font ? Qu'est-ce que les personnages disent ? (Développez le dialogue.)
Mise en scène : Jouez la scène avec vos camarades de classe.

Publicité : Créez une affiche pour faire la publicité de votre scène. Suivez le modèle ci-dessous.

Activité 2

Le dîner à la campagne

Regardez : Regardez la scène «le dîner à la campagne». (58 minutes 47 secondes)
Réinvention : Recréez la scène avec vos camarades de classe. Ajoutez le dialogue nécessaire.
Création : Créez une affiche pour faire la publicité de votre scène. (Suivez le modèle ci-dessus.)
Extrait : Ecrivez un résumé de votre scène.

 Types de restaurants. Reliez le type de restaurant avec la description qui convient.

types de restaurants

Bistrot   Brasserie   Café   Restaurant   Restaurant rapide

Restaurants de France

1. Ce genre d'établissement est l'ancien lieu de rencontres et de discussions artistiques ou intellectuelles où l'on buvait du café et prenait des repas légers.
2. Ce genre d'établissement est en général assez petit. On peut y prendre des repas simples à des prix raisonnables.
3. Ce genre d'établissement sert surtout des boissons (surtout de la bière) et des repas simples. Cet établissement est souvent plus grand qu'un café ou qu'un bistrot et il est souvent ouvert très tard.
4. Ce genre d'établissement s'appelle aussi un fast-food. Les grandes chaînes de restaurants comme La Brioche Dorée, Pomme de Pain, etc. servent des repas divers à toutes heures.
5. Ce genre d'établissement sert des repas traditionnels avec une entrée, un plat principal, du fromage, un dessert, du café. La qualité des repas servis ainsi que le prix des repas varie.

Un café célèbre, Les Deux Magots

D **Aller plus loin.** Ecrivez un paragraphe pour répondre aux questions suivantes.

1. Qu'est-ce que la musique représente pour Lolita ?
2. Qu'est-ce que la musique représente pour Sylvia ?
3. Expliquez le rapport entre les citations des écrivains célèbres et les personnages du film :

> Lolita : «Il est si doux d'être aimé pour soi-même».
> Etienne : «La parole a été donnée à l'homme pour cacher sa pensée.»
> Pierre : «La mélancolie, c'est le bonheur d'être triste.»
> Sylvia : «Il n'y a qu'un devoir, c'est d'être heureux.»
> Sébastien : «La médiocrité ne s'imite pas.»

4. Qu'est-ce que la littérature représente pour Etienne ? Expliquez.
5. Qu'est-ce que la littérature représente pour Pierre ? Expliquez.

Recherches

Faites des recherches sur les sujets suivants.

A **Télématin.** Vous êtes animateur/animatrice pour l'émission de télé *Télématin*. Vous présentez les nouveautés du cinéma chaque semaine. Cette semaine vous présentez *Comme une image*. Développez votre présentation selon les rubriques ci-dessous.

▶ Ecrivez un résumé et présentez la fiche technique du film.
▶ Choisissez un aspect du film dont vous voudriez parler (un acteur, un scénariste, une anecdote, etc.).
▶ Choisissez un extrait du film à montrer aux téléspectateurs (entre 2 et 3 minutes de long).
▶ Faites une explication détaillée de la scène et situez-la dans son contexte.
▶ Terminez votre présentation en indiquant où et quand les cinéphiles peuvent voir le film.

B **La littérature.** Vous êtes le/la nouvel/le éditeur/trice de Pierre. Vous êtes chargé/e de faire la publicité de son nouveau livre qui sortira bientôt. Vous faites une fiche selon les rubriques suivantes pour organiser votre travail.

▶ A quel genre littéraire le livre appartient-il ? Définissez le genre littéraire de son livre.
▶ Qui lira le livre ? Décrivez le public cible (*hommes, femmes, adultes, jeunes, etc.*).
▶ Qui écrira des critiques du livre ? Choisissez des journaux (*Le Figaro, La Libération, Le Monde, etc.*) qui publieront une critique du livre.
▶ Quelles émissions inviteront Pierre à parler de son livre ? Choisissez des émissions de télé ou de radio qui accueilleront Pierre (*Télématin : www.france2.fr, Tout le monde en parle : www.tv5.org, Un livre, un jour : www.france3.fr, etc.*)
▶ Où pourra-t-on acheter son livre ? Choisissez des librairies qui pourraient vendre le livre (*La FNAC, Gibert Joseph, Virgin, etc.*).
▶ Y aura-t-il des affiches ? Créez une affiche pour faire la publicité du livre.

C **La musique.** La chanson française est un style de musique française adoré des Français. Etudiez-la ! Ecrivez un paragraphe pour répondre aux questions suivantes.

- ▶ Qu'est-ce que la chanson française ? Donnez une définition de ce style de musique.
- ▶ Qui sont les chanteurs / les chanteuses de la chanson française qui ont eu du succès ?
- ▶ Qui sont les chanteurs / les chanteuses de la chanson française contemporaine ?
- ▶ Quels disques ont eu du succès ? Où pourrait-on acheter leurs disques ?

D **Les cafés.** Vous travaillez comme guide dans une agence de voyage. Vous voulez proposer un nouveau circuit, *«Les cafés célèbres de Paris»,* cet été. Préparez une brochure à présenter à votre employeur. Suivez les conseils ci-dessous.

- ▶ Définissez l'intérêt principal du circuit (les cafés célèbres).
- ▶ Choisissez des cafés qui ont été fréquentés par des écrivains, des artistes, des hommes politiques célèbres.
- ▶ Faites une petite description de chaque café et des célébrités qui ont fréquenté le café.
- ▶ Faites un plan du circuit (par où commencerez-vous – la rive gauche, la rive droite, Montmartre, etc. ?).
- ▶ Indiquez la durée du circuit (tenez compte des transports et de la circulation !).
- ▶ Cherchez des photos des cafés et des célébrités pour créer une belle brochure.

E **Les musées de Paris.** Vous créez un site web qui présente l'histoire de l'art à travers les musées de Paris. Suivez les étapes suivantes pour lancer votre site web.

- ▶ Développez votre première page : la page d'accueil. Quels renseignements donnez-vous aux visiteurs ?
- ▶ Choisissez quelques mouvements artistiques à présenter.
- ▶ Présentez un musée et un mouvement par page.
- ▶ Cherchez une œuvre (tableau, sculpture, etc.) qui représente chaque mouvement.

F **Jean-Pierre Bacri et Agnès Jaoui.** Canal Plus va présenter un documentaire sur les couples du cinéma. Parmi les couples présentés est le couple Bacri-Jaoui. Vous êtes responsable de la présentation de ce couple. Etudiez leurs carrières en suivant les rubriques ci-dessous et développez une présentation originale.

- ▶ Photos du couple
- ▶ Biographie de Bacri / de Jaoui
  - ◆ Date de naissance
  - ◆ Lieu de naissance
  - ◆ Lieu de résidence
  - ◆ Education
- ▶ Filmographie de Bacri / de Jaoui
  - ◆ En tant qu'acteur / actrice
  - ◆ En tant que scénaristes
  - ◆ En tant que réalisateur / réalisatrice
- ▶ Prix (Festival de Cannes, César, etc.)
- ▶ Autre (Centre d'intérêts, activités culturelles, etc.)

Documents

Le Chef-d'œuvre inconnu est une nouvelle de Honoré Balzac. Dans cette nouvelle, Nicolas Poussin, un peintre novice, et Maître Porbus, un grand maître, rendent visite à Maître Frenhofer, un des meilleurs peintres de sa génération, qui essaie, depuis dix ans, de terminer (sans succès) son tableau d'une femme qui représente la beauté idéale. Dans cet extrait, Poussin vient d'arriver chez le Maître Porbus qui lui décrit la mission de l'art.

Le Chef-d'œuvre inconnu

Honoré de Balzac

-La mission de l'art n'est pas de copier la nature, mais de l'exprimer ! Tu n'es pas un vil copiste, mais un poète ! s'écria vivement le vieillard en interrompant Porbus par un geste despotique. Autrement un sculpteur serait quitte de tous ses travaux en moulant une femme ! Hé ! bien ! essaie de mouler la main de ta maîtresse et de la poser devant toi, tu trouveras un horrible cadavre sans aucune ressemblance, et tu seras forcé d'aller trouver le ciseau de l'homme qui, sans te la copier exactement, t'en figurera le mouvement et la vie. Nous avons à saisir l'esprit, l'âme, la physionomie des choses et des êtres. Les effets ! les effets! mais ils sont les accidents de la vieb et non la vie. Une main, puisque j'ai pris cet exemple, une main ne tient pas seulement au corps, elle exprime et continue une pensée qu'il faut saisir et rendre. Ni le peintre, ni le poète, ni le sculpteur ne doivent séparer l'effet de la cause qui sont invinciblement l'un dans l'autre ! La véritable lutte est là ! Beaucoup de peintres triomphent instinctivement sans connaître ce thème de l'art. Vous dessinez une femme, mais vous ne la voyez pas! Ce n'est pas ainsi que l'on parvient à forcer l'arcane de la nature. Votre main reproduit, sans que vous y pensiez, le modèle que vous avez copié chez votre maître. Vous ne descendez pas assez dans l'intimité de la forme, vous ne la poursuivez pas avec assez d'amour et de persévérance dans ses détours et dans ses fuites. La beauté est une chose sévère et difficile qui ne se laisse point atteindre ainsi, il faut attendre ses heures, l'épier, la presser et l'enlacer étroitement pour la forder à se rendre. La Forme est un Protée bien plus insaisissable et plus fertile en replis que le Protée de la fable, ce n'est qu'après de longs combats qu'on peut la contraindre à se montrer sous son véritable aspect; vous autres ! Vous vous contentez de la première apparence qu'elle vous livre, ou tout au plus de la seconde, ou de la troisième; ce n'est pas ainsi qu'agissent les victorieux lutteurs ! Ces peintres invaincus ne se laissent pas tromper à tous ces faux-fuyants, ils persévèrent jusqu'à ce que la nature en soit réduite à se montrer toute nue et dans son véritable esprit. Ainsi a procédé Raphaël, dit le vieillard en ôtant son bonnet de velours noir pour exprimer le respect que lui inspirait le roi de l'art, sa grande supériorité vient du sens intime qui, chez lui, semble vouloir briser la Forme. La Forme est, dans ses figures, ce qu'elle est chez nous, un truchement pour se communiquer des idées, des sensations, une vaste poésie. Toute figure est un monde, un portrait dont le modèle est apparu dans une vision sublime, teint de lumière, désigné par une voix intérieure, dépouillé par un doigt céleste qui a montré, dans le passé de toute une vie, les sources de l'expression. Vous faites à vos femmes de belles robes de chair, de belles draperies de cheveux, mais où est le sang, qui engendre le calme ou la passion et qui cause des effets particuliers. Ta sainte est une femme brune, mais ceci, mon pauvre Porbus, est d'une blonde ! Vos figures sont alors de pâles fantômes colorés que vous nous promenez devant les yeux, et vous appelez cela de la peinture et de l'art. Parce que vous avez fait quelque chose qui ressemble plus à une femme qu'à une maison, vous pensez avoir touché le but, et, tout fiers de n'être plus obligés d'écrire à coté de vos figures, *currus venustus* ou *pulcher homo*, comme les premiers peintres, vous vous imaginez être des artistes merveilleux ! Ha ! ha ! vous n'y êtes pas encore, mes braves compagnons, il vous faudra user bien des crayons, couvrir bien des toiles avant d'arriver. Assurément, une femme porte sa tête de cette manière, elle tient sa jupe ainsi, ses yeux s'alanguissent et se fondent avec cet air de douceur résignée, l'ombre palpitante des cils flotte ainsi sur les joues ! C'est cela, et ce n'est pas cela. Qu'y manque-t-il ? un rien, mais ce rien est tout. Vous avez l'apparence de la vie, mais vous n'exprimez pas son trop-plein qui déborde, ce je ne sais quoi qui est l'âme peut-être et qui flotte nuageusement sur l'enveloppe; enfin cette fleur de vie que Titien et Raphaël ont surprise. En partant du point extrême ici vous arrivez, on ferait peut-être d'excellente peinture; mais vous vous lassez trop vite.

Le vulgaire admire, et le vrai connaisseur sourit. O Mabuse, ô mon maître, ajouta ce singulier personnage, tu es un voleur, tu as emporté la vie avec toi ! - A cela près, reprit-il, cette toile vaut mieux que les peintures de ce faquin de Rubens avec ses montagnes de viandes flamandes, saupoudrées de vermillon, ses ondées de chevelures rousses, et son tapage de couleurs. Au moins, avez-vous là couleur, sentiment et dessin, les trois parties essentielles de l'Art.

FILMdeCULTE critique
Comme une image

France, 2004
De Agnès Jaoui
Scénario : Agnès Jaoui, Jean-Pierre Bacri
Avec Marilou Berry, Agnès Jaoui, Laurent
    Grevill, Jean-Pierre Bacri, Virginie
    Desarnauts, Keine Bouhiza, Grégoire
    Ostermann,
Serge Rabioukine, Michèle Moretti
Photo : Stéphane Fontaine
Musique : Philippe Rombi
Durée : 1h50
Sortie : 22 Septembre 2004

Lolita Cassard, vingt ans et rondouillarde, aimerait se trouver belle pour attirer l'attention de son père. Etienne Cassard, auteur narcissique et bougon, se trouve déjà trop vieux. Pierre Miller, écrivain, doute de son talent et ne croit plus au succès. Sylvia Miller, professeur de chant de Lolita, découvre un beau jour que celle-ci est la fille d'Etienne Cassard, qu'elle admire. Chacun s'intéresse à la vie de l'autre, chacun espère résoudre ses tracas.

COMMUNES IMAGES

D'abord, désamorcer. Non, Comme une image n'est pas le meilleur film du duo «Ja-Bac». Oui, la savoureuse cruauté de Cuisine et dépendances ou d'Un air de famille, et la finesse subtile du Goût des autres ont perdu de leur éclat à l'occasion de la deuxième réalisation d'Agnès Jaoui. Et l'on n'aurait pas tort de pointer les limites de l'art comico-sociétal de l'actrice-réalisatrice. Plus encombrés qu'autre chose de leur conscience de gauche par trop proclamée, soucieux d'égratigner à la fois tout le monde et personne, en mettant en scène des personnages tour à tour haïssables, puis drôles, puis touchants, Agnès Jaoui et Jean-Pierre Bacri finissent par entraver leur scénario et l'empêcher de prendre son envol. Car en laissant s'éroder leurs crocs acerbes pour laisser place à de vaguement pointues quenottes petites-bourgeoises, l'intermittente et le bougon se départissent de cette cruauté qui faisait de leur plume le formidable moteur à zygomatiques que l'on appréciait tant. Quant aux fameux clichés (notamment une morale trop appuyée sur l'obésité et la beauté intérieure) censément dénoncés et donc contournés, force est de constater qu'ils encombrent régulièrement le chemin.

TROP SAGE

Il serait pourtant inopportun de rejeter Comme une image en bloc. Convenir, certes, que la reconnaissance scénaristique éprouvée au Festival de Cannes était, sinon usurpée, du moins malvenue parce que trop tardive. Et malgré tout, apprécier le film pour ce qu'il est : une comédie un peu trop propre sur elle, sans aucune audace formelle, et pourtant la plus drôle, aux côtés du Rôle de sa vie, de tout ce que le cinéma français a pu nous proposer cette année (depuis RRRrrrr!!! jusqu'à Mensonges et trahisons et plus si affinités... et en attendant la très banale Enquête corse). Jaoui, en dépit de l'erreur de casting people Marilou Berry, n'a rien perdu de ses qualités de direction d'acteurs ni de dialoguiste, et a surtout dans sa manche un atout de taille, en l'inénarrable et constante personne de son compagnon : le voir proposer du cyanure à un jeune homme en pleine dépression amoureuse, surenchérir de mauvaise foi au cours d'une partie d'échecs, être odieux avec la gent féminine... constitue un plaisir sans cesse renouvelé. Evidemment – malheureusement – Bacri/Etienne Cassard n'est pas l'enfoiré fini qu'il semble être, puisque, psychologie oblige, il sanglote surabondamment dans son lit lorsque sa femme le quitte. De fait, à trop vouloir éviter le manichéisme, Comme une image ne dépasse pas le stade du sympathique film d'acteurs. Un peu court, peut-être, quand on sait ce dont ses artisans sont capables, mais déjà beaucoup dans le paysage mollasson de la comédie française.

© Guillaume Massart. Film De Culte, 2004. www.filmdeculte.com

A quelques années près

Grand prix universitaire de la nouvelle - La Réunion 1999

Arno Gere

I

Elle commençait à s'impatienter depuis quelques minutes, assise à une terrasse de café sur le front de mer et attendant son amie Rosine qui comme d'habitude, avait oublié l'heure.

Pour l'agacer encore un peu plus, il y avait cet homme sur sa droite, assis à une table légèrement en retrait, qui ne cessait de la dévisager.

Au bout d'un long moment, profitant qu'elle tournait la tête dans sa direction, il s'adressa à elle :

- «Vous êtes bien la fille de Brigitte Boucher n'est-ce pas ?

- Non, pas tout à fait, je suis Brigitte Boucher elle-même. »

Elle ne sut en cet instant précis si elle devait prendre cette méprise pour un compliment ou non. L'image qu'elle devait renvoyer d'elle-même, en particulier au travers des romans qu'elle écrivait, la vieillissait peut-être injustement. Les expériences qu'elle y rapportait ne pouvaient être aux yeux de ses lecteurs que décrites par une personne ayant beaucoup vécu, donc plus âgée qu'elle dans la réalité. Mais de là à ce qu'on la prenne pour sa fille !

En tout cas, cet homme qui maintenant s'était planté devant elle, incrédule, silencieux, continuait à la regarder fixement comme perdu dans un rêve.

- «Si vous connaissiez ma fille, vous sauriez qu'elle ne me ressemble pas vraiment.

- En fait… en fait, je ne m'adressais ni à la fille, ni même à la romancière, mais à une femme que j'ai connue, il y a très longtemps… franchement…, en vous voyant, j'ai eu l'impression de faire un saut dans le passé…que vous étiez cette femme…je dois me tromper…

- En effet, vous vous trompez, désolée de vous décevoir… Je ne vous retiens pas. Au revoir, Monsieur ! »

L'homme n'insista pas. Il s'éloigna en prenant congé poliment.

Comme son amie n'arrivait toujours pas, elle sortit un petit carnet de son sac et commença à écrire : «Revu François. Dès qu'il s'est présenté devant moi, avec sa façon à la fois gauche et décidée, j'ai reconnu le garçon avec qui j'avais passé tout un été en Angleterre l'année de mes dix huit ans. Pour nos parents respectifs, nous étions venus perfectionner notre anglais. Nous

passions en réalité la majeure partie de nos journées, enfermés tous les deux dans un grand camping-car, dans une banlieue verdoyante de Londres, nous explorant mutuellement, riant de tout, certains que l'avenir nous appartenait.

J'ai revu François mais c'est un autre. Je ne parle pas de son physique encore que sa silhouette se soit bien épaissie, et ses cheveux se sont clairsemés. Sa voix non plus n'a pas changé mais qu'elle était loin la flamme qui animait son regard lorsque nous étions l'un près de l'autre ! Le garçon que j'ai connu aurait été incapable d'une telle attitude insistante comme celle de toute à l'heure lorsqu'il me dévisageait. Le premier regard aurait du suffire pour la reconnaissance…

Tous ces jours qui se sont passés sans que nous n'existions plus l'un pour l'autre, sont comme un cyclone qui aurait détruit totalement un paysage. Un bout du continent s'est détaché de l'autre partie à tout jamais. Certes il a appris que j'étais romancière, peut-être a-t-il cherché à en savoir plus sur la vie que j'ai menée. Lui-même, qu'a-t-il bien pu faire pendant tout ce temps ? A l'époque, il était étudiant en droit et épris de liberté. Pour lui et pour les autres. Mais nos chemins se sont décroisés très vite, sûrement à cause de son besoin de liberté.

L'image que je garde de lui est belle. Je veux la garder intacte. Il me semble bien que je fus amoureuse pour la première fois avec lui.

Comment oublier quand nous partions à Londres, nos promenades dans les parcs, de préférence aux heures les plus insolites.

Il nous arrivait souvent d'y dormir la nuit quand nous avions dépassé l'heure du dernier train de banlieue à Victoria station. C'est là qu'il a fait mes premières photos de femme. C'était au moment de la sortie de «Blow up», il se prenait pour Antonioni. Cet été là fut en effet comme un éclair, comme un éclat de lumière dans sa fulgurance et dans son intensité. »

Son amie n'étant toujours pas arrivée, elle referma consciencieusement son carnet puis alla téléphoner à l'arrière du bar pour vérifier si au moins elle était bien partie de chez elle.

A son retour, elle trouva un billet blanc plié en deux et glissé entre tasse et soucoupe.

«Je me suis trompé en effet et je vous ai trompée. Je ne suis qu'un de vos lecteurs et j'ai eu l'outrecuidance de me prendre pour l'un de vos personnages, pardonnez moi… »

II

Elle était assise à une terrasse en attendant que Rosine, l'amie de sa mère, ne la rejoigne. L'heure du rendez-vous était déjà largement dépassée.

Un homme était assis à une table voisine et ne cessait de la dévisager. Lorsqu'il repoussa sa table pour se lever, elle en fut soulagée mais seulement pour un bref instant. Il s'approcha puis se planta en effet devant elle en s'inclinant posément :

- «Vous êtes bien Brigitte Boucher n'est ce pas ?

- Ah non, je suis sa fille ! »

Devait-elle se féliciter de cette méprise ? Après tout, sa mère était surtout connue par ce qu'elle écrivait, non par son physique ni par son âge. Il n'y avait donc pas de gêne à être prise pour sa propre mère qu'au demeurant elle appréciait beaucoup et avec qui elle était toujours aussi complice.

L'homme, plus très jeune, avait encore de la prestance. Il la regardait maintenant fixement comme perdu dans un rêve.

- «Je ne m'adressais pas à la romancière mais à une femme que j'ai connue, il y a plus de vingt cinq ans. Elle avait votre âge et la même lumière dans les yeux…

- Je crains malheureusement de ne pas être celle que vous avez connue.

- Qu'importe ! Me permettrez vous tout de même de m'asseoir et de vous offrir un verre ? »

Comme il était très poli et que Rosine n'arrivait toujours pas, elle se surprit à acquiescer facilement. Au début elle resta muette devant l'inconnu, se contentant de l'écouter, de peur qu'il ne la prenne pour ce qu'elle n'était pas. Puis peu à peu, entraînée par sa volubilité et sa gaieté communicative, elle commença d'abord à lui sourire puis à lui poser des questions, son visage s'anima spontanément. Il lui disait que le bonheur absolu se trouvait dans les instants magiques mais que malheureusement peu de gens étaient capables d'y accéder.

Il ne la quittait pas des yeux et elle ne détournait même plus son regard. Lorsqu'il se mit à vanter sa beauté, elle ne trouva rien de plus naturel…

Alors qu'il était parti dans une longue explication sur ce qui l'enchantait dans le visage d'une femme, à plus forte raison quand il était tourné vers lui, il interrompit brusquement sa phrase, sans cesser de la fixer et de lui sourire et lui demanda s'il pouvait la prendre en photo, là, tout de suite …

Une sollicitation faite avec autant de naïveté bienveillante et quémandée à la façon d'un enfant, ne pouvait se refuser.

Dans un sac, à ses pieds, il y avait manifestement l'attirail complet d'un photographe professionnel. Elle prit la pose comme elle l'avait vu faire dans des reportages sur la mode.

Dans ce lieu paisible à cette heure de la journée, un passant un peu attentif aurait pu déceler qu'un être était en train d'exprimer de sa personne une force, une sensibilité, un bonheur, qui jaillissaient dans un éclat de lumière tout autour.

Elle rayonnait en effet de beauté et de grâce et il avait suffi qu'on le lui dise et qu'elle se laisse aller pour que toute une alchimie se mette en place et lui permette d'aboutir à cette espèce de plénitude. L'homme n'avait pourtant pas traîné à réaliser sa mise au point mais juste au moment où le flash se déclencha, elle sursauta. Rosine avait surgi par derrière en l'appelant à pleine voix comme si elle s'était trouvée à l'autre bout de la salle.

L'arrivée de Rosine marqua le terme de cet instant surnaturel. Surprise d'entendre son nom, comme si on l'avait prise en faute, son visage s'était crispé, elle s'était retournée, l'image serait sûrement floue… L'effet magique s'était en effet estompé à la seconde même où s'opérait le retour à la réalité. Sans se formaliser pour autant et sans le moindre commentaire, l'homme remballa prestement son appareil, la flamme qu'il avait vu naître en apercevant cette femme, qu'il avait vu grandir en lui parlant et qu'il aurait bien voulu saisir à tout jamais sur sa pellicule, s'était éteinte, il se replongea dans le silence et dans son univers, visiblement prêt à repartir sur sa route à lui.

Elle s'en voulut de s'être livrée avec autant de complaisance à cet étranger dans un temps aussi court au point de se laisser aller comme on le ferait avec une personne chère. Elle se reprocha d'avoir accepté de poser aussi facilement devant lui comme une starlette peu regardante, comme si elle n'avait fait avec lui que répéter des gestes maintes fois réalisés dans l'intimité d'une relation privilégiée.

L'homme prit congé en peu de mots. Il ne se retourna même pas, elle le regarda s'éloigner et lui trouva le dos voûté… «- Qui est cet homme ?» demanda Rosine …

On devinait que c'était à elle-même qu'elle se posait la question.

«Sur le coup, j'ai bien cru reconnaître François, un ancien ami de ta mère, quand nous avions à peu prés ton âge, mais je confonds tellement les visages et puis tu sais, sans mes lunettes…

Au fait, tu ne m'as pas trop attendue, j'espère ? »

chapitre 8

Métisse

Avant le visionnement

Notes culturelles

La religion

La plupart des Français se considèrent catholiques. L'islam est la deuxième religion pratiquée en France. Le protestantisme, le judaïsme, et, pour une petite minorité, le bouddhisme et le sikhisme sont les autres religions pratiquées. Malgré la politique de liberté religieuse et la loi de 1905 qui sépare l'Eglise de l'Etat, la religion reste un débat important en France, surtout après l'adoption de la loi sur la laïcité (2004) qui interdit le port de tout signe religieux ostensible y compris le voile islamique, la kippa, les grosses croix, etc. Cette loi a provoqué une nouvelle instabilité et elle est devenue une des polémiques principales en France.

L'immigration

La France accueille principalement des immigrés européens, africains et asiatiques pour des raisons politique (asile des réfugiés), économique (contribution à la main-d'œuvre), professionnelle (le travail ou les études de longue durée) et démographique (accroissement du taux de natalité) (fr.wikipedia. org/wiki/Immigration). L'intégration dans la société française est quelquefois difficile pour les immigrés qui habitent souvent les quartiers défavorisés où il y a des taux élevés de pauvreté, de chômage, de délinquance et de violence. Les immigrés souffrent souvent d'un manque d'éducation et de formation professionnelle

La Courneuve (Seine-Saint-Denis) après les émeutes de 2005.

> ### A SAVOIR !
>
> Le film *Métisse* présente une vision très optimiste de la situation des immigrés et des banlieues en France. Par exemple, le 27 octobre 2005, deux mineurs essayaient d'échapper à la police. Ils se sont cachés dans un transformateur d'EDF et ils sont morts électrocutés. Cet incident a provoqué des émeutes dans les banlieues et a donné naissance à ce qu'on appelle la crise des banlieues.

Fiche technique

Réalisation :	Mathieu Kassovitz
Musique :	Marie et Jean-Louis Daulne
Année de production :	1993
Durée :	1 h 34
Genre :	Comédie romantique
Date de sortie nationale :	18/08/1993

Profil: Mathieu Kassovitz

réalisateur, acteur, producteur
Né le 3 août 1967 à Paris

Mini-biographie

En 1978, Kassovitz a commencé sa carrière au cinéma quand il a joué dans le film de son père, *Au bout du bout du banc*. Il a débuté comme assistant-réalisateur en 1983. En 1990, il a réalisé son premier court métrage qui a eu du succès. Son premier long métrage *(Métisse)* a remporté le Prix Spécial du Jury au Festival de Paris et a établi Kassovitz comme un jeune talent à suivre. En 1995, sa carrière de cinéaste a explosé avec le succès de *La Haine*. C'est aujourd'hui un des réalisateurs, des acteurs et des producteurs avec qui les autres espèrent travailler !

Quelques films réalisés par Kassovitz

1993	Métisse	2000	Les Rivières pourpres
1995	La Haine	2003	Gothika
1997	Assassin(s)	2006	Babylon Babies

ainsi que de xénophobie. Bien que l'immigration soit une source d'instabilité en France, les Français bénéficient de la diversité culturelle (art, musique, cuisine, etc.) apportée par les immigrés.

La banlieue

Une banlieue est un ensemble de villes qui se trouvent à la périphérie d'une grande ville. Malgré la présence des banlieues chics en France, le mot *banlieue* est devenu un synonyme de *cité*, *quartier défavorisé / chaud* et *ghetto* où l'on trouve des taux élevés de pauvreté, de chômage, de délinquance et de violence. L'insécurité et le manque d'espoir des banlieues provoquent de plus en plus souvent des manifestations et des émeutes. Le malaise dans les banlieues reste une polémique importante en France.

Synopsis

Lola, une jeune métisse d'origine antillaise, aime deux hommes : un jeune musulman d'origine africaine, étudiant en droit qui bénéficie de la richesse de ses parents diplomates africains, et un coursier juif qui habite la banlieue et qui passe son temps à traîner avec ses amis. Un soir, ces deux hommes d'origine et de classe sociale différentes se retrouvent chez Lola. Elle annonce qu'elle est enceinte et que l'un des deux hommes est le père. Pourront-ils oublier leurs différences de foi et de culture pour accepter les responsabilités d'un bébé ?

Note : *Métisse* n'est pas classé aux Etats-Unis.

Personnages

Personnages principaux

Lola Mauduech	Julie Mauduech
Jamal Saddam Abossolo M'bo	Hubert Koundé
Félix Labinskobinsky	Mathieu Kassovitz

Personnages secondaires

la grand-mère de Lola	Berthe Bagoe
Max (le frère de Félix)	Vincent Cassel
Sarah (la sœur de Félix)	Eloïse Rauth
le grand-père de Félix	Tadek Lokcinski
la grand-mère de Félix	Jany Holt
la tante de Félix	Rywka Wajsbrot
Maurice	Marc Berman
la mère de Maurice	Andrée Damant
le docteur Pujol (le gynécologue)	Jean-Pierre Cassel
Marilyne (la bonne)	Lydia Ewandé
Julie (la petite amie de Jamal)	Brigitte Bémol
l'infirmière	Félicité Wouassi

A SAVOIR !

Kassovitz a joué le rôle de Nino Quincampoix dans le film *Le Fabuleux destin d'Amélie Poulain (2001)*.

Profil: Hubert Koundé

acteur, réalisateur, scénariste
Né le 30 décembre 1970 au Bénin

Mini-biographie
Koundé a fait son premier film avec Kassovitz, *Métisse*, en 1993. Son deuxième film avec Kassovitz, *La Haine (1995)*, a démarré sa carrière d'acteur. Actuellement Koundé travaille comme réalisateur, scénariste et acteur dans des films francophones et anglophones. Il poursuit également sa carrière de comédien au théâtre.

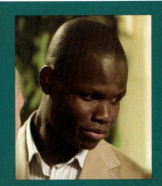

Quelques films

1993	Métisse	2000	Tout va bien, on s'en va
1995	La Haine	2001	Comment j'ai tué mon père
1996	La Divine poursuite	2005	The Constant Gardener

Vocabulaire

Gens

l'agent de police (*m*)	police officer	l'immigré/e	immigrant
la bande	gang, group	le jeune de banlieue	a youth from the suburbs
la bonne	maid	le/la métis/se	bi-racial person
le/la coursier/ière	(bike) messenger	la police	police
le/la diplomate	diplomat	le revendeur de drogue	drug dealer
le/la gynécologue	gynecologist		

Religion

le catholicisme	Catholicism	l'islam (*m*)	Islam
le/la catholique	Catholic	le judaïsme	Judaism
le/la chrétien/ne	Christian	le/la juif/ve	Jew/Jewess
le christianisme	Christianity	le/la musulman/e	Muslim
le/ la croyant/e	believer	le/la pratiquant/e	follower, faithful
la foi	faith		

Endroits

les Antilles (*f*)	West Indies	le Maghreb	Maghreb
la banlieue	suburb	la Martinique	Martinique
le centre-ville	downtown	le quartier chaud	dangerous neighborhood
la cité	urban zone (ghetto)	le quartier défavorisé	urban zone (ghetto)
le gymnase de boxe	boxing gym	le terrain de basket	basketball court

Noms divers

l'accouchement (*m*)	birth	la manifestation	demonstration
l'argot (*m*)	slang	la polémique	polemic, controversy
la bonne volonté	good intentions	la politique	policy
la crise	crisis	le soutien	support
le débat	debate, argument	le streetwear (familier)	clothes (baggy pants, caps, etc.)
le droit	law (studies)	les tâches ménagères (*f*)	household chores
l'émeute (*f*)	riot	le test de paternité	paternity test
la grossesse	pregnancy	le verlan	back slang

Adjectifs

actuel/le	current	frustré/e	frustrated
africain/e	African	juif/ve	Jewish
antillais/e	West Indian	musulman/e	Muslim
chrétien/ne	Christian	ostensible	conspicuous
dragueur/euse (familier)	a person who hits on others	raciste	racist
enceinte	pregnant	trompeur/euse	cheater
fâché/e	angry	xénophobe	xenophobic

Verbes

accepter une responsabilité	to assume a responsibility	marchander	to bargain
accoucher	to give birth	se mettre à	to start to
(s')accroître	to increase	prendre une décision	to make a decision
décevoir	to disappoint	prévenir	to warn, to alert
donner naissance à	to give birth to	rendre visite à qqn.	to visit a person
s'écraser	to crash	résoudre	to resolve
se fâcher	to get angry	revendre de la drogue	to sell drugs
faire les courses	to do the shopping	soutenir	to support
faire le ménage	to clean the house	traîner	to wander around, to hang out
gêner	to bother, to embarass	tromper	to cheat (on someone)

Exercices de vocabulaire

 A **Portraits.** Répondez aux questions suivantes pour faire le portrait d'une famille qui habite un quartier défavorisé, celui d'une famille qui habite un quartier privilégié et celui de votre famille. Utilisez *le vocabulaire* du film.

La famille d'un quartier défavorisé

Le quartier et le logement :
Où habite la famille ? Comment est le quartier ? Quel genre de maison / d'appartement habite-t-elle ? Combien de personnes / de générations habitent ensemble ? Pourquoi ?

La famille :
De quelle origine est la famille ? La famille est-elle riche, aisée ou de revenu modéré ? Pourquoi ? Les parents travaillent-ils ? Où travaillent-ils ?

L'école :
Les parents sont-ils allés à l'université ? Pourquoi ou pourquoi pas ? Les enfants vont-ils à l'école ? Comment est l'école ? Vont-ils à l'université ? Pourquoi ou pourquoi pas ?

Les loisirs :
Qu'est-ce que les enfants aiment faire pendant la journée / la soirée ? Qu'est-ce que les parents font pour passer le temps ? Pourquoi ?

La famille d'un quartier privilégié

Le quartier et le logement :
Où habite la famille ? Comment est le quartier ? Quel genre de maison / d'appartement habite-t-elle ? Combien de personnes habitent ensemble ? Pourquoi ? Est-ce que d'autres membres de la famille habitent avec la famille ?

La famille :
De quelle origine est la famille ? La famille est-elle riche, aisée ou de revenue modéré ? Qu'est-ce que les parents font comme travail ? Où travaillent-ils ?

L'école :
Les parents sont-ils allés à l'université ? Qu'est-ce qu'ils ont étudié ? Comment est l'école des enfants ? Vont-ils à l'université ? Pourquoi ou pourquoi pas ?

Les loisirs :
A quels sports ou à quelles activités les enfants s'intéressent-ils ? Qu'est-ce que leurs parents font pour passer le temps ? Pourquoi ?

Liens !

Réfléchissez aux familles dans les films que vous avez vus et parlez de leur logement, de leur origine, de leurs études et de leurs loisirs :

Le Papillon : Elsa et sa mère
Etre et avoir : Les enfants et leur famille
Les Visiteurs : Béatrice et sa famille
L'Auberge espagnole : Xavier, sa mère et son père
Sur mes lèvres : Carla (a-t-elle de la famille ?)
Comme une image : Lolita, son père, sa belle-mère et sa demi-soeur

Votre famille

Le quartier et le logement :
Où habitez-vous ? Comment est le quartier ? Quel genre de logement habitez-vous ? Combien de personnes habitent chez vous ? Pourquoi ?

La famille :
De quelle origine est votre famille ? Vos parents travaillent-ils ? Qu'est-ce qu'ils font comme travail ? Où travaillent-ils ?

L'école :
Vos parents sont-ils allés à l'université ? Qu'est-ce qu'ils ont étudié ? Comment est votre université ?

Les loisirs :
Qu'est-ce que vous faites comme sports ou activités ? Comment passez-vous votre temps libre ?

B **Jeunes hommes.** Comment sont les jeunes hommes (18 – 24 ans) ? Répondez aux questions suivantes pour comparer un jeune homme d'un quartier défavorisé à un jeune homme d'un quartier privilégié. Faites aussi votre portrait. Utilisez *le vocabulaire* du film.

Un jeune homme d'un quartier privilégié

Origine :	De quelle origine est sa famille ?
Habillement :	Comment s'habille-t-il ? Où achète-t-il ses vêtements ?
Education :	Va-t-il à l'université ? Qu'est-ce qu'il étudie ? Comment parle-t-il ? Pourquoi ?
Travail :	Travaille-t-il ? Pourquoi ou pourquoi pas ? Comment passe-t-il ses journées ?
Sports/loisirs :	A quels sports ou à quelles activités s'intéresse-t-il ? Quel genre de musique écoute-t-il ? Comment passe-t-il ses soirées ? Où va-t-il le soir ? Pourquoi ?

Le 3e arrondissement de Paris, un quartier privilégié

Un jeune homme d'un quartier défavorisé

Origine :	De quelle origine est sa famille ?
Habillement :	Comment s'habille-t-il ? Où achète-t-il ses vêtements ?
Education :	Va-t-il à l'université ? Expliquez. Comment parle-t-il ? Pourquoi ?
Travail :	Travaille-t-il ? Quel genre de travail fait-il ? Pourquoi ? Comment passe-t-il ses journées ?
Sports/loisirs :	A quels sports ou à quelles activités s'intéresse-t-il ? Quel genre de musique écoute-t-il ? Comment passe-t-il ses soirées ? Où va-t-il le soir ? Pourquoi ?

Un quartier défavorisé, Habitations à Loyer Modéré

Vous

Origine :	De quelle origine est votre famille ?
Habillement :	Comment vous habillez-vous ? Où achetez-vous vos vêtements ?
Education :	Qu'est-ce que vous étudiez à l'université ? Pourquoi ?
Travail :	Travaillez-vous ? Pourquoi ou pourquoi pas ? Comment passez-vous vos journées ?
Sports/loisirs :	A quels sports ou à quelles activités vous intéressez-vous ? Quel genre de musique écoutez-vous ? Comment passez-vous vos soirées ? Où allez-vous le soir ? Pourquoi ?

C **Responsabilités et soucis.** Réfléchissez à la vie des enfants, des étudiants et des parents. Répondez aux questions suivantes. Utilisez *le vocabulaire* du film.

1. De quoi s'inquiètent les enfants ? De quoi s'inquiètent leurs parents ?
2. De quoi s'inquiète une jeune mère ? De quoi s'inquiète un jeune père ?
3. Quelles responsabilités ont les jeunes parents ? Qui s'occupe des enfants ? Pourquoi ?
4. Qui a plus de responsabilités familiales – la mère ou le père ? Expliquez.
5. Qui avait plus de responsabilités familiales quand vous étiez petit/e – votre mère ou votre père ? Qui s'occupait des enfants ? Pourquoi ? Expliquez. Qui faisait les courses et le ménage ? Pourquoi ? Qui préparait les repas ? Pourquoi ?
6. Les étudiants s'inquiètent-ils beaucoup ? De quoi s'inquiètent-ils le plus souvent ? Pourquoi ?
7. Vous inquiétez-vous beaucoup ? De quoi vous inquiétez-vous ?
8. Les étudiants ont-ils plus de soucis que leurs parents ? Pourquoi ou pourquoi pas ?
9. Avez-vous plus de soucis que vos parents ? Pourquoi ou pourquoi pas ?
10. Quelles responsabilités un étudiant a-t-il pendant l'année scolaire ? en été ? Avez-vous beaucoup de responsabilités pendant l'année scolaire ? en été ?

D **Religion.** Lisez l'article suivant et complétez les activités de vocabulaire.

Démographie religieuse

Le pays couvre une superficie totale de 551 695 kilomètres carrés et compte environ 60 millions d'habitants.

Le gouvernement ne tient pas° de statistiques sur l'appartenance° religieuse. Selon des rapports° publiés dans la presse, seuls 12 % de la population participent à un quelconque° service religieux plus d'une fois par mois. Interrogées sur leur foi° religieuse lors d'une enquête conduite° au cours de l'année 2003, 54 % des personnes consultées se définissaient comme «croyantes», 33 % comme «athées», 14 % comme «agnostiques» et 26 % comme «indifférentes». La grande majorité de la population se dit catholique, mais selon un membre de la hiérarchie catholique, seuls 8 % de la population sont des Catholiques pratiquants. Les Musulmans constituent le deuxième groupe religieux, cette communauté comptant entre 4 à 5 millions de croyants, soit approximativement 7 à 8 % de la population. Les Protestants représentent 2 % de la population, les Juifs et les Bouddhistes 1 % respectivement et les Sikhs moins de 1 %. Selon différentes estimations, environ 6 % des citoyens n'ont aucune appartenance religieuse quelle qu'elle soit°.

La communauté juive compte environ 600 000 personnes et se divise en trois groupes : les Réformateurs, les Conservateurs et les Orthodoxes. D'après les enquêtes publiées dans la presse, près de 60 % des membres de la communauté juive ne célèbrent que les grandes fêtes religieuses comme le Yom Kippour et le Rosh Hachana. Selon l'un des chefs de la communauté juive, le plus grand nombre de Juifs pratiquants sont Orthodoxes.

Les Témoins de Jéhovah affirment que 250 000 personnes assistent à leurs services régulièrement ou occasionnellement.

On compte entre 80 000 et 100 000 Chrétiens Orthodoxes, la majorité d'entre eux affiliés aux Églises Orthodoxes grecque ou russe.

[marginal glosses] doesn't keep / membership / reports

any

faith / conducted

whatever it may be

Les Évangélistes, l'Eglise de Scientologie et l'Église de Jésus-Christ des Saints du Dernier Jour (Mormons) sont également présents dans le pays. Les églises évangéliques enregistrent° une augmentation du nombre de fidèles° en raison de la participation accrue d'immigrés africains et antillais. Selon la presse, 31 000 personnes déclarent être Mormons. L'Église de Scientologie compte entre 5 000 et 20 000 membres.

record
faithfuls

Foi religieuse en France

- ■ Croyant
- ■ Athée
- ■ Agnostique
- □ Indifférent

Religions en France

- ■ Catholique
- ■ Musulman
- ■ Protestant
- □ Juif
- ■ Bouddhiste
- ■ Sikhs
- ■ Aucune religion
- ■ Autre relgion

(adapté), *Le Bureau de la Démocratie, des Droits de l'Homme et du Travail*, Sept. 15, 2004. www.amb-usa.fr

Activité de vocabulaire

1. Qui a conduit l'enquête ? De quelle année datent ces chiffres ?
2. Quelles sont les religions principales en France ?
3. Quelles autres religions sont pratiquées en France ?
4. Quels sont les trois groupes de Juifs en France ? A quel groupe appartient le plus grand nombre de Juifs pratiquants ?
5. Pourquoi les églises évangéliques enregistrent-elles une augmentation du nombre de fidèles ?

A votre avis…

Pourquoi est-ce que le gouvernement français ne tient pas de statistiques sur l'appartenance religieuse à votre avis ?

Pourquoi est-ce que la plupart des Français sont catholiques à votre avis ? Pourquoi est-ce que l'islam est la deuxième religion des Français à votre avis ?

Après avoir visionné

Compréhension générale

A **Vrai ou faux ?** Indiquez si les phrases suivantes sont vraies ou fausses.

1. vrai   faux   Jamal et Félix arrivent chez Lola et ils sont contents de se voir parce qu'ils sont amis.
2. vrai   faux   Lola les invite chez elle pour leur dire qu'elle va à la Martinique pour vivre avec sa mère.
3. vrai   faux   Félix a une vie facile parce qu'il travaille pour sa famille.
4. vrai   faux   Jamal a une vie facile parce que sa famille est riche.
5. vrai   faux   Lola ne veut pas que Jamal et Félix l'aident.
6. vrai   faux   Jamal veut aider Lola. Il quitte l'université et il cherche un emploi.
7. vrai   faux   Tout le monde sait que Félix va être père. Il ne sait pas ce qu'il va faire et il a peur.
8. vrai   faux   Jamal et Félix se disputent beaucoup et Lola s'inquiète pour son avenir.
9. vrai   faux   Jamal, Félix et Lola arrivent à vivre ensemble sans trop de difficultés.
10. vrai   faux   Félix décide qu'il est trop jeune pour être père et il ne va pas voir son fils à l'hôpital.

B **Familles.** Comment sont les familles de Félix, de Lola et de Jamal ? Répondez aux questions suivantes et justifiez votre réponse avec des exemples du film.

Félix
Ses parents sont-ils mariés ou divorcés ? Sont-ils riches ou pauvres ? Travaillent-ils ? Où habitent-ils ? De quelle origine sont-ils ? A-t-il des frères ou des sœurs ? A-t-il d'autres relations ? Avec qui habite Félix ? Pourquoi ?

Lola
Ses parents sont-ils mariés ou divorcés ? Sont-ils riches ou pauvres ? Où habite sa mère ? De quelle origine est-elle ? Où habite son père ? De quelle origine est-il ? Lola a-t-elle des frères ou des sœurs ? A-t-elle d'autres relations ?

Jamal
Ses parents sont-ils mariés ou divorcés ? Sont-ils riches ou pauvres ? Travaillent-ils ? Où habitent-ils normalement ? Pourquoi ? De quelle origine sont-ils ? Jamal a-t-il des frères ou des sœurs ? A-t-il d'autres relations ?

C **Félix.** Félix a des liens avec tous les personnages du film. Décrivez le rôle que chaque personnage joue dans sa vie.

1. Max : son frère aîné
2. Sarah : sa petite sœur
3. Ses grands-parents et sa tante
4. Maurice : une relation
5. Les jeunes gens de son quartier
6. Les amis de Max
7. Jamal
8. Lola

D **Scènes.** Faites une petite description des scènes suivantes.

1. Jamal et Félix arrivent chez Lola qui leur dit qu'elle est enceinte.
2. Jamal va chez Lola pour lui dire qu'il veut l'aider.
3. Félix et Max vont à *Free Time* et ils voient Jamal qui y travaille.
4. Lola va chez son gynécologue qui a les résultats du test de paternité.
5. Lola revient de Fort de France. Jamal et Félix l'attendent à l'aéroport.
6. Jamal et Félix font les courses et le ménage et ils préparent les repas pour Lola.
7. Lola va chez Jamal parce qu'elle ne veut plus être seule.
8. La police arrête Jamal et Félix. Ils se disputent avec les policiers.
9. Lola va à l'hôpital avec Jamal.
10. Félix va à l'hôpital pour voir Lola et son bébé.

E **L'immigration.** Lisez l'article suivant. D'où viennent les immigrés ? Qui sont les immigrés dans le film *Métisse* ? D'où sont-ils ? Pourquoi habitent-ils en France ? Est-ce qu'ils ont été intégrés facilement dans la société française ? Expliquez.

Une immigration croissante d'Europe non méridionale et d'Asie

En 2004, 4,5 millions de personnes immigrées âgées de 18 ans ou plus résident en France métropolitaine, soit 9,6% de l'ensemble de la population du même âge, contre 8,9% en 1999. Parmi les immigrés de 18 ans ou plus, les femmes sont maintenant un peu plus nombreuses que les hommes (50,3%). La proportion d'immigrés majeurs ayant acquis la nationalité française progresse de 37% à 41%. L'origine géographique des immigrés continue à se diversifier *(tableau).* Les immigrés originaires de l'Union européenne à quinze sont au nombre d'1,5 million comme en 1999 et la part des immigrés venus de l'ensemble des pays d'Europe parmi les immigrés est en baisse (46% en 1999, 41% en 2004). Ce constat masque une double évolution : alors que les immigrés venant des pays du Sud (Espagne, Grèce, Italie et Portugal) sont moins nombreux, l'immigration issue du reste de l'Union européenne, et principalement du Royaume-Uni, progresse. Le nombre de ces immigrés a crû de 46% en cinq ans atteignant en 2004 près de 100 000 personnes. Le nombre de personnes venues des pays de l'Europe orientale croît aussi fortement, mais les effectifs concernés sont plus faibles. L'immigration venue d'Asie s'accroît : 14% des immigrés majeurs viennent de ce continent, contre 12% en 1999. La part de la population immigrée venue d'Afrique s'établit à 42% en 2004 contre 39% en 1999. Ceci est dû à la progression du nombre d'immigrés venus du Maghreb (+ 15%) ou du reste de l'Afrique (+ 39%) ; en 2004, près de 500 000 immigrés viennent d'un pays de l'Afrique subsaharienne.

Répartition des immigrés par pays d'origine							
	1962	1968	1975	1982	1990	1999	
	en %	en %	en %	en %	en %	en %	effectifs
Europe	**78.7**	**76.4**	**67.2**	**57.3**	**50.4**	**44.9**	**1,934,144**
Espagne	18.0	21.0	15.2	11.7	9.5	7.3	316,232
Italie	31.8	23.9	17.2	14.1	11.6	8.8	378,649
Portugal	2.0	8.8	16.9	15.8	14.4	13.3	571,874
Pologne	9.5	6.7	4.8	3.9	3.4	2.3	98,571
Autres pays d'Europe	17.5	16.1	13.1	11.7	11.4	13.2	568,818
Afrique	**14.9**	**19.9**	**28.0**	**33.2**	**35.9**	**39.3**	**1,691,562**
Algérie	11.6	11.7	14.3	14.8	13.3	13.3	574,208
Maroc	1.1	3.3	6.6	9.1	11.0	12.1	522,504
Tunisie	1.5	3.5	4.7	5.0	5.0	4.7	201,561
Autres pays d' Afrique	0.7	1.4	2.4	4.3	6.6	9.1	393,289
Asie	**2.4**	**2.5**	**3.6**	**8.0**	**11.4**	**12.8**	**549,994**
Turquie	1.4	1.3	1.9	3.0	4.0	4.0	174,160
Cambodge, Laos, Vietnam	0.4	0.6	0.7	3.0	3.7	3.7	159,750
Autres pays d'Asie	0.6	0.6	1.0	1.9	3.6	5.0	216,084
Amérique, Océanie	**3.2**	**1.1**	**1.3**	**1.6**	**2.3**	**3.0**	**130,394**
Non déclaré	0.8	0.1	///	///	///	///	///
Total	100.0	100.0	100.0	100.0	100.0	100.0	
Effectif	2,861,280	3,281,060	3,887,460	4,037,036	4,165,952	4,306,094	4,306,094

Note : /// = absence de résultats due à la nature des choses.
Recensements de la population, 1962-1999.

© INSEE Premiere No. 1001, janvier 2005

Exercices de vocabulaire

A **Métisse.** Complétez le paragraphe suivant avec *le vocabulaire* qui convient.

Lola est une jeune femme _____ d'origine _____. Elle aime deux hommes. L'un est un jeune _____ juif. Il habite _____ avec sa famille. Il n'a pas beaucoup d'argent et il revend _____ de temps en temps. Il porte _____ et il écoute _____. L'autre habite _____ dans un bel appartement. Ses parents sont _____ et comme sa famille est riche il n'a pas besoin de travailler. Il fait des études _____. Il soigne son habillement et il porte toujours _____. Il n'aime ni le rap ni le rock, il préfère _____.

Malgré leurs différences, Lola les aime tous les deux. Un soir, elle les invite à dîner chez elle pour leur dire qu'elle est _____. Qui est le père ? Elle ne sait pas…

B **Description.** Pensez aux différentes étapes de la vie de Lola. Faites une petite description de chaque étape. Utilisez *le vocabulaire* qui convient.

1. Lola annonce sa grossesse.
2. Jamal vient vivre chez elle.
3. Elle reçoit les résultats du test de paternité.
4. Elle veut voir sa mère et elle va à la Martinique.
5. Elle rentre à Paris et Jamal et Félix l'aident à faire les courses et le ménage et à préparer les repas.

Vocabulaire

antillaise
la banlieue
coursier
un costume
de droit
de la drogue
diplomates
en centre-ville
enceinte
le jazz
métisse
du rap
du streetwear

6. Elle se sent seule et elle va chez Jamal pour vivre avec les deux jeunes hommes.
7. Elle est contente de vivre avec Jamal et Félix parce qu'ils partagent les tâches ménagères et parce que tout le monde s'entend bien.
8. Lola donne naissance à l'enfant.

C **Tableau comparatif.** Comparez les trois jeunes gens du film selon les rubriques ci-dessous. Utilisez *le vocabulaire* du film.

tableau comparatif							
	lieu de résidence	situation familiale	situation économique	éducation	travail	religion	sports	loisirs
Lola								
Jamal								
Félix								

D **Musée d'art.** Lisez l'article suivant et complétez les activités de vocabulaire.

Le premier Musée d'Art Contemporain en banlieue
Label France n° 62

«MAC» pour musée d'art contemporain, «VAL» pour Val-de-Marne. Ouvert le 18 novembre 2005, le MAC/VAL se veut° aussi «*l'écrin° d'une création contemporaine en marche*».

claims to be / showcase

Trois questions à Marie Rotkopf, directrice de la communication.

«Nous voulons que le MAC/VAL soit un lieu de vie.» Outre° la spécificité de sa collection, le MAC/VAL a pour originalité sa localisation° hors de la capitale et son approche.

outside of
its location

Qu'induit le choix d'une implantation dans une banlieue populaire ?

Marie Rotkopf : Le MAC/VAL, qui est ouvert sur la ville par son architecture, a pour projet politique de l'être aussi sur son environnement social. Nous souhaitons donc toucher le public des banlieues qui n'a pas forcément l'habitude des musées. Notre défi° est de lui donner envie de venir sans pour autant renoncer à une grande qualité. Pour y parvenir, nous avons recruté localement, nous pratiquons des tarifs bas, nous multiplions les actions innovantes... C'est aussi par l'exigence de qualité que nous comptons attirer un public plus averti° qui vient d'ailleurs. Pour l'instant, la mixité est réelle.

our challenge

informed

Comment seront renouvelés les espaces permanents ? La politique d'acquisition visera-t-elle° plutôt à combler° les périodes manquantes ou à soutenir la jeune création ?

will it aim / bridge

Tous les ans, nous ferons un nouvel accrochage° tout en continuant à privilégier le choix d'angles thématiques. Quant aux acquisitions, les deux axes seront travaillés, comme c'est déjà le cas. Il est clair que nous allons aussi nous ouvrir davantage à l'international.

hanging

Quels retours° avez-vous des artistes exposés ?

what feedback

Très positifs. Nous avons vraiment été à l'écoute° des créateurs pour l'accrochage. Nous souhaitons en fait que cet espace soit le leur. C'est ainsi d'ailleurs que, tout comme Jacques Monory, Claude Lévêque a intégralement conçu sa future installation. En résumé, nous voulons que le MAC/VAL soit un lieu de vie, de rencontre, de dialogue, d'ouverture et de mouvement.

listening to

© Florence Raynal, *Label-France* no. 62. (adapté). Ministère des Affaires étrangères, www.diplomatie.gouv.

Activité de vocabulaire

1. Qu'est-ce que *MAC / VAL* ? Expliquez la signification de son nom.
2. Quelle est l'originalité du *MAC / VAL* ?
3. Quel public le *MAC / VAL* espère-t-il toucher ? Pourquoi ?
4. Quel est le grand défi du *MAC / VAL* ?
5. Comment peut-il surmonter ces difficultés ?
6. Réussit-il à attirer un public mixte ?
7. Les artistes sont-ils contents du travail du *MAC / VAL* ?
8. Qu'est-ce qu'on veut que le *MAC / VAL* soit ?

A votre avis…

Est-ce une bonne idée d'ouvrir un musée dans une banlieue populaire ? Quels sont les avantages et les inconvénients de construire un musée dans ce genre de quartier ? Qui va visiter le musée ?

Comment les arts peuvent-ils être bénéfiques pour les jeunes de banlieue ? Faut-il encourager les jeunes de banlieue à s'exprimer à travers l'art ? Expliquez.

Les personnages du film bénéficient-ils de l'art dans la banlieue ? Pourquoi ou pourquoi pas ? L'art pourrait-il améliorer leur vie ? Expliquez.

Grammaire

8.1 Le futur simple et le futur antérieur

Le futur simple – rappel !

▶ Le futur simple est un temps simple (il se compose d'un mot). Il est employé pour indiquer une action, un état ou un fait futur par rapport au présent. Pour exprimer une action, un état ou un fait futur, on peut utiliser les conjonctions : *aussitôt que / dès que ; lorsque / quand ; pendant que / tandis que ; tant que*. Le futur simple peut aussi être employé pour donner des ordres d'une façon plus polie.

▶ Pour former le futur simple, on ajoute les terminaisons -**ai**, -**as**, -**a**, -**ons**, -**ez**, -**ont** à l'infinitif. Si l'infinitif se termine en *e*, on laisse tomber le *e* avant d'ajouter la terminaison.

terminaisons du futur simple			
je/j'	**-ai**	nous	**-ons**
tu	**-as**	vous	**-ez**
il, elle, on	**-a**	ils, elles	**-ont**

Tableau 1, Les terminaisons du futur simple.

verbes réguliers au futur simple			
	parler	**finir**	**répondre**
je	parlerai	finirai	répondrai
tu	parleras	finiras	répondras
il, elle, on	parlera	finira	répondra
nous	parlerons	finirons	répondrons
vous	parlerez	finirez	répondrez
ils, elles	parleront	finiront	répondront

Tableau 2, Des verbes réguliers au futur simple.

► Pour les verbes en **–er** avec un changement orthographique, on garde le changement orthographique dans toutes les personnes au futur simple. Notez qu'il n'y a pas de changement d'**é**.

verbes avec changement orthographique				
	acheter	**essayer**	**appeler**	**répéter**
je/j'	achèterai	essaierai	appellerai	répéterai
tu	achèteras	essaieras	appelleras	répéteras
il, elle, on	achètera	essaiera	appellera	répétera
nous	achèterons	essaierons	appellerons	répéterons
vous	achèterez	essaierez	appellerez	répéterez
ils, elles	achèteront	essaieront	appelleront	répéteront

Tableau 3, Des verbes avec changement orthographique.

► Observez les radicaux irréguliers.

radicaux irréguliers au futur							
aller	**ir-**	envoyer	**enverr-**	pleuvoir	**pleuvr-**	valoir	**vaudr-**
(s')asseoir	**(s')assiér-**	être	**ser-**	pouvoir	**pourr-**	venir	**viendr-**
avoir	**aur-**	faire	**fer-**	recevoir	**recevr-**	voir	**verr-**
courir	**courr-**	falloir	**faudr-**	savoir	**saur-**	vouloir	**voudr-**
devoir	**devr-**	mourir	**mourr-**	tenir	**tiendr-**		

Tableau 4, Des verbes avec radicaux irréguliers.

Le futur antérieur

► Le futur antérieur est un temps composé. Il se compose d'un verbe auxiliaire (avoir ou être) au futur simple et du participe passé du verbe en question. Les règles pour le choix du verbe auxiliaire, pour l'accord du participe passé et pour la structure de la phrase au futur antérieur sont les mêmes que pour le passé composé.

Exemple :   Elle **sera** déjà **partie** quand il arrivera.

► Observez quelques verbes au futur antérieur.

avoir			
je/j'	**aurai**	nous	**aurons**
tu	**auras**	vous	**aurez**
il, elle, on	**aura**	ils, elles	**auront**

Tableau 5, Le verbe avoir au futur simple.

être			
je	**serai**	nous	**serons**
tu	**seras**	vous	**serez**
il, elle, on	**sera**	ils, elles	**seront**

Tableau 6, Le verbe être au futur simple.

faire			
je/j'	**aurai fait**	nous	**aurons fait**
tu	**auras fait**	vous	**aurez fait**
il, elle, on	**aura fait**	ils, elles	**auront fait**

Tableau 7, Le verbe faire au futur antérieur.

partir			
je/j'	**serai parti (e)**	nous	**serons parti (e) s**
tu	**seras parti (e)**	vous	**serez parti (e) (s)**
il, elle, on	**sera parti (e)**	ils, elles	**seront parti (e) s**

Tableau 8, Le verbe partir au futur antérieur.

se lever			
je	**me serai levé (e)**	nous	**nous serons levé (e) s**
tu	**te seras levé (e)**	vous	**vous serez levé (e) (s)**
il, elle, on	**se sera levé (e)**	ils, elles	**se seront levé (e) s**

Tableau 9, Le verbe se lever au futur antérieur.

▶ Le futur antérieur est employé pour indiquer qu'une action aura eu lieu à un moment à venir.

Exemple : *Dans une semaine, à cette heure-ci, je serai arrivée à Paris.*

▶ Le futur antérieur est aussi employé pour indiquer qu'une action aura déjà eu lieu quand une autre action aura lieu. Les deux actions sont donc non-simultanées. On utilise les conjonctions : *après que, aussitôt que / dès que, lorsque / quand, tant que* pour indiquer l'antériorité de l'action. Observez :

actions non-simultanées		
Situation : Lola quitte la France pour aller à Fort de France. Félix et Jamal cherchent Lola.		
3 heures		**7 heures**
Elle sera partie **Elle aura parlé à sa grand-mère**	quand	**Félix lui rendra visite.** **Jamal arrivera chez elle.**

Tableau 10, Les actions non-simultanées au futur.

▶ Le contexte de la phrase détermine le choix du temps du verbe. Observez le tableau ci-dessous.

futur simple et futur antérieur			
	proposition subordonnée	**proposition principale**	**exemple**
si	**présent**	**futur simple**	Si Lola est triste, elle parlera avec sa grand-mère.
quand / lorsque aussitôt que / dès que	**futur simple**	**futur simple**	Quand Lola ira à l'hôpital, Jamal l'accompagnera.
		futur antérieur	Lorsque Félix arrivera, Lola aura accouché de son bébé.
quand / lorsque aussitôt que / dès que après que	**futur antérieur**	**futur simple**	Après que Lola sera arrivée à l'hôpital, Jamal appellera Félix.

Tableau 11, Le futur simple et le futur antérieur.

Pratiquez !

 A   **Avant la réunion.** Félix ira chez Lola ce soir. Racontez ce qu'il fera avant d'arriver. Utilisez *le futur simple.*

Félix _____ (être) très content d'aller voir Lola. Il _____ (partir) tôt parce qu'il _____ (aller) chez Lola à vélo et parce qu'il y _____ (avoir) beaucoup de circulation. Avant de partir, il _____ (parler) avec ses grands-parents qui _____ (être) contents que Félix aille chez Lola parce qu'ils l'aiment. Après avoir parlé avec eux, Félix _____ (devoir) voir Maurice. Félix lui _____ (demander) de lui prêter de l'argent parce qu'il _____ (vouloir) acheter des fleurs pour Lola. Maurice _____ (refuser). Quand Félix _____ (arriver) chez Lola, il y _____ (rencontrer) Jamal. Il _____ (être) un peu confus mais il _____ (être) content de voir sa jolie copine !

B **Projets de Jamal.** Jamal est très responsable et il est prêt à aider Lola. Décrivez ce qu'il fera. Mettez les verbes entre parenthèses *au futur antérieur*.

Dès que Jamal _____ (apprendre) que Lola est enceinte, il commencera à organiser son emploi du temps pour être sûr d'avoir assez de temps pour l'aider. Quand il _____ (écrire) une liste de ses obligations, il parlera avec Lola. Il est sûr que Lola sera contente après qu'il lui _____ (montrer) leur emploi du temps. Jamal sait que dès qu'ils _____ (s'habituer) à leur vie en couple, Lola sera plus à l'aise et moins stressée. Chaque matin, Jamal expliquera à Lola ce qu'ils feront pendant la journée. Il dira par exemple : Ce matin, j'irai à l'université et tu feras de la gymnastique. Tu rentreras et tu feras la sieste. Ce soir je rentrerai vers 6 heures. Aussitôt que je _____ (rentrer), je te préparerai un bon repas. On mangera vers 8 heures. Dès que tu _____ (manger), tu te reposeras et je ferai la vaisselle. Quand tu _____ (se coucher), je ferai le ménage. Lorsque tu _____ (s'endormir), je réviserai pour mes examens. Tu verras… tu seras super contente !!!

C **Enceinte ?** Quand Jamal et Félix dînent chez Lola, ils apprennent qu'elle est enceinte. Comment réagissent-ils ? Complétez les phrases suivantes avec *le futur simple* ou *le futur antérieur* selon le contexte.

1. Lola leur dira qu'elle les aime tous les deux quand…
2. Dès que Lola leur aura expliqué la situation, les deux hommes…
3. Jamal se sentira responsable quand Lola…
4. Félix sera très surpris quand Lola…
5. Après que Lola aura tout expliqué, Jamal…
6. Après que Lola aura tout expliqué, Félix…
7. Aussitôt que Félix partira, il…
8. Lorsqu'il parlera avec Max, Félix…
9. Quand Félix aura expliqué la situation à Max, Max…
10. Si Félix a toujours des doutes, il…

8.2 Le conditionnel présent et le conditionnel passé

Le conditionnel présent – rappel !

▶ Le conditionnel est un mode. L'emploi du conditionnel dépend d'une condition (explicite ou implicite). Il exprime un désir ou un souhait, une suggestion ou un conseil, une hypothèse (une possibilité ou une éventualité). Il correspond à *should/would* en anglais.

▶ Observez quelques verbes au conditionnel présent.

terminaisons du conditionnel			
je/j'	**-ais**	nous	**-ions**
tu	**-ais**	vous	**-iez**
il, elle, on	**-ait**	ils, elles	**-aient**

Tableau 12, Les terminaisons du conditionnel présent.

verbes réguliers au conditionnel présent			
	parler	**finir**	**répondre**
je	parlerais	finirais	répondrais
tu	parlerais	finirais	répondrais
il, elle, on	parlerait	finirait	répondrait
nous	parlerions	finirions	répondrions
vous	parleriez	finiriez	répondriez
ils, elles	parleraient	finiraient	répondraient

Tableau 13, Des verbes réguliers au conditionnel présent.

► Pour les verbes en –er avec un changement orthographique, on garde le changement orthographique dans toutes les personnes au conditionnel présent. Notez qu'il n'y a pas de changement d'*é*.

verbes avec changement orthographique				
	acheter	**essayer**	**appeler**	**répéter**
je/j'	achèterais	essaierais	appellerais	répéterais
tu	achèterais	essaierais	appellerais	répéterais
il, elle, on	achèterait	essaierait	appellerait	répéterait
nous	achèterions	essaierions	appellerions	répéterions
vous	achèteriez	essaieriez	appelleriez	répéteriez
ils, elles	achèteraient	essaieraient	appelleraient	répéteraient

Tableau 14, Des verbes avec changement orthographique.

► Observez les radicaux irréguliers.

radicaux irréguliers au conditionnel présent							
aller	**ir-**	envoyer	**enverr-**	pleuvoir	**pleuvr-**	valoir	**vaudr-**
(s')asseoir	**(s')assiér-**	être	**ser-**	pouvoir	**pourr-**	venir	**viendr-**
avoir	**aur-**	faire	**fer-**	recevoir	**recevr-**	voir	**verr-**
courir	**courr-**	falloir	**faudr-**	savoir	**saur-**	vouloir	**voudr-**
devoir	**devr-**	mourir	**mourr-**	tenir	**tiendr-**		

Tableau 15, Des verbes avec radicaux irréguliers.

Le conditionnel passé

► Le conditionnel passé est un temps composé. Il se compose d'un verbe auxiliaire (avoir ou être) au conditionnel présent et du participe passé du verbe en question. Les règles pour le choix du verbe auxiliaire, pour l'accord du participe passé et pour la structure de la phrase au conditionnel passé sont les mêmes que pour le passé composé.
Exemple : Lola **serait** déjà **partie** si elle avait fait ses valises hier soir.

► Observez la formation du conditionnel passé.

avoir			
je/j'	**aurais**	nous	**aurions**
tu	**aurais**	vous	**auriez**
il, elle, on	**aurait**	ils, elles	**auraient**

Tableau 16, Le verbe avoir au conditionnel présent.

être			
je	**serais**	nous	**serions**
tu	**serais**	vous	**seriez**
il, elle, on	**serait**	ils, elles	**seraient**

Tableau 17, Le verbe être au conditionnel présent.

faire			
je/j'	**aurais fait**	nous	**aurions fait**
tu	**aurais fait**	vous	**auriez fait**
il, elle, on	**aurait fait**	ils, elles	**auraient fait**

Tableau 18, Le verbe faire au conditionnel passé.

partir			
je/j'	**serais parti (e)**	nous	**serions parti (e) s**
tu	**serais parti (e)**	vous	**seriez parti (e) (s)**
il, elle, on	**serait parti (e)**	ils, elles	**seraient parti (e) s**

Tableau 19, Le verbe partir au conditionnel passé.

se lever			
je	**me serais levé (e)**	nous	**nous serions levé (e) s**
tu	**te serais levé (e)**	vous	**vous seriez levé (e) (s)**
il, elle, on	**se serait levé (e)**	ils, elles	**se seraient levé (e) s**

Tableau 20, Le verbe se lever au futur antérieur.

▶ Le conditionnel passé est employé pour exprimer des regrets ou des reproches.

   ◆ Le verbe *devoir* (+ *infinitif*) au conditionnel passé indique ce que le sujet ***aurait dû faire*** (should have done).
     Exemple : *Lola aurait dû dire la vérité aux hommes !*
                (Lola should have told the men the truth !)

   ◆ Le verbe *pouvoir* (+ *infinitif*) au conditionnel passé indique ce que le sujet ***aurait pu faire*** (could have done).
     Exemple : *Lola aurait pu dire la vérité aux hommes !*
                (Lola could have told the men the truth !)

   ◆ Le verbe *vouloir* (+ *infinitif*) au conditionnel passé indique ce que le sujet ***aurait voulu faire*** (wishes he had done).
     Exemple : *Lola aurait voulu dire la vérité aux hommes !*
                (Lola wishes she had told the men the truth !)

▶ Le conditionnel présent et le conditionnel passé sont employés avec l'expression *au cas où (in case)*.
   Exemple : *Jamal a acheté des pagers au cas où Lola irait à l'hôpital tout de suite.*
         Au cas où il serait sorti, Jamal pourra contacter Félix.

▶ Le conditionnel présent et le conditionnel passé sont employés avec l'imparfait et le plus-que-parfait dans les phrases conditionnelles. Observez le tableau ci-dessous.

conditionnel présent et conditionnel passé dans les phrases conditionnelles		
proposition subordonnée introduite par si	proposition principale	exemple
imparfait	conditionnel présent	Si Félix était plus responsable, Lola serait contente.
plus-que-parfait	conditionnel passé	Si Jamal lui avait téléphoné tout de suite, Félix serait arrivé plus tôt.

Tableau 21, Le conditionnel présent et le conditionnel passé dans les phrases conditionnelles.

Pratiquez !

A **Souhaits et obligations.** Lola vient d'annoncer qu'elle est enceinte. Les trois jeunes gens réfléchissent à leur vie actuelle et à leur avenir. Répondez aux questions suivantes. Utilisez *le conditionnel présent.*

1. Qu'est-ce que Lola pourrait faire pour se préparer pour l'arrivée de son bébé ? Qu'est-ce qu'elle voudrait faire actuellement ? Qu'est-ce qu'elle devrait faire à l'avenir ?

2. Qu'est-ce que Jamal devrait faire pour aider Lola à se préparer pour l'arrivée de son bébé ? Qu'est-ce qu'il aimerait faire actuellement ? Qu'est-ce qu'il faudrait qu'il fasse à l'avenir ?

3. Qu'est-ce que Félix pourrait faire pour aider Lola ? Qu'est-ce que Félix devrait faire actuellement ? Qu'est-ce qu'il préférerait faire à l'avenir ?

B   **Regrets.** Max veut que Félix réussisse à changer de vie. Il lui raconte ce qu'il aurait pu faire s'il n'avait pas quitté le lycée. Mettez les verbes entre parenthèses *au conditionnel passé*.

Si je n'avais pas quitté le lycée…
J'____ (passer) mon bac et j'____ (réussir) ! J'____ (pouvoir) trouver un emploi. Je ____ (se marier) avec une jolie femme. Nous ____ (acheter) un appartement au centre-ville de Paris. Nous ____ (avoir) notre premier enfant. Il ____ (appeler) Maxim.
Tu ____ (être) content d'avoir un neveu ! De plus, je ____ (ne…pas / revendre) de drogue et je ____ (ne…pas / être) arrêté. Tu comprends, Félix ? Réfléchis bien à ton avenir et assume tes responsabilités !

8.3 Le verbe devoir

▶ Le verbe **devoir** est un verbe irrégulier. Observez la conjugaison du verbe devoir au présent.

devoir			
je	**dois**	nous	**devons**
tu	**dois**	vous	**devez**
il, elle, on	**doit**	ils, elles	**doivent**

Tableau 22, Le verbe devoir.

▶ Le sens du verbe **devoir** dépend du temps ou du mode ainsi que du contexte de la phrase. Observez le tableau ci-dessous.

le verbe devoir			
temps/mode	**traduction**	**exemple**	**traduction**
futur simple	will have to	Félix devra être plus responsable s'il veut être père.	Félix will have to be more responsible if he wants to be a father.
présent	have to (must)	Félix doit respecter sa famille.	Félix must respect his family.
	supposed to	Félix doit passer le sabbat avec sa famille.	Félix is supposed to spend Sabbath with his family.
	probably be / do (must be)	C'est vendredi soir, Félix doit être chez lui.	It's Friday evening, Félix is probably at home.
	owe	Lola n'est pas chez elle. Elle doit une explication à Jamal et à Félix.	Lola isn't home. She owes Jamal and Félix an explanation.
passé composé	had to	Félix n'avait pas d'argent. Il a dû en emprunter.	Félix didn't have any money. He had to borrow some.
	probably did (must have)	Lola est partie. Elle a dû aller à la Martinique.	Lola left. She probably went to Martinique. (She must have gone to Martinique.)
imparfait	used to have to	Félix devait partager une chambre avec sa sœur.	Félix used to have to share a room with his sister.
	was supposed to	Félix n'est pas là ? Il devait arriver à 7 heures.	Félix isn't here ? He was supposed to arrive at 7:00.
	probably was / did	Félix n'est pas venu ? Il devait être fâché contre nous.	Félix didn't come ? He was probably angry with us !
conditionnel présent	should	Jamal devrait continuer ses études.	Jamal should continue his studies.
conditionnel passé	should have	Il n'aurait pas dû quitter l'université.	He should not have quit school.

Tableau 23, Le verbe devoir.

Pratiquez !

A **Lola.** Complétez l'histoire de Lola avec la forme du verbe *devoir* qui convient.

Au début de l'année scolaire, Lola avait peu de responsabilités, elle _____ (used to have to) aller à la fac et réviser pour ses examens. Elle _____ (was supposed to) aussi passer du temps avec sa grand-mère chaque semaine (ce qu'elle faisait avec plaisir). Un jour, elle _____ (had to) aller à une soirée à la fac. Elle _____ (should have) rester chez elle ce soir-là parce que c'était à cette soirée qu'elle a rencontré Félix et Jamal. Après ce jour-là, sa vie a commencé à changer. Maintenant, elle est enceinte et elle _____ (has to) penser à l'avenir de son enfant. Elle _____ (will have to) faire attention à ce qu'elle mange et elle _____ (should) faire de la gymnastique ! Grâce à l'aide de Jamal et de Félix, elle arrivera à s'adapter à sa nouvelle vie !

B **Félix.** Félix a disparu et Jamal s'inquiète. Complétez ses phrases avec la forme du verbe *devoir* qui convient.

Jamal dit à Lola…
1. Félix n'est pas là, il (must have)… et il (was supposed to)…
2. Je ne comprends pas pourquoi il ne nous a pas appelés ! Il (should have)…
3. Il (should) aussi…
4. J'ai appelé Max mais il ne sait pas non plus où il est ! Il nous (owes) …
5. S'il veut être père, il (will have to)…

C **Devoirs et obligations.** Lola vient de dire à Félix et à Jamal qu'elle est enceinte. Ils pensent à leurs devoirs et à leurs obligations. Utilisez la forme du verbe *devoir* qui convient pour compléter le tableau ci-dessous.

devoirs et obligations			
	dans le passé	actuellement	à l'avenir
Lola			
Jamal			
Félix			

8.4 Les phrases conditionnelles

▶ Les phrases conditionnelles se composent de deux propositions. La proposition subordonnée introduit la condition avec la conjonction **si** et cette proposition détermine le temps de la proposition principale. (Voir le tableau des phrases conditionnelles.)

▶ La proposition subordonnée introduite par **si** peut être placée au début ou à la fin de la phrase.
Exemple :   *Si j'étais Lola, je serais moins exigeante avec les hommes.*
Je serais moins exigeante avec les hommes si j'étais Lola.

▶ Le verbe de la proposition subordonnée introduite par **si** n'est jamais au futur ni au conditionnel. La proposition principale est souvent au futur et au conditionnel.
Exemple :   *Si Félix a du temps, il rendra visite à Lola.*
(présent)   *(futur simple)*
S'il était intelligent, il passerait beaucoup de temps avec elle.
(imparfait)   *(conditionnel présent)*

Observez les temps et les modes des phrases conditionnelles. Notez que les structures les plus fréquentes sont marquées d'un astérisque (*).

phrases conditionnelles			
proposition subordonnée introduite par si	proposition principale	exemple	traduction
présent	*présent	Si Félix veut faire quelque chose, il peut aider la grand-mère de Lola.	If Félix wants to do something, he can help Lola's grandmother.
	*impératif	Félix ! Si tu as envie de faire quelque chose, va au supermarché !	Félix ! If you feel like doing something, go to the grocery store !
	*futur simple	Si tu veux aider Lola, tu le feras.	If you want to help Lola, you will do it.
	futur antérieur	S'il part maintenant, il sera rentré à 7 heures.	If he leaves now, he will have returned at 7:00.
passé composé	passé composé	Si Jamal n'est pas encore rentré, il est allé au supermarché.	If Jamal hasn't come home yet, he went to the supermarket.
	imparfait	Si Lola est partie sans rien dire, c'était parce qu'elle était triste.	If Lola left without saying anything, it was because she was sad.
	présent	Si la police a arrêté Jamal et Félix, Lola doit aller au commissariat.	If the police arrested Jamal and Félix, Lola must go to the police station.
	*impératif	Félix ! Si tu as perdu ton pager, cherche-le maintenant !	Félix ! If you lost your pager, look for it now !
	*futur simple	Si Jamal a bien révisé, il réussira à ses examens.	If Jamal studied well, he will pass his exams.
	futur antérieur	Si Félix n'est pas sorti avec ses copains, il sera rentré tôt.	If Félix didn't go out with his friends, he will have gotten home early.
imparfait	*conditionnel présent	Si j'étais Félix, je serais plus responsable.	If I were Félix, I would be more responsible.
	conditionnel passé	Si j'étais Félix, j'aurais aidé Lola plus tôt.	If I were Félix, I would have helped Lola sooner.
plus-que-parfait	conditionnel présent	Si Lola leur avait dit la vérité, Jamal et Félix seraient au courant de tout.	If Lola had told them the truth, Jamal and Félix would know about everything.
	*conditionnel passé	Si Lola ne les avait pas invités chez elle, Jamal et Félix ne se seraient pas rencontrés.	If Lola had not invited them to her place, Jamal and Félix would not have met.

Tableau 24, Les phrases conditionnelles.

Pratiquez !

 Phrases conditionnelles. Complétez les phrases conditionnelles suivantes avec *les temps et les modes* indiqués.

1. **Si + le présent :** *Lola parle à Félix…*
   a. présent : Si tu veux être plus responsable, tu ___ (ne…pas/devoir) sortir ce soir !
   b. impératif : Si tu veux être plus responsable, ___ (ne…pas / sortir) en boîte de nuit !
   c. futur : Si tu veux être plus responsable, tu ___ (rentrer) tôt ce soir !
   d. futur antérieur : Si tu veux être plus responsable, tu ___ (réfléchir) à notre avenir !

2. **Si + le passé composé :** *Lola parle à Jamal…*
   a. présent : Si tu as fait le ménage, tu ___ (pouvoir) préparer le dîner !
   b. impératif : Si tu as fait le ménage, ___ (préparer) le dîner !
   c. futur : Si tu as fait le ménage, tu ___ (pouvoir) préparer le dîner tout à l'heure !
   d. futur antérieur : Si tu as fait le ménage, Félix ___ (faire) les courses et tu pourras préparer le dîner.

3. **Si + imparfait :** *Jamal parle à Lola…*
   a. conditionnel présent : Si j'étais toi, je ___ (se coucher) tôt ce soir !
   b. conditionnel passé : Si j'étais toi, je/j' ___ (manger) tout mon dîner.

4. **Si + plus-que-parfait :** *Félix parle de Max…*
   a. conditionnel présent : S'il n'avait pas quitté le lycée, il ___ (être) plus content.
   b. conditionnel passé : S'il n'avait pas quitté le lycée, il ___ (pouvoir) trouver un emploi.

B **Trois jeunes gens.** Répondez aux questions suivantes. Utilisez *les temps* et *les modes* qui conviennent.

1. Qu'est-ce que Jamal et Félix peuvent faire s'ils veulent aider Lola ? Qu'est-ce qu'ils doivent faire s'ils veulent l'aider ? Est-ce qu'elle veut qu'ils l'aident ? Expliquez.

2. Qu'est-ce qu'ils feront s'ils veulent vraiment être avec Lola ? Qu'est-ce qu'ils devront faire s'ils veulent vraiment être avec elle ? Qu'est-ce qu'elle fera si elle veut qu'ils soient avec elle ?

3. Qu'est-ce que Lola doit faire si la police a arrêté Félix et Jamal ? Qu'est-ce qu'elle va faire si la police les a arrêtés ? Qu'est-ce qu'elle voudrait faire s'ils ont été arrêtés ?

4. Qu'est-ce que Lola aura envie de faire si la police a arrêté Félix et Jamal de nouveau ? Qu'est-ce qu'elle fera si la police les a arrêtés de nouveau ?

5. Qu'est-ce que Lola demanderait à Félix et à Jamal de faire si elle ne voulait pas être seule ? Qu'est-ce qu'elle devrait leur demander si elle ne voulait pas être seule ?

6. Est-ce que Félix et Jamal auraient eu envie d'aider Lola si elle n'était pas partie ? Est-ce que Félix et Jamal auraient pu l'aider si elle n'était pas partie ? Est-ce que Lola aurait eu envie de vivre avec eux si elle n'était pas partie ?

8.5 La concordance des temps

▶ La concordance des temps se rapporte aux temps et aux modes des verbes dans les phrases complexes d'un récit. La concordance des temps s'applique aux propositions subordonnées. Il faut observer les trois rapports possibles entre la proposition principale et la proposition subordonnée.

- ◆ L'antériorité : L'action de la proposition subordonnée a lieu avant l'action de la proposition principale.
- ◆ La simultanéité : L'action a lieu en même temps dans les deux propositions.
- ◆ La postériorité : L'action de la proposition subordonnée a lieu après l'action de la proposition principale.

▶ Observez la concordance des temps dans le tableau ci-dessous. (Le passé du subjonctif est présenté dans le chapitre 9).

concordance des temps			
proposition principale	action	proposition subordonnée	exemple
passé	antériorité	plus-que-parfait	Lola savait que Jamal et Félix s'étaient disputés avant.
	simultanéité	passé composé	Les hommes ont arrêté de se disputer quand Lola est entrée dans le salon.
		imparfait	Lola savait que Jamal et Félix essayaient de ne pas se disputer.
		subjonctif (présent)	Lola était contente que Jamal et Félix fassent un effort ce soir-là.
	postériorité	subjonctif (présent)	Jamal et Félix doutaient que Lola ait besoin d'aide pendant sa grossesse.
		conditionnel présent	Jamal et Félix ont promis que Lola serait contente.
		conditionnel passé	Jamal et Félix ont dit que Lola aurait pu être moins exigeante.
Présent	antériorité	passé composé	Félix ne sait pas que Lola est partie.
		imparfait	Félix ne sait pas où était Lola.
	simultanéité	subjonctif (présent)	Félix est content que Lola l'invite à dîner.
		présent	Félix attend Lola avec Jamal quand elle arrive au restaurant.
	postériorité	subjonctif (présent)	Félix ne veut pas que Lola parte avec Jamal.
		futur simple	Félix pense que Lola voudra vivre avec lui.
futur	antériorité	passé composé	Lola ne dira pas aux hommes qu'elle a décidé de partir.
		imparfait	Félix et Jamal apprendront que Lola avait besoin de voir sa mère.
		futur antérieur	Jamal et Félix vivront ensemble après que Lola aura décidé de leur demander de l'aider.
	simultanéité	subjonctif (présent)*	Lola voudra que Jamal et Félix soient à l'hôpital avec elle.
		présent	Lola dira à Félix et à Jamal qu'ils ne doivent plus se disputer.
		futur simple*	Lola sera contente quand Jamal et Félix décideront de ne plus se disputer.

Notez l'absence de «postériorité» dans le futur. Il n'y a pas de futur du futur.
Tableau 25, La concordance des temps.

Pratiquez !

 Test. Avant de vivre avec Jamal et Félix, Lola décide de les tester. Racontez leur histoire. La proposition principale est *au passé*. Mettez la proposition subordonnée *au plus-que-parfait, au passé composé, à l'imparfait, au subjonctif, au conditionnel présent* ou *au conditionnel passé*.

1. Lola a appris que Jamal et Félix _____ (rendre – antériorité) visite à sa grand-mère.
2. Sa grand-mère savait qu'ils _____ (être – simultanéité) amoureux de Lola et elle a profité de leur situation.
3. Jamal a fait le ménage pendant que Félix _____ (faire – simultanéité) les courses pour sa grand-mère.
4. Lola doutait qu'ils _____ (pouvoir – postériorité) se débrouiller sans elle.
5. Cependant elle était sûre qu'ils _____ (arriver – postériorité) à bien s'entendre un jour.

B **Chez Jamal.** Lola arrive chez Jamal. Racontez son histoire. La proposition principale est *au présent*. Mettez la proposition subordonnée *au passé composé, à l'imparfait, au plus-que-parfait, au présent, au présent du subjonctif, au futur simple* ou *au futur antérieur*.

1. Jamal et Félix sont sûrs que Lola _____ (être – postériorité) triste qu'ils ne se voient plus.
2. Ils sont contents que Lola _____ (se sentir – postériorité) seule.
3. Ils ouvrent la porte en rigolant quand Lola _____ (arriver- simultanéité) chez Jamal.
4. Lola veut que Jamal et Félix _____ (comprendre – simultanéité) qu'elle est triste.
5. Ils savent que Lola _____ (commencer – antériorité) à se sentir seule.
6. Ils savent aussi qu'ils _____ (être – antériorité) un peu méchants avec elle.
7. Ils croient qu'elle _____ (parler – antériorité) avec sa grand-mère avant de leur rendre visite –elle lui donne toujours de bons conseils !

C **Disputes.** Quand Lola rentre de Martinique, Jamal et Félix essaient de ne pas se disputer. Racontez leur histoire. La proposition principale est *au futur*. Mettez la proposition subordonnée *au passé composé, à l'imparfait, au plus-que-parfait, au présent, au subjonctif, au futur simple* ou *au futur antérieur*.

1. Félix et Jamal seront à l'aéroport quand Lola _____ (arriver – simultanéité) de Martinique.
2. Ils seront très contents que Lola _____ (venir – simultanéité) vivre avec eux.
3. Lorsqu'ils seront ensemble, ils _____ (établir – simultanéité) une routine quotidienne.
4. Lola voudra que les hommes _____ (essayer – simultanéité/postériorité) de ne pas se disputer.
5. Elle ne saura pas qu'ils l'_____ (réveiller – antériorité) parce qu'ils se disputaient.
6. Elle pensera qu'ils _____ (rigoler – antériorité) ensemble.
7. Ils lui diront qu'ils _____ (nettoyer – antériorité) la cuisine. Après, ils _____ (avoir – antériorité) envie de regarder la télé.
8. Malgré leur bonne volonté, ils se disputeront de nouveau après que Lola _____ (se coucher – antériorité).

D **Scènes.** Choisissez une scène du film que vous avez beaucoup aimée. Faites un résumé de la scène, parlez de ce qui s'est passé juste avant cette scène et de ce qui se passe après la scène. Faites très attention à *la concordance des temps* et utilisez le tableau pour vous aider.

scènes	scène précédente	scène préférée	scène suivante
temps	**passé**	**présent**	**futur**
temps/mode	plus-que-parfait	passé composé	passé composé
	passé composé	imparfait	imparfait
	imparfait	présent	futur antérieur
	subjonctif (présent)	subjonctif (présent)	présent
	conditionnel présent	futur simple	subjonctif (présent)
	conditionnel passé		futur simple

Traduction

Français → anglais

 Mots et expressions. Traduisez les mots et les expressions suivantes *en anglais.*

1. une jeune femme métisse
2. un jeune étudiant musulman
3. un jeune coursier juif
4. une grand-mère antillaise
5. une grande famille juive pratiquante

 Phrases. Traduisez les phrases suivantes *en anglais.*

1. Quand il est arrivé, je lui ai raconté l'histoire.
2. Je ne savais pas où tu étais allé.
3. Quand tu rentreras, téléphone-nous !
4. Si tu n'as pas le temps, tu peux m'envoyer un e-mail.
5. Je voudrais te raconter cette histoire !

> **Conseils**
>
> ◆ Cherchez les mots apparentés et les faux amis.
> ◆ Vérifiez le genre et le nombre des noms et des adjectifs qui les qualifient.
> ◆ Regardez bien le temps et le mode des verbes.
> ◆ Observez la concordance du temps entre la proposition subordonnée et la proposition principale.
> ◆ N'oubliez pas de ne pas traduire mot à mot !
> ◆ Utilisez le vocabulaire et la grammaire pour vous aider !

Anglais → français

Mots et expressions. Traduisez les mots et les expressions suivantes *en français.*

1. to tell someone something
2. to ask someone something
3. to offer to do something
4. to propose to do something
5. to laugh and to have fun

Phrases. Traduisez les phrases suivantes *en français.*

1. What did you say ?
2. What did he propose to do ?
3. Will he do the house cleaning ?
4. If he does the cleaning, I will do the shopping.
5. We are happy that you are happy !

Marchander ! Lola parle avec sa grand-mère de la visite de Jamal. Traduisez leur dialogue *en français.*

> **Jamal and the grandmother**
>
> **Lola :** What did you tell Jamal?
>
> **Grandmother :** Jamal is the young Muslim student? He is a nice young man. When he arrived, I told him that I didn't know where you went. But he knows that you talked to me before you left. He asked me to tell him where you went. He offered to do my house cleaning for a week. I said no because a week isn't enough. He proposed to do it for two weeks. I laughed. He was disappointed so I said: "If you do my house cleaning for a month, I will tell you when Lola will be back." I am happy because he was very happy and I had fun!
>
> **Lola :** I am happy that he knows when I will be returning… And Félix? You know Félix - the Jewish bicycle messenger? Did he visit you?

Photo

 A **Détails.** Regardez l'image et choisissez les bonnes réponses.

1. Où est-ce que cette scène a lieu ?
   a. chez Lola
   b. chez Félix
   c. chez Jamal
2. Quand est-ce que cette scène a lieu ?
   a. Elle a lieu au début du film.
   b. Elle a lieu au milieu du film.
   c. Elle a lieu vers la fin du film.
3. Qu'est-ce que les personnages font ?
   a. Ils sont en train de manger.
   b. Ils sont en train de se disputer.
   c. Ils préparent un repas.
4. Qui sont les autres personnages dans la scène ?
   a. Lola et les parents de Jamal
   b. Lola et la famille de Félix
   c. Lola et sa famille
5. La grand-mère pose des questions … à Jamal.
   a. indiscrètes
   b. intéressantes
   c. stupides

B **Chronologie.** Mettez les phrases suivantes en ordre chronologique.

_____ Tout le monde se met à table.
_____ Lola, Félix et Jamal arrivent chez Félix.
_____ La grand-mère demande à Lola de l'accompagner à la cuisine.
_____ La grand-mère de Félix pose des questions à Jamal.
_____ La grand-mère de Félix dit à Lola qu'elle est contente que Félix soit avec Lola.

C **En général.** Répondez aux questions suivantes. Ecrivez deux ou trois phrases.

1. Donnez un titre à la photo. Justifiez votre réponse.
2. Décrivez les émotions des deux personnages sur la photo.

D **Aller plus loin.** Ecrivez un paragraphe pour répondre aux questions suivantes.

1. Pourquoi est-ce que la grand-mère de Félix veut que Lola aille dans la cuisine avec elle ?
2. Comment est-ce que cette scène montre que Félix n'est plus aussi raciste qu'au début du film ?

Mise en pratique

 En général. Répondez aux questions suivantes. Ecrivez deux ou trois phrases.

1. Pourquoi est-ce que Jamal et Félix rendent visite à Lola ? Décrivez leur arrivée.
2. Quelles différences entre les deux hommes est-ce que vous remarquez dans ces premières scènes ?
3. Quelle est la situation familiale de Lola, de Jamal et de Félix ?
4. Est-ce que Lola, Jamal et Félix travaillent ? Expliquez.
5. Pourquoi est-ce que Jamal quitte l'université ? Quelle est la réaction de Félix ?
6. Qu'est-ce que Lola apprend quand elle va chez le gynécologue ? Est-ce qu'elle raconte à Jamal ou à Félix ce que le gynécologue lui a dit ? Expliquez.
7. Qu'est-ce que Jamal apprend quand il rentre du commissariat après avoir été arrêté ? Comment réagit-il ?
8. Pourquoi est-ce que Lola part pour la Martinique sans prévenir Jamal et Félix ? Comment est-ce qu'ils apprennent où elle est allée ?
9. Pourquoi est-ce que Lola invite Jamal et Félix à dîner au restaurant ? Qu'est-ce qu'elle veut et comment réagissent-ils ?
10. Pourquoi est-ce que Lola va chez Jamal ? Pourquoi est-ce que Jamal et Félix sont contents ?
11. Est-ce que les trois jeunes gens arrivent à vivre ensemble sans problèmes ? Expliquez.
12. Est-ce que Jamal et Félix arrivent à bien s'entendre ? Expliquez et donnez des exemples précis pour justifier votre réponse.
13. Qu'est-ce qui montre que Jamal et Félix s'acceptent et qu'ils se comprennent ? Donnez des exemples précis pour justifier votre réponse.
14. Décrivez la fin du film. Est-ce que vous pensez que Félix est mort ? Expliquez.
15. Qu'est-ce que Félix demande à l'infirmière ? Pourquoi ? Qu'est-ce qu'elle répond ? Pourquoi ?

 Aller plus loin. Écrivez un paragraphe pour répondre aux questions suivantes.

1. Décrivez les origines, les classes sociales et les croyances des trois personnages principaux.
2. Kassovitz rompt avec certains clichés. Expliquez les paradoxes de Félix et de Jamal en ce qui concerne l'argent, le logement, l'éducation, l'habillement et la musique.
3. Est-ce que Lola est aussi un paradoxe ? Pourquoi ou pourquoi pas ?
4. Quelles religions est-ce que Kassovitz présente dans le film ? Pourquoi est-ce qu'il a choisi ces religions ? Est-ce que les différences de religion sont importantes pour les personnages du film ?
5. Pourquoi est-ce que Kassovitz a choisi trois origines différentes pour les personnages principaux ? Est-ce que les différences d'origine sont importantes pour les personnages du film ? Expliquez.
6. Expliquez comment la musique caraïbe correspond à Lola, le jazz correspond à Jamal et le rap correspond à Félix.
7. Quelle est l'importance de la musique dans le film ? Pourquoi est-ce que la musique remplace des dialogues entre les personnages ?
8. Le titre français du film est *Métisse* alors que le titre américain est *Café au lait*. Expliquez la signification de ces deux titres.
9. Quel est le but du film ?
10. Est-ce que le film est trop idéaliste à votre avis ? Expliquez.

C **Analyse.** *La Haine* est le deuxième film de Mathieu Kassovitz. Au lieu de présenter une vision optimiste de la situation des jeunes de banlieue (comme dans le film *Métisse*), il présente une sorte de documentaire de la vie en banlieue. Lisez le texte ci-dessous et complétez les activités de vocabulaire.

La Haine

C'est la journée la plus importante de leur vie.

Date de sortie :	31 mai 1995
Réalisé par :	Mathieu Kassovitz
Ecrit par :	Mathieu Kassovitz
Avec :	Vincent Cassel, Hubert Koundé, Saïd Taghmaoui
Genre :	Drame - Crime
Durée :	1 h 35 min

Banlieue parisienne

riots / explode

Les émeutes° éclatent° dans une cité de banlieue parisienne. Pendant les émeutes, Abdel, un jeune de banlieue, est gravement blessé. Il est entre la vie et la mort. Quand ses amis, Hubert, Saïd et Vinz, vont à l'hôpital pour lui rendre visite, on leur interdit l'accès. Saïd est furieux et il s'emporte°. Résultat : il se retrouve quelques heures au commissariat. Empreint de haine, Vinz décide que si Abdel meurt, il tuera un policier avec l'arme qu'un inspecteur a perdue pendant les émeutes.

loses his temper

Paris

stopped / flees
release
regional (suburban) train / wander / hit on

Les trois amis, Hubert, Saïd et Vinz, vont à Paris où ils rencontrent un maniaque des armes à feu. Cette rencontre tourne mal ; ils sont arrêtés° par la police. Vinz s'enfuit° mais un inspecteur maghrébin ne relâche° pas les deux autres jusqu'au départ du dernier RER°. Obligés de passer toute la nuit à Paris, Hubert et Saïd errent° et ils retrouvent Vinz, avec qui ils vont à une soirée dans une galerie d'art. Ils y draguent° deux filles, les agressent et sont expulsés. Après la soirée, ils volent une voiture. Quelques policiers les observent mais, grâce à un SDF compatissant, ils ne sont pas arrêtés. Leur aventure continue et ils apprennent qu'Abdel est mort. Vinz est fou de colère et pendant une rencontre avec une bande de skinheads, il faillit en tuer un.

Banlieue parisienne

turns on
detonation

A 6 heures du matin, les trois amis peuvent finalement rentrer chez eux. Une patrouille de police les attend. Un des policiers sort son arme et tue Vinz, accidentellement. Hubert prend l'arme de Vinz et la pointe° sur le policier. Le policier pointe la sienne sur Hubert. Une détonation° éclate…

Activité de vocabulaire

1. Où est-ce que le film a lieu ? Quand est-ce que le film a lieu ?
2. Qui sont les personnages principaux du film ? De quelle origine sont les personnages principaux à votre avis ?
3. Qu'est-ce qui leur arrive un jour ? Quel est le résultat du conflit ?
4. Comment est-ce que les trois personnages principaux passent leur temps ? Pourquoi ?
5. Est-ce que vous pensez que le film est optimiste ou pessimiste ? Expliquez.

A votre avis…

La Haine, le deuxième film réalisé par Kassovitz, a eu du succès. Pourquoi à votre avis ? De quelles difficultés parle-t-il ? Pensez-vous que Kassovitz présente les difficultés dans *La Haine* comme il les a présentées dans *Métisse* ? Comment Kassovitz présente-t-il les difficultés dans *Métisse* ?

Qu'est-ce qui se passe dans la banlieue française aujourd'hui ? Certains pensent que *La Haine* a prévu la crise des banlieues. D'après le résumé du film que vous avez lu, êtes-vous d'accord ?

Aimeriez-vous voir *La Haine* ? Pourquoi ou pourquoi pas ?

Communication

A **Mémé.** Lola demande des conseils à sa grand-mère. Elle veut savoir ce qu'il faudra faire pour se préparer pour l'arrivée de son bébé. Jouez le rôle de Lola et posez des questions à votre partenaire qui joue le rôle de la grand-mère. Utilisez *le futur simple et le futur antérieur* et les conjonctions ci-dessous pour vous aider.

Modèle :   Etudiant 1 :   Mémé, qu'est-ce que je devrai faire ?
                Etudiant 2 :   Après que tu auras pris une décision, il faudra parler avec Jamal et Félix.

B **Max.** Max aurait pu avoir une vie réussie. Félix et Lola discutent de ce qu'il aurait dû faire et de ce qu'il aurait pu faire pour changer de vie. Jouez le rôle de Félix et votre partenaire joue le rôle de Lola. Utilisez *le conditionnel présent et le conditionnel passé*.

Modèle :   Etudiant 1 :   Félix, tu sais que Max voudrait que tu aies une vie réussie.
                Etudiant 2 :   Oui, mais lui aussi, il aurait pu avoir une vie réussie ! Il n'aurait pas dû quitter le lycée.

C **Maman.** Quand Lola apprend qu'elle est enceinte, elle parle avec sa mère de ses devoirs et de ses obligations actuelles et de ses devoirs et de ses obligations en tant que mère. Jouez le rôle de Lola et votre partenaire joue le rôle de sa mère. Utilisez le verbe *devoir* et les temps et les modes qui conviennent.

Modèle :   Etudiant 1 :   Lola, tu devras changer ta routine si tu veux être une bonne mère.
                Etudiant 2 :   Qu'est-ce que je devrai faire maman ?

D **Conditions.** Lola, Félix et Jamal apprennent qu'il est difficile de vivre ensemble ! Ils se disputent et ils parlent de leurs vies passée, actuelle et future. Créez leur dialogue avec vos partenaires. Utilisez le tableau ci-dessous pour vous aider à créer *des phrases conditionnelles*.

phrases conditionnelles				
Si +	**présent**	**passé composé**	**imparfait**	**plus-que-parfait**
proposition principale	présent impératif futur simple futur antérieur	passé composé imparfait présent impératif futur simple futur antérieur	conditionnel présent conditionnel passé	conditionnel présent conditionnel passé

Modèle :   Etudiant 1 :   Si je n'étais pas allé à la soirée, je n'aurais pas rencontré Lola !
                Etudiant 2 :   C'est vrai, mais si tu ne l'avais pas rencontrée, tu serais allé en prison comme Max !

E **Amitié.** Félix et Jamal deviennent amis. Félix parle de la vie de Max avec Jamal. Il présente sa vie actuelle et il parle de son passé et de son avenir. Jouez le rôle de Félix et racontez l'histoire de Max. Votre partenaire joue le rôle de Jamal qui pose des questions à Félix. Faites très attention à *la concordance des temps*.

> **Modèle :**   Etudiant 1 :   Qu'est-ce qui est arrivé à Max ?
> Etudiant 2 :   Ouf… son histoire est compliquée. D'abord, il a quitté le lycée…

F **Copains.** Kassovitz et Cassel sont amis depuis longtemps. Kassovitz aime savoir ce que son ami pense de ses films. Cassel pense qu'il faut ajouter une scène pour mieux raconter l'histoire de Lola. Quelle scène ajoute-t-il ? Préparez la scène selon les rubriques ci-dessous. Jouez le sketch pour vos camarades de classe.

> **scène**
> sa situation dans le film (début – milieu – fin)
> les acteurs / les actrices dans la scène
> l'intérêt principal de la scène
> le lieu de l'action / le décor
> la bande son / la musique

> **Modèle :**   Etudiant 1 :   Narrateur (narratrice) : Au début du film, on voit Lola qui vient d'arriver à une soirée. Elle parle avec Jamal quand Félix lui demande de danser.
> Etudiant 2 :   (Lola parle à Jamal) : Ah… tu fais des études de droit…

Aller plus loin

Lecture

Dessine-moi une banlieue !

Entre hip hop et verlan, la culture «banlieue» regorge de créativité. Et pour répondre au chômage et à la violence, les projets artistiques fleurissent dans les ghettos urbains, de Paris à Bucarest.

Hip hop. Deux onomatopées qui résument à elle seules la culture de ces «ghettos» urbains, enclavés dans les périphérie des grandes métropoles. Originaire des Etats-Unis, le mouvement débarque dans les cité d'Europe occidentale dès les années 80 et permet alors à certains jeunes de s'émanciper en revendiquant une identité propre.

Métissage et rap

A travers la danse (le smurf ou le break dance), la musique (rap, R&B), les arts graphiques (tags et graffs), la façon de s'habiller «streetwear» - casquettes, pantalons baggy très larges, hommage à l'univers carcéral américain où les prisonniers n'avaient pas le droit aux ceintures, et avalanche de bijoux tape à l'œil, ces jeunes se rassemblent en «tribus» et ré-inventent en permanence leurs propres codes. Egrenée au fil de films cultes comme «La Haine» (Kassovitz, 1995), d'idoles comme Eminem ou Fifty Cent ou de mode. De plus en plus de rappeurs créent d'ailleurs leurs fringues : de la marque «FU BU» de LL Cool J à «Com8» de Joey Starr de NTM.

Cette société parallèle décalée offre à une génération de banlieusards l'opportunité de revendiquer sa spécificité, d'exprimer ses angoisses et déceptions face à un modèle d'intégration dépassé. Dans l'Hexagone, l'usage du verlan, le langage à l'envers est d'abord employé par les «keums» (mecs) coincés dans les barres HLM des «téci» (cité) avant d'envahir le vocabulaire commun. Un jargon auquel se greffent argot, abréviations phonétiques du «SMS staïle», anglicismes ou des expressions arabes comme «wesh, wesh» pour «salut». Exemple : le titre pour le moins codé du film français sorti en 1997 «Ma 6T va cracker» (ma cité va exploser).

Ces coutumes se réapproprient langue, écriture mais surtout une histoire et une culture oubliées par les manuels officiels : le rap puise ses racines dans l'art parlé des griots africains, dans le blues, musiques des esclaves noirs immigrés de force aux Etats-Unis. C'est par essence une musique de contestation de l'ordre établi. Depuis la sortie du premier tube en 1979 de «*Rapper's delight*» par Sugar Hill Gang, le rap est devenu un marché juteux, popularisé par des artistes commerciaux comme MC Solaar ou IAM en France, Samy Deluxe en Allemagne ou *7 notas 7 colores* en Espagne, désormais écoutés par l'ensemble de la jeunesse. Légende, mots, codes...cette culture du béton se retrouve aujourd'hui d'une banlieue européenne à une autre, suscitant souvent l'incompréhension de quiconque n'y a jamais vécu.

L'art made in banlieues

Face au fossé culturel avec l'élite et aux mésententes réciproques, l'art au sens large peut s'avérer être une porte de sortie pour des jeunes «ghettoïsés» dans leur cité, confrontés au chômage de masse et à un avenir incertain. De nombreux projets artistiques intégrant ces cultures voient le jour dans les banlieues des villes européennes. Des mouvements associatifs ont effectivement compris depuis longtemps que l'art pouvait être un facteur d'intégration de populations souvent issues de l'immigration et reléguées dans des quartiers défavorisés. Le réseau «Banlieue d'Europe» composé d'universitaires, de représentants de municipalités et d'artistes réfléchit depuis 1992 aux questions de l'intervention artistique dans les banlieues.

Bel exemple, le centre de formation de l'International Munich Art Lab, créé en 2001 à la suite de l'expérience très réussie du «WestEndOpera», un opéra hip hop joué avec des jeunes coupés du milieu scolaire, vise à donner à des personnes sans formation un bagage artistique (danse, théâtre, musique) apte à les réconcilier avec la vie active. A Villeurbanne, dans la banlieue de Lyon, le CCO, Centre culturel Œcuménique, promeut la diversité culturelle et soutient des projets artistiques de sculpteurs, d'acteurs, de taggueurs «…en facilitant leurs démarches auprès des institutions culturelles officielles». Pour Fernanda Leite, du CCO, *l'art recrée des possibles*, surtout vis-à-vis d'une population immigrée mal intégrée et qui a alors tendance à *«idéaliser son passé et sa culture traditionnelle»*.

En Roumanie, Silvia Cazacu, de «Banlieues d'Europ'Est», souligne que *«la jeune génération reste très méfiante face à la politique et aux stratégies*

officielles. *L'engagement associatif devient alors l'instrument le plus adapté et efficace pour faire évoluer les choses»*. Un collectif de jeunes promeut à Bucarest la culture de quartiers, le graffiti, le hip hop, et prépare la *«révolution culturelle de 2020»*. Même si elles ne sont pas la solution miracle au «malaise de banlieues», ces expériences constituent un réservoir d'idées dans lequel les politiques devraient piocher. A condition de savoir tendre l'oreille.

Benjamin Joyeux et Prune Antoine - Paris - 21.11.2005
© Babel International, www.cafebabel.com.
Reproduit avec autorisation.

A **Verbes.** Choisissez les traductions qui correspondent aux verbes qui se trouvent dans l'article.

1. regorger :   to be abundant in   to lack
2. débarquer :   to leave from   to land in
3. s'émanciper :   to free oneself   to free someone else
4. revendiquer :   to claim / to demand   to give up
5. puiser :   to exhaust   to draw from
6. s'avérer :   to prove to be   to swear
7. viser à :   to face   to aim to
8. soutenir :   to hold   to support
9. souligner :   to undermine   to emphasize
10. piocher   to pick from   to steal

B **Culture «banlieue».** L'article explique que les jeunes expriment leur individualité à travers une culture «banlieue». Donnez des exemples de cette culture pour chaque rubrique ci-dessous.

Une culture banlieue	
La danse	1.
	2.
La musique	1.
	2.
	3.
Les arts graphiques	1.
	2.
Les vêtements	1.
	2.
	3.
	4.
Le langage	1.
	2.

C **Rap.** Qu'est-ce que le rap ? Utilisez l'article pour compléter le tableau suivant sur le rap.

Le rap	
Origines	1.
	2.
	3.
But	
Premier tube	Année :
	Artiste :
Artistes commerciaux	Français :
	Français :
	Allemand :
	Espagnol :
Public	

D **L'art made in banlieues.** Complétez les phrases suivantes avec le vocabulaire de l'article.

1. L'art peut s'avérer être _____ pour des jeunes ghettoïsés dans leur cité.
2. L'art peut aussi être _____ de gens issus de l'immigration et relégués dans _____.
3. Depuis 1992, le réseau *Banlieue d'Europe* réfléchit aux questions de _____ dans les banlieues.
4. «L'art récrée les possibles» d'une population _____.
5. La population immigrée mal intégrée a tendance à idéaliser _____ et _____.

E **En général.** Répondez aux questions suivantes. Ecrivez deux ou trois phrases.

1. Où se trouvent «les ghettos urbains» ? Donnez quelques synonymes de «ghetto urbain».
2. A quelles difficultés les jeunes de banlieue sont-ils confrontés ? Quel est le résultat ?
3. Qu'est-ce qui influence les jeunes de banlieue ?
4. Quelles organisations essaient de promouvoir les arts dans les quartiers défavorisés ?
5. Quels sont les buts de ces organisations ?

F **Aller plus loin.** Ecrivez un paragraphe pour répondre aux questions suivantes.

1. Quels personnages du film sont les plus touchés par le malaise des banlieues ?
2. Pourquoi est-ce qu'il est ironique que Félix habite la banlieue ? Expliquez.
3. Pourquoi est-ce que Félix aime le rap ?

A SAVOIR !

L'Esquive (Abdellatif Kechiche, 2004) est un film qui parle d'un jeune qui habite une cité HLM de la banlieue parisienne. C'est un très bon film qui a reçu quatre César en 2005. Tout le monde en parle ! C'est à voir !

Culture

La religion

A **Religions.** Complétez le graphique ci-dessous avec les religions qui conviennent.

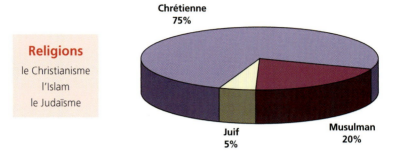

Religions

le Christianisme
l'Islam
le Judaïsme

Chrétienne
75%

Juif
5%

Musulman
20%

B **Croyances.** Complétez le tableau ci-dessous pour décrire les croyances des personnages du film.

Réponses possibles		
croyant / e	**pratiquant / e**	**religion pratiquée**
oui	oui	christianisme
non	non	islam
peut-être	peut-être	judaïsme
		autre

Croyances			
personnage	croyant / e	pratiquant / e	religion pratiquée
Lola			
Jamal			
Félix			
Max			
la grand-mère de Lola			
les grands-parents de Félix			
Marilyne			

C **Foi.** Utilisez le vocabulaire suivant pour compléter les phrases ci-dessous.

La foi				
Quelques lieux de prière	Quelques textes	Quelques services religieux	Quelques signes religieux	Quelques fêtes
l'église	la Bible	la messe	la croix	Hanoukka
la mosquée	le Coran	la prière communautaire / collective	l'étoile de David	Noël
la synagogue	la Torah		la kippa	le Ramadan
			le voile	

1. Certains Catholiques vont à _____ pour _____ le dimanche. Ils étudient _____. Quelques Catholiques portent _____. Une fête observée par les Catholiques est _____.
2. Certains Juifs vont à _____ le vendredi soir et/ou le samedi matin pour _____. Ils étudient _____. Certains Juifs portent _____. Certains hommes juifs portent aussi _____. Une fête observée par les Juifs est _____.
3. Certains Musulmans vont _____ pour _____ le vendredi. Ils étudient _____. Certaines Musulmanes portent _____. Une fête observée par les Musulmans est _____.

A SAVOIR !

Monsieur Ibrahim et les fleurs du Coran (François Dupeyron, 2003) est un beau film qui raconte l'histoire d'un vieil homme musulman et d'un garçon juif. La grande vedette, Omar Sharif, joue le rôle de Monsieur Ibrahim pour lequel il a reçu le César du meilleur acteur.

L'immigration

 Définitions. Reliez le vocabulaire ci-dessous avec les définitions qui conviennent. Ensuite, utilisez le vocabulaire et les définitions pour parler de l'immigration.

Noms / Vocabulaire

clandestin	la frontière	un immigré	légal	une polémique
un débat	l'immigration	l'intégration	la nationalité	la politique

1. Une personne qui vient s'installer dans un pays étranger.
2. L'entrée dans le pays où l'étranger veut s'installer.
3. Fait en cachette ou dans le secret.
4. Conforme à la loi.
5. La limite qui sépare deux pays, deux états, etc.
6. La manière d'agir ou l'ensemble des décisions prises par un gouvernement.
7. Une controverse publique.
8. Une discussion animée entre personnes d'avis différents.
9. Le processus de faire entrer dans un ensemble.
10. L'appartenance à une nation.

Phrases

Exemple :   Certains immigrés sont clandestins – ils viennent dans le pays en cachette. L'immigration n'est pas une polémique récente.

B **Raisons.** Etudiez les raisons d'immigrer. Pour chaque exemple ci-dessous indiquez de quelle raison il s'agit.

Pour une personne qui habite un pays étranger, les raisons d'immigrer peuvent être :

1. Il est diplomate.
2. Il travaille dans une entreprise qui l'envoie à l'étranger.
3. Il fait ses études et reste dans le pays pour faire des recherches.
4. Il est au chômage et il ne peut pas trouver de travail dans son pays.
5. Un membre de sa famille habite déjà le pays étranger.
6. Il aime bien le pays, sa culture, la façon de vivre, etc.

Pour le pays qui accueille des immigrés, les raisons d'accueillir des immigrés peuvent être :

1. Le pays accueille des réfugiés politiques.
2. Le pays a besoin de main d'œuvre.
3. Le taux de natalité est bas - les immigrés peuvent contribuer à son accroissement.

C **Démographie.** Révisez la démographie des immigrants en France. De quels pays / continents sont-ils ? Complétez le graphique ci-dessous avec les pays / les continents qui conviennent.

Origine

Amérique, Océanie	Maghreb	Union européenne
Asie	Autres pays d'Afrique	Autres pays d'Europe

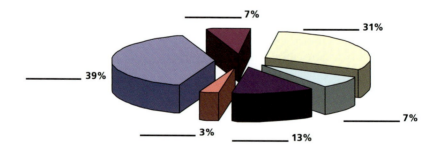

La banlieue

A **Centre-ville et banlieue.** Comment sont le centre-ville et la banlieue ? Déterminez si les éléments du tableau se trouvent en centre-ville, en banlieue, dans le quartier de Félix et dans le quartier de Jamal. Utilisez le tableau pour faire une description du quartier de Félix et du quartier de Jamal.

le centre-ville et la banlieue				
	le centre-ville	un quartier défavorisé	le quartier de Félix	le quartier de Jamal
des HLM				
des appartements luxueux				
des parcs / des jardins				
des centres sportifs				
des terrains de basket				
des centres artistiques				
des musées				
des bons transports (lignes de métro ou de bus)				

Réponses suggérées

oui
non
peut-être
peu probable
probable

B **Problèmes.** A quels problèmes les gens suivants sont-ils confrontés : ceux qui habitent en centre-ville, ceux de la banlieue, ceux du quartier de Félix et ceux du quartier de Jamal ? Complétez le tableau avec les réponses suggérées et faites une description des problèmes des gens qui habitent dans le quartier de Félix.

la banlieue				
	le centre-ville	un quartier défavorisé	le quartier de Félix	le quartier de Jamal
l'échec scolaire				
le chômage				
la discrimination				
l'insécurité				
la violence				
la colère				
la déception				
les bandes de jeunes				
les conflits avec des policiers				

Réponses suggérées

oui
non
peut-être
peu probable
probable

C **Portrait d'une banlieue parisienne.** Faites le portrait d'une banlieue parisienne.
1. Où se trouve la banlieue ?
2. Qui habite la banlieue ?
3. Comment est la banlieue ?
   a. le logement
   b. les espaces verts :
   c. les centres sportifs :
   d. les centres artistiques :
4. Quels sont quelques problèmes de cette banlieue ?

Aller plus loin. Ecrivez un paragraphe pour répondre aux questions suivantes.

1. Parlez des religions des personnages du film. De quelle religion sont-ils ? Sont-ils croyants et pratiquants ?
2. Est-ce que Jamal correspond aux clichés sur les immigrés d'Afrique ? Pourquoi ou pourquoi pas ? Pourquoi est-ce qu'il habite en France ?
3. Est-ce que Lola est une immigrée ? Pourquoi ou pourquoi pas ? Pourquoi est-ce qu'elle habite en France ?
4. Est-ce que Félix est un jeune de banlieue typique ? Pourquoi ou pourquoi pas ?
5. Quel personnage souffre du malaise des banlieues ? Pourquoi ?

Recherches

Faites des recherches sur les sujets suivants.

 La religion. La France est un pays qui garantit la liberté de religion. Quel rôle est-ce que la religion joue donc dans le pays ? Faites une étude sur la religion en France et préparez un exposé de 5 à 10 minutes à présenter à votre classe. Organisez vos recherches selon les rubriques ci-dessous.

- ▶ L'Etat et la religion – la loi de 1905 sur la séparation entre l'Eglise et l'Etat
- ▶ La démographie religieuse
- ▶ La foi religieuse – croyante, pratiquante, athée ou agnostique
- ▶ L'évolution de la foi – les autres croyances
- ▶ Les conflits religieux

 L'immigration. Vous faites un stage à l'Ambassade de France. Vous êtes chargé/e de préparer un rapport sur les immigrés en France. Présentez votre rapport selon les questions suivantes :

- ▶ D'où viennent-ils ?
- ▶ Où habitent-ils ?
- ▶ S'intègrent-ils facilement dans la société française ? Expliquez.
- ▶ Quelles difficultés rencontrent-ils ?
- ▶ Que font-ils comme travail ?
- ▶ Qu'ont-ils comme loisirs ?

C **La banlieue.** La banlieue est souvent à la une des journaux français et internationaux. Les hommes politiques et les habitants des banlieues essaient de mettre en pratique une politique qui atténue le malaise des banlieues. Vous êtes un/e journaliste qui voit la promotion des arts comme un moyen de pouvoir quitter la banlieue. Ecrivez un article pour convaincre les hommes politiques de soutenir votre cause. Parlez des sujets ci-dessous.

- ▶ La démographie de la banlieue typique
- ▶ La vie dans la banlieue – l'école, le travail, la religion, les loisirs
- ▶ Les moyens pour s'en sortir
- ▶ L'action artistique – la promotion de l'art plastique, de la musique, de la danse et du théâtre
- ▶ Les avantages d'une éducation artistique en banlieue
- ▶ Le MAC-VAL – une réussite artistique

D **Le rap.** Le rap est devenu un moyen pour les jeunes de banlieue de s'exprimer. Vous êtes chargé/e de créer une affiche pour un concours de musique. Créez votre affiche selon les rubriques ci-dessous et encouragez les jeunes à soumettre les chansons qui encouragent une action positive.

- ▶ Le public ciblé – les jeunes de banlieue (15 – 25 ans)
- ▶ Les règles de soumission d'une chanson (âge, lieu de résidence, longueur de la chanson, etc.)
- ▶ La musique ciblée – le rap (exemples d'artistes qui véhiculent un message positif dans leur musique)
- ▶ Les prix – argent, enregistrement d'un disque, tournée ou festival avec d'autres gagnants, etc.

E **Mathieu Kassovitz.** Acteur-réalisateur-producteur-mannequin. Kassovitz sait tout faire ! Vous êtes son/sa publicitaire et vous préparez son dossier. Etudiez sa vie professionnelle et faites son dossier selon les rubriques suivantes.

- ▶ Photos
- ▶ Biographie
  - ▪ Date de naissance
  - ▪ Lieu de naissance
  - ▪ Lieu de résidence
  - ▪ Famille
  - ▪ Adresse
- ▶ Filmographie comme acteur
- ▶ Filmographie comme réalisateur
- ▶ Filmographie comme producteur
- ▶ Travail comme mannequin

Le 27 octobre 2005, deux jeunes de banlieue rentrent après un match de football. Ils entendent des sirènes de police et rencontrent d'autres jeunes qui s'enfuient. Comme ils n'ont pas leurs papiers d'identité, ils s'enfuient aussi. Ils se cachent dans un transformateur d'EDF où ils sont électrocutés. Leur mort provoque une crise dans les banlieues. Les émeutes et la violence éclatent dans la région parisienne, puis dans toute la France. Ce livre essaie d'expliquer la colère des jeunes de banlieue.

Quand les banlieues brûlent…

Retour sur les émeutes de novembre 2005

Introduction générale

Les émeutes de novembre 2005 : les raisons de la colère

Laurent Mucchielli
Avec la participation de Abderahim Aït-Omar

Paroles d'émeutiers : les raisons de la colère

On trouve dans la presse du mois de novembre quelques articles fondés sur des interviews de jeunes habitants des quartiers populaires, dont quelques émeutiers. Nous avons voulu compléter cette source en réalisant, un mois après la fin des événements, une dizaine d'entretiens dans un quartier «sensible» de la région parisienne, auprès de jeunes âgés de 15 à 18 ans, ayant participé activement aux événements sans toutefois se faire interpeller par la police. L'étude est modeste puisqu'elle ne concerne qu'un seul quartier. Toutefois, les paroles qu'on va lire sont à la fois représentatives des émeutiers de ce quartier et authentiques car recueillies par une personne connue et respectée d'eux, dans la garantie de l'anonymat et sans aucune raison d'en rajouter comme le font parfois les jeunes devant les micros et les caméras des journalistes.[1]

Que disent donc ces émeutiers ? Certains évoquent le drame de Clichy-sous-Bois, mais surtout pour dire que la police y était mêlée et que le ministre de l'Intérieur a tenté de le dissimuler. Ils évoquent aussi la grenade lacrymogène lancée vers la mosquée de Clichy mais, là encore, c'est moins la grenade elle-même qui a suscité la révolte que l'absence d'excuses de la part de la police. Dans le jeu des sociabilités locales, certains évoquent aussi l'effet de surenchère à la fois entre quartiers et entre individus, certains «petits» voulant montrer leur courage physique et ainsi s'élever

dans la hiérarchie locale des réputations. Tout cela est donc présent mais annexe. Ce n'est pas cela qui leur donne «la rage», «la haine», la volonté de «tout péter». Leur colère est avant tout une révolte contre une situation d'humiliation. Certains la font clairement remonter à l'école, d'autres racontent des expériences de discriminations à l'embauche, mais tous, sans exception, considèrent que la source quotidienne de leur sentiment d'injustice et d'humiliation est leur relation avec la police.

Avant les émeutes c'était la routine, on reste avec les potes après les cours, on charrie entre nous, on fait quelques sorties, on va manger au grec et si y a du gent-ar [de l'argent] à se faire, on fait parce que la mère elle peut pas tout assurer. Par exemple, des mecs ramènent des téléphones portables de Thaïlande qu'ils achètent 50 euros, ben nous, on va les revendre 150 et ils nous donnent notre bifton de 50. [...] On s'débrouille quoi. Les flics, quand ils nous serrent avec ça, ils savent que c'est pas de la marchandise volée mais ces fils de p... ils nous les prennent pour les garder. C'est pour ce genre de truc que j'ai la rage parce qu'avec leur insigne de la police nationale ils se croient tout permis, ils savent qu'on peut pas répondre et ils nous cherchent tout le temps en attendant qu'on fasse la moindre faute, et après ils te mettent un outrage ou autre chose pour que tu fasses une garde à vue. Moi, c'est ce qui s'est passé. Une fois je vendais une Rolex, ils me l'ont prise et le keuf il m'a dit «merci pour le cadeau, je vais la porter tout le temps». Depuis ce jour-là j'ai la haine. Les émeutes, c'était une vengeance par rapport à tout ça. (H..., 15 ans, en BEP.)

---

[1] Les entretiens ont été réalisés par un jeune sociologue, dans le quartier où il habite, auprès de jeunes qui le connaissent et ont confiance en lui, sur la base d'une grille d'entretien que nous avions fournie.

Pourquoi ils nous laissent pas tranquilles ? On est dans notre quartier en train de discuter avec nos potes et ils viennent te faire chier deux ou trois fois dans la même journée. Franchement, avant les émeutes, on était tranquilles, on jouait au foot entre potes, en plus c'était le Ramadan, donc on essayait de faire le maximum attention à notre comportement, mais ils sont toujours là pour tout casser. Et après ça a pété bien comme il faut. Toute façon, ça aurait pété un moment ou un autre [...], avec ou sans la mort de ces deux mecs à Clichy-sous-Bois. [...] Ça m'a fait trop plaisir quand on leur a jeté des pavés dans la gueule, pour une fois on a inversé les rôles, si tu les avais vus, cette fois-ci ils faisaient moins les malins. Moi je disais aux mecs «il faut pas brûler des voitures, si on doit faire quelque chose, c'est bien taper un poulet», comme ça, quand ils vont venir dans le quartier, avant de rentrer dedans ils vont se chier dessus et ils vont tellement flipper qu'ils joueront plus les cow-boys. [...] y a très peu de quartiers qui ont fait ça pour être solidaires de Clichy, moi je te dis que c'est la haine contre les keufs, parce qu'ils parlent trop mal. [...] Je sais que maintenant les Français ils vont avoir la haine contre les mecs des cités mais, qu'est-ce que tu veux, c'est pas de notre faute, nous on demande juste du respect, moi si le keuf il vient et me demande mes papiers poliment je lui donne sans problème. (R..., 16 ans, en BEP.)

On était posés et les keufs sont venus pour voir si on avait de l'essence dans les mains, ils nous ont hagar [intimidés], ils sont venus à trois, ils se prennent pour des chauds dans la cité alors qu'on avait rien fait. Moi je m'en foutais des brûlés [de Clichy-sous-Bois], je voulais me taper avec les keufs. [...] Ils commencent à crier et parlent pour rien dire alors que toi tu parles pas. Ils t'insultent «ferme ta gueule !» et ils sentent tes mains pour voir si y a de l'essence. C'était en fin d'après-midi. [...] J'ai ressenti la rage. [...] Nous, on voudrait que les keufs se comportent bien avec nous : «Bonjour, contrôle d'identité, vous avez vos papiers ?» Mais eux c'est : «Alors les gars, vous galérez ? Alors on va pas s'ennuyer ! Passe-moi ta carte d'identité et ferme ta gueule. » Alors tu lui donnes et tu fermes ta gueule. Y a pas d'bonjour, pas d'au revoir, ils nous traitent comme de la merde. (B..., 17 ans, à la recherche d'un emploi.)

Franchement dans les émeutes y avait de tout. Il y avait les mecs qui avaient la rage contre les keufs, d'autres qui avaient la rage contre l'école parce qu'ils ont plus d'école, d'autres parce qu'ils ont pas de taf, d'autres pour s'affirmer dans le quartier. Tous les mecs qui avaient une rage contre quelque chose ils ont profité des émeutes pour tout niquer. Mais la majorité des mecs, c'est la haine contre les keufs parce qu'ils se la racontent beaucoup, y en a plein ils sont racistes et ils nous traitent comme de la merde. [...] quand un juif se fait taper, on en fait toute une histoire au journal de 20 heures et le président en personne il présente ses excuses, mais quand c'est un Arabe ou un Noir, c'est pas grave, et encore pire : Sarkozy, il a pas essayé de camoufler quand le keuf il a jeté la grenade lacrymogène dans la mosquée ? C'est un pays d'hypocrites. (T..., 18 ans, à la recherche d'un emploi.)

Ainsi, la vengeance envers les policiers peut être considérée comme la principale motivation immédiate des émeutiers, lorsque – de nombreux témoignages convergent[2] – cette police ne s'est pas contentée de subir la violence des jeunes mais est parfois venue la provoquer. Encore une fois, cela peut étonner tant le discours médiatico-politique dissimule cette réalité de terrain, ces rapports de force, ces provocations, ces violences et ces vengeances qui structurent au quotidien les rapports entre groupes de jeunes et groupes de policiers. Méconnaître cette réalité, c'est s'interdire de comprendre le déclenchement et le déroulement de certaines émeutes. C'est aussi s'interdire de comprendre pourquoi les discours du ministre de l'Intérieur ont un réel impact auprès de cette jeunesse qui l'observe à la télévision, et pourquoi il parvient à cristalliser leur sentiment d'humiliation (voir le chapitre 2 de ce livre). À travers ces entretiens avec les émeutiers, on voit aussi affleurer toutes les autres raisons de leur colère et tous les autres types d'humiliations : l'échec scolaire, l'absence de travail, le sentiment d'être des citoyens de seconde zone, presque des parias. Et c'est bien cela le fond de leur révolte, ce sont des sentiments d'injustice, d'abandon, d'absence, d'avenir et de cynisme du reste de la société, qui finissent par constituer une «victimation collective», qui justifie et qui libère leur colère dans

---

2   Le maire de Clichy-sous-Bois, lui-même, déclarait à l'AFP le 2 novembre que «le dispositif policier, cette nuit, serait adapté et nettement moins provocant» et que, pour cette raison, les choses devraient mieux se passer. De même, notre équipe a constaté des provocations policières dans plusieurs quartiers de la région parisienne.

le moment de l'émeute.[3] Reste maintenant à aller au-delà de l'enregistrement de la colère immédiate pour comprendre les conditions de production des émeutes. Car ces dernières n'ont pas eu lieu dans n'importe quels quartiers de n'importe quelles villes. La géographie sociale des émeutes indique clairement que le phénomène est une caractéristique de ces «zones urbaines sensibles» (ZUS) que la politique de la ville recense depuis la loi du 14 novembre 1996.[4]

Laurent Mucchielli et Abderahim Aït-Omar, sous la direction de Véronique Le Goaziou. *Quand les banlieus brûlent* © Éditions La Découverte, Paris 2006. Reproduit avec autorisation.

---

3   L. MUCCHIELLI, «Le rap de la jeunesse des quartiers relégués. Un univers de représentations structuré par des sentiments d'injustice et de victimation collective», *in* M. BOUCHER et A. VULBEAU, (sous la dir.), *Émergences culturelles et jeunesse populaire*, L'Harmattan, Paris, 2003, p. 325-355.

---

4   Certes, des incidents ont été enregistrés dans quelques villes qui ne contiennent ni ne voisinent immédiatement avec des ZUS, toutefois il s'agit, dans quasiment tous les cas, d'incidents mineurs et isolés (en général quelques incendies sporadiques de poubelles ou de voitures). Les véritables émeutes, notamment les affrontements entre groupes de jeunes et forces de l'ordre, ont eu lieu dans des ZUS. Ce qui ne signifie pas, *a contrario*, que toutes les ZUS de France ont connu des émeutes en novembre 2005. L'analyse vise donc à expliciter les conditions nécessaires mais non suffisantes à la propagation des émeutes. D'autres facteurs, qui tendent au contraire à empêcher le déclenchement d'une émeute ou à en limiter l'ampleur, doivent être pris en compte, notamment la façon dont les municipalités et les partenaires institutionnels et associatifs gèrent localement les situations.

chapitre 9
Bon Voyage

Avant le visionnement

Notes culturelles

La Seconde Guerre mondiale

La Seconde Guerre mondiale commence le 1ᵉʳ septembre 1939 quand les troupes allemandes envahissent la Pologne. La France déclare la guerre à l'Allemagne le 3 septembre 1939. La guerre en Europe dure jusqu'au 8 mai 1945 et la guerre contre le Japon dure jusqu'au 15 août 1945. Pendant ces six années de misère, six millions de Juifs sont exterminés dans les camps de concentration et plus de 50 millions de civils et de militaires meurent.

Le film *Bon Voyage* parle du début de la guerre. Le film commence à Paris juste avant que la France ne déclare la guerre à l'Allemagne. Le film continue au cours de *la Drôle de guerre* pendant laquelle les soldats français attendent l'offensive allemande derrière la ligne Maginot. La stratégie française est purement défensive et les Français attendent indéfiniment l'arrivée des Allemands. Ils arrivent enfin en mai 1940 et plus de 100.000 soldats français meurent. C'est la débâcle. Les populations françaises du nord fuient avant que les troupes allemandes n'entrent dans la capitale (le 14 juin 1940). Les personnages du film participent à l'exode et, comme les Français du nord, chacun a une raison différente de fuir.

Rappeneau reprend l'action du film à Bordeaux où le gouvernement français s'installe. A Bordeaux, on voit la démission de Paul Reynaud et l'accession au pouvoir du Maréchal Pétain. Les personnages du film sont témoins de l'armistice de Pétain (le 22 juin 1940) qui établit la ligne de démarcation (la France est coupée en deux – la zone occupée au nord et la zone libre au sud). Vers la fin du film, Rappeneau fait allusion à l'exil de Charles de Gaulle à Londres et au développement de la Résistance.

La France après l'armistice du 22 juin 1940

la zone occupée

la zone libre

Fiche technique

Réalisation :	Jean-Paul Rappeneau
Musique originale :	Gabriel Yared
Année de production :	2002
Durée :	1 h 54
Genre :	Comédie dramatique
Date de sortie nationale :	16/04/2003

Profil: Jean-Paul Rappeneau

réalisateur, scénariste
Né le 8 avril à Auxerre, France

Mini-biographie

Rappeneau commence sa carrière comme assistant et il travaille avec Edouard Molinaro. Il se met ensuite à écrire des scénarios. Son travail avec Louis Malle dans les films *Zazie dans le métro (1960)* et *Vie privée (1960)* met en évidence son talent en tant que scénariste. Il continue à écrire des scénarios et il fait son premier film en tant que réalisateur en 1966. *Cyrano de Bergerac* et *Le Hussard sur le toit* sont des films à succès grâce à son perfectionnisme. *Bon Voyage*, son troisième film à succès, réunit des acteurs prestigieux et confirme le talent de Rappeneau.

Quelques films

1966	La Vie de château	1990	Cyrano de Bergerac
1975	Le Sauvage	1995	Le Hussard sur le toit
1982	Tout feu, tout flamme	2003	Bon Voyage

1939	le 3 septembre	Le Royaume-Uni, l'Australie, la Nouvelle-Zélande, la France et le Canada déclarent la guerre à l'Allemagne.
1940	le 10 mai	L'Allemagne lance son offensive contre les troupes derrière la ligne Maginot. Le gouvernement français s'installe à Tours.
	le 14 juin	Les troupes de Hitler entrent dans Paris. Le gouvernement français s'installe à Bordeaux.
	le 16 juin	Paul Reynaud refuse de demander un armistice aux Allemands et il démissionne. Il est remplacé par le Maréchal Pétain.
	le 17 juin	Le Maréchal Pétain fait appel aux Français. Il leur explique qu'il faut cesser le combat. Charles de Gaulle part pour Londres.
	le 18 juin	Charles de Gaulle fait appel aux Français. Il leur explique que les Français n'ont pas encore perdu la guerre. Il fonde un gouvernement français en exil.
	le 30 octobre	Le Maréchal Pétain annonce la collaboration de la France avec l'Allemagne.
1942	le 11 novembre	Occupation de la zone libre (la zone du Sud) par les Allemands.
1944	le 25 août	Paris est libéré. Charles de Gaulle défile sur les Champs-Élysées.
1945	le 8 mai	Signature officielle de la capitulation de l'Allemagne.
	le 15 août	Le Japon capitule. C'est la fin de la Seconde Guerre mondiale.
	le 2 septembre	Signature officielle de la capitulation du Japon.

Le film se termine le 28 avril 1942. La Résistance intérieure et extérieure est bien établie. A partir de l'été 1942, les mouvements de Résistance sont unifiés et les autres pays alliés les reconnaissent comme la France Combattante.

L'eau lourde

L'eau lourde est une eau rare qui est utilisée dans des bombes atomiques et dans certains réacteurs nucléaires. (L'eau lourde ralentit les neutrons avant de bombarder l'uranium.) Dans *Bon Voyage,* certains personnages du film ont une mission importante : livrer l'eau lourde aux Anglais pour empêcher les Allemands de développer des bombes atomiques. Comme il n'y a pas d'autre stock en Europe, les Allemands ont besoin d'obtenir ce stock et ils feront tout ce qu'il faut pour l'avoir.

Les médias et la technologie

Les médias et la technologie sont importants pendant la guerre. Comme la presse, la radio et toute autre forme de communication étaient censurées par les Allemands, les Français se méfiaient de tous les renseignements diffusés et les Résistants ont développé la presse clandestine pour assurer la dissimulation d'informations fiables. Dans le film, on voit différents médias (journaux, radio, etc.) ainsi que la technologie de l'époque.

Synopsis

En automne 1939, la France anticipe la guerre. Un jeune écrivain aide une ancienne amie et il est arrêté et emprisonné pour le crime de cette amie. Quelques mois plus tard, les Allemands se préparent à entrer dans Paris. La veille de leur arrivée, le jeune homme réussit à s'évader de prison. Comme les autres Parisiens, il quitte la capitale pour aller à Bordeaux où son aventure continue. Il retrouve son ancienne amie, il rencontre de nouveaux amis et il découvre de nouvelles passions.

Note : *Bon Voyage* est classé «PG-13» aux Etats-Unis.

Liens !

Les Triplettes de Belleville a lieu entre les deux guerres et juste après la Seconde Guerre mondiale. Chomet montre que Paris change beaucoup à cette époque. Comment est Paris (le quartier de Champion) avant et après la guerre ? Pourquoi à votre avis ?

Madame Souza et Champion regardent un concert à la télé. Est-ce que cette technologie existe pendant la guerre ? Expliquez. Quelles technologies existaient pendant la guerre ?

Personnages

Personnages principaux

Viviane Denvers	Isabelle Adjani
Frédéric Auger	Gregori Derangère
Jean-Etienne Beaufort	Gérard Depardieu
Raoul	Yvan Attal
Camille	Viriginie Ledoyen
le professeur Kopolski	Jean-Marc Stehlé
Monsieur Girard	Michel Vuillermoz
Brémond	Xavier de Guillebon
Alex Winckler	Peter Coyote

Personnages secondaires

André Arpel	Nicolas Pignon
Thierry Arpel	Nicolas Vaude
Maître Vouriot	Olivier Claverie
Jacqueline de Lusse	Aurore Clément
Albert de Lusse	Jacques Pater
Madame Arbesault	Edith Scob
Maurice	Pierre Diot
l'érudit	Pierre Laroche
la fille de l'érudit	Catherine Chevalier
la petite fille de l'érudit	Morgane Moré

Profil: Virginie Ledoyen

actrice
Née le 15 novembre 1976 à Aubervilliers, France

Mini-biographie

Ledoyen fait des publicités à l'âge de trois ans. A huit ans, elle fait un clip de Daniel Balavoine. A dix ans, elle fait son premier film et, en 1990, elle joue son premier rôle principal dans le film *Mima* de Phenomène Esposito. Sa carrière au cinéma continue et elle fait des films à succès : *L'Eau froide, La Cérémonie, Héroïnes, Jeanne et le garçon formidable.* En 2001, elle est établie comme une des actrices françaises principales avec sa participation au film *8 Femmes* qui réunit les actrices les plus douées de notre temps. Elle a aussi du succès à l'étranger ; elle joue dans le film américain *The Beach* et elle prête sa voix à Lola dans le film *A Shark's Tale.* C'est une jeune actrice avec beaucoup de projets et qui continuera à divertir les cinéphiles dans l'avenir !

Quelques films

1987	Les Exploits d'un jeune Don Juan	1995	La Cérémonie	1999	La Plage (The Beach)
1991	Mima	1996	Héroïnes	2002	8 Femmes
1994	L'Eau froide	1997	Jeanne et le garçon formidable	2003	Bon Voyage

Vocabulaire

Gens

les Alliés (*m*)	the Allies	**le/la meurtrier/ière**	murderer
l'Axe (*m*)	the Axis	**le marin**	Marine
le/la civil/e	civilian	**le militaire**	member of the military
le/la collaborateur/trice	collaborator	**le ministre**	minister
l'ennemi/e	enemy	**le/la Nazi/e**	Nazi
l'espion/ne	spy	**le/la résistant/e**	member of the Resistance
la Gestapo	Gestapo, German secret police	**le soldat**	soldier
l'homme politique (*m*)	politician	**la vedette**	star
le/la journaliste	journalist	**le voyou**	hooligan

Guerre

l'appel (m)	call, appeal	la guerre	war
l'armée (f)	army	l'insécurité (f)	insecurity
l'armistice (m)	armistice	la paix	peace
la bataille	battle	la patrie	homeland
le bombardement	bombing, shelling	le peuple	people, nation
le code morse	Morse code	le rationnement	rationing
la collaboration	collaboration	la Résistance	Resistance
le combat	combat	le risque	risk, hazard
la défaite	defeat	la sécurité	security, safety
l'exode (m)	exodus	le traité	treaty

Médias

les actualités (f)	current events, news	le journal	newspaper
le câble	cable (television)	les nouvelles (f)	news
la diffusion	broadcasting, distribution	la radio	radio
l'émission (f)	show (television/radio)	la télévision	television
les informations (f)	news	les titres (m)	headlines
l'informatique (f)	computer science	la une	front page
Internet (m)	Internet		

Noms divers

l'affaire (f)	matter, issue	l'espoir (m)	hope
l'arrestation (f)	arrest	la livraison	delivery
l'assassinat (m)	murder	la machine à écrire	typewriter
le bavardage	gossip	la menace	threat
le coffre	trunk		

Adjectifs

diffusé/e	broadcast, distributed	manipulateur/trice	manipulative
fiable	reliable	mélodramatique	melodramatic
frivole	frivolous	mensonger/ère	deceptive, false
insistent/e	insistant	puissant/e	powerful
irrévérencieux/euse	irreverant	rompu/e	interrupted, broken

Verbes

assassiner	to murder	espionner	to spy (on)
capituler	to capitulate	évacuer	to evacuate
collaborer	to collaborate	s'évader	to escape, to run away
déclarer la guerre à	to declare war against	feuilleter	to thumb through (a book)
faire appel à	to appeal to, to call for	fuir	to flee, to escape
faire la paix	to make peace	harceler	to harass
blesser	to hurt	livrer	to deliver
changer d'avis	to change one's mind	lutter contre	to struggle against
collaborer	to collaborate	se méfier de	to be suspicious of
compter sur qqn.	to count on someone	mentir	to lie
se débarrasser de	to rid oneself of	mettre fin à	to end
démissionner	to resign	mobiliser	to call up, mobilize
se détériorer	to deteriorate	risquer sa vie	to risk one's life
empirer	to get worse	rompre avec	to break up with
s'enfuir	to escape, to run away	transporter	to transport, to carry
envahir	to invade		

Exercices de vocabulaire

 A **Le caractère.** Complétez les phrases suivantes pour parler du caractère des gens. Utilisez *le vocabulaire du film* pour vous aider.

Modèle : Pour tuer quelqu'un, il est possible qu'on __soit troublé__ et il est douteux qu'on __ne soit pas arrêté__.

Liens !

Sur mes lèvres parle des criminels. Paul, récemment sorti de prison, devient criminel de nouveau quand il aide Carla à voler le dossier des Flérets. Carla devient sa complice quand elle espionne les frères Carambo et Marchand. Il y a aussi d'autres criminels dans le film (Masson, Keller, etc.). Réfléchissez aux histoires de Paul et de Carla pour vous aider à compléter les phrases à gauche.

1. Pour cacher un crime, il faut avoir_____ et il faut être _____.
2. Pour aider quelqu'un à cacher un crime, il faut savoir_____ et on doit essayer de/d'_____.
3. Pour manipuler les autres, il faut être _____ et on ne doit pas avoir de/d'_____.
4. Pour accomplir une mission dangereuse, il est essentiel que _____ et il est probable que _____.
5. Pour aider quelqu'un à accomplir une mission dangereuse, on doit être _____ et il faut avoir _____.
6. Pour espionner les autres, il est nécessaire d'être _____ et on ne peut pas _____.
7. Pour soutenir une cause, il est possible que _____ et il est douteux que _____.
8. Pour réussir ce qu'on fait, il faut avoir _____ et il faut être _____.

B **La guerre.** Réfléchissez à la guerre et répondez aux questions suivantes. Utilisez *le vocabulaire du film* dans vos réponses.

1. Décrivez un pays en guerre. Comment est le pays ? Comment sont les citoyens ?
2. De quoi est-ce que les citoyens s'inquiètent ? De quoi est-ce qu'ils ont peur ?
3. Est-ce que tous les citoyens s'inquiètent ? Pourquoi ou pourquoi pas ?
4. Est-ce que les citoyens soutiennent toujours leur gouvernement ? Pourquoi ou pourquoi pas ?
5. Est-ce qu'il faut soutenir le gouvernement ? Expliquez.
6. Comment est-ce que les civils peuvent contribuer à la guerre ?
7. Quelles sont les conséquences d'une guerre ?
8. Est-ce qu'on peut éviter de faire la guerre ? Expliquez.

De Londres

LE GÉNÉRAL DE GAULLE

lance un appel

A LA GUERRE A OUTRANCE

Au poste de la B.B.C. le général de Gaulle, précédemment sous-secrétaire d'Etat à la guerre, a lancé hier soir l'appel suivant : «Le gouvernement français...»

C **L'amour.** L'amour touche tout le monde ! Etudiez les proverbes et les citations ci-dessous et expliquez leur sens. Utilisez *le vocabulaire du film* dans vos réponses.

1. Si tu veux être aimé, aime. –*Sénèque*
2. Est-ce bien moi qu'on aime ? –*Pascal*
3. Il n'y a aucune différence entre un être sage et un/e idiot/e quand ils tombent amoureux. –*Anonyme*
4. La magie du premier amour, c'est d'ignorer qu'il puisse finir un jour. –*Proverbe anglais*
5. Sans pain ni vin, l'amour n'est rien. –*Proverbe français*
6. Amours nouvelles oublient les vieilles. –*Proverbe français*
7. Aimer, ce n'est pas se regarder l'un l'autre, c'est regarder ensemble dans la même direction. –*Antoine de Saint-Exupéry*

D **Appel.** Lisez l'affiche d'un commandant en chef de l'armée allemande et complétez les activités de vocabulaire.

Appel
à la population française

Le territoire français, occupé par les troupes allemandes, est placé sous l'administration militaire allemande.

Les Chefs militaires prendront les mesures nécessaires à la sécurité des troupes et au maintien du calme et de l'ordre.

Les troupes ont reçu l'ordre de ménager les populations et leurs biens si elles restent tranquilles.

Les autorités du pays seront maintenues en fonction, si elles sont prêtes à une collaboration loyale.

J'attends de la sagesse et de l'intelligence de la population qu'elle s'abstienne de toute action irréfléchie, de sabotage de toute nature et de résistance passive ou même active contre l'armée allemande.

Les ordonnances des autorités militaires allemandes doivent être exécutées sans condition. L'armée allemande regretterait si, par des actions hostiles de civils isolés, elle était obligée de répondre par des mesures très sévères contre la population.

Que chacun reste à son poste et continue son travail. Ce sera pour lui la meilleure façon de servir sa patrie son peuple et lui-même.

Le Commandant en Chef de l'Armée

Liens !

Tous les films que vous avez vus parlent d'amour. Observez les exemples d'amour ci-dessous et donnez d'autres exemples dans les films suivants :

Les Triplettes de Belleville : Madame Souza aime Champion
Le Papillon : Elsa veut l'amour de sa mère et Julien découvre l'amour
Etre et avoir : Les enfants et leur famille s'aiment, ils aiment aussi Monsieur Lopez
Les Visiteurs : Godefroy aime Frénégonde et Jacquouille aime Ginette
L'Auberge espagnole : Xavier aime Martine
Sur mes lèvres : Paul et Carla s'aiment
Comme une image : Sébastien aime Lolita
Métisse : Lola, Jamal et Félix s'aiment

Activité de vocabulaire

1. Trouvez les mots associés :
   a. aux militaires :
      Exemple : les troupes
   b. à la sécurité
      Exemple : le calme
   c. à la résistance
      Exemple : action irréfléchie
   d. aux devoirs des Français :
      Exemple : reste à son poste

2. Quelles phrases indiquent que l'Allemagne occupe la France ?
3. Quelles phrases indiquent que l'Allemagne exige l'obéissance des Français ?
4. Est-ce qu'il y aura des conséquences pour les Français qui désobéissent aux ordres ? Expliquez.

Pourquoi est-ce que l'Allemagne distribue cet appel aux Français ? Quel est le but de l'appel ? Quel est le ton de l'appel ? De quoi est-ce que les Allemands ont peur ? Pourquoi ?

Parlez des trois parties de l'appel :

L'introduction : l'occupation de la France.

Le corps : l'obéissance des Français.

La conclusion : l'importance de l'obéissance.

Comment est-ce que les Français ont réagi à cet appel à votre avis ? Expliquez.

Après avoir visionné

Compréhension générale

A **Vrai ou faux ?** Indiquez si les phrases suivantes sont vraies ou fausses.

1. vrai faux Au début du film, Viviane a très peur que la France ne déclare la guerre à l'Allemagne.
2. vrai faux Viviane appelle Frédéric parce qu'elle sait qu'il l'aidera quoi qu'il arrive.
3. vrai faux Viviane va au bureau de Jean-Etienne pour lui demander de l'aide.
4. vrai faux Jean-Etienne dit qu'il l'aidera à condition qu'elle se marie avec lui.
5. vrai faux Frédéric réussit à s'évader de prison et il part pour Bordeaux.
6. vrai faux Frédéric rencontre Camille pendant son voyage à Bordeaux et il ne l'aime pas du tout.
7. vrai faux Raoul et Frédéric aident Camille parce qu'ils veulent participer à la Résistance.
8. vrai faux Le professeur rejette leur aide parce qu'il pense que Raoul est malhonnête.
9. vrai faux A la fin du film, on apprend que Frédéric et Camille sont résistants.
10. vrai faux A la fin du film, on apprend aussi que Viviane est toujours une grande vedette.

B **Epoques.** Rappeneau présente trois époques au cours du film. Décrivez chacune selon les rubriques données.

août 1939 – mai 1940
> **Titre :** Débuts
> **Lieu d'action :** Paris
> **Evénement historique :** la déclaration de guerre

juin 1940
> **Titre :** Exode
> **Lieu d'action :** Paris, Angoulême, Bordeaux
> **Evénements historiques :** l'exode, le déménagement du gouvernement, la démission de Reynaud, l'armistice de Pétain

avril 1942
> **Titre :** Résistance
> **Lieu d'action :** Paris
> **Evénement historique :** la veille de l'unification des mouvements de Résistance

Hitler à Paris avec l'architecte Albert Speer, le 23 juin 1940

C **Scènes.** Faites une petite description des scènes suivantes.

1. Frédéric arrive chez Viviane et il découvre qu'elle a tué André Arpel.
2. Frédéric et Raoul s'évadent de prison.
3. Raoul retrouve Frédéric dans le train à Bordeaux et il lui présente Camille.
4. Monsieur Girard emmène Camille, le professeur Kopolski, Frédéric et Raoul à Bordeaux.
5. Frédéric voit Viviane dans la voiture de Jean-Etienne à Bordeaux.
6. Jean-Etienne demande à Frédéric de déjeuner avec lui. Thierry Arpel reconnaît Frédéric.
7. Jean-Etienne dit à Camille qu'il ne peut pas obtenir les papiers nécessaires pour transporter l'eau.
8. Jean-Etienne rompt avec Viviane.
9. Frédéric va emmener le professeur et Camille à Soulac quand Viviane arrive. Frédéric change d'avis.
10. On apprend qu'Alex est un espion allemand. Frédéric abandonne Viviane et il part pour Soulac pour avertir ses amis.
11. On livre l'eau lourde et Frédéric quitte la France avec le professeur. Camille lit le manuscrit de Frédéric.
12. Frédéric et Camille fuient devant les policiers et ils se cachent dans une salle de cinéma.

D **Lecture.** Etudiez les deux appels aux Français ci-dessous. De quoi est-ce que le Maréchal Pétain parle ? Qu'est-ce qu'il veut faire ? Pourquoi ? De quoi est-ce que le Général de Gaulle parle ? Qu'est-ce qu'il veut faire ? Pourquoi ? Est-ce que les appels sont pessimistes ou optimistes ? Expliquez. Quelle est la réaction des Français aux appels à votre avis ? Expliquez.

Appel du 17 juin 1940

Texte du discours radiodiffusé du Maréchal Pétain

«Français, à l'appel de M. le Président de la République, j'assume à partir d'aujourd'hui la direction du gouvernement de la France. Sûr de l'affection de notre admirable armée, qui lutte avec un héroïsme digne de ses longues traditions militaires contre un ennemi supérieur en nombre et en armes, sûr que par sa magnifique résistance elle accomplit nos devoirs vis-à-vis de nos alliés, sûr de l'appui des anciens combattants que j'ai eu la fierté de commander, sûr de la confiance du peuple tout entier, je fais à la France le don de ma personne pour atténuer son malheur.

En ces heures douloureuses, je pense aux malheureux réfugiés qui, dans un dénuement extrême, sillonnent nos routes. Je leur exprime ma compassion et ma sollicitude. C'est le coeur serré que je vous dis aujourd'hui qu'il faut cesser le combat.

Je me suis adressé cette nuit à l'adversaire pour lui demander s'il est prêt à rechercher avec nous, entre soldats, après la lutte et dans l'honneur, les moyens de mettre un terme aux hostilités (...)»

Texte du discours radiodiffusé du Général de Gaulle diffusé par la BBC

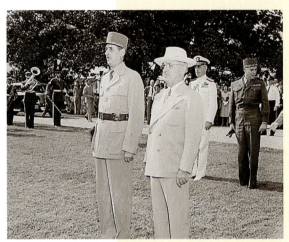

«Les chefs qui, depuis de nombreuses années, sont à la tête des armées françaises, ont formé un gouvernement. Ce gouvernement, alléguant la défaite de nos armées, s'est mis en rapport avec l'ennemi pour cesser le combat. Certes, nous avons été, nous sommes, submergés par la force mécanique, terrestre et aérienne, de l'ennemi.

Infiniment plus que leur nombre, ce sont les chars, les avions, la tactique des Allemands qui nous font reculer. Ce sont les chars, les avions, la tactique des Allemands qui ont surpris nos chefs au point de les amener là où ils en sont aujourd'hui.

Mais le dernier mot est-il dit ? L'espérance doit-elle disparaître ? La défaite est-elle définitive ? Non !

Croyez-moi, moi qui vous parle en connaissance de cause et vous dis que rien n'est perdu pour la France. Les mêmes moyens qui nous ont vaincus peuvent faire venir un jour la victoire.

Car la France n'est pas seule ! Elle n'est pas seule ! Elle n'est pas seule ! Elle a un vaste Empire derrière elle. Elle peut faire bloc avec l'Empire britannique qui tient la mer et continue la lutte. Elle peut, comme l'Angleterre, utiliser sans limites l'immense industrie des États-Unis.

Cette guerre n'est pas limitée au territoire malheureux de notre pays. Cette guerre n'est pas tranchée par la bataille de France. Cette guerre est une guerre mondiale. Toutes les fautes, tous les retards, toutes les souffrances, n'empêchent pas qu'il y a, dans l'univers, tous les moyens nécessaires pour écraser un jour nos ennemis. Foudroyés aujourd'hui par la force mécanique, nous pourrons vaincre dans l'avenir par une force mécanique supérieure. Le destin du monde est là.

Moi, général De Gaulle, actuellement à Londres, j'invite les officiers et les soldats français qui se trouvent en territoire britannique, ou qui viendraient à s'y trouver, avec leurs armes, ou sans leurs armes, j'invite les ingénieurs et les ouvriers spécialistes des industries d'armement qui se trouvent en territoire britannique ou qui viendraient à s'y trouver, à se mettre en rapport avec moi.

Quoi qu'il arrive, la flamme de la résistance française ne doit pas s'éteindre et ne s'éteindra pas.

Demain, comme aujourd'hui, je parlerai à la Radio de Londres.»

Exercices de vocabulaire

 Le caractère. Complétez les phrases ci-dessous de manière logique pour décrire le caractère des personnages du film. Utilisez *le vocabulaire du film* pour vous aider.

> **Modèle :** Pour avoir tué un homme, Viviane était peut-être **harcelée** et elle avait peut-être **très peur**.

1. Pour avoir pu tuer Arpel, Viviane doit être ____ et elle doit avoir ____.
2. Pour cacher son crime, il est essentiel que Viviane ____ et il faut qu'elle ____.
3. Pour aider Viviane à cacher son crime, Frédéric ____.
4. Pour manipuler les autres, il est probable que Viviane ____ et il vaut mieux ____.
5. Pour s'évader de prison, Raoul et Frédéric doivent ____ et il faut que ____.
6. Pour comprendre la situation, Frédéric va ____ et il est nécessaire que ____.
7. Pour accomplir sa mission, il est important que Camille ____ et que les autres ____.
8. Pour aider Camille à livrer l'eau lourde, il faut que Frédéric et Raoul ____ et ils devraient ____.
9. Pour soutenir la Résistance, les résistants doivent ____ et il est possible que ____.
10. Pour espionner les autres, Alex peut ____ et il est nécessaire qu'il ____.

 Triangles amoureux. Expliquez les triangles amoureux dans le film. Parlez des raisons pour lesquelles les personnages s'aiment et déterminez si l'amour est sincère. Utilisez *le vocabulaire du film*.

Frédéric	**Viviane**	**Camille**
Viviane Camille	Frédéric Jean-Etienne	Frédéric Raoul

Liens !

Vous avez vu d'autres triangles amoureux. Réfléchissez aux triangles amoureux que vous avez vus dans les films suivants :
L'Auberge espagnole : Xavier, Sophie, Jean-François
Comme une image : Lolita, Sébastien et Mathieu
Métisse : Lola, Jamal, Félix

L'amour. Etudiez de nouveau les proverbes et les citations sur l'amour. Expliquez le rapport entre le/s personnage/s et le proverbe ou la citation. Utilisez *le vocabulaire du film*.

1. Viviane : Si tu veux être aimé, aime. –*Sénèque*
2. Viviane : Est-ce bien moi qu'on aime ? –*Pascal*
3. Frédéric : Il n'y a aucune différence entre un être sage et un/e idiot/e quand ils tombent amoureux. –*Anonyme*
4. Frédéric : La magie du premier amour, c'est d'ignorer qu'il puisse finir un jour. –*Proverbe anglais*
5. Frédéric, Jean-Etienne, Raoul : Sans pain ni vin, l'amour n'est rien. –*Proverbe français*
6. Viviane, Jean-Etienne, Frédéric : Amours nouvelles oublient les vieilles. –*Proverbe français*
7. Frédéric, Camille : Aimer, ce n'est pas se regarder l'un l'autre, c'est regarder ensemble dans la même direction. –*Antoine de Saint-Exupéry*

Viviane demande de l'aide à Jean-Etienne.

D **Résistants.** Lisez le poème de Robert Desnos et complétez les activités de vocabulaire.

Ce coeur qui haïssait la guerre

Robert Desnos (4 juillet 1900 – 8 juin 1945)

hated / beats Ce coeur qui haïssait° la guerre voilà qu'il bat° pour le combat et la bataille !
tides Ce coeur qui ne battait qu'au rythme des marées°, à celui des saisons, à celui des heures du jour et de la nuit,
swells / potassium nitrate / brain Voilà qu'il se gonfle° et qu'il envoie dans les veines un sang brûlant de salpêtre° et de haine
spreads Et qu'il mène un tel bruit dans la cervelle° que les oreilles en sifflent
riot Et qu'il n'est pas possible que ce bruit ne se répande° pas dans la ville et la campagne
  Comme le son d'une cloche appelant à l'émeute° et au combat.
  Écoutez, je l'entends qui me revient renvoyé par les échos.
  Mais non, c'est le bruit d'autres coeurs, de millions d'autres coeurs battant comme le mien à travers la France.
work, task Ils battent au même rythme pour la même besogne° tous ces coeurs,
attack / cliffs Leur bruit est celui de la mer à l'assaut° des falaises°
  Et tout ce sang porte dans des millions de cervelles un même mot d'ordre :
  Révolte contre Hitler et mort à ses partisans !
  Pourtant ce coeur haïssait la guerre et battait au rythme des saisons,
angers Mais un seul mot : Liberté a suffi à réveiller les vieilles colères°
dawn Et des millions de Français se préparent dans l'ombre à la besogne que l'aube° proche leur
will force upon imposera°.
  Car ces coeurs qui haïssaient la guerre battaient pour la liberté au rythme même des saisons et des marées, du jour et de la nuit.

Robert Desnos, recueilli dans *Destinée Arbitraire,*
© Editions Gallimard, 1943

Activité de vocabulaire

1. Trouvez les mots associés :
   a. à la guerre :
      Exemple : le combat
   b. à la nature :
      Exemple : les marées
   c. au corps :
      Exemple : le sang
   d. aux éléments sonores :
      Exemple : un tel bruit
   e. à la lutte des Français
      Exemple : révolte

2. Observez l'emploi de l'imparfait et l'emploi du présent. Pourquoi est-ce que Desnos utilise ces deux temps ? Quel est l'effet ?

3. Quel message est-ce que le sang porte dans des millions de cervelles ? Pourquoi ?

A votre avis...

Quel message est-ce que Desnos veut transmettre aux lecteurs ? Comment est-ce qu'il souligne l'importance de la tâche des Français ? Est-ce qu'il a toujours voulu participer à la guerre ? Pourquoi est-ce qu'il a changé d'avis ? Est-ce qu'il se sent seul dans sa mission ? Expliquez. Qui sont les Français qui se préparent dans l'ombre ? Qu'est-ce qu'ils veulent faire ? Pourquoi ?

Quels personnages du film ont les mêmes sentiments que Desnos ? Quels personnages avaient toujours le désir de lutter contre l'ennemi ? Qu'est-ce qu'ils font pour contribuer à la Résistance ? Quels personnages n'ont aucune envie de participer au mouvement des résistants ? Pourquoi ?

Est-ce que vous croyez que ce genre de poème ait pu motiver les Français à lutter contre l'ennemi ? Pourquoi ou pourquoi pas ?

Grammaire

9.1 Les adjectifs indéfinis

▶ Les adjectifs indéfinis sont employés pour qualifier les noms d'une manière indéterminée. Ils sont placés devant le nom et ils s'accordent en général en genre et en nombre avec le nom qualifié. Observez l'emploi de quelques adjectifs indéfinis.

- ◆ **Aucun, aucune + nom** : *no + noun*
  Aucun/e est un adjectif négatif et il est employé avec **ne/n'**. Il est employé au singulier (sauf si le nom est toujours pluriel comme *les vacances*).
  Exemple : *Bien que Viviane ne soit pas méchante, elle **n'a aucune** conscience.*

- ◆ **Autre, autres + nom** : *another, different, other + noun*
  Notez que le pluriel d'**un autre** est **d'autres**.
  Exemple : *Même si Frédéric supporte son comportement, **ses autres** amis ne peuvent plus le supporter.*

- ◆ **Certain, certaine, certains, certaines + nom** : *certain, some + noun*
  Quand certain est singulier, il est introduit par un article. La forme plurielle est employée sans article.
  Exemple : ***Certaines** personnes la trouvent malhonnête et **un certain** journaliste sait qu'elle cache quelque chose.*

- **Chaque + nom** : *each, every + noun*
  Chaque est toujours singulier.
  Exemple : *Malgré tout, Frédéric est prêt à l'aider **chaque** fois qu'elle l'appelle.*

- **Différents, différentes + nom** : *different, some, various + noun*
  Différents/es est toujours pluriel.
  Exemple : *Frédéric a évidemment **différentes** raisons de l'aider.*

- **Même, mêmes + nom** : *same + noun*
  Exemple : *Il est clair que Viviane n'aime pas Frédéric pour les **mêmes** raisons que Camille l'aime.*

- **N'importe quel, quels, quelle, quelles + nom** : *any + noun*
  Exemple : *Viviane pense que Frédéric peut résoudre **n'importe quel** problème.*

- **Plusieurs + nom** : *several + noun*
  Plusieurs est un adjectif indéfini invariable.
  Exemple : *Viviane a malheureusement **plusieurs** problèmes !*

- **Quel, quelle, quels, quelles + que + être (au subjonctif)** : *whatever, whichever, whoever*
  Quel + que + être est une structure qui exige l'emploi du subjonctif.
  Exemple : ***Quel que soit** le problème, Viviane essaie de s'en débarrasser tout de suite.*

- **Quelque, quelques + nom** : *a few, some + noun*
  Quelque/s peut être employé avec ou sans article.
  Exemple : *Elle rencontre **quelques** difficultés à résoudre ses problèmes cette fois-ci.*

- **Tel, telle, tels, telles (que) + nom** : *such, such a, such as, like + noun*
  Exemple : *Il est vrai qu'une **telle** femme est rare.*

- **Tout, toute, tous, toutes + nom** : *each, all, every + noun*
  Notez que le s de *tous* est muet.
  Exemple : *Bien qu'elle soit mélodramatique, **tout** le monde admire sa ténacité !*

Pratiquez !

 Meurtrière. Viviane est meurtrière. Complétez le paragraphe suivant avec *les adjectifs indéfinis* ci-dessous pour décrire ses actions. Certains adjectifs indéfinis peuvent être employés plusieurs fois.

adjectifs indéfinis							
aucune	autres	certain	chaque	plusieurs	quelle que	quelques	tous

Viviane n'a ＿＿＿ conscience morale. Dès qu'elle tue un ＿＿＿ homme d'affaires connu, elle appelle son ancien ami pour l'aider à résoudre ce problème. Quand Frédéric arrive chez Viviane, il lui pose ＿＿＿ questions mais elle ne répond honnêtement à ＿＿＿ de ses questions. ＿＿＿ soit la raison pour laquelle elle a tué cet homme, Frédéric doit l'aider. Il met le corps dans le coffre de la voiture et il s'en va. Il rencontre malheureusement ＿＿＿ problèmes. Il pleut beaucoup et il a du mal à voir la rue et les ＿＿＿ voitures. Il a un accident de voiture. La police arrive et Frédéric est arrêté. Viviane s'inquiète. ＿＿＿ matin, elle lit ＿＿＿ page de ＿＿＿ les journaux parisiens avec soin pour voir si les journalistes la soupçonnent d'avoir tué l'homme d'affaires.

B **Une nouvelle vie ?** Répondez aux questions suivantes pour parler de la vie de Viviane à Paris et de sa vie à Bordeaux. Utilisez *les adjectifs indéfinis* dans vos réponses.

Paris

avant l'exode

1. Qu'est-ce que Viviane fait *chaque* matin ? Pourquoi ?
2. Viviane a *certains* soucis. De quoi se soucie-t-elle ?
3. A-t-elle d'*autres* soucis ? Expliquez.
4. Il est évident qu'elle a *quelques* problèmes. Quels problèmes a-t-elle ?
5. Avant de partir pour Bordeaux, elle n'a *aucun* souci pour son ami qui a été arrêté. Pourquoi ?

Bordeaux

une nouvelle vie

1. Viviane doit s'adapter à la vie à Bordeaux. Citez *plusieurs* choses qui sont différentes pour elle.
2. *Quelle que* soit la situation, Viviane arrive à se débrouiller. Expliquez pourquoi.
3. *Plusieurs* hommes sont amoureux de Viviane. Qui l'aime sincèrement ?
4. On dit que *tout* le monde admire Viviane. Est-ce que c'est vrai ? Expliquez.
5. Est-ce que Viviane rencontre des gens qui ont les *mêmes* qualités ou les *mêmes* défauts qu'elle ? Qui ? Pourquoi ?

9.2 Les pronoms indéfinis

▶ Les pronoms indéfinis sont employés pour représenter les noms d'une manière indéterminée. Ils remplacent un nom et ils s'accordent en général en genre et en nombre avec le nom remplacé. Observez l'emploi de quelques pronoms indéfinis.

♦ **Aucun, aucune** : *none*
  Aucun/e est un pronom négatif et il est employé avec **ne/n'**. Il est employé au singulier (sauf si le nom est toujours pluriel comme *les vacances*).
  Exemple : --*Raoul n'a pas de soucis ? --Non, en général, il n'en a **aucun**.*

♦ **Autre, autre**s : *other, others*
  Autre/s est introduit par un article ou par un autre déterminant.
  Exemple : --*Et **les autres** ? Ont-ils des soucis ?*

♦ **Certains, certaines** : *some (people)*
  Certain(e)s est toujours employé au pluriel.
  Exemple : --*Bien sûr ! **Certains** ont beaucoup de soucis !*

♦ **Chacun, chacune** : *each one, everyone*
  Chacun(e) est toujours singulier.
  Exemple : --*A mon avis, **chacun** doit résoudre ses propres problèmes.*

♦ **Même, mêmes** : *same (one, ones)*
  Même(s) est introduit par l'article défini (le, la, les).
  Exemple : --*Heureusement que mes opinions ne sont pas **les mêmes** que les tiennes !*

♦ **N'importe lequel, laquelle, lesquels, lesquelles** : *any one*
  Exemple : --*Quel train Raoul prendra-t-il pour aller à Bordeaux ?*
  --***N'importe lequel**, il faut y aller !*

- **N'importe qui :** *anyone*
  Exemple : *Raoul aime tout le monde et il parlera à **n'importe qui**.*

- **N'importe quoi :** *anything*
  Exemple : *Il fera **n'importe quoi** pour aider Camille.*

- **On :** *one, someone, people, we, you, etc.*
  On est un pronom sujet. Son sens dépend du contexte de la phrase.
  Exemple : ***On** dirait qu'il est amoureux de Camille.*

- **Personne :** *no one, not anyone*
  Personne est un pronom négatif et il est employé avec **ne/n'**. Personne est le contraire de quelqu'un.
  Exemple : *Il est vrai que **personne ne** sait ce qu'il fera pour l'aider.*

- **Plusieurs :** *several*
  Plusieurs est toujours pluriel.
  Exemple : *Quand il arrive à Bordeaux, il a plusieurs projets.*
  ***Plusieurs** sont illégaux !*

- **Quelques-uns, quelques-unes :** *some*
  Exemple : *Il a aussi quelques amis à Bordeaux.*
  ***Quelques-uns** sont aussi voyous.*

- **Quelqu'un :** *someone*
  Quelqu'un représente les gens. Il peut être employé seul ou avec la préposition **de/d'** et un adjectif masculin. Le contraire de quelqu'un est personne.
  Exemple : *Malgré tout, Raoul est **quelqu'un de** bien.*

- **Quelque chose :** *something*
  Quelque chose représente les choses. Il peut être employé seul ou avec la préposition **de/d'** et un adjectif masculin. Le contraire de quelque chose est rien.
  Exemple : *Raoul pense qu'il peut faire **quelque chose** pour aider Camille.*

- **Rien :** *nothing*
  Rien est un pronom négatif qui représente les choses. Il est employé avec **ne/n'**. Il peut être employé seul ou avec la préposition **de/d'** et un adjectif masculin. Le contraire de rien est quelque chose.
  Exemple : *--Et Jean-Etienne ? --Il **ne** fait **rien** pour aider les résistants.*

- **Tout :** *everything*
  Exemple : *Jean-Etienne fait **tout** pour protéger Viviane !*

- **Tous, toutes :** *all, everyone*
  Notez que le s de tous est prononcé quand il est employé comme pronom.
  Exemple : ***Tous** à Bordeaux savent qu'elle ne l'aime pas et qu'elle profite de son pouvoir.*

Pratiquez !

 A **Evadé.** Frédéric s'évade de prison ! Complétez l'histoire de son évasion avec *les pronoms indéfinis* ci-dessous. Certains pronoms indéfinis peuvent être employés plusieurs fois.

pronoms indéfinis
les autres   certains   chacun   on   personne   quelqu'un   quelque chose   tout

Plusieurs mois après son arrestation, Frédéric est toujours en prison. ____ n'a pu l'aider à sortir. ____ change pour lui quand les gardes évacuent la prison la veille de l'entrée des Allemands dans Paris. Tous les prisonniers sont menottés. Pendant que ____ montent dans l'autobus, Frédéric et Raoul s'enfuient. C'est ____ pour soi ! Frédéric se cache dans la cuisine. ____ ne trouve pas Frédéric bien que ____ cherche les évadés. Il quitte la prison et les rues sont vides. Alors que la plupart des gens sont partis, ____ sont toujours à Paris et Frédéric cherche ____ qui peut l'aider. Il sait qu'il doit faire ____. Son aventure commence…

B **Coupable.** Malgré son innocence, certains croient que Frédéric est coupable d'avoir tué Arpel. Complétez les phrases suivantes de manière logique pour parler de sa situation. Observez l'emploi *des pronoms indéfinis*.

1. Frédéric aide Viviane bien qu'elle ait fait *quelque chose de/d'…* et bien qu'elle soit *quelqu'un de/d'…*
2. Quand la police arrête Frédéric *personne n'…* et *on …*
3. Presque tout le monde pense que Frédéric est coupable mais *certains…*
4. Bien entendu, *chacun…* et *n'importe qui…*
5. Après son évasion, Frédéric lutte contre *tout*. Par exemple,…

9.3 Les mots indéfinis - tableau récapitulatif

► Observez le tableau récapitulatif des adjectifs et des pronoms indéfinis. Il faut analyser la fonction du mot indéfini dans la phrase (un adjectif ou un pronom) ainsi que le genre et le nombre du nom qualifié ou remplacé.

► Notez aussi que quelques adverbes indéfinis correspondent aux adjectifs et aux pronoms indéfinis. Les adverbes sont invariables et ils qualifient un adjectif, un autre adverbe ou un verbe.

mots indéfinis				
adjectifs		**pronoms**		**adverbes**
singulier	**pluriel**	**singulier**	**pluriel**	**invariable**
aucun, aucune (ne)		aucun, aucune (ne)		
autre	autres	autre	autres	
certain, certaine	certains, certaines		certains, certaines	
chaque		chacun, chacune		
	différents, différentes			
même	mêmes	même	mêmes	
n'importe quel, n'importe quelle	n'importe quels, n'importe quelles	n'importe lequel, n'importe laquelle	n'importe lesquels, n'importe lesquelles	n'importe comment, n'importe où, n'importe quand
		n'importe qui		
		n'importe quoi		
		on		
		personne (ne)		
	plusieurs		plusieurs	
quel que, quelle que	quels que, quelles que			
quelque	quelques	quelqu'un	quelques-uns, quelques-unes	quelque
		quelque chose		quelque part
		rien (ne)		
tel, telle	tels, telles	tel, un tel, une telle (rarement utilisé)		
tout, toute	tous, toutes	tout	tous, toutes	

Tableau 1, Les mots indéfinis.

Pratiquez !

 A **Exode.** Deux jeunes gens parlent de l'exode. Complétez leur dialogue avec *les mots indéfinis* qui conviennent.

--____ résident de Paris doit quitter la capitale avant que les Allemands n'entrent dans la ville.

--____ doit quitter la capitale ?

--Oui, mais ____ résidents ont peur de faire le voyage.

--____ ont peur de faire le voyage ? Pourquoi ?

--Le voyage est très difficile et ____ fuyards sont déjà morts.

--____ sont morts ? ____ devrait faire ____ !

--C'est vrai ! ____ fait ____ ce qu'on peut en ce moment.

--Il me semble qu'on ne fait ____ !

--Il faut y croire ! Une ____ situation est difficile et il faut du temps ! Il ne faut pas perdre ____ espoir !

--Oui, c'est vrai. Je ne perdrai pas espoir – quoi qu'il arrive !

B **Occupation.** L'arrivée des Allemands dans Paris touche tous les Français. Réfléchissez à la vie pendant l'Occupation et complétez les phrases suivantes de manière logique. Observez bien l'emploi *des mots indéfinis*.

1. Quand les Allemands arrivent à Paris, *on*…
2. *Quelques*… décident de ne pas quitter la capitale.
3. Alors que *quelques-uns* …
4. *Plusieurs*… font le trajet vers le sud avec leur famille.
5. *D'autres*… restent à Paris pour profiter de la situation.
6. Pour *certains*, la situation…
7. *Tout* … souffre de l'Occupation allemande.
8. *Personne n'*est… et *rien n'*est…
9. Il est vrai que *chacun*…
10. Malgré tout, *quelqu'un*… pour résister au pouvoir allemand.

9.4 Le passé du subjonctif

La formation du présent du subjonctif – rappel !

▶ Pour former le présent du subjonctif :
  ◆ Conjuguez le verbe en question à la 3ᵉ personne du pluriel (ils).
  ◆ Laissez tombez la terminaison **–ent**.
  ◆ Ajoutez les terminaisons du subjonctif : **-e, -es, -e, -ions, -iez, -ent**.

terminaisons du présent du subjonctif			
je/j'	**-e**	nous	**-ions**
tu	**-es**	vous	**-iez**
il, elle, on	**-e**	ils, elles	**-ent**

Tableau 2, Les terminaisons du subjonctif.

verbes réguliers au présent du subjonctif			
que/qu'…	**parler**	**finir**	**répondre**
je	parle	finisse	réponde
tu	parles	finisses	répondes
il, elle, on	parle	finisse	réponde
nous	parlions	finissions	répondions
vous	parliez	finissiez	répondiez
ils, elles	parlent	finissent	répondent

Tableau 3, Des verbes réguliers au présent du subjonctif.

verbes avec changement orthographique				
que/qu'…	**appeler**	**préférer**	**lever**	**essayer**	**nettoyer**
je/j'	appelle	préfère	lève	essaie	nettoie
tu	appelles	préfères	lèves	essaies	nettoies
il, elle, on	appelle	préfère	lève	essaie	nettoie
nous	appelions	préférions	levions	essayions	nettoyions
vous	appeliez	préfériez	leviez	essayiez	nettoyiez
ils, elles	appellent	préfèrent	lèvent	essaient	nettoient

Tableau 4, Des verbes avec changement orthographique au présent du subjonctif.

verbes avec deux radicaux				
boire	que je	boive	que nous	buvions
croire	que je	croie	que nous	croyions
devoir	que je	doive	que nous	devions
envoyer	que j'	envoie	que nous	envoyions
mourir	que je	meure	que nous	mourions
prendre	que je	prenne	que nous	prenions
recevoir	que je	reçoive	que nous	recevions
venir	que je	vienne	que nous	venions
voir	que je	voie	que nous	voyions

Tableau 5, Des verbes avec deux radicaux au présent du subjonctif.

verbes irréguliers au présent du subjonctif										
que/qu'…	**aller**	**faire**	**pouvoir**	**savoir**	**valoir**	**vouloir**	**avoir**	**être**	**falloir**	**pleuvoir**
je/j'	aille	fasse	puisse	sache	vaille	veuille	aie	sois		
tu	ailles	fasses	puisses	saches	vailles	veuilles	aies	sois		
il, elle, on	aille	fasse	puisse	sache	vaille	veuille	ait	soit	il faille	il pleuve
nous	allions	fassions	puissions	sachions	valions	voulions	ayons	soyons		
vous	alliez	fassiez	puissiez	sachiez	valiez	vouliez	ayez	soyez		
ils, elles	aillent	fassent	puissent	sachent	vaillent	veuillent	aient	soient		

Tableau 6, Des verbes irréguliers au présent du subjonctif.

La formation du passé du subjonctif

▶ Le passé du subjonctif est un temps composé. Il se compose d'un verbe auxiliaire (avoir ou être) au présent du subjonctif et du participe passé du verbe en question. Les règles pour le choix du verbe auxiliaire, pour l'accord du participe passé et pour la structure de la phrase au passé du subjonctif sont les mêmes que pour le passé composé.

Exemple : *Viviane n'est pas contente que Frédéric **soit venu** à Bordeaux.*

▶ Observez la formation du subjonctif passé.

avoir			
que j'	**aie**	que nous	**ayons**
que tu	**aies**	que vous	**ayez**
qu'il, elle, on	**ait**	qu'ils, elles	**aient**

Tableau 7, Le verbe avoir au présent du subjonctif.

être			
que je	**sois**	que nous	**soyons**
que tu	**sois**	que vous	**soyez**
qu'il, elle, on	**soit**	qu'ils, elles	**soient**

Tableau 8, Le verbe être au présent du subjonctif.

faire			
que j'	**aie fait**	que nous	**ayons fait**
que tu	**aies fait**	que vous	**ayez fait**
qu'il, elle, on	**ait fait**	qu'ils, elles	**aient fait**

Tableau 9, Le verbe faire au passé du subjonctif.

partir			
je	**sois parti (e)**	nous	**soyons parti (e) s**
tu	**sois parti (e)**	vous	**soyez parti (e) (s)**
il, elle, on	**soit parti (e)**	ils, elles	**soient parti (e) s**

Tableau 10, Le verbe partir au passé du subjonctif.

se lever			
que je	**me sois levé (e)**	que nous	**nous soyons levé (e) s**
que tu	**te sois levé (e)**	que vous	**vous soyez levé (e) (s)**
qu'il, elle, on	**se soit levé (e)**	qu'ils, elles	**se soient levé (e) s**

Tableau 11, Le verbe se lever au passé du subjonctif.

Les emplois du subjonctif – rappel !

▶ Le subjonctif est un mode qui exprime un sentiment, une volonté, un jugement, un doute ou une possibilité. L'attitude est subjective. Quand on emploie le subjonctif, la proposition subordonnée est introduite par **que** et le sujet de cette proposition est différent de celui de la proposition principale.

▶ Rappelez-vous que le subjonctif est employé après ces verbes ou ces expressions :
   ◆ d'émotions ou de sentiments *(être content, désolé, fâché, heureux, ravi, triste, etc.)*.
   ◆ de désir, de préférence ou de volonté *(aimer, demander, désirer, exiger, préférer, souhaiter, vouloir, etc.)*.
   ◆ de doute ou d'improbabilité *(douter, il est douteux, il semble, il est peu probable, il est improbable, etc.)*.
   ◆ impersonnels de nécessité *(il faut, il est essentiel, nécessaire, obligatoire, etc.)*, de possibilité *(il est possible, il est impossible, il se peut, etc.)*, de jugement *(il vaut mieux, il est bizarre, bon, honteux, important, etc.)*

▶ Les verbes *croire, espérer* et *penser* sont suivis du subjonctif quand ils sont employés au négatif ou à l'interrogatif, mais quand ils sont employés à l'affirmatif ou à l'interro-négatif, ils sont suivis de l'indicatif.

▶ On peut utiliser un infinitif pour éviter le subjonctif après :
   ◆ un verbe de désir, de préférence ou de volonté quand il y a un sujet.
   ◆ une expression d'émotion (sujet + être + adjectif + de + infinitif).
   ◆ une expression impersonnelle (il faut, il vaut mieux, il est + adjectif + de + infinitif, etc.).
   ◆ après le verbe devoir pour remplacer les expressions de nécessité.

Les emplois du passé du subjonctif

▶ Notez que le présent du subjonctif est employé quand l'action de la proposition subordonnée a lieu **simultanément** ou **postérieurement** à l'action de la proposition principale. Le futur proche et le futur simple sont remplacés par le présent du subjonctif.

Exemple : *Viviane croit que Frédéric **est** à la maison.*
    (Le présent de l'indicatif – action simultanée)
  *Viviane ne croit pas que Frédéric **soit** à la maison.*
    (Le présent du subjonctif – action simultanée)
  *Viviane est sûre que Frédéric **va l'aider**.*
    (Le futur proche de l'indicatif – action postérieure)
  *Viviane n'est pas sûre que Frédéric l'**aide**.*
    (Le présent du subjonctif – action postérieure)
  *Viviane pense que Frédéric **pourra** l'aider.*
    (Le futur simple de l'indicatif – action postérieure)
  *Viviane ne pense pas que Frédéric **puisse** l'aider.*
    (Le présent du subjonctif – action postérieure)

▶ Le passé du subjonctif est employé quand l'action de la proposition subordonnée a lieu **antérieurement** à l'action de la proposition principale.

Exemple : *Viviane croit que Frédéric **s'est évadé** de prison.*
    (Le passé composé de l'indicatif – action antérieure)
  *Viviane ne croit pas que Frédéric **se soit évadé** de prison.*
    (Le passé du subjonctif – action antérieure)

▶ Le futur antérieur est remplacé par le subjonctif passé.

Exemple : *Frédéric pense que Viviane **aura quitté** Paris.*
    (Le futur antérieur de l'indicatif – action antérieure)
  *Frédéric ne pense pas que Viviane **ait quitté** Paris.*
    (Le passé du subjonctif – action antérieure)

▶ Observez le tableau des emplois du présent et du passé du subjonctif.

	présent et passé du subjonctif	
proposition principale	**proposition subordonnée**	
	simultanément / postérieurement	**antérieurement**
	présent du subjonctif	**passé du subjonctif**
passé composé	Il a fallu que Viviane demande à quelqu'un de l'aider.	Frédéric a douté que Viviane ait tué quelqu'un.
imparfait	Viviane était contente que Frédéric veuille l'aider.	Frédéric était surpris que Viviane ait pu tuer quelqu'un.
présent	Viviane doute que la police puisse découvrir la vérité.	Frédéric est triste que Viviane n'ait pas dit la vérité.
conditionnel	Viviane voudrait que Jean-Etienne essaie d'appeler le préfet de police.	Frédéric ne voudrait pas que Viviane ait quitté Paris.
futur	Jean-Etienne regrettera que Viviane devienne sa maîtresse.	Frédéric sera déçu que Viviane n'ait pas essayé de l'aider.

Tableau 12, Le présent et le passé du subjonctif.

Pratiquez !

A   **L'amour ?** Pourquoi est-ce que Jean-Etienne aime Viviane ? Complétez le paragraphe suivant avec *le présent du subjonctif* des verbes entre parenthèses.

Viviane est contente que Jean-Etienne l'____ (aimer) parce qu'il peut l'aider. Il est douteux que Viviane ____ (être) amoureuse de lui et il faut qu'elle ____ (faire) semblant de l'aimer. Elle veut surtout que Jean-Etienne ____ (comprendre) qu'il peut utiliser son pouvoir en tant que ministre pour résoudre son problème. A son avis, il est essentiel que la police n'____ pas (avoir) envie de l'interroger. Viviane est soulagée que Jean-Etienne ____ (vouloir) appeler le Préfet de police. Certains pensent qu'il est impossible que Jean-Etienne ne ____ (voir) pas que Viviane est mélodramatique. Comme elle est très belle, célèbre et charmante mais égocentrique, il est possible que Jean-Etienne ____ (savoir) que Viviane n'est pas sincère. Pense-t-il qu'ils ____ (pouvoir) être ensemble ? Sait-il qu'elle est manipulatrice et qu'elle profitera de tout le monde pour sauver sa carrière ?

B   **Meurtrière.** Qu'est-ce qui s'est passé le soir où Viviane a tué Arpel ? Complétez le passage suivant en conjuguant les verbes entre parenthèses *au passé du subjonctif.*

Ce soir-là, il semble qu'Arpel ____ (se cacher) et qu'il ____ (entrer) dans son immeuble après que les autres sont partis. Il se peut qu'Arpel ____ (venir) chez Viviane pour lui parler. Mais il est douteux qu'Arpel ____ (vouloir) la blesser. Il n'est pas clair que Viviane ____ (avoir) peur. Il est pourtant possible qu'elle ____ (être) obligée faire quelque chose pour se protéger contre Arpel. Il est douteux qu'elle ____ (vouloir) le tuer. Elle est soulagée que Frédéric ____ (arriver) pour l'aider à se débarrasser de cette affaire. Malheureusement, elle ne regrette pas que Frédéric ____ (être) arrêté et elle est contente que la police ____ (ne…pas / avoir) envie de l'interroger.

C   **L'affaire de Viviane.** Complétez les phrases suivantes de manière logique. Utilisez *le passé du subjonctif* dans la proposition subordonnée.

Modèle :   Il est possible qu'Arpel **soit venu chez Viviane pour la harceler**.

1. Frédéric est triste que…
2. Il est douteux que Frédéric…
3. Viviane croit-elle que … ?
4. Viviane est ravie que…
5. Il est peu probable que…

9.5   Le subjonctif après certaines conjonctions

▶   Certaines conjonctions sont suivies d'une proposition subjonctive. Ces conjonctions indiquent :

◆ un but :	*afin que, pour que, de crainte que (ne), de peur que (ne)*
◆ une concession :	*bien que, malgré que, quoique*
◆ une condition :	*à condition que, pourvu que*
◆ une restriction :	*à moins que (ne), sans que*
◆ un temps :	*avant que (ne), en attendant que, jusqu'à ce que*

▶   La plupart de ces conjonctions ont un équivalent prépositionnel qui est suivi d'un infinitif. Ces prépositions indiquent :

◆ un but :	*afin de, pour, de crainte de, de peur de*
◆ une condition :	*à condition de*
◆ une restriction :	*à moins de, sans*
◆ un temps :	*avant de, en attendant de*

▶ Rappelez-vous qu'une phrase avec une proposition subjonctive exige l'emploi de deux sujets différents. Une phrase avec une structure infinitive n'a qu'un sujet. Observez :

Exemple : *Raoul aide Camille afin qu'elle puisse livrer l'eau lourde.*
(Raoul est le sujet de la proposition principale et elle (Camille)
est le sujet de la proposition subjonctive introduite par la conjonction
***afin que**.)*
Raoul aide Camille afin de livrer l'eau lourde.
(Raoul est le sujet de la phrase et il n'y a pas de proposition
subordonnée.)

▶ Notez que les conjonctions *bien que, jusqu'à ce que, quoique* et *pourvu que* n'ont pas de structure prépositionnelle équivalente et elles sont toujours suivies d'une proposition subjonctive.

Exemple : ***Bien que** Raoul soit un voyou, il est courageux et il sauve la mission de Camille.*

▶ Les conjonctions *avant que, de crainte que, de peur que*, et *à moins que* sont employées avec le *ne* pléonastique (explétif) qui n'a pas une valeur négative et qui n'est pas traduit en anglais.

Exemple : *Camille veut livrer l'eau lourde avant que les Allemands **ne** les arrêtent.*

Pratiquez !

 A **L'eau lourde.** Pourquoi est-ce que l'eau lourde est si importante ? Complétez le paragraphe ci-dessous avec *les conjonctions* suivantes pour décrire l'importance de l'eau lourde.

conjonctions suivies du subjonctif				
afin que	avant que	bien que	de peur que	pourvu que

Le professeur est un homme courageux qui accomplira sa mission ____ elle soit difficile. Il veut transporter l'eau lourde en Angleterre ____ les Allemands ne développent une bombe atomique. (L'eau lourde est une eau rare utilisée dans certains réacteurs nucléaires ____ les neutrons ralentissent avant de bombarder l'uranium.) Le professeur rencontre quelques difficultés et ____ il ne réussisse à la transporter, il aura besoin d'aide. ____ il ait l'aide dont il a besoin, les Alliés empêcheront le développement de la bombe atomique.

B **Mission.** Camille et le professeur ont une mission importante. Parlez de leur mission en remplaçant la proposition subjonctive par une proposition infinitive. Observez bien *les conjonctions* qui introduisent le subjonctif et *les prépositions* qui introduisent l'infinitif.

Modèle : Camille descend à Angoulême pour qu'on puisse discuter des projets du professeur.
Camille descend à Angoulême pour pouvoir discuter des projets du professeur.

1. Le professeur veut transporter l'eau lourde en Angleterre afin qu'on puisse sauver la France.
2. Le professeur et Camille demandent à Jean-Etienne de parler aux autres hommes politiques de peur qu'on ne soit découvert par les Allemands.
3. Jean-Etienne les aidera à condition qu'on puisse convaincre les autres hommes politiques.

4. Jean-Etienne ne peut pas les convaincre et il faut trouver un moyen pour aller en Angleterre avant qu'on ne perde l'eau lourde.
5. Frédéric et Raoul contribuent à la mission pour qu'on réussisse à livrer l'eau lourde.

C **Résumé.** Complétez les phrases suivantes de manière logique pour faire un résumé de l'histoire de l'eau lourde. Etudiez *les conjonctions* et *les prépositions* et déterminez s'il faut le subjonctif ou un infinitif.

> Modèle : L'eau lourde est une eau rare utilisée *pour **développer des bombes atomiques**.*

1. Le professeur transporte l'eau lourde *afin de*…
2. Camille aide le professeur *pour que*…
3. Frédéric parle avec le ministre *bien que*…
4. Jean-Etienne leur donnera les papiers nécessaires *à condition que*…
5. Jean-Etienne ne leur promet rien *de crainte de*…
6. *Quoique*…, le professeur et Camille continuent leur quête.
7. *Avant de*…, les Allemands apprennent que Camille et le professeur ont toujours l'eau lourde.
8. Le professeur et Camille s'enfuient *de peur que*…
9. Les Allemands les cherchent *jusqu'à ce que*…
10. Le professeur et Camille réussiront à leur mission *à moins que*…

9.6 Le subjonctif - récapitulation

▶ Observez le tableau récapitulatif des emplois du subjonctif.

emplois du subjonctif	
verbes /expressions	**exemple**
de désir, de volonté désirer, souhaiter, vouloir commander, demander, exiger permettre, proposer, recommander empêcher, interdire, refuser, s'opposer à, tenir à	Viviane demande que Frédéric vienne chez elle.
d'émotions, de sentiments aimer, détester, préférer, regretter, etc. être content, désolé, étonné, triste, etc. avoir peur, craindre, etc.	Viviane a peur que la police veuille l'interroger.
de nécessité il est essentiel, il faut, il est nécessaire, il est obligatoire, il suffit, etc.	Il faut que Viviane aille à Bordeaux.
de jugement il est bon, dommage, important, préférable, rare, regrettable, utile, etc. il vaut mieux, il importe, etc.	Il est regrettable que Viviane ne soit pas moins égocentrique.
de doute douter, il est douteux	Frédéric doute que Viviane dise la vérité.
d'improbabilité il est improbable, il est peu probable	Il est improbable qu'elle ait été obligée tuer Arpel.
de possibilité il est possible, il n'est pas possible, il est impossible, il se peut	Il est possible qu'elle puisse demander à Jean-Etienne de résoudre son problème.
autre quel que soit + nom, quelque + que + nom + verbe	Quelle que soit la situation, Frédéric l'aidera à trouver une solution.

Tableau 13, Les emplois du subjonctif.

▶ Rappelez-vous les emplois du présent et du passé du subjonctif.

présent du subjonctif et passé du subjonctif		
proposition principale	proposition subordonnée	
	simultanément / postérieurement	antérieurement
passé composé imparfait présent conditionnel futur	présent du subjonctif	passé du subjonctif

Tableau 14, Le présent et le passé du subjonctif.

▶ Notez que certaines conjonctions exigent l'emploi du subjonctif et que certaines ont un équivalent prépositionnel.

emploi du subjonctif après certaines conjonctions	
subjonctif	infinitif
un but afin que pour que de crainte que (ne) de peur que (ne)	**un but** afin de pour de crainte de de peur de
une concession bien que malgré que quoique	
une condition à condition que pourvu que	**une condition** à condition de
une restriction à moins que (ne) sans que	**une restriction** à moins de sans
un temps avant que (ne) en attendant que jusqu'à ce que	**un temps** avant de en attendant de

Tableau 15, L'emploi du subjonctif et de l'infinitif après certaines conjonctions.

Pratiquez !

Espion ! Conjuguez les verbes entre parenthèses *à l'indicatif* ou *au subjonctif* selon le contexte pour parler des espions du film.

Tout le monde pense qu'Alex Winckler ___ (être) journaliste et il est probable que ce/c'___ (être) un bon journaliste. Il poursuit avidement Viviane. Pense-t-il qu'elle ___ (avoir) des secrets militaires ? Croit-il qu'elle ___ (être) espionne ? Evidemment, Viviane n'aime pas qu'Alex la ___ (suivre) partout. Bien que son comportement ___ (être) suspicieux, tout le monde sait qu'elle n'___ pas (être) espionne ! Elle essaie de se déguiser de peur qu'Alex n'___ (apprendre) qu'elle ___ (tuer) André Arpel. Vers la fin du film, on est surpris de découvrir qu'Alex ___ (être) espion et qu'il ___ (envoyer) des messages aux Allemands. Quoiqu'Alex ___ (appartenir) à l'armée allemande, Viviane a besoin de son aide et, à la fin du film, ils partent pour Paris ensemble. Est-il possible que Viviane ___ espionne ? Tout est possible parce qu'elle veut sauver sa carrière !

B **Sans conscience ?** Réfléchissez au comportement de Viviane au cours du film et complétez les phrases suivantes de manière logique. Utilisez *l'indicatif, le subjonctif* ou *l'infinitif* selon le contexte.

Au cours du film, on voit que Viviane n'est pas consciente du monde qui l'entoure.
1. Au début du film, elle appelle son ancien ami *afin de…*
2. Il va directement chez Viviane *parce que…*
3. Viviane a tué Arpel. Il est *possible que…*
4. Viviane ne pense jamais à la façon dont ses actions touchent les autres et il *faut* maintenant *que…*
5. La situation en France empire *pendant que…* et Frédéric s'évade de prison.
6. *Bien que …*, Viviane ne se soucie pas de la guerre.
7. Elle descend à Bordeaux *pour…*
8. La situation à Bordeaux est grave mais Viviane *veut* toujours *que…*
9. Jean-Etienne la quitte *de peur que…* et Viviane désespère.
10. *Quelle que …* la situation, Viviane arrive à trouver quelqu'un qui peut s'occuper de ses problèmes.
11. A la fin du film, on voit que Viviane ne se soucie pas de la guerre et on *sait que…*
12. Il est pourtant *formidable que…*

Résistants. Pourquoi est-ce que Frédéric voulait participer à la Résistance ? Développez un paragraphe pour décrire les raisons de son engagement. Utilisez les rubriques ci-dessous pour développer votre explication et utilisez *l'indicatif, le présent et le passé du subjonctif* ou *l'infinitif* selon le contexte.

- Ses désirs et ses espoirs pour la Résistance
- Ses sentiments au sujet de la Résistance
- La nécessité des actions des résistants
- Ses doutes et ceux des autres résistants
- Les buts des résistants
- Les conditions et les concessions des résistants
- Les restrictions des résistants
- Les réussites des résistants

Traduction

Conseils

◆ Cherchez les mots apparentés et les faux amis.
◆ Déterminez si les mots indéfinis sont des adjectifs ou des pronoms.
◆ Observez que certaines conjonctions sont suivies du subjonctif et que certaines prépositions exigent l'emploi de l'infinitif.
◆ Faites très attention aux temps et aux modes des verbes.
◆ N'oubliez pas de ne pas traduire mot à mot !
◆ Utilisez le vocabulaire et la grammaire pour vous aider !

Français → anglais

 Mots et expressions. Traduisez les mots et les expressions suivantes *en anglais.*

1. la guerre, la paix
2. l'Occupation, la Résistance
3. la patrie, le peuple
4. les civils, les hommes politiques, les militaires
5. les résistants, l'héroïsme

 Phrases. Traduisez les phrases suivantes *en anglais.*

1. On a perdu la guerre.
2. On devrait demander un armistice.
3. Il est nécessaire qu'on continue le combat.
4. On fera n'importe quoi.
5. Il faudra qu'on risque sa vie.

Anglais → français

 Mots et expressions. Traduisez les mots et les expressions suivantes *en français.*

1. to be unhappy that
2. to appeal to
3. to give someone hope
4. to do anything in order to
5. to be necessary to

B **Phrases.** Traduisez les phrases suivantes *en français.*

1. They will be able to save the country.
2. We must continue to fight.
3. You can contribute to the cause !
4. It is an example of heroism.
5. She delivered the heavy water.

 Article. J. Moulin écrit un article sur la guerre. Traduisez-le *en français.*

War or peace? What should the citizens of France do?

-- J. Moulin

Certain politicians think that we have lost the war. Certain ones are telling the French citizens that France must ask for an armistice. Other people believe that the citizens should continue the fight against Germany. The war is not lost!

Some people are unhappy that De Gaulle has appealed to the French citizens. He is speaking to them in order to give them hope and so that they will be able to save their country from the Germans.

There are many people who believe that they can save France. They will do anything to contribute to the Resistance. It will be necessary for these members of the Resistance to risk their lives but they know that they will be saving the country they love as well as their liberties. A recent example of this heroism is Camille X who succeeded in delivering the only heavy water in Europe….

Photo

A **Détails.** Regardez l'image et choisissez les bonnes réponses.

1. Où est-ce que cette scène a lieu ?
   a. à Paris
   b. à Bordeaux
   c. à Angoulême
2. Quand est-ce que cette scène a lieu ?
   a. Elle a lieu au début du film.
   b. Elle a lieu au milieu du film.
   c. Elle a lieu à la fin du film.
3. Les personnages sur la photo sont…
   a. le professeur Kopolski, Camille et Monsieur Girard.
   b. le professeur Kopolski, Camille et Raoul.
   c. le professeur Kopolski, Camille et Frédéric.
4. La jeune femme sur la photo…
   a. va partir pour Paris.
   b. vient d'arriver de Paris.
   c. ne veut pas partir avec les hommes sur la photo.
5. Les trois personnes sur la photo sont en train de…
   a. livrer l'eau lourde.
   b. chercher l'eau lourde.
   c. parler de leurs projets pour l'avenir.

B **Chronologie.** Mettez les phrases suivantes en ordre chronologique.

_____ Le vieil homme demande à la jeune femme si elle a pu trouver tous ses papiers.

_____ Ils arrivent à la voiture où la jeune femme découvre que le vieil homme a toujours l'eau lourde.

_____ La jeune femme descend du train où les deux hommes l'attendent.

_____ Ils discutent des projets de l'homme qui doit quitter la France.

_____ Avant que les trois personnes ne quittent la gare, Raoul et Frédéric leur demandent de les emmener à Bordeaux.

C **En général.** Répondez aux questions suivantes. Ecrivez deux ou trois phrases.

1. Donnez un titre à la photo. Justifiez votre réponse.
2. Décrivez les émotions des gens sur cette photo.

D **Aller plus loin.** Ecrivez un paragraphe pour répondre aux questions suivantes.

1. Cette scène marque le début de la deuxième partie du film. Expliquez.
2. Le voyage en train montre l'exode des Français du nord. Décrivez la façon dont Rappeneau souligne le chaos de l'exode.
3. Pourquoi est-ce que la plupart des voyageurs veulent aller à Bordeaux ?

Mise en pratique

 En général. Répondez aux questions suivantes. Ecrivez deux ou trois phrases.

1. Décrivez le début du film. Quelle est l'importance de cette scène ?
2. Qu'est-ce qui se passe quand Viviane rentre chez elle après l'avant-première ? Qui est André Arpel ?
3. Pourquoi est-ce que Viviane appelle Frédéric ? Est-ce qu'il sait pourquoi elle l'appelle ?
4. Qu'est-ce que Frédéric découvre quand il arrive chez Viviane ? Comment est-ce qu'il réagit ? Qu'est-ce que Frédéric et Viviane décident de faire ? Qu'est-ce qui arrive à Frédéric ?
5. Pourquoi est-ce que Frédéric n'a pas encore vu le juge quand son avocat désigné (Maître Vouriot) arrive ? Qu'est-ce qu'il explique à Frédéric ?
6. Qu'est-ce qui se passe «quelques mois plus tard» ?
7. Décrivez le 14 juin 1940 (le jour où les Allemands entrent dans Paris). Comment est Paris ? Pourquoi ? Qu'est-ce que Frédéric fait ? Qui est-ce qu'il retrouve ? Qui est-ce qu'il rencontre ?
8. Qu'est-ce qui se passe à Angoulême ?
9. Quelle est la mission de Camille, du professeur Kopolski et de Monsieur Girard ?
10. Décrivez Bordeaux et l'hôtel Splendid. Comment est-ce que Viviane réagit à ce qui se passe ?
11. De quoi est-ce que Jean-Etienne et son chef de cabinet, Brémond, parlent dans la voiture ?
12. Comment est-ce que Viviane réagit quand elle voit Frédéric dans la rue ? Pourquoi ? Comment est-ce que Frédéric réagit ? Pourquoi ?
13. Frédéric trouve Viviane à l'hôtel Splendid. Qu'est-ce qui se passe quand il parle avec elle ?
14. Qu'est-ce que Camille veut que Frédéric fasse ? Pourquoi ? Quel est le résultat ?
15. Est-ce que le professeur et Camille réussissent à avoir les papiers nécessaires pour transporter l'eau ? Quelle est la réaction de Brémond ? Qui entend la dispute entre Camille et Jean-Etienne ?
16. Qui est Thierry ? Quel est son rôle dans le film ?
17. Quelle est l'importance de la scène où Frédéric va au bar ?
18. Jean-Etienne rompt avec Viviane, ses amis refusent de l'emmener à Nice et elle demande encore à Frédéric de l'aider. Pourquoi est-ce que la situation est chanceuse pour Alex qui emmène Viviane chez Frédéric ?
19. Est-ce que Camille et le professeur arrivent à Soulac sans problèmes ? Expliquez.
20. Décrivez la fin du film. Qu'est-ce qui se passe ?

Aller plus loin. Ecrivez un paragraphe pour répondre aux questions suivantes.

1. Pourquoi est-ce que le film commence et se termine dans une salle de cinéma ? Expliquez.
2. Parlez de l'amour dans le film. Qui aime qui ?
3. Comparez Viviane et Camille. Pourquoi est-ce que Frédéric aime ces deux femmes ?
4. Qui est Alex Winckler ? Quel rôle est-ce qu'il joue dans le film ?
5. Comment est-ce que Rappeneau souligne le chaos de cette époque en France ?
6. Comment est-ce que Rappeneau montre la Résistance à partir des personnages suivants : le professeur, Camille, Monsieur Girard, Frédéric, Raoul, Brémond et de Gaulle.
7. Raoul et ses amis volent du vin. Pourquoi est-ce qu'ils en volent et qu'est-ce qu'ils feront avec le vin ?

8. Qui est le héros ou l'héroïne du film ? Expliquez.
9. Est-ce qu'on peut dire que *Bon Voyage* un film de guerre bien que Rappeneau ne montre aucune bataille ?
10. Est-ce que vous aimez le film ? Expliquez.

C **Analyse.** Lisez les deux avis suivants et complétez les activités de vocabulaire.

Avis

Toute personne du sexe masculin qui aiderait, directement ou indirectement, les équipages° d'avions ennemis descendus en parachute, ou ayant fait un atterrissage forcé, favoriserait leur fuite, les cacherait ou leur viendrait en aide de quelque façon que ce soit, sera fusillée sur le champ°.

Les femmes qui se rendraient coupables° du même délit seront envoyées dans des camps de concentration situés en Allemagne.

Les personnes qui s'empareront d'équipages contraints à atterrir, ou de parachutistes, ou qui auront contribué, par leur attitude à leur capture, recevront une prime° pouvant aller jusqu'à 10.000 francs. Dans certains cas particuliers, cette récompense sera encore augmentée.

Paris, le 22 septembre 1941
Le Militaerbefehlshaber en France
Signé : von Stülpnagel, Général d'infanterie

crew

immediately

guilty

reward

Avis

En vue d'inciter la population à entrer dans le groupes de résistance, les puissances ennemies tentant de répandre dans le Peuple Français la conviction que les membres des groupes de résistance, en raison de certaines mesures d'organisation et grâce au port d'insignes° extérieurs, sont assimilés à des soldats réguliers et peuvent de ce fait se considérer comme protégés contre le traitement réservé aux francs-tireurs°.

A l'encontre de° cette propagande il est affirmé ce qui suit :

Le Droit International n'accorde pas, aux individus participant à des mouvements insurrectionnels sur les arrières de la Puissance Occupante, la protection à laquelle peuvent prétendre° les soldats réguliers.

Aucune disposition, aucune déclaration des puissances ennemies ne peuvent rien changer à cette situation.

D'autre part, il est stipulé expressément, à l'article 10 de la Convention d'Armistice Franco-Allemande que les ressortissants français° qui, après la conclusion de cette Convention, combattent contre le REICH ALLEMAND, seront traités part les troupes allemandes comme des francs-tireurs.

La puissance occupante, maintenant comme auparavant, considérera, de par la loi, les membres des groupes de résistance comme des francs-tireurs. Les rebelles tombant° entre leurs mains ne seront donc pas traités comme prisonniers de guerre, et seront passibles° de la peine capitale conformément aux lois de la guerre.

Der Oberfehlshaber West

badges

irregular (soldiers)
in opposition to

to claim

French nationals

captured
liable

Activité de vocabulaire

1. A quel public est-ce que les deux affiches sont destinées ? Pourquoi ?
2. Quelles sont les conséquences pour ceux qui participent à la Résistance ? Sont-elles les mêmes pour les hommes et les femmes ? Expliquez.
3. Qu'est-ce qui constitue la participation à la Résistance ?
4. Est-ce qu'il y a des avantages si l'on décide de ne pas aider les résistants ? Lesquels ?
5. Comment est-ce que les résistants essaient d'attirer d'autres membres ? Est-ce qu'ils réussissent ?

A votre avis...

Est-ce que les résistants avaient peur de continuer la lutte contre les Allemands ? Est-ce que leur participation à la Résistance était vraiment dangereuse ? Qui risquait le plus ? Pourquoi ?

Le professeur, Camille, Monsieur Girard, Raoul et Frédéric sont résistants. Est-ce qu'ils se rendent compte des dangers à votre avis ? Quelles sont les conséquences pour eux s'ils sont découverts ? Qui risque le plus ? Pourquoi ?

Communication

A **Guerre ou paix.** Tout le monde parle de la guerre à l'hôtel Splendid. Il y a des rumeurs d'un armistice alors que certains disent que le combat continuera. Chacun pense qu'il est au courant de tout bien que les informations soient vagues. Inventez une conversation entre deux civils. Utilisez *les adjectifs indéfinis* pour créer votre dialogue.

adjectifs indéfinis			
aucun/e	chaque	n'importe quel/le/s	tel/le/s
autre/s	différents/es	quel/le/s que	tout/e, tous/toutes
certain/e/s	même/s	quelque/s	

Modèle : Etudiant 1 : On va demander un armistice ? Oh, je n'ai aucune idée si c'est vrai.

Etudiant 2 : Moi non plus. Quelques hommes politiques disent qu'on va continuer la guerre.

B **Hommes politiques.** Les hommes politiques en ont assez des rumeurs des civils. Un homme politique parle avec les civils afin de mettre fin au bavardage. Vous jouez le rôle de l'homme politique et les civils (vos camarades de classe) vous poseront des questions sur la guerre. Utilisez *les pronoms indéfinis*.

pronoms indéfinis			
aucun/e	n'importe le/la/les/quel/le/s	quelqu'un	rien
autre/s	n'importe qui personne	quelque chose	tel/le
certain/e/s	on	quelques-uns/unes	tout/e, tous/toutes
même/s	plusieurs		

Modèle : Etudiant 1 : Certains disent qu'il y aura un armistice et d'autres pensent qu'on va continuer le combat. Pourriez-vous nous dire quelque chose ?

Etudiant 2 : Il est vrai que plusieurs personnes veulent cesser le combat. Mais tout doit être fait pour protéger notre patrie !

C **Sa lutte.** Vous êtes journaliste et vous interviewez Camille (qui a presque 90 ans !) sur sa mission de livrer l'eau lourde au début de la Seconde Guerre mondiale. Posez-lui des questions sur sa mission et utilisez *le passé du subjonctif* dans votre interview.

> **Modèle :**   Etudiant 1 :   Est-ce que vous êtes contente que les autres résistants soient arrivés pour vous aider à livrer l'eau lourde ?
>
>   Etudiant 2 :   Oh ! Je suis très heureuse que Frédéric et moi ayons pu prendre le dernier train de Paris. Vous savez que nous fêtons notre 60e anniversaire de mariage ! Il est clair que je suis contente qu'il soit arrivé pour nous aider !

D **Espions.** Alex Winckler appelle Berlin pour dire aux Allemands qu'il a trouvé l'eau lourde. Vous jouez le rôle d'Alex Winckler et votre partenaire joue le rôle d'un agent allemand. Il vous pose des questions sur l'eau lourde et sur les résistants. Créez votre dialogue et utilisez *les conjonctions suivies du subjonctif* et *les prépositions suivies de l'infinitif* dans votre conversation.

> **Modèle :**   Etudiant 1 :   Est-ce que vous pouvez capturer le professeur pour qu'on puisse prendre l'eau lourde ?
>
>   Etudiant 2 :   Oui, mais il y a une jeune femme qui l'accompagne afin d'assurer la livraison de l'eau lourde.

E **Rideaux !** Votre ami/e et vous êtes internautes ! Vous avez développé un site web sur le cinéma (www.rideaux.com). Chaque semaine vous présentez des podcasts pendant lesquels vous critiquez des films. Cette semaine vous présentez le film *Bon Voyage*. Vous adorez le film parce qu'il n'est pas du tout déprimant mais votre partenaire trouve que le film est irrévérencieux. Présentez votre podcast à vos camarades de classe. Distinguez bien entre l'emploi *de l'indicatif, du subjonctif* et *de l'infinitif* dans votre présentation.

> **Modèle :**   Etudiant 1 :   Bienvenue à notre podcast sur *Bon Voyage*. Il est possible que ce film soit le meilleur film de 2003.
>
>   Etudiant 2 :   Il est vrai que c'était le film qui a reçu le plus de nominations aux César de 2004 mais je ne pense pas que le film soit le meilleur film de 2003 !

Aller plus loin

Lecture

<hr>

Raoul Bracq (1913–2002)

Bracq, originaire du Cambrésis (un village dans le nord de la France), avait presque 80 ans quand il a écrit ses souvenirs de la Seconde Guerre Mondiale. Bracq n'était pas un écrivain, juste quelqu'un du commun des mortels qui a écrit ses souvenirs de guerre sans grandes prétentions littéraires. Bien que son récit n'ait pas de valeur littéraire, il a une valeur culturelle. Le lecteur peut comprendre l'état d'esprit de Bracq pendant cette époque puisqu'il écrit ses souvenirs comme on parle. Le récit de Bracq comprend six chapitres. Dans ce chapitre, *La Fuite,* Bracq parle de la fuite de sa batterie au début de la guerre. Le style, la ponctuation et les mots choisis mettent en évidence la confusion et l'instabilité du début de la guerre.

La Fuite

(1940)

En cet été 40, nous fuyons devant les Allemands. Mon camion est bourré de camarades de ma batterie, et de militaires de toutes armes, récupérés° le long des routes depuis le barrage de Rolampont, où nous avons retardé° l'avance des envahisseurs.

Brigadier, d'après les règlements° en cours, je ne devrais pas conduire, mais le chauffeur Jérémie est bien malade depuis deux jours ; il somnole° à l'arrière, avec les autres rescapés, serrés comme des harengs°. De toute cette bande, lui et moi savons seuls conduire. Dans la cabine, près de moi, les deux maréchaux-des-logis-chefs Gramou et Joseph Le Despote ignorent tout, eux aussi, de la conduite auto.

La nuit dernière, je l'ai passée à ramener° un «chargement»° de Chamarande ; la précédente, à déménager une batterie, en haut du Mont-Biron. Ma jeunesse (et mon entraînement sportif) me permet de tenir.

Tous ces réchappés de la dernière minute, embarqués dans mon camion sous le tir des tanks, me vouent° une sorte de culte, comme si j'étais un demi-dieu. Du moins, c'est mon impression.

Pour le moment, ils crient ; soucieux de mon repos ils m'expédient° Jérémie. Je me trouve une petite place parmi eux soudainement silencieux ; bras et tête sur les genoux de mon vis-à-vis, je sombre dans un profond sommeil.

A force de dépasser° les fuyards, Jérémie gagne l'imposant lot de tête° et nous voilà bloqués dans ce que, quarante ans plus tard, on appellera des bouchons. Et quel bouchon ! Il obstrue tout le goulot°.

Les copains prennent peur ; peur d'être rattrapés par la colonne blindée. Ils me réveillent dare-dare°. Pour eux nul doute, le demi-dieu va encore les sortir de là.

Tiens mais, je m'y reconnais. En Août 36, lors des premiers congés payés, je suis parti de mon Nord, en vélo, direction la Côte d'Azur, choisissant des routes secondaires (cependant, même les nationales° étaient alors faciles à emprunter). Je me dégage du flot, gagne peu à peu la gauche. Et hop, nous revoici sur une route complètement déserte – j'insiste, complètement et anormalement déserte. Nous filons à fond de train, je veux dire : au train d'un camion surchargé°. Pauvre Jérémie ! Pour moi l'auréole va encore grandir. Qu'y faire ? Après une heure environ nous nous heurtons à° un passage à niveau fermé. J'ai connu semblable situation en déménageant la batterie en position au Mont-Biron. Cette nuit-là, le garde-barrière m'asséna :

Glossary (margin):
recovered
slowed down
rules
is dozing
herrings

bring back / cargo

vow, devote

send

overtake (pass) / head of the line
neck (of a bottle)

quickly

national highways

overloaded
run into

«J'ai des ordres formels, je n'ouvre à personne.

– Ah bon, eh bien moi j'ouvre.

– J'en référerai aux Instances° supérieures.

– C'est une bonne idée ! Mais je vais t'en donner une meilleure encore : quand je reviendrai si tu ne m'ouvres pas tout de suite, tu te souviendras de moi toute ta vie.»

J'étais alors seul gradé° à bord ; ici, je dois remonter dans la cabine et rendre compte à mes deux logis-chefs de carrière, consternés. Une superbe limousine s'arrête à notre hauteur. Un colonel. Je baisse la vitre° :

«La circulation est interdite° sur cette voie. Je vais faire lever la barrière mais pour moi seul. Pas pour vous. Vous faites demi-tour, c'est bien compris ?»

J'ai le temps de dire à mes chefs «vous allez voir comme j'ai bien compris» et je lui colle au cul, au colonel.

Les carriéristes en sont muets, figés, atterrés. Les jeunes, maintenant, vous diriez : ils sont sciés. N'allez surtout pas vous imaginer pour cela, qu'à l'Armée, les petits rigolos° font la loi. Mais, dans les débandades, personne ne respecte plus les chefs quand ils se sauvent. Au fait, peut-être avait-il raison de mettre son intelligence en lieu sûr, pour un futur service de la Patrie.

Roulant sans aucun obstacle, nous arrivons à la ville de Dijon. Terrasses des cafés pleines ; les femmes aux jolies jambes gainées° de soie° plaisantent avec des civils décontractés. Je déverse° sur leur trottoir mon interminable chargement de militaires, quand il n'y en a plus, il y en a encore, pas rasés, avec «des yeux fixes qui sortent de la tête» nous diront les bas de soie, marques de nos fatigues, épreuves°, peurs.

Nos chefs se rendent – pas en prisonniers évidement, je veux dire vont aux ordres – auprès des Autorités Militaires comme ils disent... Les ordres sont : «Allez à N...». C'est vers le nord. Nous en sommes abasourdis° et visiblement contrariés°. Le Despote m'explique : «Les Allemands ont avancé trop vite, se sont coupés de leurs arrières et l'Armée Française, reconstituée, va les prendre avec une tenaille°.»

Dois-je admirer le breton pour son indomptable° optimisme patriotique ou déplorer une telle candeur ? Tous les harengs se serrent dans le camion. Les gars de ma batterie obéissent à leurs gradés survivants, c'est normal ; les autres militaires, glanés° le long des routes, agissent de même, à ma grande surprise. Décidément, «la discipline faisant la force principale des armées, il importe que tout supérieur obtienne une soumission totale... » Eh bien, le sort° en est jeté ; fonçons° à la rencontre des envahisseurs et boutons-les hors de France.

Encore une route secondaire déserte. D'autant plus déserte que personne n'éperonne° son cheval vers les moulins à vent.

A Autun, changement de directives. On repart vers le Sud, à Clermont-Ferrand. Quel soulagement ; nous avons tous des âmes de migrateurs, fuyant les bourrasques. Aux approches de Clermont-Ferrand, le flux des véhicules, les civils nous retardent. Mais le pire est notre camion : il rend l'âme comme un chameau exténué refusant un pas de plus. Chacun se charge de son barda°... sauf moi ; toutes mes affaires étaient dans un autre camion, à Rolampont. Je suis le plus démuni° des démunis ; en bandoulière°, mon bidon° de soldat ; exactement c'est celui de mon père, de la guerre 14-18. Je me l'étais approprié lors d'une permission ; il est semblable aux actuels mais avec deux becs au lieu d'un. J'y tiens.

Nous arrivons sur la grande place de Clermont-Ferrand. Nos logis-chefs reviennent avec des instructions précises : «Les Allemands arrivent, foutez le camp si vous pouvez attrapez le dernier convoi, véritable train de la Dernière Chance.» Au pas de course. Nous envahissons la gare et ... c'est comme au cinéma ; dans mes aventures de guerre, souvent cette comparaison me saute au visage «c'est comme au cinéma». Le long train

authorities

officer

window
forbidden

comics

covered / silk

pour out

trials

stunned / annoyed

tongs
invincible

picked up

fate / speed toward, charge at

spur (a horse)

gear
poor / across the shoulder
tin, can

de wagons à bestiaux, panneaux ouverts, est parti ; il n'a pas encore pris trop de vitesse, en courant nous sautons tous dans les wagons, même Gramou. La nécessité donne des ailes.

Notre wagon est occupé par deux jeunes femmes, une brune et une rousse. Elles accueillent mi-figues, mi-raisins, cette bande de soldats, ceux de ma batterie toujours armés, «les yeux hagards sortant de la tête», les faces de bandits calabrais°. Nous ferons fort bon ménage. Fort bon voyage ? Ça, c'est autre chose : ce train s'arrêtera souvent, et longtemps, en rase campagne : satisfaction des jeunes femmes qui s'isolent dans la nature, inquiétude pour nous de devenir la cible° d'avions mitrailleurs : mes rescapés non artilleurs finissent par nous quitter ; ils préfèrent partir à pied au hasard. Dame, ils avaient bien raison...mais nous ne fûmes pas attaqués.

A un arrêt, près d'un autre train, abandonné celui-là, je trouve dans un compartiment une caisse comme une grosse valise, pleine de boîtes de sardines. Les soldats ont découvert un grand tonneau de vin ; ils y ont enfoncés leurs baïonnettes et le rouge liquide jaillit de partout, recueilli dans d'avides bidons par des mains tremblantes de désir ; les instincts primitifs des âges farouches reprennent pleinement le dessus. Je remplis mon bidon.

Dans une gare, longtemps après, ces dames de la Croix-Rouge nous offrent de la soupe épaisse et de la boisson. Nous étions saturés de nos exclusives sardines sans pain. Je rôde dans la gare ; à la cantine, un cuisinier pris de compassion pour mon grand dénuement me donne une grande boîte de conserve vide et une cuillère à soupe. Je les garderai précieusement. Et je peux enfin profiter de la soupe moi aussi.

A la longue, nous arrivons à Sète ; y apprenons l'armistice de Pétain ; abandonnons nos fusils à l'endroit prescrit°. Puis je vais au téléphone. En 1935, j'ai traversé la France avec d'autres athlètes – mon ami l'extraordinaire Gaston Murray, futur Champion de France – pour participer au Concours National de Sète. Notre groupe était piloté – choyé°, materné même – par un nommé Roux, inconditionnel on ne sait pour quelle raison, des Ch'timis°, et employé aux P.T.T. (Postes Télégraphes Téléphones). C'est comme au cinéma, je l'ai immédiatement au bout du fil°, il trie les appels à la grande Centrale. Au moment de lui exposer le rêve de ma vie : trouver du travail sur la Côte et y vivre toute l'année, et les doigts d'or de couturière de ma femme y seraient prisés, les copains me harponnent, le train part, nous allons à Bordeaux. Adieu lait, poules, vaches et cochons.

Du voyage à Bordeaux, aucun souvenir. J'étais malade. L'heure de liberté à Bordeaux, je l'ai passée dans les toilettes, à vomir douloureusement, pour la première fois de mon existence. Et, allez-y, on repart. Cette fois, pour Tarbes.

Je devais être bien malade car là non plus, je ne me souviens de rien. Si. Qu'un général malgré l'armistice de Pétain, continue la guerre à lui tout seul ; un certain De Gaulle. Quel curieux nom.

La grande caserne° est un camp de réfugiés militaires. Ça afflue°, afflue chaque jour. Les responsables sont débordés malgré leur immense bonne volonté. Heureusement de ma boîte de conserve et de ma cuillère à soupe ! Moi qui n'ai jamais aimé les conditions de la caserne, je suis servi. Aussi, je ne tarde pas à trouver, dans la campagne environnante, des fermiers qui pleurent après des bras solides, pour la moisson°. Les miens le sont, solides, mais je suis malade : pénible dysenterie persistante, d'après mon diagnostic. J'ai beaucoup souffert pendant ce mois de durs travaux des champs. Les copains – toujours eux – viennent me harponner de nouveau : demain nous partons, cette fois pour les Hautes-Pyrénées.

En me rendant de la ferme à la caserne, je croise le colonel-à-la-limousine. J'évite de le saluer. Par chance, il ne me voit pas. M'aurait-il reconnu ? Je me suis payé un

Calabrian (Italian)

the target

stipulated

pampered
inhabitants of Northern
France / on the line

barracks / floods in

the harvest

rasoir et mes traits° sont terriblement tirés°. Mais ne pas saluer, quel crime de lèse-majesté !

C'est un peu surprenant comme je l'échappe toujours belle.

Les autobus, pleins de soldats, les échelonnent° de loin en loin, sur cette haute route pyrénéenne. Ma batterie est la dernière déposée°, tout près du Tourmalet. Nous serons une quinzaine de jours sans rien faire. Yves, mon bon copain Yves, grand, large, costaud, calme, et moi partions chaque jour en excursion ; mais ma santé ne va décidément pas. Yves rencontre un curiste ; ensemble, ils exploreront la montagne ; Yves me raconte les beaux petits lacs pyrénéens. Il a vite assimilé le pas lent, tranquille, inusable du montagnard. Quant à moi je m'isole dès le matin près d'un petit torrent clair et glacé ; j'alterne chauds bains de soleil et froides ablutions. J'emporte du camp ma nourriture ; insuffisante car le ravitaillement° s'évapore anormalement dans tous les camps précédents et, souvenez-vous, nous sommes les plus hauts placés. Mais elle est amoureusement préparée par notre cuistot alsacien trois étoiles dans le civil. Je liquide° mon dernier argent à acheter des fruits, des oeufs et des biscuits.

Cette solitude me convient. Je médite, étendu au soleil, près du torrent ; un jour mon regard s'accroche à une frêle brindille° en équilibre sur un caillou sortant de l'eau ; elle pique du nez, se relève, repique de plus belle et, au moment d'être emportée, se redresse fortement, et le manège° recommence interminablement, pendant des heures. Je m'identifie à cette brindille. Que pourrait-elle comprendre ? «Sans lutte, je vais être emportée vertigineusement.» Mais que sait-elle du torrent, des rivières, fleuves et mers ? Où va cette masse liquide ? Que sait-elle des nuages qui ré-alimentent les nappes montagnardes ? Rien. Comme moi, du mystère de la Vie. Je songe à tout cela sans malaise ni tourment parce que je suis en train de me «rebecqueter»° au physique comme au moral ; ma cure semble bien combinée. Dès le début des terrassements j'ai retrouvé mes capacités physiques ; elles me valorisent auprès de mon chef d'équipe, Abadie, employé des Ponts-et-Chaussées et petit cultivateur, du Chef de chantier, et de M. l'Ingénieur qui supervise l'ensemble des travaux.

L'automne approche. Un dimanche, je m'éloigne du camp vers le Tourmalet. Petit crachin° semblable à celui du Nord. Depuis une semaine, j'éprouve une constante sensation d'étouffement°. Je l'apprendrai beaucoup plus tard : les habitants des grandes plaines finissent toujours par être oppressés après un long séjour en haute altitude. Je m'accoude° au parapet d'un petit pont enjambant un ruisseau (ruisseau dans lequel, plus haut, s'est jeté mon torrent bien-aimé). Et soudain, dans cette complète solitude, j'entends distinctement une voix : «La vie met comme un voile devant la vie, pour en cacher le sens, si elle en a un.» Profondément athée, je conclus à un travail secret de mon inconscient qui, soudainement, envahit tout le champ de ma conscience.

Curieux, néanmoins.

Comme déjà précisé, les denrées° alimentaires arrivent au compte-gouttes° ; les nouvelles aussi. Nous apprenons tardivement qu'on démobilise° tous les volontaires, à Tarbes. Des copains nous saluent ironiquement en embarquant joyeux, un matin, dans l'autobus. Le soir, les voilà de retour têtes basses : manque de chance, la démobilisation est désormais liée à un contrat de travail en règle°. Le soir même, je vais voir mon chef d'équipe Abadie, dans sa petite ferme ; il me rédige° un contrat et m'offre un sac de montagnard (les pyrénéens les fabriquent dans de vieilles couvertures). Le Chef de chantier me recommande par lettre à son beau-frère, inspecteur de Police à Tarbes, et, le lendemain matin je suis seul à monter dans l'autobus pour tenter° l'aventure.

«On ne peut plus vous démobiliser comme cela ; un contrat de travail est indispensable ; cette condition a été décidée pour votre bien. Vous le comprenez bien ?» me précise le jeune officier de service.

features / drawn

spread out
dropped off

the supplies

spend

frail twig

merry-go-round

peck at again

drizzle
suffocation

to lean against

goods / droppers
demobilize

valid
draws up

to attempt

Tu parles vieux Charles !

«– Mais, mon lieutenant, j'ai... un contrat de travail.»

Je touche un pantalon et une veste de civil. Je garde définitivement ma tenue de soldat°. Je sors de là civil. Mais oui civil, déguisé en guerrier.

Ce n'est pas trop tôt ! Faisons le bilan°. Dans mon sac au dos, costume de rechange ; rasoir, blaireau°, savon de Marseille, serviette ; la cuillère à soupe donnée par le cuisinier ; livret militaire en règle.

Quelques francs seulement en poche ; de ceux qu'on appellera centimes, bien plus tard. Avant la débâcle, attendant une permission de détente, j'avais déconseillé à ma famille de m'envoyer de l'argent.

Et je dois traverser toute la France pour rejoindre ma femme dans le Nord – nous nous sommes mariés en Juillet 39 – si elle y est restée ; ou bien a-t-elle évacué chez des amis bretons comme prévu° ? Complication : le Nord est interdit d'accès à quiconque°.

Je ne doute pas une seconde de retrouver ma jeune épouse où qu'elle soit. Le vent est à l'optimisme.

Ah ! Jeunesse, belle Jeunesse, inconsciente Jeunesse.

Peut-être écrirai-je, un jour, la suite de mes aventures –mésaventures si on veut– de guerre, dans le civil cette fois.

Mais ce serait une autre... une toute autre histoire.

© Raoul Bracq, *Souvenirs de Raoul Bracq*, 1990 Reproduit avec autorisation

military uniform
let's take stock
shaving brush

planned / whoever

A **Synonymes.** Etudiez le vocabulaire ci-dessous et barrez le mot qui n'est pas logique.

1. **fuite :**	échappée	évasion	fugue	invasion
2. **bourrée :**	chargée	pleine	remplie	vide
3. **rescapés :**	échappés	morts	sauvés	survivants
4. **fuyard :**	captif	déserteur	évadé	fugitif
5. **sciés :**	atterrés	figés	libérés	muets
6. **glanés :**	collectés	déposés	ramassés	réunis
7. **dénuement :**	famine	misère	pauvreté	richesse
8. **caserne :**	bâtiment militaire	cabaret	campement	fort
9. **cuistot :**	chef	cordon-bleu	cuisinier	directeur
10. **bilan :**	bagage	examen	inventaire	liste

B **Vrai ou faux ?** Déterminez si les phrases suivantes sont vraies ou fausses.

1. vrai faux Bracq fuit parce qu'il a peur des Allemands. Les autres militaires l'accompagnent parce qu'ils ont peur aussi.

2. vrai faux La fuite est précaire mais les hommes que Bracq conduit ont confiance en lui.

3. vrai faux Au cours du trajet, Bracq et ses camarades rencontrent un passage à niveau fermé. Comme Bracq est militaire, le garde-barrière laisse passer son camion.

4. vrai faux A Dijon, les Autorités militaires donnent des ordres aux chefs. Il faut aller à N… (vers le Nord).

5. vrai faux A Autun, il y a un changement de directives et les militaires repartent vers Bordeaux.

6. vrai faux A Clermont-Ferrand, ils apprennent que les Allemands arrivent. Il faut retourner à Paris.

7. vrai faux Bracq et ses camarades attrapent le train de «la Dernière chance».

8. vrai faux Le voyage en train est pénible parce qu'il s'arrête souvent.

9. vrai   faux   Bracq se souvient très bien du voyage à Bordeaux bien qu'il ait été malade.

10. vrai   faux   A la fin de l'histoire, Bracq est démobilisé parce qu'il a un contrat de travail. Il veut chercher sa femme.

C

Trous. Complétez les phrases suivantes avec les mots qui conviennent.

1. L'histoire de *La Fuite* commence en _____.
2. Bracq est _____ et, d'après les règlements en cours, il ne devrait pas conduire.
3. Bracq et ses camarades arrivent _____ sans aucun obstacle mais il faut retourner vers _____.
4. _____, il y a un autre changement de directives et ils repartent _____.
5. A Clermont-Ferrand, ils apprennent qu'il faut attraper le dernier convoi, le train de la _____.
6. A un arrêt, Bracq et ses camarades, trouvent _____ et _____ dans un train abandonné.
7. Des femmes de la _____ offrent de la soupe épaisse et de la boisson à Bracq et à ses camarades.
8. A Sète, ils apprennent _____ de Pétain et ils abandonnent _____ à l'endroit prescrit.
9. A Tarbes, Bracq est très malade mais il apprend que _____ continue la guerre à lui tout seul malgré l'armistice de Pétain.
10. Après avoir passé du temps dans les Hautes-Pyrénées, Bracq retourne _____ parce qu'il espère être démobilisé.

D

En général. Répondez aux questions suivantes. Ecrivez deux ou trois phrases.

1. Quand est-ce que l'histoire de la fuite commence ? Qu'est-ce que Bracq et ses camarades font ?
2. Qu'est-ce que Bracq a fait les deux nuits précédentes ?
3. Pourquoi est-ce que Bracq pense que ses copains le considèrent comme une sorte de demi-dieu ?
4. Comment est-ce que Bracq arrive à passer le passage à niveau fermé ?
5. Comment est la ville de Dijon quand Bracq y arrive avec ses camarades ?
6. Pourquoi est-ce que Bracq et ses camarades doivent changer de route plusieurs fois au cours de l'histoire ?
7. Comment est le voyage en train ? Qu'est-ce que les militaires font ?
8. Qu'est-ce que Bracq apprend à Sète ? Qu'est-ce qu'il y fait ?
9. Pourquoi est-ce que Bracq ne se souvient pas du voyage à Bordeaux et à Tarbes ? Qu'est-ce qu'il a ?
10. Qu'est-ce que son ami Yves fait dans les Hautes-Pyrénées ? Est-ce que Bracq l'accompagne ?
11. Qu'est-ce que Bracq fait donc ?
12. Qu'est-ce que Bracq apprend quand les aliments arrivent ? Est-ce qu'il va réussir à être démobilisé ? Pourquoi ?

E

Aller plus loin. Ecrivez un paragraphe pour répondre aux questions suivantes.

1. Quels éléments de l'histoire de Bracq correspondent aux éléments du film *Bon Voyage* ?
2. Quels dangers est-ce que Bracq rencontre au cours de sa fuite ? Pourquoi ? Est-ce que les personnages du film rencontrent les mêmes risques ?
3. A la fin de l'histoire, Bracq dit qu'il doit traverser toute la France pour rejoindre sa femme dans le nord. Quels sont les dangers pour Bracq ? Est-ce qu'il sait où sa femme est allée ? Pourquoi pas ?

4. Le récit de Bracq n'est pas littéraire. Citez des exemples qui montrent que Bracq écrit comme on parle.
5. Réfléchissez aux autres textes que vous avez lus. Comment est-ce que le récit de Bracq se distingue de ces autres textes ? Quel est l'effet ? Expliquez.
6. Bien que le récit de Bracq n'ait pas de valeur littéraire, il a une valeur culturelle. Expliquez sa valeur culturelle.

Culture

Les médias et la technologie

A **Médias.** Reliez le mot à droite avec sa définition à gauche.

_____	1. Une publication qui fait connaître les actualités.	a. une émission
_____	2. Une émission de radio ou de télé qui donne des nouvelles.	b. les informations
_____	3. Un programme transmis à la radio ou à la télé.	c. un hebdomadaire
_____	4. L'ensemble des publications.	d. un journal
_____	5. Une publication qui paraît une fois par semaine.	e. un magazine
_____	6. La transmission d'images et de sons.	f. un mensuel
_____	7. Une publication périodique avec des illustrations.	g. la presse
_____	8. Une publication qui paraît une fois par mois.	h. un quotidien
_____	9. La radiodiffusion de programmes sonores.	i. la radio
_____	10. Un journal qui paraît tous les jours.	j. la télévision

B **Sondage.** Etudiez le sondage ci-dessous sur les habitudes des Français. Puis complétez le sondage selon vos habitudes, sondez quelques amis et comparez vos résultats avec ceux de vos camarades.

	La Presse écrite : Sondage 2004 résultats en %					
	Lecture d'un quotidien national ou régional au cours des douze derniers mois			Lecture d'un magazine ou d'un journal d'informations générales au cours des douze derniers mois		
Catégorie socio-professionnelle	Une fois par mois ou plus	Moins d'une fois par mois	Aucune fois	Une fois par mois ou plus	Moins d'une fois par mois	Aucune fois
Agriculteurs exploitants	54	28	18	32	15	53
Artisans, commerçants, chefs d'entreprise	33	45	22	35	18	47
Cadres et professions intellectuelles supérieures	34	43	23	40	30	30
Professions intermédiaires	24	52	24	32	32	36
Employés	30	45	25	26	22	52
Ouvriers (y compris ouvriers agricoles)	26	45	28	18	20	62
Retraités	49	27	25	31	19	50
Autres inactifs	15	42	43	22	28	51
Ensemble	32	41	28	28	23	49

Champ : France métropolitaine, individus âgés de 15 ans ou plus.
© INSEE, *Enquêtes permanents sur les conditions de vie de 1999 à 2004.*

La Presse écrite : Sondage						
Catégorie socio-professionnelle	Lecture d'un quotidien national ou régional au cours des douze derniers mois			Lecture d'un magazine ou d'un journal d'informations générales au cours des douze derniers mois		
	Une fois par mois ou plus	Moins d'une fois par mois	Aucune fois	Une fois par mois ou plus	Moins d'une fois par mois	Aucune fois
Etudiant/e (ou autre)						

A SAVOIR !

Tout était censuré par les Allemands pendant la guerre et cette censure touchait la presse écrite, la radio, le cinéma et le théâtre. Le film de François Truffaut, *Le Dernier métro (1980)*, parle de cette censure. Gérard Depardieu et Catherine Deneuve ont reçu les César du *Meilleur acteur* et de la *Meilleure actrice* pour leur rôle dans ce film.

Liens !

Rappelez-vous qu'Elsa cache le journal du géomètre quand elle voit sa photo à la une. Quel genre de journal est-ce à votre avis ? Pourquoi ?

C **Kiosque.** Vous développez un site web sur la presse française. Utilisez le vocabulaire ci-dessous pour donner un titre à chaque groupe de publications.

vocabulaire

hebdomadaires et mensuels nationaux d'actualité
hebdomadaires régionaux et départementaux
informatique
maison / jardin

presse féminine
quotidiens gratuits
quotidiens nationaux
quotidiens régionaux et départementaux

radios
sports / loisirs
télévision / cinéma
télévisions

LE KIOSQUE				
Quotidiens			Hebdomadaires et mensuels	
1	2	3	4	5
La Croix Les Echos L'Equipe Le Figaro France Soir L'Humanité Libération Le Monde La Tribune	Charente Libre Corse matin Le Courrier Picard L'Est Républicain L'Indépendant du Midi Midi Libre Nice Matin Le Parisien Var Matin La Voix du Nord	20 Minutes Métro	Courrier International L'Expansion L'Express Le Journal du Dimanche Marianne Le Monde Diplomatique Notre Temps Le Nouvel Observateur Paris Match Le Point	La Gazette du Midi L'Hebdo de Nantes L'Informateur Le Journal de Vitré Marseille l'Hebdo Le Patriote Beaujolais Le Réveil du Midi Le Tout Lyon Le Var Information Voix du Jura

LE KIOSQUE				
Magazines				
6	**7**	**8**	**9**	**10**
Avantages Cosmopolitan Elle Femme Femme actuelle Madame Figaro Marie-Claire Maxi Top Santé Vogue	Art et Décoration Bricolage et Décoration Campagne Décoration Elle Décoration Maison Française Maison Magazine Maison & Travaux Marie Claire Maison Mon Jardin & Ma Maison Rustica	L'Auto Journal Bateaux Le Chasseur Français Le Cycle Le Foot Magazine Foot Revue Golf Magazine Pêche Mouche Sport Auto Sport et vie	Avant-Scène Théâtre Les Cahiers du cinéma Les Inrockuptibles La Revue du cinéma Studio Magazine Télé 7 Jours Télé Loisirs Télé Poche Télé Star Télérama	01 Informatique 100% Micro Digital World Idéal PC L'Informaticien Micro Revue PC Expert PC Jeux SVM Univers MAC
Télévisions et Radios				
	11	**12**		
	ARTE Canal Plus Euronews France 2 France 3 France 5 LCI (La Chaîne Information) M6 TF1 TV5	Canal Sud Chérie FM Contact FM Déclic Europe 1 Europe 2 France Bleu France Culture France Info France Inter	France Musique Fun Radio Le Mouv' NRJ Radio 16 Radio France RC2 RFI - Radio France Internationale RTL Skyrock	

 D **Présentation.** Allez à la bibliothèque, dans une librairie ou cherchez une publication sur Internet (un quotidien, un hebdomadaire, un mensuel, etc.) et présentez-la à vos camarades de classe. Suivez les conseils suivants pour bien présenter votre publication.

Présentation de la presse écrite

En général

> Genre de publication : *journal, magazine, revue, etc.*
>
> Fréquence de parution : *quotidien, hebdomadaire, mensuel, etc.*
>
> Présentation de publication : *qualité de papier (papier journal, papier glacé, etc.), le volume (nombre de pages), etc.*
>
> Format : *mise en page, types de caractères, couleurs, etc.*
>
> Organisation : *rubriques, articles, photos, publicités, etc.*
>
> Public ciblé & prix : *hommes, femmes, adultes, jeunes, etc.*

Etude approfondie

Etudiez la une ou la couverture. Présentez-la. Parlez du format, de l'organisation, des titres, des photos, etc. Qu'est-ce qui convainc les consommateurs d'acheter cette publication ?

E **Coup d'œil.** Vous faites des recherches sur la Résistance et vous trouvez un bon site web qui en parle. Lisez l'article sur la presse clandestine et barrez les mots qui ne sont pas logiques.

Coup d'œil sur l'histoire

La Seconde Guerre Mondiale 1939-1945

La Presse Clandestine

La Résistance

Le Mouvement extérieur

Le Mouvement intérieur

Les Résistants

Le Sabotage

Dès le début de la guerre, la presse clandestine se développe parmi des groupes de *résistants / collaborateurs*. Chaque personne qui contribue à la presse clandestine risque *la mort / l'amour*. Les gens qui fournissent le papier, l'encre, etc., ceux qui écrivent les articles, ceux qui font la mise en page, ceux qui fabriquent le journal, ceux qui le distribuent, ceux qui le lisent, etc. savent que leur mission est *amusante / dangereuse* mais importante.

Les journaux clandestins ne sont pas *diffusés / déprimés* de manière régulière. Il faut se déplacer souvent pour se cacher des policiers, des espions, des dénonciateurs, etc. La distribution et la possession des journaux clandestins posent *aucun / autant de* risques que la production de ces journaux.

La qualité des journaux clandestins varie beaucoup. Comme les policiers, les espions et les dénonciateurs cherchent ceux qui participent à la presse clandestine, les journaux sont fabriqués *en vitesse / lentement*. Le papier, l'encre, les stencils étant interdits, il est souvent difficile de lire les caractères imprimés. Les journaux sont souvent d'une seule page (recto verso). Malgré la *mauvaise / bonne* qualité des journaux, les Résistants les attendent avec *indifférence / impatience*. Les journaux fournissent les seules informations *fiables / faibles* et ils aident les Résistants à se soutenir, à suivre les mouvements des Allemands, à s'organiser et à planifier leurs mouvements.

Bien que toute participation à la presse clandestine soit dangereuse, tous les différents mouvements de Résistance produisent leur journal à eux. Le nombre des titres et des exemplaires diffusés est *impressionnant / ridicule*. Il y a à peu près 1.200 *journaux / magazines* avec 100.000.000 d'exemplaires distribués aux Résistants. (http://www.musee-resistance.com/officiel/visGuid/peuHist/c-presse/pres.asp) Parmi les journaux clandestins, on note : *Pantagruel, Libération-Nord, Défense de la France, Liberté / Vérité, Combat, Franc-Tireur, Libération.*

F **Sondage.** Etudiez les sondages ci-dessous sur les habitudes des Français. Puis complétez le sondage selon vos habitudes, sondez quelques amis et comparez vos résultats avec ceux de vos camarades.

	La télévision et la radio : Sondage 2004 résultats en %							
	Regarder la télévision				Ecouter la radio			
Catégorie socio-professionnelle	Jamais	De temps en temps	Tous les jours	Plusieurs fois par jour	Jamais	De temps en temps	Tous les jours	Plusieurs fois par jour
Agriculteurs exploitants	0	7	69	24	14	11	62	12
Artisans, commerçants, chefs d'entreprise	2	17	74	7	11	6	70	12
Cadres et professions intellectuelles supérieures	3	28	63	6	4	4	68	18
Professions intermédiaires	3	18	72	6	8	7	64	21
Employés	2	11	71	16	12	11	62	16
Ouvriers (y compris ouvriers agricoles)	1	8	78	13	13	10	63	14
Retraités	2	3	65	30	20	11	60	9
Autres inactifs	3	16	71	10	13	9	68	10
Ensemble	2	12	70	16	13	9	64	14

Champ : France métropolitaine, individus âgés de 15 ans ou plus.
© INSEE, *Enquêtes permanents sur les conditions de vie de 1999 à 2004.*

	La télévision et la radio : Sondage 2004 résultats en %							
	Regarder la télévision				Ecouter la radio			
Catégorie socio-professionnelle	Jamais	De temps en temps	Tous les jours	Plusieurs fois par jour	Jamais	De temps en temps	Tous les jours	Plusieurs fois par jour
Etudiant/e (ou autre)								

G **Médias pendant la guerre.** Déterminez si les phrases suivantes sont vraies ou fausses.

1. vrai faux   Les Allemands ont pratiqué la censure sous l'Occupation pour protéger leur pouvoir.
2. vrai faux   Tout ce qui était écrit, filmé ou dit à la radio était contrôlé par le gouvernement allemand.
3. vrai faux   Les Allemands n'étaient pourtant pas conscients du pouvoir de la parole et de l'image.
4. vrai faux   La radio étrangère était interdite et les Français écoutaient leurs radios clandestines en cachette.
5. vrai faux   Les Français écoutaient les émissions radiophoniques des Allemands parce que leurs émissions étaient les seules qui étaient fiables.

6. vrai faux   Les Allemands espéraient influencer la population française à partir d'informations mensongères.

7. vrai faux   Les Français se méfiaient des émissions radiophoniques et de la presse parce qu'on transmettait des informations mensongères.

8. vrai faux   La censure pratiquée par les Allemands a empêché les mouvements des résistants qui voulaient dire la vérité à la population française.

9. vrai faux   La presse clandestine a été développée pour transmettre les messages par Internet.

10. vrai faux La presse clandestine était pourtant contrôlée et censurée par les Allemands.

H **Informatique.** Etudiez le sondage sur l'informatique dans la vie quotidienne, puis complétez le sondage selon vos habitudes et comparez-les avec celles de vos camarades.

Les Français et l'ordinateur L'informatique dans la vie quotidienne						
Question : Pour chacun des gestes suivants, dites-moi si vous le faites tous les jours, vous le faites régulièrement, vous l'avez déjà fait au moins une fois ou vous ne l'avez jamais fait ?	**Tous les jours**	**Réguliè-rement**	**Au moins une fois**	**L'a déjà fait**	**Jamais fait**	**Sans opinion**
Allumer un ordinateur	43	17	16	**76**	24	0
Vous connecter à Internet	30	19	11	**60**	40	0
Recevoir ou envoyer des e-mails	24	21	12	**57**	43	0
Enregistrer, retoucher ou imprimer des photos à l'aide d'un ordinateur	1	22	25	**48**	52	0
Faire des achats sur Internet	0	11	21	**32**	68	0
Participer à des "chats"	1	6	16	**23**	76	1
Télécharger de la musique ou des films sur Internet	1	4	14	**19**	81	0
Faire des achats ou des ventes entre particuliers par Internet	0	2	9	**11**	89	0

Enquête réalisée par téléphone les 15 et 16 avril 2005 pour le Groupe Casino / L'Hémicycle auprès d'un national de 1000 personnes représentatif de l'ensemble de la population âgée de 18 ans et plus. Méthode des quotas (sexe, âge, profession du chef de ménage PCS) et stratification par région et catégorie d'agglomération.
© TNS Sofres. 2 avril 2005.

L'informatique dans la vie quotidienne						
Question : Pour chacun des gestes suivants, dites-moi si vous le faites tous les jours, vous le faites régulièrement, vous l'avez déjà fait au moins une fois ou vous ne l'avez jamais fait ?	**Tous les jours**	**Réguliè-rement**	**Au moins une fois**	**L'a déjà fait**	**Jamais fait**	**Sans opinion**
Allumer un ordinateur						
Vous connecter à Internet						
Recevoir ou envoyer des e-mails						
Enregistrer, retoucher ou imprimer des photos à l'aide d'un ordinateur						
Faire des achats sur Internet						
Participer à des "chats"						
Télécharger de la musique ou des films sur Internet						
Faire des achats ou des ventes entre particuliers par Internet						

I**Aller plus loin.** Ecrivez un paragraphe pour répondre aux questions suivantes.

1. Quels médias est-ce que Rappeneau présente dans le film *Bon Voyage* ?
2. Comment étaient les médias pendant la Seconde Guerre mondiale ?
3. Dans *La Fuite,* Bracq parle du fait qu'il ne sait pas où sa femme est allée après l'arrivée des Allemands. Pourquoi ? Comment est-ce que la technologie change la vie des militaires et de leur famille aujourd'hui ?
4. Parlez des avancées de la technologie depuis la Seconde Guerre mondiale. Comment est-ce que ces avancées changent la perception d'une guerre ?
5. Comment est-ce que l'Internet aurait pu changer les efforts des Résistants ?

Recherches

Faites des recherches sur les sujets suivants.

A**La Seconde Guerre mondiale.** Vous travaillez dans un nouveau musée sur la Seconde Guerre mondiale. Vous devez développer un dépliant qui donne des renseignements généraux sur la guerre. Préparez votre dépliant selon les rubriques ci-dessous.

▶ Présentation de la chronologie des grands événements de la guerre
▶ Description des participants à la guerre (Alliés, Axe, etc.)
▶ Bilan des résultats de la guerre
▶ Aspects de la guerre qui vous intéressent (la Résistance, l'exode, etc.)

B**La Résistance.** Vous êtes chercheur/se pour Frédérick Gersal qui présente la rubrique *Mémoire* à l'émission *Télématin (France 2)*. Il veut présenter un épisode sur les membres de la Résistance qui ont contribué à la réussite des Alliés pendant la Seconde Guerre mondiale. Choisissez un événement à présenter et faites votre recherche selon les suggestions données ci-dessous.

▶ Les acteurs de la Résistance
▶ De Gaulle et les appels aux Français
▶ La Résistance extérieure et la Résistance intérieure
▶ Les buts des Résistants
▶ Les risques des Résistants
▶ La contribution des Résistants à la défaite de l'Axe

C**La presse clandestine.** Les journaux clandestins ont contribué au succès de la Résistance. Vous préparez un dossier sur la presse clandestine pour le site web *Musée de la Résistance*. Développez votre dossier selon les rubriques suivantes.

▶ L'importance de la presse clandestine et sa contribution à la Résistance
▶ Ceux qui ont contribué à la presse clandestine (écrivains, imprimeurs, distributeurs, etc.)
▶ Les risques pour les participants aux journaux clandestins
▶ Quelques titres de journaux clandestins

- ▶ La qualité et le contenu des journaux clandestins
- ▶ Quelques photos des journaux clandestins

D **Le marché noir.** Vous êtes un/e étudiant/e français/e qui doit faire un exposé sur un aspect de la Seconde Guerre mondiale qui vous intéresse. Vous présentez le marché noir et parlez du film *Bon Voyage* dans lequel Raoul prévoit le développement du marché noir. Faites votre exposé selon les catégories ci-dessous.

- ▶ Le rationnement en France
- ▶ Le système-D et le développement du marché noir
- ▶ Les participants au marché noir (vendeurs et acheteurs !)
- ▶ Les produits disponibles et leurs prix sur le marché noir
- ▶ Les risques et les punitions des participants au marché noir
- ▶ Raoul et le marché noir

E **Les médias.** Vous travaillez pour le journal gratuit *Les News*. Vous écrivez un article sur les médias (la presse, la radio, la télé) et l'Internet. Pour mieux parler des habitudes de vos lecteurs, vous faites un sondage dans les rues de Paris. Développez votre sondage selon les critères suivants et écrivez un article intéressant !

- ▶ Age, métier, sexe, etc. de la personne sondée
- ▶ Les journaux : les quotidiens préférés, la fréquence de lecture, etc.
- ▶ Les magazines : les magazines préférés, le type de magazine préféré, la fréquence de lecture, etc.
- ▶ La radio : les chaînes préférées, le type de chaîne préférée, la fréquence d'écoute, etc.
- ▶ La télévision : les chaînes préférées, le type de chaîne préférée, la fréquence de visionnement, etc.
- ▶ L'Internet : les sites web préférés, la fréquence d'utilisation, etc.

F **Gérard Depardieu.** Vous suivez un cours de cinéma à votre université et vous devez faire un exposé sur un acteur étranger. Vous décidez de présenter un acteur connu en Europe et aux Etats-Unis : Gérard Depardieu. Vous préparez votre présentation selon le plan ci-dessous.

- ▶ Photos
- ▶ Biographie
  - ▪ Date de naissance
  - ▪ Lieu de naissance
  - ▪ Lieu de résidence
  - ▪ Education
- ▶ Filmographie
  - ▪ Films français
  - ▪ Films américains
  - ▪ Films italiens
  - ▪ Films allemands
  - ▪ Films anglais
  - ▪ Films russes
- ▶ Vos recommandations (vos dix films préférés)
- ▶ Prix (Festival de Cannes, César, etc.)
- ▶ Autre (Centre d'intérêts, activités culturelles, etc.)

Documents

Raymond Lescastreyes a rejoint l'armée française au début de la guerre et a pris sa retraite quarante ans plus tard. Il a écrit ses souvenirs de guerre afin d'aider sa petite-fille, qui étudiait la Seconde Guerre mondiale à l'école, à mieux connaître cette époque et ses aventures. Sa famille a décidé de publier ses souvenirs pour que d'autres puissent en bénéficier. Cet extrait raconte ce qui se passait au début de la guerre (1939 – 1940).

Souvenirs de Guerre d'un jeune Français

Raymond Lescastreyres

Août 39, je vais avoir seize ans. J'ai terminé mes études de sténo-dactylo comptable que j'ai suivies à l'école Pigier à Mont de Marsan, chef-lieu du département des Landes où vit ma mère.

Muni de mes diplômes, en attendant de trouver un emploi à Mont de Marsan, je suis en vacances à Parentis en Born où je suis né et où vit mon père. Quand je dis «vacances», je les passe essentiellement à me faire un peu d'argent de poche en travaillant à Biscarosse, à la base aéronavale des Hourtiquets, située au bord du lac de Parentis-Biscarosse. Je fais chaque jour le chemin aller et retour à vélo. (25 km)

Cette base, déjà connue pour avoir vu s'envoler pour son dernier vol Mermoz avec son Hydravion «Croix du Sud», a vu aussi L'hydravion géant «Lieutenant de Vaisseau Paris» effectuer ses premiers essais en 1935. En ce moment on l'agrandit en grignotant toujours un peu plus la dune à laquelle elle est adossée ; des pelles excavatrices chargent de sable une noria de camions benne et mon travail consiste à enlever, à la pelle, le sable qui tombe des camions et à le remettre dans ces derniers afin que l'emplacement de chargement soit toujours propre. (Comme on le voit mes capacités professionnelles étaient utilisées au mieux !)

Parfois, entre deux coups de pelle, je regarde amerrir ou s'envoler quelques-uns des beaux hydravions des British Imperial Airways qui, à l'époque, assuraient régulièrement la liaison Londres-Melbourne, avec, bien sûr, plusieurs escales dont Biscarosse. Je me souviens encore de certains noms qu'ils portaient, des noms de constellations (Cassiopeia, Andromedia, Centaurus entre autres.) Cela me faisait rêver et me donnait, déjà, l'envie de voyager.

Sur la base, chaque jour plus nombreux, on voit des aviateurs de l'armée de l'air. J'écoute les conversations des autres ouvriers, tous bien plus âgés que moi. Ils s'entretiennent de la situation internationale et je les entends parler d'une éventuelle mobilisation.

Le soir, rentré chez moi, je lis le journal «La Petite Gironde» que mon père reçoit chaque jour. Certes, les nouvelles ne sont pas bonnes. En 1938, donc un an plus tôt, la guerre avait été évitée de justesse, mais le sentiment est de plus en plus général que, cette fois, elle va devenir inévitable. Chez mon père il n'y a pas la radio mais le journal nous en apprend suffisamment et après l'annexion par Hitler des Sudètes puis de la Slovaquie, les bruits de bottes se font très précis, trop précis à la frontière germano-polonaise. En France on est confiant, la ligne Maginot est considérée comme imprenable, notre alliance avec l'Angleterre est très solide et nos gouvernants comptent beaucoup sur le contrepoids que pourrait exercer l'URSS pour freiner les ambitions allemandes et même s'y opposer.

Oui, nous sommes confiants, bien trop confiants. Fin août 1939 c'est un coup de tonnerre ! L'Allemagne et L'URSS viennent de signer un pacte de non-agression et, désormais, plus rien ne fait obstacle aux visées expansionnistes de L'Allemagne. Le 1er septembre, Varsovie est bombardée et les Panzerdivisonen (Divisions blindées allemandes) entrent en Pologne. Le 2 septembre, la guerre est déclarée à l'Allemagne par l'Angleterre et la France où la mobilisation générale est décrétée.

Tous les hommes valides de 20 a 48 ans sont mobilisés mais les moyens de transport existants ne peuvent permettre de les déplacer tous en même temps aussi, à l'issue de leur service militaire (qui a l'époque dure 2 ans) sont-ils tous munis d'une brochure (un fascicule, c'est le terme employé par l'autorité militaire) où sont mentionnés, en cas de mobilisation générale (jour J) le jour où ils doivent se mettre en route et le régiment qu'ils doivent rejoindre. Ces dates varient du jour J pour les plus jeunes qui viennent juste de terminer leur service militaire, jusqu'à J+8 pour les plus âgés.

Les départs s'étalent donc sur plusieurs jours et, à la gare, train après train, je vois partir des parents, des amis, des voisins que leurs mères, épouses, sœurs ou enfants accompagnent. Certes, c'est loin d'être la joie, loin de là, mais l'opinion générale est qu'il faut donner enfin une bonne leçon à Hitler, que cette guerre qui commence ne durera pas longtemps (une affaire de quelques mois pense-t-on généralement) et que les partants seront bien vite de retour. En tous cas, 21 ans après la fin de ce que, en France, on appelle la Grande Guerre, personne n'imagine que celle qui vient d'être déclarée puisse durer, comme elle, plus de quatre ans.

Les camions, autos et chevaux sont aussi réquisitionnés. Des équipes spécialisées examinent l'état matériel des véhicules, l'état sanitaire des chevaux, retiennent ce qui leur convient, restituent ce qui ne leur convient pas.

En quelques jours le village se trouve vidé de ses forces vives. A part quelques affectés spéciaux échappant au sort commun pour assurer la pérennité des services essentiels (transport, énergie, santé, sécurité entre autres), il ne reste plus que les femmes qui prennent le relais des hommes, les enfants qui doivent apprendre à mûrir plus vite, les vieillards qui doivent se remettre, s'ils le peuvent encore, au travail, et les estropiés ou malades, dont il faut bien s'occuper. Pour ce qui concerne ma famille, mon père, qui a près de 59 ans, n'est pas mobilisable. Il continue son métier de résinier (Il récolte la résine des pins pour le compte d'un propriétaire, entre mars et octobre, un travail de forçat particulièrement mal payé, si mal payé que, depuis 40 ans il a totalement disparu de France où personne n'a plus voulu le pratiquer.) De novembre à février, il travaille à l'abattage des pins, travail tout aussi éreintant mais mieux payé.

Avec la guerre, la base aéronavale devient exclusivement militaire, mon travail prend fin. Vers la mi-septembre je reviens chez ma mère à Mont de Marsan où je trouve de suite un emploi de secrétaire dactylo au greffe du tribunal.

De septembre 1939 au 10 mai 1940 - la «drôle de guerre».

Je viens donc d'avoir seize ans. Je vis avec ma mère qui travaille comme ouvrière à l'usine Tamboury, usine de transformation du bois en planches, lambris, et parquets. Cette usine est située à la sortie est de la ville, au bord de la route qui mène à Villeneuve de Marsan. Elle est longée par une voie ferrée qui passe en remblai à cet endroit-là et mène de Mont de Marsan à Roquefort (rien a voir avec le fromage du même nom, il s'agit de Roquefort dans les Landes, alors que l'autre,

celui du fromage, se situe en Lozère, au nord-ouest de Montpellier.) Je mentionne à présent cette précision quant au passage en remblai de cette voie ferrée car on verra, plus tard, son importance.

Septembre 39 donc, les panzers allemands, soutenus par les Stukas (avions d'assaut) et autres bombardiers (Dornier ou Heinkel) écrasent la malheureuse Pologne. La rapidité de l'avance allemande stupéfie le monde entier et l'opinion française, comme je la ressens du haut de mes 16 ans, commence à se poser des questions et à se demander à quel genre de surhommes les Polonais se trouvent confrontés. A vrai dire, ce n'est encore pas l'inquiétude. On se dit simplement que la Pologne est une nation aux possibilités d'action bien moindres que la France et l'Angleterre réunies.

De notre côté, presse et radio nous tiennent au courant de la mise en place le long du Rhin et en avant de la ligne Maginot, entre la frontière du Luxembourg et la Suisse, de nos troupes de couverture. On nous assure même que, en certains endroits, entre la Moselle et le Rhin dans la région de Forbach, des troupes françaises ont pénétré en Allemagne de plusieurs kilomètres dans la forêt de la Wardnt. Tout va donc bien pour l'instant, Français et Allemands s'observent. Quelques patrouilles de part et d'autre, quelques escarmouches quand on ne peut pas l'éviter, rien de bien sérieux encore. Ce que, en France, on va appeler la «drôle de guerre» commence.

Le 14ème Régiment de Tirailleurs Sénégalais, gros régiment d'environ 1.500 hommes, qui tenait garnison à Mont de Marsan a, dès le premier jour de la mobilisation, pris la direction de l'Est de la France. Il ne reste plus à la caserne Bosquet qu'un petit détachement chargé de récupérer et d'acheminer vers le front tous ceux qui n'ont pu partir avec le gros de la troupe, car dans les hôpitaux ou en permission à ce moment-là.

C'est aussi l'époque ou nous voyons arriver les premiers Alsaciens réfugiés. En effet, dès la déclaration de guerre, le gouvernement a décidé d'évacuer tous les habitants des villes et villages d'Alsace et de Lorraine situées entre la ligne Maginot et la frontière allemande. Chaque région de l'intérieur a reçu son lot de réfugiés et, à côté de chez moi, une famille des environs de Mulhouse, les Schoettel, est hébergée dans une grande maison dont une partie est inoccupée. Le père, Emile, qui doit avoir la cinquantaine, était employé des services administratifs ; la mère, apparemment sans profession, s'occupe des ses trois enfants, Marcelle, 14 ans, Jacques, 12 ans et Pierre, 10 ans, qui très rapidement vont devenir mes amis.

Après trois semaines d'une campagne éclair (Blitzkrieg) la Pologne a été vaincue et partagée entre l'Allemagne et l'URSS venue tardivement participer à la curée. En France le parti communiste a été interdit et son chef, Maurice Thorez, bien que mobilisable a préféré déserter en se réfugiant à Moscou. Maintenant que l'URSS est, de fait, l'alliée de l'Allemagne, force est de constater que la propagande communiste n'en continue pas moins de prôner parfois la désertion, souvent le refus de combattre ou la désobéissance et pousse, hélas, aussi au sabotage dans les usines d'armement. Au tribunal, mon travail m'amène à prendre connaissance de dossiers concernant ces faits de défaitisme et d'appel à la désobéissance. Dans ma jeune tête je souhaite que ces individus soient durement sanctionnés car je ne puis admettre que de prétendus Français puissent souhaiter la défaite de leur pays. La radio nous apprend qu'un traître Français, du nom de Ferdonnet, s'exprimant sur les ondes de radio Stuttgart, promet le pire aux soldat Français et les incite à déserter, sans grand effet, il va sans dire.

L'automne est là. Quand je ne travaille pas, avec les Schoettel nous profitons des derniers beaux jours pour nous baigner dans la Midouze à la Sablière et à jouer à Tarzan dans les arbres. La vie continue son cours à peu près normal. A l'aérodrome de Mont de Marsan une école de formation de pilotes de chasse a été créée, les futurs pilotes s'entraînent sur de petits monoplans. De temps à autres, hélas, nous entendons parler d'accidents parfois mortels.

La radio (ma mère possède un petit poste) nous répète à peu près chaque jour la même chose : «rien a signaler sur l'ensemble du front hormis quelques duels d'artillerie, de légers accrochages consécutifs à l'activité de patrouilles et quelques incursions de l'aviation de reconnaissance ennemie prise à partie par notre DCA (Défense Contre Avions). Charles Trénet participe au maintien du moral des Français en continuant de chanter «Y'a d'la joie !», «Boum !», «Je chante», tandis que Tino Rossi, autre idole du moment, nous susurre toujours «Marinella» et «Tchi-Tchi». Une chanson venue d'outre manche commence à faire fureur en France, il s'agit de «Nous irons faire sécher notre linge sur la ligne Siegfried» que les premiers soldats Anglais venant s'installer en France, fredonnent.

Octobre passé, voici novembre et la célébration du 11 novembre 1918. 21 ans après, à nouveau la guerre. Qui l'aurait cru ? Pierre Schoettel, le petit Alsacien, a, pour l'occasion, mis un calot kaki frappé d'une cocarde tricolore que sa mère lui a confectionné et marche d'un pas martial en chantant : «Vous n'aurez pas l'Alsace et la Lorraine, car malgré vous, nous resterons Français. Vous pourrez bien germaniser la plaine, mais notre cœur vous ne l'aurez jamais.» Cette image, plus de soixante ans après, je la revois comme si elle datait d'hier.

Et voici décembre, c'est toujours la «drôle de guerre», activités de patrouilles, coup de mains de «corps francs.» Par la presse nous apprenons que chaque régiment qui se trouve au contact direct de l'ennemi a mis sur pied un «corps franc» constitué de volontaires, de gars qui «en veulent», chargé de pénétrer, de nuit, dans les lignes ennemies, y tendre des embuscades, y faire des prisonniers et les ramener, poser des mines, rapporter des renseignements. La réciproque et vraie car les Allemands ont aussi leurs «corps francs» et dans quelques familles arrivent les premières annonces de «Mort au Champ d'Honneur» d'un de leur proches. Un évènement cependant nous comble d'aise en cette fin d'année : le sabordage dans le Rio de Plata, du cuirassé de poche allemand «Graf von Spee» que les destroyers anglais Exeter et Achilles ont contraint à se réfugier en Uruguay à Montevideo.

L'hiver commence à se faire rude dans le Nord et à l'Est. La ligne Maginot initialement prévue pour interdire toute incursion allemande entre la Suisse et le Luxembourg, n'a pas été construite au-delà, vers la mer du nord. En effet on a, à l'époque, considéré, d'une part que le massif des Ardennes constituait un obstacle suffisant interdisant tout franchissement à un ennemi venant de l'Est, d'autre part, la Belgique étant neutre, on supposait que l'Allemagne, contrairement a ce qui s'était produit en 1914, respecterait enfin sa neutralité. Tout de même, au vu de ce qui vient de se passer en Pologne, bien tardivement, le Haut-Commandement français se met à douter du fair-play allemand et décide (il est bien tard) de prolonger la ligne déjà existante. Aussi, vaille que vaille, on va donc construire à la hâte quelques blockhaus sur les routes qui mènent de France au Luxembourg et en Belgique. Malheureusement ils ne seront pratiquement d'aucune utilité quand le besoin s'en fera sentir.

Le Dictateur, un film de Charlie Chaplin (15/10/1940), parle d'Adolph Hitler, du nazisme et de la situation des Juifs en Europe. C'est le premier film parlant de Chaplin et son premier film à succès. Dans le discours final du film, le barbier parle de la haine, de l'humanité et de l'espoir.

Look Up, Hannah

Discours final du film «Le Dictateur»
de Charlie Chaplin

Schulz

Parle, c'est notre seul espoir.

Le barbier

Espoir... Je suis désolé, mais je ne veux pas être empereur, ce n'est pas mon affaire. Je ne veux ni conquérir, ni diriger personne. Je voudrais aider tout le monde dans la mesure du possible, juifs, chrétiens, païens, blancs et noirs. Nous voudrions tous nous aider si nous le pouvions, les êtres humains sont ainsi faits. Nous voulons donner le bonheur à notre prochain, pas lui donner le malheur. Nous ne voulons pas haïr ni humilier personne. Chacun de nous a sa place et notre terre est bien assez riche, elle peut nourrir tous les êtres humains. Nous pouvons tous avoir une vie belle et libre mais nous l'avons oublié.

L'envie a empoisonné l'esprit des hommes, a barricadé le monde avec la haine, nous a fait sombrer dans la misère et les effusions de sang. Nous avons développé la vitesse pour nous enfermer en nous-mêmes. Les machines qui nous apportent l'abondance nous laissent dans l'insatisfaction. Notre savoir nous a fait devenir cyniques. Nous sommes inhumains à force d'intelligence, nous ne ressentons pas assez et nous pensons beaucoup trop. Nous sommes trop mécanisés et nous manquons d'humanité.

Nous sommes trop cultivés et nous manquons de tendresse et de gentillesse. Sans ces qualités humaines, la vie n'est plus que violence et tout est perdu.

Les avions, la radio nous ont rapprochés les uns des autres, ces inventions ne trouveront leur vrai sens que dans la bonté de l'être humain, que dans la fraternité, l'amitié et l'unité de tous les hommes.

En ce moment même, ma voix atteint des millions de gens à travers le monde, des millions d'hommes, de femmes, d'enfants désespérés, victimes d'un système qui torture les faibles et emprisonne des innocents.

Je dis à tous ceux qui m'entendent : Ne désespérez pas ! Le malheur qui est sur nous n'est que le produit éphémère de l'habileté, de l'amertume de ceux qui ont peur des progrès qu'accomplit l'Humanité.

Mais la haine finira par disparaître et les dictateurs mourront et le pouvoir qu'ils avaient pris aux peuples va retourner aux peuples. Et tant que des hommes mourront pour elle, la liberté ne pourra pas périr. Soldats, ne vous donnez pas à ces brutes, à une minorité qui vous méprise et qui fait de vous des esclaves, enrégimente toute votre vie et qui vous dit tout ce qu'il faut faire et ce qu'il faut penser, qui vous dirige, vous manœuvre, se sert de vous comme chair à canons et qui vous traite comme du bétail.

Ne donnez pas votre vie à ces êtres inhumains, ces hommes machines avec une machine à la place de la tête et une machine dans le cœur.

Vous n'êtes pas des machines.

Vous n'êtes pas des esclaves.

Vous êtes des hommes, des hommes avec tout l'amour du monde dans le cœur.

Vous n'avez pas de haine, sinon pour ce qui est inhumain, ce qui n'est pas fait d'amour.

Soldats ne vous battez pas pour l'esclavage mais pour la liberté.

Il est écrit dans l'Evangile selon Saint Luc «*Le Royaume de Dieu est dans l'être humain*», pas dans un seul humain ni dans un groupe humain, mais dans tous les humains, mais en vous, en vous le peuple qui avez le pouvoir, le pouvoir de créer les machines, le pouvoir de créer le bonheur. Vous, le peuple, vous avez le pouvoir, le pouvoir de rendre la vie belle et libre, le pouvoir de faire de cette vie une merveilleuse aventure.

Alors au nom même de la Démocratie, utilisons ce pouvoir. Il faut tous nous unir, il faut tous nous battre pour un monde nouveau, un monde humain qui donnera à chacun l'occasion de travailler, qui apportera un avenir à la jeunesse et à la vieillesse la sécurité.

Ces brutes vous ont promis toutes ces choses pour que vous leur donniez le pouvoir : ils mentaient. Ils n'ont pas tenu leurs merveilleuses promesses : jamais ils ne le feront. Les dictateurs s'affranchissent en prenant le pouvoir mais ils font un esclave du peuple.

Alors, il faut nous battre pour accomplir toutes leurs promesses. Il faut nous battre pour libérer le monde, pour renverser les frontières et les barrières raciales, pour en finir avec l'avidité, avec la haine et l'intolérance. Il faut nous battre pour construire un monde de raison, un monde où la science et le progrès mèneront tous les hommes vers le bonheur. Soldats, au nom de la Démocratie, unissons-nous tous !

...

Hannah, est-ce que tu m'entends ? Où que tu sois, lève les yeux ! Lève les yeux, Hannah ! Les nuages se dissipent ! Le soleil perce ! Nous émergeons des ténèbres pour trouver la lumière ! Nous pénétrons dans un monde nouveau, un monde meilleur, où les hommes domineront leur cupidité, leur haine et leur brutalité. Lève les yeux, Hannah ! L'âme de l'homme a reçu des ailes et enfin elle commence à voler. Elle vole vers l'arc-en-ciel, vers la lumière de l'espoir. Lève les yeux, Hannah ! Lève les yeux !

Sophie Roïk, membre d'Art et Lettres de France, est morte en 2003. Elle a écrit une centaine de poèmes et de nouvelles. Cette nouvelle, *Les Américains,* raconte l'arrivée des Américains en France.

Les Américains

de Sophie Roïk

Chaque jour, après la classe, en principe, j'allais chercher de l'herbe, des orties, des panais, pour les bêtes : oies, canards, cochons.

Ce jour-là, le soleil était encore haut dans le ciel. Je flânais, le panier à la main en cueillant des pissenlits dans le champ de luzerne.

De temps à autre, je m'asseyais et m'amusais à regarder les nuages. Les gros tout blancs, boursouflés, effilochés et j'y voyais des animaux, des visages, des paysages, J'inventais des aventures avec des cavaliers fabuleux sur leurs chevaux empanachés. J'imaginais des vaisseaux fantasmagoriques, toutes voiles au vent. Je me laissais griser dans la tiédeur de l'été.

Et les alouettes chantaient.

Brusquement, j'entendis les cloches sonner à toute volée en plein après-midi.

Je courus à travers champs retrouver maman.

Sirènes et cloches tintaient bruyamment. Et tout le monde criait : «La guerre est finie !», «La guerre est finie !». C'était l'explosion de joie. Le délire. Tout le monde courait dans tous les sens, s'embrassait, riait.

J'arrivais à la maison et m'écriais : «Maman, maman, la guerre est finie». «Viens vite, tout le monde est dehors !».

Papa s'élançait déjà vers l'autre bout du village à la Mairie pour avoir plus de nouvelles.

Enfin, alors, c'était terminé, de manquer de tout, de se cacher, de faire la queue dans les magasins, de compter ses tickets, pour le sucre, pour le pain, pour tout ou presque.

D'avoir des prisonniers loin là-bas, enfermés, torturés, brûlés, Et tous ces bombardements sur les maisons, les gens, les enfants, ces colonnes de soldats qui marchent empoussiérés, les Français, et les autres, si arrogants.

Fini, de se cacher dans les cavernes de troglodytes près des marais. Terminé, de marcher avec des galoches et de s'habiller avec des pull-overs dix fois retricotés !

Cette humiliation, cette servitude, la soumission, les restrictions. C'était la paix ! On retrouvait sa dignité.

On n'y croit pas encore. On a peur quelque part de voir surgir les nuages noirs et le bruit des bottes sur les trottoirs.

Tout à coup, papa arrive en agitant les bras, le visage épanoui, triomphant : «Les Américains sont là ! Ils arrivent ! ».

«Où sont-ils ?» crions-nous.

«Près de la Mairie. Ils me suivent ! ».

L'agitation était à son comble.

Et lorsque la première «Jeep» est arrivée, ce fut extraordinaire. Je fus happée à bras le corps par un soldat et hissée sur le véhicule.

J'étais en état de lévitation, d'apesanteur !

Ils riaient, heureux de nous délivrer, de nous sauver, après tant d'années. Enfin !

Le village ressemblait à une fourmilière en ébullition.

Mais il fallut se calmer. Chacun, la nuit venant, dut rentrer chez soi. Et nos soldats, si tant grands, à notre immense joie, installèrent leur campement dans un champ proche du hameau.

Pour nous, là, c'était l'aventure ! Ces grandes tentes kaki. Les feux. Les gamelles. Les conserves.

C'est ainsi que nous découvrîmes le café en poudre, le lait condensé, le chocolat, le chewing-gum, le maïs et le corned-beef !

Les jours suivants, nous nous sommes approchés du camp. Nous devions avoir l'air très affamés car les soldats, bons bougres, nous firent goûter à tous ces mets bizarres et inconnus de nous.

Peu à peu, ils s'insérèrent dans nos vies. Ils firent bientôt du troc et échangèrent leurs conserves et leur savon contre des produits frais.

C'est ainsi qu'un dimanche, Cécilia rencontra Sydney !

Mais Sydney dût partir et à Cécilia, il a juré de revenir la chercher. Avant, dit-il, il fallait qu'il gagne de l'argent, qu'il achète une maison et économise le prix du voyage (du sien et de celui de Cécilia pour le retour à Yama). Promesse ? Paroles en l'air ? Cécilia, une jolie brune aux cheveux bruns et aux yeux bleus, n'avait que 14 ans et lui, Sydney, en avait déjà 27.

Chacun se dit que l'avenir était loin.

Le jazz envahit nos vies et aussi les films de cow-boys, après ceux de Charlie Chaplin !

Ces soldats, c'était pour nous comme des êtres magiques sortis de ces petites bandes transparentes.

L'admiration brillait dans nos yeux lorsque le soir, près du feu de camp où nous étions admis, nous les écoutions gratter de la guitare et souffler dans l'harmonica en chantant à la belle étoile autour d'un café.

Je me souviens de la cour de l'école où nous jouions lors de chaque récréation quelques semaines auparavant.

Et cette fois-là, Mauricette, mince comme une tige de blé, ses cheveux blonds ondulés encadrant son visage frondeur et rieur, chantait alors que l'ennemi fuyait derrière le mur du préau «C'est une fleur de Paris.» Elle entonnait la chanson avec audace et énergie. Ses yeux bleus brillaient et tout son corps nous dominait sur la petite butte.

Denise, sa plus jeune sœur, et aussi ma meilleure amie, était affolées de son intrépidité. Elle la suppliait de se taire et la tirait par l'ourlet de sa robe pour la faire descendre de son parterre. Mais Mauricette, fière et digne, continua de chanter jusqu'au bout !

Forte et fragile à la fois, elle était là comme un flambeau de joie, altière, telle une jeune chevalière du temps passé.

Elle était notre emblème, l'emblème même de la Liberté !

Aujourd'hui, on pouvait chanter «Fleur de Paris» sur tous les tons, sur tous les toits !

Il ne passera plus de soldats furtivement le long des murs.

Il reste des croix dans le cimetière après que cet avion américain ait explosé en plein vol sous mes yeux et soit tombé dans les champs, la forêt.

Telles des torches vives suspendues à leur bulle blanche, ils sont descendus en vrille, calcinés avant d'être happés par la terre.

On les a couchés dans le champ. Les hommes du village ont creusé huit trous dans le cimetière et, à même la glaise, entourés d'un drap blanc, ils ont été ensevelis.

Quelques années après, on est venu les chercher de loin, là-bas et ils sont repartis dans leur patrie.

Hommes de sauvetage, ils n'étaient que de passage.

Seuls sont restés des morceaux d'avion, des carcasses, du plexiglas, dans les champs environnants.

Je les ramasse comme des trésors sans prix.

Non. Le prix de la liberté.

© Sophie Roik, www.1000nouvelles.com
Reproduction autorisée par Pascal Boiron.

Les verbes

Les verbes réguliers

infinitif	impératif	présent	passé composé	imparfait	futur	conditionnel	subjonctif
-er **parler** *to talk, speak*	 parle parlons parlez	je parle tu parles il parle nous parlons vous parlez ils parlent	j'ai parlé tu as parlé il a parlé nous avons parlé vous avez parlé ils ont parlé	je parlais tu parlais il parlait nous parlions vous parliez ils parlaient	je parlerai tu parleras il parlera nous parlerons vous parlerez ils parleront	je parlerais tu parlerais il parlerait nous parlerions vous parleriez ils parleraient	que je parle que tu parles qu'il parle que nous parlions que vous parliez qu'ils parlent
-ir **finir** *to finish*	 finis finissons finissez	je finis tu finis il finit nous finissons vous finissez ils finissent	j'ai fini tu as fini il a fini nous avons fini vous avez fini ils ont fini	je finissais tu finissais il finissait nous finissions vous finissiez ils finissaient	je finirai tu finiras il finira nous finirons vous finirez ils finiront	je finirais tu finirais il finirait nous finirions vous finiriez ils finiraient	que je finisse que tu finisses qu'il finisse que nous finissions que vous finissiez qu'ils finissent
-re **vendre** *to sell*	 vends vendons vendez	je vends tu vends il vend nous vendons vous vendez ils vendent	j'ai vendu tu as vendu il a vendu nous avons vendu vous avez vendu ils ont vendu	je vendais tu vendais il vendait nous vendions vous vendiez ils vendaient	je vendrai tu vendras il vendra nous vendrons vous vendrez ils vendront	je vendrais tu vendrais il vendrait nous vendrions vous vendriez ils vendraient	que je vende que tu vendes qu'il vende que nous vendions que vous vendiez qu'ils vendent
pronominal **se laver** *to wash oneself*	 lave-toi lavons-nous lavez-vous	je me lave tu te laves il se lave nous nous lavons vous vous lavez ils se lavent	je me suis lavé(e) tu t'es lavé(e) il/elle s'est lavé(e) nous nous sommes lavé(e)s vous vous êtes lavé(e)(s) ils/elles se sont lavé(e)s	je me lavais tu te lavais il se lavait nous nous lavions vous vous laviez ils se lavaient	je me laverai tu te laveras il se lavera nous nous laverons vous vous laverez ils se laveront	je me laverais tu te laverais il se laverait nous nous laverions vous vous laveriez ils se laveraient	que je me lave que tu te laves qu'il se lave que nous nous lavions que vous vous laviez qu'ils se lavent

Les verbes avec changement d'orthographe

infinitif	impératif	présent	passé composé	imparfait	futur	conditionnel	subjonctif
e → è **acheter** *to buy*		j'achète	j'ai acheté	j'achetais	j'achèterai	j'achèterais	que j'achète
	achète	tu achètes	tu as acheté	tu achetais	tu achèteras	tu achèterais	que tu achètes
		il achète	il a acheté	il achetait	il achètera	il achèterait	qu'il achète
	achetons	nous achetons	nous avons acheté	nous achetions	nous achèterons	nous achèterions	que nous achetions
	achetez	vous achetez	vous avez acheté	vous achetiez	vous achèterez	vous achèteriez	que vous achetiez
		ils achètent	ils ont acheté	ils achetaient	ils achèteront	ils achèteraient	qu'ils achètent
é → è **répéter** *to repeat*		je répète	j'ai répété	je répétais	je répéterai	je répéterais	que je répète
	répète	tu répètes	tu as répété	tu répétais	tu répéteras	tu répéterais	que tu répètes
		il répète	il a répété	il répétait	il répétera	il répéterait	qu'il répète
	répétons	nous répétons	nous avons répété	nous répétions	nous répéterons	nous répéterions	que nous répétions
	répétez	vous répétez	vous avez répété	vous répétiez	vous répéterez	vous répéteriez	que vous répétiez
		ils répètent	ils ont répété	ils répétaient	ils répéteront	ils répéteraient	qu'ils répètent
l → ll / t → tt **appeler** *to call*		j'appelle	j'ai appelé	j'appelais	j'appellerai	j'appellerais	que j'appelle
	appelle	tu appelles	tu as appelé	tu appelais	tu appelleras	tu appellerais	que tu appelles
		il appelle	il a appelé	il appelait	il appellera	il appellerait	qu'il appelle
	appelons	nous appelons	nous avons appelé	nous appelions	nous appellerons	nous appellerions	que nous appelions
	appelez	vous appelez	vous avez appelé	vous appeliez	vous appellerez	vous appelleriez	que vous appeliez
		ils appellent	ils ont appelé	ils appelaient	ils appelleront	ils appelleraient	qu'ils appellent
g → ge **manger** *to eat*		je mange	j'ai mangé	je mangeais	je mangerai	je mangerais	que je mange
	mange	tu manges	tu as mangé	tu mangeais	tu mangeras	tu mangerais	que tu manges
		il mange	il a mangé	il mangeait	il mangera	il mangerait	qu'il mange
	mangeons	nous mangeons	nous avons mangé	nous mangions	nous mangerons	nous mangerions	que nous mangions
	mangez	vous mangez	vous avez mangé	vous mangiez	vous mangerez	vous mangeriez	que vous mangiez
		ils mangent	ils ont mangé	ils mangeaient	ils mangeront	ils mangeraient	qu'ils mangent
c → ç **commencer** *to begin*		je commence	j'ai commencé	je commençais	je commencerai	je commencerais	que je commence
	commence	tu commences	tu as commencé	tu commençais	tu commenceras	tu commencerais	que tu commences
		il commence	il a commencé	il commençait	il commencera	il commencerait	qu'il commence
	commençons	nous commençons	nous avons commencé	nous commencions	nous commencerons	nous commencerions	que nous commencions
	commencez	vous commencez	vous avez commencé	vous commenciez	vous commencerez	vous commenceriez	que vous commenciez
		ils commencent	ils ont commencé	ils commençaient	ils commenceront	ils commenceraient	qu'ils commencent
yer → ier **essayer** *to try*		j'essaie	j'ai essayé	j'essayais	j'essaierai	j'essaierais	que j'essaie
	essaie	tu essaies	tu as essayé	tu essayais	tu essaieras	tu essaierais	que tu essaies
		il essaie	il a essayé	il essayait	il essaiera	il essaierait	qu'il essaie
	essayons	nous essayons	nous avons essayé	nous essayions	nous essaierons	nous essaierions	que nous essayions
	essayez	vous essayez	vous avez essayé	vous essayiez	vous essaierez	vous essaieriez	que vous essayiez
		ils essaient	ils ont essayé	ils essayaient	ils essaieront	ils essaieraient	qu'ils essaient

infinitif	impératif	présent	passé composé	imparfait	futur	conditionnel	subjonctif
acquérir *to acquire,* *to get*	acquiers acquérons acquérez	j'acquiers tu acquiers il acquiert nous acquérons vous acquérez ils acquièrent	j'ai acquis tu as acquis il a acquis nous avons acquis vous avez acquis ils ont acquis	j'acquérais tu acquérais il acquérait nous acquérions vous acquériez ils acquéraient	j'acquerrai tu acquerras il acquerra nous acquerrons vous acquerrez ils acquerront	j'acquerrais tu acquerrais il acquerrait nous acquerrions vous acquerriez ils acquerraient	que j'acquière que tu acquières qu'il acquière que nous acquérions que vous acquériez qu'ils acquièrent
aller *to go*	va allons allez	je vais tu vas il va nous allons vous allez ils vont	je suis allé(e) tu es allé(e) il/elle est allé(e) nous sommes allé(e)s vous êtes allé(e)(s) ils/elles sont allé(e)s	j'allais tu allais il allait nous allions vous alliez ils allaient	j'irai tu iras il ira nous irons vous irez ils iront	j'irais tu irais il irait nous irions vous iriez ils iraient	que j'aille que tu ailles qu'il aille que nous allions que vous alliez qu'ils aillent
s'asseoir *to sit*	assieds-toi asseyons-nous asseyez-vous	je m'assieds tu t'assieds il s'assied nous nous asseyons vous vous asseyez ils s'asseyent	je me suis assis(e) tu t'es assis(e) il/elle s'est assis(e) nous nous sommes assis(e)s vous vous êtes assis(e)(s) ils/elles se sont assis(e)s	je m'asseyais tu t'asseyais il s'asseyait nous nous asseyions vous vous asseyiez ils s'asseyaient	je m'assiérai tu t'assiéras il s'assiéra nous nous assiérons vous vous assiérez ils s'assiéront	je m'assiérais tu t'assiérais il s'assiérait nous nous assiérions vous vous assiériez ils s'assiéraient	que je m'asseye que tu t'asseyes qu'il s'asseye que nous nous asseyions que vous vous asseyiez qu'ils s'asseyent
avoir *to have*	aie ayons ayez	j'ai tu as il a nous avons vous avez ils ont	j'ai eu tu as eu il a eu nous avons eu vous avez eu ils ont eu	j'avais tu avais il avait nous avions vous aviez ils avaient	j'aurai tu auras il aura nous aurons vous aurez ils auront	j'aurais tu aurais il aurait nous aurions vous auriez ils auraient	que j'aie que tu aies qu'il ait que nous ayons que vous ayez qu'ils aient
battre *to beat*	bats battons battez	je bats tu bats il bat nous battons vous battez ils battent	j'ai battu tu as battu il a battu nous avons battu vous avez battu ils ont battu	je battais tu battais il battait nous battions vous battiez ils battaient	je battrai tu battras il battra nous battrons vous battrez ils battront	je battrais tu battrais il battrait nous battrions vous battriez ils battraient	que je batte que tu battes qu'il batte que nous battions que vous battiez qu'ils battent
boire *to drink*	bois buvons buvez	je bois tu bois il boit nous buvons vous buvez ils boivent	j'ai bu tu as bu il a bu nous avons bu vous avez bu ils ont bu	je buvais tu buvais il buvait nous buvions vous buviez ils buvaient	je boirai tu boiras il boira nous boirons vous boirez ils boiront	je boirais tu boirais il boirait nous boirions vous boiriez ils boiraient	que je boive que tu boives qu'il boive que nous buvions que vous buviez qu'ils boivent

infinitif	impératif	présent	passé composé	imparfait	futur	conditionnel	subjonctif
conclure to conclude	conclus concluons concluez	je conclus tu conclus il conclut nous concluons vous concluez ils concluent	j'ai conclu tu as conclu il a conclu nous avons conclu vous avez conclu ils ont conclu	je concluais tu concluais il concluait nous concluions vous concluiez ils concluaient	je conclurai tu concluras il conclura nous conclurons vous conclurez ils concluront	je conclurais tu conclurais il conclurait nous conclurions vous concluriez ils concluraient	que je conclue que tu conclues qu'il conclue que nous concluions que vous concluiez qu'ils concluent
conduire to drive	conduis conduisons conduisez	je conduis tu conduis il conduit nous conduisons vous conduisez ils conduisent	j'ai conduit tu as conduit il a conduit nous avons conduit vous avez conduit ils ont conduit	je conduisais tu conduisais il conduisait nous conduisions vous conduisiez ils conduisaient	je conduirai tu conduiras il conduira nous conduirons vous conduirez ils conduiront	je conduirais tu conduirais il conduirait nous conduirions vous conduiriez ils conduiraient	que je conduise que tu conduises qu'il conduise que nous conduisions que vous conduisiez qu'ils conduisent
connaître to know	connais connaissons connaissez	je connais tu connais il connaît nous connaissons vous connaissez ils connaissent	j'ai connu tu as connu il a connu nous avons connu vous avez connu ils ont connu	je connaissais tu connaissais il connaissait nous connaissions vous connaissiez ils connaissaient	je connaîtrai tu connaîtras il connaîtra nous connaîtrons vous connaîtrez ils connaîtront	je connaîtrais tu connaîtrais il connaîtrait nous connaîtrions vous connaîtriez ils connaîtraient	que je connaisse que tu connaisses qu'il connaisse que nous connaissions que vous connaissiez qu'ils connaissent
coudre to sew	couds cousons cousez	je couds tu couds il coud nous cousons vous cousez ils cousent	j'ai cousu tu as cousu il a cousu nous avons cousu vous avez cousu ils ont cousu	je cousais tu cousais il cousait nous cousions vous cousiez ils cousaient	je coudrai tu coudras il coudra nous coudrons vous coudrez ils coudront	je coudrais tu coudrais il coudrait nous coudrions vous coudriez ils coudraient	que je couse que tu couses qu'il couse que nous cousions que vous cousiez qu'ils cousent
courir to run	cours courons courez	je cours tu cours il court nous courons vous courez ils courent	j'ai couru tu as couru il a couru nous avons couru vous avez couru ils ont couru	je courais tu courais il courait nous courions vous couriez ils couraient	je courrai tu courras il courra nous courrons vous courrez ils courront	je courrais tu courrais il courrait nous courrions vous courriez ils courraient	que je coure que tu coures qu'il coure que nous courions que vous couriez qu'ils courent
craindre to fear	crains craignons craignez	je crains tu crains il craint nous craignons vous craignez ils craignent	j'ai craint tu as craint il a craint nous avons craint vous avez craint ils ont craint	je craignais tu craignais il craignait nous craignions vous craigniez ils craignaient	je craindrai tu craindras il craindra nous craindrons vous craindrez ils craindront	je craindrais tu craindrais il craindrait nous craindrions vous craindriez ils craindraient	que je craigne que tu craignes qu'il craigne que nous craignions que vous craigniez qu'ils craignent

infinitif	impératif	présent	passé composé	imparfait	futur	conditionnel	subjonctif
croire *to believe*	crois croyons croyez	je crois tu crois il croit nous croyons vous croyez ils croient	j'ai cru tu as cru il a cru nous avons cru vous avez cru ils ont cru	je croyais tu croyais il croyait nous croyions vous croyiez ils croyaient	je croirai tu croiras il croira nous croirons vous croirez ils croiront	je croirais tu croirais il croirait nous croirions vous croiriez ils croiraient	que je croie que tu croies qu'il croie que nous croyions que vous croyiez qu'ils croient
croître *to grow, to increase*	crois croissons croissez	je crois tu crois il croît nous croissons vous croissez ils croissent	j'ai crû tu as crû il a crû nous avons crû vous avez crû ils ont crû	je croissais tu croissais il croissait nous croissions vous croissiez ils croissaient	je croîtrai tu croîtras il croîtra nous croîtrons vous croîtrez ils croîtront	je croîtrais tu croîtrais il croîtrait nous croîtrions vous croîtriez ils croîtraient	que je croisse que tu croisses qu'il croisse que nous croissions que vous croissiez qu'ils croissent
cueillir *to pick, to gather*	cueille cueillons cueillez	je cueille tu cueilles il cueille nous cueillons vous cueillez ils cueillent	j'ai cueilli tu as cueilli il a cueilli nous avons cueilli vous avez cueilli ils ont cueilli	je cueillais tu cueillais il cueillait nous cueillions vous cueilliez ils cueillaient	je cueillerai tu cueilleras il cueillera nous cueillerons vous cueillerez ils cueilleront	je cueillerais tu cueillerais il cueillerait nous cueillerions vous cueilleriez ils cueilleraient	que je cueille que tu cueilles qu'il cueille que nous cueillions que vous cueilliez qu'ils cueillent
devoir *must, to have to, to owe*	dois devons devez	je dois tu dois il doit nous devons vous devez ils doivent	j'ai dû tu as dû il a dû nous avons dû vous avez dû ils ont dû	je devais tu devais il devait nous devions vous deviez ils devaient	je devrai tu devras il devra nous devrons vous devrez ils devront	je devrais tu devrais il devrait nous devrions vous devriez ils devraient	que je doive que tu doives qu'il doive que nous devions que vous deviez qu'ils doivent
dire *to say*	dis disons dites	je dis tu dis il dit nous disons vous dites ils disent	j'ai dit tu as dit il a dit nous avons dit vous avez dit ils ont dit	je disais tu disais il disait nous disions vous disiez ils disaient	je dirai tu diras il dira nous dirons vous direz ils diront	je dirais tu dirais il dirait nous dirions vous diriez ils diraient	que je dise que tu dises qu'il dise que nous disions que vous disiez qu'ils disent
dormir *to sleep*	dors dormons dormez	je dors tu dors il dort nous dormons vous dormez ils dorment	j'ai dormi tu as dormi il a dormi nous avons dormi vous avez dormi ils ont dormi	je dormais tu dormais il dormait nous dormions vous dormiez ils dormaient	je dormirai tu dormiras il dormira nous dormirons vous dormirez ils dormiront	je dormirais tu dormirais il dormirait nous dormirions vous dormiriez ils dormiraient	que je dorme que tu dormes qu'il dorme que nous dormions que vous dormiez qu'ils dorment

infinitif	impératif	présent	passé composé	imparfait	futur	conditionnel	subjonctif
écrire *to write*	écris écrivons écrivez	j'écris tu écris il écrit nous écrivons vous écrivez ils écrivent	j'ai écrit tu as écrit il a écrit nous avons écrit vous avez écrit ils ont écrit	j'écrivais tu écrivais il écrivait nous écrivions vous écriviez ils écrivaient	j'écrirai tu écriras il écrira nous écrirons vous écrirez ils écriront	j'écrirais tu écrirais il écrirait nous écririons vous écririez ils écriraient	que j'écrive que tu écrives qu'il écrive que nous écrivions que vous écriviez qu'ils écrivent
envoyer *to send*	envoie envoyons envoyez	j'envoie tu envoies il envoie nous envoyons vous envoyez ils envoient	j'ai envoyé tu as envoyé il a envoyé nous avons envoyé vous avez envoyé ils ont envoyé	j'envoyais tu envoyais il envoyait nous envoyions vous envoyiez ils envoyaient	j'enverrai tu enverras il enverra nous enverrons vous enverrez ils enverront	j'enverrais tu enverrais il enverrait nous enverrions vous enverriez ils enverraient	que j'envoie que tu envoies qu'il envoie que nous envoyions que vous envoyiez qu'ils envoient
être *to be*	sois soyons soyez	je suis tu es il est nous sommes vous êtes ils sont	j'ai été tu as été il a été nous avons été vous avez été ils ont été	j'étais tu étais il était nous étions vous étiez ils étaient	je serai tu seras il sera nous serons vous serez ils seront	je serais tu serais il serait nous serions vous seriez ils seraient	que je sois que tu sois qu'il soit que nous soyons que vous soyez qu'ils soient
faire *to do, to* *make*	fais faisons faites	je fais tu fais il fait nous faisons vous faites ils font	j'ai fait tu as fait il a fait nous avons fait vous avez fait ils ont fait	je faisais tu faisais il faisait nous faisions vous faisiez ils faisaient	je ferai tu feras il fera nous ferons vous ferez ils feront	je ferais tu ferais il ferait nous ferions vous feriez ils feraient	que je fasse que tu fasses qu'il fasse que nous fassions que vous fassiez qu'ils fassent
falloir *to be necessary*		il faut	il a fallu	il fallait	il faudra	il faudrait	qu'il faille
fuir *to flee*	fuis fuyons fuyez	je fuis tu fuis il fuit nous fuyons vous fuyez ils fuient	j'ai fui tu as fui il a fui nous avons fui vous avez fui ils ont fui	je fuyais tu fuyais il fuyait nous fuyions vous fuyiez ils fuyaient	je fuirai tu fuiras il fuira nous fuirons vous fuirez ils fuiront	je fuirais tu fuirais il fuirait nous fuirions vous fuiriez ils fuiraient	que je fuie que tu fuies qu'il fuie que nous fuyions que vous fuyiez qu'ils fuient
haïr *to hate*	hais haïssons haïssez	je hais tu hais il hait nous haïssons vous haïssez ils haïssent	j'ai haï tu as haï il a haï nous avons haï vous avez haï ils ont haï	je haïssais tu haïssais il haïssait nous haïssions vous haïssiez ils haïssaient	je haïrai tu haïras il haïra nous haïrons vous haïrez ils haïront	je haïrais tu haïrais il haïrait nous haïrions vous haïriez ils haïraient	que je haïsse que tu haïsses qu'il haïsse que nous haïssions que vous haïssiez qu'ils haïssent

infinitif	impératif	présent	passé composé	imparfait	futur	conditionnel	subjonctif
lire *to say*		je lis tu lis il lit nous lisons vous lisez ils lisent	j'ai lu tu as lu il a lu nous avons lu vous avez lu ils ont lu	je lisais tu lisais il lisait nous lisions vous lisiez ils lisaient	je lirai tu liras il lira nous lirons vous lirez ils liront	je lirais tu lirais il lirait nous lirions vous liriez ils liraient	que je lise que tu lises qu'il lise que nous lisions que vous lisiez qu'ils lisent
	lis lisons lisez						
mettre *to put*	mets mettons mettez	je mets tu mets il met nous mettons vous mettez ils mettent	j'ai mis tu as mis il a mis nous avons mis vous avez mis ils ont mis	je mettais tu mettais il mettait nous mettions vous mettiez ils mettaient	je mettrai tu mettras il mettra nous mettrons vous mettrez ils mettront	je mettrais tu mettrais il mettrait nous mettrions vous mettriez ils mettraient	que je mette que tu mettes qu'il mette que nous mettions que vous mettiez qu'ils mettent
mourir *to die*	meurs mourons mourez	je meurs tu meurs il meurt nous mourons vous mourez ils meurent	je suis mort(e) tu es mort(e) il/elle est mort(e) nous sommes mort(e)s vous êtes mort(e)(s) ils/elles sont mort(e)s	je mourais tu mourais il mourait nous mourions vous mouriez ils mouraient	je mourrai tu mourras il mourra nous mourrons vous mourrez ils mourront	je mourrais tu mourrais il mourrait nous mourrions vous mourriez ils mourraient	que je meure que tu meures qu'il meure que nous mourions que vous mouriez qu'ils meurent
naître *to be born*	nais naissons naissez	je nais tu nais il naît nous naissons vous naissez ils naissent	je suis né(e) tu es né(e) il/elle est né(e) nous sommes né(e)s vous êtes né(e)(s) ils/elles sont né(e)s	je naissais tu naissais il naissait nous naissions vous naissiez ils naissaient	je naîtrai tu naîtras il naîtra nous naîtrons vous naîtrez ils naîtront	je naîtrais tu naîtrais il naîtrait nous naîtrions vous naîtriez ils naîtraient	que je naisse que tu naisses qu'il naisse que nous naissions que vous naissiez qu'ils naissent
ouvrir *to open*	ouvre ouvrons ouvrez	j'ouvre tu ouvres il ouvre nous ouvrons vous ouvrez ils ouvrent	j'ai ouvert tu as ouvert il a ouvert nous avons ouvert vous avez ouvert ils ont ouvert	j'ouvrais tu ouvrais il ouvrait nous ouvrions vous ouvriez ils ouvraient	j'ouvrirai tu ouvriras il ouvrira nous ouvrirons vous ouvrirez ils ouvriront	j'ouvrirais tu ouvrirais il ouvrirait nous ouvririons vous ouvririez ils ouvriraient	que j'ouvre que tu ouvres qu'il ouvre que nous ouvrions que vous ouvriez qu'ils ouvrent
peindre *to paint*	peins peignons peignez	je peins tu peins il peint nous peignons vous peignez ils peignent	j'ai peint tu as peint il a peint nous avons peint vous avez peint ils ont peint	je peignais tu peignais il peignait nous peignions vous peigniez ils peignaient	je peindrai tu peindras il peindra nous peindrons vous peindrez ils peindront	je peindrais tu peindrais il peindrait nous peindrions vous peindriez ils peindraient	que je peigne que tu peignes qu'il peigne que nous peignions que vous peigniez qu'ils peignent

infinitif	impératif	présent	passé composé	imparfait	futur	conditionnel	subjonctif
plaire *to please*	plais plaisons plaisez	je plais tu plais il plaît nous plaisons vous plaisez ils plaisent	j'ai plu tu as plu il a plu nous avons plu vous avez plu ils ont plu	je plaisais tu plaisais il plaisait nous plaisions vous plaisiez ils plaisaient	je plairai tu plairas il plaira nous plairons vous plairez ils plairont	je plairais tu plairais il plairait nous plairions vous plairiez ils plairaient	que je plaise que tu plaises qu'il plaise que nous plaisions que vous plaisiez qu'ils plaisent
pleuvoir *to rain*		il pleut	il a plu	il pleuvait	il pleuvra	il pleuvrait	qu'il pleuve
pouvoir *to be able to*		je peux tu peux il peut nous pouvons vous pouvez ils peuvent	j'ai pu tu as pu il a pu nous avons pu vous avez pu ils ont pu	je pouvais tu pouvais il pouvait nous pouvions vous pouviez ils pouvaient	je pourrai tu pourras il pourra nous pourrons vous pourrez ils pourront	je pourrais tu pourrais il pourrait nous pourrions vous pourriez ils pourraient	que je puisse que tu puisses qu'il puisse que nous puissions que vous puissiez qu'ils puissent
prendre *to take*	prends prenons prenez	je prends tu prends il prend nous prenons vous prenez ils prennent	j'ai pris tu as pris il a pris nous avons pris vous avez pris ils ont pris	je prenais tu prenais il prenait nous prenions vous preniez ils prenaient	je prendrai tu prendras il prendra nous prendrons vous prendrez ils prendront	je prendrais tu prendrais il prendrait nous prendrions vous prendriez ils prendraient	que je prenne que tu prennes qu'il prenne que nous prenions que vous preniez qu'ils prennent
recevoir *to receive*	reçois recevons recevez	je reçois tu reçois il reçoit nous recevons vous recevez ils reçoivent	j'ai reçu tu as reçu il a reçu nous avons reçu vous avez reçu ils ont reçu	je recevais tu recevais il recevait nous recevions vous receviez ils recevaient	je recevrai tu recevras il recevra nous recevrons vous recevrez ils recevront	je recevrais tu recevrais il recevrait nous recevrions vous recevriez ils recevraient	que je reçoive que tu reçoives qu'il reçoive que nous recevions que vous receviez qu'ils reçoivent
résoudre *to resolve*	résous résolvons résolvez	je résous tu résous il résout nous résolvons vous résolvez ils résolvent	j'ai résolu tu as résolu il a résolu nous avons résolu vous avez résolu ils ont résolu	je résolvais tu résolvais il résolvait nous résolvions vous résolviez ils résolvaient	je résoudrai tu résoudras il résoudra nous résoudrons vous résoudrez ils résoudront	je résoudrais tu résoudrais il résoudrait nous résoudrions vous résoudriez ils résoudraient	que je résolve que tu résolves qu'il résolve que nous résolvions que vous résolviez qu'ils résolvent
rire *to laugh*	ris rions riez	je ris tu ris il rit nous rions vous riez ils rient	j'ai ri tu as ri il a ri nous avons ri vous avez ri ils ont ri	je riais tu riais il riait nous riions vous riiez ils riaient	je rirai tu riras il rira nous rirons vous rirez ils riront	je rirais tu rirais il rirait nous ririons vous ririez ils riraient	que je rie que tu ries qu'il rie que nous riions que vous riiez qu'ils rient

infinitif	impératif	présent	passé composé	imparfait	futur	conditionnel	subjonctif
savoir *to know*	sache sachons sachez	je sais tu sais il sait nous savons vous savez ils savent	j'ai su tu as su il a su nous avons su vous avez su ils ont su	je savais tu savais il savait nous savions vous saviez ils savaient	je saurai tu sauras il saura nous saurons vous saurez ils sauront	je saurais tu saurais il saurait nous saurions vous sauriez ils sauraient	que je sache que tu saches qu'il sache que nous sachions que vous sachiez qu'ils sachent
suffire *to suffice*	suffis suffisons suffisez	je suffis tu suffis il suffit nous suffisons vous suffisez ils suffisent	j'ai suffi tu as suffi il a suffi nous avons suffi vous avez suffi ils ont suffi	je suffisais tu suffisais il suffisait nous suffisions vous suffisiez ils suffisaient	je suffirai tu suffiras il suffira nous suffirons vous suffirez ils suffiront	je suffirais tu suffirais il suffirait nous suffirions vous suffiriez ils suffiraient	que je suffise que tu suffises qu'il suffise que nous suffisions que vous suffisiez qu'ils suffisent
suivre *to follow*	suis suivons suivez	je suis tu suis il suit nous suivons vous suivez ils suivent	j'ai suivi tu as suivi il a suivi nous avons suivi vous avez suivi ils ont suivi	je suivais tu suivais il suivait nous suivions vous suiviez ils suivaient	je suivrai tu suivras il suivra nous suivrons vous suivrez ils suivront	je suivrais tu suivrais il suivrait nous suivrions vous suivriez ils suivraient	que je suive que tu suives qu'il suive que nous suivions que vous suiviez qu'ils suivent
vaincre *to conquer*	vaincs vainquons vainquez	je vaincs tu vaincs il vainc nous vainquons vous vainquez ils vainquent	j'ai vaincu tu as vaincu il a vaincu nous avons vaincu vous avez vaincu ils ont vaincu	je vainquais tu vainquais il vainquait nous vainquions vous vainquiez ils vainquaient	je vaincrai tu vaincras il vaincra nous vaincrons vous vaincrez ils vaincront	je vaincrais tu vaincrais il vaincrait nous vaincrions vous vaincriez ils vaincraient	que je vainque que tu vainques qu'il vainque que nous vainquions que vous vainquiez qu'ils vainquent
valoir *to be worth, to deserve*	vaux valons valez	je vaux tu vaux il vaut nous valons vous valez ils valent	j'ai valu tu as valu il a valu nous avons valu vous avez valu ils ont valu	je valais tu valais il valait nous valions vous valiez ils valaient	je vaudrai tu vaudras il vaudra nous vaudrons vous vaudrez ils vaudront	je vaudrais tu vaudrais il vaudrait nous vaudrions vous vaudriez ils vaudraient	que je vaille que tu vailles qu'il vaille que nous valions que vous valiez qu'ils vaillent
venir *to come*	viens venons venez	je viens tu viens il vient nous venons vous venez ils viennent	je suis venu(e) tu es venu(e) il/elle est venu(e) nous sommes venu(e)s vous êtes venu(e)(s) ils/elles sont venu(e)s	je venais tu venais il venait nous venions vous veniez ils venaient	je viendrai tu viendras il viendra nous viendrons vous viendrez ils viendront	je viendrais tu viendrais il viendrait nous viendrions vous viendriez ils viendraient	que je vienne que tu viennes qu'il vienne que nous venions que vous veniez qu'ils viennent

infinitif	impératif	présent	passé composé	imparfait	futur	conditionnel	subjonctif
vêtir *to clothe*		je vêts	j'ai vêtu	je vêtais	je vêtirai	je vêtirais	que je vête
	vêts	tu vêts	tu as vêtu	tu vêtais	tu vêtiras	tu vêtirais	que tu vêtes
	vêtons	il vêt	il a vêtu	il vêtait	il vêtira	il vêtirait	qu'il vête
	vêtez	nous vêtons	nous avons vêtu	nous vêtions	nous vêtirons	nous vêtirions	que nous vêtions
		vous vêtez	vous avez vêtu	vous vêtiez	vous vêtirez	vous vêtiriez	que vous vêtiez
		ils vêtent	ils ont vêtu	ils vêtaient	ils vêtiront	ils vêtiraient	qu'ils vêtent
vivre *to live*		je vis	j'ai vécu	je vivais	je vivrai	je vivrais	que je vive
	vis	tu vis	tu as vécu	tu vivais	tu vivras	tu vivrais	que tu vives
	vivons	il vit	il a vécu	il vivait	il vivra	il vivrait	qu'il vive
	vivez	nous vivons	nous avons vécu	nous vivions	nous vivrons	nous vivrions	que nous vivions
		vous vivez	vous avez vécu	vous viviez	vous vivrez	vous vivriez	que vous viviez
		ils vivent	ils ont vécu	ils vivaient	ils vivront	ils vivraient	qu'ils vivent
voir *to see*		je vois	j'ai vu	je voyais	je verrai	je verrais	que je voie
	vois	tu vois	tu as vu	tu voyais	tu verras	tu verrais	que tu voies
	voyons	il voit	il a vu	il voyait	il verra	il verrait	qu'il voie
	voyez	nous voyons	nous avons vu	nous voyions	nous verrons	nous verrions	que nous voyions
		vous voyez	vous avez vu	vous voyiez	vous verrez	vous verriez	que vous voyiez
		ils voient	ils ont vu	ils voyaient	ils verront	ils verraient	qu'ils voient
vouloir *to want*		je veux	j'ai voulu	je voulais	je voudrai	je voudrais	que je veuille
	veuille	tu veux	tu as voulu	tu voulais	tu voudras	tu voudrais	que tu veuilles
	veuillons	il veut	il a voulu	il voulait	il voudra	il voudrait	qu'il veuille
	veuillez	nous voulons	nous avons voulu	nous voulions	nous voudrons	nous voudrions	que nous voulions
		vous voulez	vous avez voulu	vous vouliez	vous voudrez	vous voudriez	que vous vouliez
		ils veulent	ils ont voulu	ils voulaient	ils voudront	ils voudraient	qu'ils veuillent

Lexique

A

À bientôt ! See you soon!
À demain ! See you tomorrow!
A table ! Dinner time!
À tout à l'heure ! See you later!
abandonner to abandon
aboyer to bark
absolument absolutely
accepter une responsabilité to assume a responsibility
accordéoniste (*m/f*) accordionist
accouchement (*m*) birth
accoucher to give birth
accrochage (*m*) clash, dispute
accroissement (*m*) increase, growth
(s')accroître to increase
actif/ve employed person
actualités (*f*) current events, news
actuel/le current
actuellement currently
adaptation (*f*) adaptation
admirablement admirably
aéroport (*m*) airport
affaire (*f*), matter, issue
africain/e African
Afrique (*f*) Africa
agaçant/e annoying
agacer to annoy
âgé/e old
agence immobilière (*f*) real estate agency
agent de police (*m*) police officer
agréable agreeable, pleasant
agressif/ve aggressive
aider to help
Aïe !, Ouille ! Ow!, Ouch!
ailleurs elsewhere
(s')aimer to like, to love each other
aisé/e comfortable, well-off
album (*m*) album
Allemagne (*f*) Germany
allemand/e German
Alliés (*m*) Allies (WWII)
allocation (*f*) benefit, allowance
amant/e lover, mistress
aménager to move (into)
amical/e friendly
amour (*m*) love
amoureux/euse de in love with
ancien détenu (*m*) ex-convict
anglais/e English
Angleterre (*f*) England
angoisse (*f*) anxiety
année dernière (*f*) last year

année prochaine (*f*) next year
année scolaire (*f*) school year
anniversaire (*m*) birthday
anorak (*m*) parka
ANPE (*f*) government employment agency
antillais/e West Indian
Antilles (*f*) West Indies
appareil auditif (*m*) hearing aid
apparemment apparently
appart (*m*) (familier) apartment - familiar
appartement (*m*) apartment
appel (*m*) call, appeal
applaudir to applaud
apprendre (à) to learn to do, to teach to
après-midi (*m*) afternoon
arbre (*m*) tree
argot (*m*) slang
armée (*f*) army
armistice (*m*) armistice
armure (*f*) armor
arrestation (*f*) arrest
arrêter to arrest, to stop
arrière-grand-père great grandfather
arrivée (*f*) arrival
aspirateur (*m*) vacuum cleaner
aspirer à to aspire to
assassinat (*m*) murder
assassiner to murder
assistant/e assitant
assister à to attend
assister à un cours to attend a class
atmosphère (*f*) atmosphere, environment
attendre to wait (for)
Au dodo ! Bedtime!
au printemps in the spring
Au revoir ! Good-bye!
Au secours ! Help!
auberge (*f*) inn
augmentation de salaire (*f*) pay raise
aujourd'hui today
autobiographique (*m/f*) autobiographical
automne (*m*) fall
autoritaire (*m/f*) authoritative
avant-première (*f*) premiere, opening
avare greedy
aventure (*f*) adventure, love affair
avoir # ans to be # years old
avoir besoin de to need
avoir confiance en soi to have confidence in oneself
avoir du mal à + inf. to have difficulty in doing
avoir envie de to want, to feel like
avoir faim to be hungry
avoir honte (de) to be ashamed (of)

avoir l'air + adjectif to look, seem + adjective
avoir l'habitude de + inf. to be in the habit of doing
avoir l'intention de + inf. to intend to do
avoir le temps de + infinitif to have the time to do
avoir mal à to hurt
avoir mal au cœur to feel sick
avoir peur (de) to be afraid (of)
avoir raison to be right
avoir rendez-vous to have a meeting
avoir soif to be thirsty
avoir to have
avoir tort to be wrong
Axe (m) the Axis (WWII)

B

baccalauréat (m) high school diploma
(se) bagarrer to have a fight
bague (f) ring
baignoire (f) bathtub
bande (f) gang, group
banlieue (f) suburb
banlieusard/e suburbanite
banquier/ière banker
bar (m) bar
Barcelone Barcelona
barman (m) barman
baskets (m) sneakers
bataille (f) battle
bateau (m) boat
bavard/e talkative
bavardage (m) gossip
BCBG Preppie (approximation)
beau, belle beautiful
bébé (m) baby
belge (m/f) Belgian
Belgique (f) Belgium
belle-fille (f) stepdaughter, daughter-in-law
belle-mère (f) stepmother, mother-in-law
bénéficier de to benefit from
bête (m/f) dumb
bienfaiteur/rice benefactor/tress, do-gooder
bientôt soon
bijoux (m) jewels
bizarre (m/f) strange
blanc/che white
blesser to hurt
bleu (m) coveralls
bleu/e blue
boîte de nuit (f) nightclub
bombardement (m) bombing, shelling
bon/ne nice, good
bonheur (m) happiness
bonjour hello
bonne (f) maid
bonne volonté (f) good intentions

bonsoir good evening
borné/e narrow-minded
bottes (f) boots
boulot (familier) (m) work
bowling (m) bowling alley
brièvement briefly
brosse à dents (f) toothbrush
(se) brosser les dents to brush (one's) teeth
brun/e brown
bruyamment noisily
bureau (m) desk, office
bureaucratie (f) bureaucracy

C

C'est bizarre ! That's strange!
C'est dingue ! (familier) It's crazy!
C'est okay ! It's ok!
Ça puire ! (familier) That stinks!
Ça va. How are you? I am fine.
cabaret (m) nightclub
cabinet de toilette (m) half bath
câble (m) cable (television)
(se) cacher to hide (oneself)
cadre (m) executive (staff)
café (m) café
(se) calmer to calm (oneself)
camion (m) truck
campagne (f) country, countryside
cancre (m) dunce
candidat/e candidate
capituler to capitulate
carte de visite (f) business card
carton d'invitation (m) invitation
casquette (f) cap
castillan/e Castilian
catalan/e Catalan
Catalogne (f) Catalonia
catholicisme (m) Catholicism
catholique (m/f) Catholic
cause (f) cause
célèbre (m/f) famous
célibataire (m/f) single
centre-ville (m) downtown
chaleureux/euse warm, hospitable
chambre (f) bedroom, hotel room
champ (m) field
changer d'avis to change one's mind
chanson (f) song
chant (m) singing
chanter to sing
chanteur/euse singer
chantier (m) building site, worksite
chapeau (m) hat
charmant/e charming
chasser to chase

chat (*m*) cat
château (*m*) castle
chaud/e hot
chauffeur (*m*) driver
chauvinisme (*m*) chauvinism
chef (*m*) boss
chef mafieux (*m*) Mafia boss
chemise Lacoste (*f*) Izod shirt
chenille (*f*) caterpillar
chercher to look for
chien (*m*) dog
chœur (*m*) choir
choisir to chose
chouchou/te teacher's pet
chrétien/ne Christian
christianisme (*m*) Christianity
chrysalide (*f*) chrysalis
ciel (*m*) sky
ciseaux (*m*) scissors
cité (*f*) urban zone (ghetto)
civil/e civilian
clochard/e bum
code morse (*m*) Morse code
coffre (*m*) trunk
coincé/e (familier) repressed, hung-up
colère (*f*) anger
collaborateur/trice collaborator
collaboration (*f*) collaboration
collaborer to collaborate
colocataire (*m/f*) roommate, co-tenant
coloriage (*m*) coloring
combat (*m*) combat
comique (*m/f*) comical, funny
Comment allez-vous ? How are you?
Comment t'appelles-tu ? What is your name?
Comment vas-tu ? How are you?
Comment vous appelez-vous ? What is your name ?
commissariat (*m*) police station
compétence (*f*) ability, skill
compétent/e competent
complice (*m/f*) accomplice
complot (*m*) plot, conspiracy
comportement (*m*) behavior
(se) comporter to behave, conduct (oneself)
(se) comprendre to understand (each other)
compter sur qqn. to count on someone
concert (*m*) concert
concierge (*m/f*) concierge, caretaker
conducteur/trice driver
conduire to drive
confiant/e confident
confusément confusedly
confusion (*f*) confusion
connaître to know
consoler to console
constamment constantly

content/e content, happy
contribuer à to contribute to
contrôleur judiciaire (*m*) parole officer
copain/ine friend, buddy
corne (*f*) horn
costaud/e stocky, big
costume (*m*) man's suit
(se) coucher to go to bed
cadeau (*m*) present
coup de téléphone (*m*) telephone call
coupure de presse (*f*) newspaper clipping
cour de récréation (*f*) courtyard/playground
courageux/se courageous
coureur (*m*) racer
courir to run
cours de chant (*m*) singing class
course (*f*) race
coursier/ière (bike) messenger
cousin/e cousin
craindre to fear, to dread
criminel/le criminal
crise (*f*) crisis
critique (*f*) review, criticism
critique (*m/f*) critic
critiquer to criticize
croyant/e believer
cuisine (*f*) kitchen
culpabiliser to make feel guilty
curriculum vitae (CV) (*m*) résumé
cycliste (*m/f*) cyclist
cynique cynical

D

Danemark (*m*) Denmark
danois/e Danish
dealer (familier) (*m*) drug dealer
(se) débarrasser de to rid (oneself) of
débat (*m*) debate, argument
débordé/e overwhelmed, swamped
débrouillard/e resourceful
(se) débrouiller to get by, to manage
déception (*f*) disappointment
décevoir to disappoint
déchiffrer to decipher, to solve
déclarer la guerre à to declare war against
déclin (*m*) decline
décoller to take off (plane)
décontracté/e easy-going, relaxed
découvrir to discover
déçu/e disappointed
défaite (*f*) defeat
demain tomorrow
demande d'emploi (*f*) job application
demi-sœur (*f*) half sister
démissionner to resign

démonstratif/ive demonstrative
dentifrice (*m*) toothpaste
dentiste (*m/f*) dentist
dents (*f*) teeth
départ (*m*) departure
déprimé/e depressed
descendant/e descendant
descendre to descend, to go down
(se) désespérer to be disheartened, to dispair
(se) déshabiller to undress (oneself)
désobéir to disobey
désordonné/e disorderly, untidy, sloppy
(se) détériorer to deteriorate
devoirs (*m*) homework
diffusé/e broadcast, distributed
diffusion (*f*) broadcasting, distribution
diplomate (*m/f*) diplomat
directeur/trice director, manager
discipliné/e disciplined
dispute (*f*) dispute
domestique (*m*) servant, squire
dominateur/trice dominating
donjon (*m*) dungeon
donner naissance à to give birth to
donner to give
dormir to sleep
dossier (*m*) dossier, file
douleur (*f*) pain
draguer (familier) to hit on
dragueur/euse (familier) a person who hits on others
droit (*m*) law (studies)
dupé/e fooled
duplex (*m*) duplex home
dynamique familiale (*f*) family dynamic

E

échouer à un examen to fail a test
(s')écraser to crash
école (*f*)school
école à classe unique (*f*) single room school
école primaire (*f*) elementary school
économie (*f*) Economics, economie
écrivain/e writer, author
éditeur/trice editor, publisher
efficace (*m/f*) efficient
église (*f*) church
égocentrique (*m/f*) egocentric, self-centered
égoïsme (*m*) selfishness
égoïste (*m/f*) egotistical, selfish
élève (*m/f*) student
embaucher to hire
émeute (*f*) riot
émission (*f*) show (television/radio)
émouvant/e moving
empirer to get worse

employé/e employee
employeur (*m*) employer
en automne (*m*) in the fall
en été (*m*) in the summer
en hiver (*m*) in the winter
enceinte (*f*) pregnant
enchanté/e delighted
endroit (*m*) place
endurci/e hardened
enfant (*m*) child
(s')enfuir to escape, to run away
engager to hire
ennemi/e enemy
ennui (*m*) boredom
ennuyeux/euse boring
énormément enormously
entendre to hear
(s')entendre avec to get along with
enthousiaste (*m/f*) enthusiastic
entomologiste (*m/f*) entomologist
entreprise (*f*) firm, company
entretien d'embauche (*m*) job interview
envahir to invade
escroc (*m*) crook, swindler
Espagne (*f*) Spain
espagnol/e Spanish
espion/ne spy
espionner to spy
espoir (*m*) hope
étape (*f*) stage
état d'esprit (*m*) state of mind
été (*m*) summer
étoile (*f*) star
être de bonne humeur to be in a good mood
être de mauvaise humeur to be in a bad mood
être en train de + infinitif to be in the process of doing
être en transe to be entranced
être mal dans sa peau to be uncomfortable w/oneself
être sur le point de + infinitif to be on the verge of doing
être to be
études supérieures (*f*) higher education
étudiant/e student
Europe (*f*) Europe
européen/ne European
évacuer to evacuate
(s')évader to escape, to run away
(s')évanouir to faint, to pass out
exode (*m*) exodus
explication (*f*) explanation
extraverti/e extroverted

F

F1 (*m*) apartment w/separate kitchen
F2 (*m*) apartment w/kitchen & bedroom
fac (la faculté) (*f*) university

fâché/e angry
(se) fâcher contre to get angry with
faire # degrés to be # degrees
faire appel à to appeal to, to call for
faire de la luge to sled
faire du soleil sunny
faire du vent windy
faire la paix to make peace
faire la queue to wait in line
faire le ménage to clean the house
faire les courses to do the shopping
faire semblant de + inf. to pretend to be doing
faire to do, to make
famille monoparentale (*f*) single-parent family
farfelu/e eccentric
fatigue (*f*) fatigue
femme (*f*) wife
femme au foyer (*f*) housewife
fêter to celebrate
feuilleter to thumb through (a book)
feutre (*m*) marker
fiable (*m/f*) reliable
fiancé/e fiancé/e
fidèle (*m/f*) faithful
fier/ière proud
fille unique (*f*) only child - female
fille (*f*) daughter
fils (*m*) son
fils unique (*m*) only child - male
finir to finish
foi (*f*) faith
foncé/e dark (color)
fonctionnaire (*m/f*) civil servant, state employee
forêt (*f*) forest
formation (*f*) training
formulaire (*m*) form
fou/folle crazy
fouiller to search
foulard (*m*) scarf
frais, fraîche cool, fresh
français (*m*) French (language)
français/e French
France (*f*) France
franchement frankly, clearly
frère (*m*) brother
frivole (*m/f*) frivolous
froid/e cold
frustré/e frustrated
fuir to flee, to escape
futé/e sly

G

gagner to earn
Game Boy (*m*) Game Boy
gants (*m*) gloves

gêner to bother, to embarrass, to trouble
gens (*m*) people
gentil/lle nice
gentiment nicely
géomètre (*m*) surveyor
Gestapo (*f*) Gestapo, German secret police
ghetto (*m*) ghetto
gilet (*m*) vest, cardigan
gomme (*f*) eraser
gourde (*f*) flask
grand/e tall
grande ville (*f*) big city
grand-mère (*f*) grandmother
grand-père (*m*) grandfather
gratte-ciel (*m*) skyscraper
grenouille (*f*) frog
grimoire (rare) (*m*) magician's book
grimper to climb
gris/e gray
grossesse (*f*) pregnancy
guerre (*f*) war
guerrier (*m*) warrior
guitariste (*m/f*) guitarist
gymnase de boxe (*m*) boxing gym
gynécologue (*m/f*) gynecologist

H

handicap (*m*) handicap
handicapé/e handicapped
harceler to harass
heure (*f*) time
hier yesterday
hiver (*m*) winter
homme entretenu (*m*) « kept » man
homme politique (*m*) politician
horloger/ère clock-maker, watch-maker
hôtel (*m*) hotel

I

Il fait beau, mauvais … It's nice, bad … (weather).
Il neige. It's snowing.
Il pleut. It's raining.
image de soi (*f*) self-image
immigré/e immigrant
impoli/e impolite, rude
incertitude (*f*) uncertainty
inconscient/e unaware, oblivious
indépendant/e independent
indulgent/e indulgent, lenient
inépuisable (*m/f*) unfailing
informations (*f*) news
informatique (*f*) computer science
(s')inquiéter de to worry about
inquiétude (*f*) worry, concern

(s')inscrire à un cours to register for a class
insecte (*m*) insect
insécurité (*f*) insecurity
insensible (*m/f*) insensitive
insistant/e insistent
insouciant/e thoughtless, carefree
instituteur/trice elementary school teacher
intelligemment intelligently
intelligent/e intelligent
intensément intensely
Internet (*m*) Internet
intolérant/e intolerant
ironique (*m/f*) ironic
irrévérencieux/euse irreverent
islam (*m*) Islam
isolé/e isolated, lonely
Italie (*f*) Italy
italien/ne Italian

J

jaune yellow
Je m'appelle… My name is…
Je te présente… I present…
Je vais bien/mal. I am doing well/poorly.
Je vous présente… I present…
jeune de banlieue (*m*) a youth from the suburbs
jeune (*m/f*) young
joie (*f*) joy
joli/e pretty
jouer to play
journal (*m*) newspaper
journaliste (*m/f*) journalist
judaïsme (*m*) Judaism
juif/ve Jewish
jumeau/elle twin
jumeaux mafieux (*m*) Mafia twins
jupe (*f*) skirt

K

kidnapper to kidnap
kidnappeur/euse kidnapper

L

laid/e ugly
(se) laver to wash (oneself)
lecteur/trice reader
lentement slowly
lettre de motivation (*f*) letter of intent
lèvres (*f*) lips
libérer to free
liberté conditionnelle (*f*) parole
lire sur les lèvres to lipread

littérature (*f*) literature
livraison (*f*) delivery
livrer to deliver
longtemps long
lourd/e heavy
loyer (*m*) rent
ludique (*m/f*) light, amusing
lunettes de soleil (*f*) sunglasses
lutter contre to struggle, fight against

M

machine à écrire (*f*) typewriter
Mafia (*f*) Mafia
Maghreb (*m*) Maghreb
magicien/ne magician
maillot (*m*) jersey
mairie (*f*) city hall
maison (*f*) house, home
maison d'édition (*f*) publishing house
maison de campagne (*f*) country house
maison de jeu (*f*) gambling hall
mal à l'aise uncomfortable
malentendant/e hard of hearing
malentendu (*m*) misunderstanding
malheur (*m*) unhappiness
malin/gne mischievous
manger to eat
manifestation (*f*) demonstration
manipulateur/trice manipulative
manipulation (*f*) manipulation
marchander to bargain
mari (*m*) husband
marié/e married
marin (*m*) Marine
marron brown
Martinique (*f*) Martinique
matérialiste (*m/f*) materialistic
maths (*f*) Math
matière (*f*) subject
matin (*m*) morning
mauvais/e bad
mécanicien/ne mechanic
méchant/e mean
médecin (*m*) doctor
(se) méfier de to be suspicious of
mélancolique (*m/f*) melancoly
mélodramatique (*m/f*) melodramatic
menace (*f*) threat
mensonger/ère deceptive, false
mentir to lie
mépris (*m*) contempt, scorn
mère (*f*) mother
météo (*f*) the forecast
métis/se bi-racial person
mettre fin à to end

(se) mettre à table to sit at the table
(se) mettre à to start to
meurtrier/ière murderer
mignon/nne cute
militaire (*m*) member of the military
mince (*m/f*) thin
ministre (*m*) minister
mobiliser to call up, mobilize
montagne (*f*) mountain
monter to climb, to go up
monter un concert to put on a concert
montre (*f*) watch
(se) moquer de qqn. to make fun of someone
moqueur/euse mocking
mourir to die
Moyen Age (*m*) Middle Ages
moyen/ne average
musclé/e muscular
Musulman/e Muslim

N

nager to swim
Nazi/e Nazi
neurologue (*m/f*) neurologist
noir/e black
nouveau/elle new (different)
nouvelles (*f*) news
nuage (*m*) cloud

O

obéir à to obey smn
obséquieux/euse obsequious
(s')occuper de to take care of
offre d'emploi (*f*) job offer
oiseau (*m*) bird
opéra (*m*) opera
optimiste (*m/f*) optimistic
orage (*m*) storm
orange orange
oreille (*f*) ear
organisé/e organized
ostensible (*m/f*) conspicuous
oubliettes (*f*) dungeon
ouvert/e open
ouvrir to open

P

paix (*f*) peace
pantoufles (*f*) slippers
papi (*m*) grandpa
papier hygiénique (*m*) toilet paper
papillon (*m*) butterfly

parfois sometimes
parfum (*m*) perfume
partager to share
participer à to participate in
partir to leave
partout everywhere
passer un examen to take a test
passionnément passionately
patiemment patiently
patient/e patient
patrie (*f*) homeland
patron/ne boss, employer
pédalo (*m*) paddle boat
pendule (*f*) clock
pénible (*m/f*) difficult
perdre to lose
père (*m*) father
petit/e ami/e boyfriend, girlfriend
petit/e short
petite-fille (*f*) granddaughter
petites annonces (*f*) classifieds
petit-fils (*m*) grandson
peuple (*m*) people, nation
peur (*f*) fear
photo (*f*) photograph
photographe (*m/f*) photographer
pianiste (*m/f*) pianist
pièce (*f*) room of a house (apartment)
piscine (*f*) pool
placard (*m*) closet
pneu (*m*) tire
polémique (*f*) polemic, controversy
poli/e polite
police (*f*) police
policier (*m*) policeman
poliment politely
politique (*f*) policy
polo (*m*) polo shirt
poncho (*m*) poncho
portable (*m*) cell phone
poser sa candidature à to apply for
positif/ve positive
poste (*m*) job, position
Pouah ! Pooh!, Ugh!
pratiquant/e follower, faithful
précisément precisely
précoce (*m/f*) precocious
premièrement first
prendre sa retraite to retire
prendre to take
prendre un bain to take a bath
prendre une décision to make a decision
(se) préparer to prepare (oneself)
président (*m*) president
prêtre (*m*) priest
prévenir to warn, to alert

printemps (*m*) spring
prison (*f*) prison
professeur de chant (*m*) singing instructor
profondément deeply
promotion immobilière (*f*) property development
propriétaire (*m/f*) owner
protéger to protect
prothèses auditives (*f*) hearing aids
puissant/e powerful
pull (*m*) sweater
pull polaire (*m*) fleece sweater
punir to punish

Q

qualifié/e qualified
quartier chaud (*m*) dangerous neighborhood
quartier défavorisé (*m*) urban zone (ghetto)
quelquefois sometimes
quête (*f*) quest, search
queue (*f*) line
quitter le nid to leave the nest (to leave home)

R

raciste (*m/f*) racist
radio (*f*) radio
ranger to tidy up, to organize
raté/e failure
rationnement (*m*) rationing
récemment recently
recherche (*f*) research, quest
récréation (*f*) recess
réfléchir (à) to think about, to consider
réfrigérateur (*m*) refrigerator
refuge (*m*) refuge, shelter
regarder to watch
rejeter to reject
rejeté/e rejected
relaxe (*m/f*) easy-going
religion (*f*) religion
remords (*m*) remorse
remplir to fill out
rencontrer to meet
rendre visite à qqn. to visit a person
renfermé/e withdrawn
rentrée (*f*) back-to-school
répéter to rehearse, to repeat
répétition (*f*) rehearsal
répondre (à) to respond (to)
réservé/e reserved
Résistance (*f*) Resistance (movement – WWII)
résistant/e member of the Resistance (WWII)
résoudre to solve, resolve
responsabilité (*f*) responsibility
ressembler à to resemble, to look like

réussir un examen to pass a test
revendeur de drogue (*m*) drug dealer
revendre de la drogue to sell drugs
rêver à/de to dream of
rire to laugh
risque (*m*) risk, hazard
risquer sa vie to risk one's life
roman (*m*) novel
rompre avec to break up with
rompu/e interrupted, broken
rond/e round
rouge (*m/f*) red
route (*f*) road
roux/sse red (hair)
rude (*m/f*) difficult
ruisseau (*m*) stream

S

sac à dos (*m*) backpack
sage (*m/f*) well-behaved, wise
salaire (*m*) salary
salarié/e salaried employee
sale (*m/f*) dirty
salle (*f*) room
salle à manger (*f*) dining room
salle de bains (*f*) bathroom
salle de classe (*f*) classroom
salle de séjour (*f*) living room
salon (*m*) living room
salut hello, good-bye
sarcastique (*m/f*) sarcastic
savoir to know
savon (*m*) soap
(se) sécher to dry (oneself)
secrétaire (*m/f*) secretary
sécurité (*f*) security, safety
séjour (*m*) stay
sensible (*m/f*) sensitive
sentir to smell
serveur/euse waiter/waitress
silencieux/euse quiet
snob (*m*) snob
société (*f*) company, corporation
soeur (*f*) sister
soir (*m*) evening
soldat (*m*) soldier
solitaire (*m/f*) lonely, solitary
sombre (*m/f*) somber, dark
sorcier/ère sorcerer, witch
sortir (pour un livre) to publish, to come out
sortir to go out
(se) soucier de to care, worry about
soucieux/euse worried, concerned
souffrir de to suffer from
sourd/e deaf

sous-entendu implied
soutenir to support
soutien (*m*) support
spontanément spontaneously
stable (*m/f*) stable
stage (*m*) internship, training course
streetwear (familier) (*m*) clothes (baggy pants, caps, etc.)
studio (*m*) efficiency, studio apartment
suffisamment sufficiently
suivre to follow
suivre un cours to take a class
superficiel/le superficial
supporter to tolerate
sympathique (*m/f*) nice, pleasant

T

tâches ménagères (*f*) household chores
(se) taire to be quiet
taule (familier) (*f*) prison
tee-shirt (*m*) T-shirt
téléphone (*m*) telephone
télévision (*f*) television
temps (*m*) weather, time
tendu/e tense, uptight
tente (*f*) tent
terrain de basket (*m*) basketball court
test de paternité (*m*) paternity test
théâtre (*m*) theater
timide (*m/f*) shy
titres (*m*) headlines (newspaper)
toilettes (*f*) restroom, bathroom
tolérant/e tolerant
tomber amoureux/se de to fall in love with
Tour de France (*m*) Tour de France (bicycle race)
Tour Eiffel (*f*) Eiffel Tower
traduction (*f*) translation
train (*m*) train
trainer to drag, to wander around, to hang out
traité (*m*) treaty
transporter to transport, to carry
travail (*m*) job, work
travailler au noir to work on the side
traverser to cross
tricycle (*m*) tricycle
triplette (*f*) trio, triplet
triste (*m/f*) sad
tristesse (*f*) sadness
tromper to cheat (on someone)
(se) tromper to mistake, to be wrong
trompeur/euse cheater
trou (*m*) hole
troublé/e troubled
troubles alimentaires (*m*) eating disorder
trouver to find
(se) trouver to find (oneself), be located

U

une (*f*) front page (newspaper)
union (*f*) union
Union européenne (*f*) European Union

V

vacances (*f*) vacation
vache (*f*) cow
vaniteux/se vain
vedette (*f*) star
vélo (*m*) bicycle
vendre to sell
venir to come
verlan (*m*) back slang
vert/e green
veuf/ve widowed, widower, widow
videur (*m*) bouncer (club)
vieux/vieille old
village (*m*) small town, village
ville (*f*) city
violent/e violent
violet/ette purple
virer (familier) to fire
visiter to visit a place
visiteur/euse visitor
vivre to live
voir to see
voiture (*f*) car
vol aggravé (*m*) aggravated theft
voler to steal
voleur/euse thief
voyager to travel
voyou (*m*) hooligan, thug

X

xénophobe (*m/f*) xenophobic

Index

Photo Credits

Cover	[*film*] © Mikael Damkier
Page xvi	© istockphoto.com / Eugene Ilchenko
Page xvii	© istockphoto.com / Aga
Page 1	Sony Pictures Classics / Photofest; © Sony Pictures Classics
Page 2	Courtesy of Société du Tour de France. Used with permission.
Page 3	© Presse Sports / Sports Illustrated
Page 6	[Glenn Gould] Walter Curtin / Library and Archives Canada / PA-137052. Source: Library and Archives Canada. Copyright assigned to Library and Archives Canada by copyright owner Walter Curtin.
	[Django Reinhardt] Photo © William P. Gottlieb, www.jazzphotos.com
	[Josephine Baker] Library of Congress, Prints & Photographs Division, Carl Van Vechten Collection, (LC-USZ62-93000 DLC)
Page 7	© istockphoto.com / Kevin L. Edge
Page 8	© Presse Sports / Sports Illustrated
Page 10	[*all images*] Sony Pictures Classics / Photofest; © Sony Pictures Classics
Page 26	© istockphoto.com / Knud Nielsen
Page 27	[*all images*] Sony Pictures Classics / Photofest; © Sony Pictures Classics
Page 33	© istockphoto.com / Springboard, Inc.
Page 39	© istockphoto.com / James Steidl
Page 41	© istockphoto.com / MLenny
Page 43	Canal+ / First Run Features / Photofest; © Canal+ / First Run Features
Page 44	[Paris] Copyright: Niserin
	[Le Vercors] Copyright: Gertjan Hooijer
	[Philippe Muyl] Photo courtesy of Philippe Muyl. Used with permission. All rights reserved.
Page 45	Canal+ / First Run Features / Photofest; © Canal+ / First Run Features
Page 47	Copyright: glinn
Page 49	Imago femelle d'*Actias isabellae galliaegloria* (Graells 1849) - Cliché H. Guyot - OPIE
Page 51	[*top*] Copyright: dubassy
	[*bottom*] Copyright: Pol Put
Page 52	[*all images*] Copyright: Gertjan Hooijer
Page 68	Canal+ / First Run Features / Photofest; © Canal+ / First Run Features
Page 69	© istockphoto.com / arlindo71
Page 83	Courtesy of New Yorker Films. Used with permission.
Page 84	[*top*] Photo by Fabien Gandilhon. Used with permission.
	[*bottom*] Photo by Bruno Navez. Used with permission.
Page 85	Courtesy of New Yorker Films. Used with permission.
Page 89	© Romary. http://commons.wikimedia.org/wiki/Image:Come_pariou.jpg. Used with permission.
Page 91	Courtesy of New Yorker Films. Used with permission.
Page 92	[*top*] New Yorker Films / Photofest; © New Yorker Films
	[*bottom*] *Le Charlemagne de Albrecht Dürer (Kaiser Karl der Große).* Albrecht Dürer, 1512. Germanisches Nationalmuseum, Nürnberg.
Page 94	Copyright: prism_68
Page 95	© istockphoto.com / alohaspirit
Page 108	Copyright: Thomas M. Perkins
Page 110	Courtesy of New Yorker Films. Used with permission.
Page 111	Courtesy of New Yorker Films. Used with permission.
Page 125	© istockphoto.com / James Steidl
Page 132	Copyright: dainis
Page 133	Gaumont / France 3 / Alpilles / Amigo / The Kobal Collection
Page 134	[*top*] The Art Archive / Bibliothèque Municipale Castres / Dagli Orti
	[*bottom*] Photo by Mme de Buffevent. Used with permission.
Page 135	Gaumont / Hollywood Pics / The Kobal Collection / Hodes, Charles
Page 138	The Art Archive / Musée de la Tapisserie Bayeux / Dagli Orti
Page 139	*La dame à la licorne.* Musée de Cluny, Paris
Page 140	The Art Archive / Bodleian Library Oxford (Bodley 264 fol 172v)
Page 141	The Art Archive / Private Collection / Marc Charmet
Page 142	Photo courtesy of the Town Hall of Montmirail. Used with permission.
Page 157	Gaumont / France 3 / Alpilles / Amigo / The Kobal Collection
Page 164	[Peugeot] © istockphoto.com / Andre Klaassen
	[La Concorde] Photo by Adrian Pingstone / "arpingstone"
	[Le TGV] © istockphoto.com / Felix Alim
Page 176	Copyright: N Joy Neish
Page 177	© Jérôme PLON
Page 178	[*top*] © istockphoto.com / Aga
	[*center*] Photo by Cédric Puisney. Used with permission.
	[*bottom*] © Lola DOILLON
Page 179	© Jérôme PLON
Page 181	© istockphoto.com / Margaret Cooper
Page 184	Copyright: martin garnham
Page 186	Photo by Jean-noël Lafargue, 2004. Used with permission.
Page 200	© Jérôme PLON
Page 204	Copyright: A. Maksimenko
Page 205	Copyright: Robert F. Balazik
Page 206	Photo courtesy of NASA World Wind, color-overlay by WLuef.
Page 207	[La Zone Euro] © istockphoto.com / Aga
	[Robert Schuman] © Ministère des Affaires Étrangères - service photographique (French Ministry of Foreign Affairs - photographic service).
	[Siège de la Banque Centrale Européenne à Frankfort] Copyright: Petronilo G. Dangoy Jr.
	[*coins and bills*] Copyright: Elena Elisseeva
Page 212	*Desiderius Erasmus.* Hans Holbein the younger, 1523. Louvre, Paris, France.
Page 219	Magnolia / Photofest; © Magnolia. Photographer: Jean-Marie Leroy
Page 220	Wellspring / Photofest; © Wellspring Pictures Photographer: Jean-Claude Lother
Page 221	Ralph Nelson SMPSP - © 2004 Warner Brothers. (Warner Bros. / Photofest; © Warner Bros. Pictures. Photographer: Ralph Nelson)
Page 226	Magnolia / Photofest; © Magnolia. Photographer: Jean-Marie Leroy
Page 228	Copyright: Maxim Kalmykov
Page 241	[*all images*] Magnolia / Photofest; © Magnolia. Photographer: Jean-Marie Leroy
Page 253	Copyright: "Giulia_"
Page 254	Copyright: "Giulia_"
Page 263	Sony Pictures Classics / Photofest; © Sony Pictures Classics. Photographer: Jean-Paul Dumas-Grillet
Page 264	© Jean-Paul Dumas Grillet – Les FILMS A4
Page 265	© Jean-Paul Dumas Grillet – Les FILMS A4
Page 269	Sony Pictures Classics / Photofest; © Sony Pictures Classics